新曲綫 | 用心雕刻每一本……
New Curves
http://site.douban.com/110283/
http://weibo.com/nccpub

用心字里行间　雕刻名著经典

社会心理学精品译丛

编委会

主　编：彭凯平
副主编：钟　年　刘　力

编　委（以姓氏笔画为序）
王　垒　北京大学
王登峰　北京大学
乐国安　南开大学
朱永新　苏州大学
朱　滢　北京大学
杨中芳　中国社会科学研究院
杨国枢　中原大学
张智勇　北京大学
佐　斌　华中师范大学
金盛华　北京师范大学
侯玉波　北京大学
荆其诚　中国科学院心理所
钟　年　武汉大学
彭凯平　美国加州大学，清华大学

社会认知

——从大脑到文化

（第2版）

［美］苏珊·菲斯克　谢利·泰勒　著

周晓林　胡捷　杜伟　等译

人民邮电出版社

北京

图书在版编目（CIP）数据

社会认知：从大脑到文化：第 2 版／（美）苏珊·菲斯克，（美）谢利·泰勒著；周晓林等译. -- 北京：人民邮电出版社，2020.12（2024.12 重印）
（社会心理学精品译丛）
ISBN 978-7-115-55497-0

Ⅰ．①社… Ⅱ．①苏…②谢…③周… Ⅲ．①社会认知－研究 Ⅳ．① C912.6-0

中国版本图书馆 CIP 数据核字（2020）第 261867 号

Susan T. Fiske, Shelley E. Taylor
Social Cognition: from brains to culture, 2nd Edition
ISBN 978-1-4462-5814-9
Copyright © Susan T. Fiske and Shelley E. Taylor 2013

社会认知：从大脑到文化（第 2 版）

◆ 著　　　　　［美］苏珊·菲斯克　谢利·泰勒
　 译　　　　　周晓林　胡　捷　杜　伟　等
　 策　划　　　刘　力　陆　瑜
　 责任编辑　　李仙杰　刘冰云　朱公明
　 特约编审　　谢呈秋
　 装帧设计　　陶建胜

◆ 人民邮电出版社出版发行　北京市丰台区成寿寺路 11 号
　 邮编　100164　电子邮件　315@ptpress.com.cn
　 网址　http://www.ptpress.com.cn
　 电话（编辑部）010-84931398　（市场部）010-84937152
　 三河市少明印务有限公司印刷
　 新华书店经销

◆ 开本：710×1000　1/16
　 印张：41.5
　 字数：806 千字　2020 年 11 月第 1 版　2024 年 12 月第 2 次印刷
　 著作权合同登记号　图字：01-2014-8608

定价：158.00 元
本书如有印装质量问题，请与本社联系　电话：（010）84937152

内容提要

我们如何形成对他人的印象？如何产生、维持和调整对他人的态度？如何对事件进行因果解释？如何被他人影响或影响他人？这些认知过程又如何受动机、情感和情境的影响？这些问题不仅从科学探究的意义上非常有趣，更重要的是对这些问题的日常理解本身就是我们社会交往过程的构成性部分。

自20世纪50年代"认知革命"以来，科学家对人类心智"黑箱"的理解已有了很大进展。结合脑科学和文化研究的最新证据，本书试图系统地解析人们如何加工最重要的认知对象——自我、他人以及社会情境。认知视角的优势在于它不满足于对现象的描述，它还试图发现"何以如此"的机制。

本书被《美国国家科学院院刊》（*PNAS*）誉为社会认知领域的经典著作，是想了解这一领域的学生和科学研究者必不可少的专业向导。两位作者苏珊·菲斯克和谢利·泰勒是当代最杰出的社会心理学家。

主编简介

彭凯平（Kaiping Peng）

清华大学心理学系主任
清华大学社科学院学术委员会主席
美国加州大学伯克利分校心理学与东亚研究终身教授

现任清华大学心理学系主任、清华大学社科学院学术委员会主席、美国加州大学伯克利分校心理学及东亚研究终身教授。美国密歇根大学心理学博士。曾教授的课程包括普通心理学、管理心理学、文化心理学、积极心理学、跨文化沟通心理学。现任国际积极心理联合会执行委员（2010年至今）、中国国际积极心理学大会执行主席（2009年至今），曾任美国心理学会科学领导小组成员、伯克利加州大学社会人格心理专业主任、第五届世界华人心理学家学术大会共同主席，并担任过美国唐氏基金会董事和德国宝马公司青年领袖论坛董事会成员；为众多政府部门和国际公司做战略、人事、文化、管理咨询，例如福特、宝马、美国航天局、富士康、宏达电、万科、中化、中航等。他还是多所国际著名商学院常聘客座教授，并连续多年获得清华大学经管学院EMBA最佳教学奖。

彭教授曾发表140多篇期刊论文，多次获得重要学术奖项（包括2004年美国社会问题心理学会最佳论文奖，2006年美国管理学院最佳论文奖），出版学术专著多部，2007年被美国人格与社会心理学会评为全世界论文引用最多的中青年社会心理学家。2008年5月起受聘清华大学心理学系教授和首任系主任；2009年入选中组部国家级海外高级引进人才（千人计划），回国后的主要贡献包括：主持清华大学心理学系的复系工作；主持与国防有关的特殊人员的心理保障工作；主持并推动积极心理学在中国的普及工作并担任国际积极心理学联合会中国理事；参与中国各城市"幸福城市"建设工作；以清华大学名义发表科研论文70多篇，是论文国际引用名列前茅的少数中国社会科学学者之一。

译丛新序

1979年，我在北京大学校园开始了我的心理学求学生涯，当时我们心理学系的老师委婉地告诉我们：你们学心理学可能早了20年。老实说，年轻的我们当时并没有完全领会这句话的多重含义。

2004年，我在美国伯克利加州大学的校园，开始了与新曲线出版咨询有限公司的合作，推荐出版"社会心理学精品译丛"。坦率地说，我并没有预料到这样一套关于人性、人情、人欲、人世的学术丛书，会有这么大的社会影响，成为中国出版界发行的最畅销的心理学丛书之一。

2013年的今天，我已经到了清华校园。受清华大学之邀、加州大学之托，五年前我开始帮助清华大学恢复它历史上曾经辉煌的心理学系，并出任复建后的首任系主任。五年的国际穿梭，以及和国内心理学界同仁的同甘共苦，已经让我看到了中国社会心理学的兴起，等来了中国心理学的春天！

所以，当新曲线公司的同事们决定出版该丛书的十周年纪念版，不仅新增《社会认知：洞悉人心的科学》《不确定世界的理性选择》《社会冲突》《社会心理学之旅》《社会心理学纲要》等新品种，而且对《态度改变与社会影响》《决策与判断》《社会认知：从大脑到文化》等原有品种的译文进行精益求精的再加工，将丛书以更加精致、高雅、系统的方式介绍给我们的读者，并邀请我为新书重新写序时，我已经一点也不感到意外，并相信它一定会成为人们喜爱的优秀的心理学书籍。

那么，为什么短短几年社会心理学在中国变得如此大受欢迎？甚至我们还可以问问，为什么清华大学要在2008年恢复它的心理学系？我觉得，中国的现代化是背后最主要的原因。正是在2008年，中国的人均GDP达到3 400美元。根据经济学家在20世纪40年代提出的人均3 000美元的现代化标准，这正式表明中国已经迈入现代化国家的门槛。美国人是在1962年首先进入现代化国家行列的，英国人是 1968 年，法国人是 1972 年。

现代化国家的一个重要标志就是"人"变得比"物"更为重要。在现代化之前，我们追求小康，以物质的丰富作为社会发展的目标；现代化以后，我们追求和谐、文化、美丽和幸福，以人民的尊严和完美生活为奋斗目标。这种变化，也不断反映在中国政府的执政理念的变化上。从"全面建设小康社会"到"构建和谐社会"，从"建设文化强国"再到"建设美丽中国"，这些理念其实反映的正是中国社会的发展进步，特别是人民基本需求的变化和提升。心理学家马斯洛早就提出人类的需要层次理论，就是说人类从一开始的衣食住行的生理需求，逐渐上升到安全、归属、爱和尊严的社会需求。再往上，就得有文化和知识的需求，以及对美的追求。人类最高级的需求就是马斯洛所说的自我实现，而其中一个很重要的心理指标就是幸福的巅峰体验。

2007 年的中共十七大报告明确提出："科学发展观，第一要义是发展，核心是以人为本。"那人又是什么？其实，人最重要的标志是其有心理活动。"人者，心之器也。"正是因为人类的心理活动，人的生活才有意义，才有价值。没有心理活动，人就是行尸走肉。

自然科学的研究对象，没有人类的心理，可以照样存在。没有人类，星空依然灿烂，太阳照常升落。但一旦人类的活动参与进来，星空就不仅仅是自然科学研究的对象，它就成为心理学的研究对象。在中国东海，北纬 25°40′~26°、东经 123°~124°34′ 之间有一片岛屿，这本来是一个地理科学的概念，是属于自然科学的知识，但当我们意识到这片岛屿就是钓鱼岛列岛时，这个知识就变成社会心理学的研究范畴，它就有了情感、意识、行动。没有人类的思想和意识，自然界本身是不会有特别的意义的。

科学发展，以人为本。它呼唤的其实就是社会心理学。因为社会就是人的集合；人的本质就是心理的载体。正是人类的心理活动，如需求、欲望、价值、信念、判断、决策、竞争、合作、冲突、博弈等等，使得我们的生活更加丰富多彩，也更加复杂多变，需要更多的智慧、理性、善良、宽容和理解。

中国社会的发展变化为中国的社会心理学提出了无数引人入胜的问题。社会如何管理？创新如何推进？什么是中国人共同的民族意识？中华文化薪火相传，传的到底是什么？甚至还包括一些看起来肤浅、实际上很难回答的问题，比如，你幸福吗？

2000 年，美国科学院组织了一批著名的学者讨论人类的未来科学究竟有哪些，他们的结论是 NBICS（纳米—生物—信息—认知—社会）。

"在下个世纪，或者在大约五代人的时期之内，一些突破会出现在纳米技术（消弭了自然的和人造的分子系统之间的界限）、信息科学（导向更加自主的、智能的机器）、生物科学和生命科学（通过基因学和蛋白质学来延长人类生命）、认知和神经科学（创造出人工神经网络并破译人类认知）及社会科学（理解文化信息，驾驭集体智商）领域，这些突破被用于加快技术进步的步伐，并可能会再一次改变我们的物种，其深远的意义可以媲美数十万代人以前人类首次学会口头语言知识。"

其中提出的社会科学问题——理解文化信息，驾驭集体智商——正是我推荐"社会心理学精品译丛"的初衷。丰富中国人民的社会文化生活，提高我们中国人的集体智商，正是这个时代赋予我们这些心理学工作者的责任，让我们一起为人民的心理幸福而奋斗。

彭凯平
清华大学心理学系伟清楼 501

译丛序

社会心理学是在第二次世界大战以后兴起的一门社会科学学科，它研究的是人的心理和社会现象之间的关系，试图探讨人的思想、情感和行为是如何受到其他人影响的，这些影响包括实际的、想象中的和推测出来的人际作用。社会心理学家通常思考的问题有：我们如何认识他人（社会认知），我们如何与他人打交道（社会互动）以及文化、社会、团体如何作用于我们（社会影响）等方面的内容。

众所周知，社会心理学研究向来有心理学的、社会学的和符号学的三种取向，其中心理学取向的社会心理学更强调实证的研究和对社会中个体心理的关注。本译丛以津巴多（Philip G. Zimbardo）主编的"麦格劳—希尔社会心理学系列丛书"为基础，从中遴选出精品（如《决策与判断》《自我》《亲密关系》《态度改变与社会影响》），并在更大的范围内补充一些近年来有着广泛影响的社会心理学新著。

十几年前，香港著名社会心理学家彭迈克（Michael Bond）就曾经说过："心理学不幸是由西方人创建的，结果，西方的心理学研究了太多的变态心理和个性行为。如果心理学是由中国人创建的，那么它一定是一门强调社会心理学的基础学科。"确实，这门学科是我们中国人有可能做得比其他国家的学者更好的心理学领域，因为我们的文化几千年来就很强调人与人、人与环境、人与社会的关系，而这些关系正好是社会心理学关注的焦点所在。可惜时至今日，中国的社会心理学并没有得到它应有的关注。我们推出这套丛书的目的，一方面是为了让国内有志于学习、研究和应用社会心理学的各界人士较为系统地了解当代社会心理学的来龙去脉、重大发现以及最新前沿，而更重要的是，我们希望通过这套丛书，为推动中国社会心理学的发展以及提高中国社会心理学的国际影响贡献绵薄之力。

彭凯平
美国加州大学伯克利分校心理学教授
2004 年 9 月

译者序

在社会交往中，人类无时无刻不在接收着大量社会性信息并表现出与当下情境相适应的社会行为。在与他人交流时，我们通过观察、理解他人的面部表情和语言表达来了解他人的态度与情感；在面对不同的对象（如父母、子女、上下级、同事或陌生人）时，我们会转换自己的身份角色，对相同的事件做出不同的行为反应；在面对冲突时，我们需要控制自己的负性情绪，以免做出冲动反应而使事态进一步恶化。如何在不同的情境中表现出恰当的社会行为？这在很大程度上仰赖于个体的社会认知能力。另一方面，社会认知能力的缺失或异常，会给个体、家庭乃至社会带来巨大的压力，影响家庭和社会的安宁。因此，我们亟需"社会认知"这样一门学问来研究、探讨人们如何加工并记忆社会信息、如何理解自我与他人的关系，以及如何形成态度与情感，进而帮助个体改善社会认知能力与社会行为。

20世纪60年代末70年代初，认知心理学和信息加工的思潮开始席卷社会心理学，"社会认知"这一当代心理学的重要分支应运而生。社会认知利用认知心理学的思维方式和研究方法去考察各种社会心理现象的认知机制，包括对社会信息的知觉、判断和存储，社会与情感因素对信息加工的影响，以及认知加工过程的行为后果，等等。像许多其他新兴学科在发展初期所面临的问题一样，社会认知在诞生之时也受到了许多传统心理学家的诟病，被认为只是一时兴起的热潮，不会长久发展下去。然而，在一代又一代研究人员的努力下，社会认知研究的内容和手段迅速发展，从最初仅关注自我图式理论、场依存理论、归因理论、刻板印象、偏见与态度形成等少数社会心理现象和理论，到如今几乎遍及社会心理学的所有领域。

20世纪90年代以来，神经科学的技术发展为社会认知研究再一次注入新的活力。在对健康人群和异常群体的研究中，研究人员广泛应用包括脑电图、脑磁图、功能磁共振成像、正电子断层扫描和经颅电/磁刺激等在内的一系列新兴无创技术，考察人类大脑如何加工社会信息、如何形成信念、如何理解他人并与之交往，以及情感与社会因素如何影响神经活动,进而影响社会道德和社会行为。社会认知与神经科学的结合催生了社会认知神经科学,不仅为社会认知的已有理论提供了新的证据和认识,也为这一领域提出了新的理论和预言。更进一步,对自闭症、精神分裂症和创伤后应激障碍等诸多以社会认知能力缺陷为标志性症状的神经和精神疾病的发生、发展与治疗,提供了全新的解释,带来了新的希望。同样,不同种族、不同宗教、不同文化和教育背景的人群在社会行为中表现出种种异同,社会认知神经科学研究开始寻找其大脑活动模式或更深层次的物质基础,在浪漫化、人文化的"文化差异"与自然科学的僵硬定义和严格操纵之间建立桥梁。

进入21世纪,随着计算科学的不断发展,社会计算和计算神经科学走入人们的视野。计算建模帮助研究人员摆脱了过去定性描述心理现象的老路,转而开始定量地测量不同维度的信息对神经加工的影响;通过计算模型,研究者能够对个体的行为表现进行准确的预测。在这一过程中,过去几十年的社会认知研究为我们提供了坚实的理论基础,使我们不至于迷失在海量的行为与神经数据中。就在前几天(2020年11月6日),我主持了国内第一次以"社会计算神经科学"为名的网上国际研讨会,标志着中国社会认知研究已经走到了一个新的阶段。我预言,20年后,计算建模将成为社会认知乃至整个心理学研究的必要组成部分,不能整合计算模型的科研项目申请将处于十分尴尬的境地。同时,得益于计算神经科学,社会认知的理论也得以进一步更新与完善;社会认知研究也融进了经济学、管理学、教育学、法学、新闻传播学等学科,迸发出新的火花。例如,行为经济学、神经经济学就脱胎于社会认知与经济学和神经科学的联姻。普林斯顿大学 Daniel Kahneman 教授曾于2002年因其"将心理学研究和经济科学结合在一起,特别是关于不确定情境下的判断与决策的研究"而获得诺贝尔经济学奖,神经经济学的领军人物 Ernst Fehr 教授也曾于2009年获得诺贝尔经济学奖提名。

近年来,社会认知研究正面临着新的问题与挑战。随着网络技术的不断普及和社交媒体的兴起,人们越来越多地将社交活动从面对面的线下交流转移到了虚拟的线上活动。科技的进步使得人们的生活越发便利,但生活方式的改变也造成了新的心理和社会问题。网络世界充斥着各种谣言、攻击性言语和群体网络暴力;大量的不实信息在短时间内迅速传播,对个体的身心健康和社会稳定都造成巨大的威胁。网络谣言和网络暴力如何产生与传播?人们应该如何识别不实信息并应对其对个体身心健康和社会信任体系的伤害?面对海量信息、纷繁选项应如何决策？诸如此类的问题是社会发展向社会认知研究提出的新挑战、提供的新机遇。

本书的两位作者 Susan Fiske 和 Shelley Taylor 是社会认知研究的早期奠基人。其中，Susan Fiske 教授是美国国家科学院院士、美国政治与社会科学院院士。她提出并发展了包括刻板印象内容模型（Stereotype Content Model）、矛盾性别偏见理论（Ambivalent Sexism Theory）和印象形成的连续体模型（Continuum Model of Impression Formation）等在内的社会认知领域的诸多重要理论。她的影响力也延伸到了学术领域之外：她曾为美国最高法院在 1989 年做出的一项有关性别歧视的具有里程碑意义的裁决提供专家证词；此后，她也一直致力于将心理学研究成果应用于法律场景中。Shelley Taylor 教授是美国国家科学院院士、美国艺术与科学院院士，是 Susan Fiske 教授的长期合作者，对社会认知、健康心理学和社会神经科学有着卓越的贡献。本书最早成书于 1984 年，历经更新再版；本次翻译出版的虽然不是最新版本，但这一版已经加入了许多神经科学和跨文化研究领域对社会认知的最新研究成果，是迄今最新的中文版。希望读者可以通过本书比较全面地了解社会认知领域的发展历史和现状，以及未来的发展方向。

本书篇幅巨大，我实验室先后参与本书翻译与校对的学生多达 20 多位，包括胡捷、王立卉、康冠兰、段云嫣、曹嫄、姜凯文、沈波、殷云露、宋钰、熊威、彭璐、张惠惠、于宏波、周圆圆、汪雪莹、张文硕、苏忠斌、张丽、傅玺谕、李悦、李志爱、李帅琪、杜伟、高晓雪、罗霄骁等。译者水平有限，难免有错误、遗漏和不一致之处。我本想自己通校，给出一个相对完美的版本，无奈心有余而力不足，反而耽误了本书的出版周期。虽不完美，但我相信本书的出版仍将极大地推动中国社会认知的研究，特别是与神经科学、计算科学结合的社会计算神经科学的研究。毕竟，在近半个世纪的历程中，社会认知已经证明了其自身的生命力；社会认知仍将继续在与不同学科的发展融合中不断发挥至关重要的作用，为我们理解人类行为背后的规律和改善人类社会的福祉提供宝贵的知识与洞察。

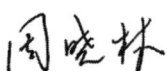

北京大学心理与认知科学学院长江学者特聘教授
中国心理学会前理事长
教育部高等学校心理学教学指导委员会主任委员
2020 年 11 月 10 日

前　言

自从《社会认知》第 1 版面世以来，我们的个人生活和职业生涯都发生了很多变化。孩子出生，长大成人，自立门户；孙辈出生；换了新工作，买了新房子。我们两人所做的神经科学和文化方面的研究都要比之前预料的多得多。在撰写第 1 版时，我们只能口述或者在带横格的便笺簿上用笨办法手写，然后由秘书们帮我们录入，在我们产量不高的日子里她们还会责怪我们几句。我们用邮寄的方式发送初稿。我们参考有碳机票复写纸选择了第 1 版封面的颜色，颇具 20 世纪 80 年代风格的嬉皮士木刻肖像让封面设计显得生动鲜活。

这一版曾有过辉煌，它定义了现代形式的社会认知的诞生。彼时社会心理学正从一场危机中崛起，这一危机在认知心理学的新思想和新方法引起的兴奋中得到了部分解决。怀疑者曾预言社会认知终将只是昙花一现。社会心理学家挑剔它不够"社会"，认知心理学家指责它不够"认知"。但勇敢的研究者们仍然对社会注意、记忆、推理和图式的前沿见解充满热情，将其应用到从自我到健康、从偏见到总统预选的各类话题中。起初，我们曾争论是否应该在一本关于时下社会认知的书中纳入归因、自我和态度等传统的研究主题。我们最终还是决定将其纳入，以展现社会认知取向与经典议题和新议题的相关性。这种相关性在今天仍然存在。

第 2 版展示了社会认知的蓬勃兴盛，它被证明不只是一时的潮流、一段插曲或一个时代。社会认知将长留于此，并且确实已经渗透到社会心理学的每一个角落。第 2 版封面的视角更长远，以一种更柔和、经典的绿色为主色调，并且借用了雷诺阿的画作。这幅画中挤满了人，我们的参考文献列表也是如此；这本书覆盖的内容是百科全书式的，反映了这 7 年间研究的爆炸性增长。

后来的新版添加了副标题——从大脑到文化，距离上一版面世已经过去了近 18 年。它的视角更为长远，仍然从奠基性的思想开始，但快速推进到现在。这一版反映了社会神经科学的最新进展；对于一些怀疑者来说，社会神经科学不够"社会",而对于另一些人来说,它不够"神经科学"(听起来似曾相识吧?)。但我们乐观地预言了社会认知情感神经科学这一新领域的繁荣,它主要建立在社会认知的基础上,而社会认知本身在早期也充满争议。

更重要的是,随着全球化在我们的研究领域和生活中扎根,现在的书名开始反映更多关于文化的研究,这是社会认知中一个日益突出的话题。

这个新修订的版本是带副标题系列的第 2 版。这个版本仍然紧扣其初衷:描述人们如何理解他人和自己,这是令常识和学术领域长期着迷的主题。新版进行了全面更新,包括了更多有关社会神经科学和文化社会心理学的最新材料。我们还试图使它更易于阅读。各章都经过了彻底修订,且篇幅更加统一。关键术语以黑体显示,在正文和单独的术语表中都有定义。每章有大约 10 张图表。每一章都有包括关键术语的总结,并且都列出了建议延伸阅读的材料。利用三部曲的协同效应,本书与菲斯克和麦克雷刚刚完成的《社会认知手册》(*Sage Handbook of Social Cognition*, Fiske & Macrae, 2012)相呼应,该手册根据独立专家编辑顾问的反馈,选取了最新的主题和作者(大多数是年轻一代)。本书还与菲斯克 2013 年的精选 60 篇《社会认知重要文献》(*Sage Major Works in Social Cognition*)相呼应,两书恰好同步完成。

30 年前,社会认知最初帮助社会心理学走出了低迷,但另一个因素始终是对人类状况的热切关注——健康、群体间关系、政治、教育、不平等以及更多。我们希望本书清楚地阐明了这一激动人心领域的贡献。

简要目录

第 1 章 导 论 1

第一编 社会认知的基本概念

第 2 章 社会认知中的双重模式 37

第 3 章 注意和编码 71

第 4 章 记忆表征 104

第二编 社会认知的主题：从自我到社会

第 5 章 社会认知中的自我 141

第 6 章 归因过程 175

第 7 章 启发式和认知捷径——推理和决策的效率 208

第 8 章 社会推断的精度与效率 241

第 9 章 态度的认知结构 271

第 10 章 态度的认知加工 301

第 11 章 刻板印象：认知与偏见 330

第 12 章 偏见：认知偏见与情感偏见的相互作用 367

第三编 超越社会认知：情感和行为

第 13 章 从社会认知到情感 403

第 14 章 从情感到社会认知 437

第 15 章 行为与认知 464

专业术语表 498

参考文献 526

详细目录

第1章 导 论 1

研究"社会思考者"的方法 3
    阿施的竞争模型 3
    社会认知研究的元素取向起源 5
    社会认知研究整体取向的起源 6
    勒温的"人—情境"场理论 7
    元素观和整体观的总结 9
认知在心理学中的兴衰 9
    实验心理学中的认知 10
    社会心理学中的认知 13
什么是社会认知 19
    心灵主义 19
    社会情境下的认知过程 20
    交叉兼容 20
    现实世界的社会问题 21
人不是物 22
大脑的重要性 23
文化的重要性 30
总 结 31
延伸阅读 32

第一编　社会认知的基本概念

第2章　社会认知中的双重模式　37

自动化加工　38
  阈下启动　38
  意识水平的启动　42
  长期通达性　43
  关于自动化的总结　44

受控加工　45
  目标导向的自动化加工　45
  目标不一致的自动化　47
  意　图　49
  意识层面的意志　50
  意　识　52
  意识的内容　54
    思维的种类　54
    对人们的思维取样　55
  关于意识的总结　57

动机影响加工模式的使用　58
  归　属　58
  理　解　59
  控　制　60
  自我提升　61
  对内群体的信任　61
  关于动机的总结　62

同时包含自动化加工和受控加工的模型　62
  识人的例子　63
  归因的例子　65
  态度的例子　66
  其他领域的自动化与受控加工：自我、偏见和推论　67

反对的声音：单一模式加工模型　67

总　结　69

延伸阅读　70

第3章　注意和编码　71

面孔：社会性注意的焦点　73

　　注视：他人正在注意的标志　73

　　面孔知觉　74

　　娃娃脸：一种生态现象　77

　　基于面孔的自发推断　78

突显性：刺激在情境中的一种属性　79

　　社会突显性的前提条件　80

　　社会突显性的结果　82

　　关于刺激突显性的总结　84

生动性：刺激的内在属性　84

　　关于生动性的研究证据　85

　　为什么生动性效应看起来如此可信　87

　　生动性未来的研究方向　87

　　关于生动性的总结　88

通达性：头脑中类别的属性　88

　　情境性通达效应　89

　　同化与对比　92

　　编码阶段的启动　94

　　长期通达性　95

　　对通达性的总结　97

直接知觉：不仅仅是在我们的头脑中　97

　　生态因果知觉的一个早期示例　98

　　关于知觉单元的早期研究工作　99

　　对社会认知研究的启示　100

总　结　102
延伸阅读　102

第4章　记忆表征　104

联想网络：组织记忆　104
　　联想网络的基本认知模型　105
　　长时记忆与短时记忆　107
　　社会记忆的联想网络模型　109
　　　PM-1 模型　109
　　　个人记忆模型　110
　　　通过联想路径的双重提取（TRAP）模型　112
　　　关联系统理论　112
　　关于联想记忆模型的总结　113
程序性记忆与陈述性记忆：记忆的作用　114
　　程序性记忆与陈述性记忆的基本认知模型　114
　　社会记忆的程序性模型　115
　　　程序化　115
　　　内隐记忆　116
　　关于程序性记忆的总结　116
并行加工与序列加工：协调记忆过程　116
　　并行加工的基本认知模型　117
　　社会认知中的并行约束满足　118
　　　并行约束满足模型　119
　　　联结主义模型　119
　　　张量积模型　120
　　关于 PDP 模型的总结　120
具身记忆：包含身体表征　121
　　知觉符号系统的基本认知模型　121
　　具身的社会认知模型　122

关于记忆模型的总结　123
社会记忆结构：为什么社会记忆很重要　124
　　社会类别　124
　　　　类别驱动与数据驱动的加工　124
　　　　类别知觉　126
　　　　对人的类别知觉　128
　　　　对类别和原型观点的批评　129
　　　　社会类别的使用　131
　　样例法　132
　　　　样例法的认知模型　132
　　　　样例法的社会认知模型　133
　　　　样例法观点的问题　134
　　　　原型或样例？一个解决方案　135
总　结　136
延伸阅读　137

第二编　社会认知的主题：从自我到社会

第5章　社会认知中的自我　141

自我的心理表征　142
　　自我概念　142
　　自我图式　143
　　自我观念的神经基础　144
　　自　尊　146
　　文化与自我　148
　　　　文化、认知与情感　149
自我调节　152
　　自我调节的影响来源　152
　　行为的趋近与回避　153
　　自我差异理论　154

自我效能感与个人控制　156
　　自我关注　157
　　对自我调节的威胁　157
　　自我调节的神经机制　159
动机与自我调节　160
　　对精确性的需求　160
　　对一致性的需求　161
　　对自我完善的需求　162
　　自我提升　163
　　　　自我肯定　166
　　　　自我评价的维护　167
　　　　恐惧管理理论　167
　　　　文化与自我提升　168
　　调和引导自我调节的动机　169
自我作为参照点　170
　　自我参照　170
　　社会投射　171
总　结　173
延伸阅读　173

第6章　归因过程　175

什么是归因　175
　　因果归因　176
　　因果关系的基本原则　177
　　性情归因和心灵感知　178
　　　　对他人进行推断的神经基础　179
早期研究对归因理论的贡献　180
　　海德的常识心理学理论　181
　　琼斯和戴维斯的对应推论理论　183

凯利对归因的贡献　185
　　　共变模型　185
　　　因果图式　189
　　沙赫特的情绪易变性理论　190
　　贝姆的自我知觉理论　191
　　韦纳的动机性行为归因模型　192
归因背后的加工过程　194
　　归因过程的阶段模型　194
　　　性情归因的神经基础　197
归因偏差　198
　　基本归因错误　198
　　　基本归因错误的文化限制　200
　　行为者—观察者效应　201
　　自利归因偏差　202
　　自我中心偏差　203
　　朴素实在论　203
　　责任归因或归咎　205
总　结　205
延伸阅读　206

第7章　启发式和认知捷径——推理和决策的效率　208

什么是启发式　209
　　代表性启发式　210
　　易得性启发式　212
　　模拟启发式　215
　　　反事实推理　216
　　　运用心理模拟　218
　　锚　定　219
启发式之外：其他决策捷径　221

决策框架效应：来自前景理论的视角　221
　　前景理论　222
　　基本比率与个案历史　224
　　　合取谬误　227
　　信息整合　228
　　　评估共变性　228
　　　错觉相关　231
　　我们何时使用启发式和其他认知捷径　233
跨时间的决策　234
　　时间建构　235
　　向过去学习　236
总　结　239
延伸阅读　240

第 8 章　社会推断的精度与效率　241

为什么假设人是理性的　241
社会推断何时会产生错误的答案　243
　　收集信息　244
　　信息取样　245
　　趋均数回归　247
　　稀释效应　249
错误与偏差是重要的：改进推断过程　250
　　我们应该把推断交给电脑吗　252
　　教授推理　254
错误与偏差是偶然的：它们或许无关紧要　256
　　推断错误无关紧要或者可以自我修正吗　258
快速判断有时会优于深思熟虑的判断吗　260
　　动机性推断　262
神经经济学：回到未来　265

总　结　268
延伸阅读　270

第9章　态度的认知结构　271

早期的见解　272
　　比较态度的新旧认知研究方法　273
两种一致性理论中的认知表征　274
　　失调理论预测选择性知觉　275
　　　　选择性知觉　275
　　　　文化与选择性知觉　277
　　失调理论预测选择性学习　278
　　平衡理论预测选择性回忆　279
　　态度对记忆的组织　281
　　一致性理论的总结　282
离散式表征与分布式表征　282
常人理论和态度改变　283
　　信息传播者及其信息的归因分析　283
　　群体极化：社会认知的解释　286
　　关于态度稳定性和变化的内隐理论　289
　　态度常人理论的总结　292
态度的功能维度　292
　　信念、强度和重要性　292
　　态度的功能　294
　　　　知识功能　294
　　　　价值功能　296
　　　　社会功能　297
总　结　297
延伸阅读　299

第 10 章 态度的认知加工 301

启发式模型与系统式模型 302

说服的外周路径与中心路径：精细加工可能性模型 304

 方　法 305

 传播者效应 307

 信息效应 307

 听众卷入 311

 认知反应和说服的个体差异 313

 对精细加工可能性模型的总结 315

动机和机会决定态度加工：动机—机会决定模型 317

内隐联结 319

具身态度 323

态度的神经机制 324

总　结 327

延伸阅读 328

第 11 章 刻板印象：认知与偏见 330

公开的刻板印象 332

 社会同一性、自我归类以及其他同一性理论 332

  理　论 332

  内群体偏好 335

  群体同质性 336

  同一性理论的总结 336

 群体间意识形态 336

  社会支配理论 337

  右翼权威主义 338

  恐惧管理理论 339

  制度正当化理论 340

 群体实体性理论及其后继理论 341

本质主义　341
　　多元文化主义　342
　　低人性化与非人化　342
微妙的刻板印象　344
　　自动的刻板印象　344
　　　类别内混淆　344
　　　厌恶性种族主义　345
　　　间接的种族态度　346
　　　内隐联结测验　347
　　　刻板印象与认知负荷　348
　　　刻板印象与动机性控制　349
　　模糊的刻板印象　350
　　矛盾的刻板印象　353
偏见的影响　356
　　归因模糊性　357
　　刻板印象威胁　358
　　少数群体的同一性与幸福感　361
　　多数群体的担忧　363
总　结　364
延伸阅读　366

第 12 章　偏见：认知偏见与情感偏见的相互作用　367

群体间认知与情绪　368
　　刻板印象内容模型　369
　　群体间情绪理论　371
　　意象理论　373
　　生物文化取向　374
　　焦虑的综合威胁理论　375
　　内疚的各种理论　376

种族偏见 378
  种族主义的情绪负荷 379
  很多种族主义属于厌恶性种族主义 382
  种族偏见不是进化的产物 383
  种族隔离 387
性别偏见 389
  亲密的相互依赖与男性地位 389
  情绪混杂的规范性刻板印象和矛盾的偏见 391
  性别偏见的生物和社会基础 393
年龄偏见 395
  弹性的界限 396
  死亡和恐惧管理 397
性取向偏见 397
总　结 399
延伸阅读 400

第三编　超越社会认知：情感和行为

第13章　从社会认知到情感 403

区分情感、偏好、评价、态度、心境和情绪 404
  情感及相关概念 404
  区分积极反应与消极反应 405
  如何定义基本情绪 408
早期理论 410
情绪的生理学理论 410
  面部反馈理论 411
  兴奋迁移 412
  情感神经科学 415
情感的社会认知基础 417
  情绪是认知加唤醒：中断理论 418

情绪中的心智和唤醒　418
　　亲密关系中的期望、目标与情绪　421
认知结构与情感：匹配理论　422
　　权力关系中的期望、动机与情绪　422
　　图式触发的情感　423
　　图式复杂性与情感极端性　424
结果认知与情感　425
　　对获得结果的归因　425
　　假想的结果与情感　427
情绪是目标的管理者　428
评价理论　429
　　个人意义　429
　　认知评价　430
情感预报　433
总　结　434
延伸阅读　435

第 14 章　从情感到社会认知　437

情感对认知的影响　437
　心境与帮助行为　438
　心境与记忆　441
　　心境一致性　441
　　心境状态依赖性记忆　444
　　心境与记忆的网络模型　445
　　关于心境与记忆的总结　446
　心境与判断　447
　心境与决策风格　451
　心境与说服　452
　心境与幸福感　453

情感与认知　454
　　独立系统理论　454
　　来自纯粹曝光研究的证据　455
　　来自识人、归因和态度研究的证据　457
　　反对观点　458
总　结　461
延伸阅读　462

第 15 章　行为与认知　464

目标导向的行为　464
　　计划与行为　465
　　自动的目标追求　468
　　同化与对比　471
　　个体差异与目标　472
　　目标导向行为的神经基础　473
认知与行为何时发生关联　474
　　哪些行为与认知有关　474
　　测量认知与行为　475
　　哪些认知可以预测行为　476
　　思考态度背后的理由　479
　　态度的情感与认知影响　480
　　行动识别　481
　　情境因素中介认知与行为的一致性　484
　　个体差异中介一致性　486
　　　　自我监控　486
用行为进行印象管理　489
　　营造积极印象　489
　　自我妨碍　490
　　印象管理的其他策略　491

用行为检验关于他人的假设　491
　　自我实现的预言：行为何时创造现实　493
总　结　495
延伸阅读　497

专业术语表　498

参考文献　526

第1章

导 论

- 研究"社会思考者"的方法
- 认知在心理学中的兴衰
- 什么是社会认知
- 人不是物
- 大脑的重要性
- 文化的重要性

　　我们大多数人都在意别人对我们的看法。我们所有人都想要理解他人。社会认知可以同时解释这两个过程。这不是一本自助书籍，但它有助于你驾驭你的社会生活。这不是一本励志书籍，但它会帮助你在这个世界上发挥自己的一份作用。这不是一部小说，但它讲述了一些很好的故事。社会认知捕捉了一系列对个人及人类处境均有助益的现象。

　　考虑一种常见的错误理解社会认知的情形。在一次派对上，试着告诉别人你是一名心理学家或仅仅是正在学习心理学。就算告诉别人你只做科学研究而不会读心术也没用。对方不可避免地会有以下两种反应中的一种：他要么连忙退后，害怕被你当场分析；要么赶紧靠过来，向你吐露各种隐私和秘密。我们认识的一位心理学家会声称自己是一个电脑程序员，以此来避免这种尴尬的情形。另外，我们还偶然发现一种不同的策略，那就是平静地说："我研究人们如何给陌生人留下第一印象。"这句话会迅速终止那个对话。

然而，假设那个对话并未就此结束。假设对方开始谈论是什么让人们心动，开始讨论他对派对上各类朋友、亲戚和陌生人的印象。这就是本书关注的那类素材。**社会认知**（social cognition）研究人们如何知人，如何自知。它聚焦于普通人如何思考和感受他人，以及他们认为自己怎样思考和感受他人。

人们对社会世界的理解可以通过询问他们如何理解他人来研究（Heider, 1958）。这就是**现象学**（phenomenology）途径：系统地描述普通人如何讲述他们所体验到的世界。如果人们是对的，研究者们可以利用这些见解，通过总结很多人的直觉模式来建立正式的理论。即使人们是错的，研究者们也可以研究人们的常识理论本身，从而认识到人们是如何思考的。社会认知研究者们也关注这些常识理论，即**朴素心理学**（naive psychology）本身。也就是说，人们关于彼此的日常理论本身就是颇为有趣的研究对象。因此，如果派对上的人对人们相互之间如何产生印象有一些看法，他个人的这些非正式观点本身就很有意思。

社会认知当然远不止朴素心理学的范畴。研究社会认知需要对人们如何看待自我和他人进行精细的分析，它在很大程度上依赖于认知心理学的理论和方法。社会认知的标志之一就是认知心理学精细模型的影响。这些模型非常重要，因为它们精确地描述了学习和思考的机制，而这些机制又适用于包含社会知觉在内的非常广泛的领域。由于这些模型具有普遍性，而且由于认知过程可能会对社会行为产生重大影响，因此将认知理论应用到社会情境之中也就顺理成章。

朴素心理学视角和认知视角都是社会认知研究中的重要主题。这两种视角反映出社会认知具有双重吸引力。研究人们如何看待他人的有趣之处在于它能吸引你的直觉，就像午夜后与朋友闲坐，推测人类本性时的那种乐趣和吸引力。研究的精细部分则迫使你保持精准和明确；它的吸引力就像一个你最喜爱的复杂拼图。无论你是爱好纵横字谜、数学游戏、拼图游戏，抑或是悬疑小说，将所有碎片拼合在一起的过程总是有着巨大的乐趣。

研究"社会思考者"的方法

了解一些社会认知的研究历史可以让我们更好地理解研究者们当前的工作。本节将比较两种主要的且已被证实有效的研究方法。

阿施的竞争模型

设想你阅读了一封推荐信，信中将一个人描述为"聪明的、熟练的、勤勉的、冷酷的、坚定的、务实的和谨慎的"。你会倾向建议雇佣这个人吗？你会愿意与他一起工作吗？你是如何迅速地形成这些印象的？所罗门·阿施在其开创性的工作中，检验了人们如何认识他人，如何组合他人的人格成分并得出一个整体的综合印象（Asch, 1946）。这项工作为识人（person perception）研究打下了基础（E. E. Jones, 1990; D. J. Schneider, Hastorf, & Ellsworth, 1979）。阿施的理论指出，我们将他人经验为一个心理上的单位，将这个人的各种品质（特质）融入一个统一的主题（印象）中。阿施（Asch, 1946）最初通过12项精彩的研究论证了这一观点。参与者需要对某个人格特质列表描述的个体形成印象。例如，一组参与者了解到的是本段开头的人格特质列表所描述的个体。另一组参与者了解到的个体则被描述为"聪明的、熟练的、勤勉的、温暖的、坚定的、务实的和谨慎的"。实验的操纵很简单：将特质"温暖的"和"冷酷的"进行对换会产生对目标个体截然不同的描述。例如，聪明却冷酷的人显得精于算计，聪明而温暖的人显得富有智慧。

阿施提出了两个模型来解释这些实验结果：构形模型和代数模型（见图1.1）。**构形模型**（configural model）假设个体对他人形成一个统一的整体印象；统一的力量重塑了单个元素，使其与整体印象保持一致。统一的压力改变了单个元素的意义，使其更符合情境。聪明的骗子是狡猾的；聪明的孩子是机灵的；聪明的祖母是智慧的。除了意义的改变，人们还利用各种策略去组织和统合印象的各个成分。人们不仅改变模糊词语的意义，而且能非常有创造力地消解词语的明显差异。根据构形模型，所有这些心理活动会产生一个由特质及特质间关系所组成的印象，正如**图式**（schema）在后文中将被定义为由各种属性及属性间关系构成一样。

另一个模型即代数模型，直接与构形模型形成对比，也与后来的图式模型形

A. 代数模型

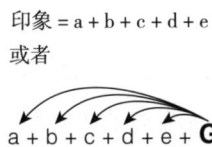

B. 构形模型

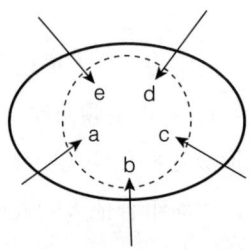

图 1.1 所罗门·阿施（Asch, 1946, p. 257）的两个相互对立的识人模型：A. 代数模型的一个版本是使用各特质评估值的简单总和，另一个版本则使用晕轮效应（印象的整体积极性或消极性）对每一个特质的评估均进行同等程度的上调或下调，然后再求总和；B. 构形模型则展示了特质被整合成对一个人的统一印象，在这个印象中，单个特质的意义因情境中其他特质的存在而变化

成对比。**代数模型**（algebraic model）对每一个特质单独评价，并将这些评价组合成一个概括性评价。这就好像遇到新认识的人时，你只是简单地将这个人所有的优点（如聪颖）和缺点（如冷酷）结合起来，形成你对他的印象。对信息进行平均的代数模型拥有一个引以为傲的研究项目（N. H. Anderson, 1981），而与此相关的综合不同信念形成整体态度的代数模型也有自己的经典研究（Fishbein & Ajzen, 1975）。

构形模型和代数模型分别代表了下文描述的社会认知研究的整体取向和元素取向。因此，它们代表了关于人们如何形成对他人印象的两种根本不同的观点。最初由阿施提出的这两种相互竞争的取向都经过了充分的研究，你可以想象得到，围绕它们的激烈争论持续了很多年（North & Fiske, 2012）。然而，从理论的角度来看，至此，竞争的结果是平局，因为两个模型都十分灵活，足以解释各自的数据。而且，两者都没有以一种可以被严格证伪的形式表述出来。这使人们一致认识到

"将两种取向对立起来是徒劳的"（Ostrom, 1977），并呼吁进一步发展理论。两种取向都不再试图"反驳"对方。事实上，第 2 章描述的许多双重加工理论实际上解决了这个由来已久的争论。它们指出，两个模型都是正确的，人们在各自不同的信息和动机条件下自然会遵循与其研究取向相对应的研究范式。

这两个模型构成了我们将会遇到的众多研究的核心，因此接下来我们将介绍一些历史背景。社会认知研究的两种广泛的思想取向——元素取向和整体取向，可以追溯到心理学的哲学起源。**元素取向**（elemental approach）是将科学问题分解成若干部分或元素，分别对各部分或元素详加分析后再进行组合。**整体取向**（holistic approach）则是在其他部分或元素的背景下分析各个部分或元素，注重它们之间关系的整体结构。这一区别将在我们下文详细介绍两种取向时变得愈益清晰。

社会认知研究的元素取向起源

在 20 世纪初以前，心理学一直是哲学的一个分支，哲学家们提出的一些心理基本原则，时至今日仍然举足轻重（Boring, 1950）。英国哲学家的元素论传统将心理与化学相类比，将观念看作心理的元素。任何概念，无论是具体的，如"打喷嚏"，还是抽象的，如"羞耻"，都是一个基本元素，并且任一元素都能与其他元素相关联。概念间的联结产生了心理上的化学反应（Locke, 1690/1979）。

按照元素论的观点，观念最初来源于我们的感觉和知觉。随后，它们因空间和时间上的接近而相互联结（Hume, 1739/1978）。换句话说，如果打喷嚏时要使用纸巾，那么这两个词会因接近成为一个单元。重复是使简单接近变成心理化合物的关键（Hartley, 1749/1966）。如果打喷嚏和纸巾在你的整个生活中始终联系在一起，当你想到打喷嚏时就会自动想到纸巾。打喷嚏—纸巾成为一个心理化合物。类似地，如果"羞耻"这个概念经常和"跳舞"这个概念同时出现，它们很可能由于简单的重复配对而联结起来。人们也会在日常生活中有意识地运用重复和接近的原则：想一想最近一次你尝试记忆一个电话号码中的数字，你不断重复它们，直到使之成为一个单元。重复的频率是决定联结强度的一个主要因素（Mill, 1869,

1843/1974）[1]。

20世纪初，心理学作为一门独立的学科从哲学中脱离出来，心理化学观最终得到了实证研究的检验。最初的实验心理学家，如德国人威廉·冯特和赫尔曼·艾宾浩斯，训练自己和自己的研究生观察自身的思维过程：内省自己是如何将想法转变为记忆，又是如何从记忆中提取出这些想法的（Ebbinghaus, 1885/1964; Wundt, 1897）。他们的方法是将经验分析成各种元素，以查明元素间是如何联结的，以及支配这些联结的法则。这些始于英国哲学家的主题至今仍是现代实验心理学的一个基础。我们在阿施的代数模型中看到了一个元素模型。在本章的稍后部分以及第4章中，我们将看到元素取向如何体现在当今的社会认知研究之中。

社会认知研究整体取向的起源

德国哲学家伊曼努尔·康德（Kant, 1781/1969）反对元素取向，主张将我们的心灵作为一个整体一起研究。他认为，心理现象内在地具有主观性。换句话说，我们的心灵主动构建出的现实会超越原有事物本身。一串葡萄看起来是一个整体，但这种知觉是头脑的构建。感知"一碗葡萄"和分别感知每一颗单粒的葡萄是不同的。类似地，如果某人剪下一些葡萄，而剩下的葡萄从碗里跌落出去，这两个运动会被知觉为具有因果关系。总之，心灵修饰了知觉，知觉的内容并非是刺激本身所固有的。人类的心智组织了这个世界，从周围环境的属性中创造了知觉秩序。

德国心理学家（后就职于美国）提出的**格式塔**（Gestalt）心理学借鉴了这些早期的整体取向见解（Koffka, 1935; Kohler, 1938/1976）。与"分析为元素"相反，使用格式塔方法的心理学家首先描述他们感兴趣的现象，即知觉的直接经验，而不对其加以分析。这种前面介绍为现象学的方法，聚焦于系统地描述人们的知觉和思维经验。后来，它也成为社会认知研究的重要基础之一：依靠询问来了解人们如何理解世界。

尽管元素取向和整体取向的研究者们都采用了内省法，但格式塔心理学家关

---

[1] 人们在不同时期提出了其他的联结原则，后来因支持重复接近原则而放弃。这些原则包括相似性和因果性产生联结，以及生动性加强联结（Boring, 1950）。

注人们动态的整体经验；而元素取向的心理学家则关注经过内省训练的人把整体分解为部分的能力。为了说明格式塔和元素取向的区别，你尝试着在脑海里回想一首歌曲。一首歌可以被知觉为一连串单独的音调（元素取向），或者被知觉为一首从音调间的关系中涌现出来的旋律（格式塔）。在格式塔视角下，将旋律分解为感知元素会丢失涌现的结构。格式塔心理学家认为，元素取向心理学家提出的心理化学的隐喻是误入歧途，因为一种化学复合物具有不能由其孤立的组成元素所预测的属性。同样，知觉到的整体也具有某些从孤立的部分识别不出来的属性。例如，中调 C 在许多低音调音符的背景下会显得音调较高，而在许多高音调音符背景下会显得音调较低，但它在许多与它音调接近的音符背景下则不会突显出来。类似地，一个中等身高的篮球运动员在地铁里会很显眼，但在球队里却不会。许多之前在原高中班级名列前茅的新入校大学生，突然发现自己在大学里不再是"学习明星"。总之，个体是在当下的背景下获得意义的，而这些背景是会改变的。心理意义超越了原始的感知部分，还包括了人们对整体施加的组织。格式塔所主张的刺激构形的重要性引导了两位研究者，他们的工作直接影响了社会认知的研究和理论。我们已经了解了所罗门·阿施的工作，接下来介绍库尔特·勒温的研究。

勒温的"人—情境"场理论

德裔美国心理学家库尔特·勒温（Lewin, 1951）将格式塔观点引入社会心理学，并最终引入到社会认知研究中（Boring, 1950; Bronfenbrenner, 1977; Deutsch, 1968）。像其他格式塔心理学家一样，勒温注重人们的主观知觉，而非所谓的"客观"分析。他强调社会环境的影响，但此社会环境须为个体所知觉，他称之为**心理场**（psychological field）。对某人心理场的全面理解不可能来自他人对其周围环境的"客观"描述，因为真正重要的是这个人自己的解读。这并不是说此人一定可以用语言表述他所知觉到的环境，而是说此人自己的报告通常会比研究者的直觉提供更好的线索。例如，一位研究者也许会客观地报告巴布称赞了安的外貌。研究者甚至可能有强烈的直觉知道巴布为什么会这么做。但安的反应依赖于她自己对巴布意图的知觉：逢迎、嫉妒、安慰或友好。搞清楚这个问题的一个基本途径是让安从她自己的角度去描述发生了什么。正如在格式塔心理学中通常发生的那样，勒温强调个体的现象学，即个体对其情境的构建。

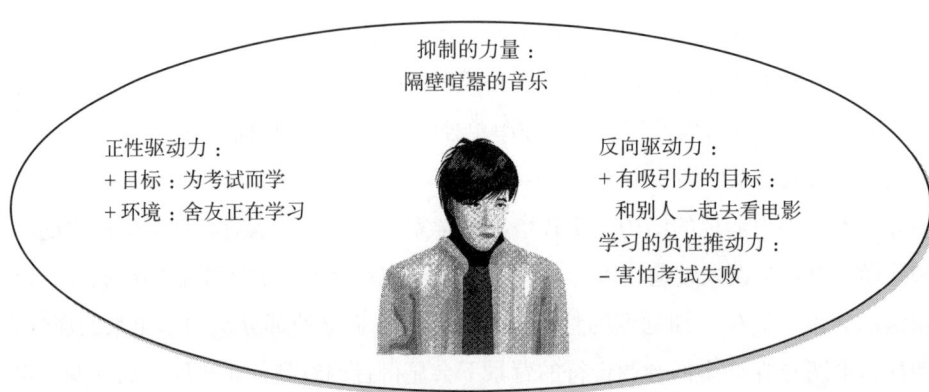

图 1.2 库尔特·勒温（Lewin, 1951）的心理场理论，代表了个体学习与否的各种压力。这些压力是基于主观知觉到的驱动力和抑制力而形成的，这些力量共同激发个体的行为

另一个从格式塔心理学引入社会心理学的主题是：勒温坚持认为应该描述整体情境，而非情境中孤立的元素。个体存在于一个由各种力量构成的心理场之中。想要对其进行预测，就必须了解在特定情境下作用在个体身上的所有心理力量。例如（见图1.2），一些力量可能会促使个体去学习（如：一场即将到来的考试，看到室友正在学习），但另一些力量可能会促使个体以另一种方式度过这个夜晚（一群朋友建议去看电影），其他力量（隔壁喧嚣的音乐）可能会妨碍个体的学习。没有一种力量可以单独预测行为，但这些力量间的动态平衡以及不断变化的平衡状况能够预测行为。

整个心理场（及影响下的行为）是由两对因素决定的。第一对因素包括个体及所处的情境。任何单一因素都不足以预测行为。个体的需求、信念、知觉能力等作用于环境形成心理场。因此，知道某个人有学习的动机并不能预测他是否会去学习或者学多少。但在图书馆中一个有学习动机的人则极有可能进行大量的学习。自从勒温之后，社会心理学家已经意识到个体和情境都是预测行为的必要因素。社会认知研究聚焦于个体在特定情境下的知觉、思维和记忆。

决定行为的第二对心理场因素是认知和动机。这两者都受个体和情境的共同影响，也共同预测个体的行为。认知提供了知觉者对情境的解释：如果没有清晰的认知，行为是不可预测的。如果个体对新情境的认知是不完整的或不清楚的，那么行为将会变得不稳定。例如，如果你对即将到来的音乐作曲考试没有一点儿概念，那么你的行为将会是不规律的和不可预测的：你也许会尝试几种学习策略，但它们都不会特别系统。认知帮助个体决定将会做什么以及行为的方向。如果一个音乐家朋友解释了作曲考试通常包括哪些内容，你的认知和你的学习就会安定下来，按照计划好的方向行进。当然这假设了你确实在学习。心理场的第二个特征是动机，动机的强度预测行为是否会发生，以及如果发生了，它又会发生多少。知道如何去做并不意味着你会去做，仅有认知是不够的。动机为行为提供了动力。

总的来说，勒温的分析聚焦于个体感知到的心理现实，聚焦于各种力量的组合而非单个元素，聚焦于个体和情境，聚焦于认知和动机。这些重要的主题可以通过格式塔心理学一直追溯到康德哲学，在现代社会认知取向乃至整个心理学中仍有其理论价值。

元素观和整体观的总结

我们已经通过比较元素观和整体观，阐述了社会认知的历史渊源。元素取向旨在从底部开始，将小的片段组合成大的片段，进而拼合出整个拼图。这种取向的零碎性与格式塔的整体性形成鲜明对比。为了描述个体对现实的积极构建，整体取向的观点旨在处理知觉者所看到的整体构型。元素取向和构形或整体取向的冲突将会在第 2 章以一种不同的形式再次出现。届时我们将会看到，二者可以被整合为两个互补的过程。

认知在心理学中的兴衰

心理学家并非一直认为研究内部心理过程很重要。认知研究过去得到的评价既有正面的，也有反面的。为了防止对认知重要性的看法过于短浅，让我们简要回顾一下认知在实验心理学和社会心理学中的地位。早期心理学家，无论是元素取向还是整体取向，都将内省法作为理解人类思维的核心工具。然而，正如你将看到的，内省法后来变得名声不佳，认知也随之声誉受损。在很长一段时间里，实验心理学排斥认知，但社会心理学并没有。接下来的两个部分对比了认知在实验心理学和社会心理学中的命运。

实验心理学中的认知

冯特在实证心理学发端时所做的工作很大程度上依赖于经过训练的**内省法**（introspection）[2]。之所以采用内省法，与冯特强调的认知目标有关：人的经验恰是其研究的主题。冯特和其他学者收集心理事件的数据，并构建理论来解释这些数据。然而，实验心理学最终抛弃了内省法，因为它不符合科学标准，即数据应具有公开的可重复性。其他科学家应该能够考察这些数据，能够按照相同的实验程序重复出这些数据，并进而分析这些数据看其是否验证了理论。在早期的实验心理学中，理论必须解释内省（即自我观察）结果，但这也是问题所在。如果一个理论成功的标准取决于私人经验，那么证据就无法公之于众，研究就不能被他人检验。这个问题最荒谬的版本如下：如果我的理论能够解释我的内省结果，你的理论能够解释你的内省结果，那我们该如何决定究竟谁是对的呢？

当内省法因这些问题而被抛弃时，对认知的研究也随之衰落。心理学家从研究内部（认知）过程转向研究外部公开的、可观察的事件。这种取向最终发展为20世纪早期的美国**行为主义**心理学。行为主义者认为，只有外显的可测量的行为才是实证分析真正有效的对象。爱德华·李·桑代克是行为主义的奠基人之一，斯金纳等人进一步发展了他的工作。例如，桑代克（Thorndike, 1940）的工具性学习理论就没有认知的立锥之地。根据这一理论，行为具有一定的奖惩效应，使有机体随后重复或避免这种行为。简而言之，"效应成了原因"。效应和原因都是可观察的，而认知看起来与此无关（Skinner, 1963）。一位行为主义心理学家甚至称认知为迷信（Watson, 1930）。

行为主义者认为，为一种理论的每一部分具体指明一个可观察的刺激（stimulus, S）和反应（response, R）是一种严格的科学训练，是心理学包括社会心理学的发展所必需的（Berger & Lambert, 1968）。例如，一个行为主义者可能会这

---

2 冯特也测量并不依赖于人们自我报告的内部过程；比如，他也重视对反应时的测量，即刺激与反应间的时间间隔。如果你问我们年龄多大，我们能立即作出反应。如果你问我们中的任何一个人，另一个作者的年龄多大，那我们得先计算一下，这就要花费更长时间。因此，通过反应时能够或多或少地推测发生于其间的思维过程。这些测量为内省结果提供了补充。

样开始对种族和族裔歧视问题的研究：通过观察注意到某些儿童因为与某些其他族裔的儿童玩耍而受到惩罚，因与自己相同族裔的儿童玩耍而受到了奖赏。这种看法的一个简化模型就是将"别的族裔群体"作为刺激，将"不在一起玩耍"作为反应。一个行为主义者不会考虑刻板印象（认知）在其中可能的作用。总的来说，在实验心理学中，由于行为主义理论的统治地位，认知的观念在长达近半个世纪的时间里都声名扫地。

20世纪60年代，有几个事件使实验心理学家对认知重新燃起兴趣（Holyoak & Gorden, 1984）。首先，语言学家批评刺激—反应的结构无法解释语言现象［参见乔姆斯基（Chomsky, 1959）对斯金纳（Skinner, 1957）的批评］。显然，复杂的、符号化的、人类独有的语言现象不会轻易地屈服于行为主义取向。

其次，在探索人们如何获得知识和技能的研究中出现了一种新的取向，即信息加工（Broadbent, 1958）。**信息加工**（information processing）观点认为心理活动可以被分解为有序的阶段。如果你问我们其中一个人，她的侄女是何时出生的，她会回想起与这个事件相关的个人情境，并记起来那是1979年8月。信息加工理论可能会将这些认知操作用图1.3来表示。

信息加工理论尝试具体说明发生于刺激（问题）与反应（回答）之间的步骤。它的重要特征是信息的序列加工。不同于行为主义，信息加工取向旨在阐明大脑黑箱里的认知机制。

随着新的科学工具的开发，认知心理学家有了追踪可能发生在刺激和反应间无法直接观察的过程的新方法。第一个重要的工具就是广泛应用的计算机，它既是一个方法学上的工具，又是一个理论隐喻。作为一种工具，认知科学家利用计算机去模拟人类的认知过程。他们编写复杂的程序，这些程序可以下棋、学习几何以及概述新闻（J. R. Anderson, 1976; Newell & Simon, 1972; Schank & Abelson, 1977）。社会认知研究者已经利用计算机模拟出人们如何形成对彼此的印象、解

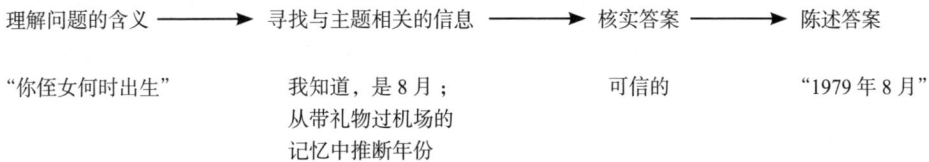

图1.3 信息加工序列中的示例步骤：一个高度简化的问—答模型中的认知机制

释和记忆（Hastie, 1988a; Linville, Fischer, & Salovey, 1989; E. R. Smith, 1988; Van Overwalle, 1998），以及如何改变态度（Latané & Bourgeois, 2001; Van Overwalle & Jordens, 2002）。作为隐喻，计算机为描述心理过程提供了框架和行业术语。关于人类认知，认知心理学家开始讨论它的输入—输出操作，或者记忆的储存和提取。早期的认知理论大多建立在人类认知在某些重要方面类似于计算机信息加工的观点之上。

随着认知神经科学的出现，认知的隐喻和模型又发生着新的变化。随着人们对大脑系统、神经网络、脑活动时间窗口甚至单细胞反应的认识逐渐深入，认知心理学家更注重于构建与上述方面的发现更为吻合的认知加工模型。目前的挑战包括建构模型以解释缺乏智能的单个神经元所组成的神经簇何以能产生如此精妙的智慧。一些模型从个体层面上看起来简单但能集体完成最优选择的生物身上得到启发，例如蚂蚁，它们能够找到远离天敌的安全巢穴（Mallon, Pratt, & Franks, 2001）。另一个例子是鸟群的协调。没错，它们各自都只有一个"鸟脑"，但却可以集体飞越几千公里，一起降落、一起飞翔、一起起飞，实际上，它们有效地做了群体决策（Couzin et al., 2005）。这些简单的生物集群或许可以为我们理解神经系统提供某些隐喻、模型和方法。

总结一下，实验心理学最初将内省法作为研究思维的一种合理方法，并且把认知视为一个合理的理论重点。然而，行为主义者在长达数十年的时间内，几乎消除了这类技术和关注，当然认知也随之声名扫地。20世纪70年代，认知心理学重新成为一种科学上合理的追求（Neisser, 1980）。20世纪90年代（"脑的十年"）以来，认知神经科学深刻地改变了局面，例如，强调人类认知与情绪之间的相互作用（Phelps, 2006）、与语言产生和理解有关的弥散神经系统（Gernsbacher & Kaschak, 2003）、包括差异监控在内的认知控制的神经机制（Miller & Cohen, 2001）、不同种类的**类别**（category）学习的不同神经基础（Ashby & Maddox, 2005），以及一些由来已久的概念的神经证据［如关于过去经验的**情景记忆**（episodic memory）得到了大脑损伤的**神经心理学**和记忆的神经影像学研究的支持］（Tulving, 2002）。或许这些神经机制看起来和社会认知没什么关系，甚至有分裂心理学的危险。幸运的是，人类神经科学具有将心理学重新黏合在一起的潜力，因为大脑没有像心理学系那样被分裂。我们人类是这个世界中同时具有社会属性、情感属性和认知属性的行动者。

社会心理学中的认知

与实验心理学不同,社会心理学始终坚持依靠认知相关的概念,即使在行为主义占统治地位时期也是如此。社会心理学至少在三个方面一直具有认知特性(图 1.4)。第一,勒温及之后的社会心理学家认为,要想更有效地理解社会行为,应从人们对自己世界的认识或知觉入手,而不是从对刺激环境的客观描述入手(Manis, 1977; Zajonc, 1980a)。例如,一项似乎出于自私动机(为了让捐赠者感觉良好)的捐赠,可能在短期内鼓励捐赠行为,但不具有长期效果(Anik et al., 2011)。人们的反应取决于他们的感知,而非仅仅是给予者的行为。

其他人甚至可以在不在场的情况下影响一个人的行为,这是完全排除了客观刺激的情况下对知觉的极端依赖。因此,有些人对捐赠机会的反应源于其对他人反应的想象(例如,"接受者会有多感激?""我妈妈会说什么?"或者"我的朋友们会怎么想?")。当然,这些想法都是此人自己的想象,或许和客观现实没太多关联。因此,社会行为的原因具有双重的认知属性:我们对实际在场的他人的知觉,以及我们对想象中他人在场的知觉,两者都能预测行为(详见 G. W. Allport, 1954)。[3]

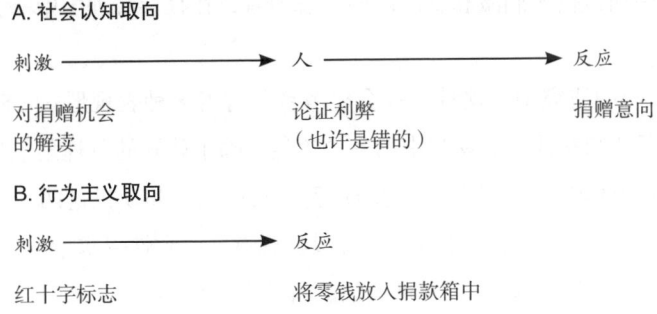

图 1.4 一项社会决策的认知属性:与行为主义的 S–R 模式相比,社会认知(以及整个社会心理学)从刺激开始,经有机体(Organism,人)参与,最后产生反应(S–O–R),每一步都被看作由认知中介

---

3 或许会有人问,这种取向有没有合乎逻辑的替代选择?谁在研究人们对客观世界的反应而不是对认知世界的反应?正如之前介绍过的,答案是行为主义者和一些知觉理论家(Gibson, 1996;见第3章)。

社会心理学家不仅主要从认知的角度看待社会知觉和互动的原因，而且也从这种角度看待它们的最终结果，这是社会心理学一直具有认知属性的第二个方面。思维往往先于情绪和行为成为社会研究者主要的测量对象。一个人可能会担心这次捐赠（思维），对这一想法感觉很好（情感），最后进行捐赠（行为），但社会心理学家经常问的是："对此你怎么想？"即使当他们聚焦于行为和情感时，他们的问题也经常是："你打算做什么？"以及"你会如何描述你的感受？"可以说这些并非行为和感受，而是对它们的认知。因此，社会心理的原因在很大程度上具有认知属性，其结果也在很大程度上具有认知属性。

社会心理学一直具有认知属性的第三个方面在于，处于假定的原因和结果之间的人被看作一个会思考的有机体，与此形成对照的是将人看成情感有机体或无意识机器（Manis, 1977）。许多社会心理学理论将典型的人描绘成行动前会进行分析（也许分析得很糟糕）的个体。在试图处理复杂的人类问题时，正如社会心理学一直在做的那样，复杂的心理过程似乎是必不可少的。除此之外，还有什么能解释刻板印象和偏见、宣传和说服、利他和攻击等问题呢？很难想象一个狭隘的行为主义理论会如何着手。严格的刺激—反应（S—R）理论并不包括"会思考的有机体"，而后者似乎是解释这些问题所必需的。那么，在某种意义上，社会心理学与严格的S—R理论的区别在于，它依赖于包括刺激、有机体和反应在内的S—O—R理论。因而，位于刺激和反应之间的思考者，在社会心理学中一直是至关重要的。

在近几十年的研究中，这种"社会思考者"有着多种表现形式（S. E. Taylor, 1998），反映了认知在社会心理学中的各种角色。除了认知的各种角色外，动机在对社会思考者的认识中也扮演着不同的角色。根据认知和动机这两个成分，我们可以确定社会心理学中关于思考者的五种典型观点：一致性寻求者、朴素科学家、认知吝啬者、有动机的策略家以及被激活的行动者（表 1.1）。

第一种观点出现于第二次世界大战后关于态度改变的大量研究工作中。20世纪50年代后期产生了几种理论，它们有一些共同的关键基本假设。一致性理论，正如其名，将人们看作由感知到的认知不一致所驱动的**一致性寻求者**（consistency seekers）（例如，Festinger, 1957; Heider, 1958; 综述见 Abelson et al., 1968）。失调理论是最有名的例子：如果戴维公开宣称他正在节食，并且知道他刚吃了一个巧克力圣代，那么他必须想办法统一这两种认知（改变"节食"的主观定义将会是个

表 1.1　社会认知研究中的社会思考者模型

社会思考者模型	年代	动机的主要角色	认知的主要角色	理论举例（相关章节）
一致性寻求者	1950—1960s	减少认知不一致引发的不适的驱力	对行为和信念的认知	态度的失调理论（第9章）
朴素科学家	1970s	预测与控制，合格的理性	基本的、理性的分析	归因共变模型（第6章）
认知吝啬者	1980s	迅速的、充分的理解	走捷径以节约有限的容量	启发式决策（第7章）
有动机的策略家	1990s	思考是为了在社会情境中行动	互动目标组织认知策略	双重加工模型（第2章），尤其是刻板印象（第11章）
被激活的行动者	2000s	社会生存与发展	自动化的情感与行为	内隐联想（第3~4章，第12~15章）

开始）。

第9章将回到各种一致性理论，但此时有两点至关重要。首先，这些理论依赖于感知到的不一致，这就将认知活动放在了核心位置。例如，如果想节食的人能使自己确信放纵一次不会有什么影响，那么吃一次圣代对他们来说并不算不一致。客观的不一致不重要，各种认知之间或情绪与认知之间的主观不一致才是这些理论的核心。事实上的不一致，如果未被觉察，是不会产生心理上的不一致的。

其次，一旦个体感知到不一致，就被推定会产生不适的感觉（一种负性驱动状态），并有动机去减少这一不一致。减少这种令人厌恶的驱力状态是一种令人愉悦的解脱，它本身就是一种奖赏。这一动机模型被称为驱力减少模型。不那么正式的说法是，除非吃圣代的节食者捏造出一些借口，否则他无法从焦虑中解脱。因此，一致性理论假定人们会在动机的驱动下改变他们的态度和信念，因为一致性需要未得到满足。总之，动机和认知都是一致性理论的核心。

讽刺的是，随着这些研究的激增，一致性理论不再主宰这一领域，部分原因是一个主题上的多个变式逐渐变得难以区分。再者，很难预测个体会将什么内容知觉为不一致，不一致的程度如何，以及个体会采取哪种路径去解决不一致。最后，人们确实会容忍相当数量的不一致，因此将避免不一致的动机作为高于一切的原则受到了质疑（参见 Kiesler, Collins, & Miller, 1969）。

社会认知研究开始于 20 世纪 70 年代早期，新的思考者模型也随之出现。认知和动机在这些新模型中扮演的角色与在"一致性寻求者"模型中扮演的角色不同。在新模型中，动机次于认知。这些观点对社会认知研究至关重要，它们也将在整本书中有更详细的展现。不过，现在做一个简短的概述将会很有帮助。

社会认知框架下的第一种观点是**朴素科学家**（naive scientist）模型，一个关于人们如何揭示行为原因的模型。归因理论关注人们如何解释自己和他人的行为，该理论在 20 世纪 70 年代早期成为研究的前沿（见第 6 章）。**归因理论**（attribution theories）描述的是人们对社会世界的因果分析（归因）。例如，归因能够厘清某人的行为是源于外部情境还是个人的内在性情。如果你想知道某天清晨你的熟人布鲁斯为什么对你厉声斥责，那么也许当时情有可原（如，他的女朋友离开了他；他的狗跑丢了；你刚刚倒车撞上了他的卡车），或者他可能有易怒的性情（他总是这样对待每个人）。

归因理论最初假定人们是相当理性的——就像科学家一样，能够区分各种潜在的原因。在某种程度上，这是一种有目的的理论策略，旨在尽可能地推进理性人的观点，以发现其缺点。该理论最初的工作假设是，如果给予足够多的时间，人们将会收集所有的相关数据，并得到一个最为合理的结论。按照这种观点，你会思考你朋友在各种情境下的行为，仔细衡量这些证据，进而发现他的行为是情境的作用还是性情使然。因此，认知在朴素科学家模型中所扮演的角色是——相当理性的分析所得到的结果。

如果你对布鲁斯为什么如此易怒的分析是错误的，早期理论会认为你是由于情绪而偏离了正常过程，或者是可得信息有误。例如，如果你将布鲁斯令人不快的行为归因为他的易怒性情，这可能是由于你想回避他对你很生气这种想法。从这个角度来看，错误主要来源于非理性动机的干扰。在早期归因理论中，动机主要是作为对正常过程的一种潜在限定。

回想一下一致性理论，在该理论中动机驱动着整个系统。动机在一致性理论中的角色是处于中心的，那种令人厌恶的驱力状态会一直持续直到不一致被解决。传统上，归因理论家并不会认为未解决的归因会导致令人厌恶的驱力状态。预测和控制一个人的社会世界的动机可能会启动归因过程；因此，就像动机促进整个一致性寻求过程那样，动机也会促进归因过程。不过，动机在一致性理论中远比在归因理论中明确得多。

不幸的是，人们并非总是如此小心的"朴素科学家"。认知系统容量有限，因此人们选择走**捷径**。认知系统的局限性可通过一些琐碎的问题来说明，如试图记住信用卡号、区域代码以及你拨号时头脑中的电话号码；也可以体现在重要的问题上，如分心时工作效率低下。认知局限性的影响在社会推断中也有体现。比如，你在判断布鲁斯为什么易怒时，或许会抓住最简单而非最准确的解释。你可能会不假思索地给布鲁斯直接贴上"令人讨厌"这个标签，而不是询问是什么激怒了他。很多时候，人们确实不够深思熟虑。

因此，关于思考者的第三种观点是**认知吝啬者**（cognitive miser）模型（S. E. Taylor, 1981b）。这种观点认为，人们处理信息的能力是有限的，因此，只要有可能他们就会走捷径（见第 7~8 章）。人们采取简化复杂问题的策略：这些策略可能不正确或者可能不会产生正确的答案，但它们强调效率。容量有限的思考者寻求的是快速的、合乎需要的方案，而非缓慢的、准确的方案。因此，在这种观点看来，错误和偏差源于认知系统的内在特性，并不一定源于动机。事实上，认知吝啬者模型除了强调获得快速的、合乎需要的理解（认知性而非动机性）之外，并未涉及动机或任何情绪。在认知吝啬者模型中，认知的角色居于核心地位，而动机的角色几乎完全消失，只有个别的例外。

随着认知吝啬者观点的成熟，动机和情绪的重要性再次变得明显起来。在对人们的认知过程有了相当的了解之后，研究者们开始重新认识到，动机对认知的影响不但有趣，而且还具有重要意义（见第 2 章）。此外，正如第 13~14 章所表明的，情感一直是魅力的来源。随着人们对有动机的社会认知的日益重视（Showers & Cantor, 1985; Tetlock, 1990），研究者们用研究社会认知获得的新视角去重新考虑旧的问题。社会互动变得更加重要了。借用威廉·詹姆士（William James, 1890/1983）的话说，人们的思考是为了行动，同样地，也可以说人们的社会思考是为了社会行动（S. T. Fiske, 1992, 1993）。将 20 世纪 90 年代关于社会感知者的观点概括为**有动机的策略家**（motivated tactician）可能最为恰当，他们是忙碌的、有着众多认知策略的思考者，他们（有意识或无意识地）根据不同的目标、动机和需求选择相应的策略。有的时候，出于适用性和准确性的考虑，有动机的策略家的选择很明智；有的时候，出于思考速度或自尊的考虑，策略家的选择具有防御性。因此，关于社会思考者的观点绕了一大圈，又完全回到认同动机重要性的思路上，但对认知结构和认知过程的理解则变得更为成熟。

进入 21 世纪后，对社会感知者的看法又在过去那些观点的基础上发生了些许改变。所谓的"有动机的策略家"并不像目标观点所暗示的那样深思熟虑。当前，由于对无意识联想的着重强调（触发时间只有几分之一秒），人们被看作是**被激活的行动者**（activated actors）。也就是说，社会环境会迅速地触发知觉者的社会概念，没有意识的参与，而且几乎不可避免地触发与之相关的认知、评价、情感、动机和行为（如，Dijksterhuis & Bargh, 2001; Fazio & Olson, 2003; Greenwald et al., 2002; Macrae & Bodenhausen, 2000; Nosek, Hawkins, & Frazier, 2012; Payne, 2012）。这种新的观点强调快速反应，人们将其视为不受知觉者意志约束的内隐的、自发的或自动的反应指标（见第 3~4 章和 10~13 章）。这种解释尚有争议，但有一点是确定的：人们的动机竟然可以影响无意识反应。通过使用更快、更精确的方法以意识觉察不到的速度呈现刺激，以及使用神经科学的方法测量知觉早期的神经反应，我们正在快速地了解究竟有多少社会认知过程发生在社会知觉的最初时刻。同时，社会认知不是简单地回到认知吝啬者的观点（即，迅速但不是很好）。目前的观点将认知经济性的观点与动机及情绪参与每一阶段（甚至包括前意识阶段）加工的观点结合在了一起。我们研究得越深入，就越会发现，认知、情感和行为准备是不可分割的。

总之，从广义上说，社会心理学一直具有认知属性，它假定在可观察的刺激与可观察的反应之间存在着重要的中间步骤。早期的一些重要理论将人们看作一致性寻求者，而动机在驱动整个系统上扮演着核心角色。随着社会认知研究的兴起，新的观点应运而生。在一个大的研究浪潮中，心理学家把人看作朴素科学家。这些心理学家将动机主要视为错误的来源。在近期的另一种观点中，心理学家们把人看作认知吝啬者，认为错误源于认知系统固有的局限性，几乎没有提到动机的作用。更近期的观点则把社会思考者看作有动机的策略家，动机对认知的影响再次得到强调。研究者近来意识到，无论是自动还是受控过程的参与，有意识选择的程度都是有限的。现在的观点强调人的社会思考者—感受者—行动者的三位一体的功能，把人看作被激活的行动者，受其所处社会环境的影响，这种影响甚至早于之前所认为的阶段。

什么是社会认知

社会认知研究并不依赖于任何单一理论。该领域关注人们如何理解他人和自我，以便与他们的社会世界相协调。大部分社会认知研究有着一些共同的基本特征：不加掩饰的心灵主义，过程导向，认知和社会心理学的交叉兼容，以及至少对现实社会问题有一些关注（Augustinos & Walker, 1995; Bless, Fiedler, & Strack, 2004; Fiske, 2012; Kunda, 1999; Macrae & Bodenhausen, 2000; Macrae & Miles, 2012; Moskowitz, 2005; Ostrom, 1984; S. E. Taylor, 1981b）。

心灵主义

这些假设的第一条，即不加掩饰的心灵主义（认知），刚刚已被详细地讨论过。**心灵主义**（mentalism）坚信认知表征的重要性（表1.2）。人们自然而然地用来理解他人的各种认知元素构成了社会认知"是什么"的部分。心理表征是一种认知结构，既表征个体关于特定概念或刺激领域的一般知识，也表征个体对于特定经历的记忆。例如，你对一个新朋友的一般知识可能让你对他形成这样的看法：他独立但不孤僻，友好但不冒犯，擅长运动但不是运动明星。一个概念（例如，这个人）既包含相关属性（如，独立、友好、擅长运动），也包含属性间的关系（如，他的独立与他的友好有什么关系）。对自己和他人的一般知识给我们提供了能够使我们在这个世界发挥功能的预期；正如之前提到的，思考（主要）是为了行动。人们对独特事件也有着特殊记忆。第4章关于心理表征的部分对一般类型和特定类型都有介绍。人们也有自我的心理表征（第5章）、态度对象的心理表征（第

表1.2 识别社会认知取向的各种特征

心灵主义	过程	交叉兼容	现实世界问题
是什么：认知表征（如，一般知识和例子）	怎样实现：认知机制（如，注意、记忆、推理）	从何处来：采用认知科学方法（如，反应时、神经成像）	为什么：社会问题（如，精神及身体健康、法律、偏见、说服、亲社会性）

9章）和外群体的心理表征（第10章），以及其他重要的社会认知。话虽如此，正如我们将看到的，一些新方法聚焦于可能不被心理过程介导的具身知识和实践知识。

社会情境下的认知过程

社会认知研究的第二条基本假设关乎**认知过程**（cognitive process），即认知元素如何随着时间形成、运转和改变。过程导向源于对认知的基本承诺：要考虑介入可观察的刺激与可观察的反应之间的认知元素，就需要解释个体如何从刺激得出反应。回想一下，行为主义者明确回避讨论内部过程，因为行为主义者只关注用可公开观察到的刺激预测可公开观察到的反应。从这个意义上说，他们是反应或结果导向的，而非过程导向的。

但结果导向也出现在其他地方。例如，一致性理论的早期研究方法更多是结果导向而非过程导向。尽管研究者最初就过程提出理论并作出了假设，但他们专注于用实证的方法由刺激预测结果。例如，操纵不一致性（刺激），测量所导致的态度改变（结果）。之后的心理学家进行一致性研究时，确实尝试了测量其中的过程，但其研究方法的最初推力仍是结果导向的。态度研究以及社会心理学领域近期普遍都发生了一个转变，即脱离结果导向并转向对过程的考察。

在社会认知研究中，现在有理论可以描述——且有工具可以测量——关于过程的各种隐含的但迄今未经检验的假设。社会认知研究经常尝试测量社会信息加工的阶段，或至少是社会知觉转化为社会反应的机制。也就是说，当个体面对一个社会刺激时，在他或她作出反应之前可能会经历几个步骤，反应也可能是更自动化的、习惯化的或不加思考的。社会认知以及现在的社会神经科学，从最早的阶段就开始对这些过程加以分析。

交叉兼容

至此，我们已经描述了社会认知研究及本书的两个主题：一个致力于表征或心灵主义，一个致力于过程分析。第三个主题是认知心理学和社会心理学（以及两者与人类神经科学）的交叉兼容，这是社会认知研究的另一特征。尽管社会心理学一直具有认知属性,但它并不总是有可供其借鉴新方法的纯认知的相邻学科。吸纳相对精细的认知和认知神经科学的理论和方法,为社会心理学研究带来了丰硕的成果。研究者不仅指明假定的过程模型中的步骤,还尝试详细地测量这些步骤。例如,社会认知研究的第一波新浪潮在很大程度上高度依赖于测量毫秒级的反应时。最近的社会认知神经科学依赖于精细的大脑成像技术。我们将看到,从心理学其他领域借鉴方法能够丰富社会心理学自身的研究方法。各种传统的和较新的实验方法使研究者能够去支持过程模型的不同方面,如注意、记忆和推断。

现实世界的社会问题

社会认知研究的第四个主题是在现实世界中的应用。社会心理学家在解决同时代的重要问题方面有着悠久的传统。早期的研究提供了对群体行为、宣传、反犹太主义、军队士气以及其他社会问题的深入见解。社会认知研究保持了这项传统,帮助我们更好地理解一些重要的问题。它将富有认知色彩的理论和方法应用到现实世界的社会问题中。贯穿全书,我们阐述了社会认知如何能够在一些方面引导我们的工作,包括心理治疗、卫生保健、法律系统、刻板印象、广告、政治运动、陌生人间的互助和浪漫恋情等。所有这些应用说明了社会认知研究的灵活性,并且展示了一些原本高度技术化或抽象化的观点是如何推广到实验室之外的。

社会认知在现实世界问题中的应用为认知过程划出了一些边界条件。也就是说,研究所揭示的现象并不适合纯粹的认知分析,在许多重要的人际环境中,还必须考虑其他因素。例如,认知如何权衡准确性和效率?在个人高度卷入的情境下,社会信息加工如何进行?社会认知如何转化为投票行为?社会认知的神经科学与自闭症患者的社交问题有什么关系?请继续阅读。

本书阐述了社会认知研究的四个重要主题:认知表征研究中不加掩饰的心灵主义,致力于对认知过程的精细分析,认知心理学和社会心理学的理论及方法的交叉,以及致力于现实世界的社会问题。

人不是物

当我们回顾关于社会认知的研究时，对物的感知和对人的感知之间的类比变得越来越清晰。一个论点被反复提及：描述人们如何思考的一般原理也适用于对人的思考。不可否认，许多社会认知的理论都建立在基本认知原理之上。然而，当我们把这些原理应用于对人的认知时，我们发现了本质的不同。毕竟，相对来说，认知心理学更关注对无生命物体和抽象概念的信息加工，而社会心理学则更关注对人和社会经验的信息加工。

这时候，你可能会说："等一下！你可别告诉我，我对心算或咖啡杯的认识方式与我对朋友的认识方式有什么关联！"关于将物体感知的原理应用到对人的感知是聪明还是愚蠢的争论已经存在了一段时间（Heider, 1958; Higgins, Kuiper, & Olson, 1981; Macrae & Miles, 2012; Ostrom, 1984; Schneider, Hastorf, & Ellsworth, 1979; Tagiuri & Petrullo, 1958）。人与物作为感知对象时的一些重要区别包括如下几点（表 1.3）。

- 人们有目的地影响环境，试图通过控制环境来达到他们自己的目的。当然，物体不是有目的的能动主体。

表 1.3　作为刺激的人与无生命的物为何以及有何不同

人是（而物不是那么）：
有意图的因果主体
被对方感知的同时也感知对方
与自己相似
有自我意识的目标
重要但无法观察的特质的所有者
可变的
以不确定的准确度为人所知
天生复杂的
需要解释

- 人们被知觉的同时也知觉他人；正如你忙于对他人形成印象时，他们也在对你做同样的事。社会认知是相互的认知。
- 社会认知牵扯到自身，因为知觉对象会评价你，会向你提供关于你自己的信息，并且知觉对象比任何物体都更像你。
- 社会刺激在成为认知对象后，它或许会发生变化。人们会在意自己给别人留下什么印象，并相应地调整自己的外表或行为；咖啡杯显然不会这样做。
- 人们的特质是不可观察的属性，这些属性对于认识他至关重要。而一个物体不可观察的属性就没有这么重要。一个人和一个咖啡杯都可以是脆弱的，但其隐含的特性对杯子来说没有那么重要，而且也体现得更为直接。
- 一般来说，人比物更易随时间和环境而变化。这会使认知很快过时或变得不可靠。
- 与个体对物体的知觉的准确度相比，对人的知觉的准确度更难以检验。即使心理学家也很难就某个人是否外向、敏感或诚实达成一致，但绝大多数普通人可以很轻易地检验一个杯子是否耐热、易碎或漏水。
- 人不可避免地具有复杂性。如果不采取各种简化策略就无法研究对人的认知。研究者在研究物体认知时也需要简化，但它可能较少导致失真。为了简化社会刺激，研究者不得不去除很多对象本身固有的丰富特性。
- 正因为人如此复杂，因为他们有难以直接观察的特质和意图，并且因为他们以物体所没有的方式影响我们，所以社会认知自然涉及社会解释。对于一个普通人来说，比起解释一个杯子为什么是易碎的，解释这个人为什么是脆弱的显得更为重要。

基于以上原因，社会认知心理学绝不是认知心理学的简单照搬。它从适应新用途的理论和方法中获益，而社会世界所提供的认识他人及自己的视角和挑战，即使不是独一无二的，也相当生动。

大脑的重要性

20世纪90年代是属于脑研究的十年，它确认了神经系统在人类各种活动中令人兴奋且重要的作用，包括社会性活动（Klein & Kihlstrom, 1998; Ochsner & Lieberman, 2001; Todorov, Fiske, & Prentice, 2011）。当然，社会心理生理学并非新生事物（见 Cacioppo & Berntson, 1992；表 1.4）。当前研究者和公众的兴奋感部分来源于**功能性磁共振成像**（fMRI）技术的发明和普及，它可以提供大脑运作时的图像。这项技术使研究者可以将一个人放置于磁共振成像仪中，给予一些刺激，然后观察大脑不同区域的血流变化，从而为这些脑区在不同任务中可能的功能提供线索。fMRI 技术正在开发越来越精确的大脑空间定位指标（Lieberman, 2010）。这项技术与旧的技术相互补充，如**脑电图**（EEG）和面部**肌电图**（EMG），以及我们撰写本书时正在发展的新技术，如**经颅磁刺激**（transcranial magnetic stimulation, TMS）。EEG 只能提供大致的空间定位（非侵入性电极分布在颅骨表面），但可以提供非常精确的时间信息。面部 EMG（电极位于面部的重要位置）能探测到观察者看不到却可能指示面部表情的面部肌肉的微小运动。TMS"冻结"选定的大脑区域，以检测它们在心理过程中的因果作用。

除了这些技术之外，还有对**心血管活动**和**皮肤电**反应的测量（如手掌出汗），它们都是对交感—肾上腺髓质系统各种形式的唤醒的测量（Blascovich & Mendes, 2010）。对心血管活动的测量提供了相对短期的生理唤醒信息。一些社会神经科学家，特别是那些对应激过程感兴趣的科学家，也经常测量更为长期的下丘脑—

表 1.4　神经科学技术在社会认知中的应用举例

神经心理学	关注脑损伤病人的个人和社会生活
功能性磁共振成像	fMRI 记录刚刚被激活脑区的血流复氧过程
脑电图	EEG 记录头皮电压的波动，探测神经活动
肌电图（多为面部）	EMG 记录皮肤下肌肉电压的变化，即肌肉的活动
经颅磁刺激	TMS 的电磁感应刺激或抑制大脑区域
皮肤电反应	EDR（也称 GSR，皮肤电反应）测量皮肤湿度
心血管活动	CV 是心脏输出、心室活动和总外周阻力的指标
激素水平	激素（如，皮质醇、睾酮、催产素）与社会性有关
免疫功能	检测跟踪特定的免疫细胞和免疫系统的运行
遗传分析	与环境相结合，探测与社会认知的互动联系

垂体—肾上腺（HPA）的活动，特别是**激素水平**的变化，如应对威胁和应激任务的皮质醇。**皮质醇**的升高或其昼夜节律的紊乱已被证明与应激事件及心理社会状态有关。例如，社会威胁能够预测皮质醇对应激任务的反应性上升（Dickerson & Kemeny, 2004），而心理社会资源，如稳固的自我感与皮质醇对应激的低反应性相关（Creswell et al., 2005）。社会神经科学家也会使用大量免疫学的方法，包括测量不同类型免疫细胞的频率以及整体的**免疫功能**。免疫系统会对应激和其他威胁作出反应（Dickerson et al., 2004）；结合诸如乐观或个人控制感等心理资源来测量免疫功能，可以帮助我们识别出抵御应激和心理痛苦的社会认知因素（Reed et al., 1999; Segerstrom et al., 1998）。**遗传分析**也为群体、进化和文化的相互影响提供了线索（Ackerman, Huang, & Bargh, 2012; Chiao et al., 2012）。总之，这些方法为社会认知打开了新的大门。

对社会认知研究者来说，这些方法也有助于根据不同的神经反应类型分离出不同的社会认知过程。与我们主张的"人不是物品"相关的是，近期研究证明，社会知觉和物体知觉激活的神经系统是不同的。在一项早期研究（Castelli et al., 2000）中，人们观看由一个红色大三角形和一个蓝色小三角形组成的动画，这些动画被标记为三类，分别为带有情感和思想的互动、随机运动和简单互动。这些动画运动（不同试次中）各自模拟包含心理推理（如说服、恐吓）、简单目标（如追赶、跳舞）或直接的物理运动（如飘浮、从墙上反弹回来）的脚本。当这些运动赋予三角形一种（拟人化的）心理状态时，不同的大脑激活模式出现了，包括**内侧前额叶皮层**（mPFC）、**颞上沟**（STS）或**颞顶叶交界区**（TPJ）和**梭状回面孔区**（FFA）（见图 1.5 和 1.6）[4]。这项研究令人兴奋，原因在于它是最早显示出将实体感知为具有意图和个性的特别之处的研究之一，我们称之为**心理理论**（theory of mind）效应。请注意这个研究是否符合我们先前将人和物品相区别的观点。

一个与此相关的研究（Mitchell, Heatherton, & Macrae, 2002）同样在神经系统水平支持了这一区别。大学生观看一系列形容词—名词词对，并判断形容词"是否适用于"名词。名词指代人（如戴维、埃米莉）或物品（如衬衫、芒果），形容词包括典型的人物描述（如自信的、紧张不安的）和相关的物品描述（如打补丁

---

[4] Castelli等人的研究也发现了颞极和纹状体外皮层（枕叶脑回）的激活。后文描述的Mitchell等人的研究发现了顶内沟的激活。为简单起见，我们这里关注其他脑区。

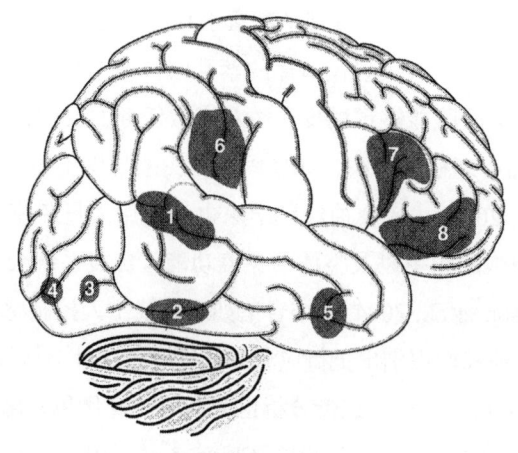

1. 后颞上沟
2. 梭状回"面孔"区
3. 纹外"身体"区
4. 枕叶"面孔"区
5. 杏仁核
6. 顶下小叶
7. 腹外侧前额叶皮层
8. 腹外侧前额叶皮层

图 1.5　参与社会认知的一些外侧大脑区域

注：参与社会感知的大脑区域［面孔和身体感知（2—4）、生物运动感知（1）、动作观察（6，7）和情绪识别（5，8）］。括号内的数字与图片中标识的区域相对应，这些区域已确定与社会感知的某一方面相关。为方便起见，杏仁核显示在大脑表面，但它其实在较为内部的区域。

的、无籽的）。当人们对这些人或物品作出语义判断时，神经活动是不同的。与人相关的大脑活动包括一些与卡斯泰利等人（Castelli et al., 2000）之前发现的相同的脑区以及其他用于社会认知反应的脑区：内侧前额叶皮层（mPFC）、颞上沟（STS）、和梭状回（FFA）。

内侧前额叶皮层和颞上沟这两个脑区名称会在本书中频繁出现，因为它们分别与社会认知或判断意图和运动轨迹有关。许多研究都表明，内侧前额叶皮层似乎在社会认知中具有独特作用（Amodio & Frith, 2006）。而且，梭状回面孔区尤其会对面孔或个人**专业知识**领域内的其他客体作出反应，如鸟之于观鸟者和车之

a. 心理化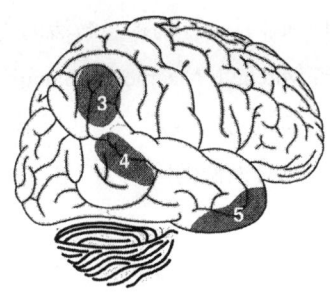

b. 心理理论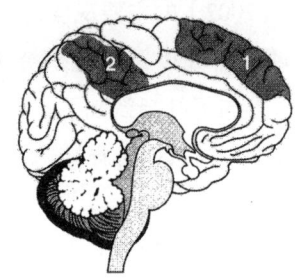

c. 镜像系统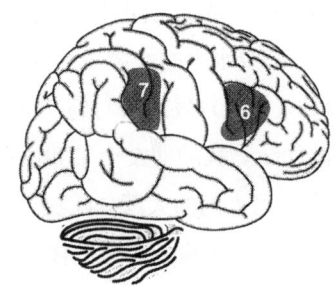

d. 共情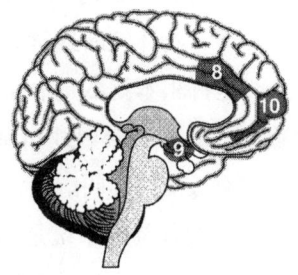

1. 背内侧前额叶皮层
2. 楔前叶/后扣带回
3. 颞交界
4. 后颞上沟
5. 颞极
6. 腹外侧前额叶皮层
7. 顶下小叶
8. 背侧前扣带回
9. 脑岛
10. 内侧前额叶皮层

图 1.6　参与社会认知的一些大脑区域

参与社会推理的大脑区域。上面两幅图片显示了在心理化和心理理论任务中通常会被激活的区域。左下的图片显示了镜像系统。右下的图片显示共情研究中确认的脑区。

注：为了展示方便，将前脑岛显示在内侧壁，但它实际位于皮层内侧壁和外侧壁之间。

于汽车专家（Farah, 1994; Gauthier et al., 2000）。和之前的研究一样，米切尔等人（Mitchell et al., 2002）的主要观点是，社会性和非社会性的神经激活模式是分离的。此外，在这两项研究以及其他研究中（如 Mitchell, Macrae, & Banaji, 2005），一些相同的脑区参与了社会认知。一种令人兴奋的可能性是：这些区域和大脑中的奖赏系统相连接，这可以解释社会互动和归属对人们的吸引力（S. T. Fiske, 2012; Baumeister & Leary, 1995）。

这些发现令人兴奋的另一个原因是存在这样一种大胆的可能性，即社会认知可能是默认的静息状态（Iacoboni et al., 2004）。在许多社会神经科学研究中，典型的社会"激活"较之所谓的中性基线状态（如，试次之间盯住注视点）通常变化很少。与此相对，物体判断经常会产生低于基线水平的去激活。这项研究说明，所谓的中性条件也许根本就不是中性，相反，人们会自发地参与到社会认知中（那个实验员正在做什么？我希望她知道她在做什么。我的朋友会等我吃午饭吗？为什么我的室友没有按照约定叫醒我？）。假设此刻人们的大部分随机思考都与他人相关，大脑中的社会性神经系统是相对活跃的。当实验者要求个体进行心算或其他非社会性任务时，社会认知过程关闭，这样这些与社会性相关的脑区也关闭了。相比之下，当人们观看社会刺激时，他们的这些大脑区域的激活较之基线并未有什么改变，因为处于基线状态时他们已经在琢磨他人。这基本上就是亚科波尼等人（Iacoboni et al., 2004）的论点。他们比较了人们观看两人互动影片与单人日常活动影片以及静息基线状态时的激活模式。他们发现了内侧前额叶**背侧**（上部）以及颞上沟和梭状回面孔区等脑区的激活，即使与基线水平相比。在米切尔等人（Mitchell et al., 2002）的研究中也有类似的发现，例如，社会性相关的脑区在判断人的任务中较之基线水平通常变化很少，而在判断物体时则会出现显著的去激活。当"社会思考"任务的要求比随意想象更困难时，研究者确实发现了高于基线水平的激活（Harris, Todorov, & Fiske, 2005）。

随着表明人们在思考他人的个性和状态时具有独特神经活动的证据的不断积累，研究者们对社会认知的特别之处愈发了解。一些更为有趣的近期研究似乎表明，如果以这些神经活动为标准，人们可以把狗当作人看待（Mitchell, Banaji, & Macrae, 2005a），这比把吸毒者和无家可归者当人看待要容易得多（Harris & Fiske, 2006）。也就是说，人们对引发反感的外群体（对无家可归者和吸毒者的典型评分证明了这一点）的默认反应激活了厌恶的神经模式（如脑岛），而不是对内群体甚至其他外群体的社会认知神经模式（如内侧前额叶）。另一方面，人们愿意赋予狗心理状态（人格化）（Mitchell, Banaji, & Macrae, 2005a），至少内侧前额叶的激活以及对一些特质词语（"好奇的"）对狗是否可能适用的回答为"是"说明了这一点。虽然对内侧前额叶脑区的激活的解释还在迅速地发展，但它无疑参与了显然具有社会性的认知过程。

在讨论社会性大脑的重要性时，我们应该厘清它的语境。人们有时会错误地用生物性解释对抗文化性解释，重提天性与教养之争这一老生常谈的话题。尽管不同的研究者倾向于被不同的分析水平所吸引，但对同一现象，脑水平的解释和文化水平的解释并不矛盾。

首先，我们在社会化的过程中，大脑非常适宜于我们学习并掌握我们所处的文化。例如，就像刚刚提示的，社会思考激活特定的神经结构。此外，社会排斥涉及的神经系统和生理疼痛的体验有关（Eisenberger, Lieberman, & Williams, 2003）。也就是说，人们被排斥时——即使是与陌生人玩一个简单的视频游戏时受到排斥——会激活**前扣带皮层**（ACC），而且这种激活可以被右**腹侧前额叶皮层**（rvPFC）的激活所抑制。这些激活模式在生理疼痛中也会发生。与此研究一致的证据是，人们对生理疼痛的基线敏感性可以预测他们对社会疼痛的敏感性，而且经历社会疼痛可以使人们对生理疼痛变得更敏感（Eisenberger et al., 2006）。随着我们对社会生活相关的神经活动日渐了解，我们将会发现我们的大脑对社会线索是多么敏感！

第二，文化信息储存在我们的大脑里。正如第 4 章所指出的，社会信息的心理表征十分复杂，具有与非社会性表征不同的特征。人类的新皮质随其社交网络的大小而变化，在社会性联结更为紧密的灵长类动物身上也是如此（Dunbar, 2003, 2012）。

第三，人类大脑能够根据他们的文化经历而产生生理上的变化。例如，出租车司机的驾龄越长，他们的**后部**海马区域（与空间记忆存储有关）就越大，这是他们学习街道位置所产生的作用（Maguire et al., 2000）。正如这些例子所表明的，我们的大脑存在于特定的文化经历之中，并且这两者对社会认知都很重要。

文化的重要性

令人振奋的新的文化比较研究促使社会认知研究者重新审视我们领域的整个基础。他们发现许多关于人们如何认识他人的基本假设都有文化边界,这挑战了长久以来的假设。起初,社会认知研究者聚焦于来自**西方的、受过教育的、工业化的、富有的**文化背景下的本科生(Henrich, Heine, & Norenzayan, 2010),但现在更多的比较研究揭示了不一样的社会世界。迄今为止,这些比较研究中有许多将美国或加拿大的本科生与日本、中国或韩国的本科生进行比较。即使是在这些有限的比较中,一些挑战性的发现也在不断出现(Morling & Masuda, 2012)。例如,正如第 6 章将展示的,文化不同,对因果关系的认识也不同,西方人更倾向于分析性思维而东亚人更倾向于整体性思维(Nisbett et al., 2001)。这会影响人们判断应该对行为负责的是人还是社会环境,而这对于法律、道德、社会角色等都有重要意义。

另一个例子是,文化不同,信念的结构也不同(Leung & Bond, 2004)。普遍信奉犬儒主义的文化假定,权力展示会引发服从,相应地,人们也认可这样的影响策略(Fu et al., 2004)。关于宗教虔诚、努力就有回报、命运掌控的信念也会因文化而不同;换句话说,人们认同符合他们文化期待的影响策略。在商业、教育和政治全球化的背景下,这些关于文化差异的社会认知洞见对于人们理解彼此在社会互动中的潜在假设十分重要。

不同文化间最显著的社会认知差异之一是认为自我是更为**独立**和自主的(西方人),还是更为**相倚**与和谐的(东亚人)(如,Markus & Kitayama, 1991;见第 5 章)。这一区别的影响范围从自我定义到自尊,到生活任务再到他人的角色,所有这些都对社会认知至关重要。

我们将发现,所有的这些文化模式都彼此相关。尽管对比是真实的,但相似也是真实的,极值之间的中间地带也是真实的。最佳的情况是文化比较创造出有趣的复杂性,而不是刻板印象或讽刺夸张。随着社会认知研究走出它起源的西方世界(北美和欧洲),探索其他社会环境,同时深入脑部(Chiao et al., 2012),它也拓展了自己的文化边界。

文化社会认知反映了人类作为有适应能力的社会性存在的重要性,人类在进化中获得了关注他人、模仿行为、识别意图、共同合作以及学习符号系统的能力（Ackerman, Huang, & Bargh, 2012; Morling & Masuda, 2012）。正因为人类天生的灵活性和对社会环境的反应性，我们的文化才如此多元。

总 结

社会认知研究关注人们如何理解他人和自我。它聚焦于人们的日常感知，既将其作为研究的对象，也作为关于日常感知的理论的基础。因此，它既关注人们如何认识这个社会世界，也关注人们怎样思考自己如何认识这个社会世界。它还大量利用了认知理论和方法所提供的精细分析。

所罗门·阿施首先提出了两个相互竞争的社会知觉模型，即代数模型和构形模型。这两种截然不同的社会认知取向可以追溯到早期的现代哲学。元素取向建立在这样的假设之上：观念作为基本元素可以相互关联，形成越来越复杂的化合物。人们通过各种观念在空间或时间上的多次接近而形成它们之间的联系。早期的心理学家使用内省分析的方法将记忆过程分解成基本的元素。

格式塔心理学家采用了整体取向。他们聚焦于头脑对现实的积极构建而非对刺激的客观描述。他们也聚焦于人们经验的动态整体而非部分元素。勒温和阿施将整体取向的思想引入了社会心理学。正如之前提到的，阿施关注格式塔印象。勒温强调知觉到的环境——即心理场——对行为的预测，以及必须考虑作用于个体的所有心理力量的整体动态平衡。心理场是个人与情境、动机和认知的联合产物。

认知并未一直在实验心理学中占据突出地位。当内省法被证明不足以作为实证科学的基础时，认知在心理学家心中的地位便一落千丈。行为主义主导心理学界几十年，坚持只研究可观察的行为、可观察的反应，不关注认知在两者之间的作用。后来，行为主义取向似乎不足以解释语言现象；同时信息加工理论以及计算机辅助理论和技术为认知在实验心理学中的重新崛起铺平了道路。

然而在社会心理学中，认知始终是一个受到认可的观点。社会互动的原因主要在于知觉到的世界，社会互动的结果也包括思维、感觉和行为。此外，社会心理学家一直以认知的观点看待思考者，他们认为后者对感知到的刺激作出反应并产生实质上的认知反应。在有些时候，他们曾将社会思考者看作一致性寻求者，有减少知觉到的不一致的动机；在另一些时候，他们曾将社会思考者看作努力寻求真理的朴素科学家，而动机带来的主要是错误。后来，社会心理学家将社会思考者看作试图提高或保持容量有限的认知系统运作效率的认知吝啬者，而动机在该理论中几乎没有被提及。随后的观点则将社会感知者看作有动机的策略家，当研究者指出社会知觉过程的灵活性时，这种观点得到了认可。目前，随着重点转向更快速、更直接的反应及其对外显行为的影响，研究者倾向于强调社会感知者是被激活的行动者，受到社会环境的强烈影响。

社会认知作为一个研究领域，强调不加掩饰的心灵主义、社会环境、交叉兼容以及现实世界的社会问题。社会认知与认知的一般原则有以下方面的区别：与物相比，人更可能成为能动的主体，感知他人的同时也被他人感知，以及带入观察者的自我。人是难以认知的目标，因为他们在被感知时会根据情况调整自己，并且人的许多重要属性（如特质）只能被推测，观察的准确性也很难确定。作为认知目标，人具有易变性和不可避免的复杂性。因此，研究社会认知的人必须调整认知心理学的观点，使其适应对人的认知的特定特征。

近期一些最为激动人心的进展包括对社会认知情感神经科学的研究，这些研究增加了人们对在神经水平上强调社会认知的特殊地位的认识，同时也使人们认识到特定系统参与了独特的社会认知过程。作为补充，文化心理学考察人们在各种社会场景中面对理解彼此的挑战时，解决方式有何不同。

延伸阅读

Ackerman, J. M., Huang, J. Y., & Bargh, J. A. (2012). Evolutionary perspectives on social cognition. In S. T. Fiske & C. N. Macrae (Eds.), *Sage handbook of social cognition* (pp. 451–473). Thousand Oaks, CA: Sage.

Asch, S. E. (1946). Forming impressions of personality. *Journal of Abnormal and Social Psychology*, 41(3), 258–290.

Chiao, J. Y., Cheon, B. K., Bebko, G. M., Livingston, R. L., & Hong, Y-y. (2012). Gene x environment interaction in social cognition. In S. T. Fiske & C. N. Macrae (Eds.), *Sage handbook of social cognition* (pp. 516–534). Thousand Oaks, CA: Sage.

Fiske, S. T. (2012). "One word: Plasticity" – Social cognition's futures. In S. T. Fiske & C. N. Macrae (Eds.), *Sage handbook of social cognition* (pp. 535–541). Thousand Oaks, CA: Sage.

Henrich, J., Heine, S. J., & Norenzayan, A. (2010). The weirdest people in the world? *Behavioral and Brain Sciences*, 33(2–3), 61–83.

Lieberman, M. D. (2010). Social cognitive neuroscience. In S. T. Fiske, D. T. Gilbert, & G. Lindzey (Eds.), *Handbook of social psychology* (5th edn, Vol. 1, pp. 143–193). Hoboken, NJ: Wiley.

Macrae, C. N., & Miles, L. K. (2012). Revisiting the sovereignty of social cognition: Finally some action. In S. T. Fiske & C. N. Macrae (Eds.), *Sage handbook of social cognition* (pp. 1–11). Thousand Oaks, CA: Sage.

Morling, B., & Masuda, T. (2012). Social cognition in real worlds: Cultural psychology and social cognition. In S. T. Fiske & C. N. Macrae (Eds.), *Sage handbook of social cognition* (pp. 429–450). Thousand Oaks, CA: Sage.

North, M. S., & Fiske, S. T. (2012). Social cognition. In A. W. Kruglanski & W. Stroebe (Eds.), *Handbook of the history of social psychology* (pp. 81–100). New York: Psychology Press.

Ostrom, T. M. (1984). The sovereignty of social cognition. In R. S. Wyer, Jr., & T. K. Srull (Eds.), *Handbook of social cognition* (Vol. 1, pp. 1–38). Mahwah, NJ: Erlbaum.

Todorov, A., Fiske, S. T., & Prentice, D. (Eds.) (2011). *Social neuroscience: Toward understanding the underpinnings of the social mind*. New York: Oxford University Press.

第一编

社会认知的基本概念

第一篇

社会人的基本概念

第 2 章

社会认知中的双重模式

- 自动化加工
- 受控加工
- 动机影响加工模式的使用
- 同时包含自动化加工和受控加工的模型

第一印象确实很重要。无论其结果是好是坏，人们在不到一秒的时间内就对彼此作出了判断。幸运的是，在某些情况下人们可以超越瞬间形成的印象。当然，这些相对自动化的第一印象会锚定后续的思考，因此很难被消除。传统观念在这一点上——第一印象很重要——是正确的，但是，这些常识无法令我们知晓印象在多大程度上是自动形成的，也无法揭示当有意的加工确实介入时，具体是如何运作的。

本章探讨社会认知的这两种模式，该主题将反复出现于整本书中。这种双重模式取向已经相当成熟，在一本已成册的卷集中收录了 30 多个关于该框架的章节（Chaiken & Trope, 1999），另一本社会心理学手册也用了一整章的篇幅来描述它们（Wegner & Bargh, 1998）。"心灵"包含多种加工过程，因此这些模型旨在解释人们对彼此的看法、情感和行为的多样性，大多数模型都假设存在不止一种核心加工过程（Aarts, 2012; Gilbert, 1999; Nosek, Hawkins, & Frazier, 2012; Payne, 2012;

Winkielman & Schooler, 2012）。

第 1 章所描述的"**有动机的策略家**"指的是人们根据当前的情境和动机，或倾向于依赖相对自动化的加工，或倾向于依赖需要更多认知控制的加工。策略家这个术语意指人们在采取行动的时候以及在与他人相处的过程中都会选择加工模式，而思考的深浅则因动机而异。然而，人们一般并非有意识地进行选择。自动化的过程不仅影响引发社会认知的动机，也影响其带来的行为结果。

本章将首先解释自动化加工，然后介绍受控加工。接下来，我们考察使人们在这两种模式之间移动的动机。之后阐述双重模式模型，这些模型还将在后面的章节中出现。最后，我们介绍一些与当前普遍接受的双重模式观相对立的观点，并以此作结。

自动化加工

自动化加工以各种形式出现。例如在日常生活中，人们有时候看起来像是什么都没有想，早期的研究称之为**心不在焉**（mindlessness）（Langer, Blank, & Chanowitz, 1978）。表 2.1 列出了一系列从自动化程度最高到受控的递进的加工类型。我们从**自动化**（automaticity）最纯粹的形式开始讨论，这种形式没有意图、无法控制、高效、自主，并且处于意识之外（Bargh, 1997）。

阈下启动

举以下研究为例（Bargh, Chen, & Burrows, 1996）：给某一心理学实验中的大学生被试在电脑屏幕上呈现 4 到 20 个圆环，每次呈现时间为 3 秒，要求他们对圆环数的奇偶性作出判断。在完成了 130 个烦人的试次之后，电脑突然发出声响，并呈现出一个错误提示，告知之前所有的数据皆未保存，实验必须重新开始。无需赘言，参与者们作出了一些反应。在不知情的情况下（虽然事后得到了他们的同意），他们的脸在电脑和实验者告知他们坏消息的时候被录影。他们同样不知道的是，在每次圆环出现之前会呈现一张非洲裔或者欧洲裔美国男性的黑白照片，呈现的时间处于阈下水平（13~26 毫秒）。被试都不是非裔美国人，很明显，他们

表 2.1 各种自动化和受控加工

加工模式	定义
完全自动化	不被察觉的无意图、不受控制、高效的自动化反应
阈下启动，或前意识水平	启动项获得感觉登记，却不进入意识或不在意识层面影响反应；取决于环境影响
意识启动，或后意识水平	在意识层面知觉到启动项，但并没有意识到启动项对反应的影响；取决于环境影响
长期通达性的个体差异	可以处于前意识水平或后意识水平；对特定类别或概念的习惯化加工，就像一种长期的启动；取决于个体（角色、人格、文化、练习——即程序化）
目标导向的自动化	加工过程由有意控制启动，但是后期加工并不需要意识参与，不需要监控其完成与否，或是否达到特定结果 目标导向的自动化所致的无意图效应包括思维抑制的失败和不想要的思维反刍（表 2.2）
意图	要求有多个选择，在作出艰难选择时尤其明显；要求对预期的反应投入注意（表 2.3）
意识层面的意志	在某个想法领先、符合并能够解释某一个接下来的行为时会被体验到
意识	有不同的定义（表 2.4）
完全控制	意识层面上的有意反应

的面部表情在呈现黑人面孔时比呈现白人面孔时更有敌意。由此可见，敌意情绪被启动了，在受到激怒的时候尤其容易表现出来。

当某个概念被环境激活但其呈现时间低于意识所需的水平时**阈下启动**（subliminal priming）就会发生。情绪的阈下启动似乎是可信的。除了巴奇等人的研究（Bargh, Chen, & Burrows, 1996），快速呈现的微笑和皱眉的面孔也会影响被试后期对中文象形文字的喜爱程度，尽管这些文字对于被试来说是中性且无意义的（Murphy, Monahan, & Zajonc, 1995）。许多其他研究也揭示了情感如何被阈下闪现的文字概念所启动（Bargh & Williams, 2006）。例如，与敌意相关的启动词会影响对他人的印象，巴奇等人的研究是最早证明这一点的研究之一（Bargh & Pietromonaco, 1982）。

即时情绪启动的神经机制可能包括**杏仁核**。杏仁核是大脑内部一对杏仁状的区域，与探测具有情绪意义的刺激有关（图 2.1；Phelps, 2005）。带有恐惧表情的面孔即使是阈下呈现也会诱发杏仁核的反应（Whalen et al., 1998）。快速呈现的情绪唤起性词汇比中性词汇更容易被探测；杏仁核对此的作用很关键，因为杏仁核受损的病人探测同样的词汇的能力有所降低（A. K. Anderson & Phelps, 2001）。杏仁核定向自动探测负性（Liberman et al., 2002）或极端（Cunningham, Raye, & Johnson, 2004; Todorov et al., 2008）的线索。许多其他脑区则可能更多地参与和社会性奖赏或积极**效价**相关的自动化加工［**眶额叶皮层**或**腹**（**下部**）**内侧**（**中线**）前额叶皮层，即 vmPFC（Harris et al., 2007; van den Bos et al., 2007），右侧**脑岛**（Cunningham, Raye, & Johnson, 2004），**基底神经节**（Liberman et al., 2002），腹侧**纹状体**（Cikara, Botvinick, & Fiske, 2011; O'Doherty, 2004; O'Doherty et al., 2001）］。在我们写这本书的过程中，关于效价和脑区关联的证据还在不断增加。

除了杏仁核和奖赏脑区，看似更具反射性的、相对自动化的社会认知显然还与以下脑区有关：（a）**外侧颞叶皮层**（后**颞上沟**，即 pSTS，以及**颞极**）；（b）腹内侧前额叶皮层（vmPFC），以及（c）**背侧**前扣带皮层（dACC）。图 2.1 为偏好脑成像的读者标示出了这些脑区的位置。对于无此偏好的读者，要掌握的关键点是相对自动化的社会认知—情感加工与相对受控的加工所激活的脑区通常是不同的（Lieberman, 2007）。

阈下启动并不局限于具有情绪意义的线索；情绪中立的概念也可以在阈下被启动（Dijksterhuis, 2004; Nosek, Hawkins, & Frazier, 2012; Payne, 2012）。不以情感为主的概念启动可能会激活与模式匹配、归类和识别等加工过程相关的大脑系统，这些过程涉及**下颞叶皮层**（Lieberman et al., 2002）。启动项的知觉模式和认知类别会影响我们对随后出现的相关刺激的知觉和解释，对那些模棱两可的刺激尤为如此。神经活动的模式可以解释认知任务的数据。

除了启动情绪和中性认知，阈下启动还可以影响行为（Aarts, 2012; Ferguson & Bargh, 2004a）。在本小节最初提到的研究中（Bargh, Chen, & Burrows, 1996），参与者在阈下层面暴露于不同种族的面孔并被激怒后，实验者基于与被试的互动私下评定了他们的易怒性、敌意、生气和不合作等行为。非黑人参与者受到黑人面孔的启动后的确在被挑衅时表现得更有敌意。

阈下启动的研究操作起来并不容易，需要将启动项准确并且稳定地在极短的时间内呈现，常常需要在启动项出现之后迅速呈现掩蔽刺激，这种掩蔽刺激必

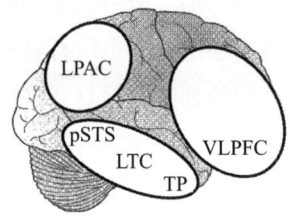 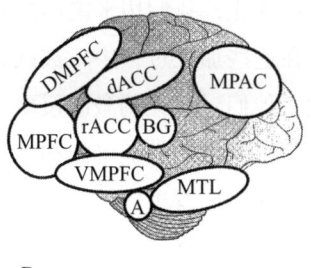

A

X 系统（自动化）

腹内侧前额叶（VMPFC）[BA11]

基底神经节（BG）

杏仁核（A）

外侧颞叶（LTC）

后颞上沟（pSTS）

颞极（TP）

背侧前扣带皮层（dACC）

B

C 系统（受控的）

外侧前额叶（LPFC）

内侧颞叶（MTL）

内侧顶叶皮层（MPAC）

外侧顶叶皮层（LPAC）

吻侧前扣带皮层（rACC）

内侧前额叶皮层（MPFC）[BA10]

背内侧前额叶皮层（DMPFC）[BA8/9]

图 2.1 和 2.2　展示于经典大脑模型外侧面（A）和内侧面（B）的与 C 系统和 X 系统相关的假想脑区［C 系统支撑反思性的社会认知（相当于受控加工），X 系统支撑反射性的社会认知（相当于自动化加工）］

资料来源："Social cognitive neuroscience: A review of core processes" by M. D. Lieberman, p. 262. Reprinted, with permission, from the *Annual Review of Psychology*, Volume 58. Copyright 2007, by Annual Reviews

须与启动项在知觉层面相关但在概念层面保持中立。例如，在一个阈下的启动词之后呈现一串与启动词长度相同但被打乱的字母；或者在一个阈下的面孔启动项之后呈现一个与之颜色相匹配的随机模式图，这个图与面孔启动项覆盖的视觉空间区域完全重合。**阈下启动**必须符合这样的客观准则：它在感觉层面得到登记，却未达到可在意识层面登记的主观标准。处于知觉与意识之间的这个微妙阈限依赖于启动项、参与者、当前目标、背景以及用于呈现刺激的屏幕的技术属性（Dijksterhuis et al., 2005）。每一个因素都可改变启动项的激活是在知觉阈限之上还是之下的倾向，并且如果超过知觉阈限，是处于意识层面之下还是之上。这意味着尽管在理论上可行，广告商想要传递阈下的信息并不容易（Cooper & Cooper, 2002）。

到目前为止，我们用来说明的实验都代表了自动化加工最为典型的阈下**前意识**形式，在这些加工过程中，被试完全没有意识到启动线索，也没有意识到这些线索影响了他们对相关刺激的反应。尽管完全自动化的加工是最具戏剧性的自动化反应类型，但它实际上可能相当罕见。这种实证展示很好地支持了这样一种理论观点：即使在无意识层面被激活的概念，也可以启动与之相关的概念，影响我们对后续刺激的解释，并且这整个过程都发生于意识之外。这符合纯粹**自动化**的最严格定义，正如先前提及的，它必须是无意图的、无法控制的、高效的、自动的，并且处于意识之外（Bargh, 1997）。

意识水平的启动

后意识自动化（postconscious automaticity）不那么戏剧性但可能对日常生活有更大的影响力，它需要对启动项产生意识层面的知觉，但意识不到启动项对后续反应的影响（参见表 2.1）。在一项研究中，参与者首先想象一个典型的教授生活中的一天，列出他的活动和生活方式。然后他们便开始玩棋盘游戏（Trivial Pursuit）——一个测试知识的游戏，被启动的参与者比那些跳过教授启动任务的参与者得分高（Dijksterhuis & van Knippenberg, 1998）。虽然背后的机制尚不清楚，这些参与者可能被促使在游戏过程中更努力、采用更好的策略，或者更相信自己的直觉。启动"足球流氓"或愚蠢的特质对这个知识测试并无帮助，但启动智慧的特质则有促进作用。又如另一个例子，让学生们整理一组能够启动"老年"（因此"迟缓"）这个类别的词表，要求他们用这些词组成句子，结果他们在实验结束后走向电梯的速度变慢了（Bargh et al., 1996）。在该系列的另一项研究中，在意识层面不动声色地给学生启动"粗鲁"这个特征之后，他们会更快地打断其他人。

正如巴奇等人（Bargh et al., 1996）的系列研究那样，很多启动研究重复了后意识或前意识启动。另一个例子是，在意识或前意识层面被与老年相关的词启动的学生，随后表达了更保守的态度；而其他被"光头党"类别启动的学生之后则表达了带有更多偏见的态度。前意识和后意识启动起作用的方式相似，部分原因是人们并不知晓启动效应，因此，即使是意识层面的启动项——若比较微妙和隐蔽——通常也不会引发抵消启动效应的努力。

长期通达性

在前意识与后意识自动化周围的某处是人们在**长期通达概念**（chronically accessible concepts）上的个体差异。人们可能意识到了也可能没有，他们会习惯性地以友好、睿智或独立来编码他人（Higgins, King, & Maven, 1982）。然而，不同的特质维度会吸引不同人的注意，并且不断地出现在他们对别人的印象中。你可以简单地数一数在描述熟悉的人时，一些特质出现的频率。这些长期使用的特质形成了一种我们熟悉的、成型的轨道，使我们的印象形成过程更加容易，结果或好或坏，但肯定比没有这些习惯性影响的情况更加高效。

人们如何形成某些偏爱的特质维度呢？某些特质可能受到家人的钟爱（"这是我的小机灵鬼""这是我的乖宝宝"），或者受到文化的赞许（美国人倾向于关注诚实和友好），也可能反映了生存技能（例如，在某些社区中需要攻击性）或职业要求（缓刑监督员判定诚信水平）。如果一个人（比如缓刑监督员）长久以来将成百种行为判断为诚实的或不诚实的，其中的一些重复的推断（例如在商店偷东西是不诚实的）会显示出特定的练习效应：随着时间的推移，这些推断的引用变得越来越快捷。自动化就是在练习的过程中发展起来的，这个过程被称为**程序化**。某个行为在几十个试次之后便可能成为一个程序，且能够保持至少一天（E. R. Smith & Branscombe, 1987, 1988; E. R. Smith, Branscombe & Bormann, 1988）。

程序化加工为一些启动效应提供了一种理论解释。人们在最初可能会费力地使用一般规则，这些规则与特定的情境无关（行为反映特质就是一种一般规则），但是通过练习，他们可自动化地对那些频繁经历的刺激作出推断（E. R. Smith, 1984）。程序化涉及两类练习效应。第一类是随着练习的增加，无论是何种行为，人们都能更快地判断其诚实与否，即某种特质独有的练习效应。第二类练习效应则整体上加快了对各种特质的判断（E. R. Smith, 1990; E. R. Smith et al., 1988）。也就是说，程序化要求我们重复执行相同的过程，例如推断特质，这可能牵涉判断相同的内容，如诚实（E. R. Smith & Lerner, 1986）。但它也可能需要更一般的过程，例如快速判断所有特质。通过持续的练习，这两种判断（特异的或一般性的）都会变得程序化，因此，自动加速人们对某种适当刺激（比如诚实或其他任何特质）的推断。第 4 章讨论了可以解释这两种效应的不同的记忆系统（E. R. Smith, 1984），但我们在此强调的是练习能够使判断过程变得自动化。

程序化（自动化）判断对人们反应的加速是否具有社会意义？答案是肯定的：通过练习而变得熟练的判断比同样合理但不熟练的判断更容易占据我们的头脑。例如，如果一个老师习惯于判断智力，那么他将会主要根据智力水平对一个聪明却缺乏社交能力的人作出积极的判断；但一名销售总监可能更强调社交技能而对其作出消极的判断。程序化判断的加速也可能对刻板印象带来启示：人们是不同社会类别的成员，他们对诸如种族的习惯性依赖可能会让他们重视这一维度甚于重视其他维度，比如年龄、性别、社会阶层或个人特质（Zárate & Smith, 1990）。判断的程序化或许还可以解释某些情感反应的速度和无意识性（Branscombe, 1988）。

关于自动化的总结

就我们目前所了解到的来看，自动化的反应在程度上会有差别。有些编码是在意识水平之下，即在阈下或前意识知觉中自动发生的。后意识加工被意识水平的线索所启动，并迅速进行，但这个过程无须认知努力，没有意图，也不会被觉察到。程序化加工的研究表明，练习似乎在自动化反应的发展中扮演着关键角色。

某些类型的判断似乎特别容易自动化：在对有关他人的信息进行编码时，特质推断似乎是必要的第一步（见第6章）。这也容易理解，因为特质推断使人们能够预测他人在将来情境中的行为表现。此外，至少在我们与他们经常相处的情境中，很多时候，人们的行为可能确实反映了他们将来的表现。我们也能够依据他人在情境中的角色来快速解释其行为。在后续的章节中，我们将讨论人们容易想到的内容的文化差异。

其他类型的编码也可能是自动的，例如与自我相关的知识（见第5章），尽管目前还没有足够多的相关证据支持这一点。某些人群（如抑郁的人）会对与他们自己相关的内容（如消极特质）进行自动化的编码（Bargh & Tota, 1988）。对一般人而言，带有威胁信息的刺激更容易被自动编码。例如，即使是略带愤怒的面孔也会引发对不信任的快速判断和即时的杏仁核反应（Todorov et al., 2008）；众多高兴面孔当中的一张生气面孔（与生气面孔中的高兴面孔相比）会很容易凸显出来，表明在前注意阶段便已出现对威胁线索的搜索（Hansen & Hansen, 1988a）。带有消极信息的线索在前意识加工中占有特殊的权重（Erdley & D'Agostino, 1988）。

与我们当前的需求或目标相关的刺激也可能会被自动编码（Aarts, 2012; Bruner, 1957），因而人们更关注与自己年龄相仿的人，男性更关注有吸引力的女性（Rodin, 1987），这个过程可能也代表了自动编码。对所有类型的自动化尤其是自动化行为的研究，让我们在第 1 章中创造出了"**被激活的行动者**"这个术语。很多社交反应是相对自动化的。

为什么这么多社会认知反应都是自动化的呢？最主要的原因当然是效率。人们大部分时间都是"**认知吝啬者**"，他们只想走一条熟悉的捷径，因为他们不是总能应对人的所有复杂性。除了纯粹的加工能力以外，人们可以征用过去行之有效的决策，从而有效地预测未来相似决策的结果。最后，无意识的思考能更快速地管理更复杂的信息，形成更加连贯而清晰的选择（Dijksterhuis, 2004）。

心理表征在阈下水平（前意识）和阈上水平（后意识）的自动激活有着相似的效果。两者都会影响评价和情绪、相关的认知和策略以及行为等。此二者的主要区别在于，若个体察觉到启动线索可能影响其反应，意识水平之上的激活便能引发受控制的策略。这将是我们接下来要讨论的话题。

受控加工

正如自动化会有程度上的差别，控制也是如此。如果知觉主体有意识的意图在很大程度上决定了加工如何运作，那么这种加工就被称为**受控加工**（controlled process）。上一节我们提到的相对自动化的加工和这一节我们将谈到的相对受控的加工之间，还存在着各种目标导向的自动化加工。它们处于两种极端之间的边界（见表 2.1），因此也可以安排在上一节的尾声。

目标导向的自动化加工

正如它所处的边界位置一样，**依赖目标的自动化**（goal-dependent automaticity）加工根据某些标准可被归为自动化加工，比如：对这个加工过程本身缺乏意识，不需要监控就可以完成，以及缺乏对所有具体结果的预期。举例来说，在一个迷迷糊糊的周六清晨，不止一位分心的父母，曾在机械性的行为中把麦片喂给了狗，而把狗粮喂给了孩子（A. P. Fiske, Haslam, & Fiske, 1991）。在这个例子中，两种目标导向的自动化加工互相干扰。一个更简单的例子是，在派对上有人问起你的研究，于是你进入了一种标准的自动化应对方式，你的讲话方式更符合论文答辩委员会的要求，而不是一段潜在的浪漫关系。

然而，从定义上讲，依赖目标的自动化也会随知觉主体的目标而变，因此它部分地属于有意图的控制。这样看来，由于依赖目标的自动化要求有意图的加工，且取决于当前的任务，依赖目标的自动化不完全是自动化的。处于意识层面的意图能够调动前意识的自动化。

不过，如果**目标**被定义为期望结果的心理表征，那么即使目标也可能是前意识的（Aarts, 2012）。其中一个例子是**习惯**，即被频繁重复的行为。激活相关的目标可以诱发与习惯行为相关的想法，同时也诱发了这些行为本身。当平时骑自行车的人想要去小镇的另一边时，有关自行车的念头就会出现在脑海里（Aarts & Dijksterhuis, 2000）。但对于那些不习惯骑自行车的人来说，情况并非如此。作为目标驱动的自动化加工的一个例子，这种目标和习惯之间的联系驱动着我们的行为，且发生频率比我们愿意承认的要高。

在派对上，某个人接近一些人但回避另一些人的行为便是依赖目标的自动化的另一个例子。参加派对的潜在目标是社交，很多种相对自动化的过程支持这个目标，如基于人们行为（见第 6 章）和面孔（见第 3 章）的自发的特质推论。人们在派对上对他人形成第一印象，快速且粗浅地判断哪些人看似有趣，哪些人看似无聊。这些加工同时包含自动化和受控的成分。由于**自发特质推论**（下文会详细阐述）在某些目标下（社交）比在其他目标下（记忆电话号码时成为一种干扰）出现得更频繁，自发的特质推论是取决于目标的，因此并不完全是自动化的。然而，一旦被调动，这种特质推论（谁看似有趣或无聊）的发生似乎确实不带有意图性，也基本不被察觉，因此合适的目标一旦诱发了这种加工，那么它就是自动化的。

很多社会认知过程可以被认为是目标驱动的自动化过程。印象的形成取决于主体的目标，这一点后面的部分会详细论述，但是，这个过程本身也可以在没有太多意识或认知努力的参与下发生。记住某个人的特征同样取决于主体的目标，但也可能自动发生（第 4 章）。在相关联的社会事件中注意到共变关系也许可以作为另一个例子（第 7 章）。其他很多包含了大量自动化成分的目标导向型加工，例如打字、开车或者是一段关系中的旧事重提，也可以作为目标导向的自动化行为的例子。

目标不一致的自动化

有些时候人们的目标诱发的自动化想法与他们意识层面的偏好一致，但有的时候，即便人们努力尝试，他们也仍不能按照自己的意愿思考（Wenzlaff & Wegner, 2000）。让我们举例说明何为**目标不一致的自动化**（goal-inconsistent automaticity）：试着在接下来的 60 秒内不要去想一只白色的熊，但请留意你想到白熊的时刻（若你尝试了，你会发现这比想象中更难）。一些研究（Wegner et al., 1987）要求参与者在五分钟内进行出声思维，同时抑制自己去想一只白熊，一旦他们想到了白熊就按铃。结果显示，他们无法抑制白熊这个念头。此外，当事后被要求去想白熊时，他们表现出反弹效应，即他们更容易想到白熊，最重要的是，与那些在实验过程中被明确要求一直想白熊的人相比，他们想到白熊的时间更多。上述现象的两个部分对于节食者、单相思者和拖延者来说都很熟悉（餐后再吃一堆食物的想法或补偿性进食的威胁对节食者来说再熟悉不过了）。唯一的解决之道是找到一个替代想法，成功的节食者和熟练的冥想者深悉这一点。若参与者们去想一辆红色的大众汽车来作为白熊的干扰物，虽然不能抑制白熊这个念头，但却不会有反弹效应，表明在有干扰项的情况下，抑制过程没有产生它在没有干扰项时所产生的那种思维阻滞。

这个过程颇具讽刺意味（Wegner, 1994）：因为你的目标是抑制某特定的想法，你设定了一个自动化的探测—监控系统，它激活了遭禁止的想法，使这些想法更容易进入脑海。**思维抑制**（thought suppression）试图通过这个讽刺性的过程（监控其发生）来阻止不想要的认知，却常常以失败告终。这种依赖目标的自动化显示了目标如何启动妨碍其自身实现的自动化过程。例如，若将注意力聚焦于自身（关注自己的内部标准），人们能够抑制自己的刻板印象，但这种对刻板印象的自发抑制会产生**反弹**效应：与刻板印象有关的想法将报复性反弹（Macrae, Bodenhausen, & Milne, 1998）。

未来的神经科学可能会发现与目标不一致的自动化过程所对应的神经机制。前扣带皮层这一负责监控各种干扰的区域（Botvinick, Cohen, & Carter, 2004），同时也负责监控为抑制不想要的想法所做的尝试（Wyland et al., 2003）。这一区域的激活可能是这个讽刺性过程的一个神经标志,显示出思维抑制失败是多么深刻地植根于目标维持的基本系统。

思维抑制的难点可以在抑郁人群中观察到,虽然他们对积极想法的抑制和健康人群做得一样好,却无法抑制消极想法(Wenzlaff, Wegner, & Roper, 1988)。正如第5章将要谈到的,抑郁使消极想法更可通达。例如,抑郁人群在失败事件上的固着时间比非抑郁人群长(持续反刍)(Carver et al., 1988)。给抑郁人群提供积极思维作为干扰物似乎能帮助他们抑制消极想法(Wenzlaff et al., 1988)。

某个侵入性的想法若未被成功抑制,则可能导致思维反刍(也可简称反刍),即对某特定对象长时间的(不想要的)思考。**思维反刍**(rumination)——重复的、适得其反的思考——可能源于目标驱动的思考所激活的认知联结(正如上面提到的),也可能源于牢记未完成任务的动机(Zeigarnik, 1927)。反刍显然包括若干阶段(表2.2),很难不去想拒绝了你的爱慕对象就是一个例子。在重建关系的努力徒劳无功之后,人们盘算、幻想、挣扎、坚持,通常还会固执己见(Martin & Tesser, 1989)。一项研究要求女大学新生报告与一个关系亲密的人分离后想念那个人的程度,结果表明,反刍程度与被分离所打断的共同目标(二人共享的活动)的数量呈正相关(Millar, Tesser, & Millar, 1988)。

尽管一些最有趣的关于目标导向型自动化加工的研究强调了人们的失败,但很多时候目标可以协助习惯性行为的表现。作为受习惯支配的生物,该结果也许

表2.2 思维反刍

阶段	单相思的例子
(a)被打断的行为在最初被加紧重复	尽管已被断然拒绝,某人还是会坚持尝试联系所爱的人
(b)在越来越低的水平解决问题	为了尽可能多地与对方成功接触,某人会努力收集对方的日程安排和生活习惯细节
(c)思考最终状态	某人幻想着与对方在一起的理想结果
(d)试图放弃目标	某人尝试着放弃对方
(e)习惯化地思考	即使已经决定放弃,某人可能还是坚持沿着熟悉的思路进行有关对方的思考
(f)持续的无力感造成的抑郁	如果他无法摆脱被这种思维占据的状态,他便会因失去而悲伤

没有那么令人惊讶，但却依然重要，因为那些具有适应性的自动化过程主导着我们的生活。

意　图

我们已讨论了前意识、后意识，长期的和依赖目标的自动化，以及自动化带来的非本意的后果。现在我们开始讨论意图，它是控制的一个关键特征。什么时候才能公平地说我们的某个特定思路是完全有意的呢？厘清这一点很重要，因为人们在法律层面和道德层面都要对有意行为的后果负责。对意图的归因可以影响我们对一系列社会问题的理解，例如偏见、侵犯、不公平的判断，等等。以偏见为例（在 11~12 章会详述），如果人们的偏见从严格意义上讲并非故意，那么他们也许就不用为这种偏见的后果负责。类似地，以自我保护为目的或者因一时嫉妒而产生的侵犯行为，被认为不像有预谋的侵犯行为那样恶劣，而后者是由意图定义的。

普通人、心理学家以及法律是如何定义意图的呢（表 2.3）？如果人们认为自己能够选择以其他的方式思考，则该情况下产生的想法及对该想法的解释就会被认为是有意的（S. T. Fiske, 1989）。因此，如果某人在深思熟虑之后认为存在另一种可能的解释，那么他所做的选择就更显得是有意图的。例如，如果有人将一个家庭成员所说的"我恨你！"解读为一种谋杀威胁，理性的人可能会声称这个人可以有其他的解读方式。类似地，如果有人将穿着整齐套装的非洲裔美国人归类为潜在的抢劫者，理性的人可能会认为他有作出其他解读的选择。

当人们确实有多个选择时，作出某个选择可能相对容易，而其他选择则相对更难。也就是说，若对某人来说，习惯性的思维方式是最简单的，那么他所作出的艰难选择则更容易被普通观察者、心理学家甚至法律专家视作有意为之。一个脾气糟糕的人若拒绝将家庭内部的敌意解读为一种威胁，将被视为克服了用更简单的方式回应的自然倾向，而这个更难的回应方式将被视为受控的和有意的。类似地，社会刻板印象将"街头小青年"认定为抢劫者，若有人克服了这种普遍的刻板印象，则观察者更容易将其看作一个有意行为。丢弃掉默认选项，作出更难的选择，被看作是特别有意的。然而，当人们具有以任意一种方式思考的能力时，根据第一个标准，无论困难还是容易的选择都是有意的。

表 2.3　意图的特征

	例子：伴侣说"我恨你！"	
有多个选项：	无意图的默认想法：	有意图的替代想法：
如何解释	根据表面意思理解	以心情不好作为借口
↓	↓	↓
作出艰难的选择	相互敌视	不相互敌视
↓	↓	↓
投入注意	不假思索地作出回应	关注对方所处的情境
↓	↓	↓
结果	过程有较少意图参与	过程有较多意图参与

最后，人们执行有意的思考时需要投入注意。因此，如果一个人想把一个亲密伙伴的敌意解读为带有恶意的挑衅，并且考虑报复的细节，那么观察者就会将他的行为解读为有意的。类似地，如果要克服对他人的习惯化刻板印象，最有效的方式就是留意那些无关刻板印象的特征（S. T. Fiske & Neuberg, 1990）。**有意图的思维**具有以下特征：有选择的余地，作出困难选择时尤为明显，在实现意图时需要投入注意。

我们的社会认为从意图到责任只有很短的距离。例如，完全无意的歧视并不违法，意外地将某人杀死（过失杀人）被认为比故意杀人（谋杀）恶意程度要轻。不管怎样，我们都不需要为自己的想法负社会责任，只需要对自己的行为负社会责任。在分析导致某特定行为的想法时，意图问题显得尤为重要，但此类分析假定——正如社会通常所认为的——人类有自由意志。

意识层面的意志

一些社会心理学家质疑自由意志的程度。社会认知中的自动化是否是无法阻止的"认知怪物"（Bargh, 1999）？也许某些环境会自动地诱发某些动机，这被巴奇（Bargh, 1997）称为**自发动机**（auto-motives）。这种观点认为，环境毫无疑问能够直接决定行为。环境诱发目标，目标诱发行为——一切都在意识之外自发进行。巴奇煽动性地将自己与斯金纳式的刺激—反应行为主义者并列在一起，而该流派早已被 20 世纪中期的认知革命所淘汰。自此之后：在"被激活的行动者"的隐喻中，社会认知的研究经历了"社会思考者"从不思考到思考，再到不思考的循环。

相似地，有研究者认为，**意识层面的意志**（conscious will）是一种错觉，是由于人们在执行特定行为前先就该行为进行思考而产生的（Wegner, 2003; Wegner & Wheately, 1999）。若思想先于行为产生、与行为一致，且能解释行为，则人们便推断思想是行为的成因。人们通常会在执行某行为之前进行思考，因此他们认为思想导致了行为。但有没有可能是其他事物（例如情境）诱发了想法，而行为是无关的呢？

为检验这一点，实验者们首先必须在被试头脑中创造出一个号称导致了结果的想法。他们在电脑屏幕上呈现一个沿着栅格移动的方块，并阈下启动了该方块运动的期望终点（Aarts, Custers, & Wegner, 2005）。参与者和电脑各自控制着一个方块，使其在栅格上沿着相反方向移动。当参与者按键时，两个方块均开始移动；当停止按键时，其中一个方块的终点被标示出来，但参与者不清楚这是电脑的那个方块还是自己的那个（停止信号出现到参与者反应的过程中，方块的移动不可见——译者注），然后参与者对这个结果是否由自己造成进行评估（即这个方块是他们的还是电脑的）。先前在阈下启动过的终点使其倾向于认为自己造成了该结果，尽管阈下启动实际上并未影响他们如何操作（也就是他们按键的时间）。若在参与者思考结果前对其进行阈下启动，则他们更容易体验到**主体性**（agency）（认为结果由自己造成）。人们会错误地把显然不在自己控制之下的结果归功于自己的行为。

在极端情况下，人们认为他们甚至能控制他人的结果和行为。在一项实验中（Pronin et al., 2006），人们形成了错觉，认为自己魔法般地影响了他人的结果。首先，诱导部分参与者对一个令人讨厌的实验同谋者（假的参与者）产生敌意，然后让这些参与者扮演"巫医"角色，把针扎进号称代表实验同谋者的"巫毒娃娃"的身体。当"受害者"确实报告感到轻微头疼时，参与者表示他们觉得自己对此负有责任。相似的效应发生在篮球赛看台的观众身上，他们在心里默默地为正把篮球投向篮筐的运动员加油。若投篮者成功了，观众便认为他们默默的祝愿助了该运动员一臂之力。

这些论证说明了很重要的一点：我们除了控制不了自己的思想以外，也不能像我们认为的那样控制我们（或者他人）的行为。这是否是行为主义的回归呢？环境是否完全控制行为，而人们的意图仅是与行为不相关的附带现象？社会认知研究吸收了对于行为主义来说属于禁忌的心理概念，但社会心理学并不需要让有意识的个体与具有决定性的环境相对立（Mischel, 1997）。此二者均不容忽视，日常生活的自动化和意识控制错觉提醒着我们，许多加工过程并不是通过意识层面的意图来运作的。

意 识

如果有意识的控制对行为的影响不像我们所相信的那样大，那么究竟是什么占据了我们的心灵？我们意识的内容是什么以及为什么是这样？意识历来都是哲学家、精神分析学家以及新近的认知科学家的研究课题。我们不打算对意识这一议题提供最全面的总结和阐述，而是仅注解一些要点，这些要点可能为社会认知研究提供启示，并随着越来越多的社会认知研究者关注这些问题而变得愈发重要（Winkielman & Schooler, 2012）。

威廉·詹姆士（James, 1890/1983）极具表现力地将**意识**描述成思想之流（the stream of thought，也译作意识流）（表2.4）：

> 意识并非割裂的碎片。首先，诸如"链条"或者"队列"这样的词汇并不能恰如其分地描述它。它并不是串接起来的事物；它是流动的。"河流"或"溪流"是可最自然地描述它的隐喻（p.233）。

对詹姆士来说，意识不仅仅是流动的"河流"，而且是"满溢着客体和关系"的"河流"（p.219），每个个体的意识流是私有的，且与附近属于他人的意识流截然分开的。

后来，意识因内省实验而获得恶名（见第1章）。此外，由于内省实验数据的固有属性，公开重复这些数据是不可能的，而且由于反心灵主义的行为主义的兴起，关于意识的议题便被束之高阁。在早期的认知心理学研究中，意识以"注意"之名又悄悄回到我们的视野，后来被解释为我们当前所觉察到的内容（见第3章）。接着，一些认知心理学家将意识狭窄地定义为（a）一种对事物简单的觉察（能够说出来），或者（b）只是从反映了一个人行为的意义上觉察到某事，即使我们有

表 2.4　有关意识的观点

流派	观点内容
威廉·詹姆士	思想之流
行为主义者	无关的附带现象
内省主义者	可报告的想法，或与行为一致的想法
早期的认知学派	指导心理过程的执行官
归因主义者	意图的必要条件
晚期的认知学派	由可通达的概念构建而成
学习认知学派	参与问题解决过程
社会认知学派	保持清醒和警觉，或主观体验到的可用于报告和有意使用的认知内容
描述主义者	由想法、情绪体验和身体感觉组成的能够成功地与外部边界竞争的刺激场

时无法将其报告出来（Bower, 1990）。第一种情况中，人们也许会报告感到饥饿并且想到了食物；第二种情况中，人们也许会发现自己正在吃零食却没有在意识层面上感到饥饿或想吃东西。

很多认知心理学家认为意识是个更广义的概念（Mandler & Nakamura, 1987），然而想整合他们的观点并不容易，因为他们通常只是利用意识这个概念解决其他理论问题。一种观点认为意识只是附带现象，与进行中的心理过程无关，这令人想起行为主义，尽管它因为强调认知机制而与行为主义有明显的区别。

另一种观点认为，意识是指导心理结构的执行官。当记忆内容的激活程度高过阈限一定程度时，它们就处于意识层面，进入到短时记忆或工作记忆中（参见第 3，4 章；D. A. Norman & Shallice, 1986; Shallice, 1972, 1978）。此时，心理表征可在有意识的控制下使用。作为一名**执行官**（executive），意识能够抑制并因此控制自动化联结，使这些联结对个体当前的意图作出反应（Posner & Rothbart, 2007）。一个与之相似的社会认知理论将意识简单地看作"执行者"（Wyer & Srull, 1986）。

还有一种观点将意识视作人类的理解和意图的必要条件。正如我们已经提到过的，意识决定了人们如何归咎过失（K. G. Shaver, 1985）和意图（S. T. Fiske, 1989; Uleman, 1989）。也就是说，除非假定人们至少能意识到自己意图的某些方面，否则我们无法讨论人们打算做什么。

一种新颖而大胆的观点将意识看作一种构建出来的装置。这种观点认为，意识用大量可用的概念去理解当前被激活的无意识内容。意识是由这些可用的概念构建的。它在一个容量有限的系统的限制下运作，以推动当前的目标（Mandler & Nakamura, 1987; Marcel, 1983a, 1983b）。

意识也参与从意识层面到自动化和无意识层面的学习（比如学开车）。在学习过程中，当之前分离的事物汇集在一起进入意识时，它有助于形成新的联结。若一个过度学习的自动化序列在随后的实践中失败，意识将重新出现以解决问题。选择也需要意识的参与，它使我们同时觉察并对比两个备选方案。根据这种观点，建构性意识在进行中的目标导向行为中发挥着多种功能。意识的这些功能通常是认知心理学家感兴趣的议题。

最后，面对如此多元的解释，两位社会认知研究者（Winkielman & Schooler, 2012）将一阶意识定义为保持清醒和警觉，主观地体验可供报告和有意使用的认知内容。二阶的**元认知**（meta-cognition）指人们关于自己思维过程的信念，在白日梦中很重要，我们接下来会谈到。

意识的内容

社会—人格心理学家们一直以来仅仅关注意识的内容本身。他们将进行中的意识描述为由思维、情绪体验和身体感知（比如白日梦时可以忽视眼前的视觉刺激）组成的足以与外部世界竞争的刺激场（Singer, 1978, 1984）。这些内部场景（Csikszentmihalyi, 1978; Csikszentmihalyi & Larson, 1984）通常包含未完成的工作或当前关注的事物（Klinger, 1978; Klinger, Barta, & Maxeiner, 1980），即未实现的目标，不论是低水平的琐事（去健身房），重要关系中的问题（我的真爱是否会与我结婚），还是价值两难问题（是否协助朋友逃税）。大学生的思维大都是具体、详细、直观、平常、可控的，且与其所处的具体环境有关。

思维的种类

进行中的思维可能是**刺激依赖型的**（stimulus dependent）（关注当前所处的环境），也可能是**刺激独立型的**（stimulus independent）（思维漫游）（Antrobus et al., 1970; Klinger, 1978; Singer, 1966）。即使注意外部环境的动机很强，我们也一直有刺激独立型思维（Antrobus et al., 1970; Smallwood & Schooler, 2006）。**思维漫游**（mind-wandering）激活大脑的默认网络（Mason et al., 2007），该网络在很大程度上与社会认知网络重叠，与此相吻合的是白日梦的内容，常与自己、他人或人际关系有关。

是否依赖于外部世界并非划分意识内容的唯一方式。另一组维度区分了**操作性思维**（operant thought）（工具性和解决问题的）和**应答性思维**（respondent thought）过程（普通的干扰和自发的意象）（Klinger, 1977）。大多数日常思维都是操作性的，同时也包含应答性的成分（Klinger, 1978）。也就是说，当你阅读本书时，你的思维是操作性的，当你放下书本思考学期论文题目时，你的思维也是操作性的。但是，当你做起关于昨晚舞会的白日梦时，那就是应答性思维了。思维的操作性程度因人们的任务和当前的任务执行阶段而异（Heckhausen & Gollwitzer, 1987），对任务（操作性）专注程度的个体差异对此也有影响（Jolly & Reardon, 1985）。

虽然这两种关于思维的二维划分——刺激依赖型相对于刺激独立型，操作性相对于应答性——看似完全多余，但它们并非如此。一个人可以有依赖于外部刺激的操作性（目标导向的）思维，或者独立于外部刺激、完全属于内部的操作性思维（当某人专注于决策）。类似地，一个人也可以有依赖或独立于外部刺激的应答性（自发的）思维（有趣的是，当某人正努力尝试写论文的第一句话时，突然觉得电脑键盘需要清洁）。

对人们的思维取样

陌生人常常认为刚认识的心理学家或者心理系学生能看透他们的想法。幸运抑或是不幸的是，心理学家们只能间接地了解人们的内心世界（见表 2.5）。有些思维取样研究考察人们尽力专注于知觉任务时的思维（Antrobus et al., 1970; Smallwood & Schooler, 2006）；也有研究给参与者佩戴每天可能在任意时间响起的电子寻呼机，指示他们写下寻呼机响起前一刻的思维（Klinger, 1978）。**经验取样**（experience-sampling）的方法使研究者们能够随机地询问参与者当时的状态，他们运用这些方法探索了与合作学习、孤独、为人父母、心境、幸福感和日常的现实错乱感等有关的意识体验（分别对应：Delle Fave & Massimini, 2004; Hawkley et al., 2003; Peterson & Miller, 2004; Oishi et al., 2004; Updegraff, Gable, & Taylor, 2004;

表 2.5 获取思维内容的方法

方法	技术
经验取样	在日常生活中用寻呼机提示，线索出现时报告当时的想法
随机探测	在实验室使用线索，要求参与者报告当前的思维漫游和对该过程的意识
认知反应	完成交流后立即报告想法
出声思维	进行认知加工的同时出声报告该过程
自然的社会认知	在事后观看录像时，报告互动中的想法
角色扮演	想象自己处于某个不完整或无意中听到的互动中，并报告自己的反应

Verdoux et al., 2003 ）。

在实验室中，随机**探测**要求人们报告他们在执行主要任务时的思维漫游、独立于刺激的思维内容以及走神情况；上述报告加上被试自发报告的思维漫游，共同揭示了大量独立于外部刺激的思维（Smallwood & Schooler, 2006 ）。

实验者们还会要求参与者在阅读有关他人的信息时进行**出声思维**，以此完成思维取样（Erber & Fiske, 1984; S. T. Fiske et al., 1987; Ruscher & Fiske, 1990 ）。这些录下来的自发的、相对原始的反应，使研究者们能够细致地观测到印象形成的过程（S. T. Fiske & Ruscher, 1989; S. E. Taylor & Fiske, 1981 ）。例如，研究者可以追踪人们如何逐渐怀疑他人别有用心，如何渐渐地对他人形成消极印象（Marchand & Vonk, 2005 ）。

相关的研究还考察人们进行社会互动时的思维。在这些**自然的社会认知**（naturalistic social cognition）研究中（Ickes et al., 1986; Ickes et al., 1988 ），在两个彼此陌生的人等待实验者返回时，实验者利用隐蔽的摄像机记录其行为。随后实验者告知参与者被录影的事实，并获得使用这些录像带的许可。然后要求参与者各自播放录像带，并指示他们在回忆起录像中的自己有某特定的想法或情感的时候暂停播放。这项研究在几个维度上考察了社会互动参与者的思维和情感，包括认知对象（自己、搭档、其他人、环境），效价（正性或负性），以及他们的视角（自己的或他人的）。

例如，人们对搭档的积极想法与他们的互动投入程度有关（可用他们的言语或非言语行为衡量）。而且在同性互动中，比起女性，两个陌生男性之间的思维或情感内容有更高的趋同性，这也许是因为男性之间的互动范围比较有限，使得他们更细心地监控他们之间的互动。也就是说，在英美文化中，男性陌生人小心翼翼地调节他们所表现出来的亲密程度，这导致他们因相对有限的选择而具有相似的思维和情感。相反，女性陌生人在这种互动环境中所受的限制较少，当然，她们的思维和情感内容在采取对方的视角和关注第三方方面更加一致（Ickes et al., 1988）。通过对人们认为他们的搭档正在体验的内容和他们的搭档实际上体验的内容两者进行比较，上述范式得以探索共情的准确性。就夫妻而言，共情准确性有助于形成情绪上的亲密感，除非其中一方的想法威胁到双方的关系，在此种情况下，共情准确性很自然地会降低感知者所体验到的亲密感（Simpson, Oriña, & Ickes, 2003）。

最后，研究者可以利用相对真实却可控的社会情境，获得人们的思维取样。在**角色扮演**中，实验参与者部分参与一段以录音呈现的人际互动，也就是说录音带仅播放其中一方的交流内容，而参与者需自行想象另一方的内容。在另一种条件下，录音带的内容是一段无意中听到的对话，有两个人在谈论第三方，然后由参与者扮演第三方。在预先设计好的时刻录音带会停止播放，参与者报告出他们此刻的想法。在有压力、评价性的社会情境下，人们会报告更多的非理性思维（如严格的绝对要求），在社交焦虑的参与者群体中该现象尤为明显（Davison, Robins, & Johnson, 1983; Davison & Zighelboim, 1987; Kashima & Davison, 1989）。之所以创造出这么多不同的研究范式，说明实时获取人们在社会互动中的思维的确颇具挑战。

关于意识的总结

那些试图走进人们思维的研究只有在他们愿意合作的情况下才能完成，更重要的是，须在他们可遵从的能力范围之内。关于人们获知自己思维过程的能力还存在一些争议，我们将在第8章对此加以阐述。人们常常无法准确报告什么因素影响了他们的行为（Nisbett & Wilson, 1977b），这表明至少有一部分思维是人们无法完整获知的。尽管如此，在一定范围内，人们可在某些情况下有效地报告自己的思维内容：如果人们在思维产生的同时报告，如果相关的思维已是言语形式，且被要求报告的是思维的内容而非思维的过程（Ericsson & Simon, 1980; S.T. Fiske & Ruscher, 1989; S. E.Taylor & Fiske, 1981）。

认知和社会认知研究者们对意识的思考方式已超越了威廉·詹姆士提出的"丰

富的思想之流"。意识也许是一个执行官,是意图的一个必要条件,或者是从无意识激活的材料中推断出来的建构。它容易被未完成的事情占据,但也可能或多或少地具有工具性或依赖于外部刺激。那些在社会互动过程中进行思维取样的研究正在发明多种技术以应对所面临的挑战。但是,所有关于意识的研究都必须警惕用内省法获取信息所带来的问题。

动机影响加工模式的使用

如果社会认知的主要模式一边是自动化的、无意识的思维,另一边是受控的、有意识的思维,且二者之间存在着一些过渡状态,那么人们如何在不同的模式之间转换呢?正如"有动机的策略家"这个隐喻所暗示的,人们采取什么策略(所用模式)取决于他们的动机。在社会认知中,过去几十年内有多种动机占据着重要的位置。它们有不同的名称,但下面的五个术语涵盖了最常见的动机类型:归属,理解,控制,自我提升,以及对内群体的信任(S. T. Fiske, 2010)。为了好记,可以把它们看作"一桶"[buc(k)et,取每个词的首字母组成——译者注]动机(表2.6)。

归 属

正如第1章所强调的,社会认知重要的一点是其社会性。我们在社会上能否存活取决于我们的社会认知,因此它占据了人们的思维。除非有动力驱使人们至

表 2.6 影响社会认知加工模式的动机

动机	目标
归属	被他人和所处群体接受
理解	社会共享的认知;相信自己的观点与群体的观点一致
控制	影响自己依赖于其他人的结果
自我提升	积极地或至少同情地看待自己
对内群体的信任	积极地看待他人,至少是内群体的人

少和一部分他人友好相处，否则将很难在社会上立足。社交孤立的年龄标化死亡风险与吸烟相当，社交孤立会同时损害心血管系统和免疫系统（House, Landis, & Umberson, 1988）。被排斥的人们反应消极：心情变得糟糕、控制感降低，且失去归属感（Williams, Cheung, & Choi, 2000）。社会疼痛的神经指标与生理疼痛的神经指标相似：二者都激活了大脑前扣带回（Eisenberger et al., 2003），这个脑区通常对干扰和不一致性作出反应（Botvinick et al., 2004）。显然，对归属的需要与人们的健康和幸福感密切相关（Baumeister & Leary, 1995; Leary, 1990）。

于是，毫不奇怪，寻求他人接纳的**归属**动机塑造了人们的社会认知。这在与归属相关的社会共享理解和社会控制动机中表现得最为明显（接下来会谈到），但归属本身也会改变人们的思维方式和内容。首先，人们思维的焦点主要是社会性的。如上所述，人们会花很多时间思考人际关系中的担忧，以及如第 1 章所述，人们在静息状态时的思绪也可能是社会性的。

人们对归属的需要可以激发相对自动化的印象形成模式，以简化社会互动。例如，人们会自动化地将外界刺激归类为与"我们"或"他们"相关（Perdue et al., 1990）。更常见的是，人们很容易将自己归为某一群体的一部分（Tajfel, 1981; Turner, 1985），自动地适应这个组织的信仰、规范和角色。这种归属感影响了人们对社会刺激的解释。在一项经典的研究中，来自普林斯顿大学和达特茅斯大学的两组学生观看了两所学校之间的橄榄球赛，同时评定了球队的犯规次数。学校归属使得大学生对自己学校的犯规次数和对方学校犯规次数的评定出现了偏差（Hastorf & Cantril, 1954）。在这个例子中，归属很可能自动地起了作用。归属也可以从如下事实中观察到：人们相对自动地遵从群体中大多数人的选择（Wood, 2000）。

归属的总体需要为研究社会认知提供了一个导向框架，因为归属感是更为具体的认知动机的基础，包括社会理解和社会控制。

理　解

最明显地驱动社会认知的社会动机是**理解**，即对社会共享认知的需求。社会共享的理解是指人们需要相信他们的观点与其所属群体的观点相一致（Turner, 1991, 第 10 章）。人们思考他人是为了与其互动。美国心理学奠基人之一威廉·詹姆士强调："我的思考自始至终都是为了我的行动"（1890/1983, p. 960），而大多数思考和行动都具有社会性（S. T. Fiske, 1992, 1993）。理解是驱动大多数社会认知的主导动机。亲和的动机使人们愿意分享他人的观点（Sinclair et al., 2005）。

自动化通常足以很好地服务于社会共享的理解。然而，人们有时出于社会动机，想要特别准确或对他人负责（分别参见 S. T. Fiske & Neuberg, 1990; Tetlock, 1992）。在另一些时候，人们持有的信息处于可接受的水平之下（Kelley, 1972a），这促使他们去收集信息。还有些时候，当人们到达一个新的地方（例如进入大学的第一周）或者一个新的文化环境（例如旅行或移民）时，他们不确定自己的认识能否与这些环境中的一般观念相符（Guinote, 2001）。当掌握这种社会共享的理解变得极为重要时，人们会转换成相对审慎的加工模式，寻求并利用大量的信息，直到他们的判断再次变得自动化为止。掌握社会共享理解的目的是令外部世界更可预测，若这种需求未得到满足，人们就会主动地寻求和分析信息，直到理解的需求得到满足。

控　制

社会关系使得人们相互依存，也就是说，他们的结果依赖于彼此（Thibaut & Kelley, 1959）。当另一个人对人们渴望获得的某些资源拥有**权力**时，人们在**控制**需求的驱动下，会着力去影响行为（他们做什么）和结果（他们得到什么）之间可能发生的情况（S. T. Fiske & Neuberg, 1990）。对结果的依赖性常常使人们切换到更受控的、审慎的加工方式，力图获得控制感。对控制的需求也会出现在非社会情境中。例如，当人们的行为表现收到随意甚至是电脑呈现的反馈时，这种遭到破坏的控制感会被带到社交情境中，驱使人们寻求有关他人的额外信息（Pittman, 1998）。总的来说，对控制感的高需求使人们特意地去寻求额外信息，以避免出错并感觉高效。当控制感受到威胁时，人们犯错的显性成本会增加，因此人们会切换到审慎的模式，成为一个灵活的"策略家"。

控制威胁有时确实会在资源匮乏的情况下（时间压力、精神疲劳）发生，因此，决策者面临作出相对自动化的决策（甚至任何决策）的压力就会增大。追求决策的**紧迫性**（快速决策）和**持久性**（长期决策）的压力来自各种环境因素（Kruglanski & Webster, 1996）以及个体差异（Neuberg & Newsom, 1993）。

控制和理解的动机有一定的重叠，但二者确实不同：人们即使在无法施加影响（控制）的情况下也会想要进行预测（理解），因为即使只能预测而不能改变结果，理解仍可协助人们进行调整。理解和控制的动机相对来说都具有认知和信息导向。接下来要探讨的两种动机则更具情绪和情感导向性，但也可追溯到归属这一核心的社会动机。

自我提升

自我提升，即人们有一种从积极的角度看待自己的倾向，这一现象已被很多研究所证实，在美国和欧洲尤其如此（见第 5 章）。这个过程同时涉及自动化和受控的加工，但美国人自动化的第一反应偏好积极的自尊。例如，人们相对自动化的反应偏好积极反馈（Swann et al., 1990）。然而，在随后的反思（更受控的）中，人们偏好符合其自我观念的反馈，即使这个反馈是负面的。

通常情况下，很多社会认知都会自动化地趋向积极地看待自己：对未来过于乐观、夸大的自我控制感，以及可能比实际更为积极的自我概念。尽管如此，这些错觉具有适应性，有益身心健康（Taylor et al., 2000; Taylor et al., 2003a; 2003b）。积极的自我观念鼓励人们参与社会活动，因此，在合理范围，自我提升有助于人们适应他们的群体。所以自我提升动机塑造着社会认知（参见第 5 章）。

对内群体的信任

社会认知一般伴随着**信任**，即在其他条件相同的情况下，对大多数社会性刺激都持有一种持续的正性偏差（Matlin & Stang, 1978; Rothbart & Park, 1986; Sears, 1983）。人们本质上都会期待在他人（不仅是自己）身上看到好的事物。例如，人们习惯于用中等以上的分数评定他人，且很少给他人打中等以下的分数。因此，这种心理层面的中点是积极的，消极的内容会显得很突兀（S. T. Fiske, 1980）。当消极事件确实发生时，人们会快速地（并且自动化地）行动，在重新回到积极的基线之前力图将损害最小化（这通常是更受控的反应）（S. E. Taylor, 1991）。消极的感受在极早的时候，几乎数毫秒内便会出现（Ito et al., 1998），这恰好是因为积极的基线状态下，消极感受很容易突显出来（Skowronski & Carlston, 1989）。

一如所有的社会动机，信任也存在个体和文化差异。人们信任他人的意愿和人们对他人信任行为的接受程度，都与**催产素**这一刺激神经组织的激素有关（Zak, Kurzban, & Matzner, 2005）。催产素在女性体内尤其活跃，与照料和交友行为有关，在威胁情境下尤为如此（S. E. Taylor, 2006b）。信任内群体中的他人与社会认知中广泛存在的正性偏差有关。从这个意义上讲，人们信任内群体中的他人会做好事，也信任他们是好人。

关于动机的总结

社会认知受社会动机的推动，这些动机可追溯到寻求归属的动机，包括理解、控制、自我提升和信任他人。这一框架与心理学中的动机研究历史相符合（S. T. Fiske, 2008），也与当前社会心理学领域的研究相符合（S. T. Fiske, 2010），尤其是与社会认知相符合（S. T. Fiske, 2002）。尽管可能也存在其他框架，但这个框架强调了一些关键动机，这些动机能够决定人们何时以及如何使用更自动化或更受控的模式。

相对自动化与相对受控的加工之间的区分作为社会认知的一个原则已经得到了广泛认可。"有动机的策略家"隐喻强调了对不同模式的灵活运用。那么，未来研究的方向是什么？社会神经科学作为研究光谱的一极，肯定会变得越来越重要。有关自动化和控制的社会神经科学研究还处于襁褓期（Lieberman, 2007）。早些时候，我们提到了参与自动化加工的脑区（见图2.1），而前面刚刚描述的受控加工则需要大脑前端的前额叶皮层的大片区域（外侧前额叶皮层，内侧前额叶皮层）及后端的上半部分（外侧和内侧顶叶皮层）脑区的参与。有关神经激活模式的研究才刚刚兴起，我们将在后面的章节中提到相关的社会神经科学研究。在研究光谱的另一极，我们将注意到，社会认知的核心动机中的文化差异也将越来越重要。

同时包含自动化加工和受控加工的模型

在整个社会认知过程中，人们或多或少地以深思熟虑的方式来理解自己和彼此，这取决于具体情境。他们何时做何事——环境导向于更自动化还是更受控的

表 2.7　双模式模型

名称（核心作者）	自动化加工	受控加工	领域
印象形成的双重加工模型（Brewer）	使用意象进行最初的识别或归类	个人化的概念或个体化的亚类型和样例	印象
印象形成的连续体模型（Fiske & Neuberg）	基于性别、种族、年龄等的即时归类	按亚类型进行中间加工；根据特征完全个体化	印象
过度自信归因的双重加工模型（Trope）	行为识别	解释	归因
认知负载模型（Gilbert）	对行为分类；按性格描述	根据环境信息校正	归因
自发特质归因模型（Uleman）	将可通达的特质与行为联系起来	将特质与个体联系起来	归因
精细加工可能性模型（Petty & Cacioppo）	使用外周线索	使用中心线索	说服
启发式—系统式模型（Chaiken）	启发式的捷径	系统的加工	说服
动机—机会决定模型（Fazio）	低水平动机和机会	高水平动机和机会	态度—行为

加工，受到了数十个社会认知理论的关注（Chaiken & Trope, 1999）。在此，我们选取了一些例子，包括从识人到归因、态度等，分别加以介绍（表 2.7）。

识人的例子

有几个模型关注人们用或多或少的自动化方式来认识他人。一种模型将人们对他人所采取的"自动化预期"或"审慎加工"看作两种不同的策略分支，人们在不同的结点根据情境的需要选择不同的策略。根据**印象形成的双重加工模型**（dual-process model of impression formation）（M. B. Brewer, 1988; M. M. Brewer & Harasty Feinstein, 1999），人们最初以自动化的方式识别一个人，若这个人与目标无关，对他的认识便停留在此。识别出加油站服务员是一个穿着正确制服的人就说明了这个相对自动的过程。

如果那个人与目标相关，且知觉者足够用心，他就会用记忆网络中与个体相符的概念来对该认知对象进行个人化。如果他不太用心，他会首先用意象来归类

（整体性的、非言语的模式），除非他所使用的类别非常不合适。在上述分类不合适的情况下，他们会使用亚类型（更具体的类别，如本地加油站服务员或高速公路加油站服务员）或者样例（熟悉的例子，如住所附近加油站的那个服务员）来个人化其认识对象。第 4 章详细介绍了这些截然不同的心理表征形式，而现在要强调的是，看待双重模式模型的一种方式是将其视作一系列的选择点和分支过程，将人们对他人的思考分流到各种不同程度的自动化和受控的加工通道中。

另一种观点认为，印象形成不是不断分支为不同类型加工的过程，而是一个不断发展的连续体。根据这种观点，人们的加工方式是连续的，连续体的一端是最自动化的、基于类别的加工（例如依据年龄、性别、种族和阶层），另一端是最审慎的、零碎的印象形成（依据每一个体身上可获得的信息）。基于这个**印象形成的连续体模型**（continuum model of impression formation），我们可以详细地说明信息结构和动机如何驱使人们从加工连续体的一端移动到另一端（S. T. Fiske et al., 1987；综述见 S. T. Fiske & Neuberg, 1990; S. T. Fiske, Lin, & Neuberg, 1999）。

人们从自动化的一端开始，然后可能会（也可能不会）沿着这个连续体分阶段地行进。根据这种观点，人们最初根据对方显而易见的身体线索和语言标签来自动化地归类认知对象。例如，正从人行道上走来的人是个大学生年龄的白人女性。人们自动化地使用这些类别，尤其是当人们只有这些信息可用时。若有足够的动机驱使人们去注意他人，人们会使用稍微审慎的方式来确认之前的归类结果。更近距离地观察这个女性的面孔特征，便可确认对其年龄的归类是否准确。如果观察到的特征与之前的归类相符合，那么这种类别确认就是成功的。

一旦类别确认失败了（当前的信息与之前的归类不符，比如发现这个"女性"有胡须），人们便重新归类。他们形成更符合当前信息的新类别（"她"只是一个看起来像女性的"他"）、亚类别（她画着舞台妆，系着领带）、样例（像你的堂姐一样，她只是面部汗毛在阳光下看起来比较明显），或自我参照（也许你自己也具有两种性别的特征）。最后，如果重新进行归类很困难，人们会逐一加工每个特征和细节。在地铁上，当你坐在那位女性对面时，你试图悄悄地仔细观察她。正如连续体模型所描述的，人们并非傻瓜，我们只有在自动化加工足够有效的情况下才会依赖它，从而产生**基于类别的反应**（category-based responses），但是我们也知道何时放弃自动化加工，转而使用更受控制的加工，作出**基于属性的反应**（attribute-based responses）。

双重加工模型和连续体加工模型之间有着一些重要的区别（Bodenhausen, Macrae, & Sherman, 1999; M. B. Brewer, 1988; S. T. Fiske, 1988）。例如，双重加工模型认为不同加工分支的印象形成过程涉及不同的认知表征形式（意象、类别、样例）。相反，连续体模型假定信息种类在不同的阶段保持稳定，从前一阶段传递到后一个阶段。此外，双重加工模型认为不同的分支所遵守的规则不同，而连续体模型认为加工规则恒定不变——分类的难易程度取决于信息和动机。这两种模型确实都将相对自动化的加工和受控的加工整合到一个统一的框架中。

　　就我们目前所知，相对自动化的神经系统可诱发印象形成（过程）在自动化模式和受控模式之间的转换。这些神经系统对外界特征作出反应，提示情绪警觉性线索（比如杏仁核、基底核），熟悉的他人（位于外侧颞叶皮层的颞极，TP），以及生物运动（位于外侧颞叶皮层的颞上沟，STS）。不一致的信息首先在前扣带回（ACC）登记，从而诱发对认知对象更有控制的加工，即对象是一个人，他有心理状态（内侧前额叶皮层，mPFC）和意图（Amodio & Frith, 2006; Botvinick et al., 2004; Lieberman, 2007）。随着社会神经科学研究的进步，这些模式会随着新证据的出现而变得更加清晰。

归因的例子

　　人们或多或少都会进行一些自动化的因果推理（见第6章）。例如，假设你看到一个人在咬指甲，说话犹豫，且避免目光接触，你也许会将其归结为她是一个易紧张的人，或者是她正在镜头前描述她人生中最尴尬的时刻。**过度自信归因的双重加工模型**（dual-process model of overconfident attribution）（Trope, 1986; Trope & Gaunt, 1999）认为，人们首先自动化且毫不费力地根据环境（咬指甲可能表示紧张或受挫，但在镜头前更可能是紧张）来识别行为。由于很多行为都较为模棱两可，行为的**识别阶段**便成为必不可少的第一步。接下来，人们更加精细地解释这种紧张行为，去除环境影响（每个人在镜头前都会紧张）之后再推断认知对象的性格倾向（也许她并不是易紧张的类型）。

　　一个相关的**认知忙碌**（cognitive busyness）模型将第一个过程拆分成两个阶段：行为**归类**阶段和用性格倾向术语进行**性格化**（characterization）的阶段，二者均为自动化的阶段。若观察者还有足够的认知容量和动机（即在认知层面没那么忙碍），那么他们接着会进行有控制的环境因素**校正**（Gilbert, 1991; Gilbert, Pelham, & Krull, 1988）。当参与者不得不在记一个电话号码（一种微妙地强加的认知负载）的同时对另一个人进行因果归因时，相对的自动化和控制就会出现。认知负载并不会干扰最初相对自动化的性格倾向推论（归类和特征描述），但是这种环境压力确实干扰了随后的校正——一种受控加工。

第三种模型对比了**自发特质推论**与有意图的、目标驱动的过程（Uleman, 1999; Winter & Uleman, 1984）。无论恰当与否，自发的特质推论则是由容易进入脑海的、与认知对象相关的概念所引导。总之，这三种模型的确各不相同（Gilbert, 1998），但它们均比较了相对自动化和受控的行为归因。我们将在第 6 章再次讨论这些模型。

态度的例子

一些最为人熟知的双重模式模型产生于态度（人们对客体的评价）领域。**精细加工可能性模型**（elaboration likelihood model）（Petty & Cacioppo, 1981; Petty & Wegener, 1999）描述了说服的两种途径：**外周路径**（更自动化、表层的加工）和**中心路径**（更精细、受控加工）。所需认知努力较少的加工使用外周线索，例如注意到某条信息有很多论据，或来自内群体（它肯定是正确的），因此人们只是粗浅地阅读该条信息。对于所需认知努力较多的加工，人们会仔细地检查所有的论证并深入地加工：他们会加入一些赞成或反对的个人意见。大多数变量依据当前情境，既可作为外周线索，也可为中心加工所用。

类似地，**启发式—系统式模型**（heuristic-systematic model）（Chaiken, 1980; Chen & Chaiken, 1999）将**系统式加工**（systematic processing）（相对分析性的、综合的加工）与**启发式加工**（heuristic processing）（根据已有的经验法则）进行了对比。尽管启发式加工速度较快，但是这两种加工可平行运作，并相互施加影响。一旦认知主体对满足当前目的有了足够的信心，便会停止加工，因此，两种模式所产生影响的平衡取决于人们何时作出决定。

无论说服过程还是连接态度与行为的过程，皆可以更自发、更快速的形式出现，而这取决于动机和机遇（**动机—机会决定模型**；Fazio, Powell, & Herr, 1983; Fazio & Towles-Schwen, 1999）。二者也可能以精细且具成本效益的形式出现（**理性行为**

理论；计划行为理论；Ajzen & Fishbein, 1977; Ajzen & Sexton, 1999）。上述内容将在第 10 章和第 15 章详细讨论，此处仅介绍这些模型如何整合说服性沟通中的相对自动化和受控的模式。

其他领域的自动化与受控加工：自我、偏见和推论

人们思考自我时（见第 5 章），有时会根据自我图式（自动化的自我概念）快速进行，另一些时候会更仔细地审视与自我相关的信息（Markus, 1977）。如前所述，人们乐于立即接受积极的反馈，但对其一致性可能会作出审慎的思考（Swann et al., 1990）。

人们思考他人时，也会在两个极端之间摇摆：相对自动化的、在文化中固定下来的偏见，和相对受控制的、个体所持有的观点（第 11、12 章；Devine, 1989; Devine & Monteith, 1999; Dovidio & Gaertner, 1986; Greenwald et al., 2002）。

确实，在每一种推论中都有**系统 1 与系统 2 的对比**，也就是直觉与理性的对比（Epstein, 1990a; Gladwell, 2005; Kahneman, 2003, 2001; Smith & DeCoster, 2000）。直觉的一面有如下特点：整体、快速、毫不费力、并行、感性、联想性、粗略且习得较慢。理性推理的一面则有如下特点：分析性、慢速、费力、序列、情感中性、逻辑性、分化、灵活。直觉联想式模式最初依靠习得缓慢但习得后快速响应的记忆系统，这个系统关注一致性。另一方面，理性、快速绑定、基于规则的系统很快地获得富有细节的新记忆，将注意力放在不一致的新异线索上，用于随后的精细加工。这两种系统的对比表明，两者均具有各自适合的学习和响应形式（汇总见表 2.8）。这个强大的主题推动着大量的社会认知研究工作，因为各个流派的心理科学家都记录了人们理解社会世界的不同方式。

反对的声音：单一模式加工模型

请不要误会，对社会认知的上述理解并不代表双重模式模型具有无可争议的至上地位，确实存在着一些替代模型。**单一模式模型**（unimode model）建立在常识的世俗**认知**（epistemic）理论之上（Kruglanski, 1980; Kruglanski, Thompson, & Spiegel, 1999）。这种模型认为，人们的主观理解本质上是在检验他们的日常假设。

表 2.8　自动化加工与受控加工的特征

自动化加工，系统 1	受控加工，系统 2
直觉的	理性的
分类的	个体化的
整体性的	分析性的
快速的	慢速的
不费力的	费力的
并行的	序列的
感性的	情感中性的
联想性	逻辑性的
粗略的	分化的
反射性的	反思性的
慢速学习	快速学习
固定的	灵活的
一致性	新异性

由于所有类型的世俗式假设—检验过程皆依靠证据、能力和动机，在这种框架下，各种加工过程之间的相似性大于不同点。根据单一模式的观点，所有加工过程在理论上均遵循"如果—那么"的关联准则。无论"如果"条件下的相关证据简单还是复杂，某些反应都会随之而来。也就是说，这个包罗万象的"如果—那么"结构在各个领域都相似（如果累了，那么喝咖啡；如果相爱，那么结婚）。能力和动机也以类似的方式运作，无论是何种加工模式。

另一种单一模式模型认为，印象的形成是通过**并行加工**（parallel processes）进行的，这个过程把所有同时激活的属性混合在一起（Kunda, 1999; Kunda & Thagard, 1996）。它对各类信息一视同仁，并不认为某些信息（如种族、性别）优于其他信息（如人格特质）。根据这种观点，一个人的种族、性别和年龄与其人格、能力和偏好具有同等的权重。这种混合是通过同时、并行地组合和解析每个线索来实现的。印象由所有来源的信息一次性形成，平行加工将这些信息迅速结合成一个连贯的印象，并令其持续保持内部一致性。双重模式模型和这个模型的首要差异在于：双重模式模型假定非动机驱动的加工是浅表的，仅依赖少量外部线索。

而对于动机驱动的加工，单一模式模型与双重模式模型都假定人们会使用更多的信息。

单一模式模型提供了一种有用的对立观点，但是正如辩论中常见的那样，这些模型倾向于讽刺与之相反的观点。的确，所有持双重模式观点者都不得不痛苦地指出，他们提出的两种加工代表着理论上的两极，而多数的加工处于二者之间。

总　结

这一章预先介绍了社会认知在过去25年中（人们甚至更早就已预料到）的一个主要议题：人们的思维过程可以是自动的，也可以是受控的，或者介于二者之间。最自动化的加工不需要认知努力、意识、控制、意图或者理解能力的参与。对社会性线索（面孔、概念）的阈下、前意识加工会影响认知联想、情感反应和行为。在意识层面启动（暴露）概念可诱发无意识的、自动化的加工。对某些人来说，有些线索是可长期通达的，但情境也能启动特定的概念，甚至动机。

人们可以通过有意地设定一个目标（这些目标会触发自动化过程）来控制某些类型的自动化加工。习惯就是典型的例子。人们也能在意识层面留意到特定行为，为之作出计划并执行。但是，人们确实倾向于高估自己的思维控制自己行为的程度，甚至是控制自己思维的程度。意识服务于内部或外部的多种功能，经常被未完成的事情和对社会的关注所占据。

决定人们使用相对自动化还是相对受控的加工的动机有多种。每种动机均能推动自动化或受控的加工，这取决于情境。与他人的归属感有力地促使人们与他人相处。社会共享的理解这一动机通过共识和信息寻求激发了大多数的社会认知。控制强调一个人所做和所发生事情之间的社会条件性，这对幸福感很重要。在情感方面，人们提升自我并乐观地信任内群体里的他人。这些动机与可获得的信息之间的相互作用，决定了人们何时使用熟练的自动化加工，何时使用精细的、受控加工。

双重模式模型在识人、归因、态度、自我、推论和偏见中都会出现，这里仅列举了几例。单一模式模型提出，不管信息和动机如何，加工方式都是类似的。下一章我们将看到，社会认知的研究者们还在继续争论。

延伸阅读

Aarts, H. (2012). Goals, motivated social cognition and behavior. In S. T. Fiske & C. N. Macrae (Eds.), *Sage handbook of social cognition* (pp. 75–95). Thousand Oaks, CA: Sage.

Bargh, J. A., Chen, M., & Burrows, L. (1996). Automaticity of social behavior: Direct effects of trait construct and stereotype activation on action. *Journal of Personality and Social Psychology*, 71(2), 230–244.

Chaiken, S., & Trope, Y. (Eds.), (1999). *Dual-process theories in social psychology*. New York: Guilford Press.

Gilbert, D. T. (1999). What the mind's not. In S. Chaiken & Y. Trope (Eds.), *Dual-process theories in social psychology* (pp. 3–11). New York: Guilford Press.

Nosek, B. A., Hawkins, C. B., & Frazier, R. S. (2012). Implicit social cognition. In S. T. Fiske & C. N. Macrae (Eds.), *Sage handbook of social cognition* (pp. 31–53). Thousand Oaks, CA: Sage.

Payne, B. K. (2012). Control, awareness, and other things we might learn to live without. In S. T.Fiske & C. N. Macrae (Eds.), *Sage handbook of social cognition* (pp. 12–30). Thousand Oaks, CA: Sage.

Wegner, D. M., Schneider, D. J., Carter, S. R., & White, T. L. (1987). Paradoxical effects of thought suppression. *Journal of Personality and Social Psychology*, 53, 5–13.

Winkielman, P., & Schooler, J. W. (2012). Consciousness, metacognition and the unconscious. In S. T. Fiske & C. N. Macrae (Eds.), *Sage handbook of social cognition* (pp. 54–74). Thousand Oaks, CA: Sage.

第 3 章

注意和编码

- 面孔：社会性注意的焦点
- 突显性：刺激在情境中的一种属性
- 生动性：刺激的内在属性
- 通达性：头脑中类别的属性
- 直接知觉：不仅仅是在我们的头脑中

在一座拥挤的商场里，我们的一个朋友坐在长凳上，他突然听见身后有奔跑声。他转过身来，看见一个白人保安正在两个黑人后面追赶。第一个奔跑的人迅速地穿过他身旁，我的朋友及时跳起来抓住了第二个奔跑的人，把那个人压倒在地上。那个在地上气喘吁吁的黑人愤怒地喊出，他是商店的主人。与此同时，小偷已经逃脱了。我们的这位朋友是个白人，一生致力于锄强扶弱，不禁羞愧难当。

就我们的目的而言，这个错误地识别身份的例子说明：基于解释的即时社会编码有时会带来悲剧性的后果。人们快速地把他人当作刺激并作出相应的反应，因此编码决定了大量的社会交互行为；因为在日常生活中，人们要对遇见的人迅速作出反应。然而，我们首先注意到的是什么呢？

正如艺术家弗兰克·斯特拉所说，"你所看到的就是你所看到的。"注意和编码是心理表征的第一步。在任何内部信息管理发生之前，外界刺激在头脑中的表征必须建立起来。这个一般性的过程被称作编码。**编码**是将知觉到的外部信息转换为内部表征。编码过程涉及大量的认知工作，不过这些认知过程只需要非常少的努力就可以完成。刺激在感觉上登记那一刻，解释的过程就开始了。很快，刺激的某些细节或丢失，或改变，或被错误地知觉。推论和原始数据一起储存在记忆中，而且两者可能变得难以区分。

注意是编码过程的一个组成部分，因为注意通常集中在当前被编码的刺激之上。思考某种外部事物至少会使它在头脑中得到短暂的表征。当然，注意并不局限于编码外部刺激，它同样可以转向内部（Chun, Golomb, & Turk-Browne, 2011）：正如第2章所提到的，无论什么内容占据了意识都被定义为注意的焦点。

内部注意也会被从记忆中提取的信息所占据。如果你正在思考记忆中的某个事件，那么你的注意焦点就是你当前回忆的事件。注意也会被头脑中当前的内容所占据（见第4章对活动记忆、工作记忆和短时记忆的讨论）。人们会注意处于意识觉知中央的外部或内部刺激。

无论注意是对外指向编码外部客体，还是对内指向记忆，它通常都被认为有两种成分：方向性（选择性）和强度（努力程度）。当你在读这本书时，你的注意大概会集中于书本，而不是音乐、大厅里的对话、腿上的瘙痒或者是你的感情生活。即使你有选择地专注于这本书，你对其的脑力分配也可多可少。注意是你所做的选择性认知工作的数量（Desimone & Duncan, 1995）。注意的某些方面有助于意志控制：工作记忆、自上而下的敏感度控制，以及竞争性选择（Knudsen, 2007）。相比而言，自下而上筛选显著性刺激则属于自动化加工。

当人们编码外部刺激时，他们并不会完全均等地注意环境的各个方面。他们会密切地关注一些事情，完全忽略其他的东西。注意会影响哪些刺激能够进入思维和记忆中，但对于将信息编码到记忆而言，有意识的注意并不是必需的。认知心理学家将选择性注意区分为早期和晚期两种（Hübner, Steinhauser, & Lehle, 2010）；也就是注意之外发生的初级知觉加工的量。认知神经科学指出，没有注意到的刺激也能够在大脑中登记（Kanwisher & Wojciulik, 2000），这表明有意识的注意选择发生在这之后。此外，在社会认知方面，大脑非常适应极具社会性的刺激——面孔，我们对面孔的编码是强制性的（Tsao & Livingstone, 2008）。本章首先讨论面孔这个最具社会性的刺激如何影响注意。

本章接下来讨论社会情境中还有哪些因素能够吸引注意，因为这些因素会影响随后的社会交往的所有过程。我们将讨论**突显性**，即个体与周围他人相比突显出来的程度；**生动性**，即个体或者其他刺激能够吸引注意的内在的、与环境无关的特征。在第 2 章中，我们已经介绍了**通达性**，它描述人们的注意如何为符合他们最近所想或时常所想的类别（或对刺激的特定解释）作准备。在本章的最后，我们将讨论人们的**直接知觉**，它不通过认知过程中介，这将为下一章要讲的具身表征作准备。但在介绍对整个人的知觉以及对他们的身体的知觉之前，我们先介绍面孔知觉。

面孔：社会性注意的焦点

他人的面孔是驱动注意的一个非常突出的社会性因素。在所有的社会交往中，面孔都是固有的注意焦点。我们不仅将讨论面孔如何捕获注意，还将讨论面孔如何引导注意指向别处。然后，我们将描述一些面孔知觉的神经科学研究，以及快速从面孔推断他人人格特质的现象（Todorov, 2012）。

注视：他人正在注意的标志

人们能够敏锐地发现他人的注视方向。想想你能多快地注意到他人正在盯着你，即使那个人在你的外周视野以外。当然，这很容易理解：他人的注视传达出注意或者意图信息，因此，为了更好地生存，人们必须对他人的注视保持警觉。

相比回避注视的面孔，定向注视的面孔（看着你）迫使你注意：人们能够更快地将直视面孔根据性别分类，并且更快地将他们与刻板信息相联系（Macrae, Hood et al., 2002）。相比于非直视面孔，成年人和小孩都能够更容易地回忆起直视的面孔（Hood et al., 2003; Mason, Hood, & Macrae, 2004）。注视主要作为一种编码现象出现（Hood et al., 2003）。当其他因素相同时，人们发现直视的面孔更加惹人喜爱，更有吸引力（Mason, Tatkow, & Macrae, 2005）。正如早期的影视演员汉弗莱·博加特所知，"孩子，我在看着你呢！"可用于表示赞美；但相反地，"你瞅我干啥？"则可用于回应不想要的、特别是挑衅性的注意。

人们不仅能注意到他人在看着自己，也能利用他人的视线引导自己的注意。

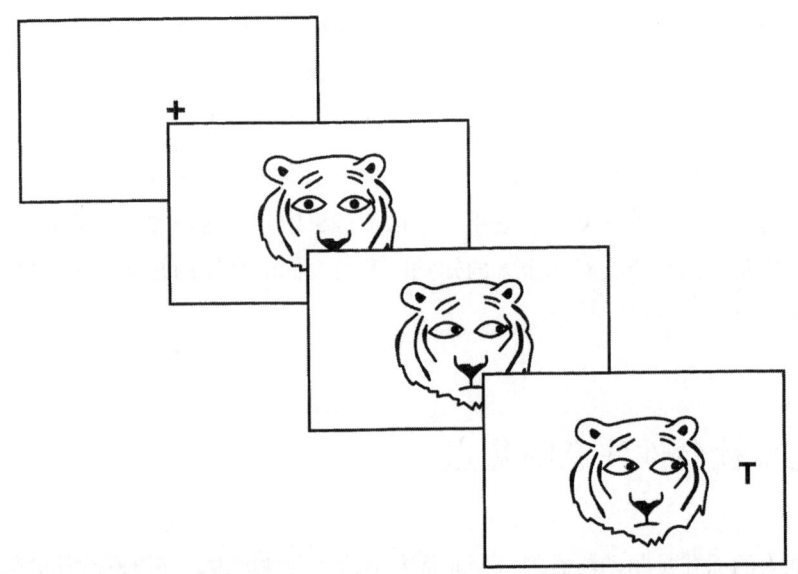

图 3.1 目标与提示一致的试次（即目标出现在提示位置）中刺激呈现的次序

资料来源：Quadflieg, Mason, & Macrae, 2004. Copyright 2004 Psychonomic Society, Inc.; reprinted by permission

试着站在街角注视某个建筑物的顶部，观察有多少人会顺着你注视的方向朝着建筑物的顶部看。当某人注视着除你之外的事物时，多数人发现很难不跟随他人的注视方向，去看看到底什么东西那么有趣。我们不仅看他人所注视的地方也看动物所注视的地方（图 3.1），甚至是箭头所指的方向。然而，当我们从人类眼中获得线索时，能够产生最有效（快速）的反射性注意转移（Quadflieg, Mason, & Macrae, 2004）。这与之前的观点一致，即眼睛是一扇窗户，即使不是心灵的窗户，也是意图的窗户。对注视的探测涉及的神经系统包括颞上沟（Hoffman & Haxby, 2000），该脑区一般与追踪生物运动有关。

面孔知觉

认知神经科学指出，作为一种高度发达的视觉技能，面孔知觉涉及多个神经系统，有些神经系统负责识别面孔的固定特征，有些负责变化的面部表情（Haxby, Hoffman, & Gobbini, 2000；图 3.2）。梭状回面孔区（FFA）是一个面孔响应区域，能够识别面孔的固定特征（Grill-Spector & Kanwisher, 2005; Kanwisher & Wojciuluk, 2000; Yip & Sinha, 2002）。人们非常擅长面孔识别，甚至在长达 50 年后仍然可以识别出熟悉的人的面孔（Bahrick, Bahrick, & Wittlinger, 1975）。另一个面孔响应区域是颞上沟（STS），它对面孔可变的特征（如上文提到的注视、表情和运动）作出反应。第三类加工内容则是关于此人（感知对象）的知识（Bruce & Young, 1986）。面孔知觉涉及整个大脑以及整个知觉过程（Haxby, Gobbini, & Montgomery, 2004）。虽然有人认为，人们对面孔的响应性只是反映了练习效应或者是一种专门的技能，但很多证据表明，面孔是一个具有独特神经敏感性的认知范畴（McKone, Kanwisher, & Duchaine, 2007）。

面孔识别是在知觉上对全部信息进行整合的一个**总体的**、构形的、全面的加工过程，而不是局部的、特征导向的零碎加工。事实上面孔的**特征导向加工**（feature-oriented processing）（分别聚焦于眼睛、鼻子、嘴、下巴等）会破坏面孔识别。颇具讽刺意味的是，口头描述一个银行抢劫犯反而会干扰随后在一批人中对抢劫犯的列队指认（Schooler & Engstler-Schooler, 1990），显然是因为这种**语词遮蔽**（verbal overshadowing）调用了局部的、逐个特征的加工导向（Tanaka & Farah, 1993）。直接操纵总体与局部（特征）加工导向将分别增强或者损害随后对加工对象的识别能力（Macrae & Lewis, 2002）。

当人们区分独特的个体时，对面孔的加工是在总体水平上进行的。当人们仅对个体进行分类，把个体视作可互换的类属成员时，他们会利用单个的突显线索（例如，头发）来决定性别、种族、年龄等。大脑右半球在总体、构形加工上的专门化可促进识别和个人化；左半球基于特征的加工则有助于分类（Mason & Macrae, 2004）。类似地，右半球专注于个体的、基于个人的学习，而左半球专注于基于群组的学习（Sanders, McClure, & Zárate, 2004）。一般来说，右半球通常参与基本的知觉和情景编码；而左半球则参与概念性的、抽象的加工（Zárate, Sanders, & Garza, 2000），例如分类。

对面孔特异性响应的神经活动的测量表明，人们在 100~200 毫秒（0.1~0.2 秒）内就可以将刺激识别为一张面孔，而且认出熟悉的面孔也几乎只花同样短的时间（Ito, Thompson, & Cacioppo, 2004; Liu, Harris, & Kanwisher, 2002）。对种族和性别的区分也能在同样的时长内发生（Ito, Thompson, & Cacioppo, 2004; Ito & Urland, 2003, 2005）。总之，类别信息比个体身份信息更容易从面孔中提取。当面孔模

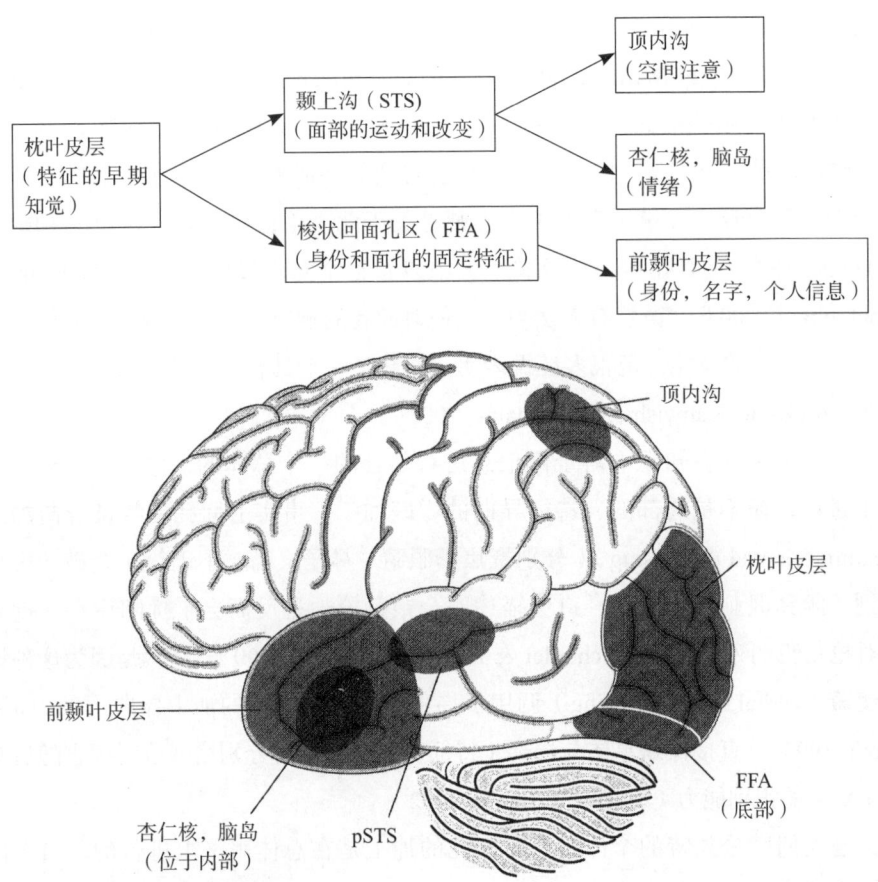

图 3.2　面孔知觉的一些关键脑区
资料来源：Haxby Hoffman, & Gobbini (2000)

糊、倒置、或者仅闪现片刻时，人们仍然很容易提取类别信息（Cloutier, Mason, & Macrae, 2005; Martin & Macrae, 2007），而且这一切根本就不需要有意图的努力（Macrae et al., 2005）。

除了类别和个人身份信息，人们还会推断其他的信息，例如，吸引力（Locher et al., 1993; Olson & Marshuetz, 2005）。当人们观察面孔时，他们有时也提取特质信息，并将这些信息直接与面孔相联系。正如我们将要看到的，人们从两个完全不同的角度对面孔与特质间的关联进行了研究。

娃娃脸：一种生态现象

有研究从**生态学角度**考察了人们如何基于外表特征或其他社会刺激构形中固有的特征推测他人的人格特质。这种基于外貌的知觉是社会知觉中的基本因素。例如，从前的黑帮电影常常刻画一个残忍的罪犯，名字可能是"娃娃脸"诺顿。可爱的面部特征与罪恶行为之间的强烈对比，使电影人物显得尤为阴险。为什么我们会期望有娃娃脸的人具有天真的人格特质？正如生态知觉研究所表明的：相对于成熟脸的成人，娃娃脸的成人被知觉为具有更多天真烂漫的特质；在不同的文化下，无论年龄及吸引力的大小，那些眼睛大、前额宽、鼻子和下巴等部位短小的人都被认为更天真、诚实、善良、热情，但不太坚强、强势和精明（图 3.3；综述见 Berry & McArthur, 1986）。一些大脑区域（FFA 和杏仁核）对娃娃脸的成人与真正的娃娃反应类似（Zebrowitz et al., 2009）。相比而言，娃娃脸的成人更少被判蓄意犯罪（因此，娃娃脸的歹徒非常令人不安），但他们更容易被判过失犯罪（Berry & Zebrowitz-McArthur, 1988）。不同文化背景下的娃娃脸看起来都很相似（Zebrowitz et al., 2012），并且声音像婴儿的人也被认为更弱小，能力不强，但更热情（Montepare & Zebrowitz-McArthur, 1987）。

这种生态学导向认为，这些知觉是由婴儿化的特征与实际年龄之间正常的共

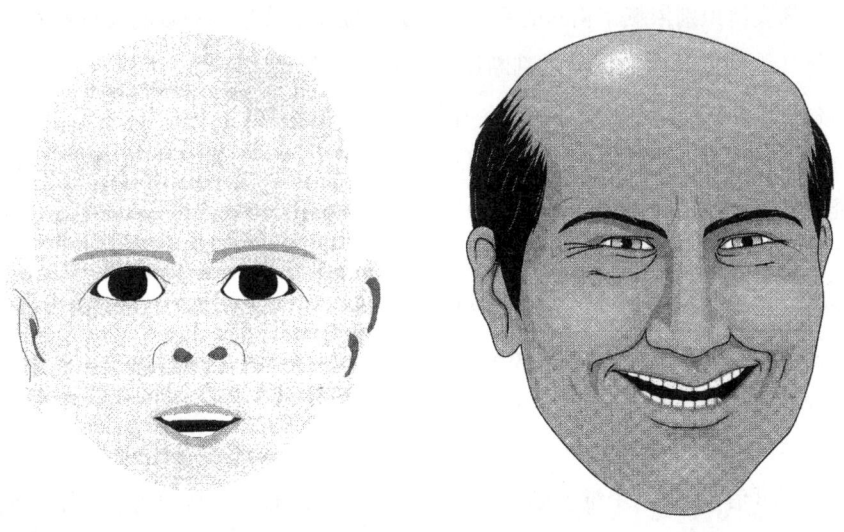

图 3.3　典型的娃娃脸与成熟男性面孔

变导致的,多数具有婴儿特征的人确实更弱小、顺从、智力不发达、幼稚、天真,因为他们很可能就是真正的婴儿。这种基于婴儿化特征的知觉有利于物种的生存,因为成年人必须养育和保护年幼的个体。所以成年人可能将婴儿化的特征知觉为一种需求状态或一个提供照顾行为的机会,这与具有婴儿特征的人更容易被知觉为弱小的个体相符合。对一个适应良好的有机体来说,这种知觉无论是从生物学角度还是从社会学角度来说都非常有用。因此,即使是2岁半的儿童也能够利用娃娃脸线索判断年龄(Montepare & Zebrowitz-McArthur, 1986)。

基于面孔的自发推断

一项考查面孔捕获注意能力的早期研究显示,不管人群中有多少其他面孔,愤怒的面孔都能从一系列面孔中"弹出",而且愤怒面孔比其他不协调的面孔更容易突显出来(第2章; Hansen & Hansen, 1988a)。愤怒的外群体面孔尤其容易识别(Ackerman et al., 2006)。当然,由于负性信息的影响,愤怒的面孔尤其突出(稍后会讲到; S. T. Fiske, 1980; Pratto & John, 1991)。即使阈下呈现愤怒或者恐惧面孔也能激活大脑杏仁核的早期预警系统(Morris, Ohman, & Dolan, 1998; Whalen et al., 1998)。

但是人们不仅仅能立即识别表情,还能立即推断出人格特质,而这种推断或许与面部表情识别依赖于相同的系统(比如从愤怒的表情到敌意的人格特质)。

例如,即使被试的任务是判断面孔的年龄,曾被评价为不可信的面孔仍然会激活杏仁核(Winston et al., 2002)。在结构上恰巧与某些情绪表情相似的面孔——惊奇(女性面孔)、愤怒(白人面孔)、愉快(黑人面孔)——也能诱发相应的特质推断,这也是情绪过度泛化的一种形式(Zebrowitz, Kikuchi, & Fellous, 2010)。

尽管人们自发地从面孔中推断各种特质(Bar, Neta, & Linz, 2006; Rudoy & Paller, 2009; Rule & Ambady, 2008; Rule, Ambady, & Adams, 2009; Todorov, Pakrashi, & Oosterhof, 2009; Willis & Todorov, 2006),但最为核心的是他人的可信度和能力。这两种特质得到了普遍认可,但它们的名称未必精确(Olivola & Todorov, 2010)。以一种情绪过度泛化的形式,第一个维度针对的是可信度,从愉快(可信赖)到愤怒(不可信);第二个维度则与力量、年龄和性别有关,从权力、支配、成熟、男子气概(即能力)到服从、不成熟、女性化(Todorov et al., 2008)。

当人们依据他人的行为进行**自发特质推断**时，就算没有人指示他们那么做，他们也会直接将特质与面孔在记忆中进行绑定（Carlston & Skowronksi, 1994; Carlston, Skowronksi, & Sparks, 1995; Todorov & Uleman, 2002, 2004），即使在快速呈现和高认知负载条件下，这个过程仍然会自发地进行（Todorov & Uleman, 2003）。就算人们并未关注人格特质推断，从很有限的互动过程中产生的特质推断也会与那人的面孔绑定在一起（Todorov et al., 2007）。仅仅 100 毫秒的呈现，就足以让人们基于面孔进行特质推断（Willis & Todorov, 2006），并且推断的结果与那些没有呈现时间限制的人们所作的推断一致。

人们基于面孔的这种迅速而直接的特质推断具有重要意义，例如哪怕只看了政治候选人一秒钟，人们就能够判断其能力，而且这种判断可以预测近 70% 的真实选举结果（Todorov et al., 2005）。另一个极端例子是，由于人们对黑人的刻板印象，在快速推断中，黑人面孔更有可能激活与犯罪相关的联结（Eberhardt et al., 2004）。黑人，甚至是具有黑人特征的白人，相比而言，会获得更长的刑期（Blair, Judd, & Chapleau, 2004; Eberhardt et al., 2006）。面孔有时会成为决定生死的因素。

突显性：刺激在情境中的一种属性

把话题从面孔上升到对整个人的知觉，什么人能够捕获我们的注意？**突显性**，尽管在逻辑上与大多数社会判断毫无关系，看起来像是一个吸引注意的微小因素，却可能起到非常重要的作用。回想一下你上一次成为"异类"的情景，房间里有很多人，而你是唯一与大家都不同的人。成为一个突显的社会刺激就是这种体验。当事人会感觉自己太显眼，因为所有的目光都集中在他一个人身上，他的每一个动作都可能会被过度解读。结果，当事人会觉得非常紧张并时刻关注社会交往的每一步细节（Ickes, 1984）。此外，仅仅是这种认为自己是一个群中异类的信念，就会损害当事人理解和记忆他人谈话内容的能力（Lord & Saenz, 1985; Lord, Saenz, & Godfrey, 1987; Saenz & Lord, 1989），也会损害自己的表现（Sekaquaptewa & Thompson, 2003）。一般地说，成为一个群中异类会耗尽个体有效地自我调节的能力，主要表现包括：话太多、自我暴露太多或太少，或者过于自大（Vohs, Baumeister, & Ciarocco, 2005）。突显的个体也担心其突出性会放大他们本来就容易被歧视的低社会等级群体身份（Duguid, 2011）。对突显性的研究也认为，成为注意的焦点、放大生活中的自己，以及作为极端反应的接受者都是一种非常令人不愉快的体验（S. E. Taylor, 1981a）。

社会突显性的前提条件

社会突显性取决于眼前或者更大的情境（表 3.1；McArthur, 1981; S. E. Taylor & Fiske, 1978）。例如，群中异类的地位来自当前的知觉和社会新异性：具有特殊的性别、种族或其他的视觉特征（如在穿蓝衬衫的群体中唯一穿红色衬衫的个体）（Crocker & McGraw, 1984; Heilman, 1980; Higgins & King, 1981, Study 1; McArthur & Post, 1977; Nesdale, Dharmalingam, & Kerr, 1987; Spangler, Gordon, & Pipkin, 1978）。

刺激的知觉特征使其在当下背景中具有形象性。格式塔心理学预测，如果刺激是明亮的、复杂的、变化的、动态的，或者在其他方面在单调的背景中引人注

表 3.1　社会突显性的因和果

原因：相对于感知主体，个体具备突显性的条件
当前情境
新异性（现场唯一一个某民族、某性别、有着某种颜色的头发、穿某种颜色衬衫的人）
形象性（明亮的、复杂的、动态的）
先前知识或期望
对个体本身来说不同寻常（例如，以意想不到的方式行事）
对个体所属的社会类别来说不同寻常（例如，行为方式不符合自己的社会角色）
对一般人来说不同寻常（例如，表现得非常消极或者非常极端）
其他的注意任务
目标相关性（例如，是老板或者约会对象）
占据视野（例如，坐在桌子的首位，上镜时间比他人更多）
感知者被指示去观察目标个体
结果：视觉上突显的人们似乎
在因果关系中显得更重要
看起来更极端
在感知主体的印象中更为一致

目，那么它就具有突显性（McArthur & Post, 1977），并且能够得到更长久的注视（McArthur & Ginsberg, 1981）。相比减少一个人，人们更容易注意到小组中增加了一个人；增加比减少更显著。我们大多数人都没有意识到出席聚会相比于不出席更加显著（Savitsky et al., 2003；为缺席找说辞可能还不如一声不吭地缺席？）。

在较大的社会情境下，人们倾向于注意与期望不一致的信息。当个体与人们先前对他的理解（有关他个体的知识、社会类属的知识和作为人类的一般知识）不一致时，会具有突显性（E. E. Jones & McGillis, 1976）。身体残疾的人之所以更容易吸引注意，是因为相比于一般人他们具有新异性（Langer et al., 1976）。

对一般人的期望也会影响突显性（S.T. Fiske, 1980）。首先，极端的社会刺激——与众不同——相比温和的刺激更显著。例如，人们会盯着极端正性的社会刺激，如电影明星，以及极端负性的社会刺激，如交通事故。其次，大多数人期待轻微正性的事件：至少西方人对生活结果是乐观的（Parducci, 1968），且对他人的评价也比较积极（Nilsson & Ekehammar, 1987; Sears, 1983; Sears & Whitney, 1973）。因此，负性的社会刺激比正性的社会刺激更显著，因为相对而言，负性刺激更出人意料[1]。负性事件能够捕获前注意加工（Pratto & John, 1991）。更重要的是，人们需要及时应对负性事件，以便回归正常的生活（S. E. Taylor, 1991）。

刺激的突显性也部分地取决于观察者的目标。人们会注意一些重要的人，因为人们的目标能否达成取决于这些人。有两个人在讲话，如果其中一个人是你的新老板、可能的约会对象或者是新的队友，那么你将会更多地关注这个人（Berscheid et al., 1976; Erber & Fiske, 1984; Neuberg & Fiske, 1987; Ruscher & Fiske, 1990; S. E. Taylor, 1975）。

刺激的突显性有时仅仅取决于刺激的物理位置，例如，在人群中坐落的位置；和你面对面坐的那个人会非常突显，因为那个人占据了你的视野（S. E. Taylor & Fiske, 1975）。人们预期坐在教授视野中央的人——在很多人的中间——未来会成为领导者（Raghubir & Valenzuela, 2006）。因此，要想有最大的影响力，就坐在教室的前方中央，或者坐在会议桌的头或尾；若想默默无闻就坐在边上。

单纯的视觉暴露影响刺激的突显性：在录影带中，增加或减少某人的出镜时

---

[1] 想要了解一些例外情况，以及对印象（喜爱程度）形成过程中负性信息权重占比高这一现象的几种解释，见综述（Skowronski & Carlston, 1989）。

间有类似的效应（Eisen & McArthur, 1979; Storms & Nisbett, 1970）。即便是招供录像这样重要的情境也显示出摄像机的角度会影响人们对招供对象的招供自愿性和罪行的判断，即使是拥有复杂头脑的观察者也同样如此（Lassiter, 2002; Lassiter et al., 2005）。让审问者和嫌疑犯同等地曝露在摄像机下（即，两人都呈现侧面），会让观察者更多地意识到审问者的诱导对嫌疑犯的供述的影响（Snyder et al., 2009）。仅仅想象自己与外群体陌生人互动的视觉场景，人们就会像观察者一样，认为自己对外群体有更积极的态度（Crisp & Husnu, 2011）。纯粹的视觉暴露效应甚至适用于政治问题：一个问题在晚间新闻上播放的时间的长短会影响人们在随后的决策中赋予该问题的权重（Iyengar & Kinder, 1987）。

总之（表3.1），所有创造突显性的方法都具有共同点，即相对性：刺激的新异性相对于当前或较大的情境而产生，一个刺激相对于呈现的其他刺激而具有形象性，观察者的视角是相对于情境而产生的。在观察者知觉到的情境场中，刺激的突显性相对于其他刺激而产生。

社会突显性的结果

无论突显性源于什么，突显效应非常稳定而且广泛存在（McArthur, 1981; S. E. Taylor & Fiske, 1978）。正如成为群中异类的经历所表明的，在各种各样的判断中，突显性会放大刺激。

突显性在因果关系知觉上表现最为明显。突显的个人在组内显得非常有影响力。这种突显—因果性原则可扩展到人们对自身行为的因果分析。个体感知上的突显行为似乎特别能反映出个体的潜在性格，而不是外在环境的影响。在这两种情况下，因果性归因都跟随着注意的焦点。正如刚刚指出的，聚焦在嫌疑犯身上的录像使得招供行为看起来更加自愿，进而，犯人看起来更有罪（Lassiter, 2002）。[2]

刺激的突显性也会放大人们的评价，无论最初评价倾向于哪个方向。如果一个人令人讨厌，那么成为群中异类将引起过度的谴责；类似地，一个令人愉快的

---

[2] 因为人们一般将他人看作因果主体（Heider, 1985; E. E. Jones & Nisbett, 1972; L. D. Ross, 1977），注意通常会放大人们的这种倾向（S. T. Fiske, Kenny, & Taylor, 1982）。然而，如果强调一个人的被动性，注意也会放大对易受影响性的知觉（Strack, Erber, & Wicklund, 1982）。文化也会影响将因果性归因于个体还是群体（见第6章）。突显性会朝先前知识所意指的方向放大因果判断。

群中异类则会被过度表扬（S. E. Taylor et al., 1977）。评价也可以被先前的期望推向某个方向。例如，如果刑事诉讼中被告被消极地看待，个体的突显性将使人们对这个人的评价尤为负性。另一方面，如果同一个人被看作是一个普通人而不是刑事犯罪的被告（更积极的预期），那么个体的突显性将引发相当积极的评价（Eisen & McArthur, 1979; 参阅 McArthur & Solomon, 1978）。在评价中，个体的突显性对正负两方面评价都起促进作用。

如果突显的刺激引发了注意、知觉显著性和极端的评价，那么推测突显的刺激能够增强记忆似乎也合乎情理。不幸的是，实验数据却惊人地不一致。在突显性的社会认知研究中，记忆的主要测量方法是自由回忆：有时候突显条件下回忆能力会增强，有时候却没有（McArthur, 1981; S. E. Taylor & Fiske, 1978）。

尽管刺激的突显性在增强回忆方面并不可靠，但它的确通过一些方式来组织印象。一个人对另一个人投入的注意越多，对他的印象就会变得越一致。注意通过强调与之相适应的特征、调整与之不适应的特征来构建印象。例如，教师会议中唯一的学生更可能被知觉为学生的代表，发表"学生的观点"，无论这个学生是否真正代表了同龄人中的大多数（S. E. Taylor, 1981a）。突显性对刻板印象的影响意味着突显性与先前的知识经验相结合，产生极化的评价（参阅 Nesdale et al., 1987）。于是，一个女性群体中的男性会被知觉为鹤立鸡群者，因而被认为是优秀的领导者；而一个男性群体中的女性则被知觉为侵入者，因而被认为是异类（Crocker & McGraw, 1984）。注意（仅仅是思考）使印象中的评价性成分变得一致，然后变得更极端，至少在某些情况下是这样（Chaiken & Yates, 1985; Millar & Tesser, 1986b; Tesser, 1978）。

这种短暂的刺激突显性对社会判断的影响究竟有多大？事实上，努力提高刺激的重要性和丰富刺激材料可以增强突显效应（Eisen & McArthur, 1979; McArthur, 1981; McArthur & Solomon, 1978; Strack, Erber, & Wicklund, 1982; S. E. Taylor et al., 1979），而且在现实世界的组织中（Kanter, 1977; Wolman & Frank, 1975）甚至电视节目中（Raghubir & Valenzuela, 2006）也都会出现类似的突显效应。

如果只是刺激的突显性就能影响如此重要的决策，那么突显性的可控性有多强？尽管早期的研究认为突显效应的产生可能是自动化的（S. E. Taylor & Fiske, 1978），但这种效应显然不是完全自动化的，因为有时候人们能够控制它们。也就是说，突显效应可以通过某些形式的卷入（如自身利益）来加以限定（Borgida &

Howard-Pitney, 1983），尽管不仅仅是通过使任务变得更加重要（S. E. Taylor et al., 1979）。突显效应可以通过一些指令来限定，例如期望"描述刺激组的每个成员"（Oakes & Turner, 1986），这将逐个提高对每个人的准确性目标。

我们再来仔细看看刺激的突显性：什么因素介导了突显效应？为什么注意对社会判断具有如此普遍的影响？一些过程可能将不同的注意与不同的判断相连接；这些可能的**中介**（mediation）（连接）因素中，有些被证明是错误的，有些得到了证据支持。回忆内容的绝对量和通道特异性回忆似乎不能解释突显性对归因的影响（回忆量：S. T. Fiske, Kenny, & Taylor, 1982; S. E. Taylor & Fiske, 1975; 但亦请参看 Harvey et al., 1980; E. R. Smith & Miller, 1979; 通道特异性：S.T. Fiske, et al, 1982; McArthur & Ginsberg, 1981; Robinson & McArthur, 1982; S. E. Taylor et al., 1979, study 1）。回忆的难易程度或通达性可能是一个中介因素（Pryor & Kriss, 1977; Rholes & Pryor, 1982; Higgins & King, 1981）。此外，与因果相关的回忆，尤其是对优势行为和外貌的记忆，似乎会因注意而增强，反过来又会夸大归因。因此，判断的过程实际上是在编码阶段完成的，而编码则基于双重突显的信息——首先，人很突显；其次，优势行为本身很突显（S. T. Fiske et al., 1982）。

关于刺激突显性的总结

突显性使得刺激相对于情境中的其他刺激凸显出来。突显性刺激可能是新异的、形象的、与期望不一致的、极端的、负性的、罕见的、物理上突出的，或是呈现时间长的。突显性会增强注意、知觉显著性、评价和一致性，但并不会增加绝对的记忆量。突显性显示出依赖于目标的自动化特性，因为突显性通常发生在意识之外，但可根据感知者的目标进行调节。突显性可能通过因果相关的回忆或其通达性的中介而产生作用。

生动性：刺激的内在属性

由于刺激的突显效应得到了很好的确证，因此，与之相近的生动性，很明显应该也有相似的效应。刺激的突显性由物体与情境之间的关系决定；刺激的生动性则是刺激的内在属性。例如，和平年代飞机失事比战争年代飞机失事更突显。按照这个逻辑，飞机失事内在地比普通的飞行更生动；对某个事故的详细描述比统计数据更生动；发生在你们当地机场的事故比发生在其他地方的事故更生动。如果刺激在"(a)情绪上是有趣的，(b)内容上是具体的、启发想象的，(c)在感觉上或者时间、空间上是接近的"，那么它就被认为是**生动的**（Nisbett & Ross, 1980, p. 45）。那么，生动的刺激与突显的刺激是否具有类似的效应？尽管理论和常识都会认为生动刺激非常有影响力，但是研究显示并非如此。

关于生动性的研究证据

生动效应在日常生活中似乎司空见惯。想想同一个赞助儿童的广告的两个版本，一个版本中有令人印象深刻的照片和案例；另一个版本中只有枯燥的统计数据。在这两种情况下，你的良心都会给出同样的忠告，但第一个广告起初似乎更容易吸引你的注意，改变你的态度，诱发他们期待的行为。这些都显而易见，如果身为广告机构的创意工作者，你也能自己想出这个生动的广告。

心理学理论家从几个概念准确地推测出生动效应。首先，相对于有效性相同或者更高的枯燥信息，人们预测生动信息更有说服力，这可能是因为生动的信息更容易进入大脑（Nisbett & Ross, 1980; Tversky & Kahneman, 1973）。其次，按照定义，生动的信息更容易诱发内部的视觉表征，使人更难忘。再次，生动信息对接收者产生更多的情绪影响，这将进一步增强对判断的影响。总之，生动信息对人们判断的影响，尤其是对说服的影响，看起来是不证自明的。

不幸的是，生动效应缺乏实验证据的支持（S. E. Taylor & Thompson, 1982）。根据之前的研究，相比抽象的、枯燥的信息，那些描述具体且用语生动的信息改变人们态度的可能性并没有更高。研究显示，那些有图片的信息并没有更强的感染力。类似地，只在非常少的情况下，录像信息会有更高的影响力。最后，直接经验——生动信息的本质体现——并不比二手经验更能有效地改变态度[3]。总而言之，在实验中生动性并不能很好地起作用，尽管直觉上它应该可以。

---

[3] 这里讲到直接经验可能不能改变态度，并不等于否认直接经验能影响态度获取或者是态度对行为的影响。显然，直接经验会影响态度的获取以及对行为的影响（见第10章和第15章）。

个案的说服效果比群体统计的说服效果更好，这类现象是以上负性结果（没有生动性效应）的主要例外。令人心碎的故事比世界性的饥饿统计更有影响力。例如，一个被单独识别出来的不法行为者比一个类似但无法辨认的不法行为者会引发更强烈的愤怒，受到更多的惩罚（Small & Lowenstein, 2005）。然而，这个结果不能归于生动效应，部分原因在于它涉及的是可识别性，而不是生动性本身。

此外，其他的生动性研究——操纵语言（形象与无趣）、图片（有与无）、录像（录像与文字记录）——保持了其他绝大多数信息的不变。然而，当比较个案和统计信息时，保持信息不变更成问题。只是生动性的差异引发说服力的差异，这种假设是不合理的，因为个体案例和统计信息在太多的方面存在着不同。例如，具体的案例传递给人们一种特定的场景，这个场景在现实生活中是有可能发生的：一个饥饿的小孩可能靠卖火柴为生。统计描述则传递了一种非常不同的信息，例如，预期寿命来自于多个案例的平均。因此，个案与群体统计之间信息的不对等性与生动性混淆在了一起（不能分开）（见表 3.2）。并且对其他类型的生动性所进行的研究并未发现生动性效应，说明并不是生动性本身，而是信息的差异使个案更具有说服力（S. E. Taylor & Thompson, 1982）。

表 3.2　生动性研究缺乏证据

操作	保持不变的因素	总的效应
经典的		
具体的（对枯燥的）语言	大多数其他信息	无
有照片（对没照片）	大多数其他信息	无
录像（对脚本）	大多数其他信息	无
个案（对统计描述）	加入了混淆信息，如可辨别性	个案
更新的		
生动信息对生动背景	信息本身（不同的例子）	只有信息
使注意集中于信息	信息本身	非卷入信息
易感性的个体差异	信息本身	易感性

为什么生动性效应看起来如此可信

显然，很少有证据支持生动效应，那么是什么使人们在直觉上认为存在着生动效应呢？生动性可能会对我们产生一定的影响，而这被错误认为是说服力。例如，我们相信，有趣的、吸引注意的信息一般而言对其他人更有说服力，然而我们个人并不认为生动的信息更可信（R. L. Collins et al., 1988）。相比枯燥的信息，人们能够更容易地回忆起生动的信息（Lynn, Shavitt, & Ostrom, 1985），但是这种可回忆性不能解释相关研究中偶尔出现的生动性有助于说服的现象（Shedler & Manis, 1986; Sherer & Rogers, 1984）。此外，具体的语言使陈述看起来更可信（Hansen & Wänke, 2010），但是生动信息可能只会使我们对自己的观点更有信心，而不会改变实际判断（N. K. Clark & Rutter, 1985）。

最后，就像摇滚音乐录像中的视觉效果，生动信息令人愉悦，唤醒程度高，且带有情绪性（Zillmann & Mundorf, 1987）。卡尔·萨根的一个同事对其"生动天赋"的描述能很好地说明说服力和娱乐性的独立性："卡尔经常是对的（偶尔会错）并且总是非常有趣。大多数学者与此相反，他们总是对的但却非常无趣"。正是在那些没有发现生动性影响判断的研究中，比起不生动的表达，生动的表达常常被知觉为更形象、生动、有趣。因此，生动性的娱乐价值似乎与它对说服力的影响没有关系（S. E. Taylor & Wood, 1983）。当人们仅仅是感到愉悦或者情绪被唤起时，他们可能错误地推测自己的态度发生了变化（R. L. Collins et al., 1988）

生动性未来的研究方向

暂且假设我们的现实世界直觉是正确的，生动效应的确存在，那么之前用实验的方法去检验它的尝试肯定在某些重要的方面存在缺陷；也有可能生动效应的确发生了，但是只在一些特殊的情境下，到目前为止实验研究并没有重复出这些特定的情境。几个原则定义了生动效应的边界（S. E. Taylor & Thompson, 1982）。首先，很多操纵生动性的尝试混淆了生动的信息和生动的展示。如果信息的背景太生动，这些花招可能会将人们的注意力从信息本身吸走（Eagly & Himmelfarb, 1978; Isen & Noonberg, 1979）。与信息一致的生动性能够增强认知的精细加工并增加说服力，但是与信息不一致的、花哨的生动性则会阻碍认知理解，降低说服力

(Guadagno, Rhoads, & Sagarin, 2011; S. M. Smith & Shaffer, 2000)。

其次，一些实验证据表明，虽然枯燥的书面材料传达了更多的信息，但是在人们没有过多投入的情况下，生动的录像或者有趣的材料有助于吸引人们的注意（Chaiken & Eagly, 1976）。录像广告的确能够捕获人们的注意，但同时也促使人们主要加工表面信息，例如，演讲者是否长得好看（Chaiken & Eagly, 1983）。生动的信息可能在注意阶段起作用，尤其是对于不够投入的接收者而言。如果信息的接收者高度投入，那么就不需要生动性来捕获注意力了。他们的注意已经被捕获，他们需要的是强有力的论据和思考的时间。书面材料能够使投入注意的接收者有时间仔细考虑论据信息的内容，这对说服他们非常重要（Petty & Cacioppo, 1979；见第 10 章）。从这个角度而言，如果生动材料是相关的，这些生动广告的主要作用在于提醒那些没有投入注意的人；而书面材料能够说服那些已经投入注意的人。

最后，人们对生动形象的习惯性信赖存在个体差异（Pham, Meyvis, & Zhou, 2001）。想象力丰富的人可能会放大或者减弱生动性的说服力，因为他们会创造性地使自己沉浸在眼前的信息中，并由此出发进而更多地依赖那些不太明显的线索。

关于生动性的总结

生动性是刺激本身的一种内在属性。尽管根据理论和常识，生动效应似乎极有可能存在，但是它们主要只出现在具体案例与统计数据的对比中，然而这种对比混淆了其他种类的信息与刺激的生动性。生动性可能在情绪上唤醒人们或者使人们感到愉悦，这就是生动效应看起来合理的原因之一。但是无关的、花哨的生动刺激实际上会降低信息的说服力。未来的研究可以聚焦在相关性、加工阶段、投入程度和图像生动性的个体差异等方面。

通达性：头脑中类别的属性

除了注视方向、刺激在情境中的突显性和内在的生动性之外，另一个预测注意的因素是类别的通达性，它主要取决于注意之前的启动效应。正如在第 2 章关于自动化加工的讨论中提到的那样，**启动效应**描述了之前的背景如何对新信息的理解产生影响。我们也看到启动能够影响认知、情感和行为。本章主要关注启动的认知机制（通达性）以及它如何决定注意、编码并最终决定心理表征。**通达性**涉及这样一个事实，即相比没有激活的观念，近期或频繁激活的观念更容易进入我们的脑海。很多年以前，杰尔姆·布鲁纳（Bruner, 1957, 1958）指出很多社会信息本身非常模糊，因此社会知觉主要受那些在知觉者当前的目标、需要和期望之下很容易被激活[4]的相关类别的通达性的影响。当知识被激活（变得通达）且适用于当前注意的刺激时，启动就产生了。

情境性通达效应

每一个慈善团体都有（或者看起来有）自己的时事通讯。为什么呢？大概是那些运营慈善机构的人想让你记住或至少看到。总是被提醒污染、疾病、暴力，或者当地的艺术委员会会营造一种解释某些事件的氛围。实际上，时事通讯启动了这些问题，让它们在你的头脑中保持通达性，而且很可能是发生在你考虑各种慈善事业的紧迫性时。

通达性也适用于解读他人。将人们暴露于积极或者消极特质的术语（例如，敢于冒险的相对于鲁莽的）使人们稍后会相应地积极或消极地解读模棱两可的行为（例如，在独木舟中拍摄激流），这是由于被启动的术语含义不同（例如，Bargh et al., 1986; Higgins, Rholes, & Jones, 1977; Srull & Wyer, 1979; 综述见 Förster & Liberman, 2007）。

当相关的意义和积极或消极效价被同时启动时，比如在这个例子中，通达效应最强。也就是说，相比无关的负性概念，相关的负性概念被启动时，模糊行为更可能被认为是鲁莽行为。此外，实验者建立启动和刺激情境时，首先要使参与者不会有意识地将两者联系起来。在启动效应的研究中，一定要避免让参与者认

---

4 不同的研究者对通达性（accessibility）和可得性（availability）这两个术语的用法相互矛盾。我们用通达性指回忆的容易程度，而可得性指信息究竟是否存储在记忆中（Higgins & Bargh, 1987, Note 1; Tulving & Pearlstone, 1966）。然而，需要注意的是这和卡尼曼和特韦尔斯基对可得性（availability）的用法不一致，他们用可得性指信息进入头脑的容易程度（见第7章；因此之故，一般把"availability"翻译为易得性。——译者注）。本章中，通达性指储存的知识能够被快速使用的程度。

为被启动的解释进入脑海是因为它之前已经被呈现过（即，通达性来源于被启动的概念）。相反，参与者必须认为被启动的概念进入脑海是因为刺激本身。当他们没有意识到启动和刺激之间的关联时，被启动的参与者在作出反应时就不仅仅是在迎合实验者的要求［即，由于**实验要求**，预期的行为无意中受到约束］。启动和刺激之间显而易见的独立性也意味着，在解读刺激时，参与者没有特别理性的理由使用启动材料来解释刺激。正如我们在最初介绍这个概念时所看到的，启动能够自动进行，不需要对最初的启动材料产生意识知觉（Bargh et al., 1986; Bargh & Pietromonaco, 1982）。

通达性并不局限于特质概念。其他具有重大社会意义的概念也可以被启动——教授、流氓、老人、黑人——如第 2 章所示，这与经典的刻板印象研究一致，即种族类别能够被自发地启动（Devine, 1989; Dovidio, Evans, & Tyler, 1986; Gaertner & McLaughlin, 1983）。当白人参与者看到与非裔美国人相关的词时，即使是阈下呈现，他们随后也会对与刻板印象相关的词反应更快并且将"模糊"（未说明具体种族信息）的个体评价为更具有敌意；这支持了他们的种族类别被启动的观点。在一个更明显的水平上，无意中听到种族歧视用语会放大白人对一个黑人表现不佳的负性评价（Greenberg & Pyszczynski, 1985），这可能是启动造成的。使警察与缓刑犯监督官潜意识启动与黑人、种族相关的词汇，他们会认为一个假想的（种族身份不明）青少年品德差、更有罪、可能会成为累犯，并且需要严厉的惩罚（Graham & Lowery, 2004）。

类似地，各种各样的性别角色刻板印象都可以被启动。例如，一个刚刚看完色情电影的男人，随后对在与此毫无关系的情境中遇见的女人反应非常刻板：他们的行为被认为更具有性动机，之后他们记住的主要是女人的外貌身材而不是会面经过。但是这些结果更适用于有着性别图式的男人，对他们来说性别角色信息更容易通达（McKenzie-Mohr & Zanna, 1990; Rudman & Borgida, 1995）。与此相关的是，相比于中性词语启动的参与者，用家庭相关词语启动的女性，能够更准确地记住、更自信地判断一个妻子或者母亲的目标，而且比对职业女性的记忆和判断更准确和自信（Trzebinski & Richards, 1986; cf. Trzebinski, 1985）。带有性别刻板信息的摇滚音乐录像似乎会启动对男女交互过程的刻板解释（Hansen & Hansen, 1988b）。

一系列令人惊叹的刺激解读也源于通达性：无意识的情感反应启动对人的

分类（Niedenthal & Cantor, 1986）；阈下的危险和暴力图片启动自我报告的焦虑（Robles et al., 1987）；与标准相比的自我差异启动唤醒和情绪体验（Higgins et al., 1986; Strauman & Higgins, 1987）；无意识的极端化评价启动对一个词汇（容易引发情感判断的词）的好与坏的判断（Greenwald, Klinger, & Liu, 1989）；预先呈现一张走失小孩的海报启动人们将大人与小孩之间模糊的交流过程知觉为绑架（K. James, 1986）；预先的相关问题启动报告的生活满意度（Strack, Martin, & Schwarz, 1988）；预先的相关问题启动对国家政策的满意度评价（Tourangeau et al., 1989）；室内高温环境启动有攻击性的故事内容（Rule, Taylor, & Dobbs, 1987）。所有的反应，从暂时的状态到初始的判断再到看起来早已固定的观点，都会随着情境启动的通达性而变化（Förster & Liberman, 2007）。

启动效应既有短期的也有长期的影响。在脱离情境长达一周之后，对一个刺激的启动仍能影响对它的评价（Higgins & King, 1981; Higgins et al., 1997; Sinclair, Mark, & Shotland, 1987; Srull & Wyer, 1980）。这是非常重要的一点：一次短暂的、也许是任意的启动和刺激的并置，能够长久地影响刺激的编码。如果一个刺激可以被编码为几个可选的类别之一，短期的启动可能会决定哪个类别会得到长期采用。

此外，通达效应会对重要的社会行为产生影响。第 2 章描述的研究启动了种族—敌意、老年—缓慢（Bargh, Chen, & Burrows, 1996）、教授—智慧和交通—骑车（Aarts & Dijksterhuis, 2000）。类似地，在一个情境下被当时视为略显敌意的名人（摇滚歌星艾利斯·库珀，印第安纳大学篮球教练博比·奈特）启动的参与者，接下来会认为一个不好不坏的同伴更有敌意，并对同伴在行为上表现出更多的敌意和竞争性，这与之前启动的类别（被认为有敌意的明星）一致（Herr, 1986）。在另一个研究中，给参与者阈下呈现竞争相关词汇，如果参与者好胜心比较强，被启动后其表现更带有竞争性。实际上，启动因子激活了他们的竞争性人格（Neuberg, 1988）。此外，有一类经典的研究可进一步被解释为与启动对攻击的效应一致。若人们对某人怀有恨意，当存在攻击线索时，伤害这个人的冲动更有可能付诸行动。邻桌上的枪支也会激起攻击行为，即使这种攻击行为不是通过枪支实现（Berkowitz, 1974），启动可以解释这一现象。更良性的回应，例如慷慨，也可起因于端了一杯热咖啡（而不是冰咖啡）（Williams & Bargh, 2008）。

通达性同样能够影响问题解决和创造性。在一个研究中，参与者试图去解决以下问题：如何用一支蜡烛，一盒火柴和一盒大头钉，将蜡烛固定在墙上，使其燃烧时蜡油不滴在地板上？被启发分开考虑容器和内容物（例如，"一整盘的番茄"对"番茄和托盘"）的参与者能够很快解决这个问题。这种心理构形（容器和内容作为可分离的实体）启动了与之相关的构形，促进了问题的解决（Higgins & Chaires, 1980）。顺便提一下，解决这个问题的方法是清空大头钉的盒子，将盒子和钉子分开看待，将盒子作为固定蜡烛的平台[5]。在一个令人惊奇的隐喻（"think out of the box"）扮演研究中，坐在箱子——个五英尺的硬纸箱——外面的参与者比坐在里面的人更有创造力（Leung et al., 2012）。

同化与对比

大多数的启动研究显示可通达类别的**同化**（assimilation）作用。正如上文所提到的，当参与者被积极或消极特质启动时，他们常常使相关模糊行为的解释与相应的启动类别一致。然而有时也会出现**对比效应**（contrast effects）。即，当人们被某种明显的特质内容启动时（例如，鲁莽的），他们可能会从相反的方向对模糊刺激进行判断，如判断唐纳德想用帆船横跨大西洋并不是鲁莽，而是敢于冒险。如果启动相当露骨，人们可能会避免使用它，转而从相反的方向去评价某个人。某些条件可能会破坏通常出现的同化效应，并反过来促进对比效应（表 3.3）。

对比效应尤其会在对启动任务的意识水平高于平常的情况下产生（Martin, 1986）。对启动的意识非常重要，因为有意识启动比无意识启动更灵活。当人们觉察到一个明显的启动以及它与某种刺激的潜在联系时，他们可能会拒绝受到显而易见的影响，或者将其视为与模糊刺激形成对比的极端现象。至少在某些情况下，只有阈下的概念启动才会引发通达类别对刺激的同化效应；而有意识的启动则会产生同化或者对比效应（Lombardi, Higgins, & Bargh, 1987; L. S. Newman & Uleman, 1990）。

同化与对比效应的产生也取决于所用刺激的特征。正如之前的例子所表明的，启动与刺激的重叠程度是非常重要的；与刺激相似的启动项，与刺激重叠程度高，不管是在意识启动还是无意识启动中都最容易表现出同化效应。刺激与被启动的

---

5 这个特别的研究现在被认为是**程序性启动**（procedural priming）的例子（Higgins, 1996）。

表 3.3 支持同化与对比的条件

同化	对比
前意识启动	意识启动
启动与刺激重叠程度高	启动与刺激重叠程度低
模糊的刺激	非模糊刺激
类别启动	示例启动
无动机的知觉者	有动机的（例如，警觉的）知觉者
相似性测试	差异性测试

类别没有太多重叠时，会产生对比效应，比如当你使用极端内容做启动项的时候（Herr, 1986; Herr, Sherman, & Fazio, 1983）。

刺激的模糊性也会影响同化或对比，因为一个模糊的刺激很容易被启动信息同化。清晰的刺激可能会引发对比效应（Herr et al., 1983）。在刺激清晰的情况下，启动与刺激之间的差异变得显而易见，知觉者会过度补偿，将两者进行对比。

最后，知觉者的目标也会影响同化和对比，即使在阈下启动情境下也是如此。例如，自我保护动机能够与启动相互作用（Spencer et al., 1998）。人们也会被社会共享的目标所同化，内隐地与某个在同一时间追求同一目标的组内成员保持协调一致，即使那个成员没有真的在场（Shteynberg & Galinsky, 2011）。与人亲和的目标和认识上的目标都使人们被社会共享的现实所同化（Lun et al., 2007; Sinclair et al., 2005）。与相似的他人同化对文化发展有重要作用（Shteynberg, 2010）。

同化和对比的**选择性通达模型**（selective accessibility model）将这些以及其他因素结合在一起（Mussweiler, 2003）。因为这个模型强调有意识的而不是自动的比较，所以它假定通达性更为灵活（可控），并且更针对当前的判断（而不是一般化的语义启动）。不过，这个模型确实专注于通达性，它将几项与同化和对比效应何时最有可能产生有关的有用原则整合在一起；或许同时适用于有意识和无意识的通达性。如果相似度测试是易通达的策略，那么人们就会寻找相似度，进而产生同化效应；如果差异度测试是易通达的策略，那么人们就会寻找差异性，进而产生对比效应。相似度测试更常发生；人们倾向聚焦于相似之处，因为他们会自发地将目标与基线标准作一个总体的、全局的比较。例如，在比较菠萝和牛油果时，人们会首先考虑它们是否属于同一个类别（热带水果），然后进行同化，但是如果认为它们属于不同的类别（甜味水果与风味型水果），则会进行对比。在想到某个干净整洁的人时，人们与和自己相同性别的人同化，与性别不同的人进行对比；这里的机制是标准的通达性（Mussweiler & Bodenhausen, 2002）。因此，适用于无意识启动的重叠、模糊和目标等原则也适用于有意识的比较，在某种程度上，两者都依赖于相似性与差异的通达性。

编码阶段的启动

启动主要通过编码阶段的通达性起作用。研究者指出了几种编码有着如此作用的原因。首先，启动效应随着启动和刺激之间间隔的增大而减小。更长的间隔可能会干扰根据启动信息对刺激进行编码（Srull & Wyer, 1979, 1980）。当启动与刺激出现在非常短的时间间隔内时，启动效应取决于对刺激和启动项的共同编码（图 3.4）。

编码在启动中的重要性的第二个论据来源于延迟评价的研究。随着已经启动的刺激与评价之间的时间间隔变长，启动效应会增大。随着启动效应随时间变大时，刺激本身的细节信息被遗失，启动的表征相对而言变得更为重要。

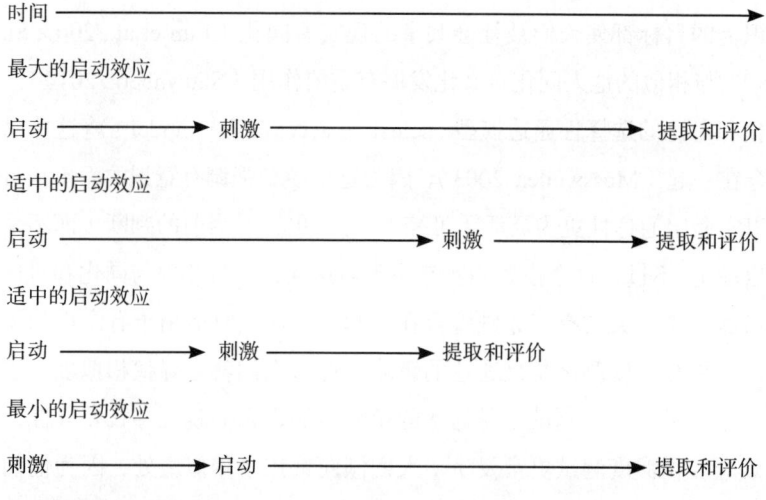

图 3.4 启动—刺激间隔与启动效应的大小

第三个论据要简单一些：刺激后呈现启动信息会只有极小或者没有启动效应；然而刺激前呈现启动信息，使得启动信息能够影响编码，（则）确定能够产生启动效应。这进一步支持了如下的结论：在启动情境下编码刺激比在启动情境下从记忆中提取刺激更重要（Srull & Wyer, 1980）。

最后，与启动相关的信息似乎会引发差异化注意（S. J. Sherman, Mackie, & Driscoll, 1988）。也就是说，在决策过程中，参与者并不认为被启动的维度更重要，但是他们能够更好地回忆被启动的维度，这表明被启动的维度可能引发了注意。

长期通达性

通达性可因为最近启动的类别或经常启动的类别而产生（例如，Bargh & Pietromonaco, 1982; Bargh et al., 1986; Förster & Liberman, 2007; Higgins et al., 1977, 1982; Srull & Wyer, 1989; Wyer & Srull, 1986）。研究者提出了很多模型来解释这些效应，并在实验中通过设计近因和频率的竞争来说明各个模型的不同（Higgins, 1989a），正如对长期启动的概念的研究所显示的那样。

人们被自己的典型情境所启动的内容存在持久的差异性，这可能导致了长期通达类别的个体差异。正如第 2 章所提到的，经常练习的判断通过**程序化**会变成自动过程。我们都认识这样的人，他们根据他人多聪明，多值得信赖，或者长相多俊美来知觉所有的人。对于某人来说，如果某个特定维度的人格特质是更容易通达或更经常通达的构念，那么这个人就可能根据这些特征记住和描述他人（Higgins & King, 1981）。例如，有研究者通过记录人们描述自己或朋友时想起的第一个和最常出现的人格维度，识别出他们最具代表性的可通达人格特质维度（例如，聪明的、有趣的、友善的）（Higgins, King, & Mavin, 1982）。人们自发提到的人格维度可能是当前环境提供的线索可以被如此解读时最容易出现在头脑中的人格维度。频繁使用或者长时间启动的人格维度可能会成为某人人格中的中心成分，使其在那个维度上发展出**长期性**通达。

此外，长期通达性在理论上是由于频繁暴露于某个类别而产生的，至少在某些特定的情况下，它的运作应当和情景启动的纯粹频率效应相同。比较频率原则和近因原则，频繁启动的构念在长期占有优势，尽管近期启动的构念在短时间内处于支配地位（Higgins, Bargh, & Lombardi, 1985）。对长期启动的个体差异和近期启动的研究也得到了相似的结果；也就是说，近期启动的类别在短时间内具有优势，但正如频繁启动的类别一样，长期启动的类别在时间延迟之后具有优势（Bargh, Lombardi, & Higgins, 1988）。

长期通达的类别信息可被有效地使用，相比于在此维度未建立起长期通达性的人，建立起长期通达性的人能够更快地编码相关信息（Bargh & Thein, 1985）。此外，长期通达的类别信息似乎不需要个体的意图就可以使用（Bargh et al., 1986; Higgins et al., 1982），它甚至不在个体的控制之下（Bargh & Pratto, 1986）。正如我们所见，长期通达的这些特征使其足以成为真正的自动化过程（Bargh, 1984; Payne, 2012）。

将长期可通达的构念自动地应用于对新信息的加工会产生重大的社会后果。例如，对有关自己（而不是一般的其他人）的负性社会类别自动、长期的加工似乎是抑郁症的一个重要组成部分（Bargh & Tota, 1988）。在一个与抑郁有关的元分析中，负性的自我关注与负性情绪有强相关，这一点在操纵自我关注和思维效价的实验研究中和相关性研究中都得到了证实；积极的自我关注会减少负性情绪。这些结果适用于抑郁症，而不仅是暂时的糟糕心境：抑郁尤其与对私下自我的关注（负面地看待自己的目标、想法、感觉）相关，而焦虑与对公众自我的关注（自己留给他人的负面印象）相关（Mor & Winquist, 2002）。好消息是，这些效应并不只是受长期通达性的个体差异的影响。考虑到它们也会受情境影响，它们可能会发生变化。

其他形式的长期通达性的个体差异也会对人际的交往产生影响。例如，性别通达性会放大带有性别刻板印象的编码偏差（Stangor, 1988）。即，在看完一系列由男性和女性（人数相等）表演的性别刻板印象行为后，性别通达的参与者更有可能：(a) 报告与刻板印象一致的行为（例如，女人做女性的事情）；(b) 混淆同一性别内的不同表演者。长期性别通达性甚至会影响人们对女性政客广告的反应，尤其当这些广告是积极的或者没有提供什么信息的时候（相比负性广告）（Chang & Hitchon, 2004）。长期通达性可能也能解释刻板印象积极的一面。习惯于被他人用刻板印象看待的人（例如，非裔美国人），有时候显示出对另一个可能遭受刻板印象的人更高的容忍程度，至少当他们与刻板印象有关的遭遇被启动时是这样的，这可能是因为他们能够看到彼此共同经历的相似之处（Galanis & Jones, 1986）；刻板印象的长期通达性可能有助于解释这一现象。

对通达性的总结

这一部分讲述了通达性在注意和编码中的作用，指出通达性是启动效应产生的机制。情境启动会影响多种刺激的通达性：特质、社会类别、效价（积极—消极）、程序和行为。通达性通常会引起启动信息对刺激的同化，但有时也能引发对比效应，这取决于对启动的意识、刺激与启动的重叠程度、刺激的模糊性以及观察者的目的。通达性主要是一种编码效应，当刺激被注意到、被储存时，通达性会影响对刺激的解释。长期通达性影响编码，其方式与情境通达性类似，两者都会影响重要的社会行为。

直接知觉：不仅仅是在我们的头脑中

本章开篇举了一个例子，一个社会感知者不幸错误地知觉了三个相继的奔跑者中到底是谁在追赶谁。有人可能会认为这个例子反映了刻板的类别化过程的自动激活（将三人解释为一个白人警察在追赶两个黑人嫌疑犯）；也有人可能会惊讶于知觉者作出被误导的反应之前的一瞬间的推理过程的复杂性。从另一个角度来说，有人可能会认为，对于知觉者而言，这种特殊的刺激构形有效地促进了他的反应。从这个角度而言，知觉是直接的，从看和听直接到内部的行为可能性。

受吉布森（Gibson, 1966, 1979）的物体知觉工作的启发，一些理论家提出，社会理解过程中很多重要的活动都是在知觉过程中瞬间发生的（Lowe & Kassin, 1980; McArthur & Baron, 1983; Neisser, 1980; Semin, Garrido & Palma, 2012; Weary et al., 1980; Zebrowitz, 1990）。这种观点拒绝认为知觉是复杂推理活动的结果，无论自动化的程度有多高。例如，生态学取向强调的是外部刺激信息及其固有的组织，而不是知觉者构建或者强加的组织（Zebrowitz, 1990）。对特定的知觉者而言，基于他的知觉经历，组织是"刺激所固有的"。一个特定的刺激向知觉者**提供**（affords）特定的行为；而知觉者反过来对特定的刺激属性很**适应**（attuned）或很敏感。这种吉布森导向被称为**生态知觉**（ecological perception），因为它强调知觉者与环境的互动，且知觉者被嵌入到带有自身特征性的生态位中。知觉被分析为知觉者的适应性，"知觉是为了行动"，如果给知觉者足够的信息和背景，那么一般情况下知觉将是准确的。

生态因果知觉的一个早期示例

例如，吉布森主义的观点认为，社会解释源于对知觉场的分割，而推论和记忆是无关的（McArthur, 1980）。为了说明这一点，假设你无意中听到你的邻居在吵架。女人对男人尖叫，男人低声回应；这种互动交替发生了几分钟。在将这个事件讲给你的室友时，你把这个女人描述成引起争论的人，因为互动过程中每个部分都是以女人非常大声的行为开始的。女人每一次大声的争论被标记为一个新的知觉单元，并且以男人轻声的回应结束。女人大喊，男人低声回应。因为有责任的一方时序上应该在先，所以如果每个知觉单元都以女人开始，就会不可抗拒地把争吵归咎于她（图 3.5）。

现在重演这个争吵场景，但是假设你能够同时看到和听到发生的事情。（进一步假设，他们都不会因为你偷窥而攻击你，不管你在科学上多么不感兴趣。）这次争吵事实上是从男人走进房间，对女人做出暴力威胁的姿势开始的。女人回应并后退，男人再次威胁女人，低声恶言相对，女人后退，进行语言反击。男人威胁，女人后退。现在这种知觉分割每次都是以男人摆出威胁的身体姿势和女人的后退开始。相对于女人一点点的后退，男人的身体姿势在知觉上更加显著，这类似于

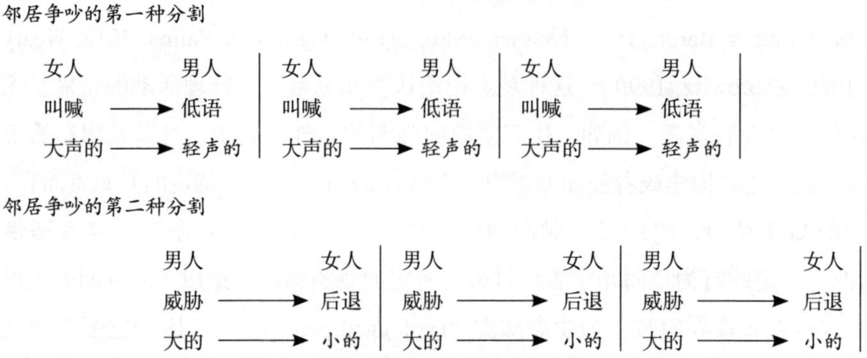

邻居争吵的第一种分割

女人	男人	女人	男人	女人	男人
叫喊 →	低语	叫喊 →	低语	叫喊 →	低语
大声的 →	轻声的	大声的 →	轻声的	大声的 →	轻声的

邻居争吵的第二种分割

男人	女人	男人	女人	男人	女人
威胁 →	后退	威胁 →	后退	威胁 →	后退
大的 →	小的	大的 →	小的	大的 →	小的

图 3.5　行为顺序的知觉分割导致不同的因果判断
注：每一条竖线代表两个知觉单元的断点。

女人的大喊大叫相比于男人的低声细语更为显著。现在的知觉单元以男人为开始：男人做出很大的肢体威胁动作，女人做出非常小的后退动作。现在男人将会被描述为引发争吵的人。值得注意的是，这种责任的知觉分析没有强调认知的过程。这种归责判断从一开始就隐含在对外部世界的感知中（McArthur, 1980）。

至于解释，吉布森主义的观点认为它们来自于知觉的组织，包括时间顺序或者大小刺激的比较等，正如邻居吵架的例子；吉布森主义观点认为，责任推断是在知觉事件的过程中自动发生的，这种观点得到了一些研究者的支持（R. C. Sherman & Titus, 1982; E. R. Smith & Miller, 1979）。

关于知觉单元的早期研究工作

大量证据表明固有的知觉单元对社会判断有非常重要的影响，这使得直接知觉分析变得更为有趣。直接测量知觉分割也表明了这一点（综述见 Newtson et al., 1987; 批评见 Ebbesen, 1980）。研究者们用如下技术测量知觉分割或知觉单元：让参与者观看电影，同时按键表明每个分割的终点和新的分割的起点；按键被用来表示分割之间的断点。个体可用任何"感觉很自然"的方式来定义分割片断（Newtson & Enquist, 1976; Newtson, Enquist, & Bois, 1977）。这种单元切分的方法是可信的、有效的、并且意外地令参与者感到舒适。人们对给定场景中的知觉单元大体上看法一致。例如，邻居的争吵如果呈现在无声电影中，人们一般来说都会同意对该场景断点的判断。

单元切分的研究表明知觉单元之间的断点具有特殊的属性。人们基于行为者的意图和目标将连续的行为分割成有意义的单元（Baldwin & Baird, 2001）。一部电影的断点时刻，以一系列剧照的形式从剩余的电影中分离出来，仍然能够连贯地传达故事。而非断点（相同的时间间隔）则不足以概括故事。对断点的再认记忆也会优于对非断点的再认。这意味着行为是在最大信息点被分割的（Newtson, 1980; 不一致研究见 C. E. Cohen & Ebbesen, 1979）。断点发生在行为复杂性的最高点，即当很多身体部位同时变化的时候（Newtson et al., 1977）。也就是说，当行动产生最明显变化时，人们可以知觉到它的核心，将其知觉为一个断点。如果行为变慢或停止，这就不是一个典型的断点。此外，行为复杂性上升和下降符合一定的波动模式：当两人在互动时，他们的行为共同形成了一个协同的波动模式

（Newtson et al., 1987）。这表明，基本的知觉—运动整合可以独立于复杂的认知过程发挥作用。

人们可以使用细致的单元或者粗略的单元，这取决于指导语或其他目标。例如，当人们的目标是观察非言语行为（Strenta & Kleck, 1984）、记住任务行为（C. E. Cohen & Ebbesen, 1979），以及观察人群中的个体（Wilder, 1986）时，他们会使用更细致的单元。当人们遇见一个意料之外的行为（Newtson, 1973; Wilder, 1978a, 1986）或者之前完全不了解的人（Graziano, Moore, & Collins, 1988）时，他们也会使用更细致的单元。更加精细的知觉意味着获得的信息更多：更加自信和更加分化的特质推断，更多的个性归因（Deaux & Major, 1977; Newtson, 1973; Wilder, 1978a），以及对观察对象更好的记忆（Lassiter, 1988; Lassiter, Stone, & Rogers, 1988）。单元的精细切分甚至与对一个原本中性的人的喜爱程度提高相关，这可能是因为熟悉感的提高，而这种提高独立于对被观察者记忆的改进（Lassiter, 1988; Lassiter & Stone, 1984）。总而言之，单元切分研究致力于理解正在进行的互动中的基本知觉过程，表明了信息如何随着时间的推移而获得并即刻对行动产生影响。

对社会认知研究的启示

直接知觉或知觉的生态学视角与必须依靠复杂认知过程的推理相矛盾。根据这个观点，认知构念（例如观察目标或基于类别的期望）只在人们对事件进行直接观察时进入推理过程，所以只影响对事件的初步知觉（Enquist, Newtson, & LaCross, 1979; Massad, Hubbard, & Newtson, 1979）。尽管有些证据支持相反的观点（Vinokur & Ajzen, 1982），但是相对于复杂认知过程是社会判断的唯一基础这一标准解释，吉布森主义观点是一个非常有用的反对观点。而且正如第4章所指出的，吉布森主义视角影响了当前关于具身表征的研究工作。

吉布森主义观点有力地纠正了编码主流研究中的一些偏见。它能够认识到刺激信息内在的丰富性，并坚持刺激的生态效度：刺激发生在多感觉模式下；刺激是变化的，而不是绝对静止的；刺激是以整合而不是孤立的方式呈现的；刺激会随着时间延展，而不是短暂的。持吉布森观点的研究者常用自然拍摄的材料作为刺激，这一做法就体现了上述考虑。生态学取向也强调知觉的适应功能，尤其是知觉与行为的联系。因此，它考察为什么人们会发展出娃娃脸的人需要养育和保护的知觉（即，事实上大多数长着娃娃脸的人都是婴儿，成年人认为其很脆弱对他们是有益处的）。此外，生态学取向方法明确地承认了环境与特定知觉者的目标、能力和经历的关系。尽管社会认知研究也涉及上述方面，但是吉布森主义观点强调环境提供了大量的行动可能性[**功能可供性**（affordances）]。最后，出于比较的目的，这种观点指出了跨文化、动物和发展研究的重要性。

最后，有人提出一些理由反对将生态取向和认知取向直接对立起来。首先，每个理论本身都是一个元理论，本质上是不可证伪的。在最宽泛的水平上，每个理论都能用知觉或者认知术语对另一个理论的数据作出解释。其次，在实践中区分知觉和认知十分困难。一方面，为了对环境作出反应，知觉需要接收刺激的特征；另一方面，认知能够立刻自动地进行推理活动。无论这个过程被称为"认知"，还是有时候称"认知"有时候称"知觉"，都只取决于这个标签进入意识的速度或者通达性；这只是理论偏好的问题，并且这种区分正在逐步消失。第三，在任何实验中，知觉和认知活动的相对影响取决于操纵这两种过程的相对强度，因此，实证研究中一个概念相对于另一个概念的任何"优势"都来自对知觉过程或者认知过程特殊的实验操纵，并不能反映两种加工本身相对的重要性。最后，某些人可能会提出刺激变异（一个特定刺激本身所提供的）是生态学取向的标志，而知觉者变异（知觉者具有的认知结构）是认知取向的标志。如果是这样的话，人们就被卡在比较苹果和橘子这样的问题上了，即比较出现在完全不同维度上的两者。也就是说，人们可以知道刺激贡献了多少，知觉者贡献了多少，但是不能直接比较两者，因为他们来源于完全不同的群体（所有可能的社会感知者的群体或者所有可能的刺激的群体）。

总之，这两种取向相互补充、各有优势（R. M. Baron, 1980）。生态知觉取向关注人们从特殊的刺激构型中学到了什么。关于因果知觉和将连续行为切分成单元的研究工作（也包括之前讨论过的关于从身体线索推断特质的工作）说明了知觉者用于适应功能的重要社会刺激模式。社会认知则更聚焦于人们用于解释、精细加工、构建记忆和判断的心理结构和惯例。这种类型的生态知觉使知觉者与情境提供的行为可能性相协调。

总　结

我们现在对什么能够捕获注意的问题已经有了一些答案。人们反射性地注意人类的面孔，尤其是那些朝向自己的面孔。人们也会朝他人注视的方向看。而且人们能够从他人的面孔快速地推断其人格特质。

人们尤其注意突显的事物：新异刺激或者在背景中具有知觉上的"图形性"的刺激、不同寻常或者意料之外的人或者行为、极端的或负性的行为，以及与我们当前目标相关的刺激。所有这些突显性随后都会影响对他人的反应。注意也可能会被生动的刺激捕获，这种刺激通常是有趣的，但是生动的刺激对行为的影响并不大，除非它们是生动的个案。

注意也会朝向情境或者个人启动的类别信息。近期的、频繁的或长期遇到的类别更易通达，它们对刺激的编码有很大的影响。它们被用于相关的、适中的、模糊的刺激，引导解释及随后的认知表征。

注意聚焦于社会情境的生态相关特征，也就是提供行为可能的特征。总之，我们学到了很多关于社会性注意的知识，它决定了什么内容能够被编码到记忆中，这也是下一章的主题。

延伸阅读

Bargh, J. A., Bond, R. N., Lombardi, W. J., & Tota, M. E. (1986). The additive nature of chronic and temporary sources of construct accessibility. *Journal of Personality and Social Psychology*, 50, 869–879.

Cloutier, J., Mason, M. F., & Macrae, C.N. (2005). The perceptual determinants of person construal: Reopening the social-cognitive toolbox. *Journal of Personality and Social Psychology*, 88, 885–894.

Fiske, S. T. (1980). Attention and weight in person perception: The impact of negative and extreme behavior. *Journal of Personality and Social Psychology*, 38, 889–906.

Förster, J., & Liberman, N. (2007). Knowledge activation. In A. W. Kruglanski & E. T. Higgins (Eds.), *Social psychology: Handbook of basic principles* (2nd edn, pp. 201–231). New York: Guilford Press.

Guadagno, R. E., Rhoads, K. v. L., & Sagarin, B. J. (2011). Figural vividness and persuasion: Capturing the "elusive" vividness effect. *Personality and Social Psychology Bulletin*, 37(5), 626–638.

Haxby, J. V., Hoffman, E. A., & Gobbini, M. I. (2000). The distributed human neural system for face perception. Trends in Cognitive Science, 4, 223–233.

Higgins, E. T., Rholes, W. S., & Jones, C. R. (1977). Category accessibility and impression formation. *Journal of Experimental Social Psychology*, 13, 141–154.

Lassiter, G. D. (2002). Illusory causation in the courtroom. *Current Directions in Psychological Science*, 11, 204–208.

Mussweiler, T. (2003). Comparison processes in social judgment: Mechanisms and consequences. *Psychological Review*, 110, 472–489.

Semin, G. R., Garrido, M. V., & Palma, T. A. (2012). Socially situated cognition: Recasting social cognition as an emergent phenomenon. In S. T. Fiske & C. N. Macrae (Eds.), *Sage handbook of social cognition* (pp. 138–164). Thousand Oaks, CA: Sage.

Taylor, S. E., & Thompson, S. C. (1982). Stalking the elusive "vividness" effect. *Psychological Review*, 89, 155–181.

Todorov, A. (2012). The social perception of faces. In S. T. Fiske & C. N. Macrae (Eds.), *Sage handbook of social cognition* (pp. 96–114). Thousand Oaks, CA: Sage.

Zebrowitz, L. A., Kikuchi, M., & Fellous, J.-M. (2010). Facial resemblance to emotions: Group differences, impression effects, and race stereotypes. *Journal of Personality and Social Psychology*, 98(2), 175–189.

第 4 章

记忆表征

- 联想网络：组织记忆
- 程序性记忆与陈述性记忆：记忆的作用
- 并行加工与序列加工：协调记忆过程
- 具身记忆：包含身体表征
- 社会记忆结构：为什么社会记忆很重要

本章涵盖了记忆的社会模型和非社会模型，并以心理表征作为结尾——我们记在脑海中的社会类别和个体样例。首先，我们将依次概述几个经典的认知模型，然后描述从这些模型衍生出的社会认知模型；社会认知的研究者们采用一般认知模型去发展针对社会认知的特殊模型，特别是关于人的记忆模型。我们将讨论联想网络、程序性记忆、联结主义（并行）模型、具身记忆，以及记忆结构（如类别和样例）。

联想网络：组织记忆

假设你站在一个繁忙的十字路口，正在等待着变灯。你突然看到街对面一名年轻男子击倒了一名老年女士，抢走她的钱包之后逃跑了。当你终于可以过马路的时候，他早已跑远，于是你把注意力转到那位女士身上。你发现她虽然愤怒，但所幸并未受伤，此时一位警官到达了现场并记录下了你对刚才发生的事件的描述。这件事是如何存储在你的记忆中的，为什么它的心理表征如此重要？很多记忆模型解释了这个现象。在本节中，我们将详述经典的记忆模型：联想网络模型。这一模型是大多数社会认知研究的基础，尤其是那些最早的研究。之后的小节会阐述这一最初尝试之后的其他进展。

联想网络的基本认知模型

这一方法最重要的一条一般性原理是：对于记忆中某个给定的概念而言，来自其他概念的联结或联想越多，该概念越容易被记住，因为有很多备选的路线可以在记忆里定位到该概念。后面的小节将详细阐述这一点，因为社会认知研究正是由这种方法发展而来，尽管现在的社会认知研究提出了一些竞争性的备选方案。表 4.1 的第一栏总结了这个传统方法的一些主要特征。

表 4.1 长时记忆（long-term memory, LTM）认知模型的主要特征

联想记忆 （对内容的陈述性记忆）	程序性记忆（对熟练过程的自动记忆）	平行分布加工 （联结主义模型）	具身记忆 （知觉符号系统）
存储包括（中等）近期的记忆和遥远的长时记忆			包括自上而下的预期（框架）
包括对特定事件的情景记忆和对事实的语义记忆，词语含义以及一般百科知识	包括所有类型的信息	包括所有类型的信息	包括自下而上的感觉信息、内省以及本体感觉
节点—联结结构中的命题	如果—就（条件—动作）产生式	抑制性和促进性联结的模式	组织相关知觉符号的模拟器
加工：将激活扩散到备选的提取路线	加工：匹配，选择，执行	加工：调整联结的强度	加工：当客体出现时"在线模拟"，消失时"离线模拟"
激活强度决定提取结果	当前目标与刺激决定程序的选择和使用	输入模式与联结权重共同决定提取结果	关注对动作的知觉
即刻涉及海马，在皮层进行长期巩固	产生式加工涉及基底神经节环路；目标加工涉及背外侧前额叶皮层		

表征的具体形式被称为记忆编码。多种可能的编码形式将在下文中讨论，但在早期，认知心理学中最著名的编码形式是**命题**（J. R. Anderson, 1976; Rumelhart, Lindsay, & Norman, 1972; Wickelgren, 1981）。例如，"那位女士站在街角"是一个命题，其他的"那位女士是年老的""那个男人撞倒了那位女士"等都是命题。每个命题由节点和联结组成，每个节点是一个概念（名词、动词、形容词），而每个联结则是这些概念之间的关系。

这些人类记忆的模型是**联想性的**（associative）；也就是说，多数涉及节点（女性）和其他节点（年老的）之间的关联。这种联想性特征对人际交往活动具有重要意义。假设你为这个抢劫案件提供目击者证言（图4.1）。将长时记忆组织成这种节点—联结的形式意味着一系列相关的事实会被你同时回想起来。也就是说，如果你刚开始考虑的是那位女士，那你会更容易地回想起她的属性（例如，年老的、站在街角的），而不是那个男人的属性（例如，年轻的）。

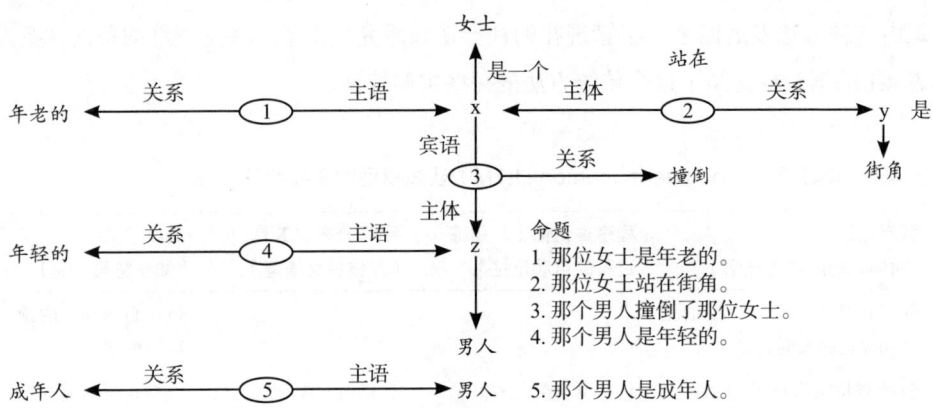

图 4.1 "站在街角的老年女士被年轻男人撞倒"这一知识的命题网络模型（图片来自 J. R. Anderson, 1980a）。每个单独的命题都由一个椭圆来表示。例如，第一个命题（"那位女士是年老的"）在图的左上角，由节点和联结表示。其他编号的椭圆表示别的命题。从椭圆1开始，任何由远离这个椭圆的箭头所联结的内容都是这个命题的一部分。例如，"年老的"和"女士"都与椭圆1通过箭头联结，箭头的方向是从椭圆1指向它们。但是"站在"并不是这个命题的一部分；因此，从标注着"1"的椭圆连接到"站在"的箭头，被一个错误指向的箭头所打断。另一个需要解释的标注是对x, y, z 的使用。x 表示一个特定的老年女性。如果命题是"女士是年老的"（即，所有的女士都是年老的），那么图中的 x 应该被"女士"这个词语取代。例如，"男人是成年人"（对所有的男人而言都为真）的命题与"这个特定的男人年轻"的表示方式不同（见图中的命题4和命题5）。就目前而言，这些符号标记说明了命题网络中细节意义表示的精确性。

在联想记忆模型中，激活会扩散：回忆从一个节点开始（例如：那位女士），沿着节点之间的联结向外传播（Collins & Loftus, 1975）。例如，回忆那位女士是年老的，会同时在记忆中激活这两个节点（"年老的"和"女士"），它们之间的联结也被加强。从实用的角度讲，联合激活——对证词的频繁排练（重复）——会使得它比未被复述的事实更难忘。准备让你当目击证人的律师可能知道，提前对证词进行频繁的回顾能加强证词的一致性，还可以避免尴尬的意外，比如，在证人席上回想起新的信息。

除了通过同时激活概念来加强它们之间的联结之外，对于任何特定的概念，如果与它相连的不同联结越多，它越可能被回想起来。更多的联结会产生更多可选的**提取路径**并产生强化的记忆。因此，一个聪明的律师会帮助你对任何特定的事实都建立起多条通达的路径，以此来最小化临场遗忘的可能。

长时记忆与短时记忆

很多网络记忆模型区分了长时记忆与短时记忆（或工作记忆）。这种观点认为，**长时记忆**包括人可能回想起来的庞大的信息存储。**短时记忆**指人在任何特定时刻所考虑的信息，因此也被称作**工作记忆**（Baddeley, 2012）。在很多记忆模型中，长时记忆中被激活的部分代表了短时记忆或意识，正如第3章提到的那样（表4.2）。也就是说，当前最活跃的长时记忆节点构成了焦点注意的内容。短时记忆的内容可被巩固以便成为长时记忆中的存储。

在联想模型中，记忆提取包括激活长时记忆中恰当的节点，如果激活的强度高于某个阈限，则这些节点进入到意识中。因为最活跃的节点可能迅速地变化，所以长时记忆的意识部分（即，你正在考虑的东西）被认为是短时的。随着信息的激活和归于沉寂，它们在意识中，或者说在短时记忆中，进进出出。有限的激活容量意味着短时记忆的广度较小。换句话说，能够同时在意识中保留的内容很少。

短时记忆严重受限的后果可用一名律师盘问出庭证人的情形来说明。证人无法同时将大量细节保留在头脑中，因此他可能作出与更早的、已经不在当前意识中的证词相矛盾的陈述。一般假定短时记忆能保持七个条目左右的信息（经典地，7 ± 2；G. A. Miller, 1956）。一个"条目"的信息可以小到一个字母或数字，也可

表 4.2　短时记忆或工作记忆认知模型的主要特征

联想记忆模型	程序性记忆模型
长时记忆中激活最强的部分以及注意到的刺激，可能被巩固以便存储在长时记忆中	
快速、轻松的学习，需要短时记忆容量	缓慢的学习，需要练习
自动化或受控的执行	迅速、自动化的执行
广泛的使用	具体的、针对性的使用
灵活的	持久的
在短时记忆缓存中涉及腹外侧前额叶皮层	在程序性学习中涉及基底神经节

以是一个字母"组块"（例如，抢劫者运动衫上的一个词）或者是一个数字组块（例如，你手表上的时间）。

不同于短时记忆的有限性，实际说来，长时记忆存储的整个网络的容量似乎是无限的。一名要求证人努力记住关键细节的律师也许寄希望于：所有的信息可能都在那里，唯一的问题只是如何找到它。对于长时记忆而言，问题不在于容量（或人知道多少），而在于提取（人能否找到它）。熟练的表现，部分地取决于有通向长时记忆中相关内容的有效线索（Ericsson & Kintsch, 1995）。很多社会记忆模型主要关注长时记忆的组织、条目之间的联结，以及可通达性。

长时记忆与短时记忆之间泾渭分明的区分也许会被打破。神经科学区分了记忆的三种一般时程。如前所述，材料在意识中可能被主动关注，实际上是极短的短时记忆。对较近事件和遥远事件的记忆过去被认为同属长时记忆，但现在有人将其分成了两种形式：**中期记忆**（intermediate memory）和长时记忆。这些互补的中期和长时记忆系统允许如下两种加工：(a)对特定事件的快速学习和回忆，参与的脑区是海马；(b)对模式的缓慢学习和迅速识别，涉及大脑新皮层（内侧**颞叶**）(McClelland, McNaughton, & O'Reilly, 1995; Norman & O'Reilly, 2003)。这些互补的学习系统反映了海马在回想近期事件中的角色，也反映了较高级的大脑在觉察环境规律时的作用；虽然掌握和接受这些规律较为缓慢，但要忘记它们也很难。

社会记忆的联想网络模型

PM-1 模型

这些记忆的认知模型如何看待社会认知？下面介绍一个社会记忆的联想网络模型，**PM-1**（PM-1 模型也被称为黑斯蒂模型，PM 代表个人记忆；Hastie, 1988b）。这个模型是一种计算机模拟，这也是对其充分性的一个重要检验（Ostrom, 1988）。简而言之，PM-1 预期人们会对印象不一致材料投入额外的注意（因为它是出人意料的），导致对这些条目产生了额外的联想联结，增加了它们的备选提取路径以及回忆的可能性。这被称为**不一致优势**（inconsistency advantage）。

根据这个模型，编码过程调用了容量有限的工作记忆，它使人们能够在条目之间建立联结，这些条目在工作记忆里停留的时间取决于它们与当前印象判断的相关程度。在工作记忆里停留的时间越长，建立的联结越多。从当前的印象看未被预期到的项目之间会形成联结，因为人们试图弄清楚它们，因此它们停留在头脑中的时间更长。（这个模型同时指出，某些联结的建立是随机的，或者说是任意的。）随后的提取过程从长时记忆中的一个随机的点开始，然后随机地沿着条目间的联结所形成的通道扩散。如果对某个条目的提取反复失败，则这一过程终结。

最后，这个模型也提出了一个印象形成的机制，认为这个过程与记忆的编码和储存同时发生。印象形成过程基本上是**锚定与调整**（anchoring and adjustment）过程（第 7 章），印象随着每一条新信息的获取而更新，这种更新基于以下两项的同等加权：（a）对目前所有条目的累积评价；（b）当前停留在工作记忆中的条目，包括新的条目（N. H. Anderson, 1981; Lopes, 1982）。

这个模型的一个强项是它对实时的印象形成过程、记忆存储过程和提取过程的同步建模。例如，当人们形成**实时印象**（online impressions）时——当他们接收信息的时候——他们的印象来自这一渐进的过程。然而，当人们并不实时地形成印象时，他们必须从记忆中提取信息以创建印象。在这种事后创建的情况下，他们对信息的记忆将会与他们的印象相关，这正是因为他们构建了一个**基于记忆的印象**。在实时、同步形成印象的情况下，记忆与自发形成的印象无关，因为有不同的因素决定每条信息对印象形成的重要性和其难忘程度。例如，人们能记住琐事，但它们在印象形成中并不重要。

个人记忆模型

另一种取向，**个人记忆模型**（person memory model）（斯鲁—怀尔模型，Srull & Wyer, 1989），使用了本质上相同的假设。基础过程根据目标的行为来创建印象：用特质解释行为，评估整体的喜爱程度，重新考虑与评估相矛盾的行为，以及根据推测的特质或对所记住的行为的回顾作出基于记忆的判断。

这一模型为已知的社会认知过程提供了详细的分析。例如，早期的信息会对评估产生最大影响，这种现象被称为**首因效应**（参阅 Asch, 1946; E. E. Jones & Goethals, 1972）。换句话说，第一印象是重要的：最先了解到更积极的特性让人更容易形成积极的印象。在斯鲁—怀尔模型里，初始评估在信息清楚和一致地表现出积极或消极的倾向时就已经形成，随后的行为就根据这些初始的信息被解释。

与之前描述过的黑斯蒂模型类似，斯鲁—怀尔模型假设，被评估为不一致的行为比其他行为经过了更多的深思熟虑。这些考虑加强了不一致行为与其他行为之间的联结（相比于被评估为一致或中性的行为与其他行为之间的联结）。这种不一致优势产生的原因大概是因为人们会思考不一致行为，会将它们相互关联或将它们与一致行为进行关联，会在它们之间创建联想联结。

我们可以通过观察印象形成过程来推断参与者在何时形成了他们的总体评估印象。也就是说，完成几个实验模块（刺激行为组）后，我们可以观察到记忆不一致优势的出现和增加（实际上，我们可以把不一致优势的程度在每个相继的模块上绘制出来；见图4.2）。在一个研究中，至少需要5个模块（每个模块包含5条行为描述）才能表现出不一致优势（Srull, Lichtenstein, & Rothbart, 1985），也就是说，需要25条行为描述才能发展出一种强烈的评估印象，强烈到足以让人们注意到新信息与总体评估印象的不一致。这意味着混合的评估性信息无法迅速地形成一个强烈的评估印象，因此它不会轻易地表现出记忆的不一致优势。不一致优势也许仅限于这样一种印象：只有极少数的不一致信息与极度一致的信息基线相对。

同样地，干扰条目间联结的形成会降低记忆的不一致优势。在那些参与者同时进行竞争任务加工（即使只是复述刺激条目！）的研究中并没有出现同样的不一致优势（Srull, 1981; Srull et al., 1985）。在参与者没有时间和认知容量去形成即时联结的情况下会出现同样的结果（Bargh & Thein, 1985; Barrett, Tugade, & Engle,

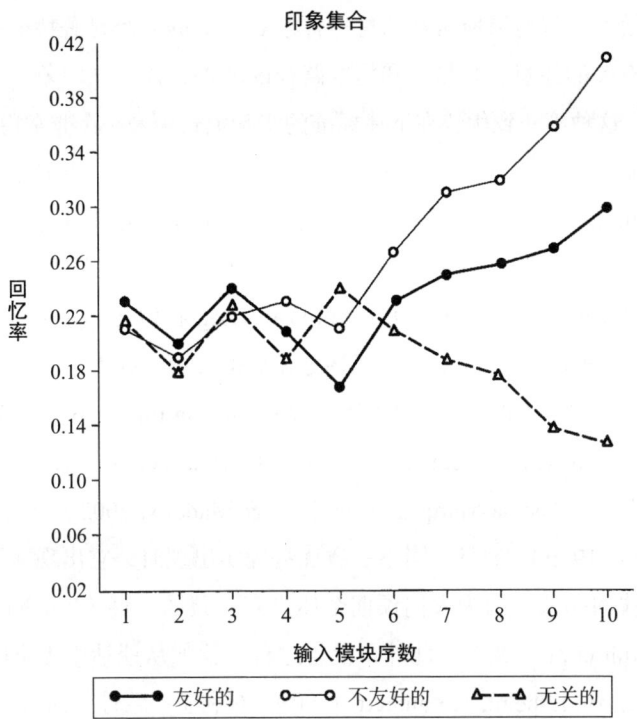

图 4.2 预期为"友好"（在每个模块中友好的行为占多数）的印象形成目标定式下，友好、不友好和无关条目回忆的平均比例（作为实验模块序数的函数）

资料来源：Srull, Lichtenstein, & Rothbart, 1985, Experiment 6. Copyright American Psychological Association; reproduced by permission

2004; Macrae et al., 1999）。最后，尽管参与者在主要的个人记忆范式中表现出不一致优势，但当后来有时间去考虑他们的印象时，他们反而可能更偏好去回想一致的条目，也许是为了支持印象的总体评估方向（Wyer & Martin, 1986）。换句话说，长期来看，一致的材料更享有记忆优势。

　　这一模型有效地总结了斯鲁、怀尔及其合作者们卷帙浩繁的研究。斯鲁—怀尔模型的一个缺点是，它假设很多表征都与单独的一个人有关。这种繁琐的观点并未得到其他个人记忆模型的支持，并且它往往使这个模型在违反直觉（与其说是一个技术上的瑕疵，不如说是一个审美上的瑕疵）的同时可能又过分灵活，几乎可以解释任何正反两面的结果。

个人记忆模型（包括黑斯蒂和斯鲁—怀尔版本）的一个显著特征是，它们依据与矛盾材料有关的注意、联结、和提取路径的增加，预测与印象不一致的行为会有回忆优势。这种不一致优势在下述标准的实验范式中是一个非常稳固的效应：先灌输一种特质印象，然后呈现一系列一致或不一致的行为，要求参与者回想这些行为（见 Srull & Wyer, 1989）。然而，通过下述任何方式使得任务偏离标准范式并将参与者的任务复杂化时，不一致优势并没有出现：已确立的预期（S. T. Fiske & Neuberg, 1990; Higgins & Bargh, 1987; Ruble & Stangor, 1986），多种特质预期（D. L. Hamilton, Driscoll, & Worth, 1989），描述上矛盾但评价上并不矛盾的行为（Wyer & Gordon, 1982），事后有时间去考虑印象（Wyer & Martin, 1986），不得不作出复杂的判断（Bodenhausen & Lichtenstein, 1987; Bodenhausen & Wyer, 1985），认知负载或选择性记忆（Garcia-Marques, Hamilton, & Maddox, 2002），以及多任务处理（Macrae et al., 1999）。而且，当不一致优势确实出现时，它出现在针对个体的印象而非对群体的印象，因为人们预期个体具有一致的个性（Rothbart, Evans, & Fulero, 1979; Srull et al., 1985）。此外，社会过程，比如从谈话中无意间听到的特质和行为（Wyer, Budesheim, & Lambert, 1990），有利于一致性；而对"9·11"这样的集体事件的社会共享的提取也同样如此（Coman, Maner, & Hirst, 2009）。

通过联想路径的双重提取（TRAP）模型

虽然黑斯蒂模型和斯鲁—怀尔模型能解释很多结果，但是根据环境，人们可能使用多种加工策略，正如第 2 章的双重加工模型所描述的那样。事实上，一个更新的模型认为，人们根据他们的任务采用不同的提取过程（Garcia-Marques & Hamilton, 1996）。当他们试图回想信息时，他们采用穷举策略；但当他们需要记住特定实例以作出频率判断时，他们采用启发式提取策略。穷举策略更有利于对不一致信息的记忆，而启发式策略更有利于对一致性信息的记忆。这种**通过联想路径的双重提取模型**［twofold retrieval by associative pathways (TRAP) model］与其他双重加工模型是一致的。

关联系统理论

根据**关联系统理论**［associated systems theory (AST)］，对他人的表征通过使用以下四种基本心理系统发展而来：(a) 视觉系统；(b) 词汇／语义系统；(c) 情感系统；（d）动作系统（Carlston, 1994）。这四种模态在与即时编码有关的低层加工阶段是相对独立的，但在表征变得更为抽象时它们相互交织在一起。除此之外，该模型的很多机制与先前的联想记忆模型相吻合。这一观点明确地在联想记忆模型最初所关注的认知模态之外增加了其他模态，尤其是情感和动作。

关于联想记忆模型的总结

在社会认知中，最有影响力的记忆模型是由联想记忆模型提出的节点—联结结构。这种观点将每个概念（特质、行为、人名）用一个节点表示，而两个节点联系在一起就形成了联结。记忆提取沿着这个网络提供的路径进行。某些情况下预期不一致性信息相对于预期一致性信息的回忆优势，是这些模型实证研究的主要遗产之一。建立在程序性记忆、平行加工和社会神经科学之上的新方法超越了这些早期的争议（表 4.1~4.3）。

表 4.3 主要的个人记忆模型

个人记忆模型	社会程序模型	社会联结主义模型	具身社会认知
黑斯蒂：PM-1	史密斯：程序化	孔达和撒加德：并行约束满足模型	尼丹瑟尔等：具身社会认知与情绪
斯鲁和怀尔：个人记忆与判断	勒维克：内隐识别	范·奥沃瓦里：联结主义模型	费尔德曼·巴雷特：情绪的具身体验
马克斯和汉密尔顿：双重提取与联想加工模型		卡什马：张量积模型	史密斯和谢明：社会情境性认知
卡尔斯顿：关联系统理论		里德：格式塔联结主义	
		瓦勒切和诺瓦克：动态系统	
		史密斯和德科斯泰：社会联结主义	

程序性记忆与陈述性记忆：记忆的作用

程序性记忆与陈述性记忆的基本认知模型

如前所述，很多模型假设记忆包含一个概念的联想网络，一个内容性知识的长期存储。这种**陈述性记忆**有时会与之前描述过的一种自动化形式形成对比，即**程序性知识**（Squire, 1987）。在第2章我们解释了一种自动化的形式，即**程序化**——判断速度随练习而加快。然而，我们还未将程序化的过程置于一个涵盖更广的记忆模型背景中。有了额外的关于记忆的背景知识，我们终于可以这么做了，即把程序化过程建立在更新近的记忆模型之上（例如 J. R. Anderson et al., 2004）。这些模型大体上分别涵盖了"是什么"（陈述性的）和"怎样做"（程序性的）的记忆形式（表 4.1）。

这种更新近的联想网络模型假定，陈述性记忆的激活是其过去的总体效用和当前关联性的联合函数，它们共同控制着提取的可能性和速度（Anderson et al., 2004）。从陈述性记忆中进行提取涉及海马和颞叶。（请回忆第1章中出租车司机因记忆街道位置而增大的海马。）陈述性长时记忆既包括对特定事件的**情景记忆**（Tulving, 1983），也包括对事实、词语含义和百科知识的**语义记忆**（Squire, 1992）。与早期关于短时记忆的观点一致，提取的材料需要占用一个空间有限的"缓存"，这涉及腹外侧前额叶皮层（Buckner, Kelley, & Petersen, 1999; Wagner et al., 2001）。相互关联的知识组块被同时激活，类似于短时记忆或工作记忆。

程序性知识涉及技能——即如何做事——并且被假设具有不同的表征形式。程序性知识被表征为"条件—动作"的配对，或"如果—就"语句，被称为**产生式**（productions）。当输入模式符合产生式的"如果"（或条件）部分，相应的"就"（或动作）部分就立即运行。例如，一个条件可能包括"如果电子邮件的标题行宣传一份大额的现金奖励"，对于我们中的一部分人，产生式的动作部分包括"那么直接删掉，看都不用看"；而对另一些人，它很可能包括"那么打开，阅读，然后马上回复"。各种一般性的认知产生式（例如：匹配、选择和执行）组成了**程序性记忆**，它们都牵涉到一个涉及基底神经节的神经环路（J. R. Anderson et al., 2004）。人们当前的目标决定哪些过程被激活，这些目标可能与背外侧前额叶皮层有关。

当前目标可能占用一个缓存区，跟踪实现结果的进展情况。

社会记忆的程序性模型

如前所述，内容性知识最初在社会认知研究者们早已熟悉的陈述性联想网络中表征。陈述性表征的优势包括：容易学习，因为我们只需在观念之间建立联结；广泛的适用性，在只要能提示网络结构某一部分的任何情境都适用；以及灵活性，使人能够根据需要在联想网络中朝不同的方向进行（E. R. Smith, 1998）。因此陈述性知识是普遍的、独立于具体领域的，并且可能通达于意识和言语表达。因此，它一直可以用社会认知研究者们最常用的方法来进行研究。

陈述性知识的缺点是，它往往较慢，并且会耗尽人们容量有限的工作（短时）记忆。于是，由于某些进程被反复使用，为了更高效，它们最终可能会被程序化，正如前面指出的那样（表 4.3）。

程序化

社会过程若发生得不频繁的话其实无关紧要，因此有的过程会被程序化是有道理的，正如之前自动化的例子一样。第 2 章讲述了史密斯和他的合作者们的工作，他们将程序性记忆的原理用于通过练习提升社会推断的速度（E. R. Smith, 1990; E. R. Smith & DeCoster, 1998）；如前所述，这些练习效应为自动化提供了一个解释。

程序性记忆为启动效应提供了另一种解释。回想一下，启动效应显示了一个最近或频繁激活的类别如何影响对与类别相关的新信息的加工，一般被解释为类别通达性：通过陈述性记忆，激活从启动项沿着联想网络的路径向相关的概念扩散。任何联结的概念都能相互启动，无论启动是基于词语、面孔还是符号，因为这个过程本身具有普遍性。

然而，某些启动可以是特异加工的，正如程序性的解释所认为的那样（E. R. Smith, 1990; E. R. Smith & Branscombe, 1987, 1988; 参阅 Higgins & Chaires, 1980）。通过阅读单词来启动人格特质不同于通过对行为的推断来启动人格特质。每一个过程都能在第二次执行完全相同的任务时启动更快的反应（程序性启动），并且每一个过程都启动特质本身（类别通达性）。程序性启动并不会取代通达性，但它实质上表明了过程和内容都可以被启动。

内隐记忆

程序性记忆也许还可以用来解释某些态度的通达性（见第 10 章），从许多可能的推断或类别中作出的选择（参阅第 11 章），以及对无法阐明的复杂模式的学习（Lewicki, Czyzewska, & Hoffman, 1987; Musen & Squire, 1993; 综述见 Seger, 1994）。相比其他同等适用的程序，一个特定的程序被练习得越多，越可能被再次使用。按照这种观点，此类程序性效应是**内隐记忆**的一种形式，即过去的判断过程对当前的判断和反应的影响（E. R. Smith & Branscombe, 1988; 对无意识记忆的其他讨论见 Jacoby & Kelley, 1987）。程序性记忆的观点还没有超越社会认知，但在内隐联想的研究中显示了它们的巨大影响（见第 11~12 章）。

关于程序性记忆的总结

程序性记忆引入了"如果—就"式自动化程序这一观点，这些程序通过练习而变得自动化。程序性记忆的社会认知应用主要集中于启动特定操作和其他内隐记忆实例（见表 4.3）。

并行加工与序列加工：协调记忆过程

跨越陈述性（联想）记忆和程序性记忆问题的是并行加工与序列加工的问题。传统的联想网络模型将激活的扩散视为一个众多相关通路同时被激活的**并行过程**，但编码、记忆提取和反应的整体过程一般被视为一个**序列过程**，即步骤的序列。社会类别通常被视为在个性化信息激活之前就已经激活（如第 2 章所述）。这既可以通过序列加工也可以通过并行加工来实现。也就是说，序列地，一个被激活，然后是另一个。或者，如果两者并行地被激活，也许类别信息被更快地加工从而击败了个性化信息的加工。序列加工的观点在早期的信息加工模型中更为流行，因此更新的模型主要关注并行加工，正如本节将要解释的那样。

并行加工的基本认知模型

并行分布式加工（PDP）是一种用于理解认知结构的传统模型（主要是心智结构的序列模型）的替代模型。不知为何，当我们一个作者80岁的叔祖母——一个机敏并且富有智力挑战性的谈话者——要求她举一个认知研究中"未来趋势"的例子时，她发现自己正在向老阿姨描述PDP。PDP似乎是一个安全的选择，因为这位老祖母对此的了解肯定不如作者本人。当试图贸然地给出一个解释时，进入脑海的PDP的比喻是一个老式的、由灯泡组成的时间和温度标示牌。这些标示由灯泡栅格组成，不同的点亮组合取决于需要呈现的数字。每一个灯泡通过在整体模式中点亮或熄灭而为呈现时间和温度作出贡献。这个过于简化并且确有瑕疵的比喻诞生于绝望之下，在这种比喻说法中，个体的记忆单元是灯泡，每一个单元参与着很多不同的记忆模式，仅仅作为整体的一个特征。同一个灯泡可能是数字"1"或"2"的一部分。此外，数字"2"可能出现在标示牌的不同位置，取决于时间是"2:00"还是"7:32"。对于一个21世纪的读者，像素点阵同样也可以说明这种思想。

考虑一下这种观点与记忆的联想网络模型有何不同。在联想网络模型里，每一个节点唯一地表征一个概念，当它被充分激活之后，概念就被提取。在**并行分布式加工模型**［parallel distributed processing (PDP) model］中，每一个单元都参与表征很多不同的概念，当在所有基本单元中产生适当的激活模式时，相应的概念就被提取。因此，回到时间和温度标示牌，特定的数字"3"可能根据需要出现在标示的右边、左边或者中间，只取决于亮着的灯泡的正确结构。因此，没有哪个单独的灯泡表示"3"，而是由模式来表示，并且由哪些灯泡来进行这项工作则是任意的。这与霓虹灯非常不同，无论何时需要，它都用一个专门的结构来点亮一个特定的数字。传统的记忆模型有些像一系列彼此相连的霓虹灯字母。（那位老祖母表示怀疑。）

PDP模型主要涉及的是知觉和认知的"亚原子微粒"。PDP模型假设记忆由彼此之间有着促进性和抑制性联结的基本单元（在我们的比喻说法中是灯泡，在别人的比喻说法中是神经细胞）组成。这些联结表征了**一种约束**，即哪些单元之间可以相互联结；**联结强度**表征了联结的类型和强度。**联结主义模型**（connectionist models）只存储联结强度，因此，它们通过激活模式的某些部分，等待联结在整个系统中回响，直到整个模式被激活，从而重现模式。

描述 PDP 的完整理论超出了本书的范围（McClelland, Rumelhart, & Hinton, 1986; Rissman & Wagner, 2012）。最初，PDP 被应用于运动控制（打字、伸手）和单词中单个字母水平的知觉，针对的是比前述的记忆网络模型更低的加工水平。也就是说，网络隐喻中的一个节点不是一个单独的神经元，而是一群神经元中的一个激活模式。如果只把 PDP 考虑成一个在更低加工水平上对网络模型进行细化的模型——即在神经元水平上运作——那么它对社会认知更加宏观水平的分析就会受到限制。

尽管如此，PDP 的确对社会水平的分析有潜在的效用。在更传统的联结模型中，知识被静态地表征，并不会在长时记忆和工作记忆之间改变它的形式，因为它本质上只是更多或更少地被激活。然而，在 PDP 模型中，模式本身并未被存储，被存储的是基本单元之间的联结强度，它们使得模式能被重现。从实用性的角度，这允许知识在系统中是内隐的，而不是一套被存储的外显规则。

PDP 还允许识别不完美的刺激模式，因为近似的刺激可以激活模式的部分联结，这些部分随后可激活模式的剩余部分。PDP 模型善于同时考虑多种来源的信息。相比于更为传统的序列加工模型，它们是并行的"加工器"。

近期的记忆模型将序列加工和并行加工相结合（例如 J. R. Anderson et al., 2004）。例如，陈述性记忆提取可能会并行地同时搜索很多相关的记忆，但是进入意识的内容也许会形成一个序列的瓶颈，因为人一次只能注意到一个提取的记忆。同样地，多个潜在的产生式可能会并行地在程序性记忆中被激活，但按序列，一次只能执行一个。

社会认知中的并行约束满足

你能想象一个阿米什人（一种保守教派，拒绝子女接受初中以上教育）当蒙特梭利（一种教育流派）教师吗？PDP 在社会认知中的一个可能的应用领域是刻板印象，尤其是不同的刻板印象如何同时相互作用。将关于传统的阿米什农民和激进的蒙特梭利教师的知识结合起来，我们可以通过考虑他们都持有"回归根本"的观点并且都强调耐心，想象出某个兼具这两种角色的人。此外，我们可以想象这个人对新事物（例如，教室里的手机）可能产生的反应。PDP 模型允许先前知识的这种涌现性。

并行约束满足模型

社会认知中的一个相关例子是**并行约束满足理论**（parallel constraint satisfaction theory）（Kunda & Thagard, 1996）。这个理论模型在第 2 章中曾作为一种单模式模型（与双重模式模型相对立的替代模型）的例子被简单介绍过，它认为印象形成近似于文本理解。感知者需要在通达相关知识库的同时解释和整合多种输入信息，这些知识库包含刻板印象和特质的表征。这个模型强调这些过程的同时性，平衡从较为具体的（例如对特定行为的解释）到较为抽象的（例如对预期或刻板印象的应用）输入信息之间相互且直接的影响。同时考虑所有信息可以约束其他当前通达的信息。例如，一个朋友的推挤也许被知觉为嬉闹，反之，一个陌生人的推挤也许被知觉为暴力。这个模型假定期望和新信息约束了对彼此的解释，尤其是当信息模糊不清之时。关于刻板印象的第 11 章将再次讨论这些问题，但现在要强调的重点是加工能并行地发生，并且多种多样的信息会互相影响对彼此的解释。印象形成过程的计算机模拟支持了这个模型。

联结主义模型

印象形成的联结主义模型（connectionist model of impression formation）也将 PDP 原则应用于社会认知（Van Overwalle & Labiouse, 2004）。这个模型超越了上面提到的并行约束满足模型，因为它除了知觉成分之外还包括了一个学习成分。这个模型还有一个初始激活阶段，此时外部的输入（例如刺激）被内在的输入（例如预期）所平衡。在这个激活阶段之后，联结主义模型增加了对长时记忆的**巩固**阶段。巩固发生于外部输入与内在联结不完全匹配之时。这个模型随后根据长时联结与短时输入的差异来调整长时联结。实际上，这是一个现实性检验。在这个模型中，未匹配的预期应该改变，以符合一段时间内来自环境的最典型的输入。

这个计算机模拟模型产生了两条原则。其一，记忆的结果反映了获得更多确认信息相比于获得较少确认信息的绝对效果，这通常被称为**组量效应**（set size effect）。人们获得的支持他们知觉的证据越多，对这种知觉就越确信。其二是联结之间的**竞争**原则，借此，成功的（精确的）联结被强化，而不成功的（不精确的）联结则被消除。因此，如果系统因为它遇到的第一只猫是一只马恩岛猫而在开始的时候相信所有猫的尾巴都是残端，随后遇到尾巴完整的猫会强化长尾信念而消除残尾信念。

计算机模拟复现了标准的印象形成效应，例如同化和对比启动效应，某些种类回忆中的不一致优势，以及**首因和近因**（在情境中较早和较晚出现的信息有更大的权重）的特定模式。同样的联结主义模型也适用于一系列社会认知主题：因果归因（Van Overwalle, 1998）, 态度的双重加工模型（Van Overwalle & Siebler, 2005）, 认知失调（Van Overwalle & Jordens, 2002）, 群体偏见（Van Rooy et al., 2003）以及沟通（Van Overwalle & Heylighen, 2006）。

张量积模型

还有一个有关的模型是**张量积模型**（tensor-product model）（Kashima, Woolcock, & Kashima, 2000），它使用赫布方法，而不是上面的联结主义模型所使用的竞争方法。**赫布型学习**（Hebbian learning approach）描述了某种通过神经细胞之间联结强度的变化而实现的联想学习；同时激活会强化联结，但没有规定未激活的联结会被抑制。另外，它也并不被视为一个神经网络的真正表征。尽管如此，这个模型极好地描述了形成群体印象过程中的许多现象。

关于 PDP 模型的总结

PDP 联结主义模型已被证明在各种形式的计算机模拟社会认知模型中非常流行。另一个联结主义模型涉及因果推断、认知一致性和目标导向行为的基本格式塔原则（见第 1, 6, 9, 15 章；Read, Vanman, & Miller, 1997）。也有其他的模型涉及自我概念（Nowak et al., 2000）、态度学习（Eiser et al., 2003）和对外群体的知觉（Read & Urada, 2003）。这种方法也被称作**动态视角**（dynamical perspective）（Vallacher, Read, & Nowak, 2002）。

具身记忆：包含身体表征

知觉符号系统的基本认知模型

PDP 学派最初开发了一些方法来理解对熟悉模式的感知识别，例如，一个模糊的、有缺口的或者淡化的字母。知觉方法一般不被视为站得住脚的概念系统，而被视为记录系统。然而，一个更新的关于知识的知觉理论致力于弥补这一不足（Barsalou, 1999）。

知觉符号编码外在和内在的经验。这种形式的记忆表征包含了自下而上的知觉过程，即基于直接的知觉经验并在大脑中产生激活感觉运动区的联结的过程。知觉经验可以包括所有的感觉，加上内省知觉和**本体感受**（proprioception）（基于内部反馈的对自己身体位置的感觉）。选择性注意挑选出环境的特征，比如，并非每一个可获得的刺激，而是特定的成分。这方面的知觉捕捉了关于边缘、色彩、运动和温度之类的有用信息。**具身性**（embodied）体现在信息既包括外在的刺激（如高温），又包括身体感觉（疼痛）。具身性也体现在它使感知者为适当的动作做好准备（躲避）。这样一来，它是第 3 章描述过的吉布森生态知觉的一个更为复杂的 21 世纪版本，正所谓"感知是为了行动"。

除了知觉端，这种记忆表征的形式在知觉经验之后，也捕捉自上而下的期望。知觉符号系统（PSS）记录刺激输入期间的神经激活，但它们也在之后的概念加工中再次激活。PSS 既可以在对象出现的时候表征它（知觉），也可以在对象不在场的时候表征它（意象或概念设想）。**意象**（imagery）与概念设想的不同之处在于，它对感觉运动的表征更为有意和具体，正如你闭上眼睛想象你童年的家。**概念设想**则只需知道它，不需要有意识地提取视觉（或其他感觉运动）的细节。

PSS 的主要成分包括一个**模拟器**，这个模拟器在知觉开始的时候负责登记，随后负责重新创造知觉经验。实质上，这是由选择性注意在知觉阶段创造的大脑激活模式。相关的知觉符号组织成模拟器，使系统能够表征特定的实体（例如，当你第一次来到一个新家时所看到的内容）。表征是动态的，随着你体验到更多的信息而变化（走进新家，在那里住一段时间）。模拟器包含两种类型的结构：底层的**框架**（frame）整合该类别（例如特定的家、家的一般概念）的经验，而**模拟**

(simulations）随后可从框架创建而来；模拟在特定场合创建特定范例的体验。

按照这种观点，在一个极端，认知过程涉及**自下而上**的感觉运动知觉。在另一个极端，它是包括概念和意象的**自上而下**的感觉运动表征。介于中间的过程包括：启动、填补缺失的信息、预期未来事件，以及解释模糊的信息。这些都需要部分知觉、部分自上而下的互补过程。PSS 观点与联想网络模型在一个极为重要的方面相异：知觉符号表征感觉模态，而更早的模型在某种意义上是非模态的，即记忆表征抽象的结构，与感觉或内在输入的原始类型无关。PSS 通过跨越特定经验的整合框架、选择核心特征、结合身体的和内省的经验来表征抽象概念。按 PPS 的观点，工作记忆执行知觉模拟（例如，作为一个包含近期经历信息的缓存器），长时记忆记录经验及相关刺激。我们用了稍长的篇幅来描述这个模型，因为它刚刚开始被证明对社会认知研究者们有帮助（Hostetter, Alibali, & Niedenthal, 2012; Semin, Garrido, & Palma, 2012）。

具身的社会认知模型

PSS 观点在社会认知背景下很有吸引力，因为它不仅关注对信息的存档，还包括对**情境行为**（situated action）的准备（Barsalou, 1999）。社会互动若不是情境行为的话就没有任何意义，换句话说，它们是嵌入在环境之中的。社会心理学的主要知识信息是：社会环境极大地影响思想、情感和行为。社会心理学家因此采取具身认知观点，恰如扎荣茨和马库斯（1984）对**硬性互动**（hard interface）的描述所预期的那样（Zajonc & Markus, 1984）。

具身认知直接将行动者置于人际互动的背景下，置于社会情境认知中（E. R. Smith & Semin, 2004）。具身性很可能是社会信息加工的基础，既出现于直接知觉——互动中的**实时认知**，也出现于所考虑的社会对象不在场时——**事后认知**（Niedenthal et al., 2005）。PSS 适用于许多近期的发现，包括面孔或身体位置在社会认知中的效应。例如，在接受说服性沟通时，当人们被引导去点头或摇头时，他们分别会有更多的或者更少的可能去同意它（Wells & Petty, 1980）。相比于噘着嘴唇夹住一支铅笔，当人们用牙齿水平地咬着一支铅笔时——使得他们收缩和微笑有关的颧肌——他们发现卡通画更有趣（Strack, Martin, & Stepper, 1988）。相较于伸展手臂做出回避的动作，人们在弯曲手臂模仿接近的动作时更喜欢不熟悉的中文象形文字（Cacioppo, Priester, & Berntson, 1993）。当人们采用具有不同情绪特征的姿势时（比如悲伤），他们报告更多地感受到那些情绪（Duclos et al., 1989）。握紧拳头与人们的权力概念有关（Schubert, 2004），以支配性的姿势站着也是如此，它会降低皮质醇水平，同时会提升睾酮水平和行为的冒险倾向（Carney, Cuddy, & Yap, 2010）。当身体或言辞上更亲近时，人们表现得更温暖，并真实地体会到更多温暖（IJzerman & Semin, 2010; Williams & Bargh, 2008）。所有的这些例子暗示着具身性对情绪和评价的影响（Hostetter et al., 2012）。

第 3 章描述了相反的情况：通过单词的概念启动或通过面孔的视觉启动使人们表现出相关的刻板行为（Bargh, Chen, & Burrows, 1996）。但在具身性和情绪体验之间，自下而上的感觉运动表征和自上而下的泛化概念和意象的效应是互惠的：当人们在互动中模仿彼此的非言语行为时，他们尤其有被理解的感觉（Chartrand & Bargh, 1999）。共情部分地通过身体的通道起作用（Decéty & Chaminade, 2003）。对一个情绪体验的表征尤其可能通过了解关于该情绪的具身知识而发生（Barrett, 2006）。

关于记忆模型的总结

记忆模型一般基于这样的想法：联想网络在长时记忆中组织概念，当前最活跃的联结代表短时记忆或工作记忆。这一框架是大多数社会记忆相关研究的基础。当研究者们将注意力转向行动中的记忆——它做了什么，他们区分了陈述性记忆（回想内容的联想网络）和程序性记忆（决定回忆如何诱发其他操作的"如果—就"语法对）。记忆模型越来越多地关注同时的并行程序来整合记忆过程，而不止是序列的顺序加工过程。在具身认知模型中，无论是自下而上的知觉还是自上而下的概念表征都依靠感觉运动知觉系统。

社会记忆结构：为什么社会记忆很重要

"我爱你，简……我是说，萨莉。"当你用另一个人的名字称呼某人时会发生什么？人们通常会因为被当作另一个人而感到恼火（更不用说，不如另一个人具有认知通达性）。他们确实应该感到恼火，尽管我们知道更糟糕的例子，比如人们把他们的孩子和狗混淆了（A. P. Fiske et al., 1991）。当你忘记某人的名字或损害了他们的信心时会发生什么？情感受到伤害，个人悲剧可能随之而来。人们使用广泛的类别来组织自身对他人的记忆。这常常是有用的，但也有缺陷。社会认知研究长期以来一直关注一般与具体之间的紧张关系。本章最后的部分讨论社会类别的心理表征和特殊的社会样例，因为这些结构贯穿不同的记忆理论，并且都对社会生活至关重要。

社会类别

类别描述我们对诸如人、实体或社会群体的期望。不管喜欢与否，我们都对其他人、我们自己和我们遇到的情境作出假设。有时候我们会被自己的期望严重误导。然而，很多时候我们的期望是有用的，并且实际上如果没有它们，我们将无法正常行事。这些期望、假设和一般性的先前知识使我们有一些预测感和控制感，而这对我们的幸福必不可少（第 2 章）。

我们可以不需要类别吗？想象一个看起来客观的情形，即在一个对情境和其中的人几乎没有任何期望或先前知识的情况下活动。第一天来到新校园，第一次进入一个不熟悉的文化，或者会见一个性别、年龄和角色都神秘的陌生人——所有的这些都是令人晕头转向的邂逅，挑战我们在没有由预期提供的正常水平的期望和控制的情况下正常行为的能力。关于校园的先前知识（例如，一张地图）、文化指南（来自旅游书籍），或者对陌生人的介绍（来自双方的朋友）都会有所帮助。当然，我们对这些先前知识无法避免的依赖不具有完美的适应性。我们也许会依赖错误的假设，或者我们的假设也许会过度呆板。但是整体而言，这些预期是有用的。

类别驱动与数据驱动的加工

类别代表关于一个概念的知识；有时被称为**图式**，是包括概念的属性和它们之间关系的抽象表征（S. T. Fiske & Linville, 1980; Macrae & Bodenhausen, 2001; Rumelhart & Ortony, 1977; S. E. Taylor & Crocker, 1981）。对个人的类别知觉有利于那些被称为**自上而下**、概念驱动或理论驱动的加工，即那些受到人们有组织的先前知识极大影响的过程；与之相对的是更为**自下而上**、刺激驱动或数据驱动的加工（Abelson, 1981; Bobrow & Norman, 1975; Rumelhart & Ortony, 1977）。作为人们关于世界的理论和概念，类别知觉关心的是一般情况，即在很多特定的例子上都成立的抽象的一般知识。这一研究的基本启示是，人们通过将知识存储在一个消化过的、综合性的水平来简化现实，而非一个接一个地将所有个别经验按其原始形式贮存起来，这将是纯粹的数据驱动加工。

然而，最近社会心理学家和认知心理学家通过关注数据驱动加工与类别驱动加工的相互作用对前者进行了细致的研究。数据驱动加工显示了普通人对其他个体或情境的特定属性的敏感性。纯粹的类别理论，在极端的情况下，将人刻画为这样一种形象：他们会坦然地掩饰重要的细节，会固执地拒绝去看就在他们眼前的信息，会不惜一切代价地保持他们的图式。与之相对地，数据驱动的方法显示，人们的确会关心所给的信息（Higgins & Bargh, 1987）。在本节我们会考虑两种类型的现象，先从类别加工开始。

我们对世界的知觉反映了外界的事物和我们带给它的事物之间的相互作用。矛盾的是，相比于自身对认知加工的贡献，我们更能察觉到外物的贡献。也就是说，我们知道我们在编码信息，但我们低估了选择性注意、解释和空白填充的作用。预期是我们带入日常知觉里的结构化知识，因此预期强调我们对现实的主动建构。这并不是说我们不受刺激本身的制约；与格特鲁德·斯泰因说的相反，"内心之外确实还有外部世界"。

类别期望强调知觉的相互作用中——我们自己的贡献——主要是前意识的部分。我们感受这个世界，仿佛我们并未给它添加什么，因而常识告诉我们，我们感知到的是一个未被改变的或者说是真实复制的环境。我们及时地并且直接地去体验知觉，就像我们的大脑仅仅是在对周围进行录像一样。普通人和一些哲学家都持有这种常识观点，认为知觉是未过滤的和真实的（Aristotle, 1931; J. S. Mill, 1869）。当今对样例的研究仍然在强调较少被过滤的经验的重要性（本节稍后阐述）。

与之相对，格式塔心理学鼓励一种不同的知觉观点（Brunswik, 1956; Koffka, 1935）。正如第 1 章提到的，格式塔心理学家指出，知觉是建构性的，并且知觉被"解释的棱镜"所中介（图 4.3）。我们从任何特定刺激所"看到"的都依赖于其背景；例如"1952"和"life"中的字符"1"客观上是相同的，但我们因其各

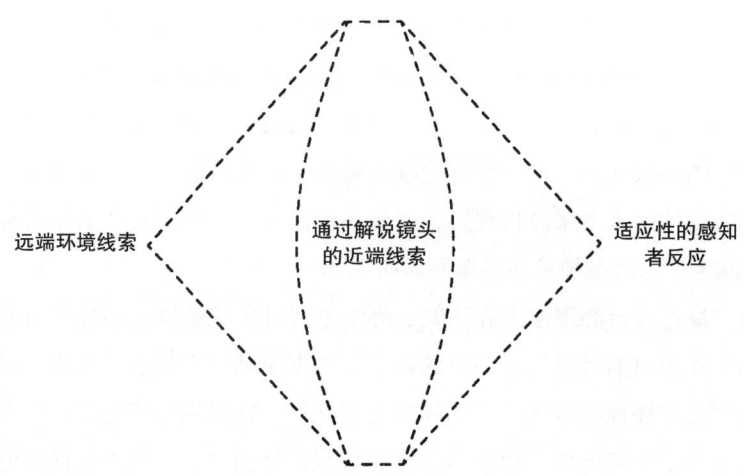

图 4.3 布伦斯维克棱镜模型显示近端和远端刺激

自的背景而进行不同的解读。背景提供了不同的、能够改变单个元素含义的**格式塔**，或者说是构形。因此，整体不止是它的局部的简单组合。格式塔强调人们在情境中对构形的知觉，预期社会类别和期望是感知者主动贡献的情境中的构形。这种有组织的先前知识对所感知的和所记住的事物的塑造方式，与基于背景的格式塔构形大致相同，只是这种涉及人和情境的构形一般更为复杂。格式塔刺激构形引导了当前类别理论的两种直接前身理论的发展：所罗门·阿施（Asch, 1946）的关于对他人印象形成的**构形模型**（第 1 章）和弗里茨·海德（Heider, 1958）的关于产生心理**平衡**的社会构形理论（第 9 章）。

类别知觉

常识观点和经典观点认为我们能够精确地定义日常类别的边界（E. E. Smith & Medin, 1981），正如我们想象在科学或数学领域中能够做到的那样（即便是这些领域中，经典假设也被怀疑）。更进一步的检查发现，这被证明是不可能的。基于首先由维特根斯坦（Wittgenstein, 1953）提出的思想，很多从认知心理学（Mervis & Rosch, 1981; Rosch, 1978, 1987）和社会—人格心理学（Cantor & Mischel, 1979）中派生的原则描述了人们如何为事物、情境和他人划分类别。

一个核心观点是，自然的类别没有必要和充分的属性。类别成员反而落在**模糊集合**里，因此哪些例子属于哪个类别并非总是清晰的。例如，国际象棋、门球、字谜都是"游戏"类别下的好例子，那么玩过家家、折磨蚂蚁或者就奥运会比赛进行打赌属不属于"游戏"呢？某些例子比其他例子更典型的看法引出这样的观点：例子的代表性有一个从非常典型到不典型的范围，其中最典型的或原型性的例子最佳地代表了这一类别。**原型**是类别成员的集中趋势或平均水平。

人们也许从未在现实生活中碰见他们的原型，因为他们是从经验中的例子里抽象出来的。尽管或许没有任何一个例子本身是一个完美的原型，但人们会抽象出最典型的特征（Hayes-Roth & Hayes-Roth, 1977; Posner & Keele, 1968, 1970; Reed, 1972）。人们随后通过评估一个新的例子与原型的相似程度来决定它是否属于该类别。

按照这种观点，类别成员通过**家族相似性**（family resemblance）的标准相互关联。任何一对给定的类别成员都会彼此共享一些特征，并与其他类别成员共享一些其他的特征。例如，"二十问"和棒球都包括特定数目的回合（20个问题或9局），而追逐游戏和国际象棋则没有这个特征。另一方面，"二十问"和追逐游戏都不需要特定的装备就可以玩，而棒球和国际象棋则需要专门化的装备。一个例子与其他类别成员共享的特征越多，它就会更稳定、更一致、更迅速地被识别为该类别的成员（McCloskey & Glucksberg, 1978; Rosch, 1978; E. E. Smith, Shoben, & Rips, 1974）。因此任何给定的特征并不必须出现在所有的类别成员上，只是或多或少地可能如此。重点是，类别的内部结构比经典观点所认为的更不固定，更宜被描述为一个以原型为中心的模糊集合。

现在把目光从类别内转向类别间的结构。类别通常被认为是按照不同的包含水平分层次地组织起来的。也就是说，在宽泛的类别（"娱乐"）之下，可以包括（至少）游戏、聚会、电视、书籍和电影（见表4.4）。在每一个这些下级类别下，可以有更多的从属类别，比如：汽车游戏、桌游、户外游戏。不同水平的分类对不同的目的有用（Rosch et al., 1976）。例如，相较于一般的"我们来娱乐一下吧"和特定的"我们来玩个汽车游戏吧"，人们更经常地提议"我们来玩个游戏吧"或"我们去看一部电影吧"（中间水平）。按照这种观点，此类基本水平或中间水平的对象类别富含人们可与之相关联的属性，能轻易地与相关的类别区别开来，并涉及熟悉的日常行为。

表 4.4 "娱乐"的假设类别原型和层级结构

娱乐				
游戏（其他娱乐类别包括聚会、电视、书籍和电影）				
汽车游戏	桌游	户外	虚构	聚会
车牌扑克游戏	大富翁	棒球	过家家游戏	看手势猜词游戏
我是间谍	拼字游戏	追逐游戏	幻想类小游戏	二十问
		折磨蚂蚁		

日常经验和文化共同决定了我们类别的内容和组织，这从很小的时候就开始了（Medin & Atran, 2004; Medin et al., 2010）。例如，大多数大学生和城市居民对自然的经验很少，因此他们的分类由相似度和典型性所驱动。以民间生物学为例，乡村居民，尤其是美洲土著居民，从小就有着更丰富和更细致入微的自然类别系统，反映了他们的生活经验和对社群信仰的敏感性。

对人的类别知觉

正如我们对不同种类的事物和活动划分类别一样，我们也对不同的人划分类别，通常根据他们的人格。假设你看到了另一个人的典型外倾性特征列表，比如，有活力、有趣或者友善。之后，你可能会不确定你是否也见到了其他的原型属性，比如外向和活泼（Cantor & Mischel, 1979; Tsujimoto, 1978）。激活某些属性也会激活与之有关的属性，因此记住哪些是你看到的而哪些是你从原型中推断出来的是困难的。这符合下述观点：人们似乎从类别一致的信息中提取特质原型。社会类别因此可被视作以某个原型为中心的模糊集合（没有严格的边界）。

这种观点的一个推论是，基于类别的思维可能会产生错误记忆。人们储存一般的原型，然后将新信息的要点与之匹配。因此，他们可能记住从未发生过的类别一致的信息。在一项研究中（Macrae, Schloerscheidt et al., 2002），参与者观看 60 个名字，其中男性名字与女性名字各占一半，以同等频率与名字配对出现的是性别类型化的职业名称，如机械师和美发师；也就是说，一半是性别一致的，另一半是性别不一致的。随后，他们要在 120 个名字中认出哪一个名字是他们之前看到过的；如果他们说某个名字之前看到过，则他们还需要说出对应的职业。正如使用简单材料的典型结果那样，也正如很多之前描述过的个人记忆模型所解释的那样，人们更容易回忆起与预期不一致的名字（男美发师和女机械师）。

从类别的角度来看更有趣的是错误记忆。**虚报**指错误地将测试中的干扰项目识别为原始集合的一部分。这种虚报与期望一致的可能性是不一致的两倍。也就是说，当他们错误地将一个名字识别为熟悉的名字时，他们最经常将这些名字和性别一致的职业联系在一起。更重要的是，这些错误记忆伴随着一种知晓感，所以当人们错误地再认一个名字并为之赋予一个性别一致的职业时，相比于性别不一致的案例，他们更可能对性别一致的案例有一种熟悉感。当人们在任务过程中分心或比较年老时，这种情况尤其可能发生（参阅 von Hippel & Henry, 2012）。

这意味着人们可以在记忆完全错误的时候体验到一种知晓感，并且这种现象背后的原因可能是基于类别的一致性。回忆开始那个目击抢劫的例子。你记得那位年老的女士，繁忙的路口，停在那里的车，还有交通灯吗？之后提到的抢劫者的运动长袖呢？他的帽子呢？他偷了什么？你可能会回答是她的钱包。正确。他的帽子是什么颜色的？那辆停着的车在哪里？哦，事实上，我们从未提到过帽子或是停着的车，但在数十个控制实验中，人们被引导着去体验对从未发生过的事件的清晰且持久的错误记忆（Loftus, 2004）。律师能通过询问引导性问题来植入错误记忆（当那里并没有任何车时提问"你看到停在那里的车了吗？"）。这将引发我们对记忆的质疑，例如，所谓的被压抑和恢复的记忆也许是由他人的暗示引起的（Loftus & Davis, 2006）。当然，这些暗示必须符合已知的、在反思中具有一定合理性的经验类别。多种形式的类别加工可解释这些效应。

对类别和原型观点的批评

社会类别的效应得到了很好的确认，但随着这一领域的发展，模型也在改变（表 4.5）。首先，一个对基本观点的修正认为社会类别更经常地被表征为理想原型或极端情况（Barsalou, 1985; Chaplin, John, & Goldberg, 1988）。也就是说，修女的最好例子，或许就是理想的修女，而非一个平均的修女形象。对原型的一个更为激烈的批评拒绝所有概括式表征的观点（理想的或典型的），认为类别被表征为之前遇到的样例的集合。原型或许不是存储一个类别的唯一方法。

第二，在知觉一个例子时，社会类别也被认为会不可避免地自动激活。但类别激活也许是有条件的自动化过程，依赖于包括个人目标在内的多种因素（Macrae

表 4.5 类别和原型观点的优势和批评的声音（基于人们行为的证据）

原型的优势	批评	样例的优势	批评
对例子进行抽象	使用理想原型或极端例子	记住例子	两者都用
知道要旨、典型	收集样例	知道变异性	不通过样例
参考平均	计算共变	关联特征	不通过样例
自动原型化	使用目标、专门知识	产生新的推论	两种加工都用
嵌入层级结构	形成模糊层级	不需要假设层级	根据领域组织
保存原型	确实变化，但怎么变	积累例子	两种加工都用

& Bodenhausen, 2000；也见第 2 章）。

第三，回想一下前面的内容，非社会类别的基本水平或中间水平显然主导着人们的日常使用；对社会类别而言则可能并非如此（Holyoak & Gordon, 1984）。在使用社会类别时，人们的特定目标和专业知识最可能决定他们使用哪个水平（Cantor & Kihlstrom, 1987; Hampson, John, & Goldberg, 1986）。

第四，社会类别之间可能不会形成一个清晰的层级结构，更笼统、更宽泛的类别会变得更具包容性（Cantor & Mischel, 1979），因为人们可以列出更多与更宽泛的类别相匹配的实例和属性（Goldberg, 1986; Hampson, Goldberg, & John, 1987）。这种观点总体上在最初被证明是有用的，但招来了许多批评。很多社会类别并没有非常清晰的边界，而是表征为一个模糊的层级结构，其中的类别归属并不太严格（Hampson et al., 1986）。例如，与层级结构的预测相反，更高水平（男人）的类别并不总是比更低水平（刻板印象的商人）的类别提供更丰富的联结（Deaux et al., 1985）。也许人们实际上在复杂的网络中建立联结，这些网络就像一张错综复杂的网而非一个层级结构（Andersen & Klatzky, 1987; Cantor & Kihlstrom, 1987）。被知觉为在高水平类别上成立的属性（例如，外倾者是自信的）并不总是在所有的中间水平类别上成立（政治家是自信的，但喜剧演员和霸凌者却不是）。社会类别之间互相重叠的自然属性将它们与物体类别区别开来（Lingle, Altom, & Medin, 1984）。

总结一下，原型方法引入了几个观点：社会类别没有严格的边界，而是以模糊集合的形式运作；它们围绕着一个原型类别成员组织起来；类别成员通过家族相似性形成关联，而非以充分性和必要性规则作为包含与否的标准。一些社会类别可能是围绕着理想的或极端的例子而非平均的原型来进行组织的。原型组织成层级结构和基本层级的理念受到质疑，表明社会类别以更为灵活和复杂的方式联系在一起。

社会类别的使用

当前的研究认为社会类别被有条件地激活和应用，尽管日常生活中经常遇到那些激活类别的条件，正如第 2 章指出的那样。根据社会条件，类别可以被激活、应用，甚至抑制（Macrae & Bodenhausen, 2000）。

类别激活取决于注意资源（Gilbert & Hixon, 1991）。也就是说，在某些罕见的情况下，人们可能不会注意到他人的种族、性别或年龄。在极度认知超载的情况下，感知者可能识别出人的类别，但他们可能无法激活与之关联的刻板印象。然而，如果刻板印象确实被激活，那么认知超载增加了应用它们的可能性。

人们归属于多重类别，当一个类别被激活的时候，其他的就受到抑制（Bodenhausen & Macrae, 1998; Bodenhausen & Peery, 2009）。类别突显性、长期通达性（第 3 章）和加工目标（第 2 章）决定了哪些类别被激活，哪些类别被抑制。人们有时会有意地抑制与类别一致的信息，尽管这会消耗注意资源（Macrae, Bodenhausen, Milne, & Ford, 1997）。相关信息也可能在无意中被抑制。当人们重复地提取某一类信息，相关但未被提取的信息受到抑制，这是一种适应性的遗忘，使头脑能专注于与当前有关的事物（MacLeod & Macrae, 2001）。即使被激活，类别也可能被以不同的方式应用，或者完全不被应用：类别激活和应用取决于各种条件。

样例法

样例法的认知模型

正如类别的原型观点是针对传统观点的缺点而发展起来的一样，样例法观点起初也是针对原型观点的缺点而发展起来的（综述见 E. E. Smith & Medin, 1981），并且从这种视角来理解可能是最好的。作为原型观点的对立观点，**样例法**

(exemplar)提出,一个人记住的是单独的例子或真实遇到的样例,而非某些从经验中抽象出来的平均的原型。对于一个类别,人们有很多样例,并且按照这种观点,人们通过观察客体是否与记忆中某个类别的大量样例相像而对其分类。尽管原型和样例观点随后被许多研究者整合在了一起,在社会认知领域尤为如此,但先理解纯粹的样例法观点仍然是有用的。

样例法观点有几个优势。首先,它最直接地考虑了人们关于特定例子的知识,而这些知识可以指引他们理解该类别。为了说明这一点,我们举两个例子。如果被询问餐馆是否通常有相等数量的二人桌和多人桌,人们可能不得不回想几个头脑中具体的餐馆案例才能回答这个问题。或者,如果有人断言所有餐馆都有收银员,人们可能会提取出一个具体的反例来驳斥这种说法。这种对具体例子的依赖表明了样例法的观点,但却不是它所独有的(原型观点不否认人们可以记住某些具体样例,但这些样例不是原型观点的着重点)。

此外,人们对类别成员之间可能存在的差异所知颇多;想一下不同中餐馆之间的巨大差异和某个快餐连锁店的千篇一律。一个真正的原型理论无法表征关于变异的信息:一个纯粹的原型模型将只会表征类别的平均,而非它的变异。样例法提供了一个为类别成员的变异性建模的简单方法。通过例子来描述人们关于这种变异的知识很容易,尽管同样的事情也可能通过原型方法做到。

样例法的另一个主要优势——并且可能也是它的最佳论据——是它可以解释一个类别中属性之间的关联性。例如,人们知道在餐馆这个类别中,用胶木桌子的餐馆往往直接跟收银员结账,而有桌布的餐馆往往要通过服务员支付。人们通过他们关于便宜、方便导向型企业的理论(相较于其他类型的企业)而知道这件事(Murphy & Medin, 1985)。一个单独的概要性原型不能轻易地处理这种知识。类别成员之间哪些属性具有相关倾向的知识在社会知觉中尤其重要,因为人们有着关于哪些特质一起出现(例如,根据记得几个既有雄心又吃苦耐劳的朋友)或不一起出现的内隐理论(例如,无法提取既有雄心又和蔼的人的例子;Schneider, 1973)。

最后,样例法使利用新例子修改现有类别变得更容易。在样例法中,新例子或许可以作为另一个样例而加入,它随后将为类别判断作出贡献(Lingle et al., 1984)。相比之下,原型如何被修改就没有这么清楚。

样例法的社会认知模型

样例法的社会认知证据是令人信服的。例如，一系列研究（Gilovich, 1981）表明，人们的判断受到当前目标与过去某个例子无关紧要的相似性的影响，尽管他们没有用样例来解释这一现象。一个来自著名足球运动员家乡的新球员也许会被认为未来也会成为优秀的球员，尽管家乡不能用来判断运动能力。人们的政治判断也是通过从历史中吸取教训而形成的，即使之前的例子与当前例子仅在非决定性的方面相似。作为另一个例子，人们对一个外国文化成员的判断更多地受到该外国人与一个之前碰到的样例的无关相似性的影响，而非他们所了解的该文化的一般规则（Read, 1983, 1984, 1987）。如果人们形成了因果理论（例如，样例以某种方式影响新例子），他们甚至更可能使用样例法。在更为日常的情境中，人们在判断两个陌生人谁更容易亲近时，会选择那个与最近对他们友善的陌生人表面上最相似的那个人（或，相反地，与最近对他们刻薄的陌生人最不相似的那个人），而没有明显地意识到他们选择的理由（Lewicki, 1985）。

熟悉性——与先前已知个体的相似性，无论是否有意识地感知到，都可能会创造一种态度共享的感觉、吸引力、可预测性和安全感（S. T. Fiske, 1982, pp. 62-66; Genaro & Cantor, 1987; White & Shapiro, 1987）。熟悉性可能是执行样例法必需的一种机制。当人们遇到不熟悉的复合类别时（例如，男性小学教师），他们依赖于对具体例子的记忆，而当他们遇到熟悉的复合类别时（例如，女性小学教师），他们依赖于抽象的刻板印象。正是熟悉性本身改变了判断策略（Groom et al., 2005）。

尽管上述研究中有些明确依赖于来自认知心理学的样例法模型，有些并没有，但它们都证明了单一的、具体的、先前的经验对随后的判断和行为的影响，因此，它们提供了一个与更全面的、抽象的类别的影响相对立的观点。

一些对样例法证据更加直接的讨论来自社会类别知觉变异性相关的工作。例如，当人们的印象变得更加分化的时候，他们知觉到的群体的变异性就会增加（Linville, Salovey, & Fischer, 1986）。当你通过一个交换生项目对一组特定的外国人有了更多的了解后，相比于之前，你会感知到他们更具多样性（并且他们同样也会认为你们国家的公民具有多样性）。有研究者明确地认为样例法模型可以最好地描述这种效应（Linville, Fischer, & Salovey, 1989）。某些抽象的、类别水平的信息的效应可以用纯粹的样例模型来解释，显示了抽象表征并非必需，尽管它们肯定有可能参与其中（E. R. Smith, 1988）。人们确实似乎同时使用提供给他们的抽象和样例信息；也就是说，他们既考虑对该民族的总结概括，也考虑他们认识的特定的公民。此外，相比于先给出具体例子再给出抽象信息或未给出抽象信息的情况，当先给人们抽象信息，然后是关于具体例子的信息时，他们知觉到较少的变异，并且更多地根据这些原型作出判断（Medin, Altom, & Murphy, 1984; Park & Hastie, 1987; E. R. Smith & Zárate, 1992）。

样例法观点的问题

样例法的证据并非完全清楚明了。也就是说，人们确实知道某些群体比其他群体更具多样性，并且他们在如下两种情况下会使用此信息：首先，决定是否从一个个体泛化到群体的时候；其次，给新遇到的个体分类的时候。这可能看起来像是为样例法辩护，但关于变异性的知识似乎并不基于对样例的记忆（Park & Hastie, 1987）。同样地，人们通常认为外群体（即，他们不是成员之一的群体）的变异性很小，但样例频率的差异可能是（Linville et al., 1986, 1989; Ostrom & Sedikides, 1992）或可能不是（Judd & Park, 1988）这一现象的原因。

一个有趣的可能性是，人们在试图去解释一些寻常之外的事物时，或许最可能使用样例法。有时候我们需要知道某些刚发生的事情是否正常；也就是说，我们需要对此事有多么奇怪做一个立即的检查（假设我们暂无一个相关的图式）。例如，在一场事故之后，人们思考之前相似的事故和导致事故的事件，以判断此事故的意外性或可避免程度，甚至是应该感到沮丧的程度。样例模型正是为描述人们的这种事后的常态判断过程而建立的（Kahneman & Miller, 1986）。我们看到，类别模型关注预期和预测，并且基于对个人先前经验的抽象来预期事物典型的样子或未来发生的可能性。与之相对地，**标准理论**（norm theory）关注对过去碰到的一个特定背景下的特定刺激的事后解释，目标是判断刺激是正常的还是令人惊奇的。类别和图式理论描述了正向推理，标准理论描述了反向推理。根据标准理论，人们根据某特定刺激令人想到的样例来考虑这个刺激。这些样例允许人们将当前例子与之前经验的总和进行比较，以观察该例子在多大程度上是正常的或是奇怪的。人们飞快地计算这个总和，因此它是特设的而非明确的先验知识。第7章会再阐述这个模型，当前，标准理论说明了样例在主动判断过程中的使用。

原型或样例？一个解决方案

样例法模型本身并不比原型模型本身更充分。人们依赖于表征的混合（参阅 M. B. Brewer, 1988; Cantor & Kihlstrom, 1987; J. B. Cohen & Basu, 1987; Groom et al., 2005; Lingle et al., 1984; Linville et al., 1989; Messick & Mackie, 1989; E. E. Smith & Medin, 1981）。人们确实会回想具体例子，并运用它们去给新例子分类，但具体例子也引发类别的概括化，而这又反过来有利于对新例子的分类，因此这两种表征人们都会使用（Elio & Anderson, 1981）。人们可以依赖与样例的直接经验或之前提供的原型对新例子进行分类，这取决于任务和可用的信息（Medin et al., 1984）。

此外，因为使用或发展抽象表征取决于任务的需要，所以抽象出一个原型不是自动化的（Whittlesea, 1987）。事实上，样例法可能更为基础（并且因此更可能是自动化的），因为它们的使用情况如下：（a）当人们的认知能力受限时；（b）面对更复杂的概念时；（c）尤其为较小的孩子所用（Kossan, 1981; 参阅 Kemler-Nelson, 1984）。

样例可能是像类别这样的抽象概括的更基础的构建模块，但类别一旦被建立，例外情况就需要人们打开这个类别模块，以回归更具体的个体样例水平。也就是说，认知概括也许始于样例，并在解决问题的时候重新回到样例。正如我们更早的时候所看到的，熟悉的群体激发抽象概括，而不熟悉的群体激发样例使用（Groom et al., 2005）。在个体印象形成领域，一个"概括加例外"模型很好地抓住了这一观点（Babey, Queller, & Klein, 1998）。人们概括单个的行为例子，并同时保存概要和实例。特质判断既依赖于概要信息，又依赖于特定的例外事件（Klein et al., 2001）。

当概括性抽象不足以应对规则的例外之外之情况时，样例或许是有用的。当人们有动机或只是单纯有更多的信息时，样例提供精细的加工。人们很明显地同时使用样例和原型来表征他们所属的群体，但只用原型来表征他们不归属并因此所知甚少的群体（Judd & Park, 1988）。人们也能使用样例来表征他们自己的群体和其他的群体，但他们对自己的群体有更多可用的样例（Linville et al., 1989）。

很明显，人们能使用抽象的类别水平的信息，比如原型，或者实例和对样例的记忆，来作出类别判断。人们什么时候使用它们无疑依赖于任务要求和个体差异（参阅 M. B. Brewer, 1988; Park & Hastie, 1987; S. J. Sherman & Corty, 1984, pp.

237-245; E. R. Smith & Zárate, 1992）。例如，追求准确或专注于个体的能力和动机可能会更支持基于样例的加工而非基于原型的加工（S. T. Fiske & Neuberg, 1990; Kruglanski, 1990; Messick & Mackie, 1989）。

说到底，在错综复杂的网络中，模糊的概念和松散等级结构中具体的范例，最终有什么用呢？有研究者提出：首先，这个框架捕捉了社会感知者表征类别的主旨和变异的需要，允许一个经济的、有效的核心表征，同时承认类别内例子的变异性；其次，它描述了人们在灵活应对社会互动的流动性时所使用的多种路径（Cantor & Kihlstrom, 1987）。

总　结

本章关注心理表征的记忆部分，即停留在我们头脑中或由我们的身体表征的内容。我们从基本的认知模型中组织记忆的联想网络模型开始，对长时和短时记忆进行了基本的区分。社会记忆的联想网络模型建立在这些工作之上。另外，程序性记忆为一些社会记忆模型提供了信息。最后，协调记忆过程的平行和序列加工的认知模型启发了社会认知中平行约束满足的观点。具身表征更多地依赖于知觉系统。

社会记忆结构对社会认知很重要，例如对人的类别知觉和社会类别使用所独有的特征。为了回应对经典的类别和原型观点的批评，样例法观点，虽有其自身的优点和不足，提供了一个备选的和综合的解决方案。

第4章专注于心理表征的一般原则，这些原则将会在我们遇到自我表征、因果关系、态度和刻板印象时有帮助。正如第2章中对双重模式模型的讨论一样，这些关于心理表征的观点正在汇聚成一种共识，这种共识对更广泛的社会认知领域非常有用。

延伸阅读

Anderson, J. R., Bothell, D., Byrne, M. D., Douglass, S., Lebiere, C., & Qin, Y. (2004). An integrated theory of the mind. *Psychological Review*, 111, 1036–1060.

Baddeley, A. (2012) Working memory: Theories, models, and controversies. *Annual Review of Psychology*, 63, 1–30.

Hostetter, A. B., Alibali, M. W., & Niedenthal, P. M. (2012). Embodied social thought: Linking social concepts, emotion, and gesture. In S. T. Fiske & C. N. Macrae (Eds.), *Sage handbook of social cognition* (pp. 211–228). Thousand Oaks, CA: Sage.

Loftus, E. F. (2004). Memories of things unseen. *Current Directions in Psychological Science*, 13, 145–147.

Macrae, C. N., & Bodenhausen, G. V. (2000). Social cognition: Thinking categorically about others. *Annual Review of Psychology*, 51, 93–120.

Rissman, J., & Wagner, A. D. (2012). Distributed representations in memory: Insights from functional brain imaging. *Annual Review of Psychology*, 63, 101–128.

Semin, G. R., Garrido, M. V., & Palma, T. A. (2012). Socially situated cognition: Recasting social cognition as an emergent phenomenon. In S. T. Fiske & C. N. Macrae (Eds.), *Sage handbook of social cognition* (pp. 138–164). Thousand Oaks, CA: Sage.

Smith, E. R. (1998). Mental representation and memory. In D. T. Gilbert, S. T. Fiske, & G. Lindzey (Eds.), *The handbook of social psychology* (4th edn, Vol. 1, pp. 391–445). New York: McGraw-Hill.

Srull, T. K., Lichenstein, M., & Rothbart, M. (1985). Associative storage and retrieval processes in person memory. *Journal of Experimental Psychology: Learning, Memory, and Cognition*, 11, 316–345.

Van Overwalle, F., & Labiouse, C. (2004). A recurrent connectionist model of person impression formation. *Personality and Social Psychology Review*, 8, 28–61.

von Hippel, W., & Henry, J. D. (2012). Social cognitive aging. In S. T. Fiske & C. N. Macrae (Eds.), *Sage handbook of social cognition* (pp. 390–410). Thousand Oaks, CA: Sage.

Williams, L. E., & Bargh, J. A. (2008). Experiencing physical warmth promotes interpersonal warmth. *Science*, 322 (5901), 606–607.

第二编

社会认知的主题：从自我到社会

第 5 章

社会认知中的自我

- 自我的心理表征
- 自我调节
- 动机与自我调节
- 自我作为参照点

　　理解自我一直是心理学界最热衷追求的目标之一。早在 1907 年，威廉·詹姆士的工作便为许多经久不衰的问题奠定了基础（James, 1907），社会学家查尔斯·库利与乔治·米德则为理解社会交往中的自我提供了框架（Cooley, 1902; Mead, 1934）。在过去的几十年中，社会认知领域的研究者们接受了这个挑战，并从根本上增进了我们对自我的理解（Beer, 2012）。

　　本章从介绍自我的心理表征开始，即绝大多数人主观体验到的自我感是由什么构成的。然后，我们将探索什么是自我调节以及自我如何引导我们处理与之有关的信息，如何既能让我们理解情境对自身的意义又能促进我们对利益、目标和价值的追求。引导自我调节的压倒性动机包括：准确认识自我的愿望、一致性的自我感知、自我完善、以及**自我提升**（寻求及保持良好的自我概念的倾向）。最后，我们将考虑自我认识如何影响我们对他人的解读，这常常是无意识的。

自我的心理表征

自我概念

人们对自我的认识是广泛且复杂的。在童年时期，家长、教师和朋友以某些特定的方式对待我们，并且我们参与的宗教、民族和文化活动成了我们自我概念的重要部分。此外，我们还会逐渐意识到自己的个人特点以及别人认为我们可能或应该做些什么来达到预期的目标。我们通过自身的角色认识自己，例如学生或者爱人。我们有一个私下的自我感，同时也有呈现给别人的自我。我们既从当前活动的亲历者，也从过去事件和关系的体验及反思者的角度认识自己。我们能很快并自信地说出，我们到底是外向还是害羞，冒险还是传统，敏捷还是笨拙。我们关于自我的信念的集合便叫作**自我概念**（self-concept）。

自我的心理表征是复杂的。有时我们考虑的是维持自尊，有时我们想保持自我认识的一致性，有时我们对归属感和有用感的需要引导着我们的思维、情感和行为（Vignoles et al., 2006）。正是这种灵活性部分地导致了我们大部分的自我编码都是以**个人—情境交互**的形式来实现（Mendoza-Denton et al., 2001）。也就是说，在不同的情境下我们对自我会有不同的感知：每种情境性**规范**（社会规则或压力）涉及不同方面的自我。某人可能在学术情境下对自己有这样的自我概念——聪明的、专注的，并且热爱学习的；同时在社交情境下有一组完全不同的自我信念，这可能包括：有点害羞但很友好，并且总体上是受人喜欢的。这样看来，记忆中的自我表征与其他建构的表征是相似的。哪一面的自我影响我们当下的思想和行为，取决于我们通达的是哪一方面的自我。自我的这种特性被称作工作自我概念（Markus & Kunda, 1986）。因此，打个比方来说，我们在学术情境下的**工作自我概念**往往和社会情境中的工作自我概念在内容上有所不同。

除了自我内部的情境变异性，有些自我的变异性依赖于与亲密他人之间的社会关系的激活。自我概念包含我们对重要他人的认识（Andersen & Chen, 2002）。那些影响我们的自我或我们与之有情感卷入的人——包括父母、兄弟姐妹、密友、过去和现在的伴侣——通过某些相关的知识与我们的自我联系起来，这些知识维持着与这些重要他人相关的特定方面的自我。一个人的一系列关系自我会影响其在社会情境下的情绪和行为（Gardner, Gabriel, & Hochschild, 2002）。一个重要他人心理表征的激活会唤起与那个重要他人的**关系自我**（relational self），这一过程被称为**移情**（Andersen & Chen, 2002）。比如说，在我们放假回到家之前，我们可能会表现得像个完全自主成熟的人；而到家之后，作为女儿或者妹妹的关系自我会被激活，致使我们的行为与平常的自我概念很不一样。

我们通常对照他人用互补的方式来解读自己（Tindens & Jimenez, 2003）。比如说，我们回报热情的（或争执的）行为，从而在宜人性—好争执性的维度上同化关系自我；但是在有关控制的方面，我们的行为模式与他人相反——当关系中的他人占优势时，我们表现出顺从，而当关系中的他人表现出顺从时我们开始掌控局面。在上述两种情况中，互补性的自我构念都引导着我们的行为，这在我们与非常熟悉的人交往时尤为突出（Tiedens & Jimenez, 2003）。而在极其紧密的群体中，我们的个人身份或许会本能地与我们的群体身份融合，激励超凡的自我牺牲（Swann et al., 2012）。关系自我既提供了自我概念的稳定性（源于对重要他人的持续表征），也提供了可变性（当不同的情境激活不同的关系自我时）。

自我图式

在大量关于自己的信息中，多数人对他们自己的某些特质有清晰的认识，而对另一些特质的认识则没有那么清晰。那些人们确定的特质被称为**自我图式**（self-schemas）：表征自我在特定领域内的特质的认知—情感结构。人们会在自认为重要的维度上自我图式化，会在自认为处于极端的维度图式化，会在确信相反的情况不成立的维度图式化（Markus, 1977）。自我图式组织与这一领域相关的信息加工。比如说，康妮相信自己勤奋并正直，但是并不确定自己是否是一个害羞的人。在这个例子中，康妮在勤奋和正直这两个维度上是图式化的，而在害羞这一维度上则不是。

可能自我（possible selves）与**恐惧自我**（feared selves）——我们所希望成为的和害怕成为的自我——同样引导着我们如何看待自身，并且指引我们选择情境和社会角色（Markus & Nurius, 1986; Markus & Wurf, 1987）。比如说，成为教授的可能自我会引导个体寻求指导学生研究课题的机会，而沦落为失业者的恐惧自我会让人加倍努力去发表研究论文。可能自我会随着环境的输入而改变并影响随后的行为。比如说，在一项研究中，对来自低收入家庭的八年级学生的简短干预，

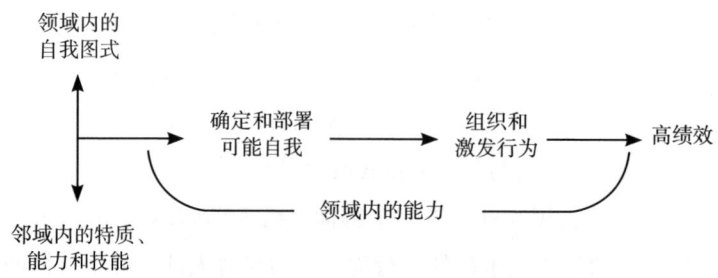

图 5.1　自我图式、能力与可能自我如何相互作用以调节绩效

使得他们相信他们的可能自我或许包括学业成功。这一短暂的干预在接下来的两年中提高了他们的标准化考试分数、绩点和学习主动性，并且降低了他们的抑郁感、缺勤率和在校的不端行为；这些变化的中介变量是学生们整合进自我身份的可能自我（Oyserman, Bybee, & Terry, 2006；图 5.1）。

自我观念的神经基础

显然，若要在这个世界上有效地运作，人们必须能够区分哪些东西"是我"，哪些"不是我"。这一功能涉及了左侧前额叶的活动（Kircher et al., 2002; Turk et al., 2002）。我们绝大多数人主观体验到的自我感可能是一个位于大脑左侧半球的**解释器**（interpreter）的功能（Gazzaniga, 2000），它整合了我们大脑的不同部位处理的多种与自我相关的信息（Turk et al., 2003）。人们在长期记忆中对自我的表征和对其他概念的表征是相似的，只不过更加复杂、多样，并且相比于其他概念更有可能塑造我们对环境和他人行为的解释。

相比于反思别人对自己的看法，当人们反思他们的自我观念时，大脑会产生某些激活模式。一项研究（Ochsner et al., 2005）要求参与者完成一个形容词评定任务，即判断它们能否形容自我、朋友、朋友眼中的自我和一个不熟悉的人，并对他们的大脑进行扫描，而作为基线的控制条件是一项与人物无关的知觉任务。实验者发现，相比于非识人任务，在所有人物评估任务中，参与者都有内侧前额叶（mPFC）的激活。这一发现也印证了先前众多实验的结果，即这一脑区在一般社会判断任务中非常重要（见第 1 章）。此外，所有的自我评价和他人评价任务还牵涉到一个更大的神经网络，包括后扣带/楔前叶和颞叶的众多区域（见图5.2）。相比于评价不熟悉的人，人们在自我评价时所涉及的神经系统与评价亲密他人时所涉及的神经系统较为相似，两者共享许多神经通路（Beer, 2012; Ochsner et al., 2005）。

他人的神经表征有多少被整合进我们的自我概念，又有多少是截然不同的？大脑外侧前额叶脑区的激活，可以区分自我评定和亲密他人评定。直接的自我评定相较于他人评定会同时激活内侧前额叶和右外侧前额叶吻端（见图5.2）。很显

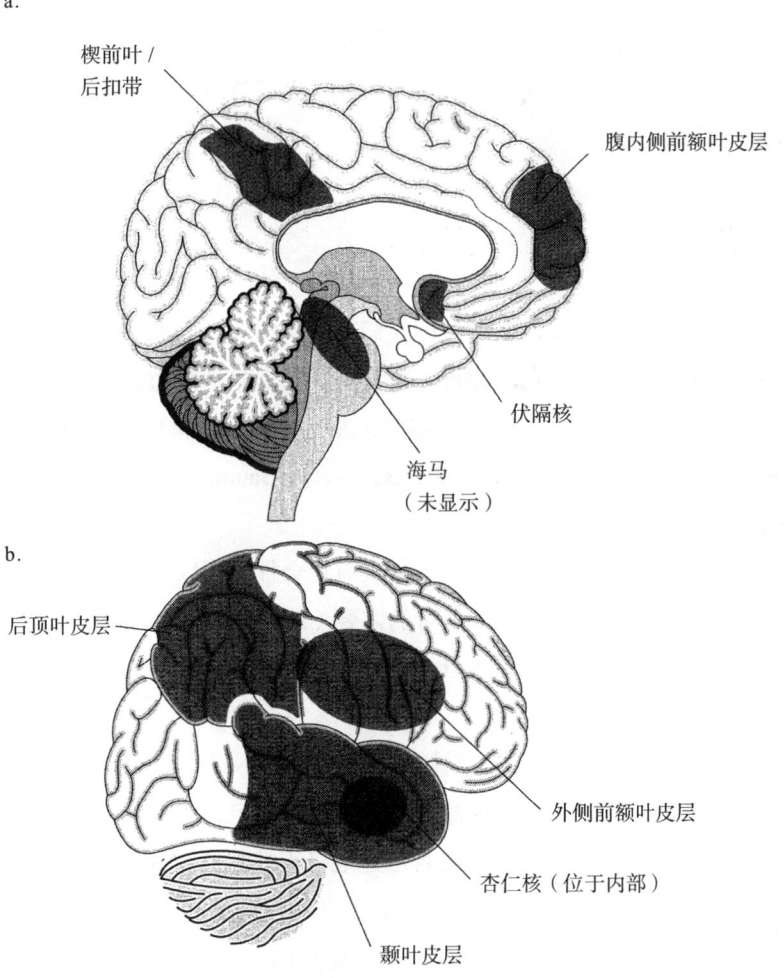

图5.2 a & b 自我观念所涉及的脑区（内侧和外侧面）

然，对自我的判断也会选择性地激活布罗德曼 10 区（Heatherton et al., 2006）。虽然关于这一课题的数据还在不断更新，但相较于亲密他人，自我会激活内侧前额叶内特定区域，表明我们对自我认识的表征和对亲密他人的表征至少是半独立的。

关于自我观念，神经影像研究区分了**自我图式化的**和非自我图式化的信息加工过程（Lieberman, Jarcho, & Satpute, 2004）。与第 2 章对受控加工和自动化加工的区分相呼应，**非自我图式化的**信息加工（比如，运动员加工与表演有关的词汇）涉及参与有意图的和需要努力的加工以及情景记忆提取的大脑区域：外侧前额叶皮层、海马，以及后顶叶皮层（见图 5.2）。相反，加工自我图式化的信息（比如，运动员对运动有关词汇的反应）则启动的是参与自动化、动机性和情感性加工的脑区，包括腹内侧前额叶皮层，伏隔核和杏仁核。当强大的自我图式在某个领域内形成时，它们的神经表征也会迁移到那些更加情感性的、动机性的以及与自动化相关的脑区。

自 尊

自我的心理表征包括**自尊**，即我们对自我的评价。人们不仅关心自己有哪些特点，也关心对这些特点的评价。自尊是一种资源，因为它能够帮助人们维持幸福，设立恰当的目标，享受正性体验，并且成功地应对困境（Christensen, Wood, & Barrett, 2003; Creswell et al., 2005; Sommer & Baumeister, 2002; Wood, Heimpel, & Michela, 2003）。

自尊也包含社会成分。人们天生具有社会性，所以我们对自尊的渴望部分地来源于与他人建立联系和获得认可的需要（Leary & Baumeister, 2000）。因此，一个人的自尊也可以被看作一种**社会计量器**——对我们在别人眼中做得如何的一般指示器。

自尊可以被外显地评定，例如通过同意（或不同意）"我相信我有许多优秀品质"这样的表述（表 5.1）。**内隐自尊**也可以被评定，比如，通过观察人们是否喜爱自己姓名中包含的字母或者能否迅速地将正性的形容词与自我相连（如 Koole, Dijksterhuis, & van Knippenberg, 2001）。由于有时外显和内隐的自尊评定会有冲突，人们必须花更多的时间认清他们的自我概念（Briñol, Petty, & Wheeler, 2006）。一个拥有高外显自尊和低内隐自尊的人可能倾向于表现出防御性（Jordan, Spencer,

表 5.1　自尊量表

请表明以下各项符合（T）或者不符合（F）你的情况：
1. 我觉得我有不少可贵的品质。
2. 我觉得我没什么可值得骄傲的。
3. 我有时觉得自己一无是处。
4. 我觉得我是有价值的，至少和他人一样有价值。
5. 总的来说我觉得我是一个失败者。
6. 总的来说我对自己满意。

如果你在第1，4，6条上回答符合（T）而在第2，3，5条上回答不符合（F），那么你可能在自尊量表上得分较高，反之则可能得分较低。完整量表共有10个题项。

资料来源：节选自 M. Rosenberg, *Society and the adolescent self-image*. Copyright 1965 by Princeton University Press. Copyright renewed. Used by permission of Dr. Florence Rosenberg

& Zanna, 2003）。比如说，他们可能会为了维持自尊而贬低他人，因为他们的自我观念非常脆弱且需要持续强化（Jordan, Spencer, & Zanna, 2005; Kernis, 2003）。

　　内隐和外显自尊的区分表明人们不仅会外显地追求良好的自我感觉，同时，人们的行为和判断也会受到内隐或无意识自尊的影响。人们倾向于偏好那些与自我有相似之处的人、地方和事物，即一种内隐的自我中心主义倾向（Pelham, Carvallo, & Jones, 2005）。比如说，名为乔治娅、路易丝和弗吉尼娅的女性有不成比例的高可能性曾在那些与她们姓名相仿的州内居住（Pelham, Mirenberg, & Jones, 2002; Pelham et al., 2005）。正如之前提到的，人们偏爱那些包含在他们姓名中的字母（J. T. Jones et al., 2002）。无意识的自我评价不仅会影响我们的日常选择，还会影响我们的重大人生决定。

　　自尊反映了人们认为作为一个人，他们需要成为什么样的人或做什么样的事才能有价值（Crocker & Knight, 2005）。在整体的自尊之外，人们也有特定领域内的自我评价，这些自我评价会影响我们总体的自我价值感。**自我价值的条件性**描述的是人们建立自尊的领域选择性。对某人而言，学业成绩不佳可能没有什么影响，也不会干扰到自尊；但是，如果一个人来自重视学术成就的家庭，那么成绩差就可能会影响到他的自尊。在那些自我价值的条件领域内，人们通过努力证明自己的能力和品质来追求自尊，这些活动可能会危害心理和生理健康（Crocker &

Knight, 2005）。因此，虽然自我感觉良好有一些好处，但是偏执地追求自尊则可能代价高昂。

文化与自我

人们的自我概念会因他们的文化背景而不同（Morling & Masuda, 2012; Rhee et al., 1995; Triandis, McCusker, & Hui, 1990）。有研究者通过对比美国与日本的文化阐述了东西方文化下自我概念的差异（Markus & Kitayama, 1991）。欧洲裔美国人强调个体性并通过个人独特的才干将自己与他人相区分。这种**独立自我**（independent self）是"一个有界的、独特的、或多或少地整合的动机和认知小宇宙，一个意识、情感、判断和行为的动力中心，组成了一个独特的整体，并且置身于其他这样的整体以及社会和自然背景之中"（Geertz, 1975, p. 48）。相对地，许多东亚、南欧和拉丁美洲文化中的**互倚自我**（interdependent self）则将自己看作周围社会关系中的一部分，并且个人会根据对关系中其他人的想法、感受和行为的感知来调节自己的行为（Markus & Kitayama, 1991）。互倚型自我很大程度上只有在社会关系的背景下而不是通过独立的、自主的行为才变得完整和有意义（见表5.2）。

独立型文化和互倚型文化都会归因于内在特质，如能力或观点。然而，独立型文化将这些特质感知为固定的且在不同情境中相对稳定；而互倚型文化则认为这些特质是不稳定的，是情境特异性的，并且不是自我的定义性因素（Bochner, 1994; Cousins, 1989）。互倚自我不是一个自主的、有明确边界的整体，而是一个会随着社会情境而改变其本质的结构（Kanagawa, Cross, & Markus, 2001）。互倚型文化非常强调融入群体，以至于个人独特的特质往往不能代表自我。比如说，一个儿童来自有着独立文化背景的家庭，他可能会体会到充分发挥其才能的压力，因为该文化下的人们看重以个人能力而取得的独特成就。相比之下，一个来自互倚型文化或家庭背景的儿童可能体会到的成就压力则是以义务的形式出现，为家庭或者更大的社会群体。

虽然人们对独立性已有了较好的定义，但关于互倚性，人们假设它根据文化和性别的不同有不同的形式。比如说，女性可能比男性有更多的互倚性，但是这种互倚性又和人们所指的东亚人的互倚性不同（Cross, Bacon, & Morris, 2000; Cross & Vick, 2001）。女性的互倚性被认为是一种关系性的互倚（Cross et al., 2000;

表 5.2　独立自我构念与互倚自我构念的测量

请用数字 1~7 表示你在多大程度上同意或不同意下面的每一项表述：

| 1 | 2 | 3 | 4 | 5 | 6 | 7 |

非常不同意　　　　　　　　　　　　　　　　　　　　　　　　非常同意

1. 我尊重那些和我互动的权威人物。
2. 当我被单独挑出来表扬或奖励时我感到轻松自在。
3. 我的幸福取决于身边人的幸福。
4. 对我来说在课堂上当众发言不是问题。
5. 在制定教育和职业计划的时候，我应该考虑父母的建议。
6. 独立于他人的自我认同对我来说非常重要。

如果你在第 1、3、5 条回答了"同意"，而在第 2、4、6 条上回答了"不同意"，那么你的得分可能倾向于高互倚性和低独立性；若你的回答是相反的，那么你的得分可能倾向于低互倚性和高独立性。完整的测验要比以上的节选更长。

资料来源：T. M. Singelis (1994). Copyright 1994 by Sage Publications, Inc. Reprinted by permission of Sage Publications, Inc.

Guimond et al., 2006）。比如说，一位欧洲裔美国母亲所体验的互倚性可能是一种帮助其子女实现目标、发展潜力的义务，并且她可能牺牲自己的个人安排来实现这个结果。这与东亚人的关联感不同，后者更多地源于与社会群体的和谐互倚感。这两种互倚感又和许多拉丁美洲文化中对互倚感的定义不同，在拉丁美洲文化中，社会目标，如尽到对家人和朋友的义务，往往被置于个人目标之前。我们对非洲文化中各种形式的自我观则了解得更少。我们特地在此提出这一点是因为下一节的讨论中，互倚性主要是作为欧美文化和东亚文化的区别来研究的。互倚性的各种存在形式虽然早就被提出过，但对认知和情感信息加工，乃至对行为自我调节的影响却没有得到多少关注。

文化、认知与情感

有些认知上的文化差异是根本性的：欧洲裔美国人倾向于从环境中提取主要的或鲜明的元素，而东亚人则更可能用更加整体的视角看世界（Masuda & Nisbett, 2001）。这一区别在自我知觉中也同样存在。拥有独立自我感的人认为自己是独特的，并且会倾力实现个人目标的最大化。在一项研究之中，如果要完成的目标是自己主动选择的，那么欧洲裔美国人的动机会增加，而亚洲人的内在动机受到的影响更小；而如果告诉亚洲人他们要完成的目标是由与他们关系紧密的人为他们选择的，他们的动机就会更高（Iyengar & Lepper, 1999）。欧洲裔美国人会选择那些他们会做得很好且曾经做得很好的任务，而东亚人对任务的选择则较少依赖于类似的期望和先前的表现（Oishi & Diener, 2003）。动机的差异也可以从这个区别中可靠地推导出来。欧洲裔美国人倾向于为个人成就而努力，而东亚人则会为实现群体目标而努力，或者认为那些他们实现了的目标代表了群体规范（表5.3）。

目标的不同也会影响记忆（Woike et al., 1999）。欧洲裔美国人喜欢根据情境中的人物和他们的个人特质进行记忆的重构，而东亚人则倾向于涉及情境中人物所属的社会群体（Menon et al., 1999）。欧洲裔美国人在对社会环境做出推断时，更容易忽略它们的背景，而互倚型自我的个体会通过注意个体或他人与其社会背

表5.3 独立自我认知与互倚自我认知关键差异的总结

对比的属性	独立	互倚
定义	与社会背景分离	与社会背景相连
结构	有界的、统一的、稳定的	灵活的、多变的
重要特征	内在的、私人的（能力、想法、感受）	外在的、公众的（地位、角色、关系）
任务	具有独特性	归属、融入
	表达自我	占据自己恰当的位置
	实现内部属性	采取恰当的行动
	促进自己的目标	促进他人的目标
	直接：说出内心的想法	间接：猜测他人的心思
他人的角色	自我评价：会与他人进行社会比较，反映性评价	自我定义：自我是由特定环境下与他人的关系所定义的
自尊的基础[a]	表达自我的能力；证明内在价值	调整、克制自我的能力：与社会保持和谐

[a] 推崇自我可能主要是一个西方现象，而且自尊这一概念或许应该被"自我满意"所取代，或者是一个能够反映个人意识到满足了文化要求的任务的术语。

资料来源：Markus & Kitayama (1991). Copyright 1991 by the American Psychological Association. Reprinted with permission

景的关系来处理社会信息（Kühnen, Hannover, & Schubert, 2001）。

这些区别也会影响情绪体验。有着独立型自我的个体常会体验到自我中心的情感，比如说因表现优异而自豪或者因未完成目标而沮丧（Mesquita, 2001）。相比而言，自我概念为互倚型的文化中的人们则会体验到以他人为中心的情感，比如说日本人会感觉到的"**撒娇**"（amae），这是一种被溺爱的感受（Markus & Kitayama, 1991）。

自我感还会影响自尊的来源。比起互倚自我的个体，独立自我的个体更可能在自尊量表上同意"我是一个有价值的人"这样的说法（Markus & Kitayama, 1991; Yik, Bond, & Paulhus, 1998）。另外，自尊的重要性和其对生活满意度的影响在独立自我的文化和互倚型自我的文化中也有所不同。在一个包括了31种文化的研究中，研究者发现自尊与生活满意度的相关性在互倚型自我的文化中较弱，而在独立型自我的文化中，那些高自尊的人也会报告更高的生活满意度（Diener & Diener, 1995）。在互倚型自我的文化中，被他人赞赏为"符合社会规范"能够更好地预测生活满意度。

自我建构的个人和集体过程受到文化为其成员所提供的社会情境类型的引导。美国的社会情境鼓励自我提升，也就是以积极的方式看待和抬高自我。相比而言，日本的社会情境相对容易导致自我批评。例如，一个在日留学的美国学生报告说，排球在美国是一项轻松愉快的活动，能让球员在观众高声的欢呼声或者嘘声中展现出自己的能力或缺陷；而这项运动在日本则要严肃得多且有更强的竞争性，这项运动会被组织成论输赢的形式，并且因此会让球员感到自责或潜在地责备同伴表现欠佳（Kitayama et al., 1997）。

这样的研究发现让人们质疑自尊的本质，尤其是它是否具有跨文化的意义。然而在互倚型文化中，在西方自尊量表上得分很高的个体，同时也会展现出与西方高自尊个体一致的行为，比如说对负面反馈的自我保护性回应。另外，即使在互倚型文化中，人们也会间接地展现出自我提升的倾向，比如说高度评价自己名字中的字母（Kitayama & Karasawa, 1997）。

很明显，许多关于独立自我和互倚自我的研究都比较了欧洲裔美国人和日本人。在某些方面，这两种文化可能都代表了各自维度的极端情况，欧洲裔美国人是独立自我这一维度上的极端，而日本人是互倚自我这一维度上的极端。极端的例子往往会产生强烈的对比。我们对互倚自我及其影响的认识还远远不够，这既是因为我们在整体上对互倚文化研究不足，也是因为我们主要只关注了一种互倚类型。

自我调节

自我调节（self-regulation）描述的是人们如何控制和引导自己的行为、感情和思想。它尤其关注人们如何形成并追寻目标。很多自我调节基本是自动的，不被觉察或者无需在意识层面思考。环境中突显的或与我们的目标相关的线索会自动引导我们的行为（Lieberman et al., 2004）。但是有的时候，我们会有意识地、主动地介入，以控制我们的想法、情绪和行为（Brandstätter & Frank, 2002）。

自我调节的影响来源

自我调节活动有多种来源。其中之一是自我调节的内容，即工作自我概念中的内容。情境线索、社会角色、价值观和强烈的自我概念决定到底是自我的哪些方面主导着工作自我概念（如 Verplanken & Holland, 2002）。在教室里，环境对我们行为的影响很可能和成就有关，但是我们是否把成就作为个人的优先目标，也会影响我们的行为。反过来说，工作自我概念也取决于环境。在课堂上当众发言但回答错误可能会让一个成就目标低的人感到这一情景很有趣，但对一个重视成就目标的人而言，同样的意外可能会导致尴尬并会让其加倍努力以便下次能给出正确答案（Crocker & Knight, 2005; Ehrlinger & Dunning, 2003）。

以上例子还说明，有时我们的工作自我概念与稳定的自我概念不一致（Arndt et al., 2002）。在课堂上给出错误回答之后，有人可能会感到愚蠢和尴尬，因此影响其工作自我概念；但是假设这种事情并不经常发生，那么这种影响仅仅是短期的，不会对长期的自我概念有太大影响。但如果这种事情发生的频率很高，那么长期的自我概念也可能随之改变。比方说，如果作为"派对达人"在外待到很晚且光顾各种夜店曾经是你的自我概念的一部分，那么这一长期的自我概念可能会在你有了小孩以后完全改变。工作自我概念能够解释自我的不同方面如何在不同的情况下引导我们的行为，并且反过来，又如何被这些情境的反馈所影响，进而最终影响长期的自我概念。

行为的趋近与回避

自我调节涉及有关哪些人和情境需要趋近、哪些人和情境需要回避的基本决策。我们有两个半独立的动机系统在这种情况下调节我们的行为：一个是渴求系统，称为**行为激活系统**（behavioral activation system, BAS），一个是厌恶系统，称为**行为抑制系统**（behavioral inhibition system, BIS）。正性的、趋近性的动机表达与左侧额叶的激活有关，这也和左侧额叶在目标追求中的激活相符（Harmon-Jones et al., 2006）。当 BAS 被激活的时候，人们会更倾向于趋近环境中的他人或者活动。当 BIS 被激活的时候，人们更可能避开他人或者活动（Carver & White, 1994；见 Gray, 1990）。负性的或者退缩的动机则和右侧额叶皮层的活动有关（Harmon-Jones et al., 2006）。

很多因素都会影响到底是 BAS 还是 BIS 起主导作用，进而影响某一时刻的具体行为。比如说，日常生活中的体验会影响这两种系统的激活。如果对你而言有好事发生，那么你更可能处于 BAS 启动的状态而不是 BIS 启动的状态（Gable, Reis, & Elliot, 2000）。如果一切不那么顺利，行为抑制（BIS）或许可以帮助你重新振作。

BAS 和 BIS 也反映了稳定的个体差异（表 5.4）。有些人的行为激活系统更强，更关注奖赏，而其他人则是行为抑制系统更强，更关注惩罚（Carver & White, 1994）。BAS 导向的个体会体验到更多的正性事件和情绪，而 BIS 导向的个体则可

表 5.4　行为激活系统与行为抑制系统的自我报告总结

行为激活系统	行为抑制系统
因为追求自己想要的东西而兴奋	担心错误
会被好事强烈地影响	担心批评
全力以赴地去获取事物	时常紧张
为了自己而做有趣的事情	为可能的不愉快而烦恼

资料来源：作者整理自 Carver & White (1996)

能体验到更多的负性情绪（Updegraff et al., 2004）。

自我差异理论

在一个与激活—抑制的区别相关的理论中，希金斯讨论了自我差异如何引导我们的情绪与应对行为（Higgins, 1987, 1989）。有的差异反映了我们目前的自我与理想自我之间的落差（激活对奖赏的追求），有的差异则是我们目前的自我和应该自我间的差距（因害怕惩罚而抑制）。

希金斯区分了两种类型的**自我引导**（self-guides）。人们在主要是受来自理想自我的驱动还是受应该自我的驱动方面有个体差异（Strauman, 1996）。**理想自我**（ideal self）是我们想要成为的自己；而**应该自我**（ought self）是我们认为应该成为的自己，常常受到我们关于恰当行为（责任和义务）的信念和他人期待的重大影响。在一项关键的研究中（Higgins, Klein, & Strauman, 1985），大学生报告了他们的自我感知，包括他们理想中希望成为的自我和他们觉得应该成为的自我。之后，他们分别以母亲的视角、父亲的视角以及密友的视角填写了同一份问卷，并且就提到的每种特质对自己的意义进行评分。理想自我与实际自我间的差距使人产生了与沮丧相关的情绪并降低了自尊（也见，Higgins, Shah, & Friedman, 1997; Moretti & Higgins, 1990）。比如说，考研失败让人失望和悲伤。感知到的实际自我（不擅长科学）与他人对自我的期许（成为医生）之间的差距，则会导致焦虑而非悲伤（见图 5.3）。对调查参与者来说，某项个人特质越重要，则他或她所体验到的情绪越强烈（Higgins, 1987）；同时，参与者越关注自我，体会到的情绪也越强烈（Higgins et al., 1997; Phillips & Silvia, 2005）。

我们与理想自我的差距会促进我们实现这种理想的努力[**促进聚焦**（promotion focus）服务于行为激活]，而为了满足别人的期望所付出的努力则代表着一种抑制或者**预防聚焦**（prevention focus）（Förster, Higgins, & Idson, 1998）。也许是因为预防聚焦受焦虑驱动，比起与促进相关的目标，人们往往更快地去实现与预防相关的目标（Freitas et al., 2002; 见图 5.3）。这种总体的趋近（促进型目标）或者回避（预防型目标）倾向，在某种程度上反映了稳定的人格特质，外向性是趋近倾向的典型，而神经质则是回避倾向的代表（Carver, Sutton, & Scheier, 2000）。

当人们追寻的目标与人们的自我调节聚焦之间存在**调节匹配**（regulatory fit）

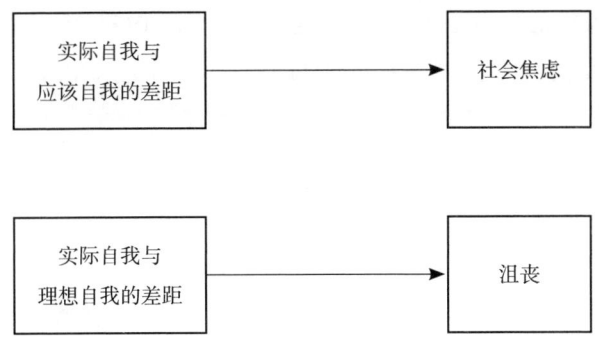

图 5.3 自我差异的情绪后果

时，人们会体会到更多的幸福（Higgins, 2005）。也就是说，那些被"达到理想自我"这一目标所驱动的人，当他们觉得自己正在一点一点地接近那些自我标准的时候会体验到幸福；而那些被"避免负性结果以及迎合他人期望"的目标所驱动的人，则会在相信自己正在维护这些社会期望时，体会到更大的幸福感（Higgins et al., 2003）。

社会化和文化背景会影响这些调节聚焦中究竟哪一种占上风。一些家庭认同将他人的观点作为影响自我概念的首要因素。通常这种强调所伴随的是以指责为标志的教养方式。另一些家庭则推动孩子成为他们理想中的自我，这在支持性的环境中更为常见。这种差异为自我及其评价制造了不同的标准。同样，文化差异也会影响自我的哪些方面支配自我调节行为。那些被培养为认为自己是一个独立自主的个体的人，更可能被实际自我和理想自我间的差距所驱动（促进聚焦），而那些被培养为具有互倚自我的人，更可能注意到社会环境中他人的考虑（预防聚焦；Lee, Aaker, & Gardner, 2000）。

促进定向与预防定向的脑区激活模式不同。促进调节聚焦常与更强的左侧额叶活动有关，而预防调节聚焦则常与更强的右侧额叶活动相联系。这种不对称性与以下事实相符：促进聚焦的目标与趋近期望结果相联系，而预防聚焦的目标与回避厌恶结果相联系（Amodio, Shah et al., 2004）。在一项研究（M. H. Johnson et al., 2006）中，当人们思考希望和志向（促进）的时候，主要激活的是内侧前额叶和前扣带回（相比于与自我无关的想法）；而当人们思考责任和义务（防御）的时候，后扣带回和楔前叶激活显著。也许，内侧前额叶反映了主体性的自我反思，而内侧后部脑区反映的是经验性的自我反思。或者说，内侧前额叶激活意味着向内的关注，而后扣带回的激活则意味着向外的或社会性关注（M. H. Johnson et al., 2006）。

自我效能感与个人控制

其他会对自我调节产生影响的因素包括自我效能感和个人控制。**自我效能感**指的是我们对自己完成某项具体任务的能力的预期（Bandura, 2006）。个体是否会从事某项活动或努力达到某一目标，取决于他们是否相信自己有能力执行这些行动。比如说，假设荷兰某个声望很高的学术机构向你提供一份教职岗位，但要求你在三年之内能用荷兰语授课。虽然你可能非常想接受这份职位，但是对习得荷兰语的低自我效能感可能会让你最终拒绝这份工作。

除了对完成具体任务所需的行为能力的特异性控制感（自我效能信念），人们也会有一种一般意义上的**个人控制**感或者掌控感，它使人们能够进行计划、应对挫折和追求自我调节活动。比起自我控制感（掌控感）较弱的人，有着强自我控制感的人更有可能为追寻他们的目标而采取行动。

在一项说明这一点的研究中，研究者为自我控制感高或者低的大学生设置了三种条件，分别突显了他们大学生活不可预测的方面、可预测的方面以及中性的方面（Pham, Taylor, & Seeman, 2001）。在不可预测条件下，研究者提醒学生，在大学人们很难进入自己选择的班级；在可预测条件下，研究者提醒学生他们的考试时间和论文提交日期会在学期之初公布。在读了这些信息后，学生们列出他们对于大学的想法以及感受，同时，研究者测量了他们的心率和血压。处于可预测条件下的学生更多地提到对于未来和个人目标的想法。比起那些阅读了对大学校园环境中性的描述尤其是不可预测性描述的学生，他们的心率和血压也相对较低。长期自我控制感高的学生比自我控制感低的学生更加乐观且更加面向未来。对控制的长期预期，以及在特定环境中让可控或不可控变得突显的因素，都会影响个体在认知、动机以及生理层面上的自我调节活动。

自我关注

自我调节也会受我们注意力方向的影响，包括注意力是直接向内朝向自身，还是向外朝向环境（Duval & Wicklund, 1972; Silvia & Duval, 2001）。当我们关注自身时［即一种叫作**自我觉察**（self-awareness）的状态（Wicklund & Frey, 1980）］，我们会根据某一标准来评价我们的行为并随后尝试达到这一标准。比如说，当你在商店的橱窗前看到自己在玻璃上的倒影时，你会注意到自己懒散的姿势并立即挺胸抬头。

自我注意使人们将自己与各种标准进行比较：智力表现、外貌仪容、运动能力，以及道德操守（Macrae, Bodenhausen, & Milne, 1998）。我们试图遵守标准，根据标准评估我们的行为，判断我们的行为是否与之相符，并且持续调整和比较，直至我们达到这一标准或者彻底放弃。这一反馈过程在**自我调节的控制论模型**（cybernetic theory of self-regulation）中得到了很好的表述（Carver & Scheier, 1998;图 5.4）。

这些论点中隐含的一个观点是：自我关注常常是一种令人痛苦的体验，人们不仅想方设法调整自己的行为和品质，而且还会试图摆脱这种对自己的关注（Flory et al., 2000）。在度过了糟糕的一天之后，人们需要摆脱对个人事物和工作中遇到的问题的关注，所以会利用酒精或者电视降低自我关注（Moskalenko & Heine, 2003）。

对自我调节的威胁

有些情况确实会损害自我调节的能力。其中之一是社会排斥。当人们被社会群体拒绝之后，他们在进行后续任务时会遇到更多的困难。被拒绝者会更早地退出一项困难的任务，在过程中注意力更不集中，并且展现出更低的自控力（Baumeister et al., 2005）。在一项实验中，那些被告知没有人愿意和他们一起工作的参与者会比不曾经历社会拒绝的参与者吃掉更多的曲奇饼干（Baumeister et al., 2005，实验 2）。这些被排斥的人会采用一种防御的姿态，这种状态的标志有倦怠、糟糕的时间感和对有意义的思维、情绪及自我觉察的回避（Twenge, Catanese, & Baumeister, 2003）。不太极端的自我调节威胁则会鼓励人们重新获得群体身份

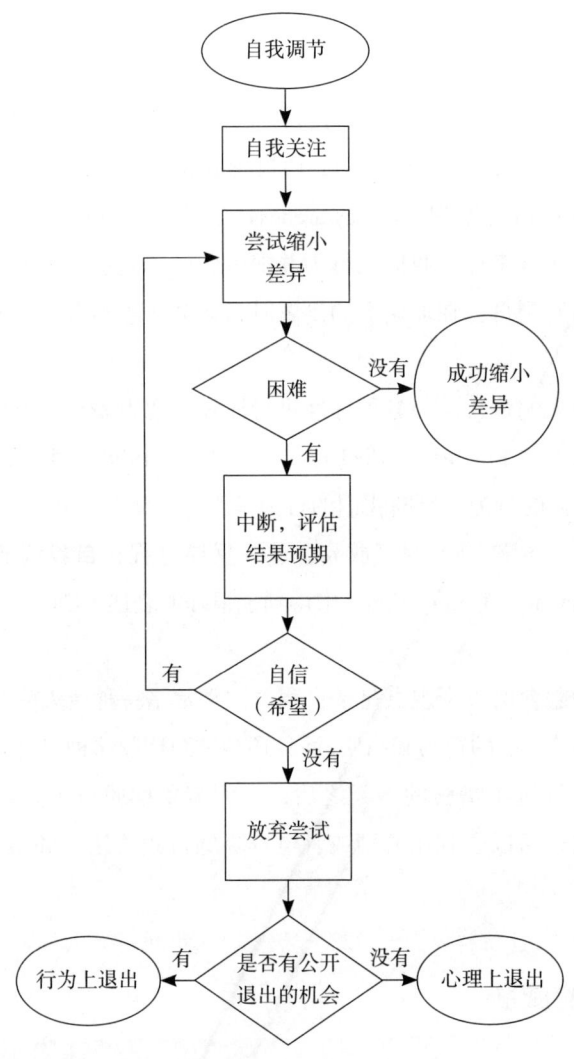

图 5.4　自我注意和自我调节的控制论模型
资料来源：Carver (1979)

（Williams, Cheung, & Choi, 2000）。

更普遍地，很多需要自我调节的情境会给个体制造出自我控制的两难抉择：人们或者需要在两个极好的目标中选择一个，或者需要为了长期目标牺牲短期目标。比如说，为了排除身染恶疾的可能，个体需要经历一个令人不舒服的医疗过程。当个体预期到短期损失时，他们会控制自己来使这些损失最小化（Trope &

Fishbach, 2000)。个体可能会转移自己的注意力或者关注长期利益，从而根据长远利益行动，而非向短期的诱惑屈服。

自我控制的两难困境是让理智对抗情绪，还是某些情绪会帮助我们控制自我？尽管**享乐情绪**代表的是短期的立场，但**自我意识情绪**（self-conscious emotions）反映的是长远视角并有助于我们解决自我控制的两难困境（Giner-Sorolla, 2001）。眶额皮层受损的病人会表现出自我控制的调节缺陷（Beer et al., 2003），而且他们不合时宜的自我意识情绪（尴尬或者内疚）破坏了行为上的自我调节。自我调节明显地既依赖于理性的反应，也依赖于自我意识情绪的反应。

主动的自我调节需要努力，这一点在人们同时完成多重任务时尤其明显。认知负载会影响需要主动自我调节的活动，但是更为自动的自我调节则没有受到干扰。当自我调节的资源被耗损时，复杂思维的能力会受损，但是简单任务的表现则不受影响（Schmeichel, Vohs, & Baumeister, 2003; Vohs, Baumeister, & Ciarocco, 2005; Vohs & Schmeichel, 2003）。

自我调节的神经机制

探索一些自我调节的神经机制，双重加工的区分能帮助我们思考这些模式（第2章）。有意的自我调节与自动的自我调节相比会牵涉不同的脑区（Banfield et al., 2004）。前额叶皮层参与有意识的自我调节：对负责计划和实施的低阶过程的高级执行控制。具体而言，背外侧前额叶皮层（dlPFC）被认为与做计划、处理新奇信息、做选择、控制记忆和工作记忆，以及语言功能等有关（综述见 Banfield et al., 2004）。dlPFC 也涉及行为的自我调节，尤其与选择和发起行动有关（如 Spence & Frith, 1999）。该区域受损会导致冷漠、注意力下降，以及计划能力、判断能力和洞察力下降等症状（Dimitrov et al., 1999），这些都暗示了糟糕的执行功能，形成了支持前述有关 dlPFC 功能观点的聚合性证据。

与参与情绪加工的边缘结构（Pandya & Barnes, 1987）相连接的腹内侧前额叶皮层（vmPFC），尤其与控制我们的行为、情绪输出和与他人的互动有关（Dolan, 1999）。眶额皮层（vmPFC 的一部分）会在情绪处理、奖赏、抑制、决策、自我觉察和策略调节的过程中激活（Banfield et al., 2004）。这一区域的损伤与惊人的行为改变以及不考虑行为的潜在后果有关（Bechara et al., 1994）。眶额皮层受损也会影响我们根据他人认为可接受的或符合道德的标准调节自己行为的能力（E. Goldberg, 2001）。

在行为的监控和引导上，前扣带回（ACC）与PFC相互作用。它同时涉及认知性加工（前部）和情感性—评价性加工（综述见 Bush, Luu, & Posner, 2000）。ACC本身的功能和它与动作系统及认知系统的连接似乎在意图转变为行动的过程中扮演着关键角色（Banfield et al., 2004）。ACC也参与到矛盾信息的处理过程中，并且该脑区被认为可能引发从自动加工模式到受控制加工模式的转变（Botvinick et al, 2004）。因此，假如说一个人有擅长运动的自我图式，那么突然失去往常的运动能力将会激活他的ACC区域并启动位于PFC内的受控制加工，以便理解这一改变对自我的意义，同时调节后续的行为（Lieberman et al., 2002）。

动机与自我调节

自我调节有赖于持久的自我相关的关注。这些包括对精确的自我感、一致的自我感、不断完善的自我，以及积极自我感的需求。从社会动机（见第1章及第2章）的角度来说，追求精确性和一致性是社会理解动机的不同版本，而完善和维护积极的自我感则是自我提升的两种不同方式。

对精确性的需求

为了使我们的未来结果可预测并可控制，我们需要比较准确地评估自己的能力、观点、信念和情绪（Trope, 1975）。精确的自我评估能让我们预测环境并控制我们未来的行为（Trope & Bassok, 1982）。

上述作者认为，当需要了解自身能力时，我们会选择那些能为我们提供最多信息的（也就是更具诊断性的）任务。为了准确地得到关于你的数学能力的反馈，一套GRE样题的数学部分会比一套儿童算数测试或者一个困扰了数学家几十年的难题更具诊断性。

如果没有可用的客观测试任务，与他人进行比较，即**社会比较**，也能使人准确地评估自己（Festinger, 1954）。比如说，如果你受邀参加一场正式舞会，但是你并不确定自己的跳舞水平如何,这时你不太可能去参加一个儿童舞蹈班或者一场交谊舞比赛。相反,你更有可能在一个能将自己与他人进行比较的环境中测试自己的舞技,比如说去一个俱乐部,以此来判断你是否需要上舞蹈课。当我们不确定自己的某些能力时,拥有准确的自我感就显得尤为重要(Sorrentino & Roney, 1986)。

如果人们预期传来的将是好消息时,他们特别愿意寻求自我相关的准确信息;即使他们预期传来的将是坏消息时,也常常会渴望准确的自我评估(Brown, 1990)。如果你预期到自己根本没有舞蹈能力,那么你自我评估的努力可能会确证这一点,而对你而言在舞会当天佯装受伤可能是明智之举。

对一致性的需求

伴随着我们需要准确的自我概念这一观点而来的是另一种观点,即我们需要一致的而不是随情境而变的自我概念。我们需要相信自己拥有的内在特质和目标,就算时间推移也将保持相对稳定(Swann, 1983)。人们常常寻找那些能够确认预先存在的自我概念的情境,或用符合先前自我概念的方式来解读自己的行为,人们也会拒绝那些与其自我概念并不相符的情境和反馈。这种过程被称为**自我验证**(self-verification)。

比如说,假设你刚刚开始读研究生。在第一次社交活动中,你表现得较为安静内敛。如果这时有一个同学来对你说"没必要害羞,这些人又不会咬你",你可能会觉得受到了冒犯。你不说话可能只是因为正在试图摸清形势,或者只是身体不适,但你可能觉得自己平时是一个比较外向的人。所以,在下一场社交活动中,你可能会表现得比往常还要外向,以此向自己也向他人证明你是一个开朗的人(Swann & Read, 1981)。

人们力图去验证自己身上的那些正面属性,但有时为了真实性,他们也会去验证自己身上的负面属性。准确和一致地看待自我的需要会影响行为。我们会选择性地与那些看待我们的方式和我们看待自己的方式一致的人交往(如 Swann, Stein-Seroussi, & Giesler, 1992)。比方说,想象一下当我们和那些既了解我们的长处也了解我们的弱点却依然爱着我们的人一起放松时是多么的舒适。然而,一般来说我们喜欢那些积极看待我们的人,那些因我们身上自己也看重的属性而欣赏我们的人。

　　大多数情况下，人们不需要主动或者有意识地努力就能够维持自我观念。保持一致的自我感是我们与家庭成员和朋友互动，或是在熟悉的场景完成熟悉的任务的一部分。与自我概念不一致的反馈会让我们把注意力集中到对自我概念一致性的威胁，我们要么寻求排除错误的看法，要么考虑是否要改变我们的自我概念（Madon et al., 2001），将加工模式从自动转向受控（第 2 章）。

　　至于社会认知的其他方面，对一致性自我的渴求有跨文化差异。在强调独立的文化中，人们渴望表达自己与众不同的个人特性；而在互倚文化中——由情境影响或者社会规范来指引行为——人们可能会在不同的背景中表现出不同的自我信念（Choi & Choi, 2002）。比如说，欧洲裔美国人可能在许多环境中都认为自己的成就导向属于中等水平，而东亚人可能在一些环境中认为自己有非常强的成就导向，而在另外一些环境中则不这么认为。总而言之，东亚人在不同场合中看待自我的方式更为灵活，而欧洲裔美国人的看法则比较一致（Suh, 2002）。

对自我完善的需求

　　除了对准确的、一致性的自我感的需求之外，人们还会被自我完善的渴望所激励。许多自我调节活动都是为了服务这一目标（Kasser & Ryan, 1996）。人们为了能够让自我调节活动服务于自我完善，就需要有目标。此类目标有多种来源。比如说，马库斯的"可能自我"这一概念便整合了人们对未来自我的愿景（Markus & Nurius, 1986）。通过设想未来的可能自我，一个人便能够设定适宜的目标，朝着他们的目标前进并标记进展。

　　自我完善也可以通过**上行社会比较**而达到（Taylor & Lobel, 1989; J. V. Wood, 1989）。许多人认为这就是为什么拥有一位良师是如此重要。拥有某些我们所希冀的特质或技能的人能够激励我们，并且为我们提供有助于自我完善的具体信息。

　　批评也能促使我们进步，无论是他人直截了当的批评，还是隐含于别人对我们糟糕表现的反馈。感知到自己没有达到自己的目标或是重要他人的期望，会减损自尊，但这也可以让我们努力改进自己。对自我完善的渴望似乎是东亚人的一种特别重要的动机（Heine et al., 2001）。

　　然而，不是所有自我完善的努力都能成功。做出改变并维持这种改变是一个非常困难的过程。有时，人们感到自己有所改善而实际上并没有（A. E. Wilson & Ross, 2001）。比如说，一个学生参加了一个学习技能的培训项目，那么无论他的技能是否有提高，他都很有可能认为自己进步了。这是因为人们关于稳定性和改变的理论可能会歪曲他们的自我评价，不只是对当前自我状态的评价，也包括对过去自我的评价（Conway & Ross, 1984; Ross, 1989）。通过把自己以前的技能水平歪曲到比真实水平更差的程度，人们就可能认为现在的水平代表了进步（见Libby, Eibach, & Gilovich, 2005）。这些见解也指向一个更大的研究领域，也就是自我提升。

自我提升

除了需要关于自我的准确而一致的信息，我们还需要对自己感觉良好以及维持自尊。西方文化显示出自尊在认知和动机方面的益处。高自尊的人对自己的个人特质有更清晰的认识。他们认为自己很好，会设定合适的目标，用维护自尊的方式处理反馈信息，享受积极的体验，并且能够很好地应对困难的局面（K. L. Sommer & Baumeister, 2002; Wood et al., 2003）。

总体来说，保持或创造积极自我感的需求和努力被称为**自我提升**（self-enhancement）。自我提升的需求在多数时间里都是重要的甚至是压倒性的，至少在西方文化里如此（Sedikides, 1993）。当经历了威胁、失败或是对自尊的打击时，自我提升的需求就变得更加重要（如，Beauregard & Dunning, 1998; Krueger, 1998）。正如前面提到过的，我们对积极自我感知的需求至少是部分地受与他人建立联系以及获得他人认可的需求所驱动（社会计量器；Leary & Baumeister, 2000）。社会威胁变成对自尊的威胁，这反过来又会激活我们对重新被认可和接纳的需求。这样看来，自我提升的需求是通过评估他人如何看待自己而产生的社会性驱动。

为了满足自我提升的需求，人们会持有**积极错觉**：错误的积极自我感知和对自己真实能力、天赋及社会技能某种程度上的夸大（Taylor & Brown, 1988）。积极错觉至少有三种形式：人们对自己的认识倾向于比实际上更正面；人们所相信的对周围事物的控制程度比实际控制程度更高；人们对未来过于乐观。当学生们描述正性和负性的形容词是否准确地描述自己和他人时，绝大多数学生对自我的描述比对他人的描述要好（如 Suls, Lemos, & Stewart, 2002）。我们会记得那些和自己有关的正性信息，而负性信息却很容易从脑海中溜走（Sedikides & Green, 2000）。如果向人们施压，绝大多数人重构过去的挫折比重构成功更为困难（Story, 1998）。我们认为自己比其他人更可能做出无私的、仁慈的和慷慨的举动（Epley & Dunning, 2000）。我们所记得的自己的表现往往比实际的要好（Crary, 1966）。我们认为我们比绝大多数人都更快乐（Klar & Giladi, 1999）。我们觉得那些恭维我们的人是值得信赖的，并且是有洞察力的（Vonk, 2002）。在遇到威胁的时候，我们会通过加强自己在其他生活领域的自我知觉来应对（Boney-McCoy, Gibbons, & Gerrard, 1999），并且会与那些更不幸的人进行**下行社会比较**（Wills, 1981）。或许最为讽刺的是，我们认为我们的自我偏差比其他人要少（Ehrlinger, Gilovich, & Ross, 2005; Pronin, Gilovich, & Ross, 2004; Pronin, Lin, & Ross, 2002）。在每种情况下，人们可以通过把自己看得比他人强，或者把自己看得比他人心目中的自己更加优秀来进行自我提升（Kwan et al., 2004）。

如果积极错觉模糊了我们的视线，那么我们又如何能成功地监控现实并获得对自己和世界的准确认知呢？虽然没有绝对的准确度，但是相对准确度似乎很高。如果我们将一个人对自己多项特质的自我评估与其朋友对他的评估作对比，虽然人们对自己的看法比朋友对自己的看法更正面，但是两种评分间的相关性还是很高（Taylor et al., 2003a）。

有些情境也可以预测哪些对自我、世界和未来的评估会变得更现实。当人们即将获得他人的反馈时，他们对于即将到来的消息的预期不仅会更加现实，有时甚至会变得悲观（K. M. Taylor & Shepperd, 1998）。当人们必须在不同的行动方案之间做出选择或者需要制定个人目标时，他们会更加精准和诚实地看待自己（S. E. Taylor & Gollwitzer, 1995）。在如下情境中人们的自我评价会更加谦虚：人们相信别人将会获得关于自己的准确信息；他们的自我描述能够被轻易查证或他们期待收到与自己相关的反馈（Armor & Taylor, 1998）；或者他们的自我评估可能被证明不成立（如 Dunning, Meyerowitz, & Holzberg, 1989），比如说预期要执行一项能够测量某种能力的任务（Armor & Sackett, 2006）。因此，随着责任的增加，自我感知在绝对意义上变得更加准确。相比于项目结束阶段差额可能令人沮丧，在项目开始阶段，自我提升更为明显，激发着我们的斗志（Shepperd, Ouellette, & Fernandez, 1996）。

为什么大多数人会在自我觉知中如此明显地**自我提升**呢？并且，如果这些自我提升的知觉与现实不符，为什么它们还会持续存在呢？自我提升的积极错觉可能具有心理健康适应性（Taylor & Brown, 1988; S. E. Taylor et al., 2003a; S. E. Taylor et al., 2003b; 参看 Ackerman, Huang, & Bargh, 2012）。积极的自我感知、对未来不切实际的乐观和虚假的个人控制感能够让我们拥有更加良好的自我感觉（Regan, Snyder, & Kassin, 1995），让我们有动力去追求目标（S. E. Taylor & Gollwitzer, 1995），并且在追求目标的路途上坚持更久（Armor & Taylor, 2003）。自我提升的认知有助于成功的生存适应：个人幸福感，对目标的坚持，以及从事创造性和高效工作的能力（Brown & Dutton, 1995）。合理的正性自我评价也能促进良好的社会关系（Taylor et al., 2003a）。然而，上限是那些在公众场合明显自我提升并可能会令他人敬而远之的人（如 Bonano et al., 2002; Robins & Beer, 2001）。

此外，当人们的自我受到威胁时，那些拥有过高自尊的人可能会变得刻薄、恶劣、妄自尊大（Baumeister, Smart, & Boden, 1996），这些人会加重对别人的刻板印象，贬损他人，并且进行下行社会比较（如 Heatherton & Vohs, 2000; Vohs & Heatherton, 2004; 也见 Baumeister et al., 2003）。相比于那些对自己的高自尊有安全感的人，失败的自我调节常常发生在那些具有防御性高自尊的人身上（Lambird & Mann, 2006）。

不过，自我提升常常能带来另一个意想不到的好处。当人们自我感觉良好并且其自我价值未受到挑战时，他们对负性反馈的接受度更高（如 Trope & Neter, 1994）。那些生来便比别人更乐观的人也会在处理个人有关的风险信息时，展现出更低的防御性（Aspinwall & Brunhart, 1996）。当人们自我感觉良好时，他们对别人的看法也会更加正面（Ybarra, 1999）。**社会认可**（social validation）——真实的自己被接纳——也会降低他们的防御性，并且当人们从别人那里知道自己因内在的品质而被他人喜爱之后，他们会更加容易接受那些潜在的威胁性信息（Schimel et al., 2001）。

积极自我认知带来益处的其他证据，来自对长期低自尊人群的研究。低自尊的人会遭受许多不利情况：他们的自我概念模糊，从更不利的角度看待自己，经常选择不切实际的目标或者完全回避目标，倾向于对未来持有悲观态度，更加负面地回忆过去的经验，沉迷于自己的消极心境中而不是通过自我调节重建积极心境，对负性反馈有更多有害的情感反应和行为反应，难以为自己作出正性的反馈，进行会带来负面自我评价的上行社会比较，更加在乎自己对别人的影响，更有可能抑郁或者在遇到困难或压力时会沉沦在思维反刍中（Brown & Marshall, 2001; Di Paula & Campbell, 2002; Heatherton & Vohs, 2000; Josephs, Bosson, & Jacobs, 2003; Kernis et al., 2000; Leary et al., 1995; Setterlund & Niedenthal, 1993; Sommer & Baumeister, 2002; Vohs & Heatherton, 2004）。

自我提升还能在处于应激时提供生物学上的好处。应激会产生一系列症状：心跳加速、血压升高，人们感到焦虑。那些自我知觉积极的人（比其他人更积极）在进行实验室压力任务时血液中皮质醇（和压力有关的荷尔蒙）水平、心率和血压比其他人低（Creswell et al., 2005; Taylor et al., 2003b）。自我提升能够让我们免受高压环境可能造成的个人威胁或健康危害。一般而言，自尊和内控点能够让年轻人在面对心理压力的时候有较低的皮质醇水平，有较大的海马区体积，也能够减少老年人与年龄相关的认知水平下降，改善皮质醇的调节，并减少全脑体积的萎缩（Pruessner et al., 2005）。

自我肯定

自我肯定（self-affirmation）（Steele, 1988）通过认可自己无关的方面来维持自我提升的需求，帮助人们应对威胁自我价值的事件（如 Aronson, Blanton, & Cooper, 1995; Blanton et al., 1997; Koole et al., 1999; 综述见 Sherman & Cohen, 2006）。当人们能够肯定自我中他们所珍视的方面时，他们对威胁的反应便没那么有防御性。在一项实验中（Sherman, Nelson, & Steele, 2000），一组学生参与者思考了一个重要的个人价值，而另一组学生思考了一个没那么重要的个人价值。接下来所有参与者都观看一段艾滋病教育影片。比起那些思考了相对不重要的价值的参与者，那些完成了价值肯定任务的参与者认识到自己有被传染 HIV 的风险，并且做出了更多的健康行为（即购买安全套和领取教育手册）。这种发现意味着自我肯定会降低人们对健康风险信息的防御。这也符合我们刚才所讨论的，当人们对自己感觉良好时，他们会更容易接受潜在的威胁信息。对个人价值的肯定可以减弱对威胁的感知（Sherman & Cohen, 2002），减少失败后进行思维反刍的倾向（Koole et al., 1999），并且减轻对压力的生理反应（Creswell et al., 2005）。

自我肯定理论研究成果的启示之一是，自我提升是一种维持性的动机。人们并非努力去获得最为积极的自我评价，而是努力保持一种相对积极的自我看法。事实上，自尊一旦达到某种水平，人们实际上可能会避免那些可能进一步提升自尊的活动（Tesser et al., 2000; Zuckerman & O'Loughlin, 2006）。

自我评价的维护

特塞尔（Tesser, 1988）提出了人们促进和维护正性自我的另一种社会机制，即应对我们可能与之比较的亲密他人的表现。比如说，约翰最好的朋友马克最近因为所写的一个短篇故事而赢得了一个很有分量的奖项。那么约翰究竟是会感到非常高兴并且四处告诉别人自己好朋友的喜讯，还是会嫉妒马克的成功并且因为被提醒自己在写作上没有这么出色而闷闷不乐呢？特塞尔的**自我评价维护理论**（self-evaluation maintenance theory）解决的便是这样的问题。

一般来说，亲密他人的行为从心理上比不相关他人的行为对我们更为重要。所以，当与我们亲密的人取得成就时，我们便面临着一个严峻的情境。约翰到底是会为马克感到高兴还是会嫉妒马克取决于写作在约翰自我概念中的重要性。如果约翰也是一个一直尝试发表作品的作家，那么马克的强势表现可能就会被视作威胁，可能会导致约翰产生负性情绪并且在未来会避开马克（对比效应）。然而，如果约翰是一个律师而不从事短篇小说的写作，他便可能因为马克的成功而感到喜悦和骄傲（映衬效应）。因此，即使是相同的因素——与他人亲近的程度和他人良好的表现——也可能导致完全不同的情绪和行为，这取决于别人的表现与自己的自我定义是否相关（图5.5）。

恐惧管理理论

威胁能够激发自我提升，而死亡可能是最大的威胁（Gailliot, Schmeichel, & Baumeister, 2006）。**恐惧管理理论**（terror management theory）便是基于这一洞察（Greenberg, Pyszczynski, & Solomon, 1986）。根据这一理论，人们受到自我保存的生物性驱动，并且同时在文化层面和个人层面管理死亡威胁，在文化层面上通过形成能为人生提供意义和目标的世界观，而个人层面上则通过自尊。人们构建信念系统来为自己的人生和世界赋予持久的意义。这些观点有助于管理脆弱性所产生的死亡和焦虑（Greenberg, Pyszczynski, & Solomon, 1986）。从个体层面，人们努力维护正性的自我感，从而缓解与死亡有关的焦虑。

这一理论对文化世界观与自尊如何帮助人们抵御死亡威胁作出了具体的预测。一个广受支持的预测是，当死亡变得突显时，人们会压制与死亡有关的想法

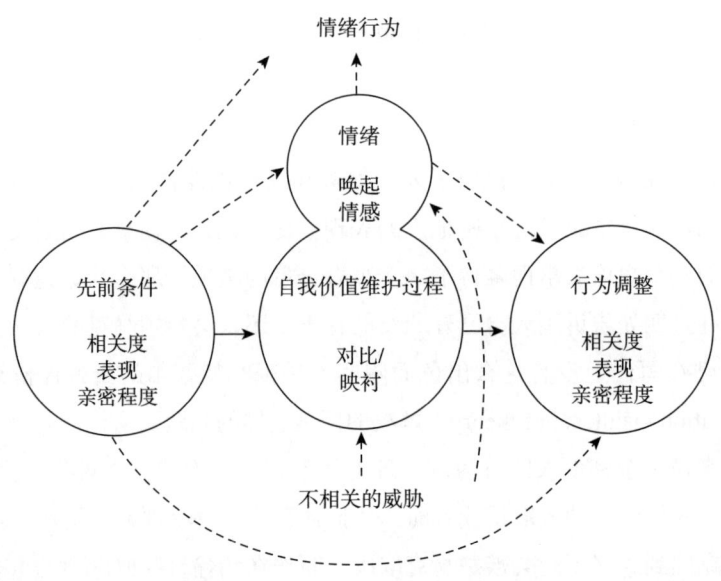

图 5.5　自我评价维护理论图示
资料来源：Tesser (1988)

（Greenberg et al., 2001; Schmeichel & Martens, 2005）。文化世界观对于应对死亡恐惧的重要性也预示着，当死亡变得突显时，人们尤其认同并试图达到文化认可的标准。这种行为能够使其远离因害怕死亡而产生的焦虑（Greenberg et al., 1995; McGregor et al., 1998）。所以规范在本质上是一种安抚和宽慰。

但是，这种对死亡的恐惧和对社会规范的遵循意味着人们会更加严厉地对待那些违反规范的人。在一项研究中，经过死亡突显操纵之后，人们更倾向于责怪严重受伤的无辜受害者——一种为了对令人恐惧的环境重建秩序感而做的明显的努力（Hirschberger, 2006）。同样地，能够提高自尊的活动通过确定人们的内在价值来帮助人们管理对死亡的恐惧。死亡的威胁要求人们进行积极的自我调节，以减轻对人类的必死性令人不安的想法（Gailliot et al., 2006）。

文化与自我提升

自我提升及相关需求都代表了在一定的文化边界内对自我的洞察。刚刚描述过的自我提升的特征更适用于描述西方人群，尤其是美国人，而在讨论其他国家，尤其是东亚国家的人群时，则可能没那么精确。东亚人倾向于自我批评，而自我服务归因在东亚文化中较为少见（Heine & Renshaw, 2002；第 6 章）。在东亚文化中，自我谦逊偏差往往比自我提升偏差更加常见。在一项研究中，当日本的学生比他们的同学表现更好时，他们倾向于将自己的成功归因于情境因素，而当他们的表现不如同学时，他们倾向于将同学的优秀归因于个人能力（Takata, 1987）。这种更为谦逊的自我认知在东亚人中似乎是一致的（Heine, Takata, & Lehman, 2000; Oishi, Wyre, & Colcombe, 2000）。

不过，西方文化中自我提升所满足的需求在东方文化中可能由其他的形式所满足。比如说，提升整个社会群体的地位和个人在群体中的地位都可能满足互倚文化中自我提升的需求（Sedikides, Gaertner, & Toguchi, 2003）。比较来自集体主义文化（比如说中国和新加坡）的参与者和来自个人主义文化（比如说以色列犹太人）的参与者，我们会发现独立自我构念常常与个体能动性特质的自我提升相关，而互倚自我构念常常与群体品质的自我提升相关（Kurman, 2001）。或许自我提升和群体提升有着共通之处，只是因为文化价值观的不同，呈现出不同的形式（Sedikides et al., 2003）。

调和引导自我调节的动机

我们刚才讨论的每一种动机——对准确性的需求、对一致性的需求，自我完善的需求和自我提升的需求——会在不同的情况下引导我们的行为。当我们的地位不稳定或者不清晰的时候，对准确性的需求便占优势（如 Sorrentino & Roney, 1986; Trope, 1979）。当我们很确定我们的地位，但是遇到了挑战这一地位的场景或反馈时，寻求一致性的需求就最强（Pelham, 1990）。自我感的一致性（个体对这一点很确定）在那些生活中具有预防聚焦的人们身上更为典型（Leonardelli, Lakin, & Arkin, 2007）。

自我提升的需求普遍存在，至少在西方文化中以及在面临威胁的情况下如此。自我展示的需求也可能引发自我提升行为（Baumeister, Tice, & Hutton, 1989）。我们对自我的认知偏向一致性的方向，而对自我的情感反应则偏向提升的方向。也就是说，我们希望对我们的特质感到确定，不论这个特质是正性还是负性，而当我们得到正性反馈的时候最为开心（Swann, Pelham, & Krull, 1989）。比起那些预防聚焦的人，那些促进聚焦（关心成长和培养）的人更关注自尊（Leonardelli et al., 2007）。

许多服务于自我提升（至少在西方文化中）、或许也潜在地服务于自我完善的自我调节行为可能是在无意识的情况下自动发生的。然而，当人们追求准确的、一致的反馈时则需要控制过程的参与，因为自动的认知过程会被对自我认知的挑战或者模糊的自我认知所打断。同时满足这些动机的最终方式是人类大脑的灵活性，它能够解释信息以适合各种动机（Kunda, 1999）。人们希望相信他们的自我是一致的，并且可能因此歪曲它的真实程度（Wells & Iyengar, 2005）。人们希望维护一种积极的自我感，因此有时会批判过去的自己以便制造出如今已经进步了的错觉（A. E. Wilson & Ross, 2001）。

自我作为参照点

自我概念不仅能解释人们如何看待和调节自身，还能为人们诠释他人的行为和特质提供"透镜"。

自我参照

相比于其他信息，参照自我而学习的信息具有记忆优势。早期的研究支持了**加工深度**解释（Rogers, Kuiper, & Kirker, 1977）：与自我有关的信息能够留下更丰富、互相联系更多以及更持久的记忆痕迹。社会认知神经科学的发展有助于我们解释这种效应的神经基础（Heatherton, Macrae, & Kelley, 2004）。比如说，参与者们对人格特质形容词是否能形容自己、是否能形容乔治·布什，以及是否为大写字母进行判断（W. M. Kelley et al., 2002）。语义加工任务一般激活的是左侧前额叶皮层，而以上三个实验任务中也都出现了这一激活。但在自我参照任务中，内侧前额叶皮层（mPFC）也表现出了激活。此外，mPFC 的激活水平与参与者的记忆水平相关，表明这一脑区参与了自我相关记忆的形成（Macrae et al., 2004）。

模拟理论（simulation theory）表述了自我参照效应：人们推断他人心理状态的一种方式便是设想他们自己在类似情境中的想法、情绪或行为。当我们对与己相似的他人进行评价的时候，之前与自我参照任务有关的腹内侧前额叶皮层的一个区域也会产生激活，但是在评价和自己不相似的他人时则不会（Mitchell, Banaji, & Macrae, 2005b）。同样指向的证据来自有关前额叶受损病人的研究（Stuss & Levine, 2002），这种损伤可能会影响人们内省以及反思自我的能力。记忆的自我参照效应可能依赖于个体反思自我的能力，而mPFC的神经活动则可能是这种自我反思的基础（Heatherton et al., 2004）。

社会投射

自我在很大程度上以自己的形象来积极地构建社会世界。我们的信念和个人特质会帮助我们构建对他人的评价。**社会投射**指的是人们估计自己的偏好、特质、问题、活动和态度等同样也适用于他人，或认为自己这些特征在人群中的普遍程度至少比客观证据所表明的要高（Mullen & Goethals, 1990）。我们假设他人和我们共有一样的特征、情感和动机（Holmes, 1978），并且我们会用形容自己的特质来形容所认识的人（Shrauger & Patterson, 1974）。即便在有时间思考自己的评价（Krueger & Stanke, 2001），接收到准确的反馈（Krueger & Clement, 1994），或是拥有关于他人的相关信息的情况下（Alicke & Largo, 1995; Kenny & Acitelli, 2001），人们也会出现社会投射效应。

为什么我们会将自己的态度、个性和价值观投射到他人身上？是因为我们倾向于将自己的特征视为优点，还是因为自我提供了一系列认知启发式所以人们可以迅速并且自信地作出推断？这两种理由似乎都是对的。几十年来的研究把认知解释和动机解释对立起来，但其结果表明这两种来源的影响难以区分。动机性的影响可能通过影响认知过程而影响我们的判断（Dunning, 1999; Kunda, 1990）。

我们对于正性自我感的渴望导致了各种各样的社会投射过程。我们以自我服务的方式来定义那些用来对他人进行评价的社会概念（Dunning, Perie, & Story, 1991），我们用自我概念中的核心特质来评价他人（Alicke, 1985），会对他人进行自我服务式的社会比较（Dunning & Hayes, 1996），自动地基于他人与自己的比较来对他人作出判断（Mussweiler & Bodenhausen, 2002），觉得别人也共有我们的弱点但我们的优点是独一无二的（J. D. Campbell., 1986; Mullen & Goethals, 1990; Suls & Wan, 1987），并且会远离那些和我们有同样缺点的人（Schimel et al., 2000）。

我们投射积极品质的目标也不是随机选择的。我们倾向于认为我们的态度和品质属于有吸引力的对象（Granberg & Brent, 1980; Marks & Miller, 1982），而将我们不想要的品质投射到我们不喜欢的或者没有吸引力的对象身上（如：Bramel, 1963; Sherwood, 1979）。当我们的自尊受到威胁时，比如说当我们接收到负性的反馈或者表现不佳时，这两种投射都会增加。相反地，如果我们的自我得到了肯定或者接收到了正性的反馈，那么社会投射和防御性社会投射则会销声匿迹（Dunning, 2003; Kunda, 1990）。比如说，要求参与者在接收关于他们任务表现的虚构反馈之后估计有多少其他学生会在这个任务中表现优异或者不佳（S. J. Sherman, Presson, & Chassin, 1984）。比起那些只知道他人失败了的参与者，那些知道自己失败了的参与者所估计的失败者人数更多。抑郁的个体同样表现出较少的社会投射，表明他们修复对自我威胁的能力受损（如：Agostinelli et al., 1992; Tabachnik, Crocker, & Alloy, 1983）。人们用自我作为在社会世界中推断品质的标准，而这至少部分地受到自我提升需求的引导。

投射也会引导我们在刻板化过程中的判断。对自我意象的威胁无疑会增加负性的刻板印象。在一项研究中（Fein & Spencer, 1997），参与者首先收到一项正性的或者负性的智力水平测试结果，而在另一个表面上无关的任务中，他们需要根据应聘者的各种证书和面试情况来判断其是否适合某一职位。这些应聘者有的被描述为犹太人，而有的被描述为非犹太人。当参与者接收到负性反馈时，他们会以更不友好的态度评价那些犹太人应聘者，而接收到正性反馈的参与者不论应聘者背景是否为犹太人，都会给出相同的评价。对恐惧管理理论的研究也提出了相似的观点：提醒人们他们终有一死会增加他们肯定自我价值的需求，这反过来又提升了他们用刻板印象来描述他人的倾向（Greenberg et al., 1990; Schimel et al., 1999）。

刻板印象也会帮助我们否定那些给我们负性评价的人的专业性。比如说，在受到批评后，人们会用负性的刻板印象来诋毁评价者，从而减少批评给自我带来的打击。比如说，学生对教授的评价高度依赖于他们期待获得的分数（Sinclair & Kunda, 2000）。而当通常可能被我们用刻板印象看待的对象夸奖我们时，我们会暂时放下成见，用更积极的方式来看待这些对我们评价积极的人（Sinclair & Kunda, 1999）。因此刻板印象也可以起到自我提升的作用。

总　结

　　人们拥有复杂且多样的自我表征，这些表征中既包括他们现在的特质，也包括将来可能拥有的特质。自我概念会依据人们的情境而变化，从而暂时性地改变工作自我概念；人们的自我概念也表征亲密他人。对自己现在以及未来品质的看法会成为我们设定目标和引导行为的参照点。自尊是对自我的显性和隐性的评价。

　　自我概念以及相关的认知、情感和目标因文化背景而异。作为西方文化特征的独立自我，反映的是自主、自我服务的自我概念，而互倚的自我则反映了一个和社会群体联系紧密并深刻地受社会标准影响的自我概念。这些差异会影响自我调节的动机和过程。

　　自我调节指的是人们对自己行为的控制，这个过程部分地受到人们对个人目标持有的是促进聚焦还是预防聚焦的影响，也受到人们的注意力是指向内在自我还是外在环境的影响。一般来说，人们的自我关注会增加行为与社会规范之间的对应性。自我调节的行为既可能是自动激活的，也可能是自我有意识地激活的。

　　自我调节受潜在的动机过程引导，如对精确性的需求、对自我一致性的需求、对自我完善和自我提升的渴望。受目标和环境背景的影响，人们在记忆中表征关于自己的信息，并且选择自己的处境和同伴。每种动机在不同的情况下影响行为。

　　自我信念影响我们用来评判他人的建构的通达性。在中性的情况下，一个人可能会用个人的信念和特征作为推断他人品质的基础。但是个人受到威胁的情况会增强社会投射过程，从认为自己的缺点很多人都有，到对弱势群体的刻板印象。

延伸阅读

Baumeister, R. F., & Vohs, K. D. (Eds.). (2004). *Handbook of self-regulation: Research, theory, and applications*. New York: Guilford Press.

Beer, J. S. (2012). Self-evaluation and self-knowledge. In S. T. Fiske & C. N. Macrae (Eds.), *Sage handbook of social cognition* (pp. 330–349). Thousand Oaks, CA: Sage.

Heatherton, T. F., Macrae, C. N., & Kelley, W. M. (2004). What the social brain sciences can tell us about the self. *Current Directions in Psychological Science*, 13, 190–193.

Higgins, E. T. (2005). Value from regulatory fit. *Current Directions in Psychological Science*, 14, 209–213.

Kunda, Z. (1990). The case for motivated reasoning. *Psychological Bulletin*, 108, 480–498.

Markus, H. R., & Kitayama, S. (1991). Culture and the self: Implications for cognition, emotion, and motivation. *Psychological Review*, 98, 224–253.

Markus, H. R., & Nurius, P. (1986). Possible selves. *American Psychologist*, 41, 954–969.

Morling, B., & Masuda, T. (2012). Social cognition in real worlds: Cultural psychology and social cognition. In S. T. Fiske & C. N. Macrae (Eds.), *Sage handbook of social cognition* (pp. 429–450). Thousand Oaks, CA: Sage.

Sedikides, C., Gaertner, L., & Toguchi, Y. (2003). Pancultural self-enhancement. *Journal of Personality and Social Psychology*, 84, 60–79.

Swann, W. B., Jr., & Bosson, J. K. (2010). Self and identity. In S. T. Fiske, D. T. Gilbert, & G. Lindzey (Eds.), *Handbook of social psychology* (5th edn, Vol. 1, pp. 589–628). Hoboken, NJ: Wiley.

Swann, W. B., Jr., Pelham, B. W., & Krull, D. S. (1989). Agreeable fancy or disagreeable truth? Reconciling self-enhancement and self-verification. *Journal of Personality and Social Psychology*, 57, 782–791.

Taylor, S. E., & Brown, J. (1988). Illusion and well-being: A social psychological perspective on mental health. *Psychological Bulletin*, 103, 193–210.

第 6 章

归因过程

- 什么是归因
- 早期研究对归因理论的贡献
- 归因背后的加工过程
- 归因偏差

我的朋友为何表现得如此疏远?老师在课堂上为何忽略我的发言?每天我们都会遇到这些需要我们解释的事件。归因——试图确定何种社会因素导致了何种结果——能够帮助我们解释人际事件,因而对社会认知具有更为普遍的重要意义。

什么是归因

归因主要关注人们如何推断出对他人行为和心理状态的因果性解释。

因果归因

归因过程旨在推断社会事件的原因。假设两个好朋友争论庆祝新年是去看冰球赛还是篮球赛。表面上看这样的冲突应该是一件小事，但这种争论往往比表面上看到的意味着更多，可能会伤及感受，甚至疏远关系。如何推断在这种情况下到底发生了什么？人们可能会考虑这两个人已知的品性，各自的**性情**（dispositions），例如他们是不是习惯性地爱争吵或者总想控制局面。人们也可能会考虑他们之间的关系，是否其中之一或者两者都需要在这种关系中占据支配地位。人们可能会考虑争论发生的情境，比如他们是否喝过酒，酒精通常会引发争吵行为。因此，因果推理需要借助关于他人的个人品质和情境动力学的知识来推断事件的原因。

20 世纪 70 年代，朴素科学家们的观点认为复杂推理是因果推断的基础。这种分析制造了这样一种印象，即明确的因果推理是费时的、普遍的，并且是其他推断过程和行为的基础。然而，认为人们在大部分时间里都在使用大量的认知资源进行因果推理的观点不太可能成立。正如第 1 章和第 2 章所指出的，认知资源是珍贵的，在任何时间里我们认知吝啬者只能将注意投入到少量的信息上。相反，长时记忆几乎是无限的，所以我们可能只是通过搜索长时记忆，找到关于特定的人、场景或事件的原因，以解决很多因果推断的困境。我们对事件原因的很多理解已经蕴藏在我们对特定生活领域的心理表征中。听说两个朋友分道扬镳，我们不需要使用费力的因果规则去理解为什么。我们知道情侣们分手的原因：要么他们厌倦了彼此，要么他们慢慢变得疏远，要么他们每时每刻都在吵架，要么某人背叛了另一人，要么兼而有之。这里的因果推理旨在发现有限数量的领域特异性原因中，哪一个适用于当前的特定情况。

几十年的研究产生了关于因果推理的更多见解。就像适用于其他社会认知过程一样，双重加工的区分（参见第 2 章）也适用于因果推理。大量的因果推理发生得非常迅速，几乎是自动化的。人们不必回顾一系列的证据以找到可能的最好的因果解释，而是只需找到一个充分的解释即可。

在某些情况下，我们确实会中断自动信息加工，转向受控加工，将注意明确地集中在回答"那件事为什么会发生？"明确的因果推理往往产生于一件意想不到的或者是负面的事件发生之时（Kanazawa, 1992; Wong & Weiner, 1981）。如果一件事情是正面的，并且是意料之中的（例如享受一门受欢迎的选修课），那我们根本不需要原因。相反，我们将这些认知资源留给那些明显的失败情境，尤其是那些意料之外的（一个**异常状态**；Hilton & Slugoski, 1986）。我们会投入特别多的注意力来归因本以为有趣的选修课实际上特别无聊这样的事，因为这样的事既负面又与预期不符。这种注意也可以是社会性的：另一个人提供的信息可能特异性地弥补聆听者知识的空缺。

因果关系的基本原则

对儿童归因过程的研究揭示了人们最初学习理解因果关系的一些基本因果原则（如 Kassin & Pryor, 1985）。成人在推断因果关系时同样也使用了这些原则，尤其是在那些模糊的情境或信息不足的环境中（见表 6.1）。

因果关系的一项基本原则是原因先于结果（Kassin & Baron, 1986）。这项原则似乎在儿童三岁时就已很好地建立起来，而且在自发因果归因中几乎从未被违反。第二，人们倾向于将与结果具有时间接近性的因素知觉为原因。一个先于结果发生的新近原因比一个很早之前就发生的原因更能说得通。人们在推断因果关系时也采用空间接近性原则。例如，一个抢劫嫌疑人会被排除为无罪，如果他在抢劫发生时待在另一个地方。知觉上更突显的刺激较之在视觉背景中的刺激更可能被感知为原因（S. E. Taylor & Fiske, 1975, 1978；也见第 3 章）。原因与结果相似。例

表 6.1　**日常推理中因果关系的基本原则**

原则	例子：癌症的业余解释
原因先于结果	癌症的原因先于癌症爆发
原因与结果有时间接近性	最近的事件似乎比很久前的事件更有可能是原因
原因与结果有空间接近性	发生在周围的事件更有可能是原因
知觉上突显的刺激更像是原因	容易注意到的原因（父母的癌症史）比终生暴露于阳光更说得通
原因与结果相似，例如在重要性上	重大的压力源可能会导致恶性肿瘤
有代表性的原因更可能被归因	恶性肿瘤可能由受伤所致，因为其他类型的肿块是受伤所致

如，人们一般假定重大的后果是由重大的原因导致的，而轻微的后果是由轻微的原因导致的（Kelley & Michela, 1980）。因此，恶性肿瘤可能被归因给主要的压力源，例如离婚。有代表性的原因更容易被归因（Tversky & Kahneman, 1982）。因此，比如说一个对癌症的成因不熟悉的病人也许会将恶性肿瘤的病因归结为受伤，因为其他类型的肿块往往是受伤导致的。

在不确定或在缺乏知识的条件下，成人也会应用这几条原则（Einhorn & Hogarth, 1986; S. E. Taylor, 1982）。不了解某一特定领域的人们可能会借助这几条因果规则，相反，在这一领域很有经验的人们可能主要考虑与领域相关的因果信息。在一项研究（S. E. Taylor, Lichtman, & Wood, 1984）中，癌症患者基于他们对癌症的知识水平，对癌症进行归因。那些对癌症不熟悉的患者依靠时空接近性，比如，认为乳腺癌是由对胸部的碰撞所致；而相反地，那些熟悉癌症的患者则将癌症归因于与领域相关的原因，例如饮食问题或遗传倾向。

性情归因和心灵感知

大多数因果归因推理聚焦于他人，他们的性格特点、目标，以及他们为什么要那样做。其中的一些推理基于**心理理论**。儿童在生命初期就发展出理解他人头脑中想法的能力。早在 2 岁时，儿童就已经发展出了一个推断他人心理过程的系统。到了 4 岁左右，一个表征他人信念内容的系统就发展起来了，通常涉及颞上沟（STS），特别是颞顶联合区（TPJ）（Saxe, Carey, & Kanwisher, 2004）。在患有自闭症的儿童非典型性的社会认知中，心理理论受到损伤（Pellicano, 2012）。

一个更加广义的概念，**心灵感知**（mind perception），涵盖了日常的"读心术"：推断他人的心理状态包括信念，也包括意图、欲望和感受（D. R. Ames & Mason, 2012）。在阅读他人心思的时候，人们倾向于将自身的心理投射到相似的他人身上，在行为较为模糊时，过度泛化原本孤立的相似点（第 5 章；D. R. Ames, 2004a, 2004b）。正如第 5 章提到的，在思考他人心理时，看起来相似的人和看起来不相似的人激活内侧前额叶皮层的不同区域，思考相似的人时更靠腹侧，而思考不相似的人时更靠背侧（Mitchell, Banaji, & Macrae, 2005b）。

人是过度狂热的心灵感知者（Epley & Waytz, 2010）。我们甚至能在物体、动物和神明中看到心灵，取决于能动者的通达性（自主性）、解释的动机（效能）和亲和的动机（社会性）（Epley, Waytz, Cacioppo, 2007; Gilbert et al., 2000）。想象一下人们和他们的植物、电脑、汽车和宠物说话，就好像它们具有人类的性情一样。

在对现实中的人进行心理归因时，人们有时用暂时的属性来解释人的行为，例如情绪、意图和欲望；然而更常见地，人们通过他们长期的特征来推断，如信念、特质和能力（Gilbert, 1998）。对他人进行性格特质归因的过程是非常快速的，通常只需基于微弱的线索。例如第3章提到的，人们会从身体特征，例如面部长相推测人的人格特质。实际上，暴露于某人的面孔100毫秒后，人们就能作出这种判断（Willis & Todorov, 2006）。更惊人的是，如此快速判断的结果与没有时间限制时作出的判断存在着相关。总之，十分之一秒的时间足够人们通过面孔推断人的特质，说明这是一个快速的、直觉性的、毫不费力的过程。

但这些判断意义重大吗？答案似乎是肯定的。在一项研究中，参与者观看美国国会候选人的照片，并仅仅根据他们的面部形象为他们的能力打分。这些对能力的快速评价确实能够预测美国国会选举的结果，那些面孔被知觉为特别有能力的人能够以较大幅度获胜（Todorov et al., 2005）。因此，与人们通常认为的大多数人的推理都是以理性、慎重的考虑为特征（正如为国会代表所做的投票）相反，迅速而不费力的人格特质推断会影响投票选择。特质的归因通常是一个快速的、几乎自动的过程。

对他人进行推断的神经基础

当人们对他人进行推断时，有几个大脑区域总是会参与其中。关于心理理论的研究涉及包括前扣带皮层（ACC）、位于颞顶联合区（TPJ）的后颞上沟（pSTS）以及颞极在内的脑网络（Gallagher & Frith, 2003）。正如对社会认知的很多方面一样，内侧前额叶皮层（mPFC）在加工自身经验和推断他人心理状态时都会激活。背内侧前额叶参与需要理解他人心理状态的各种任务。右侧颞顶联合区特异性地参与对他人心理状态的归因，但不参与其他社会性信息的加工（Rilling et al., 2004; 见图6.1）。

当人们实际参与社会互动时，涉及心理理论的脑区也包括前旁扣带皮层（anterior paracingulate cortex），也称为内侧前额叶（Gallagher et al., 2002; McCabe et al., 2001）。相比虚拟的对象，当人们与实际的人类对象互动时，前旁扣带皮层（或pACC）和后颞上沟的激活更强（Rilling et al., 2004）。一些明显参与推断

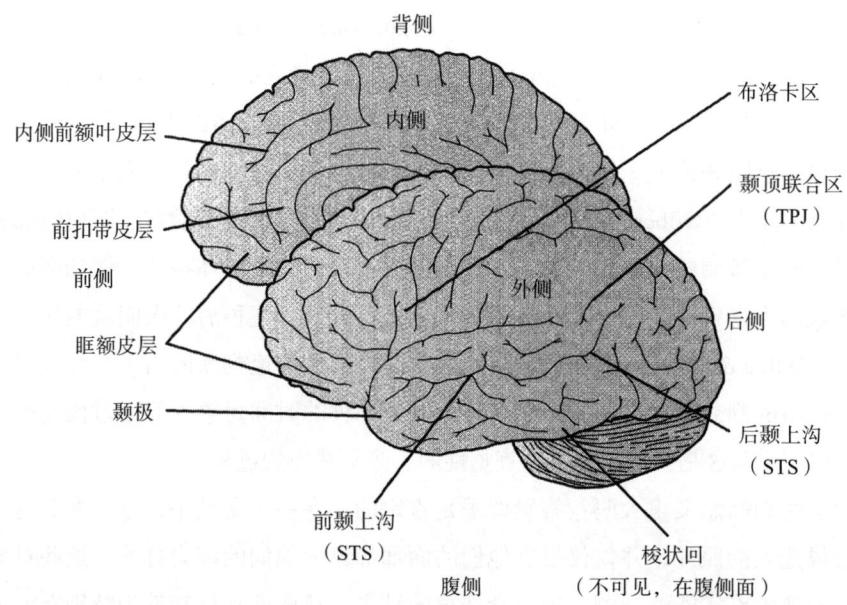

图 6.1 与心理状态（信念、欲望、知觉和/或情绪）的归因有关的脑区

他人心理的脑区可能有区别地参与实际的社会互动过程。

早期研究对归因理论的贡献

大量的归因推理是毫不费力且几乎是自动的。很多归因推理都聚焦于推断他人的性格特质。大量的原因推断是领域特异性的，而不是抽象和宽泛的。明确的归因推断往往在某些特殊情况下发生，最主要的就是发生意料之外的事件或负性事件的时候。和所有的社会性推理一样，归因推理本质上是社会性的：当我们不能解释一件事情的时候，我们会问其他人。

早期的归因理论使用适用于多个领域的通用原则来说明更费力的过程：社会感知者如何收集和组合信息来解释事件。人们为什么要归因？归因理论和相关的研究通常潜在地或明确地假定，归因分析是由人们预测和控制未来的需求引发的（Heider, 1958; Jones & Davis, 1965; Kelley, 1967）。就这一点来说，人们观察到因果归因对追求目标很重要。为了使一件事发生，人们必须知道这件事情为什么发生。

六大理论流派构成了早期归因理论的主干。首先，海德（Heider, 1958）对**常识心理学**的分析（第 1 章）强烈地影响了琼斯和戴维斯（Jones & Davis, 1965）关于**对应推论**（correspondent inference）的分析（一种关于人们如何推断他人特质的理论），也对凯利（Kelley, 1967）提出的 **ANOVA 模型**——因果推断的规范模型——产生了影响。其他的归因理论主要关注自我归因。沙赫特（Schachter, 1964）的**情绪易变性理论**（emotional lability theory）和贝姆（Bem, 1967, 1972）的**自我知觉理论**（self-perception theory）将归因原则分别拓展到对情绪和态度的自我知觉。韦纳（Weiner, 1979, 1985）的**归因理论**，主要应用于成就行为和助人领域，清楚地描述了一个用于理解因果推断的维度结构，并将归因推理延伸至预期、情绪和行为方面。

正如这些不同起源的流派所显示的，归因理论是一组拥有某些共同基本原则或假设的模型。第一，正如之前提到的，这些模型是通用的，也就是说，它们相对地与内容无关，假定人们在任何特定的领域内都以大致相同的方式推断因果关系。因此，你试着理解自己为什么生病所依据的原则与理解室内盆栽为什么会枯萎所使用的原则应当大致相同。第二个假设是最小决定论：一套相对简单的规则就可以解释人们如何推断因果。归因理论学者作出的第三个假设是**动机出发点**。人们有理由去寻找他人行为背后的原因。早期的理论大多假定一旦动机激发了对原因的寻求，这一过程就会以一种相对冷静的、没有动机驱动的方式进行。照此说来，归因理论倾向于作出**规范性**（normative）（理想化的）假设，即除了少数几种被确认的加工偏差，人们基本上是理性的问题解决者，**像朴素科学家**一样处理信息（Kelley, 1967）。

海德的常识心理学理论

归因理论的历史源头是海德在 1958 年出版的著述《人际关系心理学》（Heider, 1958）。海德认为，**常识心理学**（即人们如何思考和推断他们身边发生的事件的含义）可以为系统地认识人们如何理解社会世界带来启发。早期关于识人的著述考察了人们能否准确地感知他人的品质。相比之下，海德关于社会感知者的观点深受康德哲学的影响，关注感知者本身对知觉过程的影响。这种常识心理学，或

朴素认识论，能从人们用于描述他们经验的自然语言中推断出来。这并非是人们对自己的推理过程有所洞见，而是他们的常识心理学为理解归因过程提供了证据。

海德特别检验了人们如何从他们观察到的一系列行为中概括出**性格特质**（dispositional properties）（即不变性）。根据海德的观点，个体为什么这样做这一追问背后，最重要的问题在于行为原因的落脚点在个体之内（个人原因）还是个体之外（非个人原因），或者两者兼有。与归因相关的个体因素包括完成行动的才能（ability）和动机（尝试）。如图 6.2 所示，才能与环境因素相结合影响行动的能力（capacity）；因此能力受人的才能（如天赋和优势）和环境的促进或抑制因素（如任务难度和机遇）的共同影响。动机则受行为发起者的意图（目标和计划）和执行（努力）的共同影响。例如，我或许能完成我的微积分作业，也有足够的时间，但如果我决定不去做或不努力做，作业可能就不会完成。行动的发生表明个体既具有能力又有动机。个体是否能够成功是其才能和环境共同作用的结果，而个体是否真的成功还取决于意图和努力等动机因素。

因为海德的目标不仅是为归因过程提供一个理论，所以他关于因果推理的理论陈述相对不够完善。他对归因理论的主要贡献在于他定义了一些基本问题，这些问题此后会在其他的理论发展中得到更系统的探索。他特别指出，社会感知者在环境中寻找各种不变性（invariances），即那些既能可靠地解释稳定性也能解释变异性的因素。这一假设帮助了琼斯和戴维斯提出对应推论理论，也帮助了凯利提出归因理论。

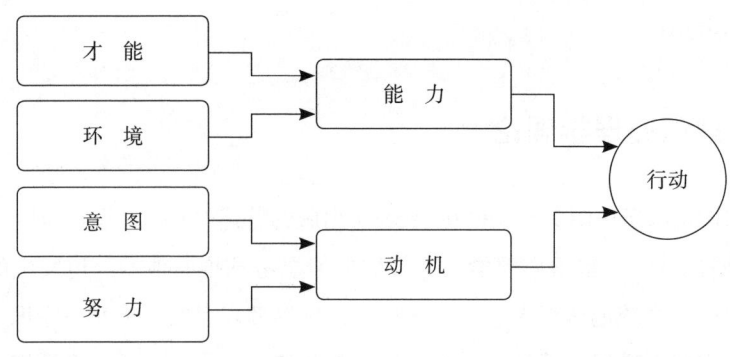

图 6.2　海德的归因理论
资料来源：D. T. Gilbert (1998, p. 97)

琼斯和戴维斯的对应推论理论

琼斯和戴维斯（Jones & Davis, 1965）提出的对应推论理论基本上是一个关于识人的理论：社会感知者想要确定行为背后的意图，其目的在于推断那些在不同情境下都很稳固的性格特征。我们寻求那些既稳定又富有信息量的解释。按照对应推论理论，当他人的行为被认为是有意图的并且是持续地被同一个意图所驱动（而不是随着情境而变化）时，这种行为被认为最有信息量。

一些用于推断他人性情的线索可以产生快速的因果推论。例如，对社会感知者来说，结果的**社会赞许性**是一条有价值的线索。社会赞许性低的行为更有可能被归因于人的性情，而社会赞许性高的行为可能仅仅反映社会规范。照此，社会赞许性高的行为较少体现出行动发出者的独特品质，因为它描述了大多数人在同一情境下的行为模式。

其他能帮助解决行为意义模糊性的情况包括个体的行为是否是社会角色的一部分并且符合先前的期待。被**社会角色**限制的行为或符合期待的行为，在推断行为者的内在性情时并不包含太多有效信息，尽管它能够提供行为发生的因果信息。例如，当消防员灭火时，我们并不认为他们很乐于助人，而认为这是他们工作的一部分。

琼斯和戴维斯假设，社会感知者利用人们行为的独特后果，通过对**非共同**（独特）效应的分析来推断人的性情（如图6.3）。社会感知者会问："这一行为造成了什么其他行为不能造成的结果吗？"通过比较被选择的行为和其他未被选择的行为的结果，人们会从这独特的结果推断隐藏的意图。例如，如果两份相似的工作摆在我面前，它们的区别只在于其中之一提供健身房。如果我选择了这一份工作，那么你可能会推断健身房对我来说非常重要。更进一步，如果我选择的那份工作相对于未选择的工作有很多负性条件（例如更低的薪水和更小的办公区），你可能会推断我的选择中独特的元素（即健身房）对我来说格外重要。如果选择的选项和未选择的选项之间有更少的非共同效应，我们就能更加自信地对一种性情作出推断。

正如图6.3所示，对非共同效应的分析可能是复杂且耗时的。在其他的复杂因素中，个体还需推断出远超给定信息范围的特质。人们是否参与以及何时参与这种广泛的因果推理潜在地限定了非共同效应分析。

享乐相关性（hedonic relevance；即这项行为是否阻碍或促进了感知者本身的目的和兴趣）和**人格主义**（personalism；感知者认为行为者有意地对感知者发动有益或者有害的行为）增加了人们将他人的行为视为基于性情的可能。正如我们将看到的，涉及自我会强烈地影响归因推断。

推断行为者特质的另一种潜在基础是行为者的行为究竟是**受情境约束**还是基于行为者自身的选择。例如，假设你被要求参加课堂辩论，老师分派给你支持死刑的一方。听众知道你是被分派到了这一方，如果他们仍然推断你的陈述反映了你的真实信念那他们就太不明智了。然而，如果你确实是通过自己的选择去支持死刑，那么听众们可能会认为你的陈述真实地反映了你潜在的信念。

这个由对应推论理论引出的预测——性情归因受到相关环境的限定——只在一定程度上得到了实证研究的支持，并且它最终引出了因果归因领域最重要的实证研究发现之一：人们通常忽视情境中制约人们行为的背景信息，而从行为者的行为来推断他们的性情。人们普遍地假定如果行为者参与了某项行为（例如为反

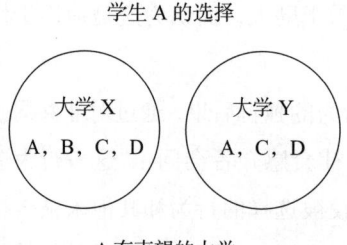
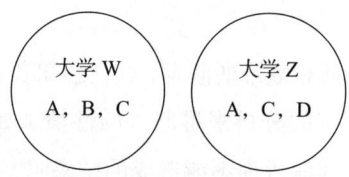

学生 A 的选择　　　　　　　　　　　学生 B 的选择

大学 X　　大学 Y　　　　　　　　大学 W　　大学 Z
A, B, C, D　A, C, D　　　　　　A, B, C　　A, C, D

A 有声望的大学　　　　　　　　　A 有声望的大学
B 临床项目　　　　　　　　　　　B 临床项目
C 令人动心的位置　　　　　　　　C 令人动心的位置
D 有很多要求　　　　　　　　　　D 有很多要求

结果：学生选择了 X 大学　　　　　结果：学生选择了 W 大学

结论：X 大学有非共同效应——临床项目　　结论：可能学生喜欢临床训练，或者他不想做很多申请要求的工作

推断：学生喜欢临床训练　　　　　推断：没有非共同效应，因此推论不清楚

图 6.3　选择研究生院的非共同效应分析
资料来源：E. E. Jones & Davis (1965)

对死刑辩论），那么他的行为就能够表明这个人的潜在信念，即使已经有合理的、能够解释这一行为的情境信息（Jones & Harris, 1967）。大量的实证研究表明西方人会低估情境力量对他人行为的影响，即使这种情境信息具有突显性（如 Gilbert & Malone, 1995）。

简而言之，琼斯和戴维斯提出了一套关于人们为什么以及怎样推断他人性情的有影响力的理论，在几十年中指导了识人的研究。它的实证研究遗产的启示之一是，人们（至少是西方人）不仅希望推断他人的性情，而且还有失偏颇，经常忽略相关的限制性信息。第二，这个理论及后续研究开始聚焦于人们何时使用认知资源推断因果关系，又在何时转而寻找简单的线索。

凯利对归因的贡献

凯利的归因理论关注人们何时以及如何验证他们的因果归因。关于世界的知识，特别是关于社会世界的知识经常是难以捉摸或模糊的。尽管人们通常有足够的信息在社会层面上有效地行动（Thibaut & Kelley, 1959），但在某些情境下我们的信息并不充足。这种情况可能是个体的信念得不到他人的充分支持，可能是问题超出了个体的能力范围，可能是信息缺乏或模糊，可能是个体的观点被认为是错误的或不恰当的，或者可能是个体的自尊受到了伤害（Kelley, 1967）。在这些情况下，人们寻求额外的信息来证实初步的印象或提出解释。总之，不确定性促使我们进行因果分析。例如，如果你在本科时学业成绩较好，而在读研究生时表现没那么好，这将促使你努力理解背后的原因。

共变模型

想象一个年轻男人与一个年轻女人一起去参加聚会，结果却发现女主角忽略了自己转而去和其他男人调情。他可能会疑惑女人（既然要和其他男人调情）为什么一开始还要浪费精力和他一起出去，并且（起码）会好奇为什么会发生这样的事。因为他没有足够的信息，他会按照下述思路努力地检验自己的归因：

- **独特性**（distinctiveness）：这一结果是在实体（那个年轻女人）在场的时候发生的吗？在实体不在场的时候也发生过吗？（例如，她是唯一这样对待他的女人，还是其他女人过去也曾这样对待过他？）
- **时间/形式一贯性**（consistency over time/modality）：这一结果在每次实体到场的时候都发生，并且不管是什么交往形式都发生吗？（例如，她从前这样对他吗？她在除了聚会之外的场合也这样对他吗？）
- **共识性**（consensus）：其他人对这个实体也有同样的感受吗？（例如，她也这样对待其他人吗？）

根据凯利的理论，个体在拥有高独特性、高一贯性和高共识性信息的时候会自信地作出关于实体的归因。在这个例子中，如果她是唯一一个这样对待这个可怜的年轻人的女人（高独特性）；如果她过去经常这样做，假设他傻到以前也和她约会过（高一贯性）；如果其他人也有过相似的经历（高共识性），那么人们可能会认为这个实体（即这个年轻的女人）是一个不可结交的轻佻女子。

信息的其他组合也能产生有意义的因果推断。例如，假设我们知道这个年轻女人从不忽视其他的约会对象（低共识性），她过去也经常忽视这个约会对象（高一贯性），大多数其他女人也曾经忽视过这个年轻人（低独特性）。如果这样，我们可能会倾向于作出冒犯这个年轻人的归因，例如他可能有粗鲁的举止或难闻的口气。这种低独特性、高一贯性、低共识性的组合能够可靠地产生这类个人归因（McArthur, 1972）。

共变原则也会形成联合的因果归因。假定我们知道这个年轻男子从未被其他约会对象忽略过（高独特性），这个年轻女人从未忽略其他的约会对象（低共识性），但她每次和这个年轻人一起出去都忽略他（高一贯性）。在这种情形下，我们会倾向于将责任归于他们双方，总结出他们两人是糟糕的组合，并且是自讨苦吃（McArthur, 1972）。表 6.2 显示了其他的因果归因。

凯利假定社会感知者沿着一个维度收集信息，同时保持其他维度稳定，可能如此依次对待所有的维度，然后计算出一个像统计学上的方差分析一样的 F 值，在分子项中寻求高变异而在分母项中寻求低变异。也就是说，个体寻找那些具有高独特性，却在时间、情境和人之间低变异性的条件。如果每次我把朋友带回家我的室友都显得冰冷和疏远，这就是高共变性。如果我把朋友带回家我的室友只有某些时候才显得冰冷和疏远，这就是低共变性。

凯利的模型是一个关于推断的**规范模型**（normative model）；也就是说，它是一组正式的、理想化的用以确认归因的规则。凯利不相信人们在日常生活中每天计算 F 值。不过，这个规范模型能够在多大程度上描述因果推断呢？证据显示社会感知者会在很多方面偏离凯利描述的规范模型。共识性、一贯性和独特性信息的特定组合通常是不存在的（Hewstone & Jaspers, 1987; Jaspers, Hewstone, & Fincham, 1983）。如果把信息系统地呈现给人们，那么他们能够大体上以凯利描述的方式系统地使用这些维度上的信息（如 McArthur, 1972），但他们自己并不会系统化地按照这些维度去收集信息（Fiedler, Walther, & Nickel, 1999）。通常，人们利用任何可以获得的共变信息来确定某种效应发生的充分条件和必要条件（Hewstone & Jaspers, 1987）。与琼斯和戴维斯的洞见相呼应，使用凯利模型的研究发现，人们有寻找和使用关于目标个体信息的强烈倾向；也就是说，就像琼斯和戴维斯所假设的那样，人们倾向于作出性情归因。

更进一步，在形成因果判断时，社会感知者最少使用共识性信息；对我们的归因而言，别人怎么想不如我们认为他们怎么想重要，部分原因是我们假定我们的个人观点得到他人的广泛认同（Olson, Ellis, & Zanna, 1983）。这种现象被称为**虚假共识效应**（false consensus effect）（与第 5 章的自身信念投射相关；Krueger & Clement, 1994）。因为我们认为自己的行为典型且符合预期，所以我们假定在相同情境下别人也会做出相同的行为。因此，在作出因果推断时，我们不需要知道别人的看法是否和我们的看法一致；我们已经假定他们和我们一样（Mullen & Goethals, 1990）。

神经成像技术使归因研究者们能够定位脑中参与不同类型因果归因的特定神经区域，这些研究也支持了凯利的模型。正如上文提到的，三个神经区域始终与推断他人的性情有关：内侧前额叶皮层（mPFC）、颞上沟（STS）和前颞极（如：Frith & Frith, 2001; Leslie, 1994）。在扫描仪中使用麦克阿瑟（McArthur, 1972）的范式，研究者给参与者呈现关于行动者行为的共识性、独特性、一贯性信息的组合，检验了作为不同信息组合函数的脑区激活模式（见表 6.2）（Harris, Todorov, & Fiske, 2005）。低共识性、低独特性和高一贯性的组合正如预期的那样让参与者作出了个人归因，并特异性地激活了颞上沟。低独特性和高一贯性（无论有无共识性）相较于其他条件在内侧前额叶区域有更高的激活；这一激活模式也与人们通常忽略共识性信息而偏好独特性和一贯性信息的研究证据相一致。这些结果与心理理论的研究结果有一致之处，而超越之处在于该研究识别出了与特定类型的归

表 6.2　凯利的 ANOVA 模型对拉尔夫（个体）被琼的脚（实体）绊倒原因的分析

特异性	高独特性				低独特性			
一贯性	高一贯性		低一贯性		高一贯性		低一贯性	
	过去拉尔夫也总是被琼的脚绊倒		过去拉尔夫几乎从不被琼的脚绊倒		过去拉尔夫也总是被琼的脚绊倒		过去拉尔夫几乎从不被琼的脚绊倒	
共识性	高共识性	低共识性	高共识性	低共识性	高共识性	低共识性	高共识性	低共识性
	几乎每个和琼跳舞的人都会被她的脚绊倒	几乎没有琼跳舞时会被她的脚绊倒	几乎每个和琼跳舞的人都会被她的脚绊倒	几乎没有琼跳舞时会被她的脚绊倒	几乎每个跳舞的人都会被她的脚绊倒	几乎没有人和琼跳舞时会被她的脚绊倒	几乎每个人和琼跳舞都会被她的脚绊倒	几乎没有人和琼跳舞时会被她的脚绊倒
归因	琼不协调。是她的错，我们应该作出实体归因。	拉尔夫和琼共同负责。他们同负责。过程中都是必需的。应该作出实体归因。	通常拉尔夫可以克服琼的不协调，但今天没有。应当作出情境归因。	今天运气不好，应当作出情境归因。	拉尔夫和琼共同负责。他们同负责。中任何一个都不能造成结果。应该作出个体一实体归因。	拉尔夫不协调，是他的错，我们应该作出个体归因。	几乎每个人和琼跳舞都会被她的脚绊倒。拉尔夫和琼都不协调。通常他们能够克服，但今天不能。归因很模糊。	几乎没有人和琼跳舞时会被她的脚绊倒。拉尔夫不协调，通常琼能克服，但今天不能。归因很模糊。

因有关的神经激活模式。

因果归因有很多种，例如，需要解释的事件类型不同，因果归因也会不同。有研究者区分了自然发生的**事件**（occurrences）和有意产生的**行动**（actions）（Kruglanski, 1975）。尽管事件的发生可以由内在的（个人的）或外在的（情境的）因素造成，但行为的发生则总是由内在因素造成的。他进一步认为，有意的行动包括两种亚型：**内因性行为**（endogenous acts）（行为本身就是目的）和**外因性行为**（exogenous acts）（行为服务于其他目标）。例如，如果我因为对你的话题很感兴趣才读了你的论文，那我的行为就是基于内因的；而如果我因为你是我的学生才读你的论文，那我的行为就是基于外因的。他的理论预测，外源归因的行动更少被人们体验为是出于自由选择，并且会产生更少的乐趣。

因果图式

凯利的因果图式模型在归因领域也很有影响力。具体地说，他详述了**多重必要性因果图式**（multiple necessary causal schemas）以及**多重充分性因果图式**（multiple sufficient causal schemas）这两个概念，前者涉及几种原因共同造成一个结果的情况，后者涉及行为可能由几个原因中的任何一个造成的情况。因此，成功完成一项很难的任务（如马拉松）需要努力和能力（多重必要因果），然而成功完成一项简单的任务（在西洋跳棋中击败一个小孩子）只需要一点能力或一点努力（多重充分因果）。

凯利对归因研究的贡献还体现在他清楚地阐述了**折扣原则**（discounting principle），即如果有另外一项充分的原因，人们会降低原有原因的重要性。它的镜像则是**放大原则**（augmenting principle），指的是如果没有其他可代替的原因，那么人们会增加原有原因的价值。总而言之，研究结果支持折扣原则（如，Van Overwalle & Van Rooy, 2001），而放大原则要求人们生成不存在的信息，可能在归因中较少发挥作用。

凯利的归因理论引发了因果推理领域的很多研究，并且还在不断地影响着这一领域的工作。它的贡献包括明确了人们什么时候试图验证他们的因果信念，并且清楚地说明了人们用来推断归因有效性的维度和方法。

我们现在将注意转向两个有关自我归因的理论。沙赫特的理论针对关于个体情绪状态的归因，而贝姆的理论关注人们从自身行为推断自身态度的过程。

沙赫特的情绪易变性理论

沙赫特的情绪易变性理论是一个关于标记唤起状态的归因理论，最初源于他关于社会比较过程的研究工作。他注意到在应激状态下，人们有时会去亲近他人，而这么做最明显的目的是去比较他们所处的情绪状态（Schachter, 1959）。他推断，如果人们这样做，那么他们的情绪状态一定是易变的，并且可能会有多种解释。

为了弄清对情绪唤起的解释是否是可变的，沙赫特和辛格进行了一项现在被奉为经典的实验（Schachter & Singer, 1962）。一组本科生参与者被注射了肾上腺素（epinephrine）：其中一半被告知真实的副作用（呼吸加快，面色变红，心率加快），而另一半被告知了一些实际上并不会由肾上腺素引起的副作用，造成了虚假预期（如眩晕、轻微头痛）。控制组不给药。接下来参与者们和一名实验者同伙被安排在一个屋子里，并被要求填写一些问卷。在一小段时间后（在这段时间里肾上腺素在接受注射的参与者体内开始产生作用），实验者同伙开始以一种有趣的方式行动（做一些愚蠢滑稽的动作），或者以一种愤怒的方式行动（撕碎纸张并在屋子里跺脚）。

沙赫特和辛格推断，如果生理体验确实可以有多种解释，那么那些发现自己有唤起状态却没有相应解释的参与者会为他们的状态寻求一个解释。对于这些参与者来说，实验者同伙的行为可作为一个用来解释自身状态的明显线索。对比之下，那些预先被告知肾上腺素副作用的参与者对他们的唤起状态有充分的解释，会觉得实验者同伙的行为很有趣或者很烦人，而不会去捕捉他的情绪状态。而在控制组中的参与者不会有需要解释的情绪唤起，因而也不会捕捉到实验者同伙的情绪。总的来说，沙赫特和辛格发现了这一点，尽管他们的结果较弱。但是，沙赫特和辛格的这篇论文对开展关于情绪状态的本质和唤起状态的错误归因等方面的研究具有重要的启发价值。

沙赫特的工作支持对唤起的归因在某种程度上可塑的观点。这意味着威胁引发的情绪反应可被重新归因到中性的或是一个威胁性较低的来源，从而降低焦虑。针对这一**错误归因效应**（Valins, 1966），研究者们探究了如果人们经过引导将他们的唤起重新归因于中性源，如安慰剂，某些由焦虑引起或加剧的障碍——如口吃、阳痿、失眠等——改善的可能性。

尽管实验室研究发现了一些支持错误归因预测的实证证据（例如，Ross,

Rodin, & Zimbardo, 1969; Storms & Nisbett, 1970），但错误归因效应既不够稳定，其效应量也没有到足以支持最开始预期的临床应用。例如，当人们在高焦虑或高唤起状态时，他们通常有动机去全面地搜索究竟是什么因素导致了这种状态（Maslach, 1979）。并且，人们更有可能会把唤起归因于负面源，例如不适或紧张的感觉，而不是正面源或中性源（Marshall & Zimbardo, 1979）。想要错误归因效应发生，那么替代源必须是看起来合理的、明确的、突显的；而实际的原因一定不能是明显的，并且个体一定要相信错误归因源对他的唤起有很大的影响（相比于其实际效应）（Olson & Ross, 1988）。错误归因效应仅限于小范围的情绪引发性刺激（Parkinson, 1985），而且通常存在的时间较短（Nisbett & Valins, 1972）。人们能够将唤起从一种刺激重新归因于另一种刺激，特别是当他们低估了这种无关唤起的持续时间时（Zillmann, 1978），或者是当涉及错误归因的情境持续时间较短且不相关的时候。但是当人们具有强烈的动机和多种方法来理解他们的情绪体验时，这些知识来源比错误归因更加有效。

贝姆的自我知觉理论

1967年，贝姆针对人们如何推测自身行为背后的态度提出了一个激进的行为主义观点（Bem, 1967）。他认为人们通常情况下推断自己态度的方式与推断他人态度的方式一致，即通过观察自己的行为。他提出，关于人们偏好和信念的内部线索既不是直接可得的，也不像人们想象的那样明确。因而，我们观察我们的行为（"我听很多爵士乐"），并从中推断自己的偏好（"我一定喜欢爵士乐"）。

自我知觉主要发生在当我们先前存在的态度或内部线索比较微弱的时候，而不是当我们有非常明确、非常容易获得的信念或强烈的感情偏好时（Bem, 1972）。对于与先前存在的态度相一致的行为，自我知觉效应也会更强（Fazio, Zanna, & Cooper, 1977）。

贝姆的自我知觉理论最富有成效的方面之一在于对动机的推断。贝姆的理论预测，当人们试图理解他们为什么做出某种特定表现时，他们会思考他们的行为是在外部力量的控制之下还是出于内部的欲望。归因于外部因素的行为（"他们付钱让我这样做了"）产生了外部归因，而为了很少的报酬做出同一行为会导致你假定自己对这件事情有内在的兴趣（"我做这件事得到的钱不多，我一定非常喜欢这件事")。因为内在的兴趣可以是突显的,也可以是不突显的,外部奖赏亦是如此,所以这些发现表明,执行任务的**内部**和**外部动机**在某种程度上是可变的而且取决于注意的焦点集中在哪里,以及哪种信息恰巧是突显的(如,Lepper, Greene, & Nisbett, 1973; Sansone & Harackiewicz, 2000)。

贝姆的自我知觉理论对本研究领域作出了贡献,原因有以下几方面。第一,它为阐明人们如何推断自身行为的原因作了最初的尝试。第二,它提出了一个关于自我知觉的简单模型,尽管并不全面,却也是人们推断自身信念的一种方式。贝姆的社会感知者思考过程模型的简洁性,预示了很多看起来很复杂的推测过程实际上是通过尽量少的复杂认知计算而迅速完成的。这一理论潜在的着重点将是以后的研究中反复出现的主题,例如社会认知者认知容量的局限性,以及为快速解决问题而使用认知捷径。

韦纳的动机性行为归因模型

韦纳的归因模型最初源于海德的理论,但和其他的归因模型不同(Weiner, 1985)。其他的模型尝试着去建立一套宽泛的、与内容无关的规则,而韦纳的模型是从具体的动机行为背景中发展出来的,即成就和助人。

当一个学生主体为西班牙裔,位于加利福尼亚州东洛杉矶的不知名高中,在标准化考试中取得的数学成绩远超于过去的水平并超越了全国大部分高中的水平时,整个考试界都被震惊了,每个人都想知道为什么。虽然最终这一惊人的分数提升被归功于一位有特殊天赋的老师的教学,但是当时考试官员对于结果如此吃惊以至于强迫学生们重新考试,因为他们假定学生作弊了。这一例子说明了成就情境中因果归因的几个要点。第一,非预期的结果促使因果归因。如果学生们达到的是预期的分数,则没有人需要解释这一结果。第二,控制点、稳定性和可控性这三个维度帮助我们理解感知到的行为的原因。首先考虑控制点以及由此而产生的行为的潜在内部原因。天资既稳定又不可控,大概因为它是由天生智力决定的。情绪也是不可控的,但它是不稳定的:个体的情绪会随着情境而变化,但通常不因人试图控制的尝试而变。努力是可控的,但它可能是稳定的也可能是不稳定的。个体做某事通常的努力水平(例如,每晚学习三个小时)是稳定的,而为特定任务作出的努力(例如,为一个考试特别努力地学习)是不稳定的。在外部原因中,客观的任务难度是稳定且不可控的：任务不能被改变。运气既不稳定也不可控。但有的外部原因是可控的，例如老师对你内在能力的信念是稳定的且受个人控制的。最后，他人不寻常的帮助是可控却不稳定的。例如，一个朋友可能会帮助你复习特定的考试，但她可能不会再次这么做。

简而言之，在成就领域中，成功和失败结果的因果归因基于三个维度。**稳定性**（stability）是指原因是否会改变以及能否预测之后对成功或失败的预期。**控制点**（locus）维度关注个体究竟将表现归因于内部还是外部因素，并与自尊相关情绪的变化相联系（例如自豪感或羞耻感）。**可控性**（controllability）维度与人是否能够按照自己的意志影响结果有关（图6.4）。

这一理论还预测了归因的预期和情绪后果。在一个典型的成就情境下，人们首先判断自己是成功了还是失败了，并相应地感到开心或沮丧。他们之后对结果进行因果归因，这导致了更具体的情绪反应：对失败作出努力归因后的负罪感，

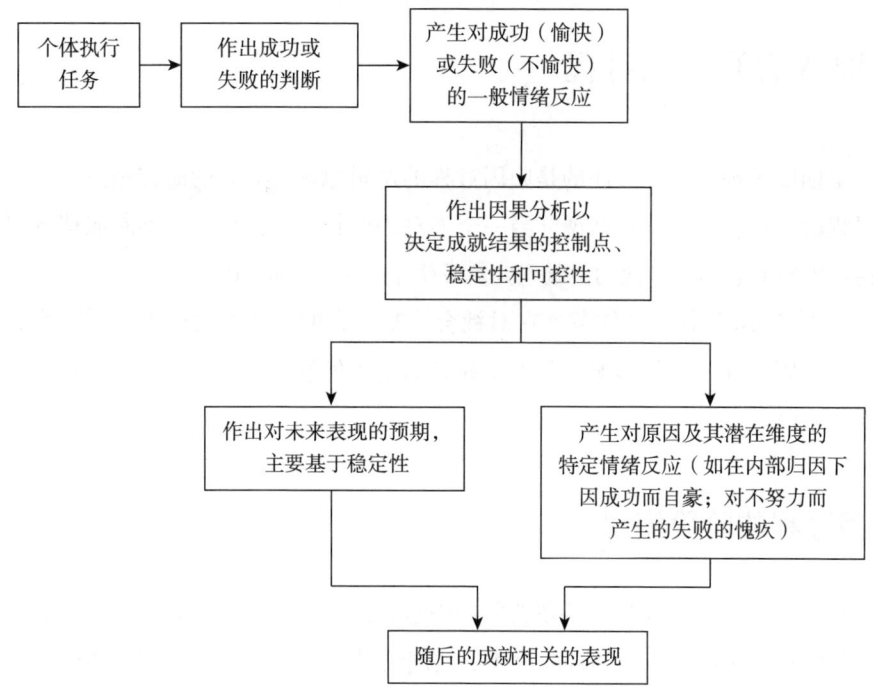

图 6.4 成就行为的因果分析
资料来源：Weiner (1979)

或者对成功作出能力归因后的自豪感。人们随后产生了对未来成功可能性的预期，而这些预期会重新导向一个可预测的情绪反应。例如，将失败归因为低能力会导致对未来成功可能性的低预期，以及伴随而来的无助感。预期和情绪反应共同决定了接下来的表现。因此，韦纳的模型是动态的，关注归因如何随着时间不断地调节预期、情绪和行为。

这些见解进一步延伸至助人行为（Weiner, 1980）。潜在的帮助者会推断别人需求帮助的原因。在这种情况下，个人的控制非常关键。当我们相信问题的原因超出了某个人的控制范围，而不是可控的时候，我们会更倾向于帮助对方。例如，学生们报告他们更有可能把课堂笔记借给那些因为不可控的不幸而需要帮助的同学，例如因家庭成员的去世而缺课的学生，而不是那些因为可控的原因，如宿醉而缺课的学生（Weiner, 1980）。归因同样会影响我们对其他人需求的情绪反应。如果一个人不是因为自己犯的错而遭受痛苦，我们会感到同情和关心。而当人们对他们的结果负有责任时，我们会感到愤怒或轻蔑（Schmidt & Weiner, 1988）。

归因背后的加工过程

早期归因理论主要关注的是归因过程的逻辑原则，后续的研究则主要关注归因过程的心理操作。换句话说，当一个人对一个新室友作出性情推断或理解朋友间持续争吵的起因时，他的头脑里究竟发生了什么（Gilbert, 1998）。

20 世纪 70 年代，认知革命在对社会认知研究的其他方面产生巨大影响的同时也对归因过程产生了影响。归因研究者们使用信息加工的框架研究了归因过程的操作阶段。

归因过程的阶段模型

很多这方面的研究始于特罗普的归因过程两阶段模型：对其他人性情的判断是自发的识别过程和审慎的推断过程的共同结果（Trope, 1986）。对行为的**识别**是自动的、几乎瞬间就完成的过程，其后伴随着一个更受控制的归因**推断**（见图 6.5）。识别阶段用性情相关的类别对行为者当前的行为、情境以及之前关于行为者的任何知识进行标记。例如，观察者可能会将一个行为归类为有攻击性的或无攻击性的，将情境归类为促进攻击或抑制攻击的，将行为者的过去归类为好斗的或不好斗的。对每条信息线索的识别过程可能被来源于其他方面的预期所影响。例如，表明情境会促进攻击的信息可能会使得观察者偏向于将一个模棱两可的行为识别为具有攻击性。

不管有没有偏差，识别过程都会为接下来关于行为者性情的推断提供数据。在第二阶段，被识别的行为暗指的性情特质会被减去一个情境的预期值。通过**减法规则**，一个抑制性的情景会增加（而一个促进性的情景则会削弱）被识别的行为对相应的性情特质的诊断价值。例如，相对于抑制攻击性的情境，感知者更少认为攻击促进性情境下的攻击行为代表了内在的攻击倾向。当前行为的诊断价值，再加上先前关于行为者的信息，共同产生了对行为者性情的实际判断。

两阶段模型提出，情境、行为和先前信息在推断阶段对性情判断的作用是否与识别阶段一致，还取决于识别过程如何利用这些信息。情境信息可说明这一逻辑，因为它在识别阶段和推测阶段对性情判断具有相反的作用。在识别阶段，情境信息可能会使感知者将行为归入性情类别：被视为促进攻击性的情境增强了人们认定行为具有攻击性的倾向。接下来，依靠这一识别（攻击性行为）作为相应

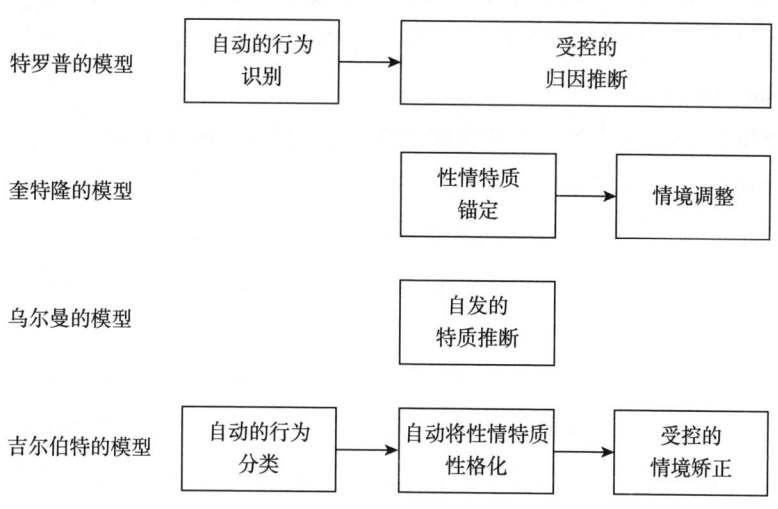

图 6.5　归因过程的阶段模型
资料来源：D. T. Gilbert (1998, p. 113)

性情（攻击性的人）证据的程度也取决于情境，只是方向相反，也就是说，激发攻击的情境会使得攻击性行为对攻击性人格的诊断作用降低。

情境信息影响行为识别的一个决定因素是行为的模糊性（Trope, 1986; Trope, Cohen, & Maoz, 1988）。在一项研究中，参与者观看对正性或负性情绪情境的模糊或非模糊的面部反应，并识别面部表情所表达的意思，或推断目标的情绪倾向（Trope, 1986）。对非模糊面部表情的识别不受情境的影响，但正如减法规则要求的，情境的激发性会削弱对易怒倾向的推断。与之相对比的是愤怒激发性情境会使得参与者偏向于将模糊的面部表情识别为愤怒。然而情绪激发性情境只增强易怒倾向的判断，而不是削弱它的判断。这些结果表明，行为模糊性可能会让情境影响行为识别，而这反过来又会掩盖推测阶段对情境的减除。

这些洞见中的元素与多个归因过程的阶段模型相符合。例如，有研究者认为性情推断可锚定归因过程，而情境的调节作用可能只在较晚期发生（Quattrone, 1982）。类似地，乌尔曼和同事假设了快速的、自发的**特质推断**。在一项研究（Winter, Uleman, & Cunniff, 1985）中，参与者一边完成数学题一边听插入的干扰句子（涉及人格特质）。尽管这些人格特质本身并未被明显地提及，并且参与者相信句子与任务无关，但当稍后将人格特质的短语呈现给参与者时，这些特质起到了句子提取线索的作用。显然，在没有意识到的情况下，参与者自发地生成了关于人格特质的词语。关于自动化行为识别的证据有很多，而且很明显对人类行为的性情归因可以在知觉的早期发生，至少是自发的并且很有可能是自动的（Todorov & Uleman, 2003）。

性情归因遵循整合为一个综合模型的几个阶段（Gilbert, 1998），这一点在心理层面和神经层面均得到证据支持。在这一观点下，归因包含三个阶段：**归类阶段**（categorization stage），感知刺激构形；**性格化阶段**（characterization stage），把行为归因为某些内部属性；**矫正阶段**（correction phase），使用情境和其他信息来减弱或增强最初的性情归因（图 6.5）。

对这一整合模型的检验建立在人们的注意容量有限且很容易过载的假设之上。也就是说，**认知忙碌**或负载（可能涉及多任务处理或干扰），会消耗推断过程中的注意资源。尽管认知负载可能不会影响自动过程，但它应该会干扰受控的过程并因此损害人们使用情境信息矫正其自动性格化的能力。在一项研究（Gilbert, Pelham, & Krull, 1988）中，参与者听一个人朗读支持或反对流产的演讲稿（被安排的）。不忙碌条件下的参与者仅听演讲，而忙碌条件下的参与者在听演讲的过程中知道他们接下来要写并读一篇演讲。人们能够推断出后者认知负载较重，因为他们在观察他人朗诵演讲稿的过程中，大概也在思考他们自己的演讲。认知负载不重的参与者使用情境信息——行为者的论文是被安排的——来减轻行为者态度在行为中的重要性。相反，认知负载较重的观察者不能使用这一情境信息并恰当地降低行为代表态度的程度，因而他们的性情归因严重依赖于目标的行为而非情境信息。

这一研究和其他相似的研究支持性情归因是一个相对自发的、简单的过程，而使用情境信息来限定性情因素的作用则更加复杂，需要更多的认知资源。一项重复研究（Gilbert, Krull, & Pelham, 1988）表明当人们自我调节（即控制他们自身的行为）时，他们的行为与有认知负载的参与者的行为是一样的。也就是说，他们使用情境信息来矫正对目标性格化的能力较差。因此，需要人们同时对他人形成印象并进行自我调节的社会互动过程，可能通常伴随着未被情境信息限定的性格化归因。

性情归因的神经基础

脑科学的发展为阶段整合理论提供了一个神经模型。有研究者（Lieberman et al., 2002）描述了两个分别以自动和受控为特点的网络：(a) X 系统（X system）[反射的（reflexive）]包括杏仁核、背侧前扣带回、基底神经节、腹内侧前额叶及外侧颞叶，这些脑区都涉及自动加工；(b) C 系统（C system）[反省的（reflective）]包括外侧前额叶、内侧前额叶、前扣带回吻端、后顶叶和内侧颞叶区，这些脑区都涉及受控加工（如图 6.6）。当一切都很顺利地发生时，X 系统的加工过程引导人们的思想和行为，例如相对自动地将行动归因于性情。X 系统偏向于那些出现在人们正试图解答的问题或假设中的特征。正如这一理论所预测的，因为人们偏好的假设原因是个人性情，因此在初始阶段加工结果更有可能是性情归因。

反省性的 C 系统通过从前扣带回发送信号来参与，当冲突出现、目标受挫或者需要更多受控加工来解释行为时，这种情况就可能会发生。受控过程控制着整合了情境信息的更复杂、更具限定性的归因。某些条件，如对推断的责任或结果依赖性，会让加工转向 C 系统。或者，当 X 系统过程不能解释清楚行为的含义时，C 系统就可能开始发挥作用。当人们缺乏动机或注意资源来进行彻底的加工时，

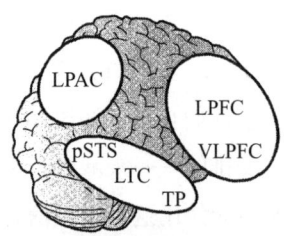
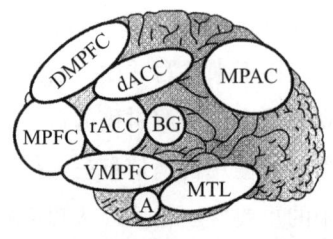

大脑外侧面示意图　　　　　大脑内侧面示意图

X 系统（自动性）　　　　　C 系统（控制）

腹内侧前额叶皮层（VMPFC）[BA11]　　外侧前额叶皮层（LPFC）
基底神经节（BG）　　　　　内侧颞叶（MTL）
杏仁核（A）　　　　　　　 内侧顶叶皮层（MPAC）
外侧颞叶皮层（LTC）　　　 外侧顶叶皮层（LPAC）
后颞上沟（pSTS）　　　　　扣带回吻端（rACC）
颞极（TP）　　　　　　　　内侧前额叶（MPFC 皮层）[BA10]
背侧前扣带回（dACC）　　　背内侧前额叶（DMPFC 皮层）[BA8/9]

图 6.6　脑中假定的 X 系统和 C 系统

资料来源："Social cognitive neuroscience: A review of core processes" by M. D. Lieberman, p. 262. Reprinted, with permission, from the Annual Review of Psychology, Volume 58. Copyright 2007, by Annual Reviews

他们可能转而关注一个简单的假设性原因，只考虑识别的行动和原因之间的一致性，而忽略其他可能。

归因偏差

因果归因有许多错误和偏差，现在我们来看看其中最为重要的那一些。

基本归因错误

社会知觉中最常见的偏差，相应地被称为**基本归因错误**（fundamental attribution error；Heider, 1958; Ross, 1977）或**对应偏差**（correspondence bias；Jones

& Davis, 1965），将他人的行为过度归因为性情原因。社会认知者通常假定他人的行为表明了他们个人稳定的特质，而不能意识到外部的力量——如社会规范或社会压力——会影响行为。

是什么导致了基本归因错误？一个因素可能是行为占据了知觉域（Heider, 1958）。也就是说，当一个人观察另一个人时，占主导地位的是那个人的行为；那个人移动、说话，并从事吸引注意力的行为。背景因素可能相对不突显。其结果是，人的因素对结果的重要性可能会因为知觉偏差而被高估（S. E. Taylor & Fiske, 1975, 1978）。然而，偏向于性情的归因偏差不仅仅体现了知觉经验的特点。例如，在对他人行为的书面描述中，基本归因错误也会发生，这时行为并不会占据整个知觉域（如 Winter & Uleman, 1984）。与知觉解释不一致的其他证据包括儿童越长大越容易将行为归因于内在特性（Rholes, Jones, & Wade, 1988），对遥远的未来事件的预测特别会受基本归因错误的影响（Nussbaum, Trope, & Liberman, 2003）。因此，基本归因错误非常强大。

尽管如此，基本归因错误还是有限度的。这取决于特定的领域，也就是说，不同情境中的行为以不同的方式映射性情。例如，友善的行为可能会线性地表示友善的性情（一个人表现得越友善，人们越容易认为他本质友善），而其他行为，如道德行为，则不是这样。一个不诚实的行为会清楚地表明不诚实的内在品质，但诚实的行为并不特别能说明问题：大部分人，甚至是那些不诚实的人，在大多数情况下都表现得很诚实（Reeder, 1993; Reeder & Brewer, 1979）。通过经验，人们准确地了解到在不同领域行为会如何反映性情。

基本归因错误也分多种情况。当一个社会感知者思索他人行为背后的含义时，感知者根据限定性的情境信息调整对性情的推断（Weary, Reich, & Tobin, 2001）。与之相反，认知忙碌使得人们将注意力集中在情境中最突显和最有意义的方面，而忽略较不突显的情境因素（Chun, Spiegel, & Kruglanski, 2002），从而导致了更多的性情归因。

当人们心情好时，对他人行为的性情归因会增加（Forgas, 1998），但当人们需要为自己的判断对他人负责时（如 Tetlock, 1985），或当人们相信他人的行为另有动机时（Fein, Hilton, & Miller, 1990），对他人的性情归因会减少。例如，当你见到一个著名演员为某个产品背书时，你会认为这个人因为背书而得到了很高的报酬，因而不作出性情归因。又如，当一个人做事的结果取决于另一个人时，个体会变得更谨慎，进行更加费力的加工。因此，当结果依赖他人的时候，人们会为特定的人寻找特定的性情归因（Erber & Fiske, 1984）。

我们更有可能去限定对熟悉的人的行为的性情归因。当我们变得熟悉，我们会考虑更多的信息，如对方的个人目标或世界观，并较少使用抽象的特质来构建对对方的印象（Idson & Mischel, 2001）。随着对他人了解的增多，或者当推断他人动机的依据不足时，人们开始更多地把情境看作解释行为的依据（Reeder et al., 2004; Wellbourne, 2001）。

基本归因错误有多重要呢？表面上，人们在推断他人的性情时似乎忽略了重要的限定性情境信息。但基本归因错误也有适应性。当人们进行性情归因时，他们所指的意思可能与研究者认为他们所指的意思不完全一样。例如，如果人们把特定的行为归因于某种特质，他们可能不会假定个体在各种情境中必须表现出与特质一致的行为。这是心理学家而不是普通人所指的性情（即跨时间—情境稳定的特质——译者注。）。与之相反，普通人寻求的是**有限的准确性**（Swann, 1984），他们问这样的问题："如果这个人再次进入相同的情境，他或她还会做相同的事情吗？"性情归因会产生对某个人的预测，而情境归因则不会。如果感知者的目标只是有限的可预测性，那么对行为进行性情归因可能导致重叠情境下的准确归因。某人已经陈述过一次反对堕胎的言论，如果之后再要求他这样做，他可能还会继续这么做。因此，性情归因可能会提供有限的准确性而不是全面的准确性，可以使人们对相似情境作出自信的预测。

基本归因错误的文化限制

基本归因错误在西方文化中比在非西方文化中更为严重。在东亚国家，情境力量作为行为原因的角色得到了更广泛的认可（如，Miyamoto & Kitayama, 2002; Morris & Peng, 1994）。西方人主要在获得额外的时间、注意和动机时，通过考虑情境信息来矫正性情归因；而东亚人则自动地根据情境信息进行矫正（Knowles et al., 2001; Norenzayan, Choi, & Nisbett, 2002）。这种区别的原因之一可能在于东亚文化更强调人际互倚，人们比西方人更常使用情境规范来调整行为。所以，东亚社会感知者对情境的考虑可能反映了行为原因的文化现实（如，Ishii, Reyes, & Kitayama, 2003; Kitayama et al., 2003; Masuda & Nisbett, 2001）。相比之下，西方人相对独立，也因此可能更普遍地表现出表明他们性情的行为，并且更少体会到遵从情境压力的要求而产生的负面体验。因此，西方的社会感知者更有理由进行性情归因。

西方人和东亚人因果归因的差异可能反映了比以上描述更为根本的认知差异。总的来说，相比于西方人，东亚人看待世界的方式更加全面和复杂，因此东亚人在归因前考虑的信息量比西方人多，这也导致了东亚人一般进行更多的情境归因（Choi et al., 2003; A. P. Fiske et al., 1998; Morling & Masuda, 2012）。

行为者—观察者效应

归因理论也揭示了强烈的自我相关偏差：我们加工涉及自身的信息与加工涉及他人信息的方式不同。回忆一下你上次遇到一位板着面孔的商店售货员。你可能会想，"多么有敌意的一个人。"现在想想你上次呵斥另一个人的场景，你会推断自己是一个有敌意的人吗？基本上不会。毫无疑问你会觉得你当时只是心情不好。

行为者—观察者效应（actor-observer effect）指人们将他人的行为解释为由于性情因素，而将自己的行为解释为由于情境因素（Jones & Nisbett, 1972）。当涉及自我时，行为者—观察者效应潜在地限制了基本归因错误。然而，在包含172个研究的元分析（Malle, 2006）中，行为者—观察者的不对称性主要发生在行为者看起来特殊或不寻常以及测量是基于自由反应而不是对选项评分的时候，并且主要是针对虚拟事件。行为者和观察者的确寻求解释不同种类的行为，但不是以该模型假设的方式。行为者想得更多的是他们非故意的和未被观察到的行为，而观察者更经常地对有意的和被观察到的行为感到好奇（Malle & Knobe, 1997）。另外，人们有时候像观察者一样观察自己的行为。例如，当考虑自己过去的行为或未来可能的行为时，人们比考虑现在的行为进行更多的特质自我描述。当注意指向内部时，所谓的行为者—观察者效应会被反转（Pronin & Ross, 2006）。

此外，人与情境的区分本身就有问题。例如，感知者很容易将性情和情境看作是互动的，因此可能会作出如下推断：某人在工作日是一个严肃的学生，而在周末是一个火辣的派对达人（Kammrath, Mendoza-Denton, & Mischel, 2005）。参与者很难应用这种简单的区分，而研究者很难对其进行编码。考虑一下："乔治表现得像一个多疑的人，因为他小时候经常被人背叛。"这种归因反映了因果推理的某些复杂性，但不是个人与情境之间清晰的划分（Malle et al., 2000）。人们对有意行为的通俗解释可能会从行为倒推回意图、原因以及原因的因果历史。

更重要的是，行为者—观察者偏差更可能在事件是负性而不是正性的时候发生（Malle, 2006）。因此，有敌意的售货员的例子将是一种行为者—观察者对行为的解释存在差异的情形，因为它涉及了负性行为。然而，当它发生时，行为者—观察者效应似乎更多地是一个自我服务偏差，而不是一种将个体自身的行为过度地归因于情境因素的趋势。

自利归因偏差

在网球比赛中稳稳地击败对手后，你什么时候会听到这样的夸赞："哎呀，你比我强多了，不是吗？"通常你听到的都是天气太差了，他的发球失误了，他还在练习反手或者是太阳晃到他眼睛了等等。另一方面，当你被狠狠地打败了的时候，对手自鸣得意的表情和居高临下的"你运气不好"让你格外恼火，因为你知道他不认为这是因为坏运气。他就是觉得自己更厉害。这种成功时把功劳归于自己，而失败时却推卸责任的倾向被称为**自利归因偏差**（self-serving attributional bias）（也称作自我服务归因偏差；D. T. Miller & Ross, 1975）。

元分析结果显示，人们确实对成功比对失败"承担"更多的责任（Arkin, Cooper, & Kolditz, 1980）。他们在很大程度上将自己的成功归因于内部因素，而将失败归因于外部因素（Mullen & Riordan, 1988），例如任务难度或坏运气（Whitley & Frieze, 1986）。总而言之，关于人们将成功归因于自身的证据要强于人们拒绝承担失败责任的证据。人们有时会承担失败的责任，如果他们能将之归因于一些他们将来能够控制的因素，如努力。如果我将网球比赛的失利归因为被太阳晃到眼睛，这不会使我的比赛变得更好，但如果我意识到我的一发每次都会失误的话，我在下一节训练课中就会有目标。

自利归因偏差还从解释个体自身的行为延伸至个体的朋友和所属的团体。**群体服务偏差**（group-serving bias）指内群体成员将自己团体的积极行为归因于内群体的品质并将负性行为归因于外部原因的倾向，而对外群体成员则刚好相反（Brewer & Brown, 1998; Pettigrew, 1979）。

自利归因偏差可能是功能性的，尽管它有着明显的不尊重事实的倾向。将成功归因为个人的努力，特别是个体经久的特征，可能具有激励性。例如（Schaufeli, 1988），在失业工人中，自利的动机性偏差导致了更多劳务市场上的成功，因为那些对处境进行了自利归因的工人更加乐观地估计他们被重新雇佣的机会，从而更有动力找工作。保护个体的自我以及更有利地展示自身的动机性需要也能解释自利归因偏差（如，Reiss et al., 1981）。

当人们进行自利归因时，几个脑区会被激活：双侧前运动皮层和小脑的激活表明，一般的目标导向行为相关区域也参与了自利归因（Blackwood et al., 2003）。这些脑区通常参与想象的行动。背侧前运动皮层倾向于在模拟个体自身的有意行动时发生激活，因此可能会特别地参与将行为的责任归于自身的过程。背侧纹状体似乎特异性地参与自利偏差的加工过程。这一脑区更普遍地参与动机性的活动。因此，对个体自身的正性行动作内部归因和对负性行动作外部归因与涉及奖赏的脑区有关。自利偏差本身可能就被体验为一种奖赏（Blackwood et al., 2003）。

自我中心偏差

如果要求两个室友估计他们分别做了多少家务，每个人对自身承担部分的估计都会比对方所认为的更多。**自我中心归因偏差**（self-centered attribution bias）是指在共同产生的结果中，认为自己的贡献占有的份额比实际上更多。有几种可能可以解释这一现象（Ross & Sicoly, 1979）。首先，相比于他人的贡献，个体更容易注意到并回忆出自己的贡献。例如，当我做家务的时候我知道，但当我的室友做家务时我可能没有意识到。第二，认为自己贡献更大会产生巨大的自尊"收益"。每个人可能都认为自己是做得更多的人，因而给自己包揽更大的功劳。

朴素实在论

朴素实在论（naive realism）是一种包含了一些上述自我相关偏差的偏差：认为其他人在总体上，尤其是那些不同意我们观点的人，比我们更可能产生偏差（Pronin et al., 2002）。本质上，朴素实在论者相信，我们按照世界真实的样子看待世界：如果别人观察世界的方式不同，那一定是他们有偏差。通过给自己的内省赋予比别人的内省更高的可信度，我们为自己提供了支持自己信念的错误的信息基础。朴素实在论还认为，人们相信自己对别人比别人对自己更了解，造成了一种洞察力不对称的错觉（Pronin et al., 2001）。

朴素实在论可以解释敌对的组织和国家在试图理解彼此的优势方面存在的问题。当己方的观点显得很有逻辑时，人们就很难以一种导致另一方得出完全不同结论的方式理解世界（Robinson et al., 1995）。另外，对立的政党通常会过度估计彼此观点之间的区别，认为自己的观点更加自由，而另一方的观点更加保守（Sherman, Nelson, & Ross, 2003）。如果有一个调解者介入，双方都认为调解者会像他们一样看世界。当调解者是中立的时候，每一方都会拒绝调解者，因为他们都相信调解者偏向对方。

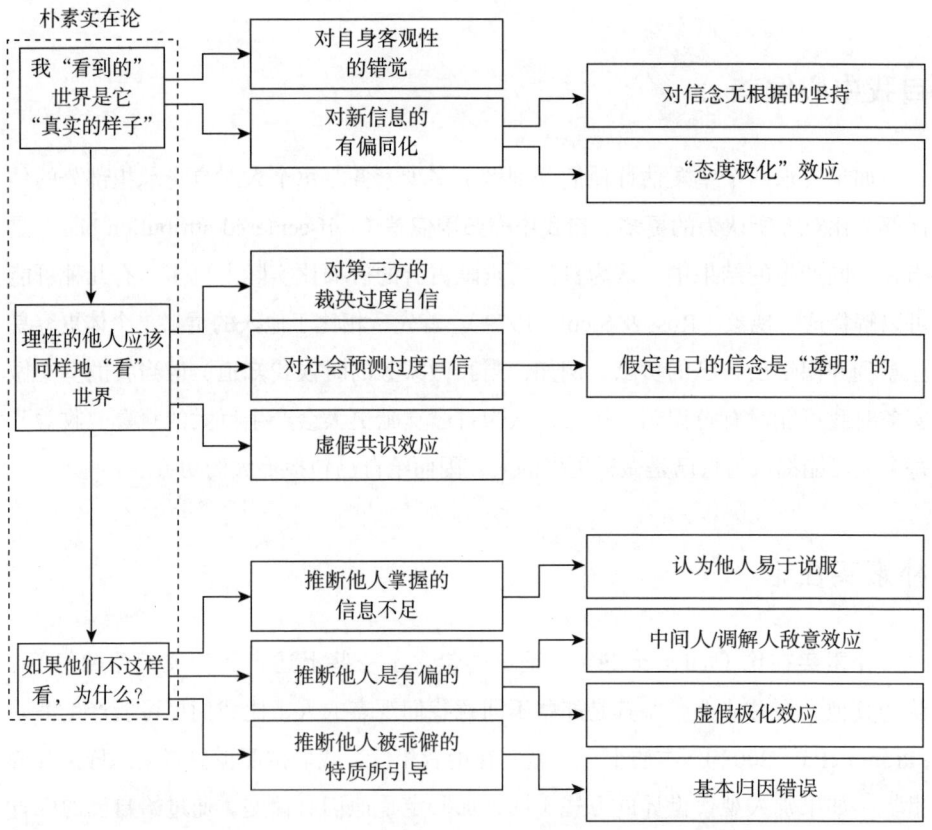

图 6.7　朴素实在论的信念和由此导致的结果以及与冲突和误解有关的现象

责任归因或归咎

责任归因（attributions of responsibility）是关于谁或什么因素对一个事件负责的归因，尤其当这一事件具有负性效价时（Shaver, 1975, 1985）。负性的事件倾向于产生归因，即一种信念：某个人应该对此有所预期，这个人的行为不合情理，他是在可自由选择的情况下这样做的。因此，在卡特琳娜飓风发生后，很多人怪罪布什总统对新奥尔良水灾受害者救援不力，因为他们认为他应该负责。他和其他政府官员本应该预见到这一显然需要做出行动的情境，而正确的选择本可以补救这种局面。

防御性归因（defensive attribution）是一种与上述内容相关的现象，指相比于造成轻微后果的行动，人们对造成严重后果的行动进行更重的责任归咎。因此，如果洪水只造成了很小的伤亡，一个人可能不会如此激烈地责怪总统；但事实上灾害范围是如此之大，传播范围是如此之广，这大大加剧了责任归咎。

元分析的结果证实了防御性归因偏差（Burger, 1981），并揭示出人们进行防御性归因取决于知觉到的个体与灾难性事件责任人之间的相似性。当人们认为自己和责任人在个体层面和情境层面具有相似性时，事件结果越严重，他们就越少将责任归因于责任人。或许，防御性归因可避免对自身的威胁性暗示。然而，当人们与责任人不相似时，他们会在结果越严重时，将更多的责任归因于责任人。因为大部分人认为自己和总统是不相似的，所以灾难的严重性可以解释强烈的责任归因。然而，在政府官员中有些人可能已经想象过自己为大灾难负责的情况，他们对重大灾难的责任归因可能会小于对轻微灾难的责任归因；毕竟他们可能某一天也会坐到那个位置。

总　结

归因理论关注人们如何推断因果关系及他人的性格特征。一些归因推断是迅速的，通常在几毫秒内就已形成，而另一些则需要更多的思考，正如双加工过程的区分所表明的那样。人们通常使用从小习得的基本因果原则，例如原因先于结果，以及时间或空间上接近的因素产生了相关效应。

因果归因的基本理论包括海德的常识心理学分析，琼斯和戴维斯的对应推论理论，凯利的归因理论，贝姆的自我知觉理论，沙赫特的情绪易变性理论和韦纳关于成就和助人的归因理论。这些理论，尤其是琼斯和戴维斯的理论以及凯利的理论，关注受控的归因过程的逻辑原则并详细叙述了作出归因的理想化方法。这些规范性理论描述了归因过程应该如何进行的适当准则。

后来有关归因过程的研究主要集中在人们推断他人品质的心理操作过程。当我们感知他人行为的时候，作出性情归因是自发的，不需要被意识到，甚至也许是自动的。使用情境信息去限定性情推断似乎是一个不那么自发的、考虑更加周详的过程，用以矫正最初的性情推断。除非情境信息是突显的或有吸引力的，社会感知者可能永远不会到达矫正的第二阶段。此外，如果没有充足的加工时间或能力来矫正性情归因，情境信息对印象的影响甚至会更少。

归因过程也存在持续的偏差，最明显的有：对他人行为作出性情归因的倾向；作出自利的以及自我中心的归因；朴素实在论（源于自身的解读具有正确性这一感知）；以及将严重负性结果的责任防御性地归因于他人。

延伸阅读

Ames, D. R., & Mason, M. F. (2012). Mind perception. In S. T. Fiske & C. N. Macrae (Eds.), *Sage handbook of social cognition* (pp. 115–137). Thousand Oaks, CA: Sage.

Epley, N., & Waytz, A. (2010). Mind perception. In S. T. Fiske, D. T. Gilbert, & G. Lindzey (Eds.), *Handbook of social psychology* (5th edn, Vol. 1, pp. 498–541). Hoboken, NJ: Wiley.

Gilbert, D. T. (1998). Ordinary personology. In D. T. Gilbert, S. T. Fiske, & G. Lindzey (Eds.), *The handbook of social psychology* (4th edn, Vol. 1, pp. 89–150). New York: McGraw-Hill.

Harris, L. T., Todorov, A., & Fiske, S. T. (2005). Attributions on the brain: Neuroimaging dispositional inferences, beyond theory of mind. *NeuroImage*, 28, 763–769.

Malle, B. F. (2006). The actor–observer asymmetry in attribution: A (surprising) meta-analysis. *Psychological Bulletin*, 132, 895–919.

McArthur, L. Z. (1972). The how and what of why: Some determinants and consequences of causal attribution. *Journal of Personality and Social Psychology*, 22, 171–193.

Morling, B., & Masuda, T. (2012). Social cognition in real worlds: Cultural psychology and social cognition. In S. T. Fiske & C. N. Macrae (Eds.), *Sage handbook of social cognition* (pp. 429–450). Thousand Oaks, CA: Sage.

Pellicano, E. (2012). Atypical social cognition. In S. T. Fiske & C. N. Macrae (Eds.), *Sage handbook of social cognition* (pp. 411–428). Thousand Oaks, CA: Sage.

Schachter, S., & Singer, J. A. (1962). Cognitive, social, and physiological determinants of emotional state. *Psychological Review*, 69, 379–399.

第 7 章

启发式和认知捷径——推理和决策的效率

- 什么是启发式
- 启发式之外：其他决策捷径
- 跨时间的决策

社会感知者往往需要在不确定的情况下作出复杂的判断。比如，一名学生必须估计某个潜在的课程论文话题是否有适量的参考文献可供回顾，或已有文献是否会不足或过多。又如在感情生活中，一个人必须决定是否值得为一段令人心动，却又充满风险的新恋情而结束当下稳定且足够满意的恋爱关系。

经济学家假设"理性人"通过权衡利弊来作出决策。**期望效用理论**［expected utility（EU）theory］认为，推理行为可以被概念化为不同选项之间的选择，而每个选项具有特定的价值和发生的可能性。根据这一模型，人们先对可用选项的似然性以及该结果的价值（即，可能性和价值）进行评估，计算每种结果的效用（可能性和价值的乘积），而后选择效用最大的选项。因此，人在决策时，会选择那些自认为最有可能提供所寻求的利益的选项。

表面看来，有无限的信息可以影响生活中的决策，但其中的大部分信息是无用的。而且，如果要彻底地进行权衡和比较，决策过程将占用你大量的时间，你就别想再做其他事了。因为以下原因——时间限制性、过于复杂或繁多的相关信息、证据质量的不确定性，社会感知者实际上不能用穷举的策略进行决策。社会感知者在很多情况下是一个**满足者**，只作满足要求的推理和决策，而不像一个**优化者**，选择最好的可能（March & Simon, 1958）。

什么是启发式

在改变了相关研究领域的著作中，特韦尔斯基和卡尼曼（Kahneman & Tversky, 1973, 1974）详细描述了人们在不确定性情况下用于决策的**启发式**（heuristics），即通过某种捷径把复杂问题降解为更为简单的决策操作，从而满足环境的迫切要求。在介绍这项重要的贡献之前，我们需要进行必要的澄清。卡尼曼和特韦尔斯基的原作描述了解决推理问题时常用的几种特定启发式，而随后的一篇文章暗指这些启发式是人们运用的主要启发式。这是一个错误的论断。特韦尔斯基和卡尼曼之所以列举这些启发式，不仅是因为它们经常被用到，还因为它们是一般启发式加工的好例子。

人们使用各种启发式，有些具有广泛的用途，比如心理模拟；有些则比较特殊，比如一个教授在很短的时间内写一封篇幅很长并且看起来深思熟虑的推荐信时所用到的启发式。人们在日常生活中发展出启发式来简化复杂的操作，比如在繁忙的时候阅读报纸的标题，并基于这些有限的信息决定阅读哪篇报道。工人在其工作中用启发式将较为费时的活动简化为较不费力的形式。简言之，启发式大量存在于日常生活中（如 Monin, 2003）；有些是普遍的，正如特韦尔斯基和卡尼曼所指出的那些类型，而其他很多则更为特殊。

启发式研究中第二个常见的误解是认为启发式必定是不可靠的。其实不然，人们之所以运用启发式不是因为它们一般会产生错误的、有偏差的答案，而是因为它们往往能给出正确的解答。通过强调启发式加工的缺点，特韦尔斯基和卡尼曼策略性地说明了启发式究竟如何工作（Kahneman & Tversky, 1973）。表 7.1 列举了一些启发式。

表 7.1　一些在不确定性情况下用于决策的启发式策略

启发式	判断类型	描述	例子
代表性	概率判断	一种对 A 与 B 有多少相关的判断；相关越高，评估 A 源于 B 的可能越大	断定乔治（A）一定是一位工程师，因为他看起来以及行事风格符合你对工程师（B）的刻板印象
易得性	频率或概率判断	根据某种联想或例子进入脑海的速度，估计一个案例或某事件发生的频率或出现的可能	基于你能多快地想到离婚朋友的例子来估计离婚率
模拟	预期、因果归因、印象和情绪体验	构建某种假想情形的难易程度	因沮丧事件而生气的程度取决于想象事件的另一种可能的难易程度
调整和锚定	对维度上位置的估计	从某些起始值出发，按新的案例进行调整从而估计某些值的过程	基于自己的生产率水平来判断另一个人的生产率

代表性启发式

　　一种名为**代表性**（representativeness）的启发式可产生对概率的推断（Kahneman & Tversky, 1972, 1973; Tversky & Kahneman, 1982）。其本质可简述为：社会感知者将特定个例的信息与一般类别进行匹配，以确定其匹配的可能性。代表性启发式可以回答如下问题：个体或事件 A 有多大可能属于类别 B（如，乔治是足球运动员吗？），或事件 A 是否源于过程 B（如，掷硬币产生的序列正—正—反—反是随机出现的吗？）。考虑以下描述：

　　　　史蒂夫非常害羞、寡言，总是乐于助人，但对人和现实世界不感兴趣。他是一个温顺而整洁的人，喜欢秩序和结构，热衷于细节（Tversky & Kahneman, 1974, p. 1124）。

　　如果要你猜史蒂夫的职业，那你认为他是农民、空中飞人杂技演员、图书管理员、潜水救生员，还是外科大夫？

根据有关发生频率以及这些职业从业者个人特点的足够信息,我们可以通过想象算出一位温柔的外科大夫、一个害羞的空中飞人演员等诸如此类的概率,从而计算史蒂夫从事某种职业的可能性。然而,这样的计算任务会消耗相当长的时间,并且毫无疑问,支持这种计算所需的信息不足。在此案例中,代表性启发式提供了一种快速的解答。人们估算史蒂夫在多大程度上代表了某种职业的"平均人"或者与该"平均人"相似,并据此判断他的职业。因此,人们可能会猜测史蒂夫是一位图书管理员,因为对他的描述可以代表一个图书管理员身上常见的特征。

代表性启发式本质上是一种产生概率估计(A个体有多大可能属于类别B?)的相关性判断(A的这些属性与类别B的匹配度如何?)。运用这种启发式往往能得到足够好的答案——可能跟那些对可用信息进行更彻底的分析得出的结果一样好——因为相关通常是判断概率的好标准。然而,在使用代表性启发式时,人们可能对影响事件实际发生的概率但又独立于相关性判断的其他因素不够敏感(Kahneman & Tversky, 1973)。

其中一种因素是结果发生的先前概率(基本比率,我们后面还会提到)。如果史蒂夫生活在一个有很多养鸡农民的小镇上,而镇上很少有图书管理员,那么人们对他是图书管理员的判断就应该受到这个因素的调节;相比于图书管理员,他更可能是一名养鸡的农民。即便如此,人们有时会忽略先前概率而仅仅基于相似度作出判断,如,史蒂夫像一位图书管理员。

另外一种因素——样本量——在代表性判断中也经常被人忽略。假设你在一个州办集市上经营一个货摊,现在让你猜测每一个过来消费的人是什么职业。假设前5位顾客中有4位是图书管理员,并且你发现图书管理员的会议正在这个镇上召开。你有多大的信心猜测下一位顾客仍然是一位图书管理员?如果你已观察到前20位顾客中有12位是图书管理员,你的信心又将更大还是更小?相比20位中有12位图书管理员的情况,大部分人在作此判断时认为5位中有4位的情况下,下一位顾客是图书管理员的可能性更大。这样的信心实际上是不合理的。抽样理论指出,从较大样本中得出的估计比从较小样本得出的估计更为可靠。因此,在预测下一位是否是图书管理员时,虽然5位中有4位看起来比20位中有12位有更高的概率,但是后者是一个更好的指标,因为它有较大的样本量。

基于代表性的判断也可能会忽视预测价值:当预测某些结果时忽略信息的相关性或质量。例如,如果关于史蒂夫温柔和整洁的描述是由他的幼儿园老师在他上了寥寥几周课后写下的，那么它跟史蒂夫职业选择的关系就实在很微弱了；但如果这一信息是史蒂夫的导师根据其大学四年的表现写的，那人们可能更愿意给它更大的权重。尽管如此，很多情况下人们仿佛不顾信息的来源，同等地相信它们，并且可能会不管信息的预测值而作出同等强度的推断或对推断抱有同等程度的信心。这种有效性错觉尤其容易发生在信息正好符合判断的时候。例如，如果对史蒂夫的描述还包括"他是一个书呆子气的人，透过眼镜目不转睛地盯着书看"，人们判断他是图书管理员的信心可能会大大增加。然而，当知道"他在闲暇时进行水肺潜水（自带空气压缩瓶的潜水），并且曾经是重度可卡因使用者"时，我们可能就要放弃之前坚定的预测了。无论信息是准确可靠的还是过时的、不准确的甚至只是基于道听途说，可能都不会对推断产生足够的影响。人们会根据信息是否明显符合或者不符合预期来选择接受或拒绝。

最后，关于随机的错误观念也会使代表性判断出现偏差。人们对随机事件应该是什么样子有一套自己的看法。例如，在掷几次硬币时，人们期望看到的是像"正—反—正—反—反—正"这样的序列，而不是看起来很规律的"反—反—反—正—正—正"。当判断何种序列更有可能发生时，很多人错误地选择前者，因为它看起来是随机的，但实际上，后者发生的可能性在统计上是一样的。

虽然偶尔犯错，但代表性启发式是一种通过判断相关性估计概率的快速方法。它或许也是我们最基本的启发式。如第 2 和第 3 章所提到的，把人识别为某个类别的成员或者为某种行为指派意义是所有社会性推理的基础。"它是什么？"这一问题必须在其他认知任务之前得到解答。

易得性启发式

易得性启发式（availability heuristic）根据个案进入脑海的速度来评估这个事件的可能性（Tversky & Kahneman, 1973）。当案例或相关的联想随手可得时，对可能性的估计就会过高。例如，为了判断人们是否经常换工作，人们可能会回想跳槽的熟人的数量，并根据案例进入脑海的频率或容易程度作出回应。正如代表性启发式一样，易得性启发式几乎不需要认知加工就能完成此项任务。如果某人能不费力地想起人们更换工作的例子，那他就会估计很多人经常换工作，但如果他需要花一段时间回想有谁换了工作，那他就会降低他的估计值。

表 7.2　易得性的早期研究

参与者的任务	参与者的反应	正确答案和原因
"连接顶行中的一个元素和底行中的一个元素、经过且只经过每一行中的一个元素的一条线即为结构中的一条路径。在以下两个结构中哪个有更多的符合上述要求的路径？"		
1. 考虑结构 A 和 B，如下所示。 （A） × （B） × × × × × × × × × × × × × × × × × ×	85% 选择 A。	两者中相同：$8^3 = 2^9 = 512$ A 中的路径更易于找到： （a）A 有更多的列，简单的路径； （b）A 中的穿过各列的路径更明显，不易混淆； （c）A 中的路径更短，更容易视觉化。
2. 考虑英文单词中的字母 R 更可能出现在单词的首位还是第三位？	69% 的人选择首位。	更可能出现在第三位。 五个辅音字母（K、L、N、R、V）出现在第三位的情况多于出现在首位的情况，但首字母更容易被想起来。
3. 一辆巴士从起点到终点沿途有十站。思考一辆这条线路上沿途停靠 r 个站的巴士。 起点＿ ＿ ＿ ＿ ＿ ＿ ＿终点。 巴士在 r 个站停靠可以有多少种停法？（r 从 2—8 变化）	当 r 增大时，估计的不同停法的数量减少：2 个停靠站似乎比 5 个或者 8 个停靠站停法更多。	5 个停靠站有最多的停法，252；2 个和 8 个停法最少。

资料来源：Tversky & Kahneman (1973)

通常，易得性启发式能产生正确的结果。毕竟，当一些案例很容易被想起来时，通常此类案例的确有很多。然而，一些偏倚因素能够在不改变某类现象的总体数目的情况下改变它们的易得性。例如，如果某人最近刚换工作，那么他就可能更容易觉察到其他人也做了相同的事。某个类别如果有很容易联想的个案，那么这种类别看起来就会比另一种实际出现频率相同却较不容易联想起个案的类别显得更为常见（Gabrielcik & Fazio, 1984）。搜索偏差，以及提取偏差，可通过歪曲易得案例的数量来歪曲一个人的频率估计。比如说，有些类别的事件比其他类别的事件更有利于对案例的搜寻。在招聘市场估计多少人在换工作会比在办公室聚会时估计的更多。想起特定案例的容易程度在不同的环境背景下差异非常大。

想象某种特定事件的容易程度受某些认知偏差的影响。比如，当人们猜测美国人的主要死亡原因时，他们对意外事故、火灾、溺水或枪杀等戏剧性事件导致的死亡的猜测高于其实际的数目。与此同时，他们低估了一些更常见的原因，如中风和心脏病导致的死亡。报纸和电视节目创造了丰富多彩的、易于想象的吸引眼球的事件，所以此类画面或与此有关的联想容易进入脑海之中，而对死于疾病的人的报道却很少超出讣告页（Slovic, Fischhoff, & Lichtenstein, 1976）。

尽管大多数研究者认为易于回忆是解释易得性影响判断的机制，但也有研究者提出可能是回忆的内容。如果你能轻而易举地想出一些案例，那么你脑海中可能还有更多的案例，而这恰恰可能导致了与易得性相关的错误。要分清这两种机制哪一种正确，我们需要操纵与案例相关的回忆量（Schwarz, Bless et al., 1991）。一些参与者需要回忆 12 个自信（或不自信）行为的例子（一个困难的任务），而另一些参与者需要回忆 6 个这样的例子（一个简单的任务）。那些做了困难任务（回想 12 个例子）的参与者认为自己更不自信（或相应地，更少的不自信），而那些做了简单任务（回忆 6 个）的参与者认为自己更自信（或相应地，更不自信）。因此，自我评价只有在回忆是容易的而不是困难的时候，才能反映回忆内容的含义。由此看来，回忆的难易程度通过易得性启发式影响了信息在判断中所起的作用，而不是通过回忆的总体内容。然而，当人们相信某些任意的情境因素影响了回忆的难易度时，他们就不再把易得性作为推理的基础（Schwarz, Bless et al., 1991; Wänke, Schwarz, & Bless, 1995）。实质上，回忆难易度的体验似乎可以作为这一推理的诊断依据：当人们基于易得性作出判断时，他们不仅评估回忆的难易度，有时也把可能人为地增加或者减小回忆难易度的因素考虑在内。

案例回忆的难易度是易得性启发式估计发生频率的一种方式，而关联强度是另一种。关联会因例子的重复而增强（如第 4 章所表明的），所以关联强度的确能预示某类事件的发生频率。然而，正如案例回忆的难易程度一样，关联强度可能受与实际数字无关的因素的影响。比如说，相比于身处洛杉矶（因广泛使用整形手术而导致年龄感模糊），人们身处亚利桑那州（容易吸引退休人士）时更可能高估美国的老年人数目。

记忆通达性促进易得性启发式（MacLeod & Campbell, 1992）。当特定类型的事件在记忆中已经具有通达性时，对类似事件未来发生可能性的估计就会上升。一次特大的恐怖行动，会极大地增加人们认为发生类似恐怖事件的可能性。在高记忆负荷状态下，比如一个人同时思考几件事情时，易得性启发式的使用也会增加。社会环境往往充斥着大量的信息，因此人们经常会处于高记忆负荷状态，也因此促进了启发式的应用，如易得性启发式（Manis et al., 1993; Rothman & Hardin, 1997）。

易得性启发式在社会心理学领域有着重要的影响力，解释了一系列的社会现象，包括刻板印象（D. L. Hamilton & Rose, 1980）和对完全不足信的信念的坚持（L. Ross, Lepper & Hubbard, 1975; L. Ross et al., 1977; 综述见 S. E. Taylor, 1982）。它也被用来解释某些现象，如突显性（S. E. Taylor & Fiske, 1978）、责任判断（M. Ross & Sicoly, 1979）、预测（Carroll, 1978; Slovic et al., 1976），以及因果归因（Pryor & Kriss, 1977）。然而，作为一种解释，易得性启发式很可能被过度使用了。很多任务甚至连易得性启发式所涉及的少量工作都不需要，频率判断很可能通过其他加工过程产生（Manis et al., 1993）。已经存储在记忆中的信息，如众所周知的事件或人物的心理表征，意味着如果能通达正确的心理表征，我们就已经知道了很多推理的答案。这其中的启示之一是：一般而言，相比于依靠易得性启发式作出决策，人们会更多地依靠代表性启发式识别哪种模式或类别适合用来提取信息。

模拟启发式

为了解决问题，人们通常构建假定的场景来估计某件事的结果如何。即，他们在脑海中按时间序列依次呈现事件，从而评估其可能的结果。这样的推理技巧叫作**模拟启发式**（simulation heuristic）（Kahneman & Tversky, 1982）。思考一下你会如何回答以下问题："当你爸爸发现你把他的车撞坏了，他会怎么想？"你可能会想到你对你爸爸的了解，以及他对危机的反应，把这些事件在你的脑海中演绎一番，然后得出几种可能。最容易冒出脑海的结果似乎可以预测实际生活中最可能发生的事情。你爸爸可能拒绝支付你下学期的大学学费，或者他也可能会忽略这件事，但是你最容易想到的是他会要求你找一份工作来帮助他为这辆车买单。

模拟启发式可处理很多种类的任务，包括预测（琼会喜欢汤姆吗？）和因果关系（地板脏了应该怪小孩子还是小狗？）。它尤其跟差点发生的事件有关。例如，请考虑以下情况：

> 克兰先生和蒂斯先生计划在几乎相同的时间乘坐不同的航班出差。他们从城里坐同一辆豪华轿车出发，在路上遇到堵车，到机场的时候已经比原计划的起飞时间晚了 30 分钟。
>
> 克兰先生被告知他的航班准时起飞了。
>
> 蒂斯先生被告知他的航班延误了，5 分钟前刚起飞。
>
> 谁更沮丧？
>
> 克兰先生还是蒂斯先生？（Kahneman & Tversky, 1982, p. 203）

几乎每个人都说："蒂斯先生。"为什么？想必是因为一个人能想象出克兰先生无论如何都赶不上他的飞机，但蒂斯先生原本是可以赶上的，如果不是那个长长的红灯或者动作慢的行李服务员，或者那违章停放的小汽车或者登机口的显示错误。因此，模拟启发式及其产生"要是……"假设的能力，解释了"近距脱靶"（near miss）的心理学以及由此产生的沮丧、后悔、悲伤，或愤怒（如，Kruger, Wirtz, & Miller, 2005; Miller, Visser, & Staub, 2005; Seta, McElroy, & Seta, 2001）。

反事实推理

这种**反事实推理**（counterfactual reasoning）——对否则事件会如何发展的心理模拟——影响着很多判断：通过尝试识别造成戏剧性结果的某个独特或不寻常的因素评估因果关系（如 G. L. Wells & Gavanski, 1989）；通过想象事件否则可能会怎样（如 Seta et al., 2001），或者如果一个人采取了错误的行动可能会怎样（Kruger et al., 2005），影响对某种特定结果的反应。

特别地，罕见的或者异常事件，会导致人们去模拟正常的（因而不同于事实的）可能结果（Kahneman & Miller, 1986）。根据标准理论（第 4 章），意外情况与正常情形之间的对比会加强对非正常情形的情绪反应。在一个角色扮演实验中，参与者可以给经受了正常或非正常命运的受害者提供一个补偿（Miller & McFarland, 1986）。结果发现，人们给非正常情况下的受害人的补偿更高。例如，相比于在常去的邻家便利店被枪击，当一个人在离自己家很远的便利店买东西被枪击时，参与者会给他更高的损失补偿。

相比于上行变换（用异常事件替换正常事件），反事实思维更容易作下行变换（用预期的事件替换不寻常事件）（Kahneman & Miller, 1986）。据此可以推论，构想一个无须采取行动的场景会比需要行动的场景更加容易（Gleicher et al., 1990; Landman, 1988）。例如，人们更容易想到，如果建筑施工没有堵塞交通，蒂斯先生原本能赶上飞机，然而人们较不容易想到另外的一个方案——如果这个城市修建了一条更快速的通往机场的道路，蒂斯先生就能赶上飞机了。

通过反事实模拟来想象其他可能，会影响预期、因果归因、印象和情绪。例如，如果某人犯了错，比如离开割草机后机器误伤了一个小孩儿，模拟事情本来可以怎样会导致人们产生后悔的体验。当错误行为或不作为与个人的信仰或倾向不一致时，尤其可能发生这种现象（Seta et al., 2001）。因此，这些情形（事情反之会怎样的突显性和贴切程度）是可预测且有规律可循的（把可能且一致的因素而非不可能且不一致的因素引入模拟加工中）。

为什么人们会进行反事实推理？毕竟，在一些不可预期的负性事件发生后，想象本该怎样已无法改变事实。反事实思维可满足多种动机（Schwarz & Clore, 1996）。有时候，反事实思维帮助人们感觉更好。比如，当人们经历了一个压力事件，他们常会想象事情本来可能比这更糟糕（S. E. Taylor, Wood, & Lichtman, 1983）。交通事故的受害者可能更多地想到，如果被撞的是驾驶侧的门那她可能就没命了，而不是关注汽车的受损情况。反事实思维还通过发现益处和相信命运，从重大的生活事件中发现意义（图 7.1; Kray et al., 2010）。

预期一个人在采取特定行动后的感受也会影响其行为。比如，很多人避免在多项选择测试中改变答案，即使这样的改变可能提高他们的分数；他们预期要是改错了的话会比将错就错的不作为产生更多的自责（Kruger et al., 2005）。反事实思维使得人们在之后的决策中变得"后悔厌恶"（Raeva, van Dijk, & Zeelenberg, 2011）。

再来看看对未来的模拟：想象假设的未来事件会使那些事件看起来更为可能（S. E. Taylor et al., 1998）。因此，如果前景容易想象，它看起来就比难于想象的

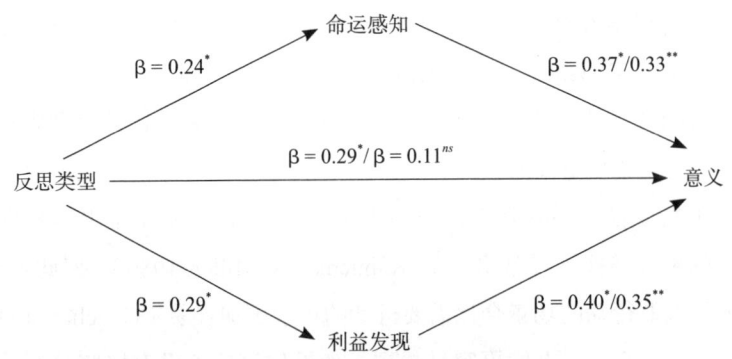

图 7.1 命运感知和利益发现中介反思类型对转折点意义的影响
注：斜杠左侧的系数反映了直接效应；斜杠右侧的系数是中介效应。星号代表显著的参数估计。
* 表示 $p < 0.05$，** 表示 $p < 0.01$，ns 表示结果不显著。
资料来源：Kray et al. (2010); reproduced by permission

事件更可能发生（C. A. Anderson & Godfrey, 1987; C. A. Anderson, Lepper, & Ross, 1980）。类似地，单单想象自己决定执行或取消某种行为就会导致对应的自我预期变化（C. A. Anderson & Godfrey, 1987），然而想象他人参与某种行为不会提升对自己将来参与其中的预期（C. A. Anderson, 1983）。

反事实思维可能也会对未来起到准备作用。如果你意识到要是你没有一直开着汽车的内置灯，电池就不会没电，你可能将再也不会这么做了。当想象你多么轻易就能避免这个问题而产生了负面情绪时，改进的动机——一种情感性警钟——就会增强（McMullen & Markman, 2000）。当你无法在心理层面做任何事情来改变结果或为未来做准备时，你可能会接受一个反事实的解释，以便让自己看起来最好（"我本可以彻底考砸的。至少我学了点东西。"）（Tetlock, 1998）。

运用心理模拟

通过帮助人们展望各种可能并为实现这些可能作出计划，对事件可能会如何发生的模拟为未来提供了一扇窗口（S. E. Taylor et al., 1998），但人们可以关注未来的不同方面。人们可能会设想未来充满了各种可能，有人把这叫作一厢情愿的想法或者幻想（Oettingen & Mayer, 2002）。或者他们可能会关注实现梦想中的未来所需要的步骤。哪种对未来的心理模拟可以帮助人们实现自己的目标？

如果你是一个热衷于励志自助类书籍的读者，你会知道这类充满建议的书籍敦促人们积极地展望他们希望达到的未来状态。然而研究表明，这种思想是误导性的。在一项关于这一问题的研究中（Pham & Taylor, 1999），大学生需要在学习一门课程时展望他们在考试中取得好成绩后的满足感和庆祝场面（结果聚焦）或者想象自己为了取得好成绩而进行学习的场景（过程）。相比于没有进行任何心理模拟的控制组，那些关注过程的学生提高了成绩，而那些关注理想结果的学生得到的分数比控制组还要低。显然，如果你想使用心理模拟来实现你的目标，那么最好不要一厢情愿地思考或幻想，而是要清楚地模拟达到目标所需要做的事情（Oettingen, Pak, & Schnetter, 2001; S. E. Taylor et al., 1998）。

心理模拟增加了感知到的潜在结果的可能性（**心理加法**），而不是减少了它的感知到的可能性（**心理减法**）。这种非对称现象的出现是因为人们特别地侧重于某种产生（而不是抑制）相关结果的特定心理模拟的特征。所以比如说，当评估个人行动（比如为考试的学习）的影响时，相比于减法框架（"如果你不学习你会少答对几道题？"），被试在加法框架下感知到更多的影响（"如果你学习能多答对几道题？"）。这种效应与事件的效价以及该模拟领域内的个人经验都没有关系（Dunning & Parpal, 1989）。

锚　定

在不确定情况下作判断时，人们有时会通过以下方法减少模糊性：从一个参照点或者叫**锚定点**（anchor）开始，对其进行调整以得出最终的结论。例如，如果你必须猜测多少人出席了最近一次南加州大学和加州大学洛杉矶分校的橄榄球赛，而你对此毫无头绪，那么知道上周在同样的体育馆举行的球赛吸引了 23 000 人这一信息就会很有帮助。于是你也许会猜有 30 000 人观看了球赛，因为你假设南加州大学和加州大学洛杉矶分校的比赛会吸引更多的观众。

我们已经讨论过多个构成锚定启发式实例的现象。回忆一下把自我投射向他人的例子以及归因研究中的虚假共识效应（第 4~5 章）。当估计多少人会做某些事情（如在校园里身挂广告牌）时，人们的估计在很大程度上受他们自己所作决定的影响。虽然我们在理智上知道不是每个人都会像我们自己一样做，但是我们对他人行为的估计并没有从我们自身行为所提供的锚定点进行充分的调整。正如这个例子所表明的，我们赖以估计和判断他人社会行为的重要锚定点来源于我们自己和我们所处的社会环境（如 Fong & Markus, 1982）。我们可以根据对自身害羞程度的评价，将他人的害羞程度判断为一种调整后的推断，或者通过自己的角度进行调整来采纳他人的观点（Epley et al., 2004）；小孩子也这样做，只不过调整得比成年人少一些（Epley, Morewedge, & Keysar, 2004）。

锚定点也包括一些无关的细节，不过这些细节暗示了一个起始参照点。比如，法官通常指示陪审团首先考虑最严厉的判决，而这可能无意间起到了锚定点的作用（Greenberg, Williams, & O'Brien, 1986）。当模拟审判的参与者被引导首先考虑最严厉的判决时，相比于那些被引导首先考虑宽容判决的参与者，他们给出了明显更严厉的判决。类似地，对他人进行态度归因时，你可能意识到了他人在态度表达上所受的限制（如，一个记者必须写一篇支持战争的文章，因为他的编辑要求他这么干）；但是，把交流内容本身作为锚定点，你可能就不能对限制条件进行充分的矫正了（据此推测这个记者确实支持战争）。这种顽固的**对应偏差**——在态度归因中没能成功地对情境限制条件进行矫正（第 6 章）——很符合锚定和调整不充分的情形（Quattrone, Finkel, & Andrus, 1982）。

锚定效应背后的机制是什么？已有的研究主要关注两种可能的解释。第一种认为，人们在一个起始点上锚定，之后进行推断时没能作出足够的调整（Epley & Gilovich, 2001）。第二种认为，锚定效应是由锚点的合理性以及人们对锚点和目标的了解程度决定的。人们对目标知道得越少，目标就越可能被锚定点同化，因而出现调整不充分的现象（Mussweiler & Strack, 2000）。这种观点认为，锚定效应取决于被激活的锚定相关信息的适用程度（Mussweiler & Strack, 1999; Strack & Mussweiler, 1997）。从本质上讲，锚定点可以使知识变得突显，人们在需要作出新的判断时，可以使用这些知识。

锚定效应可以具有社会价值。比如，假设你想销售你那辆独特的、个人化的轿车，而车的转手价格不确定。如果你和一位感兴趣的买主商谈，你的开价必须要高；这样可以给商谈作一个锚定，最后能获得一个较高的价格。相反，如果你想拍卖此车，比如在易趣（eBay）上，你的开价应该要低，使尽可能多的人进入拍卖从而形成竞争，把价格抬高（Galinsky, Ku, & Mussweiler, 2009）。

锚定和调整的例子十分普遍，这恰恰是因为社会性行为是如此模棱两可，并且缺乏客观的标准（Mussweiler, Strack, & Pfeiffer, 2000）。如果可能，我们会用我们自己作为锚定点（如 Epley et al., 2004），但是当我们自己的参照点模糊不清时，我们就会用其他人作为锚定点，或者会锚定在某种情境中不相关的细节上。没有万无一失的方法可避免锚定效应，但是用反面事物替代（如，"不同于我的人会怎么做？"）是一种减少此种效应的方法（Mussweiler et al., 2000）。

启发式之外：其他决策捷径

除了卡尼曼与特韦尔斯基提出的启发式，即通过容易进入脑海的事物来估计概率，人们也采用其他有效的捷径来作决策。

决策框架效应：来自前景理论的视角

判断受初始的决策**陈述框架**（framing）——对选项背景环境的描述——的影响（Kahneman & Tversky, 1984; Tversky & Kahneman, 1981）。人们常常无法发现不同说法的问题其根本结构其实是相似的，常常会被问题陈述的表面特征所干扰。问题的陈述方式被称为决策**框架**（frame）。问题陈述上似乎微小的变动都会对决策产生重大的影响。

一个常见的框架是决策描述的是可能产生的收益还是损失（Kahneman & Tversky, 1982）。例如，当选项从损失的角度表述时人们就会变得谨慎，但当选项从收益的角度表述时人们就更可能去冒险（如 Roney, Higgins, & Shah, 1995）。考虑以下情况：

设想美国正在为一种罕见疾病的爆发做准备，预计会有 600 人死亡。人们提出了两个对抗这种疾病的备选计划。假设对这两个计划的准确科学评估如下：如果实施计划 A，200 人可以获救。如果实施计划 B，有 1/3 的可能 600 人都能获救，有 2/3 的可能一个人都救不了。你会选哪个计划？

现在在相同情况下想象这两种选择：如果实施计划 C，有 400 人将会死去。如果实施计划 D，有 1/3 的可能没有人会死，2/3 的可能 600 人都会死去（引自 Tversky & Kahneman, 1981）。

卡尼曼和特韦尔斯基把这些问题呈现给大学生。在生命得救的陈述框架下，72%的学生选择了计划A，那个更有确定性的结果。然而，当问题陈述为会失去多少生命时，只有22%的人选择计划C；相反地，他们中的大多数选择了更为不确定的结果。

这种关注点转换的现象体现了决策中一个稳定的原则：**风险厌恶**——人们在处理具有收益可能性的问题（生命获救）时，倾向于规避风险；却又**风险寻求**——当处理具有损失可能性的问题（生命逝去）时，倾向于寻求风险。在问题表述为多少生命获救时，人们希望获知有200人确定被救，而规避有可能一个人都救不了的选项。相反地，当问题表述为多少生命将会逝去时，人们更喜欢有可能没有人会死亡的选项。当然，关键点是，这两个问题是相同的，不同之处只是选项是用生命获救还是生命逝去来描述的。

框架的影响是普遍的（综述见 Dunning, 2012; Levin, Schneider, & Gaeth, 1998），并且不仅是统计学新手，老手也难以避免。框架效应出现在各种情境中，包括裁员（Brockner, Wiesenfeld, & Martin, 1995）、产品购买（Levin & Gaeth, 1988）、医疗（Levin, Schnittjer, & Thee, 1988; Rothman & Salovey, 1997）以及安全套的使用（Linville, Fischer, & Fischhoff, 1993）。

框架可以与个人性格相互作用，从而影响选择或决策。第5章曾提到有些人是促进聚焦，有些人是预防聚焦。促进聚焦的人更容易被收益框架说服，而预防聚焦的人更容易被损失框架说服（Lee & Aaker, 2004; Sherman, Mann, & Updegraff, 2006）。例如，如果某人习惯性地规避伤害，那对他而言，汽车广告宣传汽车失事后的高幸存率可能就比宣传外观时尚、设计现代、引擎强大的广告更有说服力。

前景理论

基于以上观察，**前景理论**（prospect theory）（Kahneman & Tversky, 1979; Tversky & Kahneman, 1981）描述了当人们在选项之间作比较时所涉及的决策过程。此理论中有两个重要的成分：参照的框架和主观价值函数。

前景理论认为选择一个参照点对选项的评估十分关键。**参照点**是人用以跟选项的客观价值进行比较的内在标准，据此可以区分选项是正性的（即，比参照点更好）还是负性的（即，比参照点更坏）。就像我们前面所看到的，客观上相同的两个选项可以有正性或者负性两种**参照框架**（frames of reference），以至于一个选项在一种框架下被感知为正性，在另一个框架下就可能被感知为负性。一个正性框架下的选项降低诱发的参照点，而同样的信息在负性框架下就会提升诱发的参照点（Abelson & Levi, 1985; Highhouse & Paese, 1996）。在之前描述的对抗疾病的例子中，正性框架下的选项（200人获救）会引发与0人获救的参照点之间的比较；然而，当同样的问题在负性框架下（400会死亡）时，人们采用的参照点是假设没有人会死亡。不同框架下参照点的偏移导致医疗选项在正性框架下比在负性框架下让人觉得更有吸引力。即，正性框架产生了一种相比于失去所有生命而言救了200人的感觉，而负性框架产生了一种相比于没有人死亡的参照点，400人将会死去的感觉。

一个中性的参照点标定了图7.2中的典型主观价值函数。前景理论的**主观价值函数**（subjective value function）被表述为对中心点的正向或者负向偏离（即，获得或损失）。价值函数是S型的——收益的时候呈凹形（反映了风险厌恶），损失的时候呈凸型（反映了风险寻求）。所以，随着收益的客观值增加，主观价值的

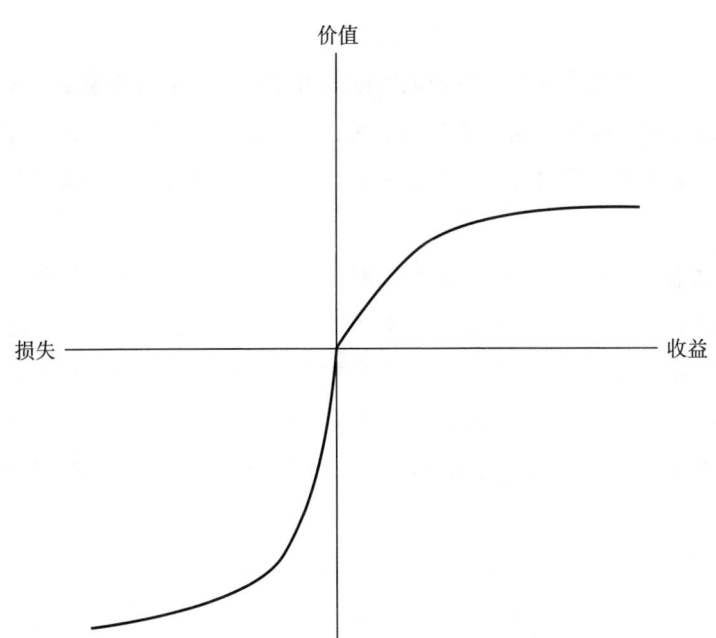

图 7.2　前景理论的主观价值函数
资料来源：Kahneman & Tversky (1979). Copyright 1979 by The Econometric Society. Adapted with permission

增幅却在减少。例如，收益10美元和20美元之间的主观价值差异比收益110美元和120美元之间的差异大。当损失的客观值增大，其主观价值降幅也会减小，但比收益时来得快。因此，损失10美元和20美元之间的主观价值差异比损失110美元和120美元之间的差异要大。但是，损失的曲线比收益的曲线更陡峭（反映了**损失厌恶**），因此损失20美元显得比获得20美元重要。

对客观呈现的信息的主观解释随收益或损失而变的确切原因目前尚不清楚，但这种效应很稳定。值得注意的是，参照点框架效应意味着同样的结果通过正性或负性的框架呈现会产生不同的主观价值。因此，同等水平的客观表现在正性框架下会比在负性框架下让人觉得更好。得知你邀请的人中有70%出席了聚会，比得知30%的人没有出席更令人感到满意。

基本比率与个案历史

人们的客观参照点应该包括事件在总体人口中的频率。但是人们通常必须根据有限的背景知识预测未来事件。比如，你可能需要决定，是否根据你过去看过的演出构成的样本来购买当地剧院的季票。或者，在尝试为一个朋友介绍一个新的伴侣时，你可能会仔细考虑他们匹配的可能性。一个规范模型，**贝叶斯定理**（Bayes'theorem），说明了这些任务该如何进行（表7.3）。然而，人们即使对人口特征有良好的估计（平均值、先前概率或比例），可能也不会在决策中恰当地运用它们。

第6章指出，人们在进行因果归因时未充分利用共识信息。这种错误是一个更大的问题的一部分：人们倾向于忽略关于人口特征的普遍的、有广泛基础的信息［**基本比率**（base-rate）信息］，而偏爱更简单、更具体、更有趣但更无效、更不可靠的信息。生动例子的影响很容易超过更可靠但更抽象的基本比率信息（Bar-Hillel, 1980; S. E. Taylor & Thompson, 1982; 第3章）。这种常见偏差发生的原因，可能是生动的例子要求我们用理论解释正在发生的事情。正如我们已经提到的，先前的理论经常使我们的判断发生偏差，即使我们没有意识到。

在一项研究中（Hamill, Wilson, & Nisbett, 1980），参与者们先阅读一段生动的描述：一位妇女和她的多个孩子多年来依靠福利金生活，却一直保持着相对富裕的生活方式。这个社会福利滥用的刻板印象案例分别在两种陈述框架下呈现：

表7.3 贝叶斯定理，统计性最优预测的规范模型

假设：两袋扑克筹码，每袋都混合地装有红色和蓝色筹码。

已知：A 袋有 10 枚蓝色，20 枚红色；B 袋有 20 枚蓝色，10 枚红色。

采样：从 A 袋中取样的可能性是 80%，从 B 袋中取样的可能性是 20%。

任务：有放回地从其中一袋中抽取 3 枚筹码，看它的颜色，猜是哪个袋子。

例子：抽取了三枚筹码，结果为蓝—蓝—红。

一般假设：B 袋，因为 B 袋中 2/3 的筹码是蓝色的。

真实概率比：A 袋和 B 袋概率比 2:1（见以下计算）。

运用贝叶斯定理计算精确的概率：

1. A 袋和 B 袋的先前概率比是 4:1，因为有 80% 的可能从 A 袋取样。
2. 似然值比：样本源于 A 和源于 B 的概率的比值。
    a. 如果是 A 袋，抽出一枚蓝色的可能是 1/3，红色的可能是 2/3。因此，抽出蓝—蓝—红的概率是 1/3 × 1/3 × 2/3 = 2/27。
    b. 如果是 B 袋，抽出蓝—蓝—红的概率是 2/3 × 2/3 × 1/3 = 4/27。
    c. 似然值比是样本来自 A（2/27）的概率除以样本来自 B（4/27）的概率。由此得到样本来自 A 袋和 B 袋的概率比为 1:2。
3. 结合先前概率比（第 1 步）和似然信息（2c）：把先前概率比（4:1 或 4/1）和似然值比（1:2）相乘，得出三枚筹码来自 A 袋和 B 袋的概率比为 2:1。

大众的反应：很多人对筹码更可能来自 A 袋感到惊讶（A. L. Glass & Holyoak, 1986）。人们惊讶的原因是他们忽略了 A 袋有 80% 的可能会被选中的基本比率信息。

第一种是基本比率统计数据表明享受福利金的人往往是为了占便宜，并且享受社会福利的时间相当长；第二种框架下的统计数据表明一般福利金享受者只是短期享有这一福利，言下之意是这个案例不具有典型性。尽管有了有效的基本比率信息，参与者的反应表明在两种条件下他们都将这个案例当作了福利金享受者的代表（Hamill et al., 1980; S. E. Taylor & Thompson, 1982）。

为什么人们在拥有更好的（基本比率）信息的情况下，还那么容易被生动的案例所左右？一种可能是人们并不总是能够认识到基本比率信息与一个特定判断之间的联系。洛杉矶的一幢建筑在三年内入驻了四家饭店，每家都失败了。这个信息应该会让任何一个潜在的餐馆老板停下来想一想。然而，每一次旧的餐厅关门以后，立马会有一个急切的新人想要踏足以填补空缺，而结果是再次失败。或许，

每一位理想化的企业家都假设他或她自己的理念可以让这个地方火起来（一个爱尔兰酒吧、意大利面馆或汤和沙拉店）。似乎没有人在意基本比率信息，它近乎在尖叫："不要来这里！"

人们在关联性很清楚的情况下确实会使用基本比率信息。例如，如果它是唯一可用的信息（如 Hamill et al., 1980），或者其与决策之间的因果关联具有突显性，人们就会使用这种信息（Ajzen, 1977; Hewstone, Benn, & Wilson, 1988; Tversky & Kahneman, 1981）。在一个研究中，参与者被告知，一起发生在深夜的交通事故与一辆出租车有干系，目击者觉得这辆车应该是蓝色的。然后参与者被告知在这个城市中，85% 的出租车是绿色，15% 的出租车是蓝色的。虽然依照基本比率来看，参与者应该得出肇事的出租车可能是绿色的结论，但很少有人这么做。相反地，大部分人根据目击者的报告，认为这辆肇事出租车应该是蓝色的。第二组参与者被告知，这个城市有 85% 的交通事故是由蓝色出租引起，15% 是由绿色出租引起的；这些参与者就使用了基本比率信息去修正他们的推断。或许，人们认为事故发生率统计数据与对交通事故的判断有因果关联（参见 Ajzen, 1997），然而他们不把某色出租车的市场占有率看作是与判断相关的信息，虽然这些信息与判断的确相关。因此，当人们认为基本比率信息与判断相关时，他们就会使用它。

有几种理论可以解释基本比率谬误。至少，一些所谓的使用基本比率信息的失败与实验程序有关。交谈原则表明人们主要交谈那些能给接受者增加信息、填补接受者知识空白的信息（Grice, 1975; Turnbull & Slugoski, 1988）。因为实验强调个体化的案例信息而非基本比率信息，所以参与者就可能把个案而不是基本比率理解为与任务相关。因此，过度使用个案信息可能是简单地由于传递方式让人觉得传递的信息有意义（Schwarz, Strack et al., 1991）。当基本比率信息简洁、提示得早或因其他原因而突显时，人们能够利用这些信息（Chun & Kruglanski, 2006）。

个案信息似乎比基本比率信息更能代表一个类别，因此更容易激发理论（Kahneman & Tversky, 1973）。当人们阅读个案史时，他们立即将其与更大的类别相关联，因此过度使用了个案信息去进行推断。相比起基本比率信息，人们更容易看到个案的诊断价值，除非基本比率信息的诊断价值被特别强调（Ginossar & Trope, 1980）。

接下来我们将看到，人们还会走另外一条决策捷径，在推论中经常忽略基本比率和其他统计信息。给予人们更无效，但更简单、更有趣、看起来更有关系的逸闻时，人们会忽略基本比率（Bar-Hillel & Fischhoff, 1981; Manis et al., 1980）。漠视基本比率信息的后果可以很严重，就如合取谬误将要指出的那样。

合取谬误

喜剧演员通过刻画容易识别的、令人发笑的人物形象来谋生。"想一想那个书呆子。他是个体形走样的家伙，生活在一个小隔间里，穿着邋遢，有着糟糕的姿势，对吧？他就是这个样子对吧？"（喜剧演员模仿书呆子）。随着每一个细节的增加，观众因领会演员所指，欢笑渐增。然而，这一刻画出色的形象存在着一个悖论：可识别性随着每一个细节而增加，但实际的可能性却降低了。你可能很容易在小隔间里发现一个书呆子，并且他也可能体形走样，但与此同时他还弯腰驼背并且衣着邋遢的可能性则很低。任意两个或更多事件共同发生的似然性（即，它们的联合概率）是它们单独出现概率的乘积；因此，它们的联合概率不可能超过最不可能发生的事件的概率。但是，相对于单一事件，人们往往对联合事件出现的概率作出更极端的预测。这种错误称为**合取谬误**（conjunction fallacy）（Abelson & Gross, 1987; Tversky & Kahneman, 1983）。

在一项研究中（Slovic, Fischhoff, & Lichtenstein, 1977），参与者被告知有一个善于交际并且精通文学的人。当被问到这个人有多大可能主修工程专业时，他们回答，"非常不可能"。然而，当被问及这个人有多大可能之前是工程系后来转行到了新闻系（比单纯作为一名工程系学生的可能性更小）时，参与者打分却更高。可能是因为他们能够想象一个善于交际且精通文学的人可能会决定加入新闻系而不是工程系，但是他们不能想象这个人为什么会留下来继续当工程师。

偏好易于想象的联合解释是一种稳定的效应——无论是重大的还是细微的行为，无论个体头脑中有一个还是多个目标，也不论所涉及的信息是否合理（Leddo, Abelson, & Gross, 1984）。训练人们使用合取谬误所涉及的需要认知努力的统计原则，可以降低但无法消除这种谬误（Crandall & Greenfield, 1986; Morier & Borgida, 1984）。

联合效应有多种限制条件。相对于简单地解读事件，当参与者解释事件时，作出联合性解释的可能更高（Zuckerman, Eghrari, & Lambrecht, 1986）。当实验材料中的行为者没有做出多种特定行为时，联合效应就会消失；即，人们不会系统地偏好为不作为提供多重（联合）解释的那种解释（Leddo et al., 1984; 也见 Read,

1988)。

多种机制可以解释联合效应。人们一般尝试从他人个人目标的角度去理解其行为（Leddo et al., 1984）。例如，有人想去一个美术馆参观，可能是去放松，去躲避，去看一个特别令人激动的艺术家，去享受一段与朋友相处的时光，去收集艺术品，所有的这些情况都有可能同时发生。联合性解释提供更多关于目标的具体信息，可能因为具有说明性而被接受。

联合性解释看起来比单独的解释更为可能是因为它们结合了行为的多种可能解释（Einhorn & Hogarth, 1986）。因此人们不再考虑其他替代性的解释，因为联合性的解释已经明显地排除了这些可能。知道一个朋友独自去吃了一顿昂贵的晚餐是因为与女友分手后情绪低落，就排除了他获得工作奖金或者礼品卷的可能。

代表性启发式，依靠先前存在的理论，也能解释联合效应（Tversky & Kahneman, 1983）。当信息详细地描述出一幅完整的人类肖像，该形象看起来就更为可能，该形象为真的客观可能性降低，但其与真人的相似性在提高——与我们的一般理论匹配得更好。简言之，当人们评估一些看起来相关的事件同时发生的可能性时，他们往往忽略了客观的联合概率而偏好一种使得多个事件的联合概率看起来为真的捷径理论。

信息整合

人们在将信息汇集起来并将其组合成一个判断时也会走捷径，用规范模型来评价的话这是有问题的。我们在此考虑两个整合性任务。

评估共变性

对**共变性**（covariation）的判断——两件事的关联程度——对于许多推断任务来说都是必不可少的，不论是正式的还是非正式的。很多民间智慧提到的其实就是相关，比如，"金发女郎欢乐多"。又如米奇·基利的观察，"那些女孩儿在酒吧临近关门时是不是变得更漂亮了？"（那些男孩儿不也是吗？），假定夜深程度和感知到的吸引力有一种关联（Pennebaker et al., 1979）。共变性也是很多正式推理的基础：凯利关于归因的共变模型（第6章）假定，社会感知者以至少可接受的精确度观察结果随时间、人物和实体的共变，进而形成一种归因。

考虑到共变对判断的重要性，感知者探测共变性的能力如何？答案是，不太好（Crocker, 1981; Nisbett & Ross, 1980），尤其是与评估共变性的规范统计模型相比（Smedslund, 1963; Ward & Jenkins, 1965）。计算共变性的恰当模型包含几个特定的步骤，每一步都是可能产生偏差的认知捷径的来源（图7.3）。

首先，感知者必须了解哪些数据与评估共变性有关。例如，为了测试俗语"金发女郎欢乐多"，我们必须知道喜欢玩乐的金发男人和女人的数目，不喜欢玩乐的金发女郎的数目，喜欢玩乐的红发人士和黑发人士的数目，以及不喜欢玩乐的红发和黑发人士的数目。很多人没能认识到这四种证据都是相关的；相反，人们主要关注那些喜欢玩乐的金发女郎，相信这个支持性证据最能衡量观点的真实性。其实，社会感知者的这种普遍倾向与其他谬误如出一辙：当检验一个想法的有效性时，人们寻找印证性的例子而不是正反两方面的例子（如 Arkes & Harkness, 1980）。然而，共变性是相对而言的（所有的金发女郎还是大部分？比谁更欢乐？），所以以上四种类型的信息都是需要的。

其次是取样问题，如前所述，人是糟糕的取样者。人们所考虑的接触范围必然是有偏的，但是大部分人似乎意识不到这一点（Crocker, 1981）。人们也过度使用小样本（Tversky & Kahneman, 1974），并且当结果不符合其直觉时，人们可能会拒绝样本的结果，或者干脆觉察不到矛盾所在（Arkes & Harkness, 1980; Crocker, 1981）。

第三，共变过程要求将案例按证据类型归类。在此，先前预期再一次允许认知捷径参与其中。负性的案例——那些与所提出的关系相冲突的案例——如果是模棱两可的则可能被错误地标记为正性的，如果不是的话也会被当作随机的情况或非典型情况而排除。符合预期的正性案例会更快、更容易地被确认并整合到推断中（如，R. J. Harris, Teske, & Ginns, 1975; Owens, Bower, & Black, 1979）。不出现的事件对人们来说尤其难以处理（Allison & Messick, 1988）。

第四，感知者必须回忆这些证据并估算每种类型的频率。记忆是不可靠的——对印证性案例记得尤其好，有时候（第4章）对强烈否定的事例记得也很好。因此，欣喜若狂的金发女郎和极度高兴的黑发人士可能会被记住，而三个惬意的"灰棕发色的人"就可能被忘掉。

最后，只有在完成以上四个步骤之后，社会感知者才准备好合并证据。这个任务完成得怎么样？事实上，一旦所有的数据都收集好之后，社会感知者估算共

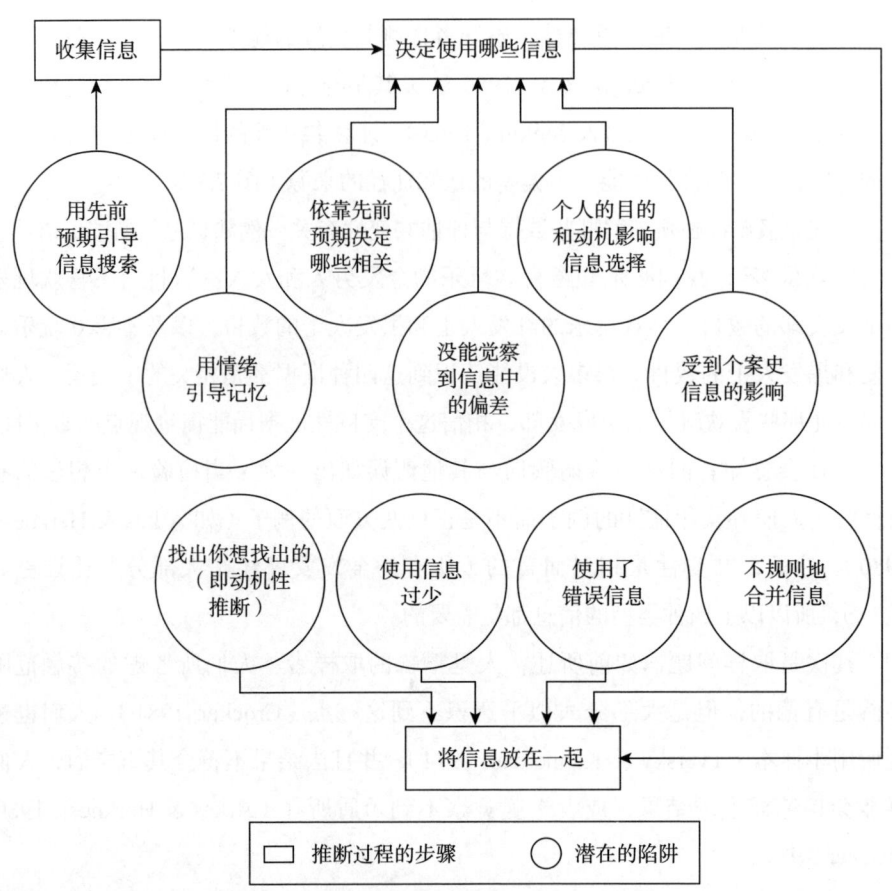

图 7.3　共变性评估及其陷阱：金发女郎欢乐多吗？

变程度的能力似乎相当不错。研究者经常把取样、感知到的相关、分类和回忆误差错认为计算误差，因此低估了社会感知者的计算能力（Crocker, 1981）。然而这并不是说社会感知者成功地计算出了相关系数，也不是说对共变的估计，无论是如何得出的，通常都是准确的。感知者虽然时常低估共变性，但总的来说还算遵循实际的共变关系，假设事先对两个变量之间的关系没有很强的预期（Jennings, Amabile, & Ross, 1982）。

当人们对两个变量之间的关系确实有某种假设时，他们倾向于寻找证实这个假设的证据，而不是用更公平的方式评估证据（Klayman & Ha, 1987）。搜寻正性的验证案例似乎是贯穿诸多内容领域和多种推断任务的普遍策略；人们会在两种情况下把它当作解决问题的捷径：(a) 当他们没有针对特定问题的可用策略时，或者 (b) 当任务要求排除使用更具体的策略时。正性案例策略可能产生于人们的一种倾向，即验证那些被预期为具有人们关心的属性的案例（而不是那些看起来没有相关属性的案例）。这种认知捷径常常产生验证性偏差，但并不等同于验证性偏差。

虽然人们通常验证正性的案例（涉及验证性偏差），但有些情况会促进或阻碍共变性的探测。例如，高兴的情绪促进自上而下的信息加工过程，减少对共变性信息的关注，而悲伤的情绪实际上可能帮助人们发现共变性（Braverman, 2005）。有时，人们也会使用与证伪有关的信息。当关于替代性假说的信息因情境、近期或长期激活而变得突显时（Ginossar & Trope, 1987），人们就会使用它（Trope & Mackie, 1987）。

共变性评估的精确度取决于先前预期与特定的信息是一致的还是有分歧的，在二者一致的情况下精确度会更高。从这个角度看，相依性判断中的错误可能源自一种通常情况下有效的推理策略。在遇到单一且可能异常的事件时，人们相应地对根据普遍原则得出的相依性估计进行最小程度的调整，从长期看，这样做可以保持准确度（Alloy & Tabachnik, 1984）。

错觉相关

因期望两个变量之间存在某种关系，人们往往会高估相关性或者强加一种实际并不存在的关系，这种现象称为**错觉相关**（illusory correlation）。在一个早期的例子中（Chapman, 1967），学生们需要阅读一个单词对列表，如狮子—老虎、狮子—鸡蛋、培根—鸡蛋，然后报告单词与单词之间配对的频率有多高；事实上，所有的单词互相配对的频率相同。然而，学生们却报告词义有关联的单词（如培根—鸡蛋）配对出现的频率比那些词义不相关的词配对出现的频率更高。

有时错觉相关源于证据的结构特点。在一个单词列表中有两个词长于其他单词，分别是"blossoms"和"notebook"。参与者也推断说这两个词配对的频率更高，显然是因为这两个词有共同的长度特点。上述研究者认为，至少有两个因素可以产生错觉相关：**意义关联**（associative meaning），即两个词属于同类是因为它们符合先前预期（如，培根—鸡蛋）；和**特殊性配对**（paired distinctiveness），因为它们同时出现了某种非同寻常的属性（如，"blossoms-notebook"），因此两个事物被认为是一起的（Fiedler & Freytag, 2004）。如果一个班级里的学生都很好斗，并且老师知道他们大部分都花很多时间看电视，那么这位老师可能会推断这两种现象是相关的，但事实上它们可能相关也可能不相关。

错觉相关是刻板印象的基础之一（D. L. Hamilton, 1979; D. L. Hamilton & Gifford, 1976；表 7.4）。特殊性配对可以解释一些对少数族群成员的负性刻板印象。具体而言，多数族群跟少数族群的接触相对较少，而且负性行为也相对罕见。多数族群成员可能会在这两个小概率事件之间形成一种错觉相关，认为少数族群成员更频繁地涉及负性行为。

根据元分析，特殊性配对的错觉相关效应高度稳定，效应量适中（Mullen & Johnson, 1990），但当独特行为为负性或记忆负荷高的时候，此效应会更强（Mullen & Johnson, 1990）。人们在唤起状态下表现出更强的错觉相关效应，因为唤起增加了对已有理论的依赖，同时降低了用精细加工解决问题的能力（Kim & Baron, 1988）。错觉相关效应在评价性维度要比在认知判断维度更强（Klauer & Meiser, 2000）。

关于个体和群体的错觉相关有不同的形成途径（Sanbonmatsu, Shavitt, & Gibson, 1994）。关于个体的错觉相关源于基于印象的实时判断，而关于群体的错觉相关却可能基于记忆（Sanbonmatsu, Sherman, & Hamilton, 1987）。即，对于个体的印象，偏差产生于编码，而不是判断（D. L. Hamilton, Dugan, & Trolier, 1985），但群体的错觉相关产生于尝试回忆群体属性之时（Sanbonmatsu et al., 1987）。

共变性估计和错觉相关这两个共生话题非常重要，原因主要有以下几种。首

表 7.4 意义关联（刻板印象）导致的错觉相关（Hamilton & Gifford, 1976）。虽然每种特质类型出现的次数相同，但参与者高估了与刻板印象相匹配的情况出现的次数（黑体，在表格的对角线上）

特质类型	会计 / 图书管理员	医生 / 空姐	销售员 / 女服务员	中性
职业：				
会计 / 图书管理员	**2.67**	1.99	2.25	2.34
医生 / 空姐	2.21	**2.66**	2.41	2.10
销售员 / 女服务员	1.94	2.12	**2.94**	2.31

先，作为一种复杂的认知操作，估计共变性串联了社会感知者直觉策略中的很多错误和偏差，涉及探测相关信息、正确采样和准确回忆等方面。人们走捷径以绕过这些复杂性。其次，因为共变性通常是一种其他更为复杂的推断所依赖的临时推断，因此共变性估计中产生的瑕疵会一直传递下去，影响之后的精确性，而人们又得依靠这些加工结果的精确性来描述和应对环境。第三，估计共变性的误差再一次突显了推断过程中，人们倾向于所期望结论的保守性偏差；人们关于社会环境的理论主导了推断过程。最后，共变性估计和可能取代精确评估的错觉相关进入了社会互动，塑造对现实的错误理解，例如通过维持刻板印象。

我们何时使用启发式和其他认知捷径

启发式和其他认知捷径对推断至关重要，使信息的快速加工成为可能。然而，有时社会感知者会变得更加深思熟虑，较少地依赖快速轻松的策略，因而可能作出更好的推断。那么，什么时候社会感知者最有可能抄近道？

人们会在有很多经验并且已发展出有效策略的领域内使用启发式和认知捷径。当人们体验到各种趋近情绪时（相对于害怕和抑郁的一种良好心境；如，Bodenhausen, Kramer, & Süsser, 1994; Forgas, 1998; Ruder & Bless, 2003），更可能使用启发式；趋近情绪还包括愤怒，它也会鼓励启发式的使用（Tiedens, 2001）。人们使用启发式解决不太重要的问题，为更重要的决策节约工作记忆的容量。在下列情况下，人们较少使用启发式：结果的赌注较高；不相信所考虑的信息（Schul, Mayo, & Burnstein, 2004）；需要对自己的推断负责；近期有过差错或发现自己认知水平的优秀程度和精确度值得怀疑（如 Tiedens & Linton, 2001）。

在这两个小节中，我们了解了多种启发式，包括代表性、易得性、模拟，再加上锚定和调整，以及进行合取和评估共变性和相关性的认知捷径。在每种情况下，各种省力策略都统一在一个共同的机制下：面对困难问题时，人们常常通过回答更容易的问题来替代（Kahneman & Frederick, 2002）。代表性启发式把概率判断转化为判断个案与刻板印象的相似性，易得性启发式则通过回想案例的容易程度来作判断。模拟启发式基于回忆的难易度形成预期和情感。锚定和调整通过对初始的基础值进行修正来得出判断。人们也简化了合取、共变和相关。每种策略都说明了人们如何利用记住的信息构建判断（Weber & Johnson, 2006）。

跨时间的决策

如前所述，期望效用理论认为选择受概率和选项价值的引导。**折扣效用模型**（discounted utility model, DU）增加了一点：任何给定选项的效用会随着时间的推移而减弱（Samuelson, 1937）。起初，这个折扣率被认为不随时间而变。然而，几十年的研究发现对 DU 的偏离像对 EU 的偏离一样普遍（Frederick, Loewenstein, & O'Donoghue, 2002）。长期的选择往往是由人们对自身偏好以及这些偏好如何随时间变化的了解决定的。例如，在今天获得 10 美元和一周之后获得 11 美元之间进行选择，大部分人会选立即得到 10 美元。但是如果考虑在一年后获得 10 美元和一年零一周后获得 11 美元，大部分人就会选择 11 美元（Frederick et al., 2002）。

DU 还预测不同选择类型的折扣率是恒定的。但是，由于对未来的态度不一，折扣率会随着领域的不同而变化（Frederick et al., 2002）。比如，某人可能会为了健康而选择运动，但也可能每天晚上睡 4 个小时因而对同样的目标产生损害。某人可能因为一次不明智投资给了骗子，因而损失数十年小心翼翼的积蓄。

小额奖赏会比大额奖赏折扣得更厉害。10 美元在今天看起来会比一周后的 11 美元更好，但是如果钱的数目是 1 000 美元和 1 100 美元时，情况就变了。另外，抽象的表征特征支配着关于未来的决定，而对具体细节的考量在对当下的判断中起着更重要的作用。人们通过金钱价值、延迟和概率推断效用。人们对效用打折扣，但是不对固有价值打折扣，通过整合结果的固有效用和延迟的反效用来进行决策（Kileen, 2009; 图 7.4）。

相比于基于认知的或者说"冷"的结果，基于情绪的或者说"热"的结果会发生更大幅度的时间折扣（Loewenstein, 1996）。换言之，事件逾超前，认知结果的权重就越大，情绪结果的权重就越小。一个"火辣"但是没怎么受过教育的约会对象可能在短期内看很迷人，但是冷静地思考长远的未来可能就会让人怀疑此人在智力方面是否是一个令人满意的伴侣，是否能够在长期的关系中体现他 / 她的经济实力。冷思维模式下的人们无法准确地想象人们（包括他们自己）在热思维模式下的行为；这样的**共情鸿沟**误读了过去的"热"自我（饥饿感多么容易就能破坏人们的节食计划；Nordgren, van der Pligt, & van Harreveld, 2006），将来的"热"自我（尴尬的约束作用；Van Boven et al., 2012），以及其他人的"热"自我（如，

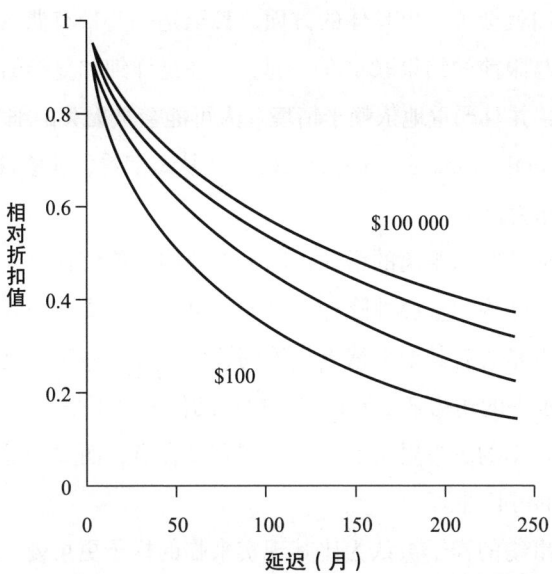

图 7.4 时间折扣

资料来源：Kileen (2009). Copyright APA; reproduced by permission

对疼痛是否构成酷刑的敏感度；Nordgren, McDonnell, & Loewenstein, 2011）。

时间建构

每天我们都会思考和计划未来事件。与未来的时间距离不仅影响未来结果的价值，还会影响人们对事件的心理表征方式。设想你将在四个月后去西班牙度假，你会觉得如何？然后想象一下你明天就出发去西班牙，你感觉上有何差异？在第一个例子中，你可能会想象夜晚浪漫的晚餐，凝视精彩艺术品的兴奋感，或不寻常的食物的味道。如果你明天就离开，毫无疑问你会更关心给管家找一把额外的钥匙，给狗储备更多的食物，以及给马德里酒店打确认电话。

以下是**时间建构水平理论**（temporal construal theory）的核心（Trope & Liberman, 2003, 2010; Shapira et al., 2012）：离事物的时间距离越远，人就越会以传达事物本质的抽象方式思考。对未来事件的思考促进高水平的建构。人们会抽象地思考未来的奖赏：简单、有条理、符合逻辑，并且与目标相关。更多的领悟和更有创意的想法可能会随之而来（Förster, Friedman, & Liberman, 2004）。但是当事物逼近时，人们就会关注更具体的方面，甚至是一些带有偶然性的细节。低水平的建构更多地与眼前的结果联系在一起，往往是详细和复杂的，通常是非结构化的、不连贯的，并且严重地依赖于情境。人可能会被无关的细节干扰（Fujita et al., 2008; Ledgerwood, Trope, & Chaiken, 2010）。从短期看，抽象目标似乎是无关的或者不如下位目标紧迫。

随着一项活动的时间距离的增加，高水平建构的价值在决定偏好方面的重要性增加，而低水平建构的重要性降低。例如，决定是否要在今天献血可能会被今天是否有时间或者是否有其他事情干扰等问题所主导，而决定是否在六个月之后献血就会由更高水平的建构来主导，如献血帮助他人是不是一个好主意。换言之，关于遥远的未来行动的决策更可能基于它们有多合意，而关于近期事件的决策则更可能基于它们的可行性。

想象中未来事物的样子被认为比其现实来临的样子更可爱。比如，西班牙之行最初的动力可能是跟爱人同享一段绵长而又浪漫的假期这样一个上位目标，但是当前的下位目标可能仅仅是努力办妥每一件事情，确保准时赶到机场。看着眼前的混乱局面，有人可能会纳闷当初怎么会觉得这是一个好主意。

空间距离对决策的影响与时间距离相似（Henderson & Wakslak, 2010）。例如，在空间上的远处做出的行为看起来像是目的而不是手段，并且往往被抽象而不是具体地描述（Fujita et al., 2006）。在一项研究中，相比于出现在近处，事件出现在空间上的远处时，感知者更倾向于使用更广义的行为单位并进行性情归因（Henderson et al., 2006）。遥远的事物如果是典型的，那么人们认为它们更有可能发生，如果是非典型的则看起来不太可能发生（Henderson et al., 2006）。简单地说，人们在推断遥远的事物时显示出抽象判断偏差（Eyal et al., 2004; Fujita et al., 2008）。时间或空间距离会改变判断和决策，因为时空上遥远的判断和决策反映的是高水平而不是低水平的建构。

向过去学习

"忽视过去的人注定重蹈覆辙"这句格言意味着，如果我们小心翼翼地及时回顾过去，就能从中吸取重要的教训。虽然这句格言可能包含了真理的成分，但是关于事后诸葛的研究让我们质疑应该多么认真地相信它。就像现在和将来，我们对过去的理解是由理论引导的。我们每个人都熟悉"星期一早晨的四分卫"（马后炮），他们借助复盘的优势，声称知道应该如何赢得上周末的比赛。他断言对手的举动本来是应该预料到的，主场球队应该预料到它，用某个（他的）策略显然就能获胜。

准确无误的后见之明（twenty-twenty hindsight）（Fischhoff, 1980; Fischhoff, Slovic, & Lichtenstein, 1977; Janoff-Bulman, Timko, & Carli, 1985）这一说法表明，忽略关于实际结果的信息很难无偏地推断事件应该如何发生或可能如何发生。在回顾已发生的事情时，人们夸大了事物本来可以被预料到的程度。而且，将人们对未来事件的预测和事发后的"后测"相比较发现，人们会记错他们自己曾经的预测，以使其与已发生的事实相符合（Fischhoff & Beyth, 1975）。

社会感知者无所不在的理论生成能力是重构过去的基础（参见 M. Ross, 1989; 第 5 章）。即使是最随机的事件序列，经过足够多的思考也能被强行扭曲成符合逻辑的因果链。一旦这个因果关系链就位，事件似乎就不可避免了。而且，一些可能让其他的因果链生效的干预手段可能看起来特别地诱人，因为它们似乎是那么地符合逻辑。可能对实际发生的事件产生重大影响的偶然或情境因素可能被忽视。例如，在复盘时，对手在橄榄球赛中的一系列行动似乎是总体计划的一部分，但事实上他们只是利用了偶然事件，比如受伤或漏球失误。即便如此，一旦被贴上事先计划好的标签，事情看起来就像是可预测的了（"他们在田纳西州的比赛中也做了同样的事情"），而后解决办法可能就很显然了（"我们当时应该切换到快攻打法"）。**事后聪明偏差**（hindsight bias; 也称事后偏见）更多地是由与构建事件因果性解释能力相关的认知性因素所驱动，而不是由动机性因素所驱动，如在回顾中显得正确的愿望（Christensen-Szalanski & Willham, 1991）。

一个包含 122 个研究的元分析（Christensen-Szalanski & Willham, 1991）表明，事后偏见的效应量中等但比较稳定，相比没有发生的事情，对发生过的事情，事后偏见效应更强。当人们对所调查的领域有了经验之后，事后偏见会减小（Christensen-Szalanski & Willham, 1991）。然而，所有年龄段的人都表现出这样的偏见，3~5 岁的小孩儿是因为用正确的答案替代了自己的，而上年纪的人是因为忘记了自己的答案并回想起一个更接近真实事件的答案（Bernstein et al., 2011; 图 7.5）。

我们该向过去学习什么呢？历史的经验教训极少是清晰的，因为它们不可

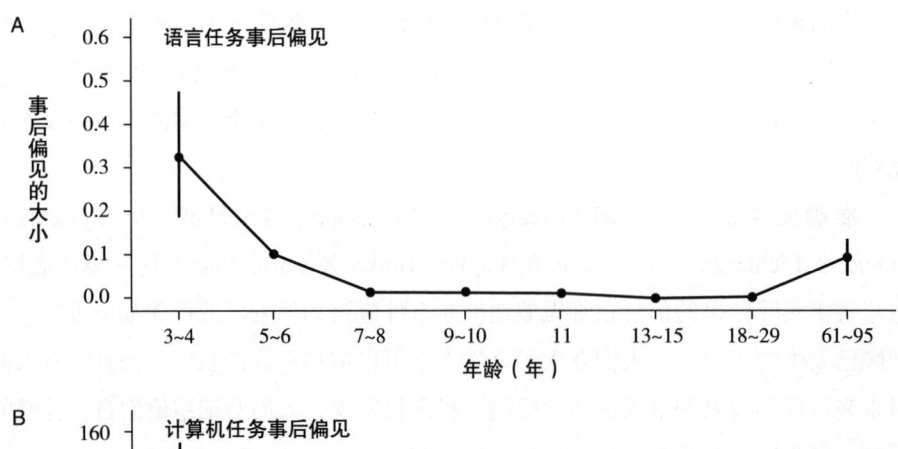
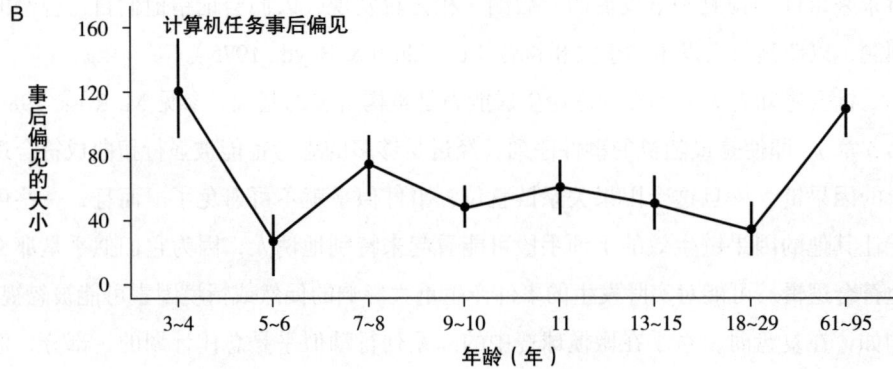
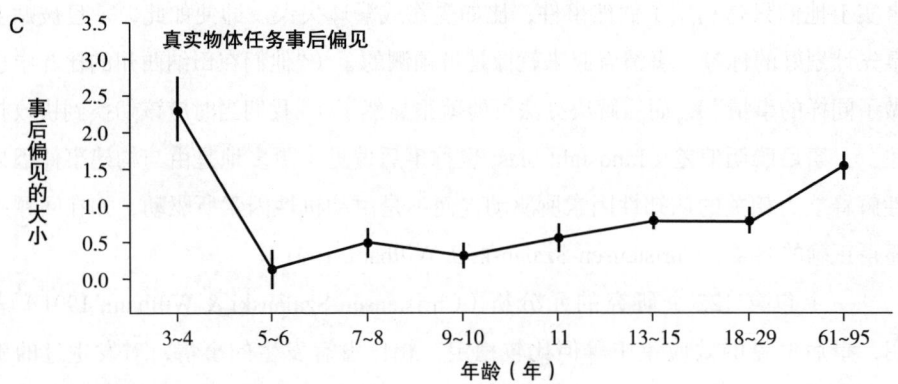

图 7.5　事后偏见作为年龄的函数

资料来源：Bernstein et al. (2011)

避免地或多或少会受到后见之明的影响。当事人在结果发生之前不会知道事件的全部结果（"亲爱的日记，英法百年战争从今天开始，"Fischer, 1970，引用于 Fischhoff, 1980, p. 84）。因为很难去估计什么情况本来应该被预见，并且也很难评估环境和偶然因素在已经产生的结果中起到了多大的作用，所以应该从历史中学习什么经常是不清楚的。

简言之，我们是存在于当下的生物，在推理上被我们知道的事物所困。与其他推理任务的例子一样，我们的评估方法会被某个先前的或者容易构建的理论所驱动，而不是被客观的数据所驱动。最后，答案本身，即我们应该从过去学到什么是不确定的。或许菲施霍夫的一句话会比开篇的格言更贴切："虽然过去可供人娱乐，并很容易使人感觉高贵和膨胀，甚至很容易推而广之，但所谓的启迪全都带有巧妙的哄骗"（Fischhoff, 1980, p. 80）。

总　结

对不确定条件下判断的研究揭示了用于快速推断的启发式策略的重要性。其中的一种是代表性启发式：社会感知者根据一个对象的特征与某个类别的本质特征的相似度来决定这个对象属于该类别的可能性。另一种是易得性启发式，即根据例证或关联素材被想起来的速度估计频率或可能性。模拟启发式通过对事件进行心理预演来确定在给定的一组情况下哪个结果比较可能。锚定启发式使人能够利用一个事先存在的参照点，然后根据参照点进行一定的调整从而估计一些新问题的答案。决策框架影响推断，尤其是决策是以收益还是损失为叙述框架。

在这些启发式之外还有一些其他的认知捷径。人们经常忽略一些良好的、描述人口特征的基本比率信息，而偏好一些更不可靠，但是看起来更相关的个案历史或逸闻。人们在使用并组合概率信息时表现得尤其差，经常对事实上可能性很小的事物抱有很大的信心。当先前存在的预期或理论引导社会推断时，正性验证案例策略常被用来选择性地寻找支持预期推断的例子。

某些来源的错误会影响我们将信息组合成判断的能力。共变性，即对两个事物之间关联度的估计，把很多之前提到的技巧（如，探测相关性、取样、整合信息）串联了起来。当信息已经被收集整理好，指示清晰明了，与统计模型的关系很清楚，并且不存在关于共变程度的先验理论时，社会感知者能相当好地估算共变性。然而，当这些因素消失后，共变性的估计会极大地被先前预期所歪曲。

时间因素明显地引导着推断过程，例如眼前的奖赏一般比未来更大的奖赏价值更高。此外，抽象的表征特征支配关于未来的决策，而对具体细节的考虑在对当前的判断中起更大的作用。在回顾过去的行为或错误时，人们经常高估了自己当初对情形的预见程度。

延伸阅读

Crocker, J. (1981). Judgment of covariation by social perceivers. *Psychological Bulletin*, 90, 272–292.

Dunning, D. (2012). Judgment and decision-making. In S. T. Fiske & C. N. Macrae (Eds.), *Sage handbook of social cognition* (pp. 251–272). Thousand Oaks, CA: Sage.

Kahneman, D. (2011). *Thinking, fast and slow*. New York: Farrar, Straus & Giroux.

Nordgren, L. F., McDonnell, M.-H. M., & Loewenstein, G. (2011). What constitutes torture? Psychological impediments to an objective evaluation of enhanced interrogation tactics. *Psychological Science*, 22(5), 689–694.

Shapira, O., Liberman, N., Trope, Y., & Rim, S. Y. (2012). Levels of mental construal. In S. T. Fiske & C. N. Macrae (Eds.), *Sage handbook of social cognition* (pp. 229–250). Thousand Oaks, CA: Sage.

Tversky, A., & Kahneman, D. (1974). Judgment under uncertainty: Heuristics and biases. *Science*, 185, 1124–1131.

第 8 章

社会推断的精度与效率

- 为什么假设人是理性的
- 社会推断何时会产生错误的答案
- 错误与偏差是重要的：改进推断过程
- 错误与偏差是偶然的：它们或许无关紧要
- 快速判断有时会优于深思熟虑的判断吗
- 神经经济学：回到未来

在早期的社会认知研究中，研究者们普遍持有这样一种观点：人类的推断过程通常是有意识的、理性的、周密的、合乎逻辑的、准确无误的。在一些行为科学中，这种信念仍在一定程度上延续着，尽管相当多的实验证据证明这个假设是错的。我们在这一章致力于阐述如下内容：上述假设为何如此有生命力；社会推断在什么时候最有可能出错；这些错误与偏差是否重要；不假思索的快速判断有时是否会胜过深思熟虑的判断；以及来自神经经济学的见解。

为什么假设人是理性的

为什么关于理性的假设是社会认知研究的基石？一个原因是这类研究都会或

明或暗地假设推断过程是目标导向的,也就是说,作出推断是为了达到某种目的。比如,某个人可能需要做一个决定,在一些选项之间进行选择,抑或需要在采取行动前了解清楚情况。如果目标主导着推断过程,那么显然实现目标的某些方式比其他方式更好,因为它们更加周密,更不容易出错。因此,社会感知者似乎应该使用这些方式。

假设理性的另一个原因则更为务实。有一个可比较的参照点,将有助于我们理解社会感知者所运用的策略。规范模型——运用信息进行推断的最优方式——给我们提供了这样的参照点。尽管研究者们清楚地知道社会推断与规范模型并不相符,但是在考察社会推断所使用的典型策略时,朴素社会推断与规范模型的比较仍然很有启示作用。用于判断和决策的规范模型被统称为行为决策理论,正是这些行为决策理论的原则被用来与社会推断相比较(例如,Dunning, 2012; Einhorn & Hogarth, 1981; Hastie & Dawes, 2001)。

评估人类推断过程的一个主要模型是期望效用(EU)理论,这个理论在第7章已有介绍。其他经常被用来与社会推断进行比较的规范模型包括统计学知识,比如相关计算或大数定律(例如,大样本比小样本更可靠)。我们将在下一节中提及这些内容。然而,一个更大的问题是,从描述性的角度看,规范模型是否有益于我们理解人类的推断过程。

第7章回顾了社会推断过程并将其与规范模型相比较,发现人类的推断策略往往不符合规范模型所规定的标准。从这些比较中可能得出的一个结论是:我们所使用的启发式与思维捷径没能很好地服务于我们。实验证据表明,就像众所周知的初涉恋爱的懵懂少年的第一次,我们可能很快,但我们不是很好。但这个结论可能具有误导性。

我们可以把某些偏离规范模型的推断理解为是为了实现替代目标。例如,社会感知者可能会作出对他有激励或奖赏作用的推断,而不是受精确性的驱动。第5章里有关自我的研究提到了这一点,本章后面还会提及。因此,除其他方面的影响作用,情感因素显然引导着社会推断过程。

社会推断与规范模型不相符的另一个原因是,社会感知者不仅面临着精确性的压力,还面临着效率的压力,因为人们要在需求多元的、瞬息万变的环境中快速作出推断。因此,很多推断任务是参照先前的期望和理论来解决的,而非通过对手头信息的详尽考虑。例如,在为雇主的晚宴购买食材时,我们往往会仔细考虑要买的每一件东西，但是通常情况下，我们购买食材时往往是被"越便宜越好"的原则所引导，以便迅速地从琳琅满目的商品中挑选出想要的商品。推断过程常常偏离规范模型的一个原因是短时记忆容量的限制。正如在第4章所提到的，人们同时处理信息的能力是受限的。至少，推断过程往往以需要使用快速（但并不总是完善地）传递信息的策略为标志。我们因此发展出了"认知吝啬者"这个概念来解释人们在现实世界中给刺激分配注意资源和加工时间时必要的吝啬（S. E. Taylor, 1981b）。然而，记忆的长期存储则相当"便宜"，想一想你知道的所有歌曲或者你能一眼认出的人。拥有如此之大的存储空间的好处是，先前的信息、信念和推断可以作为知识结构进行存储。当人们必须作出新的推断时，就可以获取这些信息。有限的工作容量及数量庞大的储存知识，这些因素将如何影响社会推断？

　　长时记忆是期望与理论的来源，正如我们所看到的，社会推断在很大程度上是理论驱动的。使用先验理论可能是形成判断和决策的有效策略，因为它代表了过去的学习对后续信息处理的影响。运用我们已存储的情境、事件和人物的表征来解释新的、相似的情境、事件和人物，既有效又高效。如此一来，偏离规范模型的推断将倾向于支持既有的期望或假设，而不利于检测数据中的偏差或错误来源。这种策略的第二个后果是，推断过程往往是保守的，避免产生新的、反直觉的信念。

　　与人们对之前的理论和保守推断的偏好相关的是，人们倾向于去寻找与原有预期一致的证据，而不是考虑所有可得的证据。正如之前指出的，这种验证原有预期的倾向，是直觉推断所表现出的与规范模型的多种偏离背后的原因。而所有的这些特征都可以预测社会感知者在哪些情况下最容易误入歧途。

社会推断何时会产生错误的答案

　　因为启发式本身是经验法则而不是规范的推断模型，所以在某些可预见的情况下，社会感知者的认知推断会出现偏差。这一节我们将回顾其中的一些情况。正如前文所述，人们采用的启发式加工通常会使用既有的理论或预感来引导信息的思考与解释。而在一些没有先验理论的事件中，社会感知者可能会利用在认知推断过程的早期所收集的数据来提出一个理论，此后便可以使用理论导向的推断

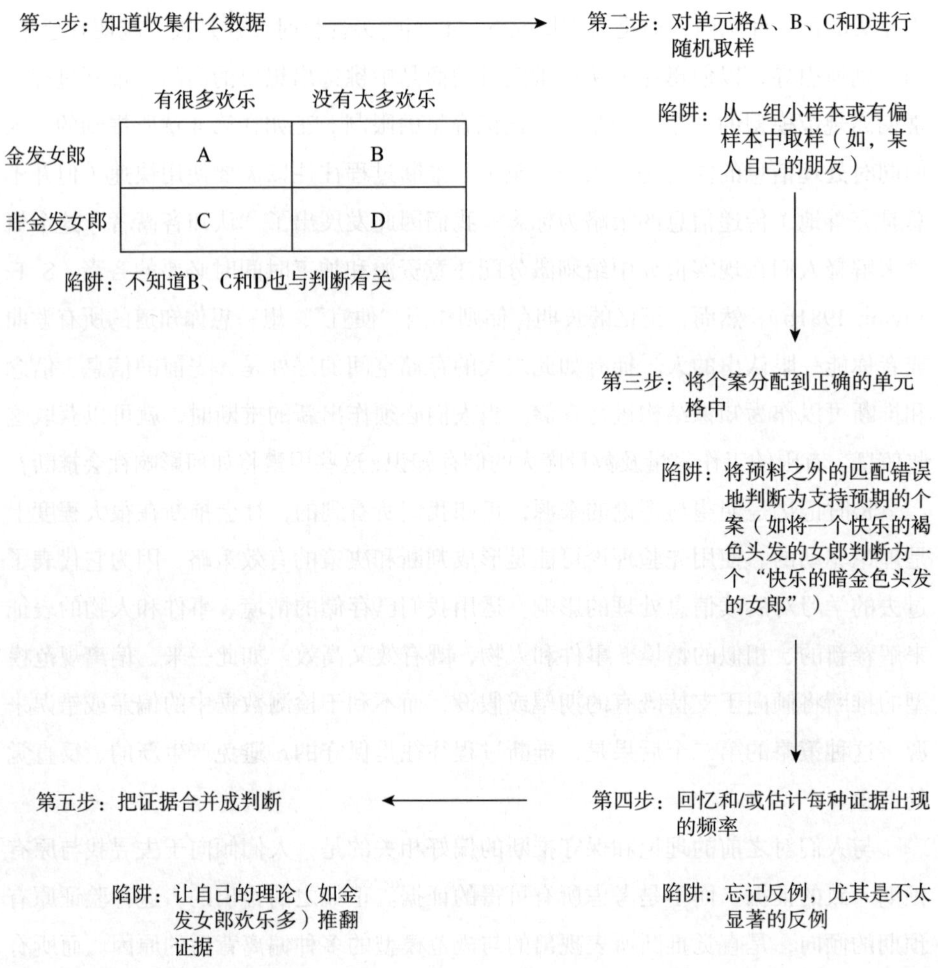

图 8.1 社会推断及其陷阱

第一步：知道收集什么数据 → **第二步：对单元格A、B、C和D进行随机取样**

	有很多欢乐	没有太多欢乐
金发女郎	A	B
非金发女郎	C	D

陷阱：不知道B、C和D也与判断有关

陷阱：从一组小样本或有偏样本中取样（如，某人自己的朋友）

第三步：将个案分配到正确的单元格中

陷阱：将预料之外的匹配错误地判断为支持预期的个案（如将一个快乐的褐色头发的女郎判断为一个"快乐的暗金色头发的女郎"）

第五步：把证据合并成判断 ← **第四步：回忆和/或估计每种证据出现的频率**

陷阱：让自己的理论（如金发女郎欢乐多）推翻证据

陷阱：忘记反例，尤其是不太显著的反例

策略。简单地说，社会感知者往往偏向于看到他们期望看到的东西（图8.1）。

收集信息

即便再小的推断或判断也要从最基础的过程开始，即选择哪些信息是相关的，并对可用信息进行采样。根据规范模型，社会感知者应该考虑所有相关的信息，但事实上，追求效率的压力常常阻碍了这种完备性。这就导致了一种以收集符合既有理论的信息为形式的、稳定的认知捷径。

在很多情况下，根据既有期望与理论来选择数据是完全恰当的（见 Nisbett & Ross, 1980）。只有庸医才会对每个病例从零开始；相比之下，根据特定疾病的发病率、患者的特征、对当下疾病流行情况的了解等来引导对症状的解读是一种更高明的策略。一个矮胖的青春期女孩偶尔晕厥或许是因为脑瘤，但更有可能是这个女孩正在节食，吃得太少。

然而，在很多情况下，根据先前存在的理论对信息进行定性是不明智的。这样的情形主要有三种（Nisbett & Ross, 1980）。其一，理论本身是错误的或是可疑的。例如，如果医生诊断说这个头晕的女孩是被魔鬼附体了，女孩父母肯定希望还有其他的解释。其二，如果人们根据某个理论来定性数据，但认为自己的推断是客观地基于原始数据，可能就会产生问题。比如，那个医生在粗略的检查后让女孩回家，并嘱咐她吃一顿丰盛的晚餐，就很可能忽略了其他导致昏厥的可能性较小的原因，如糖尿病或癫痫，但那个医生还可能认为检查很彻底。其三，当理论完全否定对数据的考虑时，受理论指导的推断就会出现问题。比如，如果医生在对女孩进行检查前就认为她是个狂热的节食者，他就犯了这种错误，并且出现了重大过失。

让理论来指导与推断有关的取样，常常会导致考虑的信息量过少。如果社会感知者很早就发现初步的证据与指导该数据取样的理论相符，那么进一步的取样可能就会中止。但是感知者可能没有意识到这样一个事实，即理论从一开始就引导了对数据的考量，而后这些数据又被用来强化对理论的信心。

信息取样

一旦社会感知者决定了哪些信息与推断相关（这个任务会因既有理论而出现偏差），就必须对数据进行取样。例如，如果你想知道你们班级的学生是否喜欢你的课，你就得决定要问哪些学生以及问多少学生。当人们对给定的样本提供的信息加以描述时，只要没有先入为主的理论或期望的影响，他们对频率、比例和平均值的估计还是相当准确的。因此，如果你有学生们对课程的评估，你大概可以很容易地估计出他们的课程评估的平均水平。然而，如果你对评估过程有自己的理论或期望，那么你对数据的描述就会受相关理论或样本的特定特征的影响

(Nisbett & Ross, 1980）。

当一个样本不是现成可用时，取样以及基于此样本的推断过程就可能存在着陷阱。首先，样本估计会受样本中极端案例的误导。在一个研究中（Rothbart et al., 1978），参与者了解了两组成员的情况，包括其中一些成员犯过罪。在第一个样本中，只出现了一些轻微犯罪的情况；另一个样本则包括了一些恶性犯罪的情况。尽管事实上两组成员的犯罪率是相同的，但参与者似乎使用了锚定与调节的启发式，错记成第二组成员的犯罪率更高，这可能是因为极端的案例会促使人们形成这组成员与犯罪之间的强烈关联。这也符合特殊性配对造成的虚假相关。

在从样本得出推断的过程中，社会感知者往往不能充分注意到样本的大小。从小样本得出的总体特征估计往往不准确，而大样本则可靠得多。这个原理被称作**大数定律**（law of large numbers）。然而，人们常常把一个从不具有代表性的小样本中得出的结论过分推广，这显然违反了大数定律（Nisbett & Ross, 1980; Tversky & Kahneman, 1974）。例如，即使仅仅观察到某个人的一个举动，社会感知者也经常会对这个人未来的行为作出自信的预测。说到这点，笔者有个朋友早年几乎都住在纽约的曼哈顿区，他直到 25 岁时还认为皇后区只不过是纽约市区的一块墓地。在那段时间里，他只是去肯尼迪机场或拉瓜迪亚机场时才经过皇后区，而在那段路程中会看到大片大片的墓地。可推测的是，如果对皇后区的街道进行更好的取样，就会发现皇后区的富庶。

人们确实对大数定律的含义有一些直观性的感受，但并不理解其全部的内涵（Kunda & Nisbett, 1986）。社会感知者会表现出某种不对称性，往往相信用总体去预测单个事件比用单个事件去预测总体更加可信。因此，人们认为完整版智力测验的得分能更好地预测短测验的得分，而不是相反（Kahneman, 2011; Kahneman & Tversky, 1973）。这种感觉是错误的，因为从单个事件（短测验）来预测总体（完整测验）与从总体来预测单个事件本质上是相同的。这个效应之所以会发生，可能是因为人们的直觉使他们相信增加事件的预测样本的大小可提高可预测性，而增加被预测样本的大小却不会（Kunda & Nisbett, 1988; 也见 Kunda & Nisbett, 1986）。

除了样本大小，人们有时候并没有充分注意到样本的有偏性。在收集自己的样本时，人们往往会询问朋友或熟人，全然忘记了由朋友组成的样本几乎不可能是随机的。通常，人们选择朋友和熟人恰恰是因为他们和自己至少在某些方面是相似的，因此，那些人的观点可能或多或少地与他们自己的观点类似。

即便提供了关于样本典型性的信息，人们有时也未能使用这些信息。在一项研究中（Hamill, Wilson, & Nisbett, 1980），参与者先观看一段一名狱警的访谈录像，这名狱警被描述为大部分狱警的典型情况或非典型情况，或者没有典型性的相关信息。在录像里，狱警表现出热情又会关心人的样子，或者表现出非人道、强悍、冷酷的样子。参与者之后回答一些关于刑事司法系统的问题，其中包括关于狱警的问题。尽管参与者记得初始的典型性信息，但是相比看过非人道的狱警录像的参与者，那些看过人道的狱警录像的参与者会对狱警表现出更加赞许的态度。

人们在试图进行推断时未能充分使用的信息不仅限于取样规则和样本特征。社会感知者同样会忽视其他影响数据与推论之间相关性的特征信息。其中一个例子就是回归效应。

趋均数回归

回归与根据概率信息进行预测有关，大多数人对此知之甚少。**趋均数回归**（regression to the mean）指的是这样一个事实：平均来说，在一个不同的时间点重新评估一个极端事件时，这一事件往往不再那么极端了。回归对我们的启示是，当一个人必须基于有限和不可靠的信息进行推断时，如果他冒险作出的预测没有初始信息那么极端，那么他的预测将最为准确。某天晚上你去过的一家餐馆让你觉得非常棒，但是当你拉着朋友一起去吃时，那些让你赞不绝口的菜品说不定就没那么好吃了。尽管人们有类似的经验，但实验证据和日常观察一致表明，当遇到预测信息的极端值时，他们还是会对随后的行为作出极端的推断（Jennings, Amabile, & Ross, 1982）（表8.1）。

当人们不能理解回归现象时，他们有时会习得不正确的规则。在一个研究中（Schaffner, 1985），大学生们要用表扬或批评两种策略来让两个男孩准时到校上学，而事实上，两个男孩的到校时间是随机决定的。参与者往往会"发现"男孩在受到表扬后到校的准时性"恶化"了，而受到批评后到校情况则有所"改善"，一种本可根据回归现象来预期的模式。虽然参与者认为他们的表扬在改变男孩行为方面是有效的，但他们认为对学生的迟到行为进行批评更有效，而实际上这是因为拖拉迟到的情况偏离均数更远，而且会随机回归到准时。

表 8.1　趋均数回归：两次美国研究生入学考试（GRE）成绩

第一次考试			
有四个能力相同的学生（A、B、C、D），他们都应该在 GRE 考试中获得 600 分	但随机因素产生了影响，提高或降低了他们的分数	第一次考试的实际分数	结论
A　600	−10（睡眠不足）	590	B 和 D 看起来很强；
B　600	+15（学过与考试题目类似的样题）	615	A 和 C 看起来比较弱
C　600	−17（被嚼口香糖的人分心）	583	
D　600	+12（考试时坐到了好座位）	612	
第二次考试			
同样的四个学生再次参加了考试	不同的随机因素产生了影响，提高或降低了他们的分数	第二次考试的实际分数	结论
A　600	+12（早餐吃得好）	612	相比于第一次，A 和 C 看起来更强了；B 和 D 看起来更弱了
B　600	−10（坐在窗边）	590	
C　600	−4（轻微感冒）	596	
D　600	+5（那天"在状态"）	605	

在极少数情况下，回归或者至少类似的效应，可以被人们所理解。比如，文学评论家在评价某个作家一鸣惊人的处女作时，往往会"两头下注"。评论家可能会热情洋溢地称颂一番，但他通常还是会谨慎地让人们等待该作家的下一部作品，因为以往的经验表明第二部小说往往没有第一部出彩。然而，有人可能会问，这些保守的预测是否基于对回归趋势的理解。虽然这种少见的情况可能确实存在，但更多的情况下，人们用某些理论而不是随机误差来解释第二部作品的拙劣表现。作家会被说成为了第一部作品已经"精疲力尽"或者"江郎才尽"，没有为第二部作品留下素材。另一些作家则被认为被第一次的成功所束缚或阻碍。尽管其中的一些观点事实上可能是对的，但回归效应本身就完全能够解释"第二部作品效应"。不过，又有多少人读到过这样的对平庸的第二部小说的评论：仅凭随机性就能预测第二部作品不如上一部？

人们的判断未能充分考虑回归趋势，这可能代表了一种加工错误或通常有效的判断策略的误用。如果世界是稳定的，人们对各种事件的预测就应该表现出对回归效应的理解。但当世界在变化时，从相关信息中产生的极端性预测可能是恰当的。极端反应可能是随机发生的，也可能是基础数据发生变化的信号。考虑这样一个例子：一个制造业的公司公布了大额的亏损。如果这些亏损被认为是合理范围内的随机波动，那么人们就应该预测利润将很快回归到平均水平。然而，如果认为大量的亏损表明制造业正在向海外转移，那么更为极端的预测也可能是合理的。因此，人们可能从他们所处的环境中了解到，极端的波动往往标志着条件的变化，因而他们在变动的环境中不考虑回归趋势可能具有适应性。然而，当随机极值出现在稳定的环境中时，这种对变动的敏感性可能会导致人们不能充分地考虑回归趋势。

稀释效应

假设我们告诉你我们有个叫朱迪丝的朋友，今年35岁，未婚，与一个女性朋友一起住了五年，并且两人合买了一栋房子。你可能会得出她大概是一名女同性恋者的结论。然而，如果我们还告诉你，她是一名律师助理，在夜校上小说写作课，开着一辆蓝色丰田，并且与她的兄弟姐妹关系很好，你可能会想知道她是不是一名同性恋者，但没有立即假设她是。这是为什么呢？关于朱迪丝是否是一名同性恋者，前四条信息可被视为判定性的特征信息，因为有固定女性伴侣的未婚女性通常会被认为是同性恋者。然而，当附加了关于她的工作、车型、闲暇生活等额外信息后，特征信息被非特征信息稀释了：非特征信息不会让你得出她是同性恋还是异性恋的结论，这些信息只是中性的。简而言之，我们通过加深她的角色塑造，使她成为一个真实的人，降低了她与女同性恋刻板印象的相似性，因而你对她作出极端推断（同性恋者）的信心可能因此减弱。当特征信息被非特征信息弱化后，社会推断将不会那么极端，我们把这个现象叫作**稀释效应**（dilution effect; Nisbett, Zukier, & Lemley, 1981）。

一些情境会限制稀释效应的出现。当关于初始信息含义的原有理论本身就比较薄弱时，稀释效应就很难出现（S. T. Fiske & Neuberg, 1990; Higgins & Bargh, 1987; Ruble & Stangor, 1986）。稀释效应似乎也只在新的非特征信息本身典型但不极端的情况下才会出现（G. Zukier & Jennings, 1983—84）。

心理学家已经发展出了很多训练技术以减少错误判断，但讽刺的是，至少其中一些措施实际上增强了稀释效应。例如，一种引导人们对社会信息进行更复杂的加工，并降低理论指导的推断和过度自信的推断可能性的方法是**问责制**（accountability）：需要向他人证明自己所作判断的合理性。在一项研究中（Tetlock & Boettger, 1989），相比不需在判断任务中为自己的推断负责的参与者，非特征信息会更多地稀释需要向他人说明理由的参与者的预测。对判断负责会使人们在做判断时利用更广泛的信息，但这并不一定会使他们对信息的有用性更有辨别力。

错误与偏差是重要的：改进推断过程

在总体上，我们应该带着警觉、困惑还是敬意看待社会推断中的错误和偏差？至少有三种观点试图解答这个疑问（表 8.2）。第一种观点认为，在社会推断过程中发现的错误与偏差很有市场，并且往往会导致判断和政策上的重大错误，因此人们必须努力改进推断过程。第二种观点认为，推断过程中的错误与偏差虽然显而易见，但在现实世界中，人们实际上在推断任务中表现得相当出色。此外，尽管社会感知者倾向于在推断过程中出现某些系统性的偏差和错误，但现实世界中的条件会对推断过程进行保护和检查，所以一些推断偏差会变得无关紧要或者得到自我修正。更为新近的第三种观点认为，在有些情况下，基于启发式快速形成的判断可能会优于那些经过深思熟虑的判断。我们将在这一节中考虑第一种观点，在后续的小节中再分别介绍其他两种观点。

在某些情况下，错误的推断策略的确会产生严重的后果。推断错误在带有贬损性的刻板印象的形成和维持中所起的作用，就是一个突出的例子（第 11~12 章）。

表 8.2 关于推断错误与偏差所产生后果的三种观点

观点	原因	启示
重要的、真实的	很多研究证据	干预、教育、检查
实验室的副产品	人类的日常功能	信任情境、社会的制约与平衡
启发式更优	适应性的证据	不必过度分析

群体决策在收集信息、感知自己和他人处境方面表现出显著的偏差，表明在自然发生的社会推断情境中可能出现严重的错误（Janis, 1989）。判断错误会对许多领域产生令人不安的影响，例如政治（Jervis, 1976）、临床决策（Turk & Salovey, 1986）和教育（Simon, 1980）。简而言之，推断过程中的偏差通常事关紧要，因此我们需要探测和修正推断偏差的方法。

如果一个人想要改善社会感知者的推断过程，他的工作很可能会从使感知者对错误保持警惕开始，并指导他们注意未来可能出现的推断错误。这类指导有一个前提，即人们至少要对他们正在使用的推断加工有一些觉察，并且可以有意地利用这种觉察。

在一篇充满争议的论文中，两位研究者（Nisbett & Wilson, 1977b）坚持认为，人们几乎或完全不能通过**内省途径**来了解自己的认知过程。大量来自心理学研究的逸事证据表明，许多（如果不是大多数）实验参与者对实验中影响他们行为的力量一无所知。以这些观察为出发点，研究者们开展了一系列实验（Nisbett & Wilson, 1977a; T. D. Wilson & Nisbett, 1978; T. D. Wilson, 2011），他们系统地操纵了影响参与者行为的因素，然后要求参与者报告是什么因素导致他们以那样的方式行事。例如，在一项研究中，参与者被告知他们是在参与一项消费者偏好调查，他们需要仔细观察展示在台面上的四件睡衣，然后指出他们会选择哪一件。事实上，强烈的系列位置效应决定了这类任务的结果，即人们通常偏爱最右边的那款商品（这种位置偏好为何存在还不完全清楚）。这项实验中的参与者显示出了这种系列位置效应，但是当被问及为什么作出这种选择时，他们提供的解释则集中在所选睡衣本身的属性上。当被告知系列位置效应可能影响了他们的决定时，参与者们对此表示相当怀疑。

人们对其行为原因的信念（"我喜欢粉红色，而那件睡衣是粉红色的"）与其行为的实际原因（那件粉红色的睡衣在右边）之间的差异，在很大程度上来源于常常提到的理论对判断的影响：我们相信我们的行事总是出于自己所知道的原因，并且经常无法意识到或者不相信那些不符合我们的理论却影响了行为的事物。

我们不应该从之前的讨论中推论人们关于自身行为原因的理论总是错误的。其实，在许多（如果不是大多数）情况下，人们是正确的。如果有人问你为什么在哭，你回答："因为我的男朋友离开了我。"你的分析很可能是正确的。然而，一个理论是正确的，或者它被正确地应用于某个特定情形，并不意味着理论持有者拥有通往其认知过程的特殊途径（T. D. Wilson, Hull, & Johnson, 1981）。社会认知研究检验非正式理论的正确性，可促进有效的干预，例如通过"编辑"那些个人故事（T. D. Wilson, 2011）。

我们应该把推断交给电脑吗

在给予相同信息的情况下，与电脑相比，人们在推断中的缺点会暴露得尤其清楚。电脑总是和人做得一样好甚至更好（Dawes, Faust, & Meehl, 1989）。我们如何证明这一事实呢？首先找到一项判断任务，在这项任务中，每一种情形所包含的信息大致是同一种类型的；其次，为每一种情形设定一个关于如何整合信息以作出判断的规则。这样的判断任务比较常见：一个企业必须在考虑了需求和现有库存之后补充库存；医生们必须根据临床观察、症状表现和检查结果对病人进行诊断和治疗；教授们基于考试分数、平均绩点、过去所做的工作、推荐信来决定是否录取研究生。

完成这种任务的一种规范恰当的方法是检验每一种情形（如每一个学生），收集与判断有关的每一项信息（如平均绩点、推荐信、GRE 分数），乘以相应的权重（例如，GRE 分数的权重是平均绩点的两倍，平均绩点又是推荐信的一半），相加得到该学生的总得分，然后再与其他学生的得分进行比较，从而选出最优秀的学生。这个过程使用了一个**线性模型**，之所以这么说是因为总体印象的计算是可得信息的加总。这项任务可以被一部经过适当编程的电脑快速而有效地完成。各种非线性组合也能可靠地作出决策："当平均绩点低于 3.0 时，让它的权重和推荐信一样，否则它的权重是推荐信的两倍。"这些规则的非线性本质并没有使它们的电脑编程变得更困难，并且电脑比人类决策者更加可靠。

不幸的是，人类决策者常常夸大自己完成推断任务的能力，以至于把推断交给电脑的观点受到激烈的反对。人们觉得，临床直觉会被死板的数学公式抹灭，而且反常情况和特殊案例会被忽略。任何曾经加入过招生或成员资格委员会并见过临床直觉实际运作的人，大概都会知道其过程常常是随意且不一致的，充满了公然的刻板印象、毫无根据的偏袒以及非理性的厌恶。

有研究者（Dawes, 1980）对几所顶尖大学的招生过程给出了一种特别有趣的解释。一套招生过程的专用俚语迅速形成了。"匹诺曹"是指那些除了在某一方面

（如成熟或者独立性）有所欠缺，其他方面都获得推荐人高度评价的申请人，因此他们的履历有一个大的缺点（就像匹诺曹的长鼻子）。这样的人要排除在外，因为任何吸引了足够多的注意以至于在某些特质上得到如此之低的评价的人，肯定是非常糟糕的。"运动员论文"指的是太短的文章；"地图远端的人"是指那些会增加地域多样性的学生，例如一个夏威夷学生申请美国东海岸的学校。每个人似乎都在寻找人们常说的"纯朴的小镇青年"。通常，人们会将申请者与那些他们过去遇到的类似学生进行比较。"啊哈！另一个斯梅德利。他很聪明但却是个做苦力的料。他身上没有创造性天赋"（Abelson, 1981）。这些类比通常只是建立在极少的相似性基础之上，例如有一份除了体育以外其他方面都很突出的成绩单。

尽管存在这些问题，还是有人为这个过程大声辩护。它的拥护者主张，一般而言，决策者确实使用了恰当的算法，并且这种对模型的偏离能挑选出大器晚成之人或者浪子回头的学生。然而，集体决策会犯独特类型的错误（如，Janis, 1972; Shaw, 1971），并且训练有素的统计学家和其他专家有时也像普通人一样容易犯推断错误（Kahneman & Tversky, 1973; Tversky & Kahneman, 1974）。表8.3呈现了分别依据线性决策规则、非线性决策规则和人类直觉，对两个虚构的研究生招生案例的假设性说明（Burgess, 1941; L. R. Goldberg, 1968, 1970）。

两名研究者分别将临床判断与电脑或其他机器辅助的判断进行了详细的对比（Meehl, 1954; J. Sawyer, 1966），得出了相同的结论：电脑或者其他机器辅助的判断总是和临床判断表现得同样好甚至更好。电脑究竟做了什么，它为何做得如此之好呢？其实电脑只不过是更加始终如一地做了人类决策者认为应该做的事情而已。它使用人们所确立的标准，但它始终如一地使用这些标准，赋予可靠的权重，准确地汇总信息，然后才作出判断。

人类决策者做错了什么？相比于实际情况，人们通常高估了所使用线索的数量以及所作判断的复杂性。一位教授在读到上述研究结果时，把她自己对申请学生的排名与若干招生标准进行关联，发现GRE成绩几乎是她进行决策的唯一基础，这令她尴尬而又惊讶。人们不仅没有像他们所想的那样使用了那么多的线索，而且也没有按照他们所设想的方式对线索进行加权。尽管仍然有人支持临床判断，但显然，就那些使用固定规则的决策而言，电脑胜过了人类。当然，进入决策的变量还必须由临床判断挑选。然而，在整合信息以作出决策时，通常最好把人们排除在外（Dawes et al., 1989）。

表 8.3　线性模型、非线性模型与人类决策者的比较：斯廷奇和克拉布会被研究生院录取吗？

	案例 A：杰拉尔得·斯廷奇	案例 B：阿曼达·克拉布
	GRE：语文 650，数学 710	GRE：语文 620，数学 590
	平均绩点：3.8	平均绩点：2.9
	推荐信：用功、勤奋	推荐信：有点儿喜欢空想，尚未找到自己的方向
线性模型（如电脑所用）	得分 = 2（GRE）+ 1（平均绩点）+ 0.5（推荐信）	
决策：	录取斯廷奇	拒绝克拉布
非线性模型（如电脑所用）	得分 = 2（GRE）+ 1（平均绩点）+ 0.5（推荐信） 当平均绩点低于 3.0 时，得分 = 3（GRE）+ 0.5（平均绩点）+ 1（推荐信）	
决策：	录取斯廷奇	拒绝克拉布
人类决策者	啊哈！另一个斯梅德利。他身上没有创造性天赋。	啊哈！另一个伍德利？她是个很棒的理论家——尽管起点低。
决策：	拒绝斯廷奇	录取克拉布
给定可靠且有效的招生标准后的可能结果	斯廷奇会表现得很好	克拉布会表现得不那么好

教授推理

　　把问题交给电脑处理并不总是现实的。第二种改进推断过程的可能途径通常是教育，即在正式的教育课程中教授推理。尼斯比特和他的同事们探讨了教授推理的价值，以确定学习适用于特定问题的规则是否以及何时能够推广到更大范围的问题中。在一项研究中（Fong, Krantz, & Nisbett, 1986），一些参与者接受有关大数定律的训练，另一些参与者学习如何在具体的例子中运用这一定律，第三组参与者同时接受上述两种训练，第四组不接受任何训练。结果表明，接受了定律训练或实例训练的人比那些没有接受训练的人更可能进行统计推断，而同时接受抽象定律和实例训练的人则在统计推断上表现得最为出色。更重要的是，使用通过实例来学习的方法（**引导性归纳，guided induction**）产生了一种训练迁移效应：参与者在未经过专门训练的领域和经过训练的领域取得了同样的进步。人们显然拥有抽象的推断规则，并且可以通过引导性归纳得到训练，从而拓展或改善他们在各种情境下对这些规则的使用（Cheng et al., 1986）。

与上述结论相一致，研究生训练也显著地影响了推理策略（Lehman, Lempert, & Nisbett, 1988）：研究者对比了心理学、医学、法学和化学等四个学科的研究生刚入学与两年之后的情况，看看研究生训练对各种统计和方法论推理任务是否有影响（表 8.4）。与之前的研究一致，心理学学生和医学生（在较小程度上）都改进了他们的推理，大概是因为这两种专业都涉及解释概率数据。然而，对化学这门几乎只和确定性原因打交道的学科来说，研究者们没有预期、也确实没有发现该专业的学生改进他们的推理过程。同样，法学的训练对统计和方法论推理的影响也很小，但法学经常遇到的条件推理问题除外。

因此，关于这一问题的结论是，人们能够使用抽象的统计概念，并且在相关情境中确实能自发地使用这些概念，但这种使用并不总是完全正确的。正式的训练以及通过实例的训练都能提高人们的能力，使他们能够看到统计原理在广泛情形中的适用性，并恰当地使用这些原理。然而在其他情况下，电脑也许做得更好。

表 8.4　日常生活中的统计推理、方法论推理与条件推理

统计推理——日常生活

在职业棒球大联盟新赛季进行了两周之后，报纸开始刊登前十名球员的平均击球率。通常，两周以后，排名领先的击球手的平均击球率大约为 0.450。然而职业棒球联赛史上从来没有击球手在赛季结束时仍保持 0.450 的击球率。你认为这是为什么？

1. 运动员在赛季初的高击球率可能只是侥幸。
2. 在赛季之初连续得分的击球手，为了保持他的表现记录会面临巨大的压力。这样的压力对其后续比赛产生了不良影响。
3. 投手倾向于在赛季过程中变得更厉害，因为他们的状态会变好。由于投手们进步了，他们更有可能使得击球手三振出局，因此击球手的击中率会下降。
4. 当击球手以高击球率闻名时，投手会在投掷时更卖力。
5. 当击球手以高击球率闻名时，他就不再能得到容易击中的好球了。相反，投手会投"边角球"（投出坏球的可能性提高），因为他们不介意保送他。

方法论推理——日常生活

米德尔波利斯市有一个不受欢迎的警察局局长,其任职时间已超过一年半。他是通过政治任命上位的,是市长的亲信,而且被任命时在警察管理方面几乎没有任何经验。市长最近在公开场合为局长辩护,声称自从他就职之后,犯罪率下降了12%。以下哪项证据最能驳斥市长关于局长胜任力的断言?

1. 在地理位置和规模上与该市最接近的两个城市的犯罪率同期下降了18%。
2. 该市市民的一项独立调查表明,受访者所报告的犯罪率比警方记录所报告的犯罪率高40%。
3. 常识表明,警察局局长在降低犯罪率方面能做的其实很少。这主要是由于官员控制范围之外的社会和经济条件。
4. 警察局局长被发现与涉及集团犯罪的人有商业往来。

条件推理——许可证范式

你是马尼拉(菲律宾首都)国际机场的一名公共卫生官员。你的部分职责是检查每位想入境(而非仅仅在机场转机)的抵达旅客是否接种过霍乱疫苗。每位旅客都携带着一份健康表。这份健康表的一面显示这位旅客是入境还是转机,另一面则列出他在过去六个月中曾接种过的疫苗。你需要翻开下面的哪个/些表格来进行检查?只指出那些你必须检查才能确定的表格。

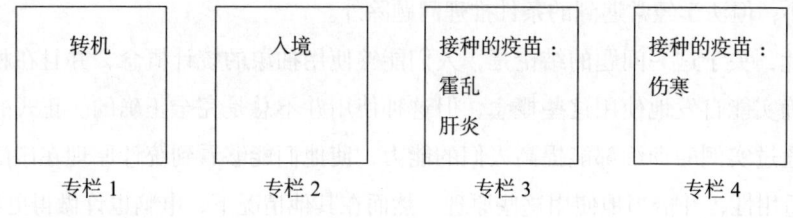

(a) 专栏 2 和 3
(b) 仅仅是专栏 2
(c) 专栏 2、3 和 4
(d) 专栏 2 和 4
(e) 仅仅是专栏 3

以上问题的正确答案是(1),(1),(d)。

资料来源:Lehman, Lempert, & Nisbett (1988)

错误与偏差是偶然的:它们或许无关紧要

关于社会推断中的错误与偏差的第二种观点认为,这些偏误可能实际上并没有那么严重。这种观点(Funder, 1987, 1995; McArthur & Baron, 1983; Swann, 1984)

提出了两个要点。首先，记录了错误和偏差的实验研究并没有创造出人们通常在现实世界中进行判断时所面临的条件，因此，可能会使人们在推断任务中的表现看起来比实际情况要差。持这种看法的人们认为，社会感知者们朴素的推断策略是适应于做出推断时所面临的生态和人际条件的；实验研究所创造的有利于规范模型使用的条件，在现实世界的判断和决策情境中很少存在。

其次，实验测试所使用的判断任务通常不利于推断中的直觉策略（Fischhoff, 1982; Funder, 1987; Kahneman & Tversky, 1982; McArthur & Baron, 1983）。例如，这些任务可能是不熟悉或不公平的（比如，被期望在头脑中计算相关性），或者参与者会对其产生误解。或者信息可能会以一种有利于规范模型使用的形式呈现，并且不包含会促进有效直觉策略使用的情境细节。实验证据的这种方法学偏差，可能会把我们的推断能力描绘得比实际情况更加负面。

与此相关的一点是，规范模型因此可能不是评价直觉推断的适用标准。现实世界中很少存在使得规范模型有可能得以使用的条件。通常情况下，信息既不是可靠的，无偏差的，也不是完整的。即便是，信息呈现的形式也可能不清晰或不可用。有时，信息并不可得，即便可得，使用规范模型也可能过于耗时。

将规范模型运用于大多数日常推断情境的另一个问题是，规范模型偏向形式结构而忽略了内容，因此也就忽略了决策的情境。例如，决定买三种品牌鸡蛋中的哪一种和决定与三个人中的哪一个结婚在规范模型下会被当作等价的决策，只要关于三个选项的信息具有相同的系统性。然而，这两个决策所用到的直觉过程很可能不同，并且理应如此。规范模型在固定决策环境中（即其他所有条件都一样）会形成推断标准。但决策和推断都是在动态的环境中完成的，因此静态环境中的预测可能不适用于变化的条件。

而且，在有些情况下最好使用规范模型之外的模型。以一个初出茅庐的求职者为例，他在午餐时把水洒得到处都是，把羊排弄到了邻座的腿上，还把手肘搁到了黄油里（Nisbett et al., 1982）。他真的很紧张，但他的紧张显然是由于环境原因造成的，而非性格因素。此外，这仅仅是其行为的一个小样本，或许不能很好地预测其未来行为。一般来说，我们不应该过分注意这些偶然事件。然而，考虑那些必须作出招聘决策的人所使用的另一种实用的模型，他们必须选出即使面临压力也能够始终表现良好的应聘者。你难道会让一个把黄油抹到衣服上而不是面包上的人给你做销售吗？简而言之，统计学上的规范模型仅仅是适用于社会判断的模型中的一种而已。那些直接做这些判断的人所秉持的其他模型可能会产生另一种标准，这种标准与规范模型的标准有内在冲突但却是有用的。

此外，评估一个人的推断是否准确以及何时准确，比人们想象的更加复杂。人们可以确定一个判断是否符合某项标准（如 Hastie & Dawes, 2001）；是否与他人相同（Funder, 1987）；或者是否是适应性的、务实的或有用的（Swann, 1984）。但许多社会判断由于缺乏客观的参照系，并没有确定正确与否的标准。此外，我们马上就会看到，推断常常服务于准确性以外的需要，例如保护或提升自我或所在的社会群体。

我们确实知道，诸如判断的重要性、个人卷入程度等因素鼓励我们考虑更多的信息，提出更复杂的判断策略，在某些情况下甚至会提高准确性（如 Harkness, DeBono, & Borgida, 1985）。如前所述，问责也会增加认知活动，比在无需负责的情况下形成更加复杂的加工策略（Tetlock & Boettger, 1989）。除了这些发现以外，判断社会感知者在现实生活中是否比在实验室中更加准确是很难的。而且，没有严格的标准可以用来定义"自然"情境，从社会感知者通常使用的推断策略的角度来看，许多现实中的情境本身就是不自然的（Kruglanski, 1989）。

推断错误无关紧要或者可以自我修正吗

由错误的推断过程所产生的某些错误是无关紧要的。例如，如果一个人的印象偏差并不影响其未来的行为，比如对仅有一面之缘的人形成不准确的印象，那么这样的错误就是无关紧要的。事实上，人们通常对推断与行为之间的一致性知之甚少。如果一致性较低，推断错误可能就无关紧要。如果偏差总是固定的，那么它可能也不重要。例如，如果一个人认为自己的女老板脾气暴躁，但如果她只在扮演老板这一角色时脾气暴躁，并且如果工作是他们的唯一交集，那么这种看法可能就无关紧要（Swann, 1984）。

推断不是选择，不会一旦作出，就使人不可逆转地进入某种认知或行为过程。相反，推断可能是试探性的尝试，人们会根据其引起的反应来加以修正。日常对话是对推断的现实测试，常常能够纠正一些带有深远影响的明显错误的结论。例如，如果某人关于其承担家务份额的主张遭到了配偶的强烈反对，那么这个观点就可能被修正。

当可供选择的决策方案接近等价时，偏差也就无足轻重了。一个在普林斯顿大学和耶鲁大学之间进行选择的学生可能会基于一位朋友的经验来作最后的决定，但抛开刻板印象和沙文主义不谈，这个学生在其中一所大学接受的教育比另一所不会相差太多。最后，我们的偏差可能对我们的策略影响甚微。想想研究生招生的过程。只有极少数研究生能够成为大人物。如果某人录取了五个学生，他们后来的职业生涯一般，也拒绝了五个同样后来职业生涯平平的学生，那么他就很难发现其决策过程有什么明显的错误，即使决策方法是有缺陷的。如果五个被拒绝的学生中有一人后来很出色，那么决策者可能会发现一个案例中的一个错误，并希望这个学生当初被录取。尽管如此，十分之一的错误率也并不高。显然，这个推理是错误的，但它强调了一个事实：我们的许多加工错误并不会产生明显的恶果，因此这些加工过程看起来完全恰当。

一些直觉策略可相对抵制某些错误的影响，而在其他情况下，一个缺点可能会抵消另一个缺点（Nisbett & Ross, 1980）。例如，稀释效应可以防止无法理解趋均数回归。

某些错误的根源会通过反复的遭遇来纠正自己。譬如，如果某人的几个朋友最近都离婚了，他对离婚率的估计可能会由于易得性启发式而暂时被夸大，但假设他的朋友不会无休止地离婚，他对离婚率的估计最终还是会与客观数据一致。

简而言之，尽管实验室中的推断任务常常戏剧性地描绘出人类产生偏差和错误的倾向，但现实世界中的偏差可能不那么重要。人们的启发式策略通常近似于统计学和其他规范模型（Griffiths & Tenenbaum, 2006），而且直觉策略可能并不总是导致某些研究所强调的戏剧性失败。此外，现实中的很多情况需要人们足够聪明而非聪明绝顶。直觉模型对待解决问题的内容进行合并。尽管人们可能会对不重要的问题作出草率的选择或决策，但对于关键的决策，他们可能会考虑得更加全面和谨慎。也就是说，直觉策略满足的是实用性考虑。在某些情况下，错误的推断会在与他人交谈的过程中被随后的证据修正（Hirst & Echterhoff, 2012）。因此，对于"如果我们在推断任务上如此糟糕，那么我们如何做到了与我们现在所做的一样好"这一问题的一种回答是：在大多数时间里，对规范策略的快速逼近产生了一种与现实世界发生联系的足够好的方式。

快速判断有时会优于深思熟虑的判断吗

早期的社会认知研究认为启发式推断是有缺陷的，但这一结论不得不让位于一些观察到的结果：为了应付效率压力，有时对规范模型的粗略近似可能足以保证准确性，并且在满足效率需求方面要优越得多。一种更为激进的观点目前正在逐渐被接受，即至少在某些情况下，与慎重、有意识的努力相比，基于快速启发式的判断可能会产生更好的推断。

马尔科姆·格拉德韦尔（Gladwell, 2005）的畅销书《眨眼之间》从社会心理学中引用了令人信服的例子来证明，对于许多复杂的决策或选择，大脑会进行一系列快速的运算，从而产生即时且往往正确的评估。例如，几位受邀对一件据称雕刻于公元前 6 世纪希腊的青年雕像进行评估的学识渊博的艺术史学家迅速地得出结论，雕像是赝品，尽管他们都无法清楚地说明原因。

社会心理学家还记录了许多其他的例子，比如只根据几秒钟的教学录像就能推断出学生们对该老师的教学评分的能力（Ambady & Rosenthal, 1993）。基于这种**行为"薄片"**的推断表明，我们的头脑可以在几秒钟内从复杂的刺激中整合或提炼信息，并得出显然复杂的判断（Murphy, 2012; Nosek, Hawkins, & Frazier, 2012; Payne, 2012）。在另一个例子中，陌生人通过观察大学生的房间来判断其主人是否健谈、周密、矜持和无私，他们的印象与评价尽责性、情绪稳定性和经验开放性的诊断工具所得结果有着惊人的一致性。所有这些判断都是在评估者没有见过当事人的情况下做出的（Gosling et al., 2002; 图 8.2）。

当然，并非所有的即时判断都是正确的，《眨眼之间》一书也没有提供很多准则来决定哪些判断可能是正确的，哪些判断完全错了。研究表明，有些条件可能会促成快速且准确的判断。当人们在某个领域具有专长并且之前见过许多相关的例子时，他们更有可能作出非常快速而准确的判断。因此，有经验的馆长可以判断出青年雕像是赝品，而有经验的学生可以估计老师的评分。快速整合不同信息，同时使用多个特征信息片段或者获取特别具有揭示性的线索的能力，也许是这种专长的部分来源。

也有研究从相反的方向考察了这一问题，表明当人们积极地推理自己的选择或决定时，他们有时作出的选择或决定反而更糟糕。例如，如果一个人正试图决

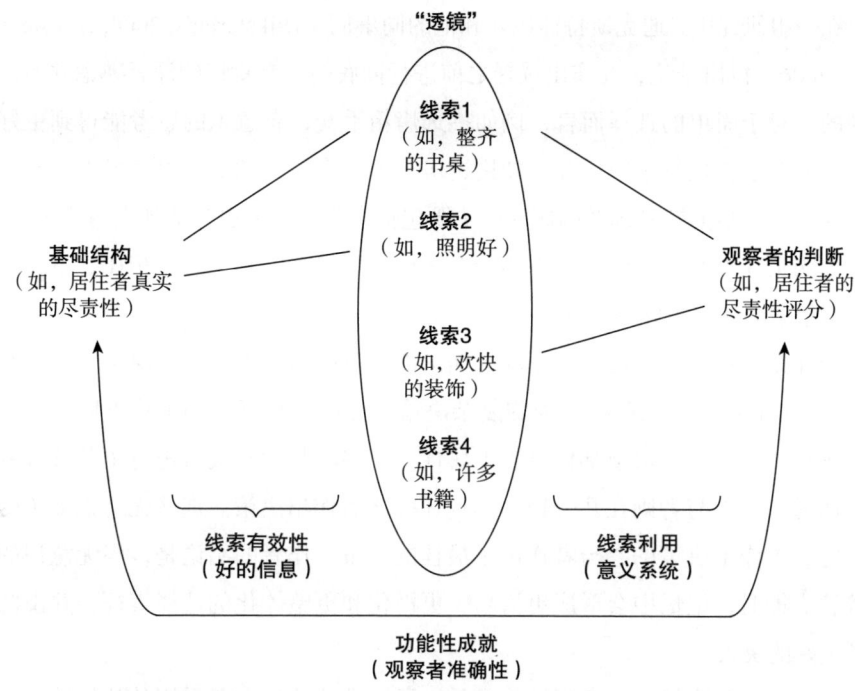

图 8.2 展示观察者如何通过"房间中的线索"来推断尽责性的布伦斯维克透镜模型
资料来源：Gosling et al. (2002)

定是否要接下某份暑期工作或者选择某个专业，一种明显的策略就是评估该决定所涉及的多个方面中的每一个，并分析有关每个备选方案利弊的证据。尽管表面上很有吸引力，但这种策略实际上减少了推断与选择之间的关联。反省自己喜欢或不喜欢某件物品的原因会破坏自己的印象，并降低这种印象对随后决定的影响（T. D. Wilson & Hodges, 1992）。从本质上说，分析一个人的推断背后的原因实际上改变了推断，至少是暂时的（T. D. Wilson, Hodges, & LaFleur, 1995; T. D. Wilson & LaFleur, 1995）。

这种现象发生的原因可能是人们通常不会对自己的推断考虑太多；当被诱导这样做时，他们可能会任意地关注推断的某些方面，而这些方面会变得更加突显。如此一来，他们可能就无法区分重要与不重要的信息，或无法恰当地感知特定信息的相关性，其结果是决策的质量下降（Tordesillas & Chaiken, 1999）。因此，推理（过度思考）会增加推断对其他判断或决策影响的不一致性。

在一组研究中，迪克斯特休伊斯和他的同事们（Dijksterhuis, 2004; Dijksterhuis et al., 2006）得出结论，在作出选择之前进行彻底的、有意识的深思熟虑并不总是有利的。对于简单的选择而言，例如挑选烤箱手套，有意识的思考能得到更好的结果，但对于更加复杂的任务（如挑选房子）而言，无意识的思考可能会改进结果。在四项考察消费者选择的研究中（既包括实验室情境也包括现实情境），复杂产品的购买在没有经过仔细考虑的情况下产生了更多的满足感；相比之下，简单的决策似乎会从深思熟虑中获益。

为什么无意识的、启发式驱动的加工能够较好地服务于复杂决策？在一系列研究中（Dijksterhuis, 2004），面临复杂决策任务的参与者们必须从不同的选项中进行选择，其中每个选项都包含若干属性。一些参与者对决策进行了几分钟的考虑，而另一些参与者则在几分钟的干扰任务之后作出决策。那些无意识地（受到干扰之后）作出决策的参与者作出了最佳的决策。作者的结论是，当无意识的思维接管决策时，记忆中会形成更清晰、更极化和更整体化的选择表征，并由此产生了更好的决策。

正因为这些决策是无意识地作出的，所以准确地确定所采用的认知捷径或启发式过程是不可能的。同样不清楚的是，让大脑在具有多种特征的选项之间无意识地进行筛选，是否总能改进复杂决策。尽管如此，这些研究支持了一个重要的结论：理性的有意识的思考总是会带来更好的选择，并且只应该在有效率压力的情况下才被弃用的观点显然是有缺陷的。在许多情况下，人们已经发展出了启发式和认知捷径，在涉及复杂的推断选择和决策的情况下，这些方式能很好地为他们服务。

动机性推断

人类推断过程中的明显错误实际上可能会带来好处，至少在某些情况下如此。造成这种现象的另一个原因是这样一个事实：推断服务于精度和效率以外的其他目标。它也要满足动机方面的需求。正如我们在第 5 章中所看到的，我们对自己的个人特征、世界的可控性与秩序性以及美好的未来所形成的推断（如 S. E. Taylor & Brown, 1988）可以减少焦虑，满足自尊需求，或一般性地服务于我们关于世界如何运转的理论。正因如此，有时我们会歪曲关于世界的信息以得到看似正确的结果。

人们积极地建构关于积极和消极事件为什么可能会发生在他们身上的理论，并且会提高所感知到的积极事件将发生在自己身上的可能性（Kunda, 1987, 1999）。例如，当了解到首次婚姻的离婚率是40%时，大多数人都会预测他们不会在那40%之内，而是会与其配偶白头偕老。他们强调那些可能会与稳定婚姻联系在一起的个人特质，淡化那些可能暗示容易离婚的信息的重要性或积极地反驳这类信息，从而说服自己。因此，举例来说，他们可能会用父母的金婚、童年早期亲密的家庭生活以及持续整整四年的高中恋情这些事实，作为预测稳定婚姻的证据。而丈夫离过一次婚的事实（一个可以预测第二次离婚的因素），可能不仅不会被解释为导致自己离婚的因素，反而还会被解释成保护性的因素（"他不想让这次婚姻像上回一样失败，所以他在非常努力地保持我们关系的稳固"）。我们在自身拥有的资本与好事之间建立看似合理的关联，并为我们的特质与坏事之间的关联进行辩解，这种能力有助于维持我们希望在世界上看到的关联。

人们持有明显错误的信念的另一个原因是，这些信念可能具有激励作用。每天都会有许多人把他们希望或预期能在当天完成的活动列成任务清单。这类清单总是过度乐观，当一天结束时，人们总是会留下许多未完成的任务，然后这些任务会被转移到第二天。规范地说，人们的行为应该朝着这个方向调整，即只列出按照合理预期能够完成的数量的任务。然而，尽管反复出现不能完成的情况，过度乐观的行为仍然每天都在发生（Buehler, Griffin, & Ross, 1994）。

这种顽固的推断偏差之所以持续存在，可能是因为相比于对可能取得的成就更为现实的评估，它们成功地让人们取得了更多的成就。不切实际的乐观和夸大的自我控制感等偏差激发了人们实现远大目标的渴望（如果没有这种偏差的话，这些目标可能会让人觉得遥不可及），并帮助人们在遇到似乎难以克服的障碍时依然选择坚持（Armor & Taylor, 1998, 2003; S. E. Taylor & Brown, 1988）。

某些顽固的推断偏差持续存在可能不仅是因为它们激发了积极情绪和自尊，还因为它们淡化了感知到的风险。笔者的一位朋友曾咨询过她的会计师，应该采取什么措施才能使她的财务生活更加可预测且更稳固。他的回复是："什么也别做，哪儿也别去。"如果我们客观地认识到在某些风险面前我们都很脆弱，这样的认识很可能会让我们寸步难行。尽管人们常常高估自己在低概率风险面前的脆弱性，但人类推断却经常低估常见的风险（S. E. Taylor & Gollwitzer, 1995），尤其是低估

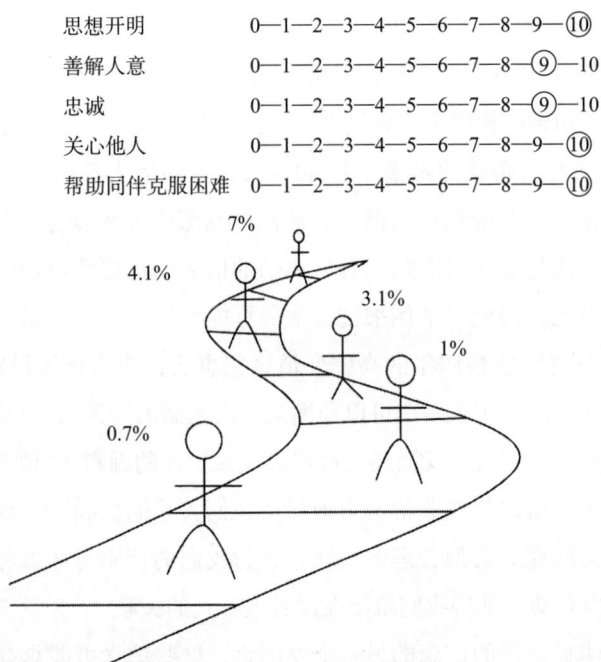

图 8.3 通过人格评分、照片和被前任（们）传染性传播疾病的风险史来估计被未来的性伴侣传染性传播疾病的累积风险：人们因过于依赖与风险无关的信息（特质评分和这里没有展示的照片）而低估来自一个有魅力的伴侣的累积风险

资料来源：Knäupper et al. (2005)

累积的风险（Knäupper et al., 2005；图 8.3）。一些推断偏差可使人们免于因认识到风险而丧失行动能力。因为许多心理学家努力让人们认识到他们行为的风险（如有损健康的行为），这意味着作为推断策略的一种潜在好处，将风险最小化似乎是违反直觉的。的确，一些风险无疑是需要被识别和处理的，比如系安全带、使用安全套和健康筛查。维持或恢复积极感受的推断偏差可能主要作用于情绪，而当它们的影响扩展至行为层面时，可能就会出问题。然而，回想一下第 5 章，当人们对自我和处境感觉良好时（即他们受到较少的威胁），他们反而更能接受个人风险相关信息的行为含义。

更加全面地考虑了社会推断所服务的动机之后，我们发现那些规范上错误的推断可能对满足个人目标、维持动机和毅力以及对自我和未来感觉良好是有用的。

神经经济学：回到未来

人们如何以及应该如何作出判断和决策不仅仅是社会认知研究的核心问题，对认知心理学、经济学、神经科学也很重要。结合所有这些学科的贡献，最近出现的一种跨学科的尝试具有整合这些不同研究主线的潜力。**神经经济学**（neuroeconomics）将来自经济学、神经科学和心理学的见解汇集起来（Glimcher, 2003; Glimcher & Rustichini, 2004），以阐明精度—效率的权衡取舍以及动机在推断中的作用。大体上，其理念是使用经济学中占主导地位的期望效用（expected utility, EU）模型来完成以下工作：形成关于推断应该如何进行以及可能相应地涉及哪些脑区的预测；将这些见解与关于推断实际上如何进行的研究整合起来，以识别可能涉及的其他神经子系统（例如情感输入或自动加工所涉及的脑区）；以及使用来自神经科学的见解和方法，如功能性磁共振成像（fMRI），来确认这些综合预测，看看预期的脑区是否确实在推断中激活（Sanfey et al., 2006）。尽管神经经济学采用期望效用理论作为出发点——考虑到刚刚回顾的所有研究，这一事实似乎并不明智——但它利用对判断和决策的社会认知研究所提供的描述性理论来证明这些预测。

神经经济学对社会认知研究的可用性在于，它可能提供一个理论视角，将大脑协调各神经系统以执行推断中涉及的复杂任务的动态过程统一起来。从这个角度看，人类的行为并非源于单一的过程（例如效用计算），而是许多子系统相互作用的结果，这可能会产生对相同信息的不同处理。正如我们所见，推断常常服务于效用最大化以外的目标。因此，从神经经济学的角度来看，人类推断以不同子系统之间的相互作用为特征，对于某个决策，这些子系统可能会因为效用最大化以外的目标而偏好不同的加工过程。这些目标可能与效率有关，因此会涉及参与自动加工的脑区，也可能涉及动机方面的因素，例如对自我感觉良好的渴望，因而也会涉及参与奖赏的脑区。

期望效用理论的用处在于它的规范模型为预测和解释社会推断任务中不同脑区的活动提供了指导。期望效用的价值函数中涉及奖赏，因此大量研究探索了与奖赏和惩罚加工相关的脑区。多巴胺神经元以及眶额叶、纹状体、后扣带回等脑区神经元的单细胞记录显示，这些区域的神经活动与奖赏大小之间存在关联（例如，McClure, Daw, & Montague, 2003; Padoa-Schioppa & Assad, 2006; 综述见 Sanfey et al., 2006; 图 8.4）。中脑的**多巴胺系统**对价值评估可能是至关重要的，它可能还参与为奖赏预期中的错误发出信号、发出学习信号，以及更新目标状态与工作记忆中的注意焦点（Sanfey et al., 2006）。**去甲肾上腺素系统**也参与这种调节活动，尤其与某个特定奖赏的效用最大化和寻找新的潜在奖赏来源之间的平衡有关。

期望效用模型也有助于识别负性效用所涉及的神经活动。例如，前扣带回对潜在的执行成本如反应冲突、错误以及负性反馈作出反应（Sanfey et al., 2006）。有关前景理论的研究（第 7 章）表明，与奖赏和惩罚的绝对水平相比，这些脑区可能对相对的得与失更加敏感。

至于对概率的估计（效用计算的另一个组成部分），则很少有普遍性的发现。内侧前额叶皮层的活动似乎与获得金钱奖赏的可能性有负相关关系（Knutson et al., 2005）。

外侧顶叶区和额叶区的活动与效用计算有关，即将不同选项中有关价值和概率的信息整合起来（Sanfey et al., 2006）。有关外侧顶叶的发现十分重要，因为这个区域与运动准备有关，提供了想法与行为之间的潜在连接。纹状体奖赏区的活

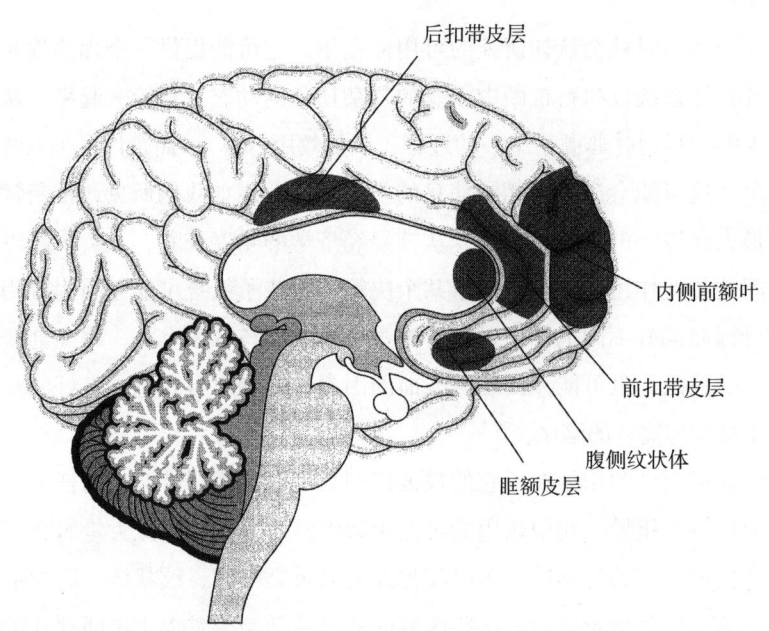

图 8.4　**与经济决策有关的大脑区域**

动也与期望效用有关。

如前所述，由于信息的缺失、不完整或令人困惑，许多决策都带有相当大的不确定性和模糊性。当选择不确定时，杏仁核和眶额皮层的激活就会增加，而纹状体系统的激活会减少（这个系统通常与奖赏期望有正相关关系）。因此，有一个神经回路可能会对不确定性的程度作出反应（Hsu et al., 2005）。这一点很重要，因为规范模型认为对决策选项的计算不会受不确定性和模糊性的影响，但这项研究清楚地表明事实并非如此。

神经经济学如何整合来自社会认知研究的预测呢？来自社会认知研究的输入的一个例子是对自动加工与受控加工的关键区分。自动加工是快速且高效的，而受控加工是灵活的，但缓慢且容量有限（第2章）。标准的经济学理论无疑能够更好地对应到受控加工而非自动加工之上。因此，它涉及外侧前额叶、内侧前额叶、吻侧前扣带回、后侧顶叶以及内侧颞叶。正如第2章所述，自动加工涉及杏仁核、背侧前扣带回、基底神经节、腹内侧前额叶、外侧颞叶以及其他脑区。对一项特定的判断任务所涉及的推断活动究竟涉及自动加工还是受控加工的预测，为提前预测可能激活的脑区提供了基础。

社会认知研究所发现的其他证据充分的对期望效用模型的偏离涉及情绪输入。当情绪内容对判断行为至关重要时，我们就期望（也确实会看到）边缘系统中的脑干奖赏加工结构的激活（Camerer, 2003），该结构包括中脑及其投射的皮层区域，其中包括伏隔核、腹内侧额叶、眶额叶和前扣带回，还有杏仁核和岛叶皮层（Sanfey et al., 2003）。对规范模型的偏离，例如非线性概率加权或损失厌恶，也许可以通过探索这些区域的输入来加以解释。

评价性判断（好与坏）和非评价性判断（如现在与过去）的自动或受控加工所涉及的大脑系统是可预测的（Cunningham et al., 2003）。不论判断是评价性的还是非评价性的，负性效价的材料都会比正性效价的材料引发杏仁核更强的活动。与非评价性判断相比，评价性判断与更强的内侧及腹外侧前额叶的活动联系在一起。令人犹豫不决的判断则与更强的腹外侧前额叶活动相关联。自动的判断可能对刺激的效价尤其敏感，而复杂的判断任务则会用到受控加工。探索加工与评价的自动模式与受控模式的社会认知研究可产生对神经活动的预测，而上述神经经济学研究有助于明确这些预测。

来自情绪调节相关系统的输入也有助于解释对折扣效用（discounted utility,

DU）模型的偏离现象。人们看重现在，却对未来的机会大打折扣（第 7 章）。与这一观点一致的是，涉及即时奖赏的选择积极地调用了腹侧纹状体以及内侧和眶额叶区域，而这些区域富含多巴胺能神经元，并与奖赏的评估有关。额顶叶区域的活动则与更加丰厚的延迟奖赏有关，这意味着这个脑区的活动可能较少受奖赏的即时性偏差的影响（Sanfey et al., 2006）。

对这些不同层次分析的整合拓宽了当前指导判断和决策研究的经济学模型。虽然复杂的决策和社会推断并不符合最优策略（如期望效用），但简单的机制（如启发式）则可能接近最优策略，因为这些机制可能会使人们更容易发现对规范模型的偏离并根据那些输入的心理和神经基础对其加以解释（Sanfey et al., 2006）。情绪因素在决策中的作用以及来自受控加工与自动加工的多重输入，代表了来自社会认知研究的两个例子。在这些例子中，相关神经通路已被充分地描绘出来，在探索已知涉及价值和可预测性的神经通路时，可以清晰地辨认出来。

神经经济学领域的研究强调决策如何涉及多重子系统之间的相互作用，这些子系统是由不同参数并且可能是由不同原则支配的。同时，它也提供了理解这些不同子系统是什么以及它们可能由什么参数或原则指导的方法。使用诸如神经成像之类的技术追踪效用计算是否能提供可推广到复杂决策任务的见解，还有待进一步观察。但考虑到来自规范和描述性理论的清晰预测以及检验它们的方法，这项努力是值得的。如果证据在所有这些学科之间得以交流，那么对社会认知的理解不仅可能会通过借鉴神经经济学的研究而得到提高，还可能反过来影响神经科学家和经济学家们所探索的模型。

总　结

研究者通常比照规范模型对社会认知进行评估，这些评估揭示出人类推断具有几个显著特征：在复杂且常常瞬息万变的环境中作出判断和决策时对认知捷径和启发式的使用；情感和动机性因素在推断过程和结果中的作用；以及先前的理论和期望在指导推断搜索和结果方面的重要性。

尽管利用这些认知捷径中的每一条都会得到通常近似于规范模型所作出的推断，但每一条都容易受到潜在偏差的影响。决定什么数据与判断有关，常常受到先前的期望和理论的影响，抽样常常是有偏的，而已有样本中的偏差常常被忽略。信心十足的推断常常是从小而不可靠的样本中得出的。回归效应——平均而言，当极端事件再次被观察时显得不再那么极端——尚未被很好地理解；相反，极端事件经常会被用来预测未来的极端事件。

社会判断过程究竟存在多少瑕疵？在这个问题上存在三种观点。第一种观点认为，至少在某些情况下，判断错误和偏差可能导致严重的扭曲，因此最好能找到修正推断过程的方法。能够纠正常见偏差或错误的决策方法包括使用统计数据和电脑来辅助判断。此外，通过训练来培养推断技巧能够改善人们的推断能力。

第二种观点认为基于实验的文献让人们看起来比实际情况糟糕，事实上直觉性的推断策略在现实世界中相当有效。根据这一观点，直觉推断策略往往能够很好地为我们服务，因为这些策略考虑了效率压力、推断问题的特定内容和情境以及环境变化的可能性。此外，一些偏误对行为而言并不重要，另一些会互相抵消，还有一些则会在交流中被探测出来。

一种相对较新的关于人类推断的观点认为，至少在某些情况下，基于启发式的判断实际上优于经过深思熟虑的判断。例如，专家们也许能够迅速利用大量的无意识知识储备来作出判断，且这些判断比经过有意识的思考而产生的判断更加准确。对于许多平常的任务，我们的大脑也能够整合或者提取来自一系列广泛的刺激的信息，在几秒甚至几毫秒之内作出复杂的判断。而且，至少在某些情况下，对进入推断的信念进行有意识的反思实际上可能会损害推断过程。

社会推断研究将去向何方？来自社会认知领域的见解被越来越多地与经济学和神经科学的见解整合起来，这些互动的一个结果就是神经经济学领域的诞生。神经经济学借鉴了期望效用规范模型、社会认知的描述性研究以及神经科学的见解和方法，以准确地识别哪些神经递质和大脑区域与特定类型的推断任务有关。指导这一工作的假设包括这样一个事实，即尽管规范模型不是对人类推断的描述，但推断捷径可能接近规范模型，这些捷径不仅有助于识别规范计算可能涉及的神经机制，还有助于识别那些人们经常使用的自动的、理论驱动的和基于情感的认知捷径可能涉及的神经机制。这一整合努力的潜在前景是，研究将能够使用神经科学的方法，通过检验来自规范性和描述性研究的假设，确定受不同参数和不同原则支配的多重子系统之间的相互作用。

延伸阅读

Dunning, D. (2012). Judgment and decision-making. In S. T. Fiske & C. N. Macrae (Eds.), *Sage handbook of social cognition* (pp. 251–272). Thousand Oaks, CA: Sage.

Funder, D. C. (1995). On the accuracy of personality judgment: A realistic approach. *Psychological Review*, 102, 652–670.

Kunda, Z. (1999). *Social cognition: Making sense of people*. Cambridge, MA: MIT Press.

Murphy, N. A. (2012). Nonverbal perception. In S. T. Fiske & C. N. Macrae (Eds.), *Sage handbook of social cognition* (pp. 191–210). Thousand Oaks, CA: Sage.

Nisbett, R. E., & Ross, L. D. (1980). *Human inference: Strategies and shortcomings of social judgment*. Englewood Cliffs, NJ: Prentice-Hall.

Nosek, B. A., Hawkins, C. B., & Frazier, R. S. (2012). Implicit social cognition. In S. T. Fiske & C. N. Macrae (Eds.), *Sage handbook of social cognition* (pp. 31–53). Thousand Oaks, CA: Sage.

Payne, B. K. (2012). Control, awareness, and other things we might learn to live without. In S. T. Fiske & C. N. Macrae (Eds.) *Sage handbook of social cognition* (pp. 12–30). Thousand Oaks, CA: Sage.

Wilson, T. D. (2011). *Redirect: The surprising new science of psychological change*. New York: Little, Brown.

第 9 章

态度的认知结构

- 早期的见解
- 两种一致性理论中的认知表征
- 离散式表征与分布式表征
- 常人理论和态度改变
- 态度的功能维度

假设一个高中同学周末要来拜访你,为此你打算举办一场小型派对。你的这位同学碰巧是一名同性恋者。你想知道如果你现在的朋友(基本都是异性恋)发现这位贵客的性取向之后会作何反应。为了避免可能出现的尴尬,在发出邀请之前就了解一下这些朋友的态度可能会好一些。但是怎样了解才好呢?你的大多数朋友可能从来没有谈论过同性恋这个话题。虽然你可以直接问,但是由于一些朋友可能试图隐瞒他们对同性恋的偏见,所以你得到的未必是诚实的回答。

由于态度可以预测行为,所以朋友们的态度至关重要,但是态度又不能被直接观察到。因为态度必须从个体对一些刺激的外显反应中推断出来,所以态度被认为是**假设的中介变量**。也就是说,心理学家们假定态度在可观察的刺激(S)与可观察的反应(R)之间起着中介作用,提供了必要的联系。正如第 1 章中所介绍的,即使在刺激—反应式的行为主义在心理学中占据统治地位的时候,态度的概念对于社会心理学仍是不可或缺的。

虽然对**态度**这个假设变量的定义各不相同,但其核心定义是评价(例如,

Ajzen, 2001; Albarracín, Johnson, & Zanna, 2005; Crano & Prislin, 2006; Eagly & Chaiken, 2005, 2007; Fiske, 2010）。态度在评价的维度上对刺激进行归类。这样，态度大体上会使人们倾向于作出正性或负性两类反应，这可以从人们特定的认知、情感和行为反应中推断出来。

早期的见解

20世纪早期，戈登·奥尔波特（Allport, 1935）声称态度是"当代美国社会心理学中最与众不同和不可或缺的概念"（p. 798）。这个领域源于第二次世界大战所激发的各种态度研究：宣传和说服（Hovland, Janis, & Kelley, 1953; Hovland, Lumsdaine, & Sheffield, 1949）；反犹主义和反民主的偏见（Adorno et al., 1950）；军队中的满足感与剥夺感（Stouffer et al., 1949）。这些早期的研究在很大程度上依赖于既作为测量指标又作为理论变量的态度。在社会心理学最初的几十年里，大部分研究都集中在如何测量和定义态度。从那时起，态度就渗透到了这个领域的每一个主题中。本书关注与态度有关的认知过程，本章关注态度的结构，下一章关注态度的加工过程，第15章则探讨态度与行为的联系。

因为态度的研究可以追溯到社会心理学的开端，新兴的社会认知研究起初被传统主义者认为是没有必要的。对态度形成和改变可能涉及的机制（例如，注意、记忆）的细致分析是社会认知对态度研究的最初贡献。传统变量如信息传播者或信息的特征可以用新的方法加以研究，这有助于确立认知方法的优点。对这一中心领域的专注向早期的怀疑论者说明了社会认知方法的独特之处。如今，态度和社会认知共同占据了该领域最重要的刊物——《人格与社会心理学期刊》（*Journal of Personality and Social Psychology*）的第一部分，而且态度研究在以下几个方面全面地补充了社会认知的观点：(a) 揭示较少涉及评价的认知（如启发式）和较多涉及评价的认知（如态度）之间共同的加工过程；(b) 为一些核心的社会认知主题提供理论广度（如刻板印象、偏见）；(c) 强调情感（或至少是评价）和行为的作用。

虽然社会认知研究丰富了当前的态度研究，但认知在更早的理论中就已经出现了。最具影响力的态度研究取向是**认知一致性理论**（cognitive consistency theories; Abelson et al., 1968)。该理论主导了上世纪 60 年代的社会心理学期刊，其基本假设是不一致性——认知之间、情感之间或认知与情感之间的不一致——引起态度改变。我们之后会看到，认知失调理论（Festinger, 1957）和平衡理论（Heider, 1958）对此提供了例证。其他关于态度的主要理论也赋予了认知重要的角色（Fishbein, 1963; Insko & Cialdini, 1969; Kiesler, 1971; Osgood & Tannenbaum, 1955; M. J. Rosenberg, 1956, 1960）。虽然我们只能简要提及关于态度的大量文献，但关键的一点是：可能除了态度的经典条件作用（Staats & Staats, 1958）和单纯曝光效应（例如，Zajonc, 1980b; 见第 14 章），认知几乎在每一种态度理论中都扮演了重要角色。然而，直到认知革命之后，态度理论才能够借鉴认知心理学、社会认知以及更近来的人类神经科学的进展。

比较态度的新旧认知研究方法

新的认知方法（本章和第 10 章）在几个关键方面建立在旧的态度理论的基础之上。许多关键变量都是相同的。一些方法学的程序在很早之前就已经建立了，并继续构成研究范式的基础。比如，当前的研究者有时会重新使用旧的研究设计，增加的部分主要是对作为中介的认知过程进行了更详细的分析。另一个来自旧的研究的遗留问题是，当前的许多理论问题都是早期问题的变体。最后，正如前面描述的那样，许多旧的方法是高度关注认知的。

但是新旧方法也有不同。首先，二者之间可能存在所谓**元理论**的差异，也就是说，大多数一致性理论所共有的总体框架与态度研究的社会认知方法背后的总体框架在概念上存在重大差异。大多数"认知"一致性理论假定存在一个强大的趋于一致性的动机基础，一致性理论背后的元理论是人们具有减少内在不一致性的驱力。一致性理论通常没有被设计为认知系统按照非动机原则运行的理论。传统的一致性理论可能假定人们解决不一致性问题是为了避免两种冲突的信念带来的不适感；相比之下，认知方法是基于当前对认知系统的理解。例如，对于不一致性，当前的认知方法可能假定人们解决不一致性问题主要是为了提高记忆存储的效率。

第二，新旧方法存在特定的理论差异。新方法明确地运用了以前还不存在的认知理论。这些理论可能为说服过程中信息的组织和加工提供精确的框架，这就

表 9.1　说服的框架

概念	谁说	说了什么	对谁说	通过什么渠道	有什么效果
变量：	信息传播者	信息	听众	形态	改变
举例：	可信度	论据强度	专业知识	书面/口头	立即
	吸引力	表面吸引力	偏差	速度	长期
	相似性	冗余	卷入程度	图像	内隐

资料来源：Lasswell（1948）提出，Hovland, Janis, & Kelley（1953）详细阐述

使研究者得以对与态度改变有关的认知加工进行更加仔细的分析。

第三，许多研究态度改变的新方法都借鉴了认知心理学的研究方向。长久以来，态度理论都假定存在内部结构（Zajonc, 1968b），但随着近年来测量技术的进步，在态度研究中，对认知组织和动力（认知心理学的典型内容）更细致的分析已经成为可能。上世纪 70 年代，基于元理论、理论和方法论的发展，态度的信息加工研究扩展到了多个方向。

说服研究的一个框架（首次描述见 Lasswell, 1948; 详细阐述见 Hovland, Janis, & Kelley, 1953）经久不衰：谁对谁说了什么、通过什么渠道、有什么效果。于是，研究便倾向于关注信息传播者、信息、听众（泛指接收方，下同。——译者注）、传播形态以及态度改变的持久效果等方面的特征（表 9.1）。正如之前提到的，许多当前的认知研究仍在继续解释最初在经典研究中发现的效应。

本章主要关注态度的认知表征。在行文组织上，我们首先讨论两种传统态度理论（失调理论和平衡理论）的一些更为严格的认知特征，预期现代社会认知的出现。然后介绍三种基于人们对态度的常人理论的认知方法：听众对信息传播者的个人归因、人们关于信息在群体中交换的观念以及人们对自身态度改变的看法。随后我们介绍当前关于态度的认知表征的理论。最后，认知导向的态度研究再次回到最初让早期态度理论家感兴趣的动机问题。

两种一致性理论中的认知表征

上世纪 50 年代末提出的态度的一致性理论预测了态度与认知表征之间的相

互影响。针对每个理论，我们都将首先简要回顾最为相关的一致性理论作为背景，然后描述当前的认知解释。失调理论说明了态度的选择性知觉和选择性学习，而平衡理论说明了对他人信息的选择性回忆（Zajonc, 1968b）。

失调理论预测选择性知觉

失调理论（dissonance theory; Festinger, 1957）通过分析认知之间的不一致性来描述信念和行为如何改变态度。按照这种观点，不一致性引起了一种被称为失调的动机状态。如果你相信吸烟致癌（一种认知）但你还是吸烟（一种对行为的矛盾认知），你就使自己处于认知失调状态。失调实际上引发了一种令人厌恶的唤起状态（例如，Elliott & Devine, 1994; Losch & Cacioppo, 1990; 更早的综述见 Fazio & Cooper, 1983）。因此减少这种唤起（不适感）的驱力使你重新组织认知来减少失调感。尽管理论上你可以通过改变行为来减少不一致性，但是大多数的失调研究都集中在不一致的认知何时更有可能改变，这是研究认知过程本身的部分实验策略。同时，行为反应受到更多的现实制约（如，行为通常是公开的），因此改变行为比改变认知或态度要更难。

大多数提高一致性的方法是重新组织认知表征。假定你吸烟并对吸烟行为有一些认知，其中有几种认知与你的吸烟行为是一致的（味道不错、可以放松身心），有几种是不一致的（吸烟致癌、价格昂贵、气味难闻、其他人不喜欢）。由于不和谐认知的数量超过了和谐认知的数量，结果就导致了认知不一致，你会体验到失调。为了减少失调，你可以通过多种方式来改变你的认知：增加或减少一些认知（即改变你的信念）来增加和谐认知与不和谐认知的比率（例如，增加吸烟能减肥的观点，并且减少气味难闻和价格昂贵的观点），或者弱化不一致情形的重要性（例如，反正我会死的，何必为癌症担惊受怕）。当然这并没有穷尽所有可能性（Cooper, Blackman, & Keller, in press; Petty & Wegener, 1998）。

选择性知觉

一致性理论通常（Abelson et al., 1968）假设人们搜寻、注意并解释数据以强化他们的态度。失调理论特别预测，人们会回避增加失调的信息，也就是说，人们偏好与他们的态度、行为一致的信息。为了当前的目的，**选择性知觉**可分为选

表 9.2 一致性理论对有利于态度的信息加工的预测

现象	定义	证据的强度
选择性知觉		
选择性接触	寻找一致信息	仅支持事实上的选择性接触
选择性注意	注意一致信息	有些人，有时候
选择性解释	将模糊信息判断为一致的	强烈支持
选择性学习	记住一致信息	在特定条件下
选择性回忆	一致信息的非提示记忆	平衡的三元组合更易被回忆

择性接触（寻找尚未出现的一致信息）、**选择性注意**（一致信息一旦出现就加以注意）以及**选择性解释**（将模糊信息解释成一致信息）（表 9.2）。

选择性接触应当是一个正确的原理（McGuire, 1969），但遗憾的是，初步证据是矛盾的（Brehm & Cohen, 1962; Freedman & Sears, 1965; J. Mills, 1968; Wicklund & Brehm, 1976）。理智上的诚实和公正有时会促使人们寻找与他们态度不一致的信息（Sears, 1965）。信息的效用和新异性经常会在决定是否接触信息时凌驾于失调动机之上（Brock, Albert, & Becker, 1970）。然而，**事实上的选择性接触**（de facto selective exposure）是显而易见的：大多数人置身的环境都偏向于支持一致的立场或观点（Sears, 1968; 不同观点见 E. Katz, 1968）。人们倾向于选择那些能够强化他们态度的朋友、博客、电影和电视节目，这些态度反过来又被那些观点一致的他人所强化（Coman & Hirst, 2012）。

对以上假设的后续改进表明，增加失调也会相应地增加选择性接触：明确的选择或公开承诺（Frey, 1986）；对个人重要的态度（Holbrook et al., 2005）；随着信息陆续到来而增加承诺（Jonas et al., 2001）；有限的搜索选择，假定支持性信息是最好的（Fischer et al., 2005）；最后，当被提醒人生短暂时，专注于相关的和重要的态度（Jonas, Greenberg, & Frey, 2003）。因此，在特定情形下，人们确实会选择性地接触那些与态度一致的信息。选择性知觉的这一方面涉及一个重要的认知过程，即信息搜寻，并引出了选择性知觉的另外两个方面：注意和解释。

选择性注意显然是对一致性压力的回应。比起不一致的证据，人们通常花更长的时间看一致的证据（Brock & Balloun, 1967; A. R. Cohen, Brehm, & Latané, 1959; Jecker, 1964）。例如，有研究（J. M. Olson & Zanna, 1979）将参与者分为压抑者（那些通常回避威胁性刺激的人）和敏感者（那些通常探索威胁性刺激的人），两个组的参与者都要报告他们对一些画的态度。实验者随后允许他们选择两幅画留给自己，其中必须有一幅是他们喜欢的，一幅是他们不喜欢的。做出决定后，参与者观看他们已选择的两幅画。失调理论预测人们会关注他们选择的积极方面，也就是关注他们所选的两幅画中喜欢的那幅。结果发现只有压抑者的行为符合预期，相比于控制组，他们花更多时间看那幅与选择一致的画作，并且避免看那幅与他们表达的选择不一致的画作。也就是说，一致信息只诱发了压抑者的选择性注意。

与压抑者一样，长期的乐观主义者也会回避威胁性刺激（Isaacowitz, 2005）。压力会增加选择性注意（Chajut & Algom, 2003），这可能是由于在线的认知资源有限。选择性注意在某些时候发生于某些人身上，也发生在某些刺激上。例如，人们选择性地注意他们能轻易反驳的对立观点（Kleinhesselink & Edwards, 1975）。

人们也通过选择性解释（除接触和注意之外）来保护他们的态度。人们的态度能够改变他们对所见事物的解释（如 Vidmar & Rokeach, 1974）。考虑以下几个例子：人们对总统候选人的态度影响他们对其辩论表现的判断（Fazio & Williams, 1986; Holbrook et al., 2005）；对巴以冲突的态度影响对新闻报道公正性的判断（Vallone, Ross, & Lepper, 1985）；对外群体的态度影响对该群体的行为归因（Pettigrew, 1979）；对引入欧元的期望影响了德国人对价格上涨的判断（Traut-Mattausch et al., 2004）。尽管这些例子并不总是精确地建立在失调理论对选择性解释的预测之上，但它们与更明确地来自社会认知的框架是吻合的。

文化与选择性知觉

认知失调在不同文化背景下有不同的表现。让我们考虑一个回溯性知觉中减少失调的例子。在通常情况下，欧洲人和欧裔美国人合理化自身选择的方式是将他们已选的选项重新解释为具有明显的优越性，强调其优点并淡化其缺点，而对未选择的选项做法则相反。这一过程减少了由未选择选项的优点和已选择选项的缺点所引发的失调。这个现象被称为**选择扩散**（spreading the alternatives），很早就在这些人群中得到了充分的证明（Brehm, 1956）。

然而，东亚人并不一定会为他们的决定辩护（Heine & Lehman, 1997）。与相互依赖的文化特征相一致，他们只有在启动了与自我相关的他人（Kitayama et al.,

2004）或替朋友作出选择（Hoshino-Browne et al., 2005）时才会这么做。因此，作出决策之后减少失调的现象以及与选择性注意和解释相关的失调效应，取决于特定的文化背景（Morling & Masuda, 2012）。

失调理论预测选择性学习

失调和其他一致性理论的支持者也预测了对态度一致信息的选择性学习和记忆。这一预测并不是失调理论家所独有的，态度一致性的选择性记忆是态度研究中最早的问题之一（J. M. Levine & Murphy, 1943; Watson & Hartmann, 1939）。早期和后来的一些理论都预测，如果一对夫妇为去佛蒙特（冬长夏短，适宜滑雪）还是加勒比海（热带气候，适宜海边项目）度寒假而争执，那么他们中的滑雪爱好者永远不会了解特价潜水旅游的细节，而崇尚阳光的人也永远不会了解滑雪旅行套餐的细节。不幸的是，选择性学习的证据"毫无疑问是不确定的"（Greaves, 1972）。一篇综述总结道，已发表研究中的选择性学习的证据只是侥幸得到的，因为很多其他研究无法找到这样的证据（Greenwald, 1975）。此外，证据经常是有缺陷的；部分地基于认知心理学的见解，近期研究明确指出了这些证据为何有缺陷。例如，许多研究混淆了论据的熟悉度和可接受度（Zanna & Olson, 1982）。相比于反对滑雪的论据，滑雪爱好者能更好地回忆起支持滑雪的论据，这并不令人意外，因为这个人更频繁地想到支持滑雪的论据。人们更容易回忆熟悉的论据，并不需要假定存在任何基于失调的动机去遗忘不一致的论据（也见 Schmidt & Sherman, 1984）。

选择性地学习和保持有利于态度的信息的情况，在特定条件下确实会发生，这部分也是由信息加工的偶然性决定的。偶然学习而不是有意学习为选择性学习效应提供了更清晰的支持证据（Malpass, 1969）。也就是说，当人们不知道之后会对材料进行测试时，他们更可能具有选择性。一个必须不断介绍游艇和滑雪旅行套餐细节的旅行代理人会记住两方面的论点，而不论他或她个人是怎么想的。

重要的态度尤其会促进与态度相关的记忆（Holbrook et al, 2005）。具体来说，强烈的态度激励人们反驳不一致的信息，所以他们也会记住这些信息（Eagly et al., 2000）；强烈的态度也激励人们记住一致的论点，但在这种情况下是因为这些论点令人愉悦。此外，一致性对某些人比对其他人更重要，于是他们表现出选择性学习（Kruglanski & Sheveland, 2012）。总的来说，元分析表明，由于受积极地反驳不一致信息的影响，态度并不必然促进对态度一致信息的记忆（Eagly et al., 1999; Eagly et al., 2001）。

当选择性学习发生时，一致性过程可能是自动进行的；即使记忆受损的人（遗忘症患者）和在认知负载之下进行加工的人也会表现出减少失调的态度改变（Lieberman et al., 2001）。这说明记忆的作用无需是外显的或有意识的。

平衡理论预测选择性回忆

青少年会与父母产生争执，他们对这些争执的看法是由他们与父母的依恋类型（例如，安全型、矛盾型）决定的。随着时间的推移，他们的记忆会发生改变，从而更多地反映他们的关系类型（Feeney & Cassidy, 2003）。另一个一致性理论——平衡理论（Heider, 1958）有助于解释以上现象。与失调理论一样，它也启发了一致性影响学习与记忆保持的研究（Cottrell, Ingraham, & Monfort, 1971; Picek, Sherman, & Shiffrin, 1975; Zajonc & Burnstein, 1965）。平衡理论与失调理论的不同在于，它在本质上关注人与人之间的关系。根据**平衡理论**（balance theory），感知者的心理结构表征了感知者（P）、另一个人（O）和共同的对象（X）（见图9.1）。例如，你（P）对你的室友（O）和他的车（X）有一种态度，你可能感觉你的室友对他的车有某种态度。你对你自己、室友和他年久失修的车之间的各种关系的知觉要么是正性的，要么是负性的。喜欢、拥有或者归属是正性的关系（+），厌恶或不归属是负性的关系（−）。

三者组合起来，你们之间的关系可能是平衡的，也可能是不平衡的。如果你赞同你的朋友或不赞同你的敌对者，它们基本上就是平衡的。假设你喜欢你的室友（P—O是+），他喜欢他的车（O—X是+），如果你喜欢上了这辆车（P—X是+），那么你们三者就是平衡的组合。

现在考虑这样一种可能：你喜欢你的室友（+），他喜欢他的车（+），但你无法忍受他的车（−）。这个不平衡的关系将带来麻烦，或者至少产生一些朝平衡状态改变的压力，这就是平衡理论所预测的态度改变的方式。你对这三个关系中任意一个的知觉都可能为了达到平衡而改变。例如，人们可能把自己喜欢的人（P—O是+）理解为爱其所爱（P—X是+，所以O—X是+），恶其所恶（P—X是−，

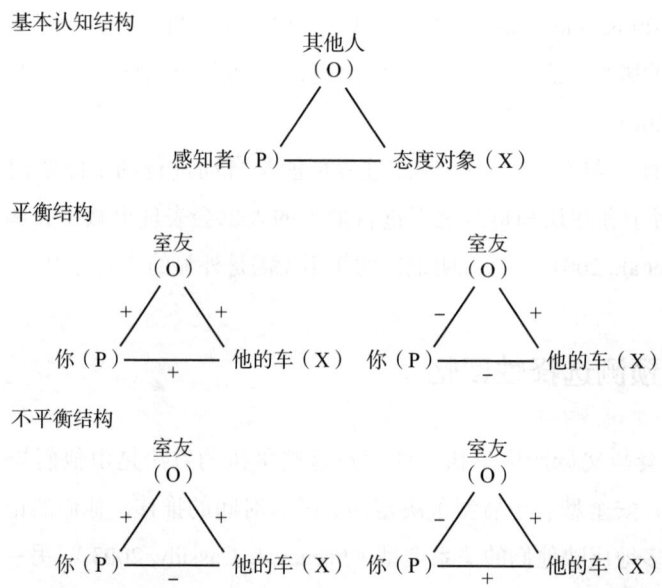

图 9.1 平衡理论的三元组合

所以 O—X 是 –)。大多数人高估了密友和自己支持的政治候选人与其态度的相似度（Ottati, Fishbein, & Middlestadt, 1988），而这甚至可能具有适应性（Levinger & Breedlove, 1966）。再比如，当人们发展为恋爱关系时，他们的态度也趋向一致（Davis & Rusbult, 2001）。如果与喜欢的人态度不同，人们会感到不适，结果他们会体验到强烈的矛盾情绪（Priester & Petty, 2001）。事实上，社会群体的启动会使人们的态度与那些群体相符，就好像人们正准备与群体和睦相处一样（Kawakami, Dovidio, & Dijksterhuis, 2003）。

平衡理论说明了认知限制如何塑造与态度相关的学习与记忆。平衡的关系更容易回忆，这一预测起源于一致性理论，并通过图式理论得以发展。例如，传统的平衡研究显示，人们更容易学习和生成平衡的社会结构而非不平衡的结构（Feather, 1969; Zajonc & Burnstein, 1965）。

社会图式研究表明平衡的关系在记忆中作为单个的单元存储，人们更容易记住两个朋友意见相同或两个敌对者意见相左的情形，二者都形成了记忆的组块。但如果两个室友中一个喜欢巧克力而另一个讨厌巧克力，那么要记住两人的不同喜好以及谁喜欢、谁讨厌就比较困难了（Picek et al., 1975; Sentis & Burnstein,

1979）。在这个研究中，人们先学习一些不平衡的三元组合。在随后的提取中，提取单个关系所花的时间取决于实验者用作回忆线索的关系的数量（P—O、O—X、X—P）。实验者提供的三方不平衡关系片段越多，参与者对三方关系的提取就越快。然而，对于平衡的关系，实验者提供片段的数量不重要。不论提供的回忆线索有多少，提取整个平衡组合的时间都是一样的。这就意味着，平衡的三元组合是单个的认知单元，它必须一次性全部提取，但不平衡的组合不是这样（Sentis & Burnstein, 1979）。

态度对记忆的组织

从最初受一致性理论启发的研究中产生了一条普遍的原则：态度经常对记忆进行组织。具体来说，作出态度判断可提高态度相关证据的回忆，并产生与态度一致的推断。这也符合识人的研究（Ostrom et al., 1980）。因此，如果你要判断一个人是否适合做飞行员，你会想起他有绝佳的视力，并推断他有良好的空间能力。而如果你要判断一个人是否适合做喜剧演员，你会想起他富有感染力的笑声，并推断他有舞台表现力（Lingle et al., 1979）。态度一旦形成，这个效应似乎就是由你对态度的回忆来中介的，而不是提取和重新综合所有的证据。一旦你对某人形成了适合做飞行员而不是喜剧演员的态度，这个态度就会组织接下来的判断，包括对判断所依据的数据的回忆。人们更容易回忆态度而非支持性论据（Lingle & Ostrom, 1979; Loken, 1984）。

近期的研究对态度的这种组织作用有了新的发现。当人们的态度发生改变时，他们会在记忆中同时保留旧的态度和新的态度，旧的态度似乎转入了地下。**双重态度**包含旧的、自动化的态度和新的、外显可通达的态度（T. D. Wilson, Lindsey, & Schooler, 2000），二者中何者占优取决于表达的方式，当一个人自动或在认知负载下作出反应时，旧的态度就可能在不知不觉中突然出现。共存的态度会产生微妙的矛盾心理（Petty et al., 2006），削弱人们的信心，扩大对利弊的考虑范围，在时间压力下形成自动中立状态。

一致性理论的总结

经典的一致性理论是最早用来预测态度如何影响选择性知觉、学习和记忆的框架之一。这一工作既预见了社会认知这一研究取向，又终因这一取向而得到发展。失调理论认为人们有避免信息与态度不一致的动机。尽管选择性接触的证据还不太一致，但选择性注意和选择性学习的证据是清楚的。失调理论家和其他人也假设了对与态度一致的论点的选择性学习，这一预测得到了某些人在某些条件下对某些态度对象的学习情况的支持。与此类似，平衡的三元组合（两个人对共同的态度对象有一致的态度）更容易学习和记忆，这显然是由于它们形成了一个紧密的记忆单元。最后，人们的态度对记忆的组织更为普遍。所有这些效应都取决于人们关于态度相关认知一致性的常人理论。

离散式表征与分布式表征

一位杰出的一致性理论家向本书作者之一透露过一个曾令其受挫的目标，那就是如何表征态度相关认知之间的关系，而现代的社会认知研究终于开辟了表征它们的新途径。对态度的表征仍然是富有挑战性的。态度结构的竞争观点更普遍地反映了社会记忆的竞争观点：在分类、推理和决策的序列加工中起作用的离散式、陈述性表征，还是在态度产生和反应的并行加工中起作用的分布式、程序性表征（Ferguson & Fukukura, 2012）。

分布式态度表征不仅仅是表征，也是态度的过程，尤其是产生态度的过程。回忆一下第 4 章中时间和温度的灯泡比喻（或电脑屏幕的像素）。小单位（例如，像素甚至是神经元）协同激活的模式表征了态度。这种联结主义模型将态度视为分布系统的一种状态，是低水平单元之间连接强度的函数（Conrey & Smith, 2007; Van Overwalle & Siebler, 2005）。联想过程很容易描述态度激活的原始情感过程，可能也包括非直接的内隐态度（Gawronski & Bodenhausen, 2007; Strack & Deutsch, 2004）。对该网络的关联和输入决定了评价。

传统的离散式、陈述性、命题的方法能很好地解释对态度的更高层次的思考（Dietrich & Markman, 2003; Strack & Deutsch, 2004）。这些表征包括命题，不同于情感－联想的分布式表征，它们的真值非常重要。认知一致性在命题表征中起着一定的作用。最后，这两种表征似乎都发挥着作用，比如在态度的**联想－命题评价模型**（associative-propositional evaluation model）中（Gawronski & Bodenhausen, 2007）。

常人理论和态度改变

现在我们来看看关于人们为什么改变（或不改变）态度的日常社会理论。一种方法是考察人们对信息传播者社会背景的看法，因为它影响对信息有效性的知觉；另一种方法是考察群体在讨论某个问题时出现的论点；第三种方法是考察人们对其态度的单独思考，并将他们自己关于态度改变的理论应用到该背景中。这三种方法都承认人们自身关于态度改变的信念很重要，并且在强调人们对所提供信息的解释这一点上，也与其他的认知方法一致。

信息传播者及其信息的归因分析

电视广告制作人清楚地认识到，如果他们的信息由一位美丽动人的模特、令人尊敬的英雄或众所周知的百万富翁来传播，就会产生最大的影响；而另一种增加信息影响的方法是使用一个明显与普通人相似的信息传播者，就像是用"隐藏摄像机"拍摄个人证言那样。信息传播者的吸引力、可信度、影响力和相似性的重要性首先在霍夫兰等人的研究（Hovland, Janis, & Kelley, 1953）中被证实，此后这些变量引发了大量的研究（第10章）。

社会认知研究对态度研究的影响，在早期体现为对信息传播者可信度的归因研究（Eagly & Chaiken, 1984; Eagly, Chaiken, & Wood, 1981）。例如，说服的效果部分地取决于接受者对信息传播者为何主张某个特定立场的分析。接受者尝试对说服信息的有效性作出判断，了解信息传播者的一些性情和情境制约因素（图9.2）。当绿色和平组织的主席在当地的绿色和平分会发表讲话时，你知道他自己的观点（一个性情因素）和听众的观点（一个情境因素）都预设他会大力提倡严格控制汽车排放对环境的益处。事实上，如果这就是他要传递的信息，那么相比于传播者

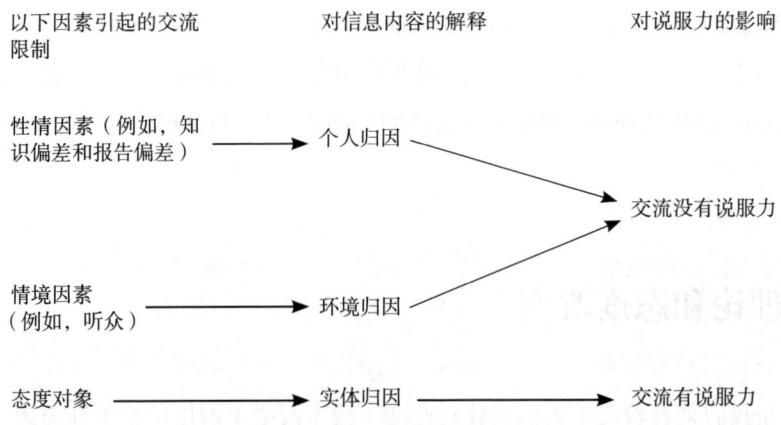

图 9.2 说服中信息传播者效应的归因分析

的信息与其性情和情境压力完全独立的情形，该信息的有效性和说服力会显得较低。受到情境或信息传播者制约的信息不一定能有效地表征事实，因此不具有影响力。信息传播者慷慨激昂的演说明显反映了（环保人士）取悦观众的偏差或者他自己的偏差；他在公开场合愿意说的话可能存在报告偏差，他所知道的内容可能存在知识偏差（Eagly, Wood, & Chaiken, 1978）。相比之下，如果像英国石油公司（BP）这样的大石油公司的总裁在面对同行业领导者时也提出了与环保人士相同的论调，那么他的确是可信的和有说服力的。

这些对信息传播者可信度的预测来源于凯利（Kelley, 1967, 1972a）对**多重充分原因**（multiple sufficient causes）的分析：如果提供几个看似合理的原因，那些较弱的原因就会被忽略（第 6 章）。如果性情因素（他是一个改革者）和情境因素（绿色和平组织的听众）共同促成了这个演说，那么就不需要用另外的原因——事实——来解释这个演说了。对这个模型的逐步检验表明对信息传播者背景的知觉（如，他很有主见）造成了预期的归因（如，他是有偏差的）。使可信度受到质疑的归因会减少观点的改变（Wood & Eagly, 1981）。因此，这一研究取向侧重于信息传播者与信息的相互作用。

沟通者的吸引力也可以从归因的角度受益。一项研究（Eagly & Chaiken, 1975）检验了有吸引力的信息传播者是否不仅在通常情况下更具说服力（这个发现已被广泛证实），而且在他们主张一个不受欢迎的观点时尤其有说服力。由于人们预期有吸引力的人会主张有吸引力的观点，所以当有吸引力的人主张不受欢迎的观点时，一定是因为这个观点有根据。在实验中，参与者遇到一个喜欢或不喜欢在校本科生的信息传播者，他对诸如大学毕业生的就业机会或性病传播这样的主题发表乐观或悲观的意见。当主张不受欢迎（消极）的观点时，有吸引力的信息传播者比没有吸引力的信息传播者更有说服力（参见 Wachtler & Counselman, 1981）。考虑到信息传播者的性情和传播背景，相比那些根据说话者就可以完全预测的信息，意料之外的信息更有说服力（Eagly, Chaiken, & Wood, 1981; Goethals, 1976）。考虑到信息传播者的自身利益，意料之外的观点增加了知觉到的可信度和准确度，因此减少了信息加工，导致了启发式赞同（Petty et al., 2001）。

归因理论也解释了相似性与赞同效应。那些赞同我们的人似乎是客观的，是对事实进行回应，而那些不赞同我们的人似乎因受其价值观的影响而产生了偏差。这两种趋势都被自己和他人之间其他方面的不同而放大了（Goethals, 1976）。归因解释借鉴了凯利的**归因共变模型**（covariation model of attribution；第6章），具体如下：考虑两个人正在讨论不吸烟者的权利。他们的一致意见意味着共识，而共识程度高促使人们对态度对象（即讨论的话题）进行实体归因。在我们的例子中，意见一致的两人将他们共同的态度归于非吸烟者权利的公正性。然而，当与一个不相似的人意见一致时，这种共识信息的信息量特别大（Goethals, 1976）。共识越清晰，这个观点越有可能是问题的实体（这个话题）造成的，而不是特定的人或情境造成的。因此，如果两个人中一个吸烟一个不吸烟，而且如果他俩真的意见一致，那么其中的每个人都特别会被"原因是公正的"这一实体归因所说服。

相比之下，共识程度低或者与另一人意见不同，则为个人归因或环境归因铺平了道路。当两个人意见不同时，双方都会认为对方没有对事实作出客观判断，而是任由情绪化的偏见妨碍判断。因为双方面临的情境通常是相同的，那么原因只能是对方的性情。然而，如果争执双方一个是被围攻的吸烟者，另一个是气愤的非吸烟者，而非两个相似的个体，那么他们甚至更有可能相信对方存在偏差（即作出性情归因）。于是，不相似的他人放大了意见一致或不一致带来的影响，群体间的文化差异就是这样开始的（D. T. Miller & Prentice, 1999）。

人们不仅相信达成一致的消息来源是可信的，还会错误地将一致的观点归于可信的来源（Fragale & Heath, 2004）。这种启发式暗示了坚定的信念来自好的来源。总的来说，人们在说服的信息内容、信息来源和有效性之间创造出一种匹配性：

熟悉的他人是有说服力的（Weisbuch, Mackie, & Garcia-Marques, 2003），符合我们动机焦点的合理信息是有说服力的（Cesario, Grant, & Higgins, 2004; Evans & Petty, 2003），无关的情绪过多会影响来源的可信度（Dunn & Schweitzer, 2005）。所有这些都表明说服的各个元素之间的匹配，这也与归因分析和平衡理论相一致。

此外，对于态度的哪些成分应该匹配，人们也有自己的常人理论。总而言之，归因分析阐明了与信息和背景变量相互作用的各种信息传播者变量。

群体极化：社会认知的解释

你愿意让委员会讨论还是集体投票来决定你的下一次升职？许多人认为群体代表着理性和妥协的声音，比起个体作出的决策，委员会作出的决策被认为更稳妥。对群体决策的进一步研究表明，事实并非如此。对态度的另一种认知分析考察了群体层面的态度表征。这一分析关注人们如何根据他们关于自身与其他群体成员的相对位置的理论，对社交互动所提供的信息作出回应。

群体层面的态度研究的背景来自上世纪60年代早期关于群体决策的研究工作。该研究领域特别关注群体和个体决策的相对风险程度（Wallach, Kogan, & Bem, 1962）。研究生们在群体内或群体外作出决策（条目示例见表9.3）。在大多数情况下，讨论这个案例（以及其他类似案例）的学生在经过群体讨论后，倾向于选择比他们刚进入群体讨论时风险更高的选项。因此，与个体的决策均值相比，群体的决策更加冒险，结果就产生了**风险偏移**（risky shift），或者一般所说的**群体极化**。

这个反直觉的结果激发了大量研究（Rajecki, 1982）。一些解释依赖传统变量如规范和价值观（**规范性影响**），还有一种解释依赖对群体互动的认知解读（**信息性影响**）。作为规范性解释的例子，考虑一下群体规范可能产生的影响。研究者提出，人们在有凝聚力的群体中感觉到自己可以免于承担决策的后果，这样他们就能躲在群体后面。然而，研究发现当人们感觉到一个群体有凝聚力时，群体的态度并不会轻易发生改变，这一发现使得"责任分散"假设受到冷遇；一些相关的讨论反而似乎是有必要的（Pruitt & Teger, 1969）。

另一个规范性解释是比起谨慎的选项，人们更看重冒险的选项。当人们在群体中比较他们的观点时，大多数人发现至少有一些人的立场比他们更冒险。因为

表 9.3　测试群体讨论后极化的一些选择场景

1. 一个电气工程师可以继续干目前这份薪水一般但够用的工作，也可以换一份薪水更多但没有长期保障的工作。
2. 一个中等收入的人可以把他最近继承的一些钱投资于安全的"蓝筹股"低回报证券，也可以投资于风险更高但可能带来巨大回报的证券。
3. 一个大学橄榄球队的队长在与他们学校的老对手比赛的最后几秒，可以选择几乎确定会产生平局的打法，也可以选择更冒险的打法，如果成功就稳赢，如果失败就输掉比赛。
4. 一家美国公司的总裁打算扩张，他可以将新工厂建在美国，得到中等的投资回报，也可以决定在一个政治历史不稳定的外国建厂，得到非常高的投资回报。
5. 一个打算研究化学的大四学生可以进入由于标准严格而只有少数人能拿到博士学位的 X 大学，也可以进入声誉较差但是几乎每个研究生都能拿到博士学位的 Y 大学。
6. 一个非常有音乐天赋的大四学生必须在两条路中做出选择，是选择继续读医学院将来做一名内科医生这条稳妥的路，还是从事钢琴演奏职业这条冒险的路。
7. 在二战中，一个被俘的美国人必须选择是逃跑（一旦被抓就会被处死）还是留在物资极度匮乏的战俘营中。
8. 一个从事研究的物理学家刚刚在一所大学开始了为期五年的合约，他可以选择把时间花在一系列短期可解决但不太重要的问题上，也可以选择花在十分困难但非常重要的问题上，同时承担五年的努力可能会一无所获的风险。
9. 面对最近争吵所显示出的巨大分歧，一对订了婚的情侣选择是否要结婚。与婚姻咨询师的讨论表明，虽然他们的婚姻可能会幸福，但不能保证。

资料来源：Wallach, Kogan, & Bem (1962, p. 86)

冒险是有价值的，所以随着讨论的进行，这个群体会转向更冒险的那一端。当研究者发现许多群体在讨论后转向更谨慎的极端时，这种基于社会比较和"冒险价值"的解释就站不住脚了（McCauley et al., 1973）。这个转向谨慎端的发现也削弱了责任分散假设。一个群体为什么要为更谨慎的决策而分散责任呢？

　　这些规范性理论与一些得到证据支持的信息性解释形成对比。**说服性论据理论**（persuasive arguments theory; Burnstein & Vinokur, 1973; 综述参见 Isenberg, 1986）提出，当人们接触新信息时，群体的态度向相对极端（谨慎或冒险）的选项极化。假设对任何一个给定的态度都有一个可能的论据库，当群体成员为他们的观点辩护时，他们会遇到其他人提出的论据，而这些论据是自己未曾想到的。群体态度的改变取决于每个人所知道的论据是否相似，在相似的情况下，群体成员没有接触到足够多的新信息。态度的改变也取决于有多少论据可能支持某个给定的观点。相比有较少论据支持的态度，有许多优质论据支持的态度更有可能使这些论据呈现出来。

对说服性论据理论的一个关键检验来源于一项研究，在该研究中，学生要么（a）接触其他人的意见，并且有时间来思考这些观点，要么（b）也接触其他人的意见，但没有时间思考这些观点，要么（c）不接触其他人的意见，但有时间思考这个话题（Burnstein & Vinokur, 1975）。只有那些知道别人观点并有时间为这些观点生成支持论据的学生的态度发生了改变。在其他支持性的研究中，信息在实际的讨论过程中得到交换（Rajecki, 1982）。论据的数量和说服力都对群体极化有影响（Hinsz & Davis, 1984）。这个效应可能仅限于强调合理性并强调讨论要经过仔细考虑的情境（McLachlan, 1986）。

另一个群体极化效应的信息性解释依赖于**社会比较理论**（第5章）。在某些情况下，仅仅是关于他人观点的信息就可以导致选择的改变（例如，Teger & Pruitt, 1967）。当人们认识到相比于其他人的意见，自己并不像之前想象的那样冒险时，显然就会改变他们的观点。当他们知道了其他人与冒险相关的人格特质后，这种比较过程的运作最为强烈，因为这为社会比较过程奠定了基础（Goethals & Zanna, 1979；综述参见 R. Brown, 1986; Isenberg, 1986）。

社会比较理论的一个变体结合了信息性和规范性影响，从**社会认同**和**自我归类理论**的角度来解释群体中的态度极化（Turner, 1987）。在第11章中，我们会说明人们将他们自己和他人分为不同的社会群体。因此，人们对内群体和外群体成员都存在刻板印象，对自己也有刻板印象。与这个理论相一致，当人们将他人归为一个群体并期待加入他们时，他们知觉到的群体规范会比其他情况更加极端（Mackie, 1986）。群体成员用群体独有的一致观点来表明他们的同一性（Postmes et al., 2005）。群体发展出一个理想观点的原型，这个原型可能比一般成员的观点更加极端（McGarty et al., 1992; Turner, Wetherell, & Hogg, 1989）。当群体间的背景突显时，个体的态度会极化（Hogg, Turner, & Davidson, 1990; Turner et al., 1989）。群体会朝着群体规范的方向极化，尤其是当成员去个人化（Turner, 1985）并且不能作为个体被识别的时候（R. Brown, 1986; Postmes, Haslam, & Swaab, 2005；综述参见 Spears et al., 2002）。围绕共同的同一性形成的群体，从这种同一性中自上而下地演绎出共识；相反，围绕独立个体的关系形成的群体，从成员的贡献中自下而上地归纳出共识。

群体极化效应因此取决于将自己归类为提出论点的群体中的一员。例如，当某人无意中听到的一次讨论是来自他想加入的群体时，他会认为这个群体的态度更极端，并且他的态度会随着那些刻板的态度而改变（Mackie, 1986; Mackie & Cooper, 1984）。显然，人们在群体分类过程中使用了态度（Hymes, 1986）。

一种研究群体过程中的态度的新方法是用计算机模拟来表示具有不同态度、知识、目标和其他人格特征的个体的分布，所有个体都作为自主的主体发生互动（E. R. Smith & Conrey, 2007）。**基于主体的建模**（agent-based modeling）适用于特定情境下的各种社会过程，或许能够描述社会影响网络（Mason, Conrey, & Smith, 2004）。

这些群体态度极化的认知理论为说服现象提供了信息基础，并指出说服是接触说服性论据、社会比较信息或者内群体意见原型的结果。这些只是可能的解释的一部分，而且只是群体态度改变的一种类型。但是，它们说明了认知方法在理解群体的某些方面上是可行的。人们关于自身态度的社会背景的日常观念影响他们对基于信息的说服的反应。

关于态度稳定性和变化的内隐理论

人们与态度有关的日常理论还很关注社会背景的另一方面——自我。起初，**自我知觉理论**（self-perception theory; D. J. Bem, 1972; 第 6 章）提出，当感到不确定时，人们通过自身行为来推断自己的态度。其结果之一是，人们可能错误地回忆他们之前的态度。在被成功说服之后，人们很容易感觉自身的态度从未改变过（D. J. Bem & McConnell, 1970）。如果一个人在被说服之前的态度不明朗，他就会从当下的行为中推断出新的态度。因此，人们倾向于错误地回忆他们的态度，以使其与行为一致（参见 Fazio, Zanna, & Copper, 1977; Wixon & Laird, 1976）。后来的一种研究方法更明确地基于人们关于自身态度改变的内隐理论，详细阐述了人们所知觉到的态度的稳定性和变化。

五年前你对宗教的态度是什么？和你现在的态度差不多吗？大多数人假定他们的态度一直都相当稳定，在多数情况下他们是对的。然而，或许你有过一次改变信仰的经历，此时你会回答你对宗教的态度有了很大变化。通常我们保持不变，但有时候我们也会改变；有时我们知觉到稳定性，有时则不能；有时我们知觉到改变，有时也不能。

有一种理论（M. Ross, 1989）描述了人们构建其个人史的**内隐理论**，指出人们对稳定和变化的知觉取决于他们对何时改变、何时不变的内隐理论。这个理论提出了一个两步的过程，在该过程中，人们以当前的态度为起点，之后通过他们自己的理论来判断要是在过去他们是否会有所不同。与稳定性的内隐理论一致，人们经常知觉不到自己改变了，而实际上他们已经改变了。微妙的说服方式会产生这样的影响：人们认为他们最初的态度与当前（已改变）的态度相似，并声称并未改变过（D. J. Bem & McConnell, 1970; Goethals & Reckman, 1973; M. Ross & Shulman, 1973）。即使随着时间的推移或者关系的发展而自发地出现变化，人们也不会知觉到他们态度的改变（McFarland & Ross, 1987）。此外，由于人们通常假定态度的一致性，他们会根据当前的态度来回忆过去的行为。内隐理论似乎这样认为：(a) 一个人的行为与其态度保持一致，(b) 态度是稳定的，因此 (c) 一个人当前的态度是过去行为的可靠指南。此外，微妙的说服可以改变人们的态度，并使他们对过去行为的回忆产生偏差以适应当前的态度（M. Ross et al., 1983; M. Ross, McFarland, & Fletcher, 1981）。参与者在改变态度之后马上回忆过去的行为时，他们对新的态度变得更加坚定（Lydon, Zanna, & Ross, 1988; M. Ross et al., 1983）。在其他条件相同的情况下，我们期望我们的态度是稳定的，并据此作出推断。

但是其他条件并不总是相同的：人们会改变信仰、加入减肥计划、进入治疗、离婚、搬到新的地方、升职或被解雇、在战争中幸存、受到迫害、变老等等。人们预期一些事件会改变他们，所以他们对事件改变人的倾向有内隐理论。你曾经听说过有人在接受了大量治疗之后却在知觉、理解或感受上没有感觉到任何变化吗？正如之前提到的，技能学习项目中，人们预期他们会得到提升，所以他们将自己最初的情况错误地知觉得比实际情况要差，并将最终的成绩错误地记成比实际情况要好。这两个过程都让他们认为自己有所改进，这与他们的理论相一致（Conway & Ross, 1984）。人们预期这些事件会促使改变发生（确实也经常如此）。同样地，人们也预期一些属性会发生改变（M. Ross, 1989）。例如，人们预期，对社会类别的态度通常在人的一生中都是稳定的，但是对自己所属的年龄组及其典型活动的态度却会随着年龄的增长而发生改变（人们不会预期自己对滑雪板的态度在一生中保持不变）。

表 9.4　对过去自我的态度

在 1~7 的量表上评价高中最后一年的你：
受欢迎 / 不受欢迎 ＿＿＿＿＿＿
有社交技能 / 没有社交技能 ＿＿＿＿＿＿
被接受 / 被排斥 ＿＿＿＿＿＿
酷 / 不酷 ＿＿＿＿＿＿
有许多朋友 / 几乎没有朋友 ＿＿＿＿＿＿
友好 / 不友好 ＿＿＿＿＿＿
好交际 / 不好交际 ＿＿＿＿＿＿
孤独 / 不孤独 ＿＿＿＿＿＿
深受喜爱 / 不被喜爱 ＿＿＿＿＿＿

现在通过在以下两条线上做标记来评价与你高中时期自我的主观距离

感觉和过去的自我很接近　　　　　　　　感觉和过去的自我很遥远

过去的自我感觉很近　　　　　　　　过去的自我感觉很远

资料来源：M. Ross & Wilson (2002)

大量证据表明，人们对自己过去的重构受到与态度稳定性与改变有关的内隐理论的引导。虽然这一证据主要涉及对态度稳定性与改变的知觉，但是这个理论也适用于人们对自己过去特质和感受的建构（M. Ross, 1989）。根据**时间自我评价理论**（temporal self-appraisal theory），人们会增加与过去负性自我的时间距离，并减少与过去正性自我的时间距离，尤其是当他们自尊水平较高的时候（M. Ross & Wilson, 2002；表 9.4）。通常来说，人们贬损自己在很久以前曾拥有的特征，赞扬不久以前的自我，并相信自己"从傻瓜到冠军"的进步有多么大（A. E. Wilson & Ross, 2001）。在态度领域，人们认同自己当前的态度，并且通常认为它们相对稳定，至少在刚过去的一段时间内没有改变，以此提升他们的自我确信度。

态度常人理论的总结

我们上面介绍了三种方法，它们都依赖于人们自己对态度改变的看法。第一种方法考察了信息传播者的动机，目的是为了推断所给信息的可信度。第二种方法考察了人们对其在群体中接收的信息的看法，其中既包括其他人与自己的相对位置的信息，也有关于主题的信息。第三种方法考察了人们关于自己态度改变过程的朴素理论。这三种方法都涉及人们使用自己的社会理论来思考他们的态度所处的社会环境。

态度的功能维度

另一种方法以不同的方式考察自我与态度之间的关系。我们之前讨论了两种一致性理论（失调理论和平衡理论）的认知属性。这些经典的认知一致性理论都有动机基础；不一致可能是令人厌恶的，它促使人们通过各种方法来解决不一致的问题，其中包括改变态度。正如我们已经看到的，后来关于态度的理论倾向于关注态度的认知动力，例如归因分析、群体内的说服性论据理论以及自我的内隐理论。

一些经典理论将态度和态度改变的动机功能区分为顺从、认同和内化：**顺从**是为了获得奖赏和避免惩罚，**认同**和从众是为了提高对自己所看重的群体的归属感，**内化**是为了存储与态度相关的知识（Kelman, 1958）。最近的方法又更加积极地考虑了动机因素，强调态度为人服务的功能。具体而言，一些功能性方法关注信念、强度和重要性，这些毫无疑问都含有动机的成分，其他方法则详细说明了态度的特定功能。

信念、强度和重要性

一些态度的核心涉及动机，因为人们对这些态度抱有坚定的信念。这些态度倾向于保持稳定，并且人们知道它们是稳定的。**信念**（conviction）包含情感承诺（Abelson, 1988）；人们认为他们坚信的态度是正确的，无法想象自己会改变想法，对其有道德感，感觉自己定会按其行事。信念也涉及自我专注：经常思考这个问题，对此持有强烈的观点并表示关注。最后，信念还牵涉到认知的精细加工，这意味着人们已经持有这个观点一段时间了，并已将它联系到其他问题上，看到了它的广泛影响，对它十分了解并能轻易地加以解释。大多数个体只有一两个这样的主题，但人们所坚信的态度是稳定的，在多个方面都对自我很重要。

一个相关的概念——态度的**强度**——说明了几个这样的方面（Eagly & Chaiken, 1998）。态度的强度包括多种相互关联的成分（Bassili & Krosnick, 2000）。例如，重要性和确定性都能预测说服他人的企图（Visser, Krosnick, & Simmons, 2003）。态度的强度在中年之前都呈上升趋势，中年之后逐渐降低，这意味着年轻人或老年人更容易改变主意，因为他们的态度相比而言不那么重要和确定（Visser & Krosnick, 1998）。

态度的**重要性**——一个人对某一态度的兴趣或关注程度——能够独立地预测对信息的搜寻（Visser et al., 2003）。态度的重要性与所谓的**价值关联卷入**（value-relevant involvement）最为相似，一篇元分析研究综述表明，价值关联卷入通常会阻碍说服（B. T. Johnson & Eagly, 1989）。类似地，重要的态度是稳定的（Krosnick, 1989）、可通达的（Krosnick, 1989），并且允许人们对多个相关的对象进行区分。例如，当人们评价政治候选人时，对个人重要的政策态度（例如，对福利、堕胎和移民的态度）是可通达的，并且比起那些认为该态度不重要的人，认为该态度重要的个体更能辨别候选人在这些问题上的不同。因此重要的态度比不重要的态度能更好地预测个体对总统候选人的偏好（Krosnick, 1988b）。其他人也意识到了态度重要性的影响。当人们说某个问题很重要时，观察者就会推断出这个人持有极端的态度（Mackie & Gastardo-Conaco, 1988）。

重要的态度也显示出彼此之间更多的一致性。因此，如果一个人持有两种重要的态度，这两种态度不太可能相互矛盾（Judd & Krosnick, 1982）。类似地，如果相关的态度对专家可能是重要的，那么专家的态度之间也显示出相当大的一致性。对政治了解甚多、自述对政治感兴趣或者关注政治新闻的人们尤其具有一致性（Judd & Krosnick, 1989）。重要的态度显然是可通达的（Bizer & Krosnick, 2001），会持续一段时间，能够预测人们的其他选择，并与其他态度相关联（Judd & Krosnick, 1989）。

这样的态度显示了它们在人们的价值观中的**中心性**（丰富的联系）。因此，那些人们认为重要的态度似乎是难以改变的。一个有趣的策略似乎确实改变了人们高度确定的态度（这些态度因此可能是重要的）：信息传播者提供比人们自己的态度还要极端的言论，并鼓励人们赞同这些态度。对自己的态度确定的人会意识到这一明显的操控，并抵制让他们变得更极端的企图。作为回应，他们改变了态度，远离了自己先前的立场。这个看似自相矛盾的策略（Swann, Pelham, & Chidester, 1988）只有当人们对自己的态度确定时才有效。具有**确定性**的态度有助于人们组织自己的经验，并关系到他们的自我感。因此人们试图自我确证（见第5章），通过远离过度极端的观点来拒绝它们。

态度的功能

态度的功能可以通过几种方式进行划分。我们在这里将其分为知识功能、价值功能和社会功能（见表9.5）。这些新取向明确地整合了动机，重新审视了关于态度的动机功能的传统理论（例如，D. Katz, 1960; M. B. Smith, Bruner, & White, 1956），同时也增添了认知研究的新进展。

知识功能

态度最基本的功能是**客体评价功能**，它主要包括认知性的知识功能，并且经常包括工具性的、功利的或目标功能（Eagly & Chaiken, 1998; Greenwald, 1989; Pratkanis & Greenwald, 1989）。态度的**知识功能**本质上是认知性的和适应性的。态度帮助人们理解、整理和组织这个世界。此外，态度具有**工具性**和适应性的功能，能够帮助人们避免疼痛和得到奖赏。态度的客体评价功能可能以启发式的形式产生作用（Pratkanis, 1988），通过简易的评估策略来解决问题。例如，态度帮助人们将与态度一致的信息定义为真；人们假定他们喜欢的人具有好的品质，他们不喜欢的人具有坏的品质。态度影响一系列与知识有关的问题解决活动：理解与解释、推理、对说服的回应、判断、感知到的共识、对事实和错误的分辨以及预测。

态度的知识功能可能也具有图式功能，影响与态度相关的记忆。态度可能具有双极结构：偏向任一端的极端材料都是最容易判断和回忆的（Judd & Kulik, 1980）。态度也可能具有**单极**结构：其中一端有精细加工的材料支持，而相反一端则很少或几乎没有材料支持（Eagly & Chaiken, 1998; Pratkanis & Greenwald,

表 9.5　态度的功能

1. 客体评价包括（a）认知性的知识功能，通常还包括（b）功利的、工具性的或目标功能
(a) 知识功能本质上是认知性的和适应性的，可使人们理解这个世界
- 理解动机使人们理解这个世界
- 联系：基于知识的态度的内化

(b) 工具性功能也是适应性的，帮助人们避免疼痛和获得奖赏
- 结果关联卷入由获得期望结果的能力所激发
- 反应卷入在给定的情境下使奖赏最大化
- 任务卷入仅涉及特定反应的结果
- 联系：顺从作为对奖赏和惩罚的回应

2. 价值表达体现和维持长期的标准和方向
- 价值关联卷入由持久的价值观所激发
- 自我提升动机保护和改善自我概念（原则上）
- 联系：态度的重要性和信念

3. 社会调节功能为自我指明了人际交往的优先级，并让人们对他人保持敏感和与他人良好相处
- 印象关联卷入与亲和需求、对社会认可的敏感性以及对自我展示的意识有关
- 归属动机旨在融入群体
- 联系：对所看重群体的态度认同和从众

4. 各种关联：
- 自我卷入、主题卷入、个人卷入和既得利益都意味着与个人的关联或个人含义，尤其是对作为个人同一性核心的信念的内在重要性

1989）。

知识功能的动机方面已经在一系列令人印象深刻的研究中得到检验，这些研究旨在提高人们对认知的清晰度和结构的需求（Jamieson & Zanna, 1989）。如第 2 章所述，对结构的需求（Kruglanski, 1990; Kruglanski & Sheveland, 2012）促使人们简化信息搜寻的过程，这就导致人们更加依赖他们已形成的图式和态度。使人们处于时间压力、应激状态之下或提高人们的唤起水平可以提高他们对结构的需求。在这些情况下，人们形成了结构更为简单的态度，也更多地依赖于已经形成的态度。在现实世界中，从某些政治领导人华丽的言辞中也可以观察到相似的效应（在压力之下形成结构更简单的态度）（Tetlock, 1985）。态度的知识功能与各种态度运作方式有关。

价值功能

态度的**价值表达功能**描述了人们体现并维持他们的长期标准与方向的重要性。**这与价值关联卷入**相似（B. T. Johnson & Eagly, 1989），这种卷入抑制了仅基于论据强度的说服。价值表达功能与刚刚回顾过的态度的重要性和信念也有关系。人们似乎特别坚持具有价值表达功能的态度，尤其是当他们因持有这些态度而遭受痛苦或付出代价时（Lydon & Zanna, 1990）。

人们在态度的价值表达功能上存在差异。例如，低**自我监控者**（self-monitors）不是根据社会情境而调整自己，而是更多地依赖于他们内心的想法和感受来指导自己的行为（M. Snyder, 1974；第 15 章）。因此，对他们而言，他们自己的态度比其他因素更加重要，比如情境规范或朋友的态度。这些人的价值表达动机会被认为比其他人更强（M. Snyder & DeBono, 1985）。实际上，低自我监控者尤其可能选择性地诉诸长期的价值观，以此来合理化他们的态度（Kristiansen & Zanna, 1988）。低自我监控者更多地依赖于对重要价值观的诉求（DeBono, 1987）。类似地，低自我监控者特别关注来源于专家的信息，因为专家提供的信息可能是可靠的、与价值有关的（DeBono & Harnish, 1988）。

人们对某一态度对象可能会有互相冲突的价值观，当他们用态度表达价值观时，就可能会产生问题。例如，美国白人对美国黑人的态度经常是矛盾的，这种态度一方面引出了人道主义和平等主义的核心价值观，另一方面又引出了新教徒的工作伦理价值观（I. Katz & Hass, 1988）。白人的种族态度偏向正性还是负性取决于哪一种态度被相应地启动（相关论述可参见 Dovidio & Gaertner, 1986）。

当与相互冲突的核心价值观有关时，态度在认知上就可能会更加复杂（Tetlock, 1986）。也就是说，假如价值表达很重要，人们就会格外努力地调和重要价值观的冲突并加以权衡，从而导致态度和意识形态更加复杂。一种意识形态立场，例如自由主义，因其对多元化的强调，可能涉及（至少表面上）核心价值观的冲突；这一调和冲突的价值观的尝试可能会导致更加复杂的推理方式（Tetlock, 1984, 1986），这不仅仅是修辞风格的功能（Tetlock, Hannum, & Micheletti, 1984；不同观点见 Sidanius, 1988）。价值表达可产生全球性的影响。

意识形态通过一系列相关的态度来表达价值观，这些态度定义了意识形态所偏好的社会和政治安排（Kay & Eibach, 2012）。意识形态既规定了资源的公平分配

（如不平等、社会安全网络），也规定了道德权威（如该做什么和不该做什么）。意识形态可能是终极的价值表达功能，这也是为什么妥协在双方看来都是不可想象的。

社会功能

态度对自我也有重要的**社会调节功能**。有时态度在总体上表明了人际交往的优先级、对他人的敏感性以及如何与人相处；这一功能与**印象关联卷入**（impression-relevant involvement）相似（B. T. Johnson & Eagly, 1989）。该功能倾向于抑制基于论据强度的说服，而论据强度可能不是社会调节态度最重要的决定因素。那些亲和需求高、对社会认可敏感、对向他人的自我展示有完善意识的人拥有最突出的社会调节态度（Herek, 1986）。例如，个体对同性恋带有的偏见或平等主义态度既可以提高身边同伴群体对其的接纳度（社会调节功能），也可以表明自己的核心道德立场（价值表达功能）。此外，自我监控的差异表明，比起低自我监控者，更加适应人际环境的高自我监控者更有可能持有社会调节态度。高自我监控者会更仔细地处理有人际吸引力的来源提供的信息（DeBono & Harnish, 1988），更关注消费品展现的形象（DeBono & Snyder, 1989; Snyder & DeBono, 1985），且更多地依赖共识信息（DeBono, 1987; Snyder & DeBono, 1987）。

功能理论的核心实证问题一直是先验地确定特定态度服务于特定个体的功能。正如我们看到的，一种方法是考察个体在可能持有的态度类型上的差异（如自我监控）。另一种有趣的方法假定，某些态度对象可能本质上更容易诱发具有不同功能的态度（Shavitt, 1989）。也就是说，一个人的高档服装比他的空调具有更加明显的社会调节功能。此外，人们在其态度、价值观甚至财产的功能上都显示出一些跨领域的一致性（Prentice, 1987）。归根结底，特定的个体，针对特定的态度和在特定的情境下，持有某种态度是因为不同的功能原因。

总 结

态度是一个介于刺激和反应之间的假设的中介变量。态度至少涉及对态度对象的评价，态度的许多定义还包括认知和行为倾向。社会认知对这个领域的贡献始于一种元理论的研究取向，这一取向侧重对态度形成与改变的认知过程的细致分析。态度研究也从社会认知的研究中借鉴了具体的理论和方法。

两种传统的认知一致性理论得益于社会认知的新见解。长期以来，失调理论假设支持人们态度的选择性知觉包括选择性接触（搜寻与态度一致的信息）、选择性注意（注意与态度一致的信息）和选择性解释（将模糊信息知觉为与态度一致）。虽然选择性接触的证据主要是事实上的接触而不是有意接触，但选择性注意和选择性解释都完全支持失调理论的前提假设。此外，失调理论还关注选择性学习和态度相关信息的记忆保持。态度一致信息的偶然学习说明了学习的选择性，但是有意的学习和高水平的动机却消除了学习的选择性。高自尊的人、有内部控制点的人以及倾向于压抑不愉快经历的个体都显示出更大的选择性，这也与失调理论相一致。

一致性的另一个取向——平衡理论也提出人们会选择性地回忆信息，这里的信息与自己和他人的态度有关。人们最容易记住朋友与自己意见一致（或者敌对者与自己意见相左）。当两个朋友对某个态度对象的感受相同时，这个平衡的三元组合就创造了一个紧密的认知单元，这个认知单元更易于想象、理解和记忆。不平衡的三元组合则更为困难，而且似乎被存储为分散的碎片。一般来说，态度会对相关信息的记忆进行组织，以致人们很难想起自己的态度是基于什么证据。

一些社会认知的取向强调人们关于说服的日常理论。例如，对信息传播者为什么传递某个信息的归因分析会影响说服的效果。如果信息传播者因为听众或其他情境因素而传递某个信息，那么这条信息就显得可疑。同样，如果信息传播者在知识或报告动机上有倾向性偏差，那么信息也会被认为不可靠。另一个常人理论的取向考察了群体中的态度极化，并认为这种极化是群体成员提出的说服性论据、社会比较信息或群体同一性引起的。

最后，人们关于态度稳定性和改变的内隐理论促使人们知觉到（或错误地知觉到）自己的态度和其他性情中的稳定性与变化。人们通常预期他们的态度不会改变，所以他们会错误地知觉到稳定性，即使他们的态度已经被用微妙的方式改变了。此外，人们会错误地回忆他们之前的行为以适应当前的态度，这也符合态度是稳定的、行为遵循态度的普遍信念。然而当人们的理论暗示了改变的发生，他们也会（错误地）知觉到改变，如经过一次谈话、自助项目或治疗之后。

人们的态度在几个对社会认知很重要的维度上存在差异。信念包含几个与态度重要性有关的成分：情感承诺、自我专注和认知精细加工。与信念相关的一个术语是价值关联卷入，另一个相关概念是强度。不论叫什么，如此重要的态度是很少的（对大多数人而言），并且抗拒改变。这些态度是稳定的、可通达的，可区分不同的态度对象，且与其他态度一致。只有通过看似自相矛盾的技巧才可能使这些态度发生改变。

　　人们的态度具有与知识、价值观和社会性相关的几种功能。首先，人们的态度具有知识功能，为快速回应提供启发式，为组织知识提供图式。随着人们对结构的需求增加，他们更可能依赖他们现成的态度或快速构建的简单态度。态度也具有价值表达的自我功能，使人们得以展现他们所珍视的标准和价值取向。低自我监控者的态度尤其可能具有价值表达功能。当人们的核心价值观相互冲突时，他们相应的态度就会因为整合的需要而变得更为复杂。最后，态度也具有社会调节功能。态度帮助人们适应其他人，并展示出人际协调。以社会环境为导向的高自我监控者更可能具有社会适应性态度。除个体差异之外，一些态度对象通常会引发具有特定类型功能的态度。

　　研究态度的各种认知取向包括那些详细阐述传统理论和那些提出全新加工过程的取向；那些强调深思熟虑或自动加工的取向；那些几乎完全集中在认知上或更积极地包含动机的取向。这些取向对群体间的刻板印象以及偏见、情感、认知与行为的关系等主题有着不同的启示，下一章将对此加以说明。

延伸阅读

Albarracín, D., & Vargas, P. (2010). Attitudes and persuasion: From biology to social responses to persuasive intent. In S. T. Fiske, D. T. Gilbert, & G. Lindzey (Eds.), *Handbook of social psychology* (5th edn, Vol. 1, pp. 394–427). Hoboken, NJ: Wiley.

Conrey, F. R., & Smith, E. R. (2007). Attitude representation: Attitudes as patterns in a distributed, connectionist representational system. *Social Cognition*, 25(5), 718–735.

Crano, W. D., & Prislin, R. (2006). Attitudes and persuasion. *Annual Review of Psychology*, 57, 345–374.

Eagly, A. H., & Chaiken, S. (2005). Attitude research in the 21st century: The current state of knowledge. In D. Albarracín, B. T. Johnson, & M. P. Zanna (Eds.), *The handbook of attitudes* (pp. 743–767). Mahwah, NJ: Erlbaum.

Ferguson, M. J., & Fukukura, J. (2012). Likes and dislikes: A social cognitive perspective on attitudes. In S. T. Fiske & C. N. Macrae (Eds.), *Sage handbook of social cognition* (pp. 165–190). Thousand Oaks, CA: Sage.

Kay, A. C., & Eibach, R. P. (2012). Ideological processes. In S. T. Fiske & C. N. Macrae (Eds.), *Sage handbook of social cognition* (pp. 495–516). Thousand Oaks, CA: Sage.

Kruglanski, A. W., & Sheveland, A. (2012). Thinkers' personalities: On individual differences in the processes of sense making. In S. T. Fiske & C. N. Macrae (Eds.), *Sage handbook of social cognition* (pp. 474–494). Thousand Oaks, CA: Sage.

Morling, B., & Masuda, T. (2012). Social cognition in real worlds: Cultural psychology and social cognition. In S. T. Fiske & C. N. Macrae (Eds.), *Sage handbook of social cognition* (pp. 429–450). Thousand Oaks, CA: Sage.

第 10 章

态度的认知加工

- 启发式模型与系统式模型
- 说服的外周路径与中心路径：精细加工可能性模型
- 动机和机会决定态度加工：动机—机会决定模型
- 内隐联结
- 具身态度
- 态度的神经机制

在前一章，我们探讨了几个关注态度的结构和功能的传统理论的外显认知层面。一个早期的态度加工理论明确提出了信息序列加工模型，预示了现代的认知取向。回忆一下，我们在第 1 章介绍了早期的信息加工模型，它将心理运作划分为几个连续的阶段。麦圭尔（McGuire, 1969, 1976, 1985）的**认知反应链**概括了说服性沟通影响行为所需的必要条件（大部分是认知性的）；该认知反应链的基本步骤包括接触、注意、理解、被说服、保持、提取、决策和行为（表 10.1）。让我们举一个竞选宣传品的例子。为了产生作用，竞选经理不仅要让选民看到竞选宣传品，例如把传单夹在挡风玻璃雨刷下面，同时还必须保证传单能够引起人们的注意，并且传达的信息是可理解的、有说服力的。人们需要记住新的态度（假定是积极的），将它提取出来，并用它来决定关键的行为：投票给斯梅德利而不是斯迈

表 10.1　认知反应链：说服性沟通影响行为的必要条件

阶段	竞选活动的例子	障碍
接触	看到放在挡风玻璃上的传单	传单被吹走了
注意	不止是瞄一眼	司机无视了；在下雨
理解	容易理解	内容很难理解；字体太小
被说服	令人信服	论据太弱；没有进行预先测试
保持	可以记住	观点逐渐被淡忘了
提取	回忆支持的观点	因捕狗人无关紧要而没记住
决策	根据态度选择行动	因为事不关己而没有行动动机
行为	能够按照意愿行动	猫的竞争性要求阻止了行动

资料来源：McGuire (1969, 1976, 1985)

利来当捕狗人。从理论上讲，这一系列经过详细阐明的认知步骤会最终导致行为。因此，这个理论预示了近期对态度进行的认知导向研究。不仅如此，麦圭尔曾阐明的几个阶段在今天依然很重要（Eagly & Chaiken, 1984）。

更广泛地说，有些态度加工理论本质上就是认知导向的。本章不可能对态度领域进行全面回顾，我们只探讨明确建立在社会认知思想之上的几个认知导向理论；每种理论都基于认知原则阐明了不同的态度加工模型。本章的前三个理论侧重于第 2 章曾提到的态度的双重加工模型，特别是人们态度的形成、改变和运作过程中深思熟虑或自动加工的相对程度。在介绍完自动反应后，我们会简单地介绍一下内隐联结。另外两个理论探讨了态度与我们的物质存在之间的相互作用：具身态度和态度的神经层面。

启发式模型与系统式模型

许多经典的态度理论都认为态度的形成和改变是基于对事件相关信息的充分考量。例如，麦圭尔（McGuire, 1969）的说服链模型认为，人们会对给定的论据进行加工和评估，并据此决定是否同意被说服。相似地，主导态度研究近 20 年的框架——**耶鲁说服性沟通法**（Yale persuasive communications approach; Hovland et al., 1953）也强调研究信息的内容以及意识层面对它的接受或拒绝。此外，最全面的态度—行为理论之一，**理性行为理论**（Fishbein & Ajzen, 1974）——后来被进一步阐述为**计划行为理论**（Ajzen, 1987）——指出，人们的态度很大程度上是基于对态度客体的认知信念（见第15章）。这个理论虽然不是专门的认知加工理论，但它也强调有意识的、深思熟虑的加工；也就是说，评估一个人的某个特定信念的优势和劣势，同时评估这些信念可能对态度产生的系统性影响，最终结合感知到的规范和控制来评估它对行为可能产生的影响。这些传统理论在本质上强调相对受控的、系统的态度形成和改变。

启发式—系统式模型（如，Chaiken, 1980; Chen & Chaiken, 1999）认为只有在具备充分的动机和认知能力的情况下，人们才会进行如此缜密的思维过程（表10.2）。当人们的动机相对较高时，他们确实会采用这种深思熟虑且耗费精力的模式去加工信息中的论据，评估论据的优势和劣势，这种加工方式被称为**系统式加工**。比如，多种增强动机的因素可以促进系统式加工：接收与个人相关程度较高的信息，做出会产生重要影响的态度判断，对信息评估单独负责，或者发现自己跟主流意见相悖（综述见 Eagly & Chaiken, 1993）。系统式加工要求人们对信息效价和质量具有敏感性，对相关问题进行思考，增强对论据的回忆，并产生相对持久的改变（如，Axsom, Yates, & Chaiken, 1987; Mackie, 1987; McFarland, Ross, & Conway, 1984）。

与这种强调对态度相关信息进行相对深思熟虑的加工的策略相反，人们经常会使用一种更加快速、简单的**启发式加工**。根据柴肯（Chaiken）的理论，人们会习得一些特定的关于说服的启发式或者规则（论据越长就越有说服力；相信长得好看的传播者和专家传播者）；这些思维捷径避免了对真实信息内容的费力的加工。这些从经验中习得的规则通常就足够准确了。同样重要的是，启发式加工方式只会占用相对较少的认知资源，因此人们在没有足够的空间去进行系统式加工时，显然会使用启发式策略。研究也发现，当认知容量减少时，人们运用系统式加工的可能性会降低，而运用启发式加工的可能性则会提高（如，Mackie & Worth, 1989; W. Wood, Kallgren, & Preisler, 1985）。

在说服过程中，启发式加工—系统式加工的区分意味着，人们可能会也可能不会对论点信息进行仔细加工，有时人们依赖思维捷径，而有时人们会采取更加

表 10.2　启发式—系统式模型（Chaiken）

模式	加工	调节变量
系统式加工	考虑信息的效价和质量	个人兴趣
	事件相关的想法	对个人的影响
	回忆论据	个人责任
	持久的改变	缺乏共识
启发式加工	采用快速省力的非正式规则	低认知容量
	信息：越长就越强	低动机强度
	传播者：相信长得好看的	
	传播者：相信专家	

全面的、分析性的系统式加工。人们何时运用何种加工方式取决于他们的动机；比如，准确性动机、自我防御动机或者印象管理动机都可能影响使用启发式或者系统式信息加工的程度（Chaiken, Liberman, & Eagly, 1989）。这些动机与第 2 章中讨论过的动机相似，通常都会促进人们更多地使用自动化加工或者受控加工。例如，当拥有被伴侣接纳的动机时，人们会采用一种"顺从以相处"的启发式，表达和伴侣观点一致的态度（Chen, Shechter, & Chaiken, 1996）。

说服的外周路径与中心路径：精细加工可能性模型

另一种认知导向的说服理论也提出态度改变有两种路径（Petty & Cacioppo, 1981, 1986; Petty & Wegener, 1998）。根据**精细加工可能性模型**，**中心路径**采取的方式是主动而仔细地思考（也就是精细加工）论据信息的真实价值；从这个意义上来说，中心路径类似于柴肯所提出的启发式—系统式模型中的系统式加工路径。说服的**外周路径**包括任何未经太多思考或精细加工而产生的态度改变。因此，外周路径既包括柴肯所提到的启发式思维，也包括其他表浅的态度改变方式。比如，曝光效应对评价的影响（第 14 章）就是一种外周路径（但不是启发式）的说服方式。

精细加工可能性模型的一个基本假设是人们有持有正确态度的动机。当人们有充足的动机和能力来加工信息时，他们会对论据的质量作出回应。于是，人们赞同的、反对的和中立的想法之间的平衡就通过中心路径决定了正性或负性的态度改变，并且这种改变可能是持久的。认知精细加工（与事件相关的思考）的数量和类型取决于个体差异和情境因素。**精细加工**包括对问题进行相关的联想，仔细审查论据，推断它们的价值，并对总体信息进行评估。

方 法

可以通过多种方式对精细加工加以评估（Petty & Cacioppo, 1986）。我们可以直接询问人们在加工信息时投入了多少努力，但是人们不是总能或者总想给出准确的回答。目前有两种技术被证明是评估认知精细加工程度的好方法。第一种是**认知反应分析**，考察人们在接收信息时的认知，尤其是相反论据（Brock, 1967）；信息接收者对说服的认知反应的偏好程度，直接关系到态度改变的程度（Greenwald, 1968）。精细加工可能性模型建立在早期的认知反应技术之上，它对相反论据和支持论据如何引起态度改变进行了准确的概念化。

认知反应技术本身是一种简单精练的测量认知中介的方法。大体上来说，认知**中介**是指某些刺激引发了认知效应，而认知效应又引起了外显的反应（第 3 章）。在说服性沟通中，认知中介需要由一个刺激（论据质量有高有低）引出一个认知中介变量（相反论据的力度有高有低），从而引起一个反应（态度改变）。在认知反应研究中，参与者不仅要对争论的问题给出自己的观点，还要写下自己在接收说服信息的过程中或之后产生的想法。认知反应可分为正性反应和负性反应，它们可能中介了态度的改变。当研究者将认知反应技术和精细加工可能性模型结合使用时，他们发现态度改变往往是由个人对说服信息的反应所引起的（图 10.1）。

认知反应分析是一种方法，但不是理论。作为一种技术，它与许多态度理论都是相容的（Petty, Ostrom, & Brock, 1981）。方法学上的技术本身并不能保证理论的进步。认知反应分析技术已经被运用于传播者、说服信息和听众等变量。

另一种测量精细加工的方法是通过实验操纵，而不是将认知精细加工作为潜在的中介变量。通过对信息质量进行操纵，我们可以观察参与者是否会对强弱不同的论据产生不同的反应。如果参与者对论据的质量敏感，他们可能在思考接收到的信息，所以他们在对其进行精细加工，按照定义，也就是采用了中心路径。

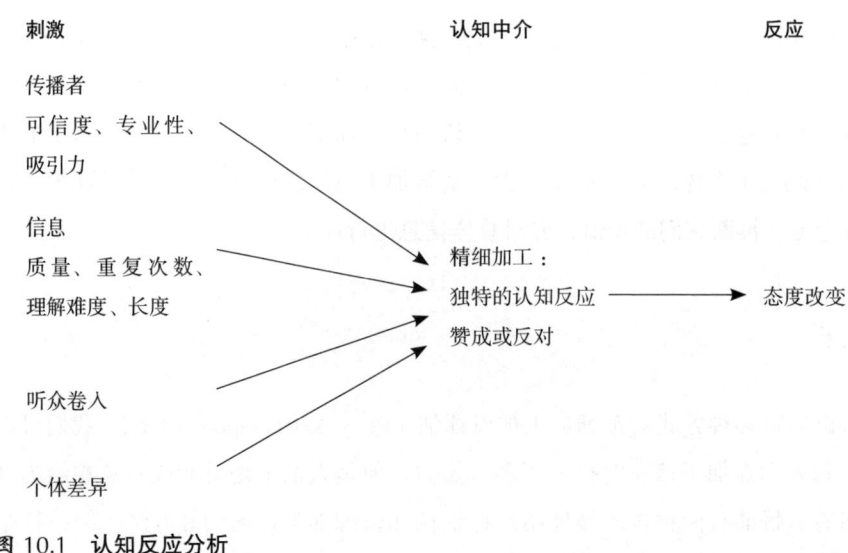

图 10.1　认知反应分析

如果参与者对论据质量不敏感，说明他们没有进行太多的精细加工，因此他们使用的是外周路径。很多精细加工可能性的研究项目会操纵论据的质量以及一些可能影响精细加工的情境因素，然后测量个体的认知反应和态度改变。

利用这些方法，特别是认知反应分析技术和操纵论据强度这两种方法，精细加工可能性模型阐明了说服中的很多基本加工过程（Petty & Cacioppo, 1981, 1986; Petty & Wegener, 1998）。它强调思考的程度和效价（方向）在态度改变中的预测作用，而近来，人们对自己想法的确信程度也被发现是一个重要的预测因素（Petty, Briñol, & Tormala, 2002）。本章接下来的几个小节会说明传播者、信息内容以及听众等因素的精细加工可能性分析。我们将会看到，许多标准的态度改变效应依赖于听众（如参与者）对说服性信息的卷入。值得注意的是，结果卷入、价值卷入和印象卷入的影响是各不相同的（B. T. Johnson & Eagly, 1989）。

传播者效应

谁说的——信息来源——对说服的过程和结果有十分重要的影响。外周路径通常源自与传播者的专业性或吸引力有关的简单线索。例如，我们告诉学生，现在有一个专家来源（比如卡耐基高等教育委员会）或者非专家来源（比如一个高中班级）建议对高年级学生进行强制性的综合考试。正如精细加工可能性模型所预测的，当这个事件与学生切身相关时——例如明年将在该校举行考试——学生会对论据的强弱更加敏感。而且，当事件与学生相关时，信息来源的专业性就不再那么重要了。而当事件与听众不太相关时（考试将在其他地方或者很久之后举行），学生们对事件的结果卷入较少，此时信息来源的专业性就基本决定了他们的态度，而不论论据的质量如何（Petty, Cacioppo, & Goldman, 1981）。在**结果卷入**（outcome involvement）程度较低的情况下，信息来源的专业性成为了外周说服路径的线索，绕过了加工论据信息的需要。研究者在有吸引力的人或名人作为信息来源时也发现了相似的效应（Chaiken, 1979; Pallak, 1983; Petty, Cacioppo, & Schumann, 1983）。但需要注意的是，所有说服的影响因素都可能有多种效应。在合适的条件下，信息来源的专业性会让人们投入更多的注意并且更加仔细地加工信息（Petty & Wegener, 1998）。

总的来说，传播者的可信度效应通常对那些没有结果卷入的信息接收者影响最大。没有卷入的信息接收者更容易回应那些表面上标榜专业性的信息。当然，所谓的专业性并不是同意某人论据的一个完全可靠的理由，但这是一种方便的思维捷径。许多关于传播者线索的研究可能只代表了那些在相当表浅的层次上进行加工的信息接收者。支持这种观点的证据是，结果卷入程度高的参与者会对信息内容进行更多的思考（Chaiken, 1980）。认知反应分析技术区分了那些只对信息进行表面加工就进行回应的人与对信息进行努力思考后进行回应的人，从而使我们可以区分有无结果卷入的信息接收者对传播者线索的使用方式。

信息效应

说了什么——信息的内容——也会影响说服的效果，尽管它的作用并不总是显而易见。精细加工可能性模型适用于许多关于信息的特征：论据的重复次数、难易程度、论据的数量、反问句的使用、信息来源的数量以及环境让人分心的程度。在上述每一个方面，精细加工可能性模型都强调了接收者内心想法的作用。

对信息重复性的研究区分了两种刺激：非语义刺激（如可口可乐商标）和语义刺激（如说服信息）。认知反应分析表明，不同刺激对态度的影响主要取决于每种情况下产生的想法的数量和效价（方向是赞成还是反对）（A. Sawyer, 1981）。

研究者早已发现非语义刺激的重复暴露通常会增加人们的偏好，这被称为**纯粹曝光**效应（Stang, 1974; Zajonc, 1968a; 综述见 Bornstein, 1989; 第 14 章）。该效应的产生有两个重要前提：人们最初对该刺激不熟悉；人们对其最初的反应是中性或者正性的（Grush, 1976; Harrison, 1977）。当人们对刺激的最初反应为负性时，该效应会消失或者反转。

与精细加工可能性模型中的外周路径一致，纯粹曝光效应也是在信息接收者基本没有思考时最为显著，即接收者本身没有对刺激产生个人的反应（赞成或反对）。因此，假设你不去想太多的话，你见到可口可乐商标的次数越多，你就会越喜欢它；对美国人来说，它已经变得和美国国旗一样熟悉了。甚至动物也能表现出曝光效应对偏好的影响。人们在认知加工最少的情况下——或者按照麦圭尔的说法，当人们表现得像懒惰的生物一样时（McGuire, 1969）——很明显地表现出重复效应。因此，说服的外周路径很好地描述了非语义刺激的重复效应。

非语义刺激有力地证明了无意识曝光对偏好的影响。请注意，它明显属于说服的外周路径，与精细加工可能性模型的中心路径形成了鲜明对比。第 14 章将回顾一些支持无意识中介的纯粹曝光效应研究（也见扎荣茨关于情感和认知系统分离的观点；Moreland & Zajonc, 1977; W. R. Wilson, 1979）。那些甚至认不出熟悉刺激的参与者仍然表现出了纯粹曝光效应对喜好的影响（Zajonc, 1980b）。因此，非语义刺激的曝光效应是由无意识的过程所中介的。人们在没有识别刺激、没有觉察和思考的情况下也能表现出该效应。因为非语义刺激的信息重复效应似乎未受有意识的认知反应的中介，所以它是外周路径的例证。

信息重复研究中的第二种刺激是语义性的，即说服性信息本身。这种类型的刺激材料确实会引发思考，并且正如精细加工可能性模型所预测的，赞成和反对的想法的数量会决定语义性的纯粹曝光效应是否会出现（Petty & Cacioppo, 1981）。早期关注信息重复的研究与后来使用认知反应分析的研究之间的差异，证实了这一点。在一项早于认知反应分析的研究中，威尔逊和米勒（Wilson & Miller, 1968）最初在探索文章选段的说服力时发现了重复效应；这个案例中的文章是关于损害赔偿的诉讼。学生们扮演陪审团成员，接收一次或者三次律师的论据。更多的曝光会导致更多的一致。重复也会显著增加一周后人们对该论据的记忆的保持程度。因为对论据的保持和态度的改变有中等相关，所以威尔逊和米勒认为重复效应至少有一部分是由于记忆的增强。

十年后，卡乔波和佩蒂（Cacioppo & Petty, 1979）也开始致力于解决是什么中介了信息重复效应的问题。借助认知反应分析技术，他们在参与者听到沟通信息后立即获得参与者的独特反应。参与者回顾自己在听到沟通信息时的想法，一一列举出来并指出他们对每个想法是赞成的（+）、反对的（−）还是中立的（0）。在另一项测试中，参与者被要求回忆论据信息。该研究发现个体对信息的赞同程度与回忆量完全不相关，但与赞成的（正相关）和反对的想法（负相关）的数量高度相关。无关想法的数量则与赞同程度没有相关。因此，是赞成或者反对的认知反应而非回忆量在实证上中介了说服中的重复效应。

还有一点很重要，精细加工可能性模型支持一种不同的认知加工模型，而不是强调回忆作为中介过程的模型。认知反应分析强调每个人对论据的独特反应，而不是个体记住给定论据的能力。认知反应分析成功地阐明了接触信息与同意论据之间的过程，这一过程符合精细加工可能性模型的中心路径。

随着对信息重复效应的精细加工可能性模型研究的继续推进，认知中介过程的确切本质逐渐明确。人们对重复信息的认知反应支持一个两阶段模型，在这个过程中，不确定性的减少和对信息的厌倦是此消彼长的（Berlyne, 1970; Cacioppo & Petty, 1979）。换句话说，前几次你的朋友跟你解释他的论文时，假定论据有说服力的话，重复会有助于理解并使你相信这篇文章的观点是正确的。但是在这之后你会感到厌倦，你可能纯粹出于故意而开始反驳。在卡乔波和佩蒂的研究中，当参与者尝试理解和思考信息时，对信息的赞同在开始时随接触而增加。然后参与者的赞同会减少，可能是因为开始感到厌倦了。赞成或反对的认知反应与赞同的变化模式一致——一开始积极，然后变消极——也支持两因素模型。当然，这个模型的前提是参与者使用中心路径（即人们认真思考信息）。中心路径会预先假定个体至少有一定程度的结果卷入，没有结果卷入的参与者并不总是一开始同意，然后又不同意（A. Sawyer, 1981）。

从概念上讲，信息重复效应说明了关于精细加工可能性模型的几个关键点：接收者是否积极思考以及思考结果是赞成还是反对的重要性；相较于中心路径的有意识认知中介，各种外周路径中无意识中介的可能性；以及作为一种用新方法解决旧问题的明确理论，精细加工可能性模型所起的作用（见 Crano & Prislin, 2006; 综述见 Petty & Wegener, 1998）。从应用的角度看，信息重复效应也提示那些在午夜场多次播放电视广告的广告商们：研究表明他们这么做既有好处也有坏处。

另一种信息效应是其难度。和重复性一样，精细加工可能性模型表明信息的难度效应也受到结果卷入的影响。当信息复杂难懂时，人们形成的支持或反对论点的数量是结果卷入程度的函数。想象一下，人们试图理解难懂的统计学课程。如果一个人厌倦了课程内容，不在意最终分数并已经放弃了学习，他可能会不听课并且神游四方。当人们作为无卷入的懒惰生物行事时，不论内容是否容易理解，他们都不会去吸收信息内容。在结果卷入程度中等时，信息难度的影响最大，因为再稍微增加些难度就可能会造成至少做些加工与放弃之间的重大差异。大多数统计课的学生可能都处于这种中等程度，所以他们对信息难度很敏感。在结果卷入程度较高的情况下，信息难度对理解的影响又变小了，因为无论如何人们都有动机去努力克服这些困难（当然，能力也有作用）。比如一个新来的助教，之前从未接触过这些学习资料，无论难度如何他都会尽一切努力去弄懂课程内容。

那么，信息难度是如何导致态度改变的呢？一个基于认知反应法的分析表明，其中的中介因素是信息难度对认知反应的数量和效价的影响。毫不奇怪，如果论据有道理，对论据的理解会提高说服成功的概率（如 Eagly, 1974; 另见 Eagly & Himmelfarb, 1978）。如果你不能理解信息，你就很难向自己复述信息，同时也很难组织起支持性的观点。人们自身的独特的支持性认知反应可以加强争论中的观点，但前提是人们首先要理解信息。教授的信息越容易理解，听众就越容易从正面考虑教授所讲的内容（假设其中的论据是好的）；因此，他们越能理解课程中好的论据，就越可能同意教授的观点（W. Wood & Eagly, 1981）。总之，认知反应的证据表明，信息难度效应可被认知中介（中心路径），但并不总是这样（外周路径）。

信息的另一个重要特征是能够作为说服的表面线索的论据数量。启发式—系统式模型（Chaiken, Liberman, & Eagly, 1989）和精细加工可能性模型都支持这一观点（Tormala, Petty, & Briñol, 2002）。在个人相关（即结果卷入）程度较低的情况下，不论信息的质量如何，论据数量都是外周说服路径的线索；在个人相关程度较高的情况下，论据的质量和数量会共同通过深思熟虑的中心路径来决定说服的结果（Petty & Cacioppo, 1984）。

除了论据的重复性、难度和数量，认知反应还解释了信息的很多其他特征（Petty & Cacioppo, 1981）。比如，使用反问句（Petty, Rennier, & Cacioppo, 1987）、多个信息来源（Harkins & Petty, 1981）或者环境中的分心因素（Petty, Wells, & Brock, 1976; 综述见 Petty & Wegener, 1998; Petty, Wegener, & Fabrigar, 1997）。在每个例子中，影响说服的关键因素都是接收者所做的认知精细加工（赞成或反对）的数量。要得到支持性的认知反应并尽可能地具有说服力，信息应该有好的论据，重复几次但不要重复太多，易于理解，并且应该在不受干扰的环境下传达。如果信息的论据较弱（因此可以产生很多相反论点），分心和单次曝光能抑制那些负性的认知反应，并因此增加说服的可能性。

总的来说，信息效应依赖于结果卷入。如果某个论据是有力的，那么对于适度重复并且可理解的信息而言，结果卷入会增强对信息的认知加工以及随后的态度改变。与信息效应相关的其他因素还有：论据的数量、反问句的使用、信息来源的数量以及分心物的干扰。

听众卷入

在对精细加工可能性模型的讨论中，听众卷入往往与许多其他变量的效应相结合，尤其是传播者效应和信息效应。因此，在中心说服过程的每一步，应答者认知反应的数量和效价都在决定着说服的效果。由于认知反应需要信息接收者进行积极思考，因此听众卷入程度会影响之前提到的所有效应。

然而，不同类型的卷入会产生不同的效应。早期研究对卷入进行了各种各样的操作化方法，但没有很强的一致性。比如，学生们收到一个信息，建议修改他们所在学校或者其他学校的宿舍探访时间（Petty & Cacioppo, 1979）。或者他们被告知一项新的大学政策将在一年或十年后实行（Petty, Ostrom, & Brock, 1981）。常用的操纵方法包含某种形式的个人相关性或未来重要性。另一种卷入的操纵方法是操纵个人责任而不是个人相关性；比如告知参与者他们需对评估信息单独负责（Brickner, Harkins, & Ostrom, 1985; Petty, Harkins, & Williams, 1980）。

对个人的重要性或者与个体自我概念的相关性看似抓住了卷入的一般概念意义（Greenwald & Leavitt, 1984; B. T. Johnson & Eagly, 1989），但研究者识别出了不同类型的卷入（表 9.5）。**自我卷入**（ego involvement; M. Sherif & Hovland, 1961）、**问题卷入**（issue involvement; C. A. Kiesler, Collins, & Miller, 1969）、**个人卷入**（personal involvement; Apsler & Sears, 1968; C. W. Sherif et al., 1973）以及**既得利益**

（vested interest; Sivacek & Crano, 1982）都意味着某个事件具有个人相关性或意义，尤其是对个人同一性的核心信念具有内在的重要性。这些概念与**任务卷入**（task involvement; M. Sherif & Hovland, 1961）刚好相反，在任务卷入中参与者只关心特定反应的结果。如果一个人对将给定情境中的奖赏最大化感兴趣，那就是**反应卷入**（response involvement; Zimbardo, 1960）。人们在面对具有个人重要性的说服尝试时，某些因素可能影响他们在进行反应前的思考程度，而不同类型的卷入反映了这些影响因素的范围（关于卷入类型的讨论见 Chaiken & Stangor, 1987）。

对此领域文献的元分析（B. T. Johnson & Eagly, 1989）得出的结论是：精细加工可能性中的卷入效应最适用于结果卷入，而这涉及人们获取期望结果的能力。卷入程度高的参与者更容易被有力的论据说服，这与精细加工可能性模型的预测一致，但并非总是不易被较弱的论据说服，尽管这是精细加工可能性模型所预测的。其他两种类型的卷入没有上述效应：**价值卷入**（value involvement; 涉及个人的长期原则）通常抑制说服，**印象卷入**（impression involvement; 即一个人关注他人对自己的看法）在某种程度上也是如此。精细加工可能性模型的支持者倾向于将基于结果和价值的卷入归为一类（Petty & Cacioppo, 1990），并援引了精细加工可能性模型的假设，即（价值）卷入的参与者因为他们先前的知识、强烈的态度或信心而倾向于进行有偏差的加工（Petty & Cacioppo, 1986; 不同观点见 B. T. Johnson & Eagly, 1990）。就当前的目的而言，至少在结果卷入、价值卷入和印象卷入之间进行区分是很重要的。

结果卷入对信息加工有重要的影响。无论具体的操纵方法是什么，结果卷入都会促进思考，从而增强或者减弱说服效果。这主要取决于人们对论据的认知反应，而认知反应又依赖于论据的强弱和接收者先前的态度。不同程度的结果卷入会导致不同的加工方式，从而导致对沟通的表面特征产生不同程度的依赖。

总的来说，思考结果卷入对认知反应和说服的影响的一种方法是，卷入较少的人倾向于进行"自动化"的加工，很少进行有意识的思考（Chaiken, 1980; Petty & Cacioppo, 1981; 第 2 章）。（结果）卷入程度较高的人倾向于使用相对受控的模式，进行更多的认知活动，产生更多对所接收的信息敏感的认知反应：结果卷入的接收者仔细区分了强弱论据以及支持和反对态度的论据（Petty & Cacioppo, 1979; Petty, Cacioppo, & Goldman, 1981）。对于无懈可击或者支持自身态度的信息，结果卷入的接收者并不会有意去反驳；相反，他们倾向于对弱的论据或者反对自身态度的信息进行反驳。不论信息内容是什么，结果卷入较少的人都会对信息产生较少的认知，因为没有卷入的人只是在表层上处理这些信息。结果卷入的人会采用系统的、基于内容的加工策略，根据论据质量作出反应。卷入少的人依靠外周的策略，比如对信息来源的喜爱程度。结果卷入可以调节传播者效应和信息效应（如我们上述提到的），也会影响态度改变的持久性（Cook & Flay, 1978; Hennigan, Cook, & Gruder, 1982）。

然而，需要注意的是，结果卷入程度高的人并不一定能更客观或准确地思考；他们只是想得更多，有时这会产生更大的偏差（Howard-Pitney, Borgida, & Omoto, 1986）。他们的卷入所产生的动机会导致他们更努力地思考，但他们的动机也会使他们对所加工内容的解释产生偏差（Chen et al., 1992; Liberman & Chaiken, 1992）。

其他类型的卷入也会产生一些别的效应。根据一项元分析研究（B. T. Johnson & Eagly, 1989），涉及一个人核心价值观的卷入往往会抑制说服。第9章关于信念和重要性的部分更详细地考察了价值卷入。另一种卷入即印象相关卷入指的是人们对自我展示的关注，我们之后会介绍。

认知反应和说服的个体差异

到目前为止，我们已经详细考察了说服性沟通中决定人们想法数量的一些情境因素。正如上文提到的，这些情境变量大都与一个接收者变量——卷入程度——在决定认知反应的思考程度方面存在交互作用。然而，一个更普遍的性情因素也会决定认知反应的数量。**认知需求**（Cacioppo & Petty, 1982; Cacioppo et al., 1996; Cacioppo, Petty, & Morris, 1983）是指人们对外部刺激（如说服信息）的长期思考水平。那些认知需求高的人在说服性沟通中产生更多赞成和反对的认知反应，因此他们可能更多地或者更少地被说服，这取决于信息本身。而认知需求低的人更可能使用启发式加工沟通中的信息（Chaiken, 1987）。表10.3列出了相应量表中的一些条目。认知需求是一种个体差异变量，专门针对认知反应这一加工过程，人们认为该过程在外部刺激和态度改变之间起中介作用。

另一种个体差异变量即**不确定性导向**（uncertainty orientation; Sorrentino et al., 1988）也会影响说服。确定性导向的人更喜欢熟悉和可预测的事物，以避免他们对世界已有的认知受到威胁；而不确定性导向的人更愿意去寻求意义，尝试理解

表 10.3 认知需求量表的一些条目

1. 我特别喜欢那些需要想出新的办法来解决问题的任务。
2. 相比一个有些重要但不需要太多思考的任务，我更喜欢一个需要耗费脑力的、困难的和重要的任务。
3. 学习新的思考方式不会让我感到兴奋*。
4. 依靠思考来到达个人巅峰的想法并不吸引我*。
5. 我只有在不得已的情况下才会思考*。
6. 我喜欢那些一旦学会就基本上不用动脑的任务*。
7. 我更喜欢思考那些小的、日常的任务，而不是那些需要长期思考的任务*。
8. 我更喜欢那些不需要太多思考的事情，而不是那些肯定会挑战我思考能力的事情*。
9. 长时间的努力思考不会给我带来满足感*。
10. 我不想为那些需要大量思考的情境负责任*。

注：完整量表包括 34 个条目
* 表示该条目为反向计分
资料来源：Cacioppo & Petty (1982). Copyright 1982 by the American Psychological Association. Reprinted by permission

他们周围的环境，或者寻求新的情境。比如，东亚人在与其文化对确定性的强调相匹配时表现最好，而西方人则相反（Sorrentino et al., 2008）。研究者预测，标准的精细加工可能性效应——个人卷入或结果卷入导致中心路径加工——只适用于不确定性导向的人。相比之下，确定性导向的人在个人相关程度较高的情况下，会更多地使用启发式策略，它与精细加工可能性模型相反。不确定性导向不同于认知需求，因为认知需求衡量的是思考的动机，而不确定性导向衡量的是，在增加确定性或者保持开放的不确定性之间，人们何时会加以思考以及主要考虑哪些方面。

第三种个体差异变量是**评价需求**（Jarvis & Petty, 1996；表 10.4）。评价需求高的人在面对说服信息时持有更多的态度，对说服信息持有更多赞成或反对的想法。它甚至预测，评价需求高的人对平常的一天也会产生更多赞成或反对的想法。相比那些更喜欢从记忆中寻求证据的人，在该维度上处于高水平的人会自发地进行评价，并快速地形成态度（Tormala & Petty, 2001）。评价需求能够预测一系列的政治效应：对候选人持有的评价性观点的数量，对候选人情感反应的强烈程度，通

表 10.4　评价需求量表

1. 我对所有事情都会形成观点。
2. 我对复杂的问题通常保持中立态度*。
3. 我特别喜欢或者不喜欢新鲜事物。
4. 我对很多事情都没有偏好*。
5. 保持中立让我很难受。
6. 我希望有比较明确的观点，即使这件事跟我没关系。
7. 我比一般人有更多的观点。
8. 我宁愿有一个强硬的观点，也不愿意完全没有观点。

完整量表包括 16 个条目。

注：* 该条目为反向计分

资料来源：Jarvis & Petty (1996). Copyright 1996 by the American Psychological Association. Reprinted by permission

过政党身份和议题来确定对候选人的偏好，通过新闻媒体收集信息，参与政治活动，投票或者打算投票（Bizer et al., 2004）。评价需求与更为广义的认知需求有中等程度的相关，因此它们有一定的重合。

对精细加工可能性模型的总结

在花了这么多时间介绍精细加工可能性模型之后，我们也需要注意到它的局限性（Eagly & Chaiken, 1993；相关的争论见 Petty, Cacioppo et al., 1987; Petty, Kasmer et al., 1987; Stiff, 1986; Stiff & Boster, 1987）。首先，虽然它提出了人们的想法会中介态度改变，但它没有解释人们为什么会支持或者反对他们遇到的论点。从这个意义上讲，为了解释态度改变，它需要依赖另外一些关于人们为什么会同意或不同意沟通信息的理论。

其次，它夸大了人们确证自己态度的倾向。正如关于不确定性导向的研究所指出的，人们不仅有追求准确性的动机，也有寻求安全感的动机。尽管佩蒂和卡乔波指出，当人们想要理性地正确时，他们往往只在主观上正确，但即使这种对正确性的追求也不一定总是最重要的（我们的一个朋友辩护说他有权喜欢一辆会让他觉得自己很蠢的车）。就像社会认知的其他领域一样，人们或多或少都有追求准确性的动机，未来的研究会解释准确性动机在态度中产生作用的时间和方式。

同样地，在这个理论框架下，先前的态度、知识、价值卷入或印象卷入何时以及如何使人们产生偏差也有待研究。虽然这一模型允许有偏差的信息加工，但它的假设——人们有保持正确态度的动机——限制了模型最初对人们思想封闭的情况的考虑。研究准确性动机和实际偏差的一个线索是人们关于偏差的朴素理论，对感知到的偏差的识别和修正能力存在个体差异和情境差异。弹性修正模型（Wegener & Petty, 1995, 1997）认为，克服偏差比不这样做需要更多的动机和能力。此外，偏差的修正方向取决于一个人确定偏差方向的朴素理论。

第三，影响说服的变量都具有多重作用，因此作出预测并不简单。一些变量从促进"客观的"中心路径加工转变为促进有偏差的中心路径加工。不同的卷入效应取决于卷入的程度（卷入程度越高就会引出越多偏差）或类型（B. T. Johnson & Eagly, 1989）。类似地，一些变量既可以作为外周路径的线索，也有助于中心路径的信息加工（Petty & Wegener, 1998; Petty et al., 1997）；论据数量就是这样一个变量（Petty & Cacioppo, 1986）。正如我们的回顾所表明的，研究者已经确定了一些能够决定其他变量特定效应的调节变量。然而，具有多重效应和功能的变量使得模型难以被证伪，这损害了模型的预测效力（Eagly & Chaiken, 1984）。未来的研究将继续具体确认决定变量表现出哪种多重效应的调节变量。

第四，有些人质疑认知反应是确实导致了态度的改变，还是两者只是简单的相关（Romer, 1979）。换言之，即便态度改变是由其他原因（如强化相倚）造成的，人们也可能在事后用赞成或反对的认知反应来解释这一改变。在这种观点看来，认知反应并不会引起态度改变；它们只是与态度改变一起出现，为态度改变提供理由，或者作为说服的替代手段（Eagly & Chaiken, 1984）。与此相关的是，一些研究者认为，对论据质量的标准操纵（对论据质量的反应揭示了中心路径）同时也操纵了论据的效价（Areni & Lutz, 1988）。

最后，该模型的支持者承认，精细加工可能性模型和认知反应分析并不能很好地用于由非认知或者无意识过程所中介的态度改变。比如，认知反应分析并不能解释仅仅因曝光于非语义刺激而产生的说服，也不能解释一个令人厌烦的复杂信息所导致的负性情感溢出所导致的说服。精细加工可能性理论一般也不会详细阐述说服的外周路径。

总的来说，虽然有一些无法避免的局限性，但精细加工可能性模型和认知反应分析仍是强有力的理论和方法学工具。在方法学上，认知反应分析提供了一种技术，让人们在说服性沟通过程中或刚刚结束之后列出他们赞成和反对的想法。这种对说服信息的认知反应大概是信息传播者、信息和听众变量影响态度改变的中介变量。在理论上，精细加工可能性模型在认知反应分析的基础上提出，在说服性沟通中，人们所产生的独特反应的数量和方向通过中心路径或外周路径决定人们的态度改变。该模型还总结了说服过程中的传播者、信息和听众等变量对认知反应以及说服的影响。除了上述这些情境变量，认知需求、不确定性导向以及评价需求等方面的个体差异，也都会影响人们对说服性沟通的思考程度。在总体上，认知反应分析和精细加工可能性模型对人们细致地理解态度研究中长期存在的问题产生了重大影响。

动机和机会决定态度加工：动机—机会决定模型

到目前为止，我们已经探讨了两种态度加工模型，它们侧重于两种不同的说服过程：启发式—系统式模型、外周路径—中心路径模型。第三类双重加工模型则更关注态度的自动化加工方面。**动机—机会决定模型**（MODE model）并不直接解释说服过程（即态度如何形成或改变），而是试图说明态度一旦形成后将如何运作。这个模型主要关注态度的自动激活。

这一态度通达性模型将态度视为记忆中客体和个体对其评价间的联结（Fazio, 1990; Fazio & Towles-Schwen, 1999）。态度客体与评价之间的联结在强度上是不同的。联结越强，这一态度越容易通达。测量通达性的最常见方法是测量人们对态度客体作出评价的速度（反应时）。比如，如果人们首先看到启动词"癌症"，与刺激词"糖果"相比，他们随后能更快地识别出刺激词"犯罪"，因为"癌症"和"犯罪"具有同样的负性效价。

一个经典研究（Fazio et al., 1995）通过让学生观看来自不同种族的其他学生的彩色照片来进行正性或负性启动，这些照片会使学生产生不同程度的偏见。之后他们看见一个（跟种族无关的）正性或者负性形容词，并被要求根据词义判断见到的词是"好词"还是"坏词"。当启动照片与形容词的效价匹配时，学生们的反应比不匹配时更快。他们已形成的偏见会促进启动后对匹配词的反应。该类研究表明，仅仅当人们见到态度客体时，有些态度就会被激活。

有几个因素会影响态度的通达性，可以预见的是，其中包括那些能影响任何认知建构通达性的因素（第3章）。近期或频繁表达的态度以后会更快地被激活（Fazio et al., 1982; Houston & Fazio, 1989; Powell & Fazio, 1984）。回忆先前的态度一致行为并推断相应的态度——这一过程与自我知觉理论一致（第5章）——同样也会使这些态度更容易通达（Fazio, Herr, & Olney, 1984）。除了这些会增加态度通达性的因素，个体差异也影响态度的通达性。某些人（即低**自我监控**的人，他们更顺应自己的态度，见第9、15章）可能长期比其他人有更可通达的态度（Kardes et al., 1986）。

态度的通达性有多种实际意义。可通达的态度影响对态度客体的感知，促进人们对相关信息形成与态度一致的评价，比如人们支持的总统候选人的辩论表现看起来无与伦比（Fazio & Williams, 1986）；或者在某一问题上，支持自己观点的科学证据是高质量的（Houston & Fazio, 1989）。可通达的态度能够抵制反驳的影响（Houston & Fazio, 1989；另见 Wu & Shaffer, 1987），因此它们能持续很久。另外，可通达的态度会掩盖态度客体的细微变化，从而使态度的评价功能保持稳健（Fazio, Ledbetter, & Towles-Schwen, 2000）。最后，正如我们将在第15章中讲到的，人们通常更多地做出与可通达的态度一致的行为。

仅仅呈现一个与某种可通达的态度相关的客体，似乎就会触发一个自动加工过程，从而激活一种强烈的评价性联想（Fazio, 1990）。例如，一个经典的系列研究用一个正性或者负性的态度客体对参与者进行启动之后，立刻呈现一个评价性的形容词。参与者的任务是通过不同的按键判断形容词（这些词经过预先筛选，没有歧义）是"好词"还是"坏词"。当形容词刺激与先前启动的态度在评价上一致时，参与者的反应更快。当他们的态度有极高的通达性（之前已引起过快速反应），或者刚刚被重复表达过，这种效应最大（Fazio et al., 1986）。

这些研究中的反应促进作用应该是相对自动化的。第一，人们对形容词的反应速度（不到1秒）似乎排除了受控加工的可能性。也就是说，评价一致的、高度可通达的态度客体，对形容词反应的促进作用是瞬间发生的。第二，当态度启动和形容词呈现的时间间隔超过1秒（而不是成功启动条件下的300毫秒）时，促进作用就会消失。因此，只有当刺激出现在启动之后不到1秒内，启动的评价

表 10.5　动机—机会决定模型

通达性的决定因素	中介变量	反应
激活的近时性		与态度一致的解释
激活频率	态度效价（正性或负性）的	淡化不一致的方面
回想先前的一致行为	自动激活	抗拒态度改变
低自我监控		与态度一致的行为

一致性对反应的促进作用才有效。极短的有效持续时间表明这是一个自动化加工过程。第三，参与者被告知要将注意集中于形容词的正负性，而非在他们看来跟主要目标不相关的态度客体。因此，促进作用显然不需要意图就能发生，这是自动化加工的另一个特征。

态度的促进作用在多大程度上取决于纯粹的可通达性（以对最初态度客体的反应速度来测量）一直存在争议（Bargh et al., 1992; Bargh et al., 1996; 综述见 Fazio, 2001; Fazio & Olson, 2003）。然而，这种促进作用可以推广到各种环境下的不同态度中。尽管如此复杂，但至少有些态度客体——至少是那些与评价有很强联结的客体——明显会自动地引出相应的评价（Ferguson & Zayas, 2009）。这一发现与自动化类别加工反应的研究是相符的（第 2 章和第 11 章），包括图式诱发的情感（S. T. Fiske, 1982；第 13 章；另见 Sanbonmatsu & Fazio, 1990）。虽然该作用的精确界定还不清晰，但这些研究确实发现了一种相对自动化的态度加工形式（见表 10.5）。

内隐联结

假设你走进一间实验室，实验者要求你做一个简单分类任务（图 10.2）：当你看到与老年人或不愉快有关的词时按左键，看到与年轻人或愉快有关的词时按右键。你做了几十次这些简单分类任务后，实验者让你切换任务：对与老年人或愉快有关的词按左键，对与年轻人或不愉快有关的词按右键。突然你发现任务变难了。假设你得知做这两个任务的顺序（比如，先做第二个任务）对结果不会有影响。

（a）阅读下面这列名字，并在键盘上按键
如果是**老年人**的名字，请按**左键**；如果是**年轻人**的名字，请按**右键**

罗布
米尔德丽德
珍妮弗
杰茜卡
埃德娜
布伦丹
唐纳德
露丝

（b）阅读下面这列词，并在键盘上按键
如果是**不愉快**的词，请按**左键**；如果是**愉快**的词，请按**右键**

真理
恶魔
攻击
胜利
光荣
残忍
才能
痛苦

（c）将这两个任务组合起来，并在键盘上按键
如果是跟**不愉快**或者**老年人**相关的词，请按**左键**；如果是跟**愉快**或者**年轻人**相关的词，请按**右键**

温迪
健康
德里克
钻石
斯坦利
恶魔
阿尔文
胜利
伊桑
残忍

（d）将其中一列对换，并在键盘上按键
如果是跟**不愉快**或者**年轻人**相关的词，请按**左键**；如果是跟**愉快**或者**老年人**相关的词，请按**右键**

哈罗德
痛苦
扎克
家庭
杰茜卡
臭味
杰夫
折磨
沃尔特
和平

图 10.2　IAT 示例

注意：任务（d）（不一致评价组合）应该比任务（c）（一致评价组合）的反应慢。改变（d）和（c）的顺序不会改变基本结果。

（你可以通过在网上搜索"内隐"这个词来进行在线测试。）第一个"一致性"任务更容易，这是否反映了你对老年人和年轻人的态度？

人们的同步评价联结是另一种理论和测量方法即**内隐联结测验**（implicit association test; IAT）的基础（Greenwald et al., 2002; Greenwald, McGhee, & Schwartz, 1998）。与平衡理论的观点一致，如果人们喜欢自己并将自己与某个内群体联系在一起，那么他们就会喜欢这个内群体。IAT假设在内隐测验中这种积极的联结会很强，它在正常的有意识外显反应之外运作。大多数人会基于一些常见的社会类别自动地表现出对内群体的偏好，比如性别、种族、年龄、宗教和国籍（Rudman et al., 1999），并且在随意组成的极小群体中也会出现这种效应（Ashburn-Nardo, Voils, & Monteith, 2001）。甚至连四岁的小孩也能分辨出一些通常被认为是好的（鲜花）和坏的（昆虫）类别（Cvencek, Greenwald, & Meltzoff, 2011）。

IAT在短时间内引发了大量的研究和争论。虽然一些兼容性技术早于IAT（如动机—机会决定模型等；综述见Fazio & Olson, 2003），但IAT研究颇有争议地提出，内隐联结——对评价上相互关联的项目做出毫秒级的反应——揭示了无意识偏见的存在。IAT所测量的**内隐态度**具有良好的预测效度，并且与判断、选择、行为和生理反应等合理的指标存在相关（Greenwald et al., 2009）。此外，IAT在刻板印象和偏见等社会敏感领域尤其适用。外显的自我报告能够预测非争议性的政治和消费选择，在这些主题上人们不需要隐藏自己的观点。当人们愿意报告自己的外显偏见时（如种族），内隐偏见测量和外显偏见测量的结果存在相关（Wittenbrink, Judd, & Park, 1997）。元分析发现，内隐和外显的测量方式总体显示出低到中度的相关（Hofmann et al., 2005）。当人们做出外显自我报告的自发性较高，并且两种测量方法在概念上最为相近时，两者的相关就会增加。总之，IAT在人们不愿意做出外显报告的态度上可能有特别的作用。

IAT对外显行为的预测尤其有助于说服批评者，其效度与外显测量相当，但在某些问题上表现更好，如黑人—白人的种族间反应（Greenwald et al., 2009）。内隐测量能够很好地预测非言语行为，比如语调（Dovidio, Kawakami, & Gaertner, 2002; Dovidio et al., 1997; McConnell & Liebold, 2001），而外显测量则能更好地预测外显行为，比如演讲内容。例如，欧洲裔美国人的内隐联结能够预测对黑人而非白人面孔中威胁性表情的早期探测（Hugenberg & Bodenhausen, 2003）。IAT还能预测财务歧视（给内群体和外群体分钱；Rudman & Ashmore, 2007）。IAT具有传统测量的一致性、稳定性和聚合效度（Cunningham, Preacher, & Banaji, 2001）。

争论的核心围绕着能否将 IAT 作为测量态度的一种方式。IAT 显然是一种测量评价联结的方式，如果它能够预测相应的情感、认知和行为，那么就有理由认为它表现得跟态度一样。实际上，它确实能可靠地预测人际情感、判断和行为（Greenwald et al., 2009）。IAT 让人明显感觉到某些配对（如，有偏见的）比其他配对更容易（Ashburn-Nardo et al., 2001）。至少，它可以在研讨会上使人们敏感地认识到，相对于非偏见的联结，有偏见的联结更容易形成。

对此，很多人认为 IAT 只是测量了文化信念（Arkes & Tetlock, 2004; Karpinski & Hilton, 2001; Kihlstrom, 2004; Olson & Fazio, 2004a; Uhlmann, Brescoll, & Paluck, 2006）。不过，人们的态度确实有一部分来自文化环境，即使他们可能不赞同这种文化，而 IAT 能够探测出这种差异（Banaji, Nosek, & Greenwald, 2004; Lowery, Hardin, & Sinclair, 2001）。这种文化和个人联结的内在结合，激发了个人化 IAT 的想法。这种个人化的 IAT 与态度和行为意图的外显测量的相关更强（Olson & Fazio, 2004a）。例如，这个版本使用"我喜欢"和"我不喜欢"这样的措辞和与两个明显不同的社会群体有关的词语进行搭配，而不是使用一般性的表示愉快和不愉快的词。

另一个对 IAT 的批评是它的可塑性。也就是说，如果人们确实能够控制他们的反应，或者根据不同的背景做出不同的反应，那么这种测验能有多内隐呢？比如，种族 IAT 的结果取决于人们相信 IAT 是在测量种族主义还是只是一种非诊断性的预测验（Frantz et al., 2004）。另外，人们在接触到很多缓和刺激后，IAT 测量的偏见会减少。这样的刺激包括：少数群体的积极角色榜样和多数群体的消极角色榜样（Dasgupta & Greenwald, 2001）、多样性训练（Rudman, Ashmore, & Gary, 2001）、反刻板印象的形象（Blair, Ma, & Lenton, 2001; Wittenbrink, Judd, & Park, 2001b）、社会影响（Lowery et al., 2001）以及反偏见的目标（Blair & Banaji, 1996）。不过，伪装是可以被检测出来的（Cvencek et al., 2010）。

这项技术有多新？IAT 的结果与许多经典的社会心理学发现相符，但在几个方面有所不同。IAT 配对与动机—机会启动的一个区别是，人们在 IAT 中可能意识到了态度的卷入，虽然他们不能轻易地控制反应时间（Dasgupta et al., 2000）；而在启动时，人们可能并没有意识到启动，更不用说对后续反应的促进作用。另一个区别是：IAT 是一系列类别判断，而启动法则更多作用于单个范例（Fazio &

Olson, 2003）。一般来说，内隐态度可能来自简单的慢学习（持久而稳固）记忆系统，而外显态度则更多地来自于快速学习（但灵活并对环境敏感）记忆系统（DeCoster et al., 2006）。内隐态度主要是一种联结，而外显态度是由人们主观判断为真的主张构成的（Gawronski & Bodenhausen, 2006）。不同于许多外显态度，内隐态度可能更多地起源于早期的前语言期经验、情感经验、文化联结和认知一致性原则（Rudman, 2004; Sinclair, Dunn, & Lowery, 2005）。尽管内隐的评价联结有一些特殊性，但它对个体以及态度研究领域的影响都是不可否认的。

具身态度

自动化或至少是内隐态度的发现为态度研究提供了有趣的新途径，以避免口头自我报告所带来的问题——口头自我报告可能会受到人们对自己表现的（**社会赞许性**）担忧的困扰。态度的具身表达也提供了一条路径，我们之前简单介绍过（第4章）：几十年前，实验参与者需要做出拉近或推开的手臂动作来表示正性和负性刺激（如"聪明的""愚蠢的"；"美味的""腐败的"）；结果发现，对于拉近—正性词、推开—负性词这种一致性的动作，人们的反应速度更快（Solarz, 1960）。这个结果后来得到了进一步的证实和扩展：新奇客体分别因为手臂的弯曲或伸展而变得更加负性和正性（Cacioppo et al., 1993）。这种具身效价更容易影响新奇而非熟悉的态度客体（Priester, Cacioppo, & Petty, 1996）。具身表达甚至在没有明确的评价目的时也会出现（Chen & Bargh, 1999），单纯接触新奇（但有效价）的刺激也会加快与效价一致的动作（Duckworth et al., 2002）。正性和负性刺激会分别促进趋近（拉近）或者回避（推开）反应（如 Neumann & Strack, 2000）。相反地，行为本身也会促进与行为一致的评价（Centerbar & Clore, 2006）。

另一种身体动作也会反映和强化效价。第4章曾提到，那些在听到强有力的说服沟通时点头的人会比摇头的人更加赞同对方的观点（Briñol & Petty, 2003）。但如果论据信息很弱，那些点头的人反而更加不赞同。在这个具身认知的实例中，身体动作会导致人们对自己的想法更加自信（赞成或反对），并对他们的态度进行自我确证。对手臂的屈伸研究表明这种动作只会影响态度（评价），而不会影响其他判断（Cacioppo et al., 1993），这可能部分是通过记忆中的联结来实现的（Förster

& Strack, 1997, 1998）。

人们的表情也会影响他们的评价（Laird, 1984）。在一个经典的范式中，参与者被引导做出特定的表情（如微笑、皱眉），但不给表情贴上标签。例如，实验者要求参与者逐一收缩相关肌肉并保持收缩状态，并告之是为了记录所谓的**肌电图**，直到他们不经意间做出了某种表情（Laird, 1974；也见 Strack, Martin, & Stepper, 1988；第 4 章）。微笑会促进正性反应。其他研究者也发现了相似的效应（例如，Coan, Allen, & Harmon-Jones, 2001; Cupchik & Leventhal, 1974; Duncan & Laird, 1977; Lanzetta, Cartwright-Smith, & Kleck, 1976; Rhodewalt & Comer, 1979; Zuckerman et al., 1981）。我们对具身态度就介绍到这里。

态度的神经机制

如果态度是具身化的，那么它们也应有相应的大脑活动（综述见 Lieberman, 2007）。我们现在离能够从人们的大脑活动模式中解读出他们的评价反应已经不远了。当人们外显地表达态度时，他们所说的话并不总是与大脑活动所提示的一致。神经模式可以揭示内隐的态度反应，而不是态度的外显表达。比如，立即产生的态度与经过深思熟虑的态度在皮层电反应上是不同的（Crites et al., 1995）。还有一个例子是，尽管关于注意的研究文献表明人们会更多地注意负性信息，但人们并未报告相比正性信息他们会更多地注意负性信息（第 3 章）。同样地，相比同等极端程度的正性刺激，大脑的电活动[**事件相关电位**（event-related potential, ERP）]也显示负性刺激对人们有更大的即时影响（Ito et al., 1998）。**脑电图**能够灵敏地记录神经活动的时间序列。EEG 数据表明，人们对带有效价的信息输入反应非常快（第 3 章）。

脑成像对大脑激活的定位比脑电图更加敏感。对内隐反应来说，负性态度客体通常会引起包括**杏仁核**在内的神经反应（W. A. Cunningham et al., 2003; Hart et al., 2000; Wheeler & Fiske, 2005）。比如，白人对黑人面孔的杏仁核激活程度与 IAT 所测得的偏见分数相关（Phelps, Cannistraci, & Cunningham, 2003; Phelps et al., 2000）。当阈下呈现其他种族的面孔时，杏仁核的激活效应更强（Cunningham, Johnson et al., 2004）。然而，内隐和外显态度的神经反应有时似乎是矛盾的。比如，非裔美国人对黑人面孔表现出更强的杏仁核激活，这可能代表了负性效价（Lieberman et al., 2005），但是他们对黑人面孔却表现出更积极的外显态度（Nosek, Banaji, & Greenwald, 2002a）。

或许我们需要扩展杏仁核反应的含义。杏仁核对极端正性的情绪线索也会做出反应，比如看到自己孩子（相对于别人孩子）的照片（Leibenluft et al., 2004; 综述见 Zald, 2003）。因此，杏仁核反应可能并不代表负性态度或者情绪本身，而是更多地代表一般的情绪意义，与警觉性有关。人们在面对负性刺激时通常需要警觉性，有时在面对高度正性的刺激时（比如自己的孩子）也需要警觉性。与该解释一致的是，情绪强度的外显评分与杏仁核对社会性概念的激活程度是相关的，其中既有负性的也有正性的，比如幸福（Cunningham, Raye, & Johnson, 2004）。

有一个脑区系统可以提供更清晰的效价指标（图10.3），而不只是反映情绪或评价的强度。**脑岛**可能是这个系统的一部分；在内隐态度中，右侧脑岛与负性效价评分相关（Cunningham, Raye, & Johnson, 2004）。在态度研究和神经经济学研究中，效价（如奖赏或损失）与另一个可能的脑区（眶额皮层）相关（O'Doherty et al., 2001）。第三个伴随内隐态度激活的脑区是腹内侧前额叶皮层（Knutson et al., 2005; McClure et al., 2004; Milne & Grafman, 2001）。

外显态度所涉及的神经系统以更受控的加工为特点，包括内侧前额叶皮层、外侧前额叶皮层和顶叶皮层。对于非社会敏感主题，人们的外显态度通常跟内隐态度是一致的，包括那些神经激活所揭示的内隐态度。这种模式体现在具有社会相关性但不敏感的话题中，比如福利（Cunningham, Raye, & Johnson, 2004）、政客和城市（Zysset et al., 2002）、受人景仰或讨厌的名人（Cunningham et al., 2003）、新奇抽象的图形（Jacobsen et al., 2006）以及具象画和抽象画（Vartanian & Goel, 2004）。

一种更明显地受意识控制的反应——对社会敏感态度（如有关种族）的调节——首先会激活背侧前扣带回皮层（Amodio, Harmon-Jones, et al., 2004），这个脑区通常参与差异的探测（Botvinick et al., 2004）。然后——可能是按顺序——当人们想要控制态度表达时，右外侧前额叶皮层会激活（Cunningham, Johnson et al., 2004; Cunningham, Raye, & Johnson, 2004; Richeson et al., 2003），这与之前的研究一致。右外侧前额叶区的激活明显会抑制杏仁核的反应（Cunningham, Johnson et al., 2004）。

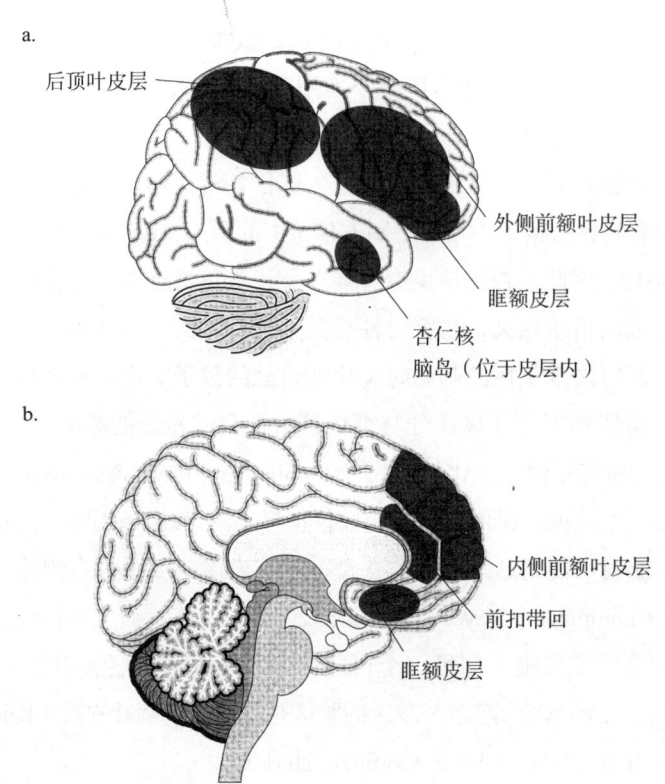

图 10.3 涉及内隐态度和外显态度的脑区（见正文）

有意识的控制甚至能抑制看似自动的杏仁核反应。杏仁核对负性情绪的反应并不是不可避免的、固有的态度。比如，当人们需要说出一个人的种族类别（Lieberman et al., 2005）或者必须推断这个人的食物偏好时（Wheeler & Fiske, 2005），种族—杏仁核效应就会消失。更重要的是，杏仁核效应与右腹外侧前额叶皮层的激活水平呈负相关，这与它参与情绪反应控制的观点一致。

不论具体的加工过程和文化背景如何，成功的说服都会激活一个神经区域网络，这些区域也广泛地涉及社会认知：背内侧前额叶皮层、颞上沟以及颞极（Falk et al., 2010）。这一点不难理解，因为说服是一个基本的社会认知过程，正如我们在前两章所看到的。

总 结

关于态度加工过程的各种观点——启发式—系统式模型、精细加工可能性模型、动机—机会决定模型、内隐联结测验、具身态度以及态度的神经机制——整合了传统的态度研究与社会认知和社会神经科学的新见解。因此，它们至少代表了一种"第二代"的研究取向（S. J. Sherman, 1987）。这些观点认为态度的形成、改变和运作并不是完全理性的，这与传统取向正好相反。传统取向认为如果接收者被成功说服了，他们必然了解并考虑了信息论据，同时在受到态度影响时也必然有意识地考虑了他们的态度。这种相对陈旧的理性观点至少存在三个方面的问题。第一，人们不需要学习和回忆相关的信息就可以被它说服；他们可能会作出实时的反应，根据自己的反应而非论据信息产生态度。第二，人们可以被认知上更经济的方式说服，无论是启发式还是其他外周路径。第三，认知（反应潜伏期）、肢体（动作）以及神经（激活）证据表明，人们以相对自动的方式通达自身的态度。

近期的态度理论大量借鉴了社会认知的理论和方法。一些新的理论考察了不同类型的态度加工，有的相对偏向思考和分析，另一些则相对快速和自动化。启发式—系统式模型假设，人们的态度常常被采用简单说服规则的认知捷径或启发式所改变，从而避免了加工信息内容的需要。人们也可以通过对信息论据进行更加系统的加工而改变态度。这些观点得到了大量研究的支持。

精细加工可能性模型同样假设态度可以通过两种路径改变，其中更为自动化的外周路径包括各种表浅的策略，所有这些策略都有相对不注意信息质量的特点。相反，说服的中心路径通常为更有动机的接收者所用，它需要充分考虑论据的优缺点。人们对信息的论据会或多或少地进行精细加工，因此会产生赞成或反对的独特反应。通过认知反应分析对这些反应进行测量，可以预测中心路径的态度改变。一些传统的变量，比如传播者的特征（可信度、专业性和吸引力）、信息（质量、重复次数、难度和长度）、听众（结果卷入程度、认知需求、不确定导向以及评价需求），都会对认知的精细加工程度和方向以及态度改变的结果产生影响。研究者在这种取向方面已经产生了大量的研究数据，用新的复杂方法阐明了旧的问题。

动机—机会决定模型主要关注人们在仅仅接触态度客体后态度的自动激活。

如果态度曾在最近被激活、在过去频繁被激活或者个体刚刚回顾了态度相关行为，那么态度就更容易被激活。低自我监控的人会顺应自己的态度，同时似乎也有更多可通达的态度。容易激活的态度会更显著地影响对态度相关信息的判断、抵制矛盾、持续时间更长并更直接地影响行为。这种加工过程似乎是相对自动化的。显然，一些态度在人们感知到态度相关客体时会立即被激活。

内隐联结与态度有许多共同的特征，都能预测行为。态度客体的类别与正性词或负性词之间的联结显示出较高的信度和效度。内隐联结最能预测相互冲突或者敏感领域的态度，而传统的自我报告最能预测一般领域的态度。

研究相对自动化或内隐态度的其他新方法包括从具身态度入手，后者与手臂的屈伸、点头或摇头以及面部肌肉的操控有关。神经激活模式提示杏仁核与态度强度有关，其他一些脑区与态度效价有关。

延伸阅读

Albarracín, D., & Vargas, P. (2010). Attitudes and persuasion: From biology to social responses to persuasive intent. In S. T. Fiske, D. T. Gilbert, & G. Lindzey (Eds.), *Handbook of social psychology* (5th edn, Vol. 1, pp. 394–427). Hoboken, NJ: Wiley.

Crano, W. D., & Prislin, R. (2006). Attitudes and persuasion. *Annual Review of Psychology*, 57, 345–374.

Eagly, A. H., & Chaiken, S. (2005). Attitude research in the 21st century: The current state of knowledge. In D. Albarracín, B. T. Johnson, & M. P. Zanna (Eds.), *The handbook of attitudes* (pp. 743–767). Mahwah, NJ: Erlbaum.

Fazio, R. H., & Olson, M. A. (2003). Implicit measures in social cognition research: Their meaning and use. *Annual Review of Psychology*, 54, 297–327.

Ferguson, M. J., & Fukukura, J. (2012). Likes and dislikes: A social cognitive perspective on attitudes. In S. T. Fiske & C. N. Macrae (Eds.), *Sage handbook of social cognition* (pp. 165–190). Thousand Oaks, CA: Sage.

Kay, A. C., & Eibach, R. P. (2012). Ideological processes. In S. T. Fiske & C. N. Macrae (Eds.), *Sage handbook of social cognition* (pp. 495–515). Thousand Oaks, CA: Sage.

Nosek, B. A., Hawkins, C. B., & Frazier, R. S. (2012). Implicit social cognition. In S. T. Fiske & C. N. Macrae (Eds.), *Sage handbook of social cognition* (pp. 12–30). Thousand Oaks, CA: Sage

第 11 章

刻板印象：认知与偏见

- 公开的刻板印象
- 微妙的刻板印象
- 偏见的影响

非正式的偏见无处不在，即便在这个新世纪，在一些思想开明的高等学府，也常常能够见到偏见的影子，比如下面几个例子。

- 一位刚从大学毕业的南亚裔女性，正开着自己不起眼的新车去上班，却被当地警察拦了下来，并被问到这辆车是不是她的。在警察检查了她的相关证件后，女学生问警察为什么要拦停自己。警察承认她的确没有超速，但语气不祥地说："我会看着你的。"她继续开车，深感震惊。
- 一位刚入学的黑人女研究生也遭遇了类似的情况。在一次学术讨论会上，当她挤过一群听众去找座位时，人群中有个人嘀咕道："反歧视行动……"
- 一位怀孕的女研究生终于得到了梦寐以求的研究奖学金，但是却被一位男教员质疑是否能够完成项目。
- 一位白人大一新生搬进宿舍时发现门上的把手不见了。白人维修员在过来维修时说道："一定是那些人。"他口中的"那些人"，是一些来自资金不足的公立学校的学生，刚刚结束了在这所大学的暑期项目。

这些日常事件逐渐让人们感到寒心，而且长此以往，这些日常的偏见会给被歧视者的身心造成极大的伤害（Major & O'Brien, 2005; Schnittker & McLeod, 2005）。事实上，偏见最终可以致人死亡——只是比仇恨犯罪来得更缓慢、更间接。

从普通的偏见（如日常的群体间摩擦）到偏见的极端形式（如仇恨犯罪），社会认知这门学科都提供了大量的见解。本章和下一章分别区分了群体间偏见的认知层面（即**刻板印象**，stereotypes）和情感层面（即**偏见**，prejudice）。虽然这两种偏见常常是相互关联的，但其背后的过程却是不同的。

在当今美国，最常见的群体间区分是性别、种族、年龄、移民身份和性取向。关于偏见的社会心理学研究大部分集中在种族和性别问题上，并且假定其背后的过程同样适用于其他的社会类别。然而，我们会在接下来的两章中看到，这种看法既对也错。社会认知研究侧重于跨社会群体的刻板印象的产生过程，尽管刻板印象的具体内容和情感反应会因针对每个群体的偏见的独特情境而不同。

关于偏见的研究有很多，甚至是社会认知领域的一个主要焦点，现在我们对此已知之甚多（例如，Bodenhausen, Kang, & Peery, 2012; R. J. Brown & Gaertner, 2001; Dovidio & Gaertner, 2010; S. T. Fiske, 1998, 2002; Quinn, Macrae, & Bodenhausen, 2003）。与社会认知的基本概念一致，群体间偏见有自动和受控两种形式。过去几十年偏见研究最重要的发现就是日常偏见常常是微妙的、自动的、无意的，这与人们认为偏见显而易见的常识直觉相反。如今这种微妙的偏见已不是上世纪那种公开的偏见了。在本章中，我们将首先从认知层面讨论**公开偏见**（blatant bias），这类偏见主要源自感知到的群体间威胁，既包括经济层面也包括价值层面的威胁。之后，我们将讨论自动的、模糊的、矛盾的**微妙偏见**（subtle bias），这种偏见往往源自内心的冲突。在本章最后，我们将讨论偏见的影响，尤其是对偏见对象的影响。

首先需要说明的是，公开的、有意的偏见和微妙的、可能无意的偏见之间的区分，在实际和理论中都很重要。普通人和法庭也都认为，有意的歧视比无意的歧视性质严重得多，更应该受到谴责（S. T. Fiske, 1989; Swim et al., 2003），他们甚至怀疑人们是否应为无意的歧视承担法律责任，以及这样的偏见是否根本无法避免（Fiske & Borgida, 2008; Krieger & Fiske, 2006）。我们将考察与这些问题有关的证据。但在此之前，我们先来看一些非常少见的极端偏见的例子。

公开的刻板印象

据估计，在西方国家，只有10%的人口持有极端的、公开的刻板印象。但这看似不多的10%却相当危险，他们塑造了大众关于群体间偏见的常识。大多数人将公开偏见归因于为获得稀缺资源而发生的现实冲突。这种现实冲突的确能够产生公开偏见。实际上，群体间冲突的研究领域就是始于这个基本的假设。在一个经典研究中，夏令营的营员们被随机分配到小屋中，研究者让不同屋子的人为了特权和美餐互相竞争，结果很快就产生了冲突和偏见（Sherif & Sherif, 1953）。还有研究者发现经济衰退和使用私刑存在关联（Hovland & Sears, 1940）。**现实的群体冲突**包括对各种实际资源的争夺，例如声誉、金钱、军事权力（D. T. Campbell, 1965）。不论是在现实生活中（Blake & Mouton, 1961; Bobo, 1983; Rabbie & Horowitz, 1969）还是在实验室研究中（Worchel et al., 1978），对实际资源的竞争都非常重要。不过，人们必须在主观上认识到资源竞争产生的冲突，当事者的主观认知比外部观察者眼中的现实更加重要（Green, Glaser, & Rich, 1998; Green, Strolovitch, & Wong, 1998; Kinder & Sears, 1981; Sears & Kinder, 1985）。在实验室和现实中，主观认知显然都是冲突的基础（R. J. Brown et al., 2001; Duckitt & Mphuthing, 1998; Hennessy & West, 1999; Huddy & Sears, 1995），同时也是社会认知的研究对象。

社会同一性、自我归类以及其他同一性理论

人们必须将自己和他人感知为不同群体的成员才会产生群体间冲突。人们确实经常这样做，尽管这种主观判断会取决于环境。在这个部分，我们将探讨四种群体同一性理论以及它们对群体间误解的影响。

理　论

群体间往往比个体间更容易发生竞争（Schopler et al., 2001），只需两个人就可以产生竞争：这两个人既可以作为单独个体互相竞争，也可以作为对立群体的成员来参与竞争。两个人既可以作为独立个体、也可以作为各自群体的成员进行互

动，这是**社会同一性理论**（social identity theory, SIT）的基本观点。这种理论认为，即便是两个人之间的社会互动也有人际互动和群际互动之分（Tajfel, 1981; Tajfel & Turner, 1979）。在社会同一性理论看来，人们寻求积极的社会同一性来维持自己的自尊。当某一群体相对于对照群体即**外群体**而言，在个体主观上认为重要的维度上获得个体的积极评价时，社会同一性会激活个体对该群体的成员身份感，这个群体即为个体的**内群体**。根据这种理论，即使是被社会贬低的群体，它的成员也可以通过强调其同一性在某些维度上具有优势来创造出一种积极的社会同一性。

除了上述自尊假设外，社会同一性理论最重要的认知属性是它认为社会同一性是由个体、社会和当前环境来定义的，所以社会同一性是基于信念的，而信念则属于认知。此外，内群体和外群体的归类减少了感知到的群体内差异，增加了感知到的群体间差异。也就是说，任何一种归类都放大了群体间的差异性（我们和他们不同）以及群体内部的相似性（他们都是一样的，我们在某些重要方面也是一样的）。

社会同一性理论背离了群体冲突的观点，只强调群体归类的认知过程。该理论的最初目标是为了找到**最简群体范式**（minimal group paradigm），即个体在群体中体验到归属感的基本条件，然后逐渐增加现实条件，直至偏见产生。让研究者大感意外的是，即便群体是在实验室中随意创建的，在分配有限资源时，相比于外群体，人们也更偏爱自己的内群体（见表 11.1）。仅仅是群体归类就产生了偏见，对此现象的研究成了整整一代人的事业（综述见 Brewer & Brown, 1998; Hogg & Abrams, 2003; Yzerbyt & Demoulin, 2010）。

随着研究的深入，自尊假设不再受到研究者的青睐。大众通常的假设是，人

表 11.1　塔杰菲尔实验中内群体/外群体的奖赏矩阵

内群体	7	8	9	10	11	12	13	14	15	16	17	18	19
外群体	1	3	5	7	9	11	13	15	17	19	21	23	25

参与者必须选择一列中的一对数字，作为内群体/外群体的奖赏。区别对待内外群体（例如：7-1=6，内群体的奖赏比外群体多 6 点）与公平（内外群体奖赏均为 13）、整体收益最大化（19+25=44，但是内群体的收益少于外群体）、内群体奖赏最大化（内群体的收益最大为 19，但是此时外群体的收益更高）之间形成对比。在塔杰菲尔的每一个矩阵中，这些收益之间的权衡都有所不同。

们之所以歧视他人是为了使自己产生优越感，但这种说法显然并不总是适用。歧视确实提高了**状态自尊**（暂时的自我评价），但是无法改变**特质自尊**（个体对自己的长期评价）（Oakes & Turner, 1980; Rubin & Hewstone, 1998）。此外，与常识相反，低自尊并不会直接导致歧视（Aberson, Healy, & Romero, 2000; Hewstone, Rubin, & Willis, 2002）。虽然对于高度认同自己群体的人来说，为了应对社会变化而暂时地降低自尊很有可能导致歧视（Turner & Reynolds, 2001），但是总体的自尊假设并未得到支持。

自我归类理论（self-categorization theory, SCT）在不对自尊进行预测的前提下，对社会同一性理论进行了扩展（Turner, 1985）。致力于预测实际的行为而不只是感知到的差异，自我归类理论认为，一旦个体将自己归类到某个群体，个体表现出来的行为就会与该群体成员的行为更加相似。自我归类理论从认知的角度指出，自我并不是一成不变的，而是会根据突显的群体间背景而变化：某人可能认为自己是学生（而非教授），女性（而非男性），一位白人（而非少数族裔），一名心理学专业学生（而非其他专业学生），等等。具体的群体归类依赖于对背景的适合程度。**相对适合度**（comparative fit）通过群体间差异和群体内差异的对比而得出**元对比率**（meta-contrast ratio）。（在统计学上，这相当于 F 检验或 t 检验，即用组间平均差异除以组内变异。）根据自我归类理论，人们观察到的最大差异决定了如何归类。例如，当示威者面对警察时，其他的类别身份就不重要了。

自我归类也依赖于**标准适合度**（normative fit），即定义两种类别的社会共识。关于群体间典型差异的共识定义了相关的内外群体类别。例如，学生在参观养老院时更倾向于根据年龄来自我归类，而参观其他大学时则更倾向于根据学校来自我归类。自我归类强调心理上的群体身份（Turner & Reynolds, 2001）。

与上述理论完全相容的**最优独特性理论**（optimal distinctiveness theory, ODT; Brewer, 1991）认为，人们会在保持个体的自主性和独特性与归属于某一恰当群体之间进行权衡，从而产生自我肯定的、令人满意的同一性。也就是说，个体既看重自己的群体身份，也看重自己作为个体的独特性，因此需要在二者间寻求令人舒适的平衡。这种现象发生在西方和非西方文化中（Vignoles, Chryssochoou, & Breakwell, 2000）、青少年（Eckes, Trautner, & Behrendt, 2005）以及大学生和成年人中（Hornsey & Jetten, 2004）。通过调整内群体同一性的独特性，人们可同时获得个体差异化和群体归属感。

群体独特性也能够减少不确定性带来的紧张感。**主观不确定性降低理论**（subjective uncertainty reduction theory; Hogg, 2001）认为内群体的规范能够降低焦虑，尤其是当人们在与自己相关的领域感到不确定时。采用内群体的价值观与规范能够创造确定性，因为人们会融入群体原型，使自己去个人化，同时摆脱不确定性。与社会同一性理论、自我归类理论和最优独特性理论类似，主观不确定性降低理论也具有一般归类过程的认知基础，但是该理论的关键特征在于自我只能归属两个类别中的一个。

内群体偏好

正如社会同一性理论中的最简群体范式所证明的那样，当群体成员身份是人们知道的唯一信息时，他们偏爱内群体。人们更多地表现为偏爱"自己人"而非讨厌"外人"，只是，当然了，外群体因被排斥在外而产生了劣势（Brewer, 1999; Hewstone et al., 2002; Mullen, Brown, & Smith, 1992）。实际上，为了增加内群体相较于外群体的相对优势，**内群体偏好**甚至会损害自己和内群体的绝对利益。例如，相比各给双方 13 点奖赏（绝对公平）或者给内群体 19 点奖赏而给外群体 25 点奖赏（内群体的绝对收益最大化），参与者更倾向于给内群体成员 7 点奖赏而给外群体成员 1 点奖赏，此时内外群体间的差异最大（Tajfel et al., 1971）。又例如，即使内群体成员都缺乏资源因而无法给予彼此奖赏，人们也依然看重自己的内群体（Rabbie & Horwitz, 1969）。人们尤其容易在有利于内群体的维度上产生对内群体的偏好（区别对待内外群体），并且在面对冲突、社会崩溃和对内群体具有重要性的情况时增加对内群体的偏好。所有这些都表明，内群体偏好是为了降低在重要问题上的主观不确定性（Hogg, 1992）。

人们偏好内群体是因为受到内群体的吸引，正是这种吸引将群体成员凝聚在一起（Hogg, 1992, 1993）。那些同一性面临威胁的人对内群体的偏好是自动产生的，并且会随着内群体同一性的增强而增加（Branscombe & Wann, 1994; Perreault & Bourhis, 1999）。这些人包括处境艰难的少数族裔群体（Mullen et al., 1992; Otten, Mummendey, & Blanz, 1996）、与众不同的群体（Jetten, Spears, & Manstead, 1998）以及缺乏安全感的高地位群体（Bettencourt et al., 2011）。遵守内群体规范所带来的安全感，可能增进了社会同一性理论、自我归类理论以及相关理论的另一种认知特性，即感知到的群体同质性。

群体同质性

正如上面提到的，归类能够减少个体所感知到的群体内差异，即"他们"都是一样的（Linville et al., 1989; Messick & Mackie, 1989; Mullen & Hu, 1989）。**群体同质性**（group homogeneity）不仅包括刻板印象，还包括感知到的分散性（属性的分布）和相似性（Ostrom & Sedikides, 1992; Park & Judd, 1990）。外群体的同质性尤其适用于那些真实存在但人们不熟悉的、抽象的群体，例如从未接触过的国民或种族群体（Brewer & Brown, 1998; R. J. Brown, 2000; Devos, Comby, & Deschamps, 1996; Linville et al., 1989; Ostrom & Sedikides, 1992; Park, Ryan, & Judd, 1992）。人们通常认为自己对外群体的偏见没有别人那么严重（Judd et al., 2005）。因此，人们认为群体之间存在知觉偏差，双方都认为对方是同质的。

不过，有时"我们"确实是一样的。许多少数群体会认为他们是相对同质的，尤其是在与同一性相关的维度上（Kelly, 1989; Mullen & Hu, 1989; Simon, 1992）。对内群体特别认同的人会更多地感知到内群体的同质性（Castano & Yzerbyt, 1998）。一个概括性的原则是，当群体间的差异由于威胁或冲突而变得显著时，内群体与外群体都会被视为更加同质化。因为当内群体的同一性对个体至关重要时，人们往往最倾向于服从，所以有时对同质性的感知可能有一定的道理。

同一性理论的总结

同一性理论本质上的贡献是发现仅仅分类就足以产生偏见。内群体偏好虽然可能有自动的成分，但在很大程度上是有意识的和公开的，至少在很多研究文献中是这样测量的。无论如何，群体间偏见都具有认知基础。此外，威胁能够放大基于类别的偏差，而对威胁的觉知本身又是一个认知过程。接下来的理论会讨论威胁的两种基本来源：感知到的经济威胁和价值观威胁。

群体间意识形态

公开的偏见有赖于动机性的社会认知。许多政治意识形态都与内群体感知到的威胁有关（Kay & Eibach, 2012）。这些政治意识形态都把社会中群体间的关系解释为不可避免的、合理的、合法的：社会支配理论、右翼权威主义、恐惧管理理

表 11.2　作为认知解释来使偏见合法化的意识形态

理论	核心观念	对内群体的威胁	外群体举例
社会支配理论	群体分级不可避免	资源竞争是零和博弈	竞争对手
右翼权威主义	世界是危险的	价值观崩溃	离经叛道的人
恐惧管理理论	我们的世界观是持久的	人类死亡	外国人
制度正当化理论	现状是合法的	社会不稳定	反抗者
本质主义	群体差异是生物性的	社会建构	种族、性别

论、制度正当化理论以及本质主义理论（见表 11.2）。

社会支配理论

群体间会为了资源而竞争，因而会产生群体等级。**社会支配理论**（social dominance theory, SDT）认为，狩猎—采集阶段之后，人类社会的群体分级现象是普遍存在的，甚至是适应性的。总是有一些群体不可避免地支配另外一些群体，并且这种稳定的等级结构能够调控无意义的冲突（然而，大部分受压迫的群体并不希望这样）。社会、群体和个人对社会支配的接受程度是不一样的（Sidanius & Pratto, 1999）。随着社会支配取向而来的是**合法化神话**（legitimizing myths），即支持现状的复杂认知过程（信念和意识形态）。其中最主要的认知过程是刻板印象，它让各个群体保持在各自的位置上。

个体在**社会支配取向**（social dominance orientation）上的差异与很多公开的偏见密不可分（例如，Amiot & Bourhis, 2005; Pratto et al., 1994; Sidanius, Pratto, & Bobo, 1996; 有关列表见 Sidanius & Pratto, 2003）。支配性与群体间背景相互作用，以多种方式强化了整个系统：高社会支配取向可以预测内群体偏好，这对那些有权者来说并不奇怪，但即使是对那些认为社会等级合法的无权者来说也是如此（Levin et al., 2002）。社会支配取向高的个体倾向于选择能够加强现有社会支配等级的职业（如警察、商人、检察官），而社会支配取向低的个体倾向于选择那些弱化社会等级的职业（如社工、教师、公共辩护律师）。一旦进入适合的职位，这些人会在各自的职位上表现优异（Kemmelmeier, Danielson, & Basten, 2005; Pratto et al., 1997; van Laar et al., 1999）。

社会支配理论的主要争议在于它所声称的社会等级的不可避免性。例如,男性在社会支配取向上的平均得分总是高于女性,这似乎解释了为什么在发达的社会中,男性的平均政治地位总是高于女性(Sidanius, Pratto, & Bobo, 1994)。社会同一性理论对此的解释是,个体的性别认同导致了社会支配取向的不同(Dambrun, Duarte, & Guimond, 2004; Wilson & Liu, 2003);或许是个体的性别认同影响了社会支配取向,而不是相反。人们越认同自己所属的性别群体,就越需要把该群体在社会等级中的固定地位合法化。类似地,社会支配取向得分可能反映了在某种背景下(甚至是暂时的特权地位中)突显的不平等,而不是社会支配取向造成了不平等(Schmitt, Branscombe, & Kappen, 2003)。综上所述,群体社会化模型认为支配地位(享有特权)会激发社会支配取向的态度,进而产生更多的偏见(Guimond et al., 2003)。

社会支配理论认为长期的权力差异——无论是基于性别、阶层还是种族——都会在社会建构的群体之间导致不同的群体间取向(如,Pratto, 1999; Sidanius & Pratto, 1999)。社会支配意识形态针对的是那些最突显的群体,他们在特定社会中决定最尖锐的权力层级。社会支配取向使现有的群体间关系合法化并得以维持。

从认知的角度来看,社会支配取向强调在等级系统中,人们所持有的信念往往有利于他们所属群体的地位。高社会支配取向与强硬的世界观相关,这种世界观认为世界是个竞争激烈的竞技场(Duckitt, 2001)。它起源于缺乏感情的养育方式,这种养育方式提倡一种人们必须照顾自己、优势群体必然支配弱势群体的世界观。竞争威胁会激发社会支配的信念。

右翼权威主义

另一种感知到的威胁是一个相关维度即权威主义信念的基础。**右翼权威主义**(right-wing authoritarianism, RWA)特别关注人们所感知的对所珍视的价值观的威胁。尽管左翼和右翼都可能陷入教条主义,但左翼本身并没有被视为权威主义(Rokeach, 1960)。具有高度右翼权威主义倾向的个体会遵守传统价值观(习俗),服从有权力的领导者(权威服从),认为不服从权威的人应当受到惩罚(权威主义攻击性),并且贬损外群体(偏见)(Altemeyer, 1981, 1988; Duckitt, 1993; Meloen, Van der Linden, & De Witte, 1996)。

右翼权威主义的特点是强烈的内群体认同以及对价值观威胁的感知。如果内群体受到外部对立群体的威胁，那么内群体必须团结起来，利用凝聚力和一致性来抵御外界的危险。高右翼权威主义倾向可以预测对女权主义和同性恋的偏见（这些人被视为异类）（Haddock & Zanna, 1994; Haddock, Zanna, & Esses, 1993）。高右翼权威主义与强调个人责任和惩罚异常行为（与艾滋病、堕胎、虐待儿童、毒品、无家可归、贸易逆差、高等教育等有关）的多种社会态度相关（Peterson, Doty, & Winter, 1993）。高右翼权威主义倾向的人会为了维持自己的价值观而拒绝寻求事情的真相（Peterson, Duncan, & Pang, 2002），否认纳粹大屠杀（Yelland & Stone, 1996）。不容置疑的信念可以预测偏见，因为宽容需要对人类群体的多样性持更加相对主义的看法。

右翼权威主义与惩罚式教养、社会从众以及认为世界充满危险的世界观有关（Duckitt, 2011）。信念体系代表了一种广泛的、在认知上具有一致性的意识形态。兼具高右翼权威主义倾向和高社会支配取向的个体是社会上最具偏见的人（Altemeyer, 2004）。这类人渴望权力，喜欢操纵别人，是非不分，倾向于教条主义和种族中心主义，并且反对人人平等；这让他们容易成为极端边缘政治团体的领导者，给社会带来危险。

恐惧管理理论

如右翼权威主义所指出的，当人们遇到威胁（对重要负性结果的强烈不确定性）时，他们往往求助于确定性。人们在面对死亡时也会产生这样的动机性认知；因为虽然死亡是确定的，但死亡的时间却是不确定的。死亡突显的关键是不确定性（van den Bos et al., 2005）。**死亡突显**（mortality salience）使得人们珍视那些比自己的生命更长久的世界观（一种替代性的永生；Greenberg, Solomon, & Pyszczynski, 1997）。面对死亡威胁时，人们会更加认可他们突显的群体同一性的意识形态（Holloran & Kashima, 2004）。因而在威胁之下，保守的人将更加保守，激进的人将更加激进（Greenberg et al., 1992）。在死亡突显的情况下，人们会追随有能力降低不确定性的强势领导者（Landau et al., 2004）。

恐惧管理理论（terror management theory, TMT）针对的是人们如何应对想到死亡时所产生的恐惧。与此处最为相关的是，人们会通过认同内群体来寻求对死亡的超越，因为群体的生命比个体长久（Castano & Dechesne, 2005）。当人们的自我受到威胁时，他们会保护熟悉的事物，包括反抗外群体（Burris & Rempel,

2004）。当死亡变得突显时，人们会对偏常的外群体作出严厉的反应（Castano, 2004; Greenberg et al., 1990; McGregor et al., 2001; Schimel et al., 1999），右翼权威主义倾向高的人尤其如此。当世界充满危险和威胁时，对基本价值观的遵守显得尤为重要。这种倾向往往会促使人们对外群体进行惩罚。

制度正当化理论

上述几种理论（SIT/SCT, SDT, RWA, TMT）描述的都是自我保护动机对外显性的群体间认知的影响。另一种理论同样认为意识形态可以缓解消极的反应（焦虑、不确定、不适），而这与上述理论中的自我保护动机截然不同。**制度正当化理论**（system justification theory, SJT）认为人们寻求现状的合法化（如, Jost & Banaji, 1994; Jost & Hunyady, 2002）。与社会支配理论不同，制度正当化理论不仅认为具有优势的个体寻求现状的合法化，而且煽动性地提出，弱势个体同样如此。在这个理论看来，自我的正当化甚至群体的正当化都需要给制度正当化让路，因为制度正当化具有缓和效用。这种系统稳定性高于个体和群体利益的理论既有支持的证据也有反对的证据。至少有时候，弱势群体会接受他们的地位，感觉自己不够格，喜欢地位更高的群体，并且不顾自身最大利益来维护系统的稳定性（如, Jost, Pelham et al., 2003; 综述见 Jost, Banaji, & Nosek, 2004; Jost & Hunyady, 2002）。然而，毫无疑问，在某些情况下，地位低的群体也会反抗现状。

对地位较高的群体而言，维持现状对他们显然是有利的。但对每个人来说，感知到的地位与感知到的价值之间的关系都惊人地紧密，并且在不同文化中都是如此（Cuddy et al., 2009; Fiske, 2011）。刻板印象通常是支持现状的。例如，当某个学校的学生认识到自己学校的学生比另一所学校的学生成绩更高（或更低）时，他们会认为自己学校的学生更有（或更没有）竞争力（Haines & Jost, 2000; Jost & Burgess, 2000）。为了使当前的制度正当化，人们会认为位高权重群体的地位是应得的，但这主要发生在他们个人觉得无法改变现状的时候（Dépret & Fiske, 1999; Pepitone, 1950; Stevens & Fiske, 2000）。当人们所在的群体被贬低，而又无法逾越群体边界（无法离开该群体）时，人们便会在长期或极端的情况下将这种劣势内化（Ellemers, Spears, & Doosje, 2002）。

政治保守主义，顾名思义就是支持现状，属于动机性社会认知的一种形式——一组符合各种需求的信念。（自由主义也是如此，但它在某种程度上与上述分析正好相反。）一项对 88 个研究的元分析（Jost, Glaser et al., 2003）表明，保守主义意识形态与如下因素相关：死亡觉知（支持恐惧管理理论），对损失的担忧（支持社会支配理论），感知到的系统不稳定性（支持制度正当化理论和右翼权威主义），对模糊性的不容忍（支持右翼权威主义），对新体验的厌恶，对不确定性的不容忍，以及对秩序、结构和封闭性的偏好。最后几个动机支持所有的理论，这些理论都强调保守的认知结构能够在面对威胁时消除模糊性，并为群体间的政治服务。

群体实体性理论及其后继理论

最让人安心的群体表征——最能消除模糊性、不确定性、不稳定性和焦虑——让这个类别看起来客观真实。社会类别看似真实的原因是它首先被知觉为一个实体，即格式塔意义上的单元（第 3 章）。一旦被分类，群体似乎就具有了**实体性**（entitativity; D. T. Campbell, 1958），即作为真实事物的属性。这种实体性的内群体似乎连贯一体，使人感觉有效，能够满足人们的需要和激发人们的同一性（Yzerbyt et al., 2000）。实体性会使群体间的关系极化（Castano, Sacchi, & Gries, 2003），并且会强化以下信念系统：本质主义、多元文化主义、低人性化/非人化。

本质主义

实体性的群体通常会被赋予某种**本质**（Rothbart & Taylor, 1992; Yzerbyt, Corneille, & Estrada, 2001），它包含一种通常表现为共同的基因、血统或本性的基本核心。人们感知到的本质源自对生物学的解释。人们认为生物特性是固定不变的（相反，生物学家知道生物特性与环境是相互作用的）。人们常常把群体类别看作是真实的生物现象，而不是随着历史和文化而变化的社会建构。

本质主义会强化刻板印象。为某个社会类别赋予一种本质的人，同样也会认可关于它的刻板印象（Bastian & Haslam, 2006; Keller, 2005）。刻板印象作为一种具有启发性的格式塔，有助于人们解释本质化群体的特征（Yzerbyt & Demoulin, 2010）。

群体本质主义确实因文化等背景而异。正如识人的基本原则所表明的那样，西方人和东亚人都更愿意将本质和实体性赋予个体而不是群体（Kashima et al., 2005）。但是，当群体看起来有非常明显的本质主义特征时（例如，东亚的群体），人们会为这些本质主义群体赋予更多的动因；也就是说，他们认为群体有能力采取行动。本书作者之一想起了美国之外的新闻报道会将动因赋予国家（"日本将……"），而美国的新闻报道则将动因赋予政府中的个体（"总统宣布他将……"；详见 Menon et al., 1999）。

对多数群体的成员来说，少数群体的动因可能会威胁他们自身的地位。反过来，对少数群体的成员来说，感知到所在群体的本质和动因可能会保护自身的完整感。事实上，对荷兰多数群体的青少年来说，本质主义的信念与抵制多元文化主义有关（Verkuyten & Brug, 2004）。相反，对少数群体的青少年来说，对群体本质的信念与认同文化多元性的信念有关，这可能是因为他们陷入困境的群体同一性反而让他们感到自豪。

多元文化主义

多元文化信念认为不同群体在本质上是不同的，并且呼吁各种组织尊重这些本质上的差异。极端的**多元文化主义**认为不同群体存在生物学意义上的本质差异，而温和的多元文化主义认为这只是长期的社会差异。与多元文化主义相反的**无视肤色论**否认一切差异，坚持对每个人都应一视同仁，不论其背景如何。多元文化主义与社会认知所强调的群体归类是一致的。实际上，相比那些被无视肤色论启动的学生，被多元文化启动的学生会表现出更强的刻板印象，对个体有更多基于类别的评价（Wolsko et al., 2000），但他们也能更准确地判断群体之间的统计学差异。知觉到群体间的差异并不一定导致偏见，反而可能让人们认识到多元文化的差异（Park & Judd, 2005）。

低人性化与非人化

人们最终极的生物学本质，当然就是作为人类。人们更多地把人类的本质赋予自己的内群体而不是其他群体（Demoulin et al., 2004; Leyens et al., 2003）。人类声称自己拥有智慧、语言以及微妙的情绪，这让我们与动物区别开来。就情绪而言，人们倾向于将原始的**初级情绪**（primary emotions；如生气、快乐）归属于内群体和外群体，正如将这些情绪也归属于动物一样。但人们一般只将**次级情绪**（secondary emotions；如后悔、骄傲）保留给内群体。对外群体情绪的**低人性化**（infra-human；低于人类）感知的背后是主观本质主义，它让人们较少同情那些被低人性化的群体。当某个偏远的群体遭受毁灭性的飓风或地震等灾难时，他们对失去家园和家人的悲痛似乎没有我们自己的群体对类似损失的反应那么强烈，因此人们对他们的帮助也相应减少（Cuddy, Rock, & Norton, 2007）。

人们经常以两种主要的**非人化**（dehumanization）形式来贬低他人的人性（Haslam, 2006; 见表 11.3）。第一，人们可能把别人当作动物对待，否认他们具有**人类独有的**（uniquely human）文化、道德、逻辑、成熟和教养。这种动物性的非人化主要被用于基于种族、移民身份和残疾而形成的外群体。第二，人们可能把外群体成员当作机械性的客体，否认他们具有**基本的人性**（typical human nature），如热情、情绪反应性、主观能动性、好奇心、深度等。机械性的非人化主要表现在对病人的某些治疗和女性的客体化中（Haslam et al., 2005）。沿用动物和机器人这两种类型的说法，一项研究表明，艺术家被认为是好奇的、爱玩的、情绪化的（偏动物属性），而商人则被认为是有条理的、狠心的、肤浅的（偏机械属性；Loughnan & Haslam, 2007）。

人性赋予上的差异并非仅限于群体间，人们也会为自己赋予比其他个体更多的人性（Haslam et al., 2005）。但群体间的非人化是一些最严重的大规模反人类罪行的根源。不仅非人化会助长群体间的暴力（杀死被你当作动物或机器的人更容易），内群体对外群体的暴力也会加剧对外群体的低人性化（Castano & Giner-Sorolla, 2006）。

表 11.3 非人化信念

被否认的特征	举例	导致的刻板印象	外群体示例
人类独有的特质	文化、道德、逻辑、成熟、教养	动物性，原始人	种族、残疾、移民身份、艺术家
基本的人性	热情、情绪、主观能动性、好奇心、深度	机械性，机器人	病人、客体化的女性、商人

微妙的刻板印象

20世纪后期，在有关可接受信念的规范发生了巨大变化之后，微妙的刻板印象产生了。**非介入性测量**（unobtrusive measures）表明，即使公开的态度有所改善，偏见仍然存在（Crosby, Bromley, & Saxe, 1980; Saucier, Miller, & Doucet, 2005）。正如人们不再在别人面前吸烟一样，人们也不再在有礼貌的场合表现出侮辱性的刻板印象。借助复杂的新测量方法，研究者们如今揭示了这些自动的、模糊的、矛盾的、现代形式的刻板印象。

自动的刻板印象

认知联结与人们的群体间表征相关联。这些刻板信念明显的组织性，以及它们的效价，揭示了使刻板印象容易通达的自动过程。第12章将更明确地关注情感性偏见，但这里涵盖的认知信念也包含效价，因此它们也与偏见有关，尽管更多是评价性的而非外显情绪性的。这里涉及的一些相对自动化的认知过程包括类别内混淆、厌恶性种族主义联结、间接的种族启动、内隐联结以及认知负荷，但所有这些都受到动机的控制。

类别内混淆

人们能够快速地识别彼此的性别、种族和年龄，并据此对人群进行分类。因此，人们往往会混淆同一个类别的其他个体，忘记到底是哪位女性、哪位拉丁裔或是哪位老人提供了建议。在"**谁—说了—什么**"的实验范式中，自发的记忆误差使人们更容易混淆类别内的成员，而非类别间的成员（Taylor et al., 1978）。这种混淆发生在根据性别、种族、年龄、性取向、态度、吸引力、肤色、口音以及关系类型来划分的类别中（如, Maddox & Chase, 2004; Maddox & Gray, 2002; Rakić, Steffens, & Mummendey, 2011; 见 S. T. Fiske, 1998, pp. 371-372）。即使控制了其他相关的认知过程，如猜测，**类别内混淆**（category confusions）也会发生，尤其是当人们快速作出反应（Klauer & Wegener, 1998）或涉及人数上的少数群体时（Klauer, Wegener, & Ehrenberg, 2002）。这种记忆误差的产生没有明显的意图、努力或控制，所以是相对自动的。这种混淆也助长了刻板印象的产生（Taylor et al., 1978）。

厌恶性种族主义

在第一批识别出真正的自动偏见的实验中，种族启动实验（第10章）揭示了我们—他们的分类，正如社会同一性理论所述，是立即发生的。当用"白人"作为启动时，白人对正性特质（如聪明）的识别比用"黑人"作为启动时要快（Dovidio, Evans, & Tyler, 1986; Gaertner & McLaughlin, 1983; Perdue et al., 1990）。如果将种族标签换成"我们"和"他们"，同样产生了类似的现象。人们自动地将正性特质与内群体联系起来，这一现象会随着时间的推移可靠地重现（Kawakami & Dovidio, 2001），并且这种联系能够预测种族间互动时的非言语行为（Dovidio, Kawakami, & Gaertner, 2002）。（外显态度能预测外显的言语行为。）相比对外群体作出负性评价，对内群体作出正性评价要更显而易见。

当然，对内群体的正性评价通过排斥忽视了外群体。在零和环境如招聘中，即使公开的偏见有所改善，微妙的偏见也仍然存在，尤其是在模糊的情景中（Dovidio & Gaertner, 2000），只有少数例外（Kawakami, Dovidio, & van Kamp, 2005）。内群体与正性评价的自发联结能够让人产生舒适感，使得内群体求职者看起来更合适。

根据元分析，如果白人可以把自己的决定解释为与种族无关，例如当帮助黑人的风险更大、时间更长、更困难、更费力或距离更远时，白人会更少去帮助黑人（Saucier et al., 2005）。**厌恶性种族主义**（aversive racism）认为大多数人的意图是好的，并且会拒绝自己的种族主义信念（Gaertner & Dovidio, 1986）。他们只有在明显存在非种族主义的理由（借口）时，才会表达出偏好内群体的联结，如环境信息模糊时。因此，消除这种联结的一种方法是消除模糊性。但不幸的是，生活本身充满了模糊性。

另一种更加现实的选择是利用"我们—他们"效应，但是要将之前的"他们"纳入"我们"的范畴。例如，在2001年的"9·11"恐怖袭击之后，很多美国人注意到由于国家认同超越了种族认同，种族关系得到了改善。当提醒白人这场恐怖袭击的目标是所有美国人时，他们对黑人的偏见会减少（Dovidio et al., 2004）。这个**共同内群体同一性模型**（common ingroup identity model; Gaertner & Dovidio,

2005)之所以奏效，显然是因为观点采择能力和对不公平的觉知的提高（Dovidio et al., 2004），再加上共享的互动和共同的命运（Gaertner, Sedikides, & Graetz, 1999）。

间接的种族态度

另一种研究刻板印象的早期认知方法是**间接启动法**（indirect priming; Fazio et al., 1986, 1995）。与厌恶性种族主义的测量方法一样，间接启动法测量的是个体在启动和刺激的评价相匹配时反应速度加快的程度（第 10 章）。

这两种方法的不同之处在于启动后的刺激和所需的反应上（见表 11.4）。在厌

表 11.4 三种微妙偏见测量方法的比较

方法	呈现方式	启动材料	刺激材料	任务	测量指标
厌恶性种族主义	序列呈现	群体名称：黑人/白人	与刻板印象相关的词或无意义字母串（如敌意/dsdjklfj）	判断是否为单词	反应速度
预测：用"黑人"启动时，识别"hostile"（敌意）是单词的速度加快；用"白人"启动时，识别"smart"（聪明）是单词的速度加快。启动对无意义字母串的反应速度无影响。					
方法	呈现方式	启动材料	刺激材料	任务	测量指标
间接启动	序列呈现	群体名称：黑人/白人	与种族无关的正性词/负性词（如垃圾/钻石）	判断效价：好/坏	反应速度
预测：用"黑人"启动时，判断"垃圾"为坏的速度加快；用"白人"启动时，判断"钻石"为好的速度加快。					
方法	呈现方式	启动材料	刺激材料	任务	测量指标
内隐联结	成对呈现	群体名称：黑人/白人	与种族无关的正性词/负性词（如垃圾/钻石）	按匹配的键：左键/右键	反应速度
预测：当"黑人"与"垃圾"位于同侧，"白人"与"钻石"位于同侧时，个体的反应速度要快于相反的配对情况。					

注：任务描述见正文；内隐联结测验的介绍见图 10.2 的（c）和（d）部分。

恶性种族主义的测量方法中，内群体或外群体启动后的刺激是与种族相关的正性词或负性词，或者是无意义的字母串。个体需要作**词汇判断**（lexical decision；即，当前呈现的是不是单词？），当种族启动与偏见相关词的效价相匹配时，个体的判断速度会加快。在间接启动中，种族启动（使用单词或照片）后呈现的刺激是与种族概念无关的正性词或负性词，个体需要判断的是该词是好是坏（而不是判断是否是单词）。在厌恶性种族主义的测量方法中，单词的意思很重要，因此涉及更多的概念加工，而间接启动法将评价的内容分离出来，因为只有效价才重要。概念启动和评价启动是不同的（Wittenbrink, Judd, & Park, 2001a）。比如说，概念加工与刻板印象、判断、印象更为相关，而评价过程则与情感、偏好及社会距离更为相关（Amodio & Devine, 2006）。不过，上述两种方法都发现，外群体启动后，有些人对负性或刻板印象词汇的反应速度会加快，这可以被看作是种族态度的间接指标。这种认知促进作用使得该方法也可以用来测量微妙的偏见。

间接启动的测量指标的确能够预测种族间互动中的非言语行为、对外群体成员论文的评价、对外群体成员的情绪反应以及其他相关的态度（Fazio & Olson, 2003）。用这种方式测得的刻板印象和评价是否为"真实的"态度并不重要，重要的是这些上游的、相对自动化的指标，可以预测下游的、更加外显的态度和行为。

与本章对刻板印象本身的关注一致，自动激活的种族态度与白人对黑人的特质推断有关（如，Graham & Lowery, 2004）。但是这种情况并非完全无法改变。即使是相对自动化的反应也有减少的可能性，这取决于个体避免偏见的动机（Dunton & Fazio, 1997; Olson & Fazio, 2002, 2004a; Towles-Schwen & Fazio, 2003）。

内隐联结测验

第 10 章已经介绍过**内隐联结测验**（Nosek, Hawkins, & Frazier, 2012）。与上面介绍的厌恶性种族主义和间接启动的测量方法类似，IAT 既有评价层面，也有更为具体的刻板印象层面。这里我们将着重讨论它如何测量刻板印象本身，不涉及评价性的联结（态度）以及复杂的情感反应（情绪）。基础的 IAT 利用内群体（往往是多数群体）与正性态度客体之间的联结以及外群体（往往是少数群体）与负性态度客体之间的联结。

内隐刻板印象和内隐评价在种族偏见中的分离，可能是由于语义记忆与情感记忆背后的神经系统不同（Amodio & Devine, 2006）。白人在评价非裔美国作家时表现出较少的热情和友好倾向，并且这种倾向与他们的 IAT 评价偏见相关。相比之下，他们的 IAT 刻板印象偏见（擅长运动、节奏感好、不聪明的老套形象）可以预测他们在其他刻板印象（懒惰、不诚实、不值得信任）上的评分。白人对未来黑人搭档的评价也显示出类似的对应关系。评价性的 IAT 可以预测他们坐得有多近，反映的是情感层面，而刻板印象的 IAT 可以预测白人对黑人搭档任务表现的预期，反映的是认知层面（也见 Neumann & Seibt, 2001）。

尽管大多数情况下，内隐联结测验关注的是态度的评价层面，但是内隐联结测验也揭示了性别刻板印象，比如性别刻板化的外貌（女性通常娇小）、活动（男性擅长橄榄球）、物品（女性喜欢花）、职业（技工多是男性）和社会角色（专家多是男性；Blair & Banaji, 1996）。性别和强烈的性别角色认同，再加上男性比女性更加擅长数学的刻板印象，使女性对数学产生了排斥，而男性则对数学产生了内隐偏好。此外，女性和男性都会在自己的性别与良好的特质刻板印象之间建立内隐的关联（Rudman, Greenwald, & McGhee, 2001）。

刻板印象与认知负荷

类别激活和应用都依赖于**认知负荷**（见第 4 章，记忆表征；Gilbert & Hixon, 1991）。激活和应用之后的判断也依赖于认知负荷。认知负荷在不同阶段有不同的作用（见表 11.5）。

以面孔作为刺激物时，类别激活（如性别）产生的速度要比个人身份更快（Cloutier, Mason, & Macrae, 2005; Macrae et al., 2005; 第 3 章）。尽管是相对自动的，但类别激活也会随着认知负荷、任务和背景而变化。仅仅看到目标并不总是会激活其类别（Macrae, Bodenhausen, Milne, Thorn, & Castelli, 1997）。显然人们会注意到多种可选类别的线索（如性别和年龄），但是只有当前最相关的类别才会被激活（Quinn & Macrae, 2005）。此外，在有多种可选类别的情况下，人们一般只激活更容易通达的类别（Castelli et al., 2004）。类别的激活也取决于背景。例如，同样的一个非裔美国人，相比在街角遇到他或看到他与一群帮派成员在一起，当我们在家庭聚会或教堂里遇到他时，我们对他的自动反应是不同的（Wittenbrink, Judd, & Park, 2001b）。类别激活是**有条件的自动过程**，与目标和其他背景因素有关（第 2 章）。

一旦类别被激活，与刻板印象一致的含义就容易被同化，此过程占用的认

表 11.5　认知负荷在各阶段的不同作用

阶段	偏好的信息	认知负荷的作用
激活	相关的、易通达的类别，而不是个体的身份	类别可能未激活
解释	与刻板印象不一致的线索，加以解释或同化	忽略与刻板印象一致线索的最初运用
回忆	与刻板印象不一致的线索，因为之前注意过	可能不会改变刻板印象
判断	已储存的刻板印象	强化刻板印象

知容量较少。因此，当认知资源稀缺时，人们会选择性地将注意分配给与刻板印象不一致的信息。如果带有偏见，人们会特别注意与刻板印象不一致的信息，并试图加以解释（J. W. Sherman, Conrey, & Groom, 2004; J. W. Sherman, Lee et al., 1998; J. W. Sherman et al., 2005）。在运用刻板印象的早期阶段，人们会优先考虑一致的印象，因此需要努力处理的是与刻板印象不一致的信息；然后，他们会记住需要认知努力才能同化的不一致信息。但是，无论是被解释了还是被同化了，与刻板印象不一致的信息可能都不会改变最初的刻板印象。

在接下来的运用过程中，尤其是有认知负荷的情况下，人们在作出判断时更多地依赖于已储存的刻板印象（如，Bodenhausen & Lichtenstein, 1987; Bodenhausen & Wyer, 1985; Macrae, Hewstone, & Griffiths, 1993; van Knippenberg, Dijksterhuis, & Vermeulen, 1999）。使用刻板印象能够帮助我们节省认知容量（Macrae, Milne, & Bodenhausen, 1994）。越需要节省认知资源的人越可能进行群体间分类（Stangor & Thompson, 2002）。因此，虽然作用比较复杂，但在刻板印象的激活、应用和判断的过程中，认知负荷总体上有利于刻板印象的有效维持。

刻板印象与动机性控制

如果刻板印象运作的过程经常是自动的,那么人们怎样才能避免受到影响呢？如果刻板印象是有条件的自动过程，那么有了足够的动机、认知容量和背景信息，人们就可以免受其影响。人们在拥有足够的动机和时间时，更容易避免相对自动的刻板印象（Blair & Banaji, 1996; Macrae, Bodenhausen, Milne, & Ford, 1997）。练习也有助于减少对某个外群体的自动刻板印象（Kawakami et al., 2000）。观点采择（Galinsky & Moscowitz, 2000）、内疚（Hing, Li, & Zanna, 2002）、自我关注

（Dijksterhuis & van Knippenberg, 2000; Macrae, Bodenhausen, & Milne, 1998）也具有类似的作用。在存在亲和动机时（Sinclair et al., 2005），少数群体身份的实验者的社会影响也会产生作用（Lowery et al., 2001）。人们会激活与外群体相关的部分自我，就像是在为与外群体成员的和谐互动作准备（Kawakami et al., 2012）。总之，目标和认知容量可以使类别个体化，从而超越最容易使用的类别（综述见 Fiske, Lin, & Neuberg, 1999）。

然而，如果人们的目标只是抑制刻板印象，而不增加其他信息，则可能适得其反。如果人们只是试图避免刻板印象，当他们放松警惕之后，刻板印象就可能会**反弹**，甚至会增强（Macrae, Bodenhausen, & Milne, 1998; Macrae et al., 1994; Wegner, 1994）。动机和认知容量也会影响刻板印象的反弹效应（Monteith, Sherman, & Devine, 1998; N.A. Wyer, Sherman, & Stroessner, 2000）。偏见和目标结合起来能够预测抑制后反弹（Monteith, Spicer, & Tooman, 1998）。

对刻板印象进行控制需要消耗执行控制资源，这也许是刻板印象发生反弹的原因。在种族间的互动中，白人生怕自己流露出对黑人的种族偏见，因此白人会抑制自己的行为，这对他们的黑人搭档产生了好的影响。不幸的是，白人本身并不喜欢这种互动（Shelton, 2003），并且白人的执行控制资源还会因此被耗尽（Richeson et al., 2003; Richeson & Shelton, 2003）。反过来，当一个黑人试图抵消白人搭档的偏见时，其在互动中的体验以及互动后的执行控制资源也受到了类似的损害（Richeson, Trawalter, & Shelton, 2005; 综述见 Shelton & Richeson, 2006）。

模糊的刻板印象

微妙刻板印象的第一个方面是以基本的归类和快速联结过程为基础的自动化。现代的刻板印象是微妙的，不仅是因为它产生的速度快，还因为它难以捉摸。它在很大程度上取决于人们的解释：人们会自动处理那些与刻板印象明显一致或明显不一致的信息，但人们也会通过解释模糊信息来确认他们的预期。在一个经典的研究中，研究者使用与黑人刻板印象相关的词对白人进行阈下启动，白人之后会将意义模糊的、与种族主义无关的行为解释为更有敌意（Devine, 1989）。如第3章所述（Graham & Lowery, 2004），使用与黑人刻板印象相关的词阈下启动白人警察或缓刑监督官，然后让他们阅读描述入店行窃和攻击的片段，其中未指明种族。结果，这些白人警察和缓刑监督官对犯罪分子的敌意、不成熟性、罪行严重程度、再犯可能性以及应受到的惩罚都给出了更为负性的评价。刻板化解释不仅限于种族。人们在被与强奸有关的词阈下启动后，阅读一段对男女之间攻击性情境模棱两可的描述，他们往往对女性给出更加负性的评价，尤其是当人们持有公正世界信念时，这可能是由于人们更容易因为这种暧昧的情境而指责女性（Murray, Spadafore, & McIntosh, 2005）。

对信息的刻板化解释并不都是前意识的。让人们看一张表情介于生气和悲伤之间的人脸，并通过服饰和发型来改变人脸的性别。结果表明，人们会将男性的表情解释为生气，而将女性的表情解释为悲伤，这与情绪的性别刻板印象一致（Plant, Kling, & Smith, 2004）。同样是打人，人们会将建筑工人的打人解释为"用拳猛击"，而将家庭妇女的打人解释为"拍击"（Kunda & Sherman-Williams, 1993）。即使不要求人们作出解释，这种情况也会发生，他们会在事后将某个推断误判为熟悉（例如，要求人们判断一位修女和一位摇滚明星对聚会上提供的酒量的反应；Dunning & Sherman, 1997）。对感知到的信息进行解释发生在编码阶段，因此这部分信息会被整合到人们对其他人的印象中。

人们不仅解释模糊信息的内容，还会解释其因果意义。如第 6 章提到的，内群体的正性行为必定反映了内群体的内在能力和美德，而外群体相同的正性行为则一定是偶然的或者是情境造成的。对负性行为的解释刚好相反。这被称为**终极归因错误**（ultimate attribution error, UAE; Pettigrew, 1979），这种效应发生在不同种族间的归因（Hewstone, 1990）以及不同性别间的归因中（Deaux & Emswiller, 1974; Swim & Sanna, 1996）。微妙而模糊，终极归因错误依赖于对群体行为背后原因的解释。这种效应具有实际的影响：那些认为非裔美国人经常犯罪的陪审员，很容易将种族间的纠纷解释为非裔美国人的过错；但是那些将非裔美国人视为受害者的陪审员，会倾向于认为白人有罪（Wittenbrink, Gist, & Hilton, 1997）。性情归因加强了对外群体的负性刻板印象和对内群体的正性刻板印象的稳定性，而情境归因则削弱了其稳定性（J. W. Sherman, Klein et al., 1998）。所谓的**实体论者**（entity theorists）喜欢用这种固定的实体归因来解释负性的刻板印象，而**渐变论者**（incremental theorists）的观点则更具有相对性（Levy et al., 2001）。

对模糊信息的主观评价并不总是偏向于优势群体。由于**标准移动**（shifting standards）的存在，一位女性可能被评价为表现良好并得到赞扬，而如果男性想

表 11.6 标准移动

群体	期望或标准	实际表现	主观评价	客观评价	结果
弱势群体（女性、少数群体）	低	中等	"对弱势群体成员来说不错"	人群中的中等水平	只得到表扬
举例	跑步速度慢	中等	"对女性来说很快"	与男性相比不是最快的	
优势群体（男性、多数群体）	高	中等	"对优势群体成员来说一般"	人群中的较高水平	只得到奖励
举例	跑步速度快	中等	"对男性来说很慢"	比女性快	

要得到相同的赞扬，那么他一定要比女性做得更好，因为对男性群体的标准更高。当然，赞扬是不值钱的。在分配稀缺资源时，男性和女性之间需要竞争，此时刻板印象就会产生对男性有利的偏差（Biernat & Vescio, 2002）。理解标准移动的一种方法是对比主观判断（将某人评价为"聪明"）和客观判断（列出你认为最聪明的人，并将他们排序）（见表 11.6）。这种效应发生在很多不同情境中，例如体育（Biernat & Vescio, 2002）、军队晋升（Biernat et al., 1998）和招聘决策（Biernat & Fuegen, 2001）。

刻板印象利用了所给信息的模糊性，因此刻板印象本身的影响是隐性的，而且是未经检验的。人们会隐藏刻板式的解释，不管是对自己还是对他人。例如在评估求职者时，人们对求职者文凭的看重程度取决于他们想要作出怎样的决定（Norton, Vandello, & Darley, 2004）。人们在某次决定上所看重的东西会延续到以后的决定中。

当情境不明确时——如果偏见只是某个决定的可能原因之一，其他非偏见的原因也能解释该决定——决定本身是否受到偏见的影响是模糊不清的。在厌恶性种族主义中，在**现代种族主义**（modern racism）上得分高的白人（见表 11.7）持有很多对少数群体不利的政治观点。他们也更不可能帮助黑人，但只有当他人在场分散了助人的责任时才如此（Gaertner & Dovidio, 1986）。当以非种族因素作为借口时，攻击行为也有类似的效应；白人参与者对黑人的攻击要少于对白人的攻击。但是如果白人有被对方侮辱的借口，那么白人对黑人的攻击要多于对白人的

表 11.7　现代种族主义量表，2000

否认种族歧视仍然存在
世代的奴隶制和歧视使黑人很难摆脱下层社会。*
在美国，对黑人的歧视不再是一个问题。

黑人应该更努力工作
这真的是因为一些人不够努力；只要够努力，黑人就可以和白人一样富裕。
爱尔兰人、意大利人、犹太人以及其他很多少数族裔都克服了歧视并一路向上。黑人也应该这样做，不用任何额外的帮助。

要求得到特殊恩惠
黑人向社会上其他群体要求太多。
相对于黑人面临的社会处境，总体上黑人抱怨得并不算多。*
你认为今天美国社会存在的种族关系紧张有多少是黑人自己造成的？全部，大部分还是完全没有？

不应得的结果
在过去的几年中，黑人获得的经济利益比他们应得的要多。
黑人从政府得到的关注比他们应得的多太多、有些多、大约正好、有些少还是太少了？

注：* 表示该条目为反向计分。完整量表条目是上面的两倍。
资料来源：Sears & Henry (2003); reproduced by permission

攻击（Rogers & Prentice-Dunn, 1981）。类似地，人们在有了不歧视他人的**道德凭证**（moral credentials）之后，会更加自由地表达自己的刻板印象和偏见（Monin & Miller, 2001）。上述研究的共同点在于人们在表达基于类别的认知偏差上的模糊性。

矛盾的刻板印象

微妙的刻板印象除了是自动的和模糊的，还可能是矛盾的。矛盾性不像自动性那样，会随着公开的、受控制的偏见减弱而变得明显；也不像模糊性那样，人们会利用它为厌恶性刻板印象寻找借口或掩饰，但刻板印象的矛盾性并不是新近才出现的。早在研究者开始系统地测量美国人的刻板印象时，一些群体就引发了完全负面的刻板印象（例如，土耳其人被认为是残忍的和奸诈的），而另一些群体引发的刻板印象则完全是正面的（例如，英国人被认为是聪明的、擅长运动的）。

但人们对很多群体的刻板印象是褒贬不一的：非裔美国人被认为是懒惰的，但擅长音乐；犹太人被认为是勤勉的，但唯利是图（Katz & Braly, 1993）。在能力与热情两个维度上，对非裔美国人和犹太人的刻板印象似乎正好相反，都是一高一低（Allport, 1954）。随着时间的推移，就其内容来说，**矛盾的刻板印象**（ambivalent stereotyping）似乎已成为一种普遍原则（Bergsieker et al., 2012）。由于反偏见规范的不断改进，人们越来越多地只提及矛盾刻板印象的正性方面，而忽略其负性方面。实际上，这种刻板印象是通过忽略来表达的（例如，在评价一个应聘者时说"嗯，她人很好……"）。听的人能够听出这种正性评价背后的含义，并推断出说话者并未提到的负性评价（Kervyn, Bergsieker, & Fiske, 2012）。人们在进行自我介绍时也会相应地表现自己的能力与热情两个方面（Holoien & Fiske, 2012）。

根据**刻板印象内容模型**（stereotype content model, SCM），当人们面对一个不熟悉的群体时，他们需要立即回答两个问题。第一，出于防御需求："朋友还是敌人？"这个问题描述了该群体的意图是好是坏（他们是在竞争和利用我们，还是无害甚至是合作的？）。竞争意图往往会让人产生不想交往、冷酷、不值得信任的刻板印象。第二，人们需要知道："有能力还是没有能力？"这个问题回答了该群体是否有能力实现自己的意图（他们是否有达到意图所必需的资源？）。高社会地位的个体更可能被赋予富有能力的刻板印象（综述见 Fiske, Cuddy, & Glick, 2007）。

在能力与热情形成的正交空间里，有两种矛盾的组合和两种非矛盾的组合（见图 11.1）：在当今的美国社会中，中产阶层、基督教徒和异性恋者被认为是热情和有能力的。相反，流浪者、吸毒者和穷人（不论什么种族）被认为既不热情也没有能力。这里面的矛盾组合有：一些群体因为热情而受人喜爱，但因缺乏能力而不被尊重（老人、残疾人）；还有一些群体因为有能力而被尊重，但因冷漠而不被喜爱（犹太人、亚洲人、富人以及不论何种种族、性别的专业人士；Fiske et al., 1999; Fiske et al., 2002）。上述四种矛盾的和非矛盾的组合出现在美国、欧洲、亚洲的代表性样本中（尽管在亚洲热情和能力的参照群体都表现得不太明显；Cuddy, Fiske, & Glick, 2007; Cuddy et al., 2009; Durante et al., 2012; Eckes, 2002）。

这四个集群也描述了大类别下面的各种亚类：男性和女性中的亚群体（Eckes, 2002），同性恋中的亚群体（Clausell & Fiske, 2005），患有不同精神疾病的亚群体（Fiske, 2012），黑人社区中的黑人亚群体（Fiske et al., 2009）。因为动物和企业品牌似乎也具有意图和能力，所以我们甚至可以在热情和能力维度上对动

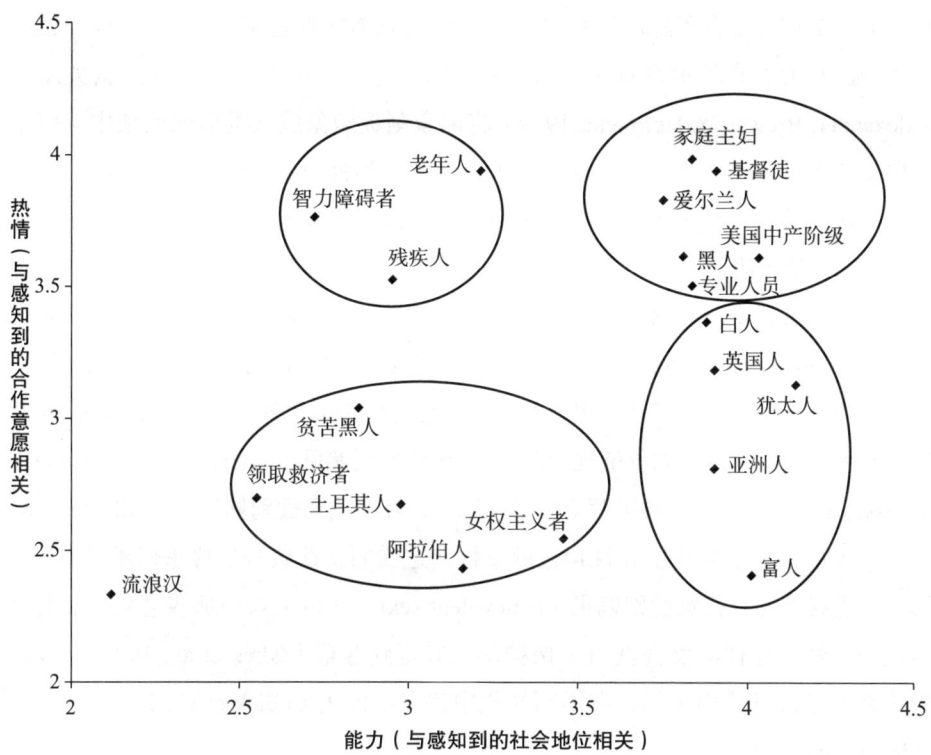

图 11.1　刻板印象内容模型：来自美国代表性样本的数据
资料来源：Cuddy, Fiske, & Glick (2007)

物（Sevillano & Fiske, in review）和企业品牌进行划分（Kervyn, Fiske, & Malone, 2012）。热情—能力的刻板印象可以预测具体的情感偏见和歧视行为（第 12 章；Cuddy, Fiske, & Glick, 2007; Fiske et al., 2002）。

刻板印象内容模型中的能力—热情正交空间，适用于对包括群体和个人在内的广泛的社会知觉（综述见 Fiske, Cuddy, & Glick, 2007）。还有一种相关的框架描述了两个相似的刻板印象维度：与能力或**主体性**（agency）有关的**自我盈利**（self-profitable）维度，以及与道德 / 社交性或**集体性**（communality）有关的**他人盈利**（other-profitable）维度（Abele & Wojciszke, 2007; Peeters, 1983）。要成为有能力的人至少需要一开始就关注自我，而要成为热情和值得信任的人则需要关注他人。当评价与我们互动最多的内群体时，我们最关注的是道德维度（Leach, Ellemers,

& Barreto, 2007)。"自我盈利"和"他人盈利"的总体框架也适用于国家层面（Phalet & Poppe, 1997）和价值层面（Wojciszke, 1997）。第三种方法——**敌人意象理论**（Alexander, Brewer, & Hermann, 1999）将国家刻板印象放入类似的框架中，但是该框架加入了一个权力维度。这里的重点在于，刻板印象至少有两个维度，某一群体可能在其中一个维度上被视为正性，而在另一维度上被视为负性，因此便会产生认知评价矛盾。

刻板印象经常会在喜爱与尊重之间引发这种紧张和矛盾的状态。**种族矛盾态度**（racial ambivalence, Katz & Hass, 1988）反映的是白人自由主义者对其他种族正反两面的复杂反应，他们认为黑人的弱势地位可能是因为外部障碍（如歧视），也可能是因为内部障碍（如价值观和动机）。**矛盾性别偏见**（ambivalent sexism; Glick & Fiske, 1996, 2001）反映了两个因素：第一，怀有**敌意性别偏见**（hostile sexism）的人讨厌那些追求非传统女性角色的女性，这样的女性获得了尊重但不受喜爱；第二，主观上怀有**善意性别偏见**（benevolent sexism）的人珍视那些遵从传统女性角色的女性，这样的女性获得了保护却没有得到尊重（Glick et al., 1997）。这种模式并不是最近才出现的，在不同文化中都存在已久（Glick et al., 2000; 综述见 Glick & Fiske, 2001）。

另一种矛盾的刻板印象将富人描绘成不诚实的人，将穷人描绘为诚实的人（Kay & Jost, 2003）。将人们暴露于这种刻板印象会增强他们对制度的合理化。在相关维度上称赞胜利者（富人是勤奋和聪明的）可以将制度合理化，在不相关维度上称赞失败者（诚实、幸福）能够在不破坏制度的前提下给予受害者补偿（Kay, Jost, & Young, 2005）。这样看来，所有人都能够在某方面从制度中获利（Jost & Kay, 2005）。矛盾刻板印象在不平等的社会中尤其有用，因为在这样的社会中有很多现象需要解释（Durante et al., 2012）。

偏见的影响

不论是公开的刻板印象，还是微妙的（自动的、模糊的、矛盾的）刻板印象，都只有在人与人之间的互动中才能得到最好的研究。过去对刻板印象的研究强调的是白人对黑人的知觉，以及这种知觉如何影响白人和黑人间的社会互动，但忽略了黑人自己的种族态度（Hebl & Dovidio, 2005; Shelton, 2000; Vorauer, 2006）。社会互动涉及双方期望的相互作用。行为研究的大部分内容将在第 15 章中呈现，在这里我们主要讨论刻板的期望及其对双方的影响。刻板印象的实施者和受害者都有多种可以选择的应对方式（Miller & Kaiser, 2001）。

归因模糊性

正因为很多刻板印象是微妙的，所以偏见对象常常无法确定对方的负性行为针对的是自己还是自己所代表的群体。这种**归因模糊性**（attributional ambiguity）反映了偏见对象面对的两难困境（Crocker & Major, 1989）。与所有负面事件一样，偏见的经历通常会引发人们对威胁的评估和随后的应对。当群体间的互动不顺利时，个体往往会通过将问题归咎于他人的偏见而非自己的行为来应对这种威胁，以此来保护自己的自尊（Major, Quinton, & McCoy, 2002）。

不过，偏见对象并不情愿将负性结果归因为偏见，因为这样会产生社会和个人成本。在社会中，那些将负性结果归因为歧视的人，可能会被贴上爱抱怨、麻烦制造者甚至更坏的标签（Kaiser & Miller, 2011b, 2003; J. K. Swim & Hyers, 1999），那些有高度偏见的人尤其喜欢贴这种标签（Czopp & Monteith, 2003）。一旦某一方拿偏见说事儿，那么双方的互动就会不可挽回地发生改变。人们渴望归属于自己的群体（无论是工作中还是社会中），但自称受到歧视会破坏这种归属感，因此那些对群体归属感有强烈需求的人不会轻易地将问题归因于歧视（Carvallo & Pelham, 2006）。

就个人而言，把问题归因于歧视会削弱个体的控制感。尽管将负性结果归因于歧视可以保护自尊，但是将正性结果归因于歧视却会削弱自尊，因为个体不能将成功归功于自己（Crocker et al., 1991）。总是作出歧视归因会损害自尊（Major, Testa, & Blysma, 1991）。将个体的经历视为普遍歧视的例子，会令人沮丧（Schmitt, Branscombe, & Postmes, 2003）。

夸大的**污名意识**——与外群体成员互动时过度警觉——可形成一个消极的反馈回路：对偏见的预期会导致人们做出负性行为，负性行为又会引发预期的负性体验（Pinel, 1999, 2002）。这种偏执的观点增强了自我意识、邪恶归因以及对他人态度的负性知觉（Santuzzi & Ruscher, 2002），这些都不利于社会互动。不过，污名意识存在明显的个体差异。

有时，对歧视的预期反映的是现实情况，这正是偏见对象面临的困境。人们用歧视来解决归因模糊性的程度会因人和情境而异，而且这种模式与常识相反。崇尚个人努力和新教伦理的低地位个体（如女性、少数群体）进行歧视归因的可能性较低（Major et al., 2002），而崇尚个人努力和新教伦理的高地位个体（如男性、白人）将负性结果归因于歧视的可能性较高。女性和少数群体实际上可能比男性和多数群体更少进行歧视归因，这可能是因为女性和少数群体的社会地位低，更常感到沮丧和失望。此外，由于文化意识形态中对权利和责任的强调，超重的人较少作出歧视归因，或许是因为文化伦理强调人们能够且应该控制自己的体重（Crocker, Cornwell, & Major, 1993）。歧视归因与人们对谁应该为负性结果负责以及谁有权得到正性结果的预期之间会产生相互作用。

刻板印象威胁

对群体表现的期望，不管是成功还是失败，都会产生**刻板印象威胁**（stereotype threat）。如前所述，群体刻板印象一般都会包含有能力/没有能力这个维度。针对特定的群体有特定的刻板印象领域：例如，女性不擅长数学（Spencer, Steele, & Quinn, 1999）、非裔美国人不擅长标准化测验（Steele & Aronson, 1995）、欧洲裔美国人不擅长运动（Stone et al., 1999）、男性对情绪不敏感（Koenig & Eagly, 2005; Leyens et al., 2000）、白人容易种族歧视（Goff, Steele, & Davies, 2008）、拉美裔不擅长数学（Gónzales, Blanton, & Williams, 2002）、老年人记忆力不好（Chasteen et al., 2005）、患过精神疾病的人智力表现不佳（Quinn, Kahng, & Crocker, 2004）以及低收入人群在能力测验上得分不高（Croizet & Clare, 1998）。在相关的领域，如果一个人的表现能够反映出他的能力，那么刻板印象就会形成一种威胁，这种威胁超出了与高压表现有关的正常威胁（如 Steele, 1997; 综述见 Major & O'Brien, 2005; Steele, Spencer, & Aronson, 2002）。如果一个人失败了，那么他不仅要承受失败带来的个人耻辱，还要为证实了关于内群体内在能力的刻板印象而感到羞愧。刻板印象威胁只发生在当一个人的相关类别变得突显、领域具有相关性、测验被认为有诊断性以及个体对此在意时（Steele et al., 2002）。（总结见表 11.8。）

人们有时通过脱离相关的领域来应对刻板印象的威胁。例如，许多非裔美国人将智力测验看作是有偏差的,不适合评估重要类型的智力,因此自尊无论在长期还是短期内都不取决于智力测验的表现(Major et al., 1998)。老年人(以及其他人)可能会否认某种形式的不胜任的重要性(von Hippel et al., 2005)。这种**去认同化**(disidentification)解释了为什么一些群体成员放弃了他人认为他们不可能表现好的领域。确切地说,这并不是一个自我实现的预言,因为:(1)他们完全否认或回避该领域,因此他们实际上不是表现得不好,而是拒绝表现;(2)群体成员

表 11.8 刻板印象威胁过程

前提
- 相关类别突显
- 与自我相关的领域
- 测验被认为具有诊断性
- 个体对此在意

遭遇
- 背景刻板印象("弥漫在空气中")
- 对表现的要求

认知和动机性反应
- 警觉与应激
- 唤起以及对唤起的归因
- 焦虑
- 负性思考
- 工作记忆受损
- 情绪低落

结果:相对实际能力而言表现不佳

解决方法
- 不要试图抑制刻板印象(这反而会使刻板印象保持激活状态)
- 认识到智力水平并非固定不变而是可塑的(因此与情境有关且可以提高)
- 使自己个人化
- 肯定一个独特的重要属性
- 再训练
- 使同一性产生分化
- 了解刻板印象威胁,将焦虑归因于刻板印象

不必遇到对其有偏见的人。刻板印象威胁描述的是背景刻板印象的影响，即"弥漫在空气中"的刻板印象，不需要直接遇到有偏见的人。

当人们在评判性领域的突显的、重要的方面容易被拿来进行负性比较时，就会遭遇刻板印象威胁。每个人都有可能受到刻板印象威胁的影响。即使是同一个群体，也可能在某种比较情境下表现良好，而在另一种比较情境下表现不好。在一种比较情境下，当亚洲女性认同其亚洲人身份时，她们会在数学测验中表现更好；而在另一种比较情境下，当她们认同其女性身份时，她们在数学测验中的表现会变差（Shih, Pittinsky, & Ambady, 1999）。白人男性在与亚洲人比较的情境下发挥失常，但是在与白人女性比较的情境下却可以超常发挥（Aronson et al., 1999）。学生运动员的表现也会因涉及的身份而有所不同（Yopyk & Prentice, 2005）。

刻板印象威胁产生于刚刚提到的特定情境中（表现水平的刻板印象、身份突显性、测验的诊断性、领域的重要性），这样的情境无意中提高了人们的警觉性和应激水平（Steele et al., 2002）。在这些情况下，认知和动机共同影响了人们的表现（Wheeler & Petty, 2001）。例如，唤起以及对唤起的归因共同妨碍了个体正常发挥（Ben-Zeev, Fein, & Inzlicht, 2005）。焦虑虽然很微妙，但可以通过生理和非言语指标或自我报告进行测量（Bosson, Haymovitz, & Pinel, 2004; Croizet et al., 2004）。负性思维和被激活的刻板印象可能来自一种与动机相互作用的认知机制（Cadinu et al., 2005; Kray, Galinsky, & Thompson, 2002; Seibt & Förster, 2004; Stangor, Carr, & Kiang, 1998; Wheeler, Jarvis, & Petty, 2001）。试图抑制刻板印象反而会适得其反，因为这只会使刻板印象保持激活状态（Steele et al., 2002）。在认知层面上，工作记忆容量会受损（Schmader & John, 2003），同时在动机层面，又会让人情绪低落（Keller & Dauenheimer, 2003）。这些潜在的损害加在一起令人望而生畏。

值得庆幸的是，有一些方法可以使上述问题得到缓解。例如，可以帮助人们认识到智力不是固定不变的，而是具有一定的可塑性，因此是与情境相关的并且可以提高（Aronson, Fried, & Good, 2002）。其他补救的方法还包括使自己更加个人化（Ambaby et al., 2004），肯定一个独特的重要属性（Martens et al., 2006），再训练（Forbes & Schmader, 2010）或者使个人的同一性产生分化（Pronin, Steele, & Ross, 2004）。了解刻板印象威胁，将焦虑归因于刻板印象同样也能够提高表现（Johns, Schmader, & Martens, 2005）。

结构性的补救办法包括在测验前不询问人口学信息，使测验看起来很公平或对群体差异不敏感，强调组织对多样性的重视，模糊群体边界，创造身份的安全性（Davies, Spencer, & Steele, 2005; O'Brien & Crandall, 2003; Rosenthal & Crisp, 2006; Steele et al., 2002）。有了上述个人和结构性的补救方法，刻板印象不见得必然会威胁人们的表现，但前提是人们知道这种现象的存在。

少数群体的同一性与幸福感

刻板印象威胁和归因的模糊性有助于解释刻板印象的对象是如何避免（虽然几率很低）被击垮的。人们能够重新解释或者忽略公众反馈的相关性。事实上，对非裔美国人来说，大众对他们所在群体的看法并不能预测他们的自尊水平（Rowley et al., 1998），也不能预测他们个人对自身群体的看法，但对亚洲人来说是能预测的（Crocker et al., 1994）。**集体自尊**（collective self-esteem, 见表 11.9）是指个体对自己群体的看法以及作为群体成员的自我价值感（符合群体形象），它的某些方面的确能够预测心理幸福感（如生活满意度、抑郁）。幸福感与个人体验到的集体自尊密切相关（Crocker & Luhtanen, 1990）。

依赖他人来验证自我通常是不健康的（第 5 章；Crocker & Park, 2004）。例如，依赖学业表现的自我价值会使人们依靠学业成就来获得自尊，但这也会使个体在面临失败时更加脆弱，当个体认为智力固定不变时尤其如此（Niiya, Crocker, & Bartmess, 2004）。这些还会造成进一步的学业和经济问题（Crocker & Luhtanen, 2003），甚至使个体放弃自己的专业（Crocker et al., 2003）。

在另一个完全不同的领域——性满意度——将自尊建立在他人对自己性别规范的认可之上会破坏相关的体验（Sanchez, Crocker, & Boike, 2005）。不论男女，将自我投注于性别理想通常是不明智的（Sanchez & Crocker, 2005）。让自尊依赖于他人对自己外貌的评价对健康也是有害的，而且与酗酒有关（Luhtanen & Crocker, 2005）。超重的人或穷人的自尊也会受到损害，这可能是由于他们所在的文化将其问题归咎于他们自己（Miller & Downey, 1999; Rudman, Feinberg, & Fairchild, 2002）。

在许多同一性领域中，依赖**自我评价**（private regard）似乎要比依赖**公众评价**（public regard）更具适应性。例如，在学业上有困难的非裔美国高中生中，那些依赖对黑人的自我评价并得到父亲支持的人饮酒率较低（Caldwell et al., 2004）。

表 11.9　集体自尊量表条目示例

群体成员身份
我是我所属的社会群体的有价值的一员。
我觉得我不能给我所属的社会群体提供什么。*

自我评价
我时常为自己是所属的社会群体的一员而感到遗憾。*
总的来说，我很高兴自己是所属的社会群体的一员。

公众评价
总的来说，我所属的社会群体在别人看来是不错的。
一般来说，大多数人认为我所属的社会群体不如其他社会群体。*

同一性
总的来说，我的群体成员身份对我的自我感觉没什么影响。*
我所属的社会群体在某个重要方面反映了我是谁。

注：* 表示反向计分条目。完整量表共 16 个条目。
资料来源：Luhtanen & Crocker (1992); reproduced by permission

对非裔美国高中生和大学生来说，依赖对黑人的自我评价并将种族作为同一性的中心，有助于保持自尊（Rowley et al., 1998）。母亲的支持与自我评价有关，它们共同帮助个体缓冲压力、减少焦虑和抑郁（Caldwell et al., 2002）。

同一性会影响对歧视的知觉。某些少数群体成员比其他成员更能适应歧视。例如，那些以种族为中心、持有黑人民族主义意识形态、认为对黑人群体的公众评价普遍为负性的黑人，更容易感受到歧视，但是同时也更能缓冲歧视对精神健康的负面影响（Sellers et al., 2003; Sellers et al., 1997）。种族同一性会使得个体对歧视更加敏感（Operario & Fiske, 2011; Sellers & Shelton, 2003; Shelton & Sellers, 2000），但是要注意区分不同类型的同一性、歧视和结果。

不过，平均来说，非裔美国人比欧裔美国人更容易察觉到微妙的非言语偏见，比如他们能更准确地判断白人的内隐和外显偏见（Richeson & Shelton, 2005）。监控互动过程中的偏见并加以管理以产生积极的结果，需要消耗心理资源。非裔美国人越是表现出对内群体的偏好（或许与对内群体的个人评价相似），他们就越可能在种族间互动之后体验到注意资源的损耗（Richeson, Trawalter, & Shelton,

2005）。优先考虑内群体的非裔美国人尤其可能监控种族间互动，而这样做会损耗心理资源。预期另一方带有偏见会影响人们的互动（Shelton, Richeson, & Salvatore, 2005）。不过，带有中度偏见的多数群体成员试图监控偏见显然能起到弥补作用——他们在互动中更为投入。因此，具有讽刺意味的是，在这种情况下与一个带有偏见的个体互动或许会更好，至少从短期来看是这样（Shelton et al., 2005）。

感知歧视是一个多步骤的过程，即所谓的"问—答—公布"（ask-answer-announce）（Stangor et al., 2003）。第一，个体需要想到互动过程可能涉及歧视，也就是说个体必须问自己这个问题。与多数群体的直觉不同，那些被污名化的人们并非时时刻刻都想到歧视的存在。情境和个体差异都或多或少会影响人们想到歧视的可能性。第二，一旦问题提出，个体就必须回答：是否将某个行为判定为歧视取决于情境因素（如伤害的意图和程度）、情感因素、控制需要以及对自尊的保护（如，Sechrist, Swim, & Stangor, 2004; Swim et al., 2003）。第三，即便认定该行为是歧视，个体也可以选择是否公布。如前所述，由于公布的代价很大，人们经常避免公开地得出这样的结论。

当地位低（一般为少数群体）的群体成员的结果依赖于地位高的人时，他们最有可能产生对自我评价的担忧（Vorauer, 2006）。他们可能会将负性行为个人化，并产生不适感（Vorauer & Kumhyr, 2001）。地位较低的群体成员可能通过远离互动来应对，从而破坏了他们给别人留下的印象（Kaiser & Miller, 2001a），也可能在互动中过度补偿，从而提升他们给别人留下的印象（Shelton, Richeson, & Salvatore, 2005）。

多数群体的担忧

社会互动有两面性，社会地位较高的群体（往往是多数群体）也会担忧自己给别人留下的印象（Shelton & Richeson, 2006; Vorauer, 2006）。白人学生反映，他们想要和黑人学生有更多的互动，但是担心被拒绝，于是就没有主动接触。白人学生通常会将黑人学生明显的缺乏兴趣视为拒绝。然而讽刺的是，黑人学生在看待白人学生时内心也经历了相同的过程（Shelton & Richeson, 2005）。双方都不理解对方，这种**人众无知**（pluralistic ignorance）现象阻碍了社会互动。当社会互动确实发生时，低偏见的多数群体成员会放大他们的友好姿态，以充分表明他们对互动的兴趣，而高偏见的多数群体成员（事实上他们对互动不太感兴趣）则倾向于淡化他们对互动的兴趣（Vorauer, 2005）。低偏见的多数群体成员在特别担心自己表现出偏见时，可能会在压力下"卡壳"。相反，高偏见的多数群体成员对评价的高度警惕让他们变得神采奕奕，给人温暖友好的印象（Vorauer & Turpie, 2004）。但是，如上所述，讽刺的是，至少当多数群体成员有互动的动机时，少数群体成员短期内可能更愿意与高偏见的多数群体成员发生互动。

意图良好且低偏见的人之所以令人讨厌，部分原因可能是他们过度自我关注。担忧他人对自我的刻板印象（即**元刻板印象**，meta-stereotypes）使得多数群体成员将焦点放在自己身上，关心他人如何看待自己（Vorauer et al., 2000; Vorauer & Kumhyr, 2001）。这种公我意识损耗了多数群体成员在互动过程中及之后的执行控制功能（Richeson et al., 2003; Richeson & Shelton, 2003; Richeson & Trawalter, 2005），因此种族间的陌生人互动对任何人来说可能都是很费神的。

总　结

刻板印象是偏见的认知层面，最常被研究的是关于性别、种族和年龄的刻板印象。它有公开和微妙两种形式，这种区别在实践和理论上都有重要意义。

公开偏见可能源于群体间争夺有形资源的现实冲突，但即使在这种情况下，知觉也在其中起着重要的作用。首先，人们需要知觉到冲突，知觉到双方属于不同的群体。社会同一性理论描述了人们如何将自己归入内群体，将他人归入外群体，以及如何最大化群体间的差异并最小化群体内的差异。歧视能够提高短期自尊（状态自尊），但是无法提高长期自尊（特质自尊）。自我归类理论抛弃了自尊假设，将重点放在相对适合度上，以此来描述群体内的行为相似性和群体间的行为差异性。标准适合度则考虑了群体形象。最优独特性理论描述的是自主和归属之间的平衡。主观不确定性降低理论描述了群体规范会减少人们的不确定感。这些理论最具认知属性的特征是内群体偏好（对内群体的奖赏要比外群体多）和同质性知觉（多数情况下知觉到外群体的同质性，面对威胁时也知觉到内群体的同质性）。

有关意识形态、刻板印象和偏见的多个理论都考虑到了威胁的影响。社会支配理论认为人们在知觉到对内群体的经济威胁时，会认可群体间的等级结构。右翼权威主义理论认为在传统价值观受到威胁时，人们会同意保持现有的群体边界。恐惧管理理论认为在死亡突显的情况下，人们会遵循所处文化中的观念，因为个体的生命短暂，文化却会长存。制度正当化理论描述了即使制度不利于自身利益，人们也会维护等级结构，因为稳定对他们来说更加重要。这些群体是社会建构出来的，本质主义却认为它们是基于生物学差异；本质主义保护"我们"的人性，却贬低"他人"的人性。上述理论都强调了在群际政治的背景下，受到威胁时人们解决模糊性的认知过程。

随着公开偏见成为禁忌，同时研究者基于认知心理学发展出了更为精细的测量技术，微妙形式的刻板印象便浮出了水面。微妙的刻板印象是自动的、模糊的、矛盾的。在相对自动这一点上，人们会无意中混淆类别内的其他人，这种混淆可以预测刻板印象。厌恶性种族主义——自我所厌恶的偏见——体现在反应时中，相比于外群体，人们能对内群体和正性刻板印象立即作出反应。当怀有偏见的人可以编造一个非种族的借口时，厌恶性种族主义也会作为歧视的一种形式出现。间接启动也运用了反应时，但是这种技术关注的是外群体与明显的正性词或负性词的效价匹配。内隐联结测验具有评价成分（见第10章）和概念成分（刻板印象），后者与其他刻板印象有关联。这些反应时测量技术的结果与非言语行为和其他微妙的、认知监控较少的行为尤其相关。

微妙形式的刻板印象还具有模糊性，人们通过解释信息来迎合自己的预期，并且这一解释过程往往不被自己和他人所知。最后，微妙刻板印象还具有矛盾性。许多群体被人喜爱，但不受尊重；还有一些群体受到尊重，但不被喜爱。这些微妙的刻板印象都源于内心的冲突：一方面人们有产生刻板印象的冲动，另一方面这么做可能会受到个人层面和社会层面的惩罚。

偏见对多数群体成员和少数群体成员都会造成影响。归因模糊性指的是人们很难确定他人的反馈针对的究竟是个人自身，还是自己所在的群体。刻板印象威胁描述的是当有一种刻板印象认为某个群体在某个领域的表现较差时，该群体成员在该领域的表现面临双重风险；失败代表的不仅是自己，也代表所属的群体。因此，当任务具有诊断性和重要性，并且个体的社会类别（与该领域有关）突显时，人们可能会拒绝认同这一领域或者表现不佳。受刻板印象偏见的影响，少数群体的自尊往往与其内群体的公众评价无关，而只与自我评价有关，从而缓解了持续的偏见造成的负面影响。尽管对偏见很敏感，但是低权力群体成员却很少报告自己遭受偏见，因为这需要付出社会和个人代价。

优势群体的成员同样担心少数群体的成员如何评价他们，在互动中他们会产生自我意识和自我关注。当多数群体和少数群体的成员努力克服偏见时，在社会互动过程中及之后，这种努力都会损耗人们的执行控制能力。不管怎样，社会互动通常是可以改善的。

延伸阅读

Bodenhausen, G. V., Kang, S. K., & Peery, D. (2012). Social categorization and the perception of social groups. In S. T. Fiske & C. N. Macrae (Eds.), *Sage handbook of social cognition* (pp. 311–329). Thousand Oaks, CA: Sage.

Dovidio, J. F., & Gaertner, S. L. (2010). Intergroup bias. In S. T. Fiske, D. T. Gilbert, & G. Lindzey (Eds.), *Handbook of social psychology* (5th edn, Vol. 2, pp. 1084–1121). Hoboken, NJ: Wiley.

Hewstone, M., Rubin, M., & Willis, H. (2002). Intergroup bias. *Annual Review of Psychology*, 53, 575–604.

Kay, A. C., & Eibach, R. P. (2012). Ideological processes. In S. T. Fiske & C. N. Macrae (Eds.), *Sage handbook of social cognition* (pp. 495–515). Thousand Oaks, CA: Sage.

Nosek, B. A., Hawkins, C. B., & Frazier, R. S. (2012). Implicit social cognition. In S. T. Fiske & C. N. Macrae (Eds.), *Sage handbook of social cognition* (pp. 31–53). Thousand Oaks, CA:Sage.

Yzerbyt, V., & Demoulin, S. (2010). Intergroup relations. In S. T. Fiske, D. T. Gilbert, & G. Lindzey (Eds.), *Handbook of social psychology* (5th edn, Vol. 2, pp. 1024–1083). Hoboken, NJ: Wiley.

第 12 章

偏见：认知偏见与情感偏见的相互作用

- 群体间认知与情绪
- 种族偏见
- 性别偏见
- 年龄偏见
- 性取向偏见

　　直觉驱动行为，但两者都会与认知发生相互作用。我们大脑的情感部分是最先进化的，而且直到如今，最先响应的往往还是这个部分（第 13~14 章）。群体间关系尤其能够说明情绪偏见的力量；当人们做出极端的歧视行为时——比如仇恨犯罪、虐待囚犯、种族灭绝和恐怖主义——他们的行为背后总是有着强烈的情绪（Glaser, Dixit, & Green, 2002; Pettigrew & Meertens, 1995）。即使在日常生活中，情感偏见也比认知刻板印象更容易引发歧视（Dovidio et al., 1996; Talaska, Fiske, & Chaiken, 2008; Tropp & Pettigrew, 2005a）。这并不是说刻板印象无关紧要，实际上，大部分群体间研究都在探讨刻板印象问题。刻板印象与情绪偏见是相互关联的，并且都能预测群体间行为，但情绪偏见是更强的预测因子。因此，本章涵盖了由认知偏见引发并与之相互作用的情绪偏见。

情绪偏见（emotional prejudice）不只是对事物的正性或负性评价（态度；见第 9~10 章）。它包含不同的情绪，如恐惧、厌恶、嫉妒、怜悯、焦虑和憎恨，这些情绪之间有本质的不同。这些特定的情绪针对特定的群体，并激发特定的行为，因此它们具有实际意义。它们也具有理论意义。不同的情绪偏见不仅描述了这个世界，也可以预测和解释这个世界（Giner-Sorolla, Machie, & Smith, 2007）。请注意，偏见的传统观点不强调群体间情绪，而总是更多地关注态度。本章将为后面章节探讨认知在情感和行为中的作用做好铺垫。

在社会认知中，研究者往往是从探讨情感偏见与认知间相互作用的角度来对其加以研究。本章的第一节主要介绍群体间认知和情绪的几种理论；每种理论都描述了导致情绪和行为模式的认知模式。本章的其余部分认真探讨了一种观点，即人们对不同的外群体有着不同的情绪偏见，并分四节分别介绍了社会心理学家最关注的四种情绪偏见：种族和族裔偏见、性别偏见、年龄偏见和性取向偏见。

群体间认知与情绪

为什么那个挡你路的烦人司机总是来自某个外群体，而不是你自己所属的群体？与群体无关的偶发情感（比如路怒）仍然可能影响我们对某次相遇的感知和评价。根据简单的效价假设，人们往往认为个体在情绪不好时更容易形成刻板印象，然而事实上，不同的情绪有不同的影响（Bodenhausen, Kramer, & Süsser, 1994; Bodenhausen, Sheppard, & Kramer, 1994）。愤怒情绪确实会使人更容易形成刻板印象，这与常识相符。不过，尽管悲伤情绪也是负性情绪，但实际上它使人更不容易形成刻板印象，因为人们在悲伤时会更努力地思考。并且，人们处于高兴情绪中比处于中性情绪中更容易形成刻板印象，因为他们不愿费劲去思考。第 14 章会探讨情绪对认知的更普遍的影响。

群体也能引发人们的情感反应，具体取决于群体的种类（明显可辨）以及其出现的情境。下面将要介绍的几种理论认为，与上面提到的偶发情感不同，不同的群体会诱发不同的情感结构，这是相遇的一个整体特征。

刻板印象内容模型

社会知觉有两个基本维度——社交和能力（Asch, 1946; Rosenberg & Sedlak, 1972; Wojciszke, 2005; 综述见 Fiske, Cuddy, & Glick, 2007）。群体间知觉也不例外（第 11 章）：热情和能力是区分不同社会群体的两个重要维度。根据**刻板印象内容模型**（SCM），这两个维度上的刻板印象源自群体间的结构关系（Fiske et al., 2002; 见表 12.1）。对他人竞争社会资源的感知能预测热情维度上的刻板印象；合作的内部人员和盟友往往是热情和真诚的，而剥削他人的外部人员是冷酷和不值得信任的。对他人地位的感知能预测能力维度上的刻板印象；比如富人被认为是有能力的，而穷人则相反。

因此，如果社会结构变量能够预测刻板印象，那么刻板印象就是移民、历史和地理等状况的反映。某个群体在社会中的地位会随时间和条件而变化，而刻板印象也随之而来。例如（Cuddy et al., 2009），许多文化认为一些具有创业精神的外来人群很有能力，但不太热情（比如犹太人）。另一个例子是，在许多文化中，

表 12.1　刻板印象内容模型：示例

		结构变量：地位 ↓（+） 刻板印象：能力	
结构变量：竞争 ↓（−） 刻板印象：热情		低	高
高	群体 偏见 歧视	残疾人、老年人 怜悯 主动帮助，被动伤害	中产阶级、内群体 骄傲 主动帮助，被动支持
低	群体 偏见 歧视	穷人、无家可归者 厌恶 主动伤害，被动伤害	富人、亚裔、犹太人 嫉妒 主动伤害，被动支持

资料来源：Cuddy, Fiske, & Glick (2007); Fiske et al. (2002)

老年人被认为没有能力但很热情。在迄今为止所研究的所有文化中，穷人（比如无家可归者、接受救济者、非法移民、吸毒者）都被认为既不聪明也不友善。

这些 SCM 刻板印象很重要，因为它们与群体间情绪（Fiske et al., 2002）和群体间行为（Cuddy, Fiske & Glick, 2007）息息相关。**群际情绪—刻板印象—行为趋向系统模型**（Behaviors from Intergroup Affect and Stereotypes Map, BIAS Map）描述了基于刻板印象的情绪群集，这些情绪群集可以直接预测群体间行为。想想那些外来的企业家们（通常住在城市，被认为富有或至少唯利是图）。他们会引发他人羡慕和嫉妒的混合情绪，这些情绪可以理解为"你拥有我们想要并且应该拥有的东西，如果可能的话我们会从你那儿夺走"（S. T. Fiske, 2011; Salovey, 1991; R. H. Smith, 2000）。嫉妒情绪会滋生一种不稳定的行为组合：(a)勉强与其交往，当社会秩序稳定时人们会虚与委蛇；(b)当社会形势变得糟糕时人们会主动攻击。种族灭绝通常就属于第二种形式（Staub, 1999）。在这个例子中，人们对社会结构（竞争、高地位）的认知是刻板印象（不热情但是有能力）的基础，进而引发了情绪（嫉妒、怨恨）和行为（被动妥协但有主动伤害的可能）。

另一种不稳定的情绪组合针对老年人和那些有心理或身体缺陷的人，他们被视为没有能力，但热情并值得信任。他们常常受到他人的怜悯，这种混合情绪可理解为："你比我们都糟糕，但既然这不是你的过错，我们就只能感到遗憾了。"怜悯情绪会激发人们做出令人费解的既帮助又忽视的行为。怜悯是有损人格的，因为它会导致不平等的地位，并且破坏被怜悯者对自我的掌控（R. H. Smith, 2000; Weiner, 2005）。这一类别中的许多群体都被安置在机构中。而针对这些群体的典型行为既有帮助也有抛弃，这再次体现了混合的情绪。如前所述，对社会结构的认知是这个链条的开端：这些群体能力的缺乏和低社会地位传达出他们的无能和热情，这引发了人们对应的情绪（怜悯、同情）和行为（主动帮助但在社交上忽视）。

最后，SCM 的第三个外群体群集是最极端的组合，人们对他们没什么混合的情绪，但更直接、更可怕。在人们的刻板印象中，穷人被认为一无是处（既不热情也没有能力），尤其是那些无家可归者和吸毒者。人们蔑视甚至厌恶这些群体，而厌恶通常是针对事物的。神经成像数据表明，人们确实会对这些极端的外群体有厌恶反应，并且会将他们相对非人化。当人们看到无家可归者或吸毒者的图片时，正常的社会神经反应（内侧前额叶皮层激活）降到基线之下，而脑岛（通常与厌恶相关）会产生激活（Harris & Fiske, 2006）；这些发现表明极端的外群体似乎在某种程度上不再被视为人类。蔑视和厌恶都涉及一种俯视的态度，怜悯亦如此，但前两者不包含任何正性情感。厌恶使人们想要回避和驱逐对方，害怕被污染（Rozin & Fallon, 1987），而蔑视也是一种疏远性的情绪。这些情绪会导致人们对目标人群的主动攻击和被动忽视。

与对外群体的嫉妒、怜悯和厌恶情绪相反，人们对内群体/同盟/参照群体所产生的情绪是骄傲和敬佩。骄傲意味着将对方同化为自我，敬佩意味着将对方置于自己之上，但仍属同化（不同于嫉妒或蔑视，这些情绪将自己和他人进行对比；R. H. Smith, 2000）。骄傲和敬佩既能激发被动的交往（和睦相处），也能激发主动的帮助行为。成为让别人骄傲或敬佩的对象当然是好事，它源于对社会结构（高地位、无竞争性）和特质（有能力、热情）的认知，能够主动和被动地促进社会关系。

SCM 及其相应的行为扩展即 BIAS 模型皆以不同的群体间情绪为主题。这些情绪偏见最终来自对社会结构特征的认知：谁与谁竞争，谁比谁的地位高。刻板印象将感知到的社会结构与预期的情绪和行为联系起来。在对社会结构的强调上，这些模型与下面这个侧重于评价"对我们有利"与"对我们有害"的理论非常吻合。

群体间情绪理论

人们的自我感会延伸到他们的群体身份上（第 5 章和第 11 章）。**群体间情绪理论**（intergroup emotions theory, IET）更进一步假设，人们把群体包含在自我表征中（E. R. Smith, 1993; E. R. Smith, Segar, & Mackie, 2007）。自我表征的社会性延伸意味着，与不匹配的特征相比，人们对与他们的自我概念和内群体概念相匹配的特征反应更快和更准确；而与外群体匹配和不匹配则没有这些效应（E. R. Smith, Coats & Walling, 1999; E. R. Smith & Henry, 1996）。人们在很大程度上用对待自我的方式来对待内群体，因此 IET 认为，人们对自我和内群体的情绪反应应该也是相似的。

就自我而言，**情绪评价理论**（appraisal theories of emotions）认为人们最初将刺激评价为"对我有利"或"对我有害"，并据此产生原始的正性或负性反应。在这种初步评价后，人们会进一步分析情境的原因、确定性等，从而产生更复杂的情绪（第 13 章）。就群体而言，群体间评价即刻板印象，其内容包含感知到的责任、公平性和确定性。例如，人们可能刻板地认为政府福利的受益者从内群体索取资源（纳税人的钱）。群体间评价会认为外群体的这些需求与内群体的动机相矛盾，这是不公平的、确定的、有意的，但该群体权力并不大。由此产生的情绪偏见将是愤怒，并且相关的行动倾向（歧视）会促使人们主动地反对这些外群体。再举一个例子，假设你对某个外群体有类似的评价（动机不一致、不公平、确定、有意），但是该外群体权力更大，比如某些机构不公正地侵占了你的财产，那么你可能会感受到群体间恐惧。IET 还预测人们会产生群体间厌恶、蔑视（讨厌）和嫉妒（见表 12.2）。

IET 将偏见概念化为一种来自特定评价（刻板印象）的群体间情绪，这种情绪能产生特定的情绪性行动倾向（歧视）。IET 更关注具体的群体间关系而非抽象规律。也就是说，它分析具体的群体间经验，而不是普遍性的社会维度。因

表 12.2 群体间情绪理论：评价—情绪—行动链示例

	评价（与动机都不一致）	情绪	行动倾向	谁对谁
确定性	低	恐惧	回避	社会地位低的人对社会地位高的人
来源	他人或环境			
附加	感知者更弱势			
确定性	高	厌恶	回避	社会地位高的人对社会地位低的人
来源	他人或环境			
附加	违反社会规范			
确定性	高	蔑视	采取反对行动	任何人
来源	他人的意图			
附加	感知者更弱势、不公平			
确定性	高	愤怒	采取反对行动	社会地位高的人对过分索取的社会地位低的人
来源	他人的意图			
附加	感知者更强势、不公平			

资料来源：E. R. Smith (1993)

此，它适合于群体间表征的**样例法**（Mackie & Smith, 1998; E. R. Smith & DeCoster, 1998; 第 4 章）。在这种方法中，人们把彼此看作多个群体的代表，在特定情境下相遇。

在一项研究中，人们首先将自己归类为同性婚姻的支持者或反对者，然后得知他们的态度得到多家报纸头条的强烈支持或微弱支持。接着，这个研究测量了他们的愤怒和恐惧以及攻击或回避外群体的倾向。在这种情况下，内群体的弱势（只得到报纸头条的微弱支持——译者注）引起人们对外群体的恐惧和回避，而内群体的强势会引发人们的愤怒和对抗（Mackie, Devos, & Smith, 2000）。群体间情绪来自人们先前的群体间经验和群体间意识形态。群体间情绪是对外群体的认知评估和态度评价之间的中介（D. A. Miller, Smith, & Mackie, 2004）。

在特定的群体间背景下，群体间情绪也会引发防御性和攻击性的行动倾向（Devos et al., 2002）。群体间情绪在行为调节中起着重要作用。当行为受到阻碍时，情绪会增强，但当行为得到实施时，情绪会被释放（Maitner, Mackie, & Smith, 2006）。

意象理论

敌人意象理论（enemy images theory）认为，国家意象来自对国际背景和行为意图的感知（Alexander et al., 1999; Alexander, Brewer, & Livingston, 2005; Brewer & Alexander, 2002）。这些意象来源于（并且能解释和合理化）对另一个国家群体的情感和行为倾向。人们在评价另一个国家时会考虑其目标和自己国家的目标是否相容，同时会结合对该国地位和实力的感知。在所有可能的组合中，五个常见的意象（表 12.3）包括两个双方认为彼此对等的意象，即盟友（目标相容，平等）或敌人（目标不相容、平等），以及三个不对等的意象，即从属者（感知者的目标独立、地位低、实力弱）、帝国主义者（对方目标独立、地位高、实力强）和野蛮人（目标不一致、地位低，但实力强）。

情绪在这个理论中起到了两方面的作用。首先，在合适的诱发条件下，高唤醒能轻易启动相关的意象（例如野蛮人）（Alexander et al., 1999）。第二，与 IET 和 SCM 一致，某些特定的关系模式会激发对应的群体间情绪。比如，盟友会引发钦佩和信任，促进合作。敌人会激发愤怒，促进封锁与攻击。从属者会引发厌恶

表 12.3 意象理论：示例

目标	对方的地位		
	平等	更低	更高
对等，相容	盟友		
对等，不相容	敌人		
对方依赖，感知者独立		从属者（实力弱）	
对方独立，感知者依赖			帝国主义者
对方目标不相容		野蛮人（实力强）	

资料来源：Alexander et al. (1999)

和蔑视，促进剥削和家长式作风。帝国主义者会引发嫉妒和怨恨，促进反抗和叛乱。野蛮人会唤起恐惧和威胁，促进防御性保护（Alexander et al., 1999; Brewer & Alexander, 2002）。

在一项关于群体间情绪预测的研究中（Alexander et al., 2005），城市白人高中生报告对白人更多地感到钦佩（信任和尊重），对黑人更多地感到恐惧；这与他们把其他白人视为同盟而把黑人视为敌人和野蛮人的意象一致。反过来，黑人学生报告对黑人感到更钦佩而对白人感到更憎恨（愤怒和厌恶），这与他们把其他黑人视为同盟而把白人视为敌人和帝国主义者的意象一致。总的来说，意象理论补充了 SCM 和 IET 的观点，它们共同考察了社会结构关系、刻板印象、情绪以及行为倾向之间的联系。

生物文化取向

与前几个理论类似，**生物文化取向**（biocultural approach）认为独特的群体间情绪源自独特的群体间关系并能预测独特的群体间行为（Cottrell & Neuberg, 2005; Neuberg, Smith, & Asher, 2000）。这个理论的出发点既不是社会身份（如在 IET 中）也不是社会结构关系（如在 SCM 和意象理论中），而是从社会功能的进化角度来看的群体间威胁。生物文化取向强调人类的相互依赖、群体功能的有效性，以及个人对群体生活的收益和挑战的适应。

对群体完整性的各种威胁可预测情绪和动机。例如，障碍（对内群体财产、自由或和谐的威胁）会使人愤怒并致力于消除障碍；污染（对健康或价值的威胁）令人厌恶并促使人们进行预防；危险会令人恐惧并对内群体加以保护，等等。与这些预测一致，不同的外群体所引发的威胁和情绪具有质的区别（Cottrell & Neuberg, 2005），所以对不同种族群体（非裔美国人、亚裔美国人、美洲原住民）和社会群体（男同性恋者、激进女权主义者、原教旨基督徒）的反应是不同的。

其他的社会进化取向也加强了上述论点。例如，这些取向强调社会环境中的自身利益。适应性的、自我促进的策略包括：双边合作，寻求社会交换的可靠伙伴；联合剥削，排斥内群体中的其他人并剥削外群体；以及回避可能带有寄生虫、病原体的人（Kurzban & Leary, 2001）。关于污名的进化起源的研究需要平衡两个方面，一方面人类需要适应社会并挑选合适的同伴，另一方面人类需要让社会为自己的利益服务。

焦虑的综合威胁理论

对内群体的威胁也塑造了**综合威胁理论**（integrated threat theory, ITT; Stephan & Renfro, 2002）。ITT 从之前的理论中吸收了许多变量，但聚焦于一种主要情绪——焦虑。ITT 是一个广泛的、通用的、综合性的态度预测模型（表 12.4）。其前因包括群体间关系（如冲突、地位不平等）、个体差异（内群体身份、接触经验），文化维度（集体主义）以及即时情境（例如，背景中的少数与多数）。

威胁在这些前因变量和态度之间起着中介作用。威胁主要可分为现实的和象

表 12.4 综合威胁理论

前因	起中介作用的威胁	后果
群体间关系	现实的威胁	心理反应（认知的和情感的）
个体差异	象征性的威胁	行为反应
文化维度		
即时情境		

资料来源：Stephan & Renfro (2002)

征性的。现实威胁是对内群体资源的有形伤害，特别是所谓的经济威胁（工作竞争、税收消耗）。象征性威胁是对内群体理念（价值、宗教信仰、同一性、语言）的抽象伤害。另外，焦虑和负性刻板印象与这些威胁的关联，在早期模型和晚期模型中有所不同（W. G. Stephan & Renfro, 2002; W. G. Stephan & Stephan, 2000）。本质上，威胁是一种认知评估（如在 IET 中），刻板印象是一种认知反应（如在 SCM 中），而焦虑在所有这些理论中都属于一种情绪反应。

这个理论的主要观点有如下几点。首先，它聚焦于焦虑，这是一种对不确定威胁的负性情绪反应。焦虑会促进刻板印象的使用（Wilder, 1993）。通过产生唤醒和自我聚焦，焦虑削弱了人们区分不同外群体成员的能力。分心会加剧焦虑的影响，焦虑的人特别容易同化外群体内的差异，增加对其同质性的感知。ITT 扩展了这个假定，将群体间关系的前因变量和结果变量都纳入其中。

第二，ITT 适用于大量的群体间情形，包括对以下人群的态度：移民（W. G. Stephan et al., 2005; W. G. Stephan, Ybarra, & Bachman, 1999; Stephan et al., 1998）、癌症和艾滋病患者（Berrenberg et al., 2002）、黑人和白人（W. G. Stephan et al., 2002）、加拿大原住民（Corenblum & Stephan, 2001）、墨西哥人和美国人（W. G. Stephan, Diaz-Loving, & Duran, 2000），以及女人眼中的男人（C. W. Stephan et al., 2000）。

第三，ITT 起初构造了一个简单的因果链：前因变量→威胁（象征性威胁、现实威胁、焦虑、刻板印象）→偏见态度。对调查数据的各种路径分析都支持威胁是前因变量影响态度的中介变量（Corenblum & Stephan, 2001; W. G. Stephan et al., 2002; W. G. Stephan, Diaz-Loving, & Duran, 2000），实验研究还进一步证明了威胁的因果重要性（W. G. Stephan et al., 2005）。

最后，ITT 提出了一个看似简单的干预方法来克服焦虑和感知到的群体间威胁——同理心（也译作"共情"）。当然，对外群体的同理心说起来容易做起来难，但它已经改善了黑人和白人之间的关系（Finlay & Stephan, 2000）。同理心能从认知层面（观点采择）和情绪层面（W. G. Stephan & Finlay, 1999）减少人们感知到的威胁以及由此产生的焦虑。

内疚的各种理论

内疚是一种有用的情绪，因为当你做了你不希望自己做的事情时，它会促使你改变未来的行为，并且如果可能的话，做出弥补。内疚作为一种主要的群体间情绪十分重要，至少对那些被视为欺压弱势或少数群体的强势或多数群体来说是这样。第 11 章指出，即使有动机和认知容量，人们也很难抑制刻板印象（例如，Monteith, Sherman, & Devine, 1998）。因此，内疚并不能轻易改善群体间反应。

内疚的罪恶感取决于偏见的程度（Monteith, 1993, 1996）。低偏见者对自己的种族间行为有比较高的内化标准，一旦违反了这些标准，他们会感到冲突与内疚。应该做的事情和可能会做的事情之间的差距，会使低偏见的人感到内疚（Viols, Ashbrun-Nardo, & Monteith, 2002）。这种内疚会使他们对种族主义笑话反应平淡（Monteith & Voils, 1998）。对那些确实体验过与偏见有关的冲突的人来说，内疚与矛盾的种族态度有关（第 11 章）。

高偏见者有更低的、更外化的标准，当他们违反标准时，他们会感到愤怒（Zuwerink et al., 1996）。然而，有些高偏见者的标准建立在维护机会平等的道德义务之上（Monteith & Walters, 1998）。无论哪种情况，对差距的觉知都会抑制行为，引发内疚，并促进回顾性的反思。久而久之，与这种差距相关的刺激和反应便会与内疚联系在一起，因此它们建立了控制的提示线索，比如行为抑制和事先考虑，这些都是潜在的控制策略（Monteith et al., 2002）。内疚确实有用，即使不是那么简单。

不是所有的标准都是内在的，激活反偏见的社会规范可通过外部激励降低偏见性反应（Monteith, Deneen, & Tooman, 1996）。社会规范和教育能够通过引发内疚来改变人们的行为。例如，了解白人特权和黑人遭受歧视的普遍性会引发内疚，进而促使白人赞成平权法案，以此作为一种补偿（Swim & Miller, 1999）。许多白人倾向于淡化白人享有特权的事实，因为这会削弱他们的自我价值感（Lowery, Knowles, & Unzueta, 2007）。将不平等描述成优势群体获益（而不是少数群体受损），会使白人更加内疚，更愿意接受补偿措施，如平权法案（Iyer, Leach, & Crosby, 2003）。相反地，反对平权法案的人更多地是出于保护内群体利益的考虑，而不是为了展现对外群体的直接敌意（Lowery et al., 2006）。

然而，内群体保护并不能完全说明人们对平权法案的态度，因为它会随目标群体而改变。在这些态度中，对白人内群体的种族威胁显然排在对男性内群体的性别威胁之上。从绝对数量的角度来看，如果只有内群体保护在起作用，那么使女性（占人口 50%）受益的平权法案应该比使少数种族群体（非裔美国人，占人口13%）受益的平权法案招致更强烈的反对。所以这里除了内群体保护还有其他因素在起作用。或许人们对女性弱势感到更内疚，因为他们觉得自己与女性有更直接的联系。

种族偏见

或许是因为美国在种族方面的特殊历史，美国社会心理学家最常研究的是白人对黑人的种族偏见。非裔美国人命途多舛：两个世纪的奴役，一度只被当作五分之三的人；围绕解放与重建的政治动荡；长达一个世纪的合法种族隔离，即所谓的"吉姆·克劳法"；上一代的民权运动；持续存在的种族主义反弹；以及仍在持续的种族隔离与群体劣势（更详细的讨论超出了本书的范畴，可参见 Fredrickson, 2002; Jones, 1997; Sears, 1998）。[1]

鉴于种族偏见的重要性，早期的社会心理学研究立即着手测量种族/族裔态度（Bogardus, 1933; Katz & Braly, 1933; Thurstone, 1928; 早期综述见 Allport, 1935）。从那时起，白人与黑人间的种族问题就一直存在于偏见研究的文献中，这可能是因为种族偏见在以下几个心理层面具有特殊性：（a）这种特殊的种族组合一直带有强烈的情绪；（b）大多数持有这种偏见的人都厌恶这种偏见；（c）这种偏见本身不像是自我进化而来的，有充分的证据表明它来自社会建构；（d）种族群体间仍然高度隔离，这进一步加深了群体间日常互动的分歧。其他形式的偏见都不具备这些明显特征，但正如我们即将看到的，认知过程对这些特征中的每一种都有影响。

---

[1] 可以说，非裔美国人是美国历史上最受虐待的族裔之一。这并不是说针对亚裔、拉丁裔、犹太人和美洲原住民的偏见无关紧要，对这些群体的偏见已经导致了拘禁、排外的移民政策、就业歧视和种族灭绝等一系列严重问题。只是社会心理学家尤其是社会认知研究者一般相对较少研究这些形式的种族偏见（但是近年来也有例外，例如，Echebarria-Echabe & Fernández-Guede, 2006; Lin et al., 2005; van Laar et al., 2005）。

种族主义的情绪负荷

上一节探讨了白人对种族主义的内疚。现在我们来考察种族主义的强烈情绪负荷以及它如何与内疚相关。内疚是一种指向他人的道德情绪,它体现了一个人对自己的行为可能伤害他人的担忧(Tangney, Stuewig, & Mashek, 2007)。就种族主义而言,白人的内疚反映了一个人认为他所在的群体曾经伤害过其他群体,而白人一般对此并不怀疑,至少对过去是这样。种族内疚可能是大多数白人学生不强烈认同自身种族的原因之一(尽管作为多数群体——因此也是默认的群体——也与他们缺少白人种族认同有关)。

大多数白人情绪化的反应也许更应该被描述为羞愧而不是内疚。羞愧是一种指向自我的道德情绪,关注的是他人对自我的评价(Tangney et al., 2007)。许多多数群体的成员在种族间交往中只关注自我,这更像是潜在的羞愧而不是内疚。与此相反,许多少数群体的成员则既关注自己也关注他人(Shelton & Richeson, 2006; Vorauer et al., 2000; Vorauer & Kumhyr, 2001)。许多白人可能担心他们如何被他人评价,因为他们认为黑人会预期他们是种族主义者。避免羞愧是当代种族关系的情感—认知矩阵的一部分。

另外,正如我们所见,白人熟知很多关于黑人的负性文化刻板印象,这些刻板印象的一些要素具有情绪威胁性。美国文化中对黑人的刻板印象包括敌意和犯罪(Devine, 1989; Devine & Elliot, 1995)。这些文化刻板印象让白人保持警惕(Phelps et al., 2000),这促成了带有情绪负荷的互动。

但更糟糕的是,种族刻板印象和随之而来的情绪偏见会给黑人带来生死攸关的后果。例如在实验中,种族会影响人们瞬间做出的开枪/不开枪决定,这种决定与警察在工作中的决定相似;种族偏见会降低人们开枪射击手无寸铁的黑人的阈限(Correll et al., 2002; Correll et al., 2007; 图 12.1)。文化刻板印象和情绪偏见早在刺激呈现后 200 毫秒就会影响神经反应,这种神经反应又会中介开枪者的偏见(Correll, Urland, & Ito, 2006)。具体来说,黑人面孔会激活与犯罪相关的联结,包括对武器的早期视觉探测(学生和警察都是如此)。反过来,刻板印象联结也会促进人们对黑人面孔的探测,特别是对那些典型的非洲面孔(Eberhardt et al., 2004)。文化刻板印象与视觉加工之间相互作用所产生的生死攸关的后果不仅体现在上述的瞬间判断中,也体现在死刑判决中。当白人被杀害时,恰好带有更多黑人刻板

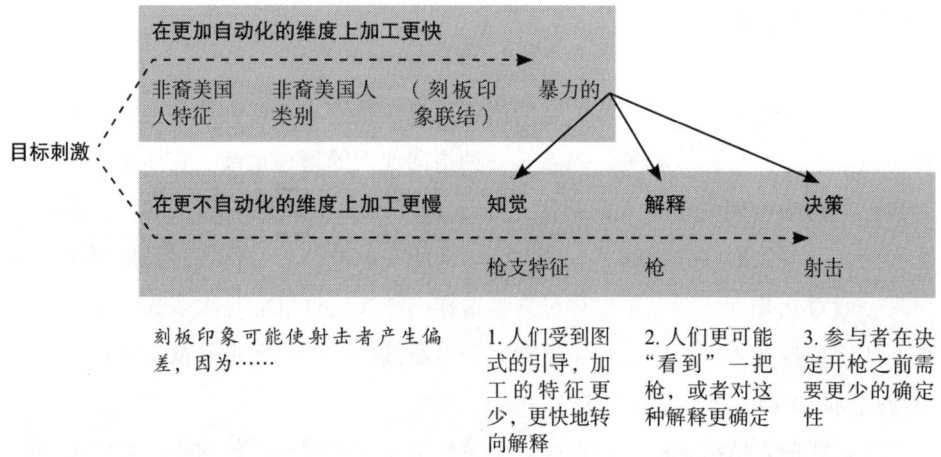

图 12.1 射击/不射击的决策过程：在无关的种族维度上更快、更自动化的加工可能使参与者在（a）对目标的知觉，（b）对目标的解释，（c）做出"射击"反应所需的确定性标准等方面产生偏差

资料来源：Correll et al. (2002). Copyright American Psychological Association; reproduced by permission

印象特征的黑人被告更有可能被判死刑（控制多个变量，包括犯罪的严重程度；Eberhardt et al., 2006）。尽管种族与犯罪的联系毫无疑问没有社会阶层、性别和年龄等线索与犯罪的联系紧密，但这种联结仍然存在。大多数黑人家庭会与他们青春期的儿子"谈话"，告诉他们遇到警察时要做什么（和不要做什么）。即使在与犯罪无关的种族间互动中，这些问题也会增加情绪强度，部分原因在于文化联结是自动的。

自动化的种族间反应往往反映了带有情绪负荷的文化联结，即使人们个人并不认可它们。如**分离模型**（dissociation model; Devine, 1989; 第 11 章）和**内隐联结测验**（第 10~11 章）所示，人们会有自动化的刻板印象思维，而且这种思维难以控制。白人普遍认为应该努力追求平等，所以大多数白人努力避免表达他们的自动联结。当然，人们**避免偏见的动机**存在差异，这种差异可以追溯到童年经验和父母的价值观（Towles-Schwen & Fazio, 2001）。突显的社会规范也促使白人抑制偏见，承认歧视，并抵制有敌意的玩笑（Crandall, Eshleman, & O'Brien, 2002）。实际上，在不能表现得像种族主义者的压力之下，善意的人比不够善意的人表现得更糟糕（Frantz et al., 2004; Vorauer & Turpie, 2004），并且他们对其表现的感觉也更糟糕（Fazio & Hilden, 2001）。因此毫不奇怪，许多白人对此感到不确定和焦虑，尤其是在非结构化的种族间互动中（Towles-Schwen & Fazio, 2003）。

这种情绪不适的产生速度很快。如前所述，人们通常最快在 100 毫秒内就能评价彼此的可信任度（Willis & Todorov, 2006），被知觉为不可信任的人会引起杏仁核和右侧脑岛的激活（Winston et al., 2002）。态度研究指出（第 10 章），杏仁核的激活表明刺激含有情绪意义（尤其是负性的），而右侧脑岛会对负性刺激产生激活，通常是厌恶。人们也能在 100 毫秒之内快速识别出彼此的种族（Ito & Urland, 2003）。与这种反应的速度一致，神经层面的即时表征与基于种族的情绪负荷反应是相符的（综述见 Eberhardt, 2005）。

种族间互动明显的情绪负荷得到了进一步的支持。一些关于种族间反应的最大胆的早期神经科学研究记录了杏仁核的激活，这些激活不仅与负性内隐联结（IAT）相关，也与警觉和唤起的指标相关，尤其是在白人对黑人的反应中（Cunningham, Johnson, et al., 2004; Hart et al., 2000; Lieberman et al., 2005; Phelps et al., 2000; Wheeler & Fiske, 2005）。对偏见有内在担忧的白人（控制偏见的内部动机高，外部动机低），对黑人面孔的即时惊吓眨眼反应水平（唤起指标）低，这表明唤起和警觉程度较低；他们也表现出较低水平的延迟惊吓眨眼反应，表明负性情绪较少（Amodio, Harmon-Jones, & Devine, 2003）。人们可以在半秒或更短的时间内区分外群体和内群体，并相应地作出评价（Ito, Thompson, & Cacioppo, 2004）。

与控制系统高度警觉模式相一致的神经活动也发生在无意中作出种族偏见反应的白人身上，那些能成功控制这类反应的人尤其如此（Amodio, Harmon-Jones, et al., 2004; Cunningham, Johnson, et al., 2004; Lieberman et al., 2005; Richeson et al., 2003）。因此，白人可能会立即对黑人作出具有显著的情绪意义（并且可能是负性）的反应，但他们也能很快调用受控的过程。简而言之，神经指标表明种族线索立即获得了情绪意义。

其他生理学指标也提供了聚合性证据，证明种族间接触会产生即时的情感负荷，尤其是对白人而言。面部肌肉活动（不可见但能被肌电图追踪的微妙表情运动）显示了微妙的种族偏见（Vanman et al., 1997）。白人在与黑人互动时的心血管反应与面对威胁时一致，尤其是没什么种族间互动经验的白人（Blascovich et al., 2001; Mendes et al., 2002）。白人在接下来的认知任务中表现也很差，这与其他研究发现的通过执行控制来抑制偏见反应会造成心理损耗的证据一致（Richeson & Shelton, 2003）。反之亦然：特别偏爱自己内群体的黑人在种族间互动后也出现了认知损耗（Richeson, Trawalter, & Shelton, 2005）。

鉴于所有这些情绪的复杂性，人们从注意的一开始就避免种族间互动也许就不足为奇了。大脑中对面孔敏感的梭状回对其他种族面孔的激活程度低于对自身种族的面孔，并且与是否能记住这些面孔有关（Golby et al., 2001）。这实际上是一种知觉回避。同时，人们也在刻意回避互动，认为其他群体会拒绝他们（Shelton & Richeson, 2005）。总而言之，正如认知、社会和神经研究所显示的那样，种族关系的情绪负荷对白人来说有很大一部分是羞愧和焦虑，而对黑人来说则会产生生死攸关的后果，这些都是基于自动化和更加深思熟虑的反应。

很多种族主义属于厌恶性种族主义

有意控制有何作用？在这方面种族有何例外之处？当有人"打种族牌"时，人们会被提醒要小心谨慎。"打种族牌"指的是有人为了在争论中增加筹码，令人不快地把充满紧张和禁忌性的话题带入一个本来就存在争议的环境中。被称为种族主义者对大多数白人来说是一种很强的人际威胁，因此他们会注意自己的言行。但少数公开的种族主义者并不在意这些（第11章），这些人会产生直接而恶毒的蔑视和厌恶，这可能是致命的，但幸运的是，在当代奉行平等主义的民主社会中，这样的种族主义者非常少。这些人最大的问题并不是他们无法有意地控制自身的种族态度。

相反，大多数种族主义涉及内部和外部控制，甚至是回避。**厌恶性种族主义**（aversive racism）反映了一种矛盾心理，它包括负性情绪和信念以及家长式的同情和对负性情绪的否认（Gaertner & Dovidio, 1986）。怀有厌恶性种族主义的白人对黑人有多种负性情绪——不适、不安和焦虑——这会导致其采取回避措施；但是他们对白人内群体的情绪是正性的，比如同情和钦佩（Dovidio, Esses et al., 2002）。这些微妙形式的歧视也出现在欧洲对待新移民的态度中（Pettigrew & Meertens, 1995）。种族主义在两个方面令人厌恶：(a) 厌恶性种族主义者拒绝让种族主义出现在自己身上，(b) 种族主义使种族间互动令人厌恶，所以人们会回避互动。

在情绪偏见方面，从理论上讲，厌恶性种族主义者会表现出焦虑、不适、厌

外显偏见（通常是认知通道）→ 言语行为 → 种族间互动的自我感知

内隐偏见（通常是情感/评价通道）→ 非言语行为 → 同伴和观察者在种族间互动中对行为的感知

图 12.2 在种族间互动中，白人的内隐偏见和外显偏见之间的分离

注：这些独立通路反映了迪瓦恩（Devine, 1989）和多维迪奥等人（Dovidio, Kawakami, & Gaertner, 2002）的模型和数据。

恶和恐惧。这些情绪来自大量正性的内群体评价和负性的外群体评价（第 10~11 章；Gaertner & Dovidio, 1986）。前面小节关于焦虑的研究证实了这种预测，反映不适的非言语指标也证明了这一点（例如，Dovidio et al., 1997; Word, Zanna, & Cooper, 1974）。

白人种族态度中的情感评估和相对自动化的成分可以预测他们的行为，特别是对群体间接触的有意回避（Dovidio, Kawakami, & Gaertner, 2002; Esses & Dovidio, 2002）以及在非言语行为中表现出的不适（第 10~11 章；Dovidio et al., 1997; Dovidio, Kawakami, & Gaertner, 2002；图 12.2）。相比之下，认知成分可预测言语行为和政策偏好。例如，保守主义意识形态可以预测人们对正当性的刻板印象，进而预测他们对平权法案（针对黑人而非其他群体如女性）的反对（Reyna et al., 2006）。

让我们转向厌恶性种族主义的对象。黑人在接触其他种族人士时，可能会担心被他人用种族主义的方式对待，尽管这种担心的程度会因个人和环境而有所不同（Hyers & Swim, 1998; Operario & Fiske, 2001; Sellers & Shelton, 2003; Shelton, 2000）。不信任源于历史和现状，也源于黑人比白人更普遍地认为存在歧视（综述见 Dovidio, Gaertner et al., 2002）。

总的来说，除了情绪负荷，白人的厌恶性种族主义和黑人的不信任，加剧了基于种族的情绪偏见，反映了认知和情绪的相互作用。接下来，我们来看看对生物学和种族之间关系的认知。

种族偏见不是进化的产物

本质主义刻板印象认为刻板印象背后存在生物学基础（第 11 章）。与许多形式的偏见相比，人们尤其坚信种族偏见存在生物学基础。人们会过分夸大种族的

生物学差异。尽管缺乏生物学证据证明当前社会定义的不同种族之间存在遗传差异，并且也缺乏证据支持人类已经进化出了自动编码种族信息的倾向，但本质主义者仍然固执己见。其他社会类别（性别、年龄）确实有生物学基础，也确实符合人们需要快速探测的进化解释。那么，为什么人们对种族的生物学基础的看法有如此大的分歧？

因为种族差异对人们来说是显而易见的，但从种族遗传学的生物学证据来看，种族间的差异其实微不足道。研究表明，种族内的遗传差异大约是种族间遗传差异的 10 倍（Lewontin, 1972; Nei & Roychoudhury, 1993）。而且，即使研究种族间差异，也没有任何遗传模式能可靠地把人们划分到社会定义的种族类别中（Graves, 2001; Hirschfeld, 1996; Marks, 1995）。即使是皮肤颜色也不能确定共同的遗传基础（Parra et al., 2003）。简而言之，种族的遗传标记不支持关于种族的常识观点。

我们基于一些社会定义的特征把人分成不同种族。美国的种族定义起源于奴隶制，并为奴隶制提供正当性。我们不妨思考一下，为什么对奴隶制时代的白人来说，将父母一方是黑人的孩子定义为黑人在社会和经济方面都更为便利。美国不同的州甚至对种族有不同的定义，而一个人的种族有时会成为其遭到荒谬起诉的悲剧性根源：曾祖父（母）的发质能决定后代的婚姻是否是跨种族的，并因此是不合法的（Banks & Eberhardt, 1998）。从法律到日常行为中，人们都不愿相信种族分类并非自然类别（比如物种）。

有人可能会问，如果种族是社会建构的，种族的生物学差异被夸大了，那么与健康相关的种族差异又该如何解释呢？首先，总体的健康差异大部分来源于财富差距（Wong et al., 2002）。种族当然与收入相关，所以一个因素导致的效应可能会被错误地归因到另一个因素上。进一步的分析表明，社会阶层其实比种族类别对健康的影响更大。与阶层无关，种族对健康的一些影响可能来自歧视及其对应激的次级影响（Mays, Cochran, & Barnes, 2007）。具体的且为人们所熟知的种族与健康相关的例子包括非洲人的镰状细胞贫血、欧洲人的囊性纤维化和阿什肯纳兹犹太人的泰伊—萨克斯二氏病。然而，这些疾病都极为罕见（这些群体的大多数人都没有这种病），并且不是所有得病的人都属于这个群体（Kittles & Weiss, 2003）。发病率的差异与生物、行为和环境相关，而这些因素又都与社会定义的种族相关。因此，即使社会定义的种族不是导致疾病的原因，它也可能像习惯和环境等其他因素一样，成为特定疾病相对风险的一个线索。但是人们更容易依赖种族而不是其他原因。

种族与生物学之间联系的第二个方面是进化。也就是说，人们普遍认为种族偏见是一种对陌生社会群体的固有适应。然而，仔细审视就会发现，将其他人区分为种族内群体或种族外群体与看似合理的进化解释并不相符（Cosmides, Tooby, & Kurzban, 2003）。在远古时代，人们生活在种族相同的群体中，生活范围在步行可达的距离之内，并且即使遇到敌对群体也不会跨越种族界限。相比之下，性别和生命阶段应该是人们自动探测的重要（生物）类别。

如果种族探测不是进化模块的一部分，那么它可能是另一种适应的副产品，比如，对自然类别的本质主义编码。植物或动物物种的本质主义编码具有进化意义，并且编码系统很容易适应，以探测在感知和潜在的共有属性上都有所不同的自然类别。这个编码系统似乎被用来对人类生理上的差异（这些差异被社会定义为种族差异）做出反应，就好像它们是自然类别一样（Cosmides et al., 2003）。

种族探测还可能是人们对不同社会群体及其联盟群体的敏感性的副产品（Kurzban & Leary, 2001; Kurzban, Tooby, & Cosmides, 2001）。狩猎—采集者生活在一个经常与其他群体发生冲突的小群体中，因此追踪哪个人属于哪个群体的心理机制会有利于生存。因为内群体会协同行动，所以预测个体的群体成员身份的线索很重要。这些线索可能包括一些随意选择的特征，比如衣服、装饰或方言。为这些特征赋予社会意义的心理机制，也能用于其他随意选择的特征，如皮肤颜色或发质。这个机制因此可能是适应性的、自动化的，但只适用于在特定历史和社会环境中有意义的特征。比如在那些有着长期教派冲突历史的地方，宗教线索应该与种族线索有相似的性质。种族编码可能不是强制性的，但对社会构建的同盟（内群体和外群体）线索的编码可能是强制性的。

与人们所普遍理解的种族的生物和进化解释的弱点相反，支持种族来自社会建构的证据很强有力。其中很大一部分来自面孔识别研究，这些研究发现种族分类受社会环境而不是面孔固定特征的影响。例如，欧洲裔美国人识别白人面孔比黑人面孔更准确（Malpass & Kravitz, 1969），并且如前所述，梭状回面孔区对这些跨种族面孔的激活水平较低（Golby et al., 2001）。非裔美国人表现出这种效应的程度较低，可能是因为作为少数群体，他们更常需要辨别白人面孔。但仅仅接触并不能带来这种效应。显然，人们通过种族类别来加工外群体面孔，同时注意到相关线索，但人们并不会将内群体面孔编码为某个种族，而是更注意内群体面孔的个人线索（Levin, 2000）。白人的跨种族编码缺陷也有例外：例如，球迷们能优先考虑球员属于哪个球队而不是种族，从而使球员个人化，无论他属于什么种族（Cosmides et al., 2003）。非裔美国人与非洲人对黑人和白人面孔编码的差异，也体现了社会环境的重要性。

种族判断标准的不断变化以及偏见与种族特征典型性之间的相关，都支持种族的社会建构理论。种族判断有多种途径，但都是社会建构的（Maddox, 2004）。首先，通过分类途径，一个人的外貌（**表型**）决定了种族类别。这个过程可以通过一个标签来实现：例如，通过面孔合成（黑人白人各占50%）产生种族归属模糊的面孔，这些面孔看起来更像"黑人"还是"白人"取决于人们的标签，并且这种效应在那些相信固定特质的实体论者身上尤其突出（Eberhardt, Dasgupta, & Banaszynski, 2003）。种族分类也可以主要通过单个特征（比如肤色）及相关线索（如种族相关的讨论）来实现（Maddox & Chase, 2004; Maddox & Gray, 2002）。种族分类还可以通过种族相关特征的构型而不仅仅是一系列固定的典型特征来实现（Blair et al., 2002; Livingston & Brewer, 2002），因此这种途径缺少生物学标记。

种族分类也可直接基于与刻板化的特质（Blair et al., 2002）或评价（Livingston & Brewer, 2002）相关的单个种族特征。例如，对于电视新闻上两个被指控相同罪行的人，相比浅肤色的黑人罪犯，经常收看电视新闻的观众对深肤色的黑人罪犯有更多的情绪不适（Dixon & Maddox, 2005）。鉴于个人特征的重要性，即使是一个通常被视为白人的人也可能带有一些非洲人的面部特征，这些特征可能会让人产生与种族无关的刻板印象或情感联结（Blair et al., 2002）。前面提到，有更多非洲人特征的黑人被告比没有这些特征的黑人被告更可能被判死刑（Eberhardt et al., 2006），这与某些特定特征会产生重大影响的观点一致。

这些种族分类的途径与一些概念信息相互作用，包括对"明亮"和"黑暗"的语义联想、常人理论、文化信念和个人经验，这些概念信息都有助于设定社会背景（Maddox, 2004）。例如，有种族偏见的人更关心准确地对种族模糊的人进行分类（Blascovich et al., 1997）。种族模糊的人可能会经常听到这样的疑问："你到底是什么人？"（我们知道有人把它印在了T恤上。）

尽管种族差异缺乏清晰的生物学证据，种族知觉也缺乏进化解释，同时有清晰的证据支持种族是一种社会—认知构建，人们仍然坚持认为种族是一种自然类别。随着时间的推移，随着越来越多的人将自己和他人定义为多种族，这种现象可能会逐渐消失（Bodenhausen & Peery, 2009）。与此同时，关于种族生物学基础的证据与相反证据之间的冲突，在种族偏见中显得尤为突出。生物学在许多人的心目中意味着决定论，所以这一重要问题让作为分类框架的种族具有了特殊性。

种族隔离

到目前为止，我们已经看到，种族偏见在心理上具有特殊性，因为它具有独特的情绪负荷、令人厌恶的性质、（被否认的）社会建构，并且当代社会的结构特征也会促成认知和情感偏见。美国社会的种族隔离比实行种族隔离法时期的南非还要严重（Massey & Denton, 1993; Massey, Rothwell, & Domina, 2009）。这种隔离在所有收入阶层中都存在，尽管对中产阶层黑人的情况不那么严重，但他们也因为种族隔离而增加了住房成本。隔离是针对种族，而不仅仅是社会阶层。它源自肤色差异，而不仅仅是少数族裔身份。一个典型的肤色偏见的例子是，黑皮肤的拉美人受到的种族隔离比白皮肤的拉美人更严重。美国黑人受到的种族隔离更严重，而且持续时间也比其他移民群体要长，大多数其他移民群体在第一代移民时受到一定程度的种族隔离，但经过两代后，这种隔离逐渐减少。为什么隔离会影响对种族的社会认知？

隔离居住并不是非裔美国人的偏好，他们比一般的欧洲裔美国人更喜欢种族平衡的社区。租赁中介和房地产中介促成了社区隔离，他们引导或排斥那些适合或不适合这个社区的人。种族隔离和黑人社区中不成比例的贫穷，带来了集中的贫困以及与此相关的一系列问题（Massey & Denton, 1993）。随之而来的学校教育、就业前景、卫生保健的可获得性、社会弊病以及受到限制的社交网络等一系列问题，在群体层面带来了严重的不利影响。

种族隔离对社会认知和种族偏见的影响是多方面的。在社会心理学层面上，主要影响之一是有限的族裔间接触。这对少数族裔和多数族裔群体的影响是不同的。一般来说，平等地位的**群体间接触**能可靠地减少各种不同群体之间的偏见：性取向、生理缺陷、种族与族裔、心理缺陷以及年龄（Pettigrew & Tropp, 2006; 表12.5）。因果关系的方向明显是从接触到减少偏见，而不是低偏见的人更愿意接触。接触环境越符合奥尔波特提出（Allport, 1954）的最优条件（平等地位、共同目标、群体间合作和权威认可），就越能有效地减少偏见。就本章所强调的情绪偏见

表 12.5　目标群体的群体间接触效应

外群体类别	接触与偏见的相关
性取向	−0.27
生理缺陷	−0.24
种族、族裔	−0.21
心理缺陷	−0.21
心理疾病	−0.18
老年人	−0.18

注：绝对值越大代表偏见的减少程度越高；与同性恋者接触在很大程度上减少了反同性恋偏见，而与老年人接触减少的偏见则相对较少。

资料来源：Pettigrew & Tropp (2006)

而言，接触主要通过增进与外群体的友谊和群体间的亲密度而起作用。这些互动更多地降低了情绪偏见而不是认知偏见，例如刻板印象或信念（Tropp & Pettigrew, 2005a）。

　　让美国白人接触美国黑人能明显地减少偏见，但反过来不成立，这是由他们各自的多数—少数地位所决定的（Tropp & Pettigrew, 2005b）。少数群体成员很清楚群体间的情境、双方各自的担忧以及偏见产生的可能性。多数群体成员不太可能考虑他们自己的地位、群体身份或者偏见问题。同时，少数群体成员也更可能与多数群体成员有过接触经历。因此，群体间接触对多数群体来说更新鲜，并且可能对情绪和认知系统产生更大的冲击和影响。由于过去曾经历过偏见，少数群体更有可能对接触条件（例如，平等的地位）是否真正得到了满足保留看法。例如，少数群体和多数群体对明确提起群体身份的反应是不同的。多数群体会感到不适，尤其是当外群体成员提起群体身份时，他们会对这次接触体验产生负面感受（Tropp & Bianchi, 2006）。对少数群体来说，提起群体身份不会打破任何禁忌，但是会被正性或负性地解释，这取决于是谁提起以及如何提起。具体来说，如果这种提示使他们预期到偏见，那么它会破坏他们的信任和接纳（Tropp et al., 2006）。每个群体对其他群体的偏见的预期都依赖于群体成员身份的突显性以及个体是否被看作典型的群体成员（Tropp & Pettigrew, 2005b）。

　　遭受偏见会使人们感到焦虑和敌对，这是可以理解的（Branscombe, Schmitt,

& Harvey, 1999; Dion & Earn, 1975; Tropp, 2003）。无论如何，比起性别歧视或年龄歧视，接触在种族偏见中是一个更加引人注目的问题，因为人们更容易因种族而隔离，而不是性别或年龄。我们将在下面的部分谈到这些偏见的不同特征。

性别偏见

与种族偏见不同，性别偏见相对更晚才引起社会心理学家的兴趣（Deaux & LaFrance, 1998; Spence, Deaux, & Helmreich, 1985）。这几十年关于性别的研究反映出美国文化（可能也包括大多数发达国家的文化）的三个方面：性别两极化，性别被划分为类别而不是重叠的连续体；大男子主义，将男性作为中性规范；生物本质主义，更关注遗传倾向而不是社会化（Bem, 1993）。尽管所有这些特征也存在于种族问题中，但它们在性别偏见中有不同的形式。下面我们将看到性别偏见的显著特征及其与认知的相互作用，本节将依次探讨：（a）男性和女性的异性相互依赖与社会中的男性权力之间的独特结构关系；（b）由此产生的混合的、规范性的刻板印象和充满矛盾的偏见；（c）性别偏见的生物和社会基础。

亲密的相互依赖与男性地位

与种族间接触的严重隔离不同，男性和女性之间有很多自然的接触，而且是最亲密的接触。据我们所知，目前还没有人提出通过增加群体间接触来克服性别偏见。当然，只有地位平等的群体间接触才能减少偏见，但是性别通常是不平等的。性别作为一种群体间界限的独特性在于，每个内群体比任何其他社会群体都更需要外群体。我们无法很好地用经典的鲍格达斯社会距离量表（Bogardus, 1933）来测量这个奇怪的内—外群体关系，其中允许外群体进入自己的国家反映了表面的接纳，而允许外群体成员通过婚姻进入自己的家庭反映了亲密的接纳。当然，男性和女性都会支持所有层次的社会互动。从这个角度来说，男性和女性是完全接纳对方群体的。男女的相互依赖也是生活中一个美妙的事实。

与此同时，每一种文化都显示出男性的地位：就社会整体而言，男性比女性占主导地位，在企业和政府中拥有更多的权力，并且在发展性指标如教育、健康和读写能力等方面得分更高（United Nations Entity, 2012）。即使在美国，女性的收入也远远低于同等条件的男性（82%）（United States Department of Labor, 2012），并且在双职工家庭中，女性是"双班制"——除了正常的工作时间，还有比男性更长的做家务时间（Business and Professional Women's Foundation, 2005; Crosby, 1991; Deutsch, 1999）。相比男性当家的家庭，女性当家的家庭（即使没有孩子）更可能陷入贫困。女性被男性伤害和杀害的情况远比男性被女性伤害和杀害的情况更常见。女性胎儿更可能被堕胎，并且女婴更可能在出生时被杀死。从社会认知的角度来说，值得注意的是，亲密性和地位差异的结合创造了性别偏见的认知背景。

当传统的男女地位反转时（比如当女性在传统上由男性主导的领域担当领导角色时），保持男性优势地位和获得与异性的亲密关系这两种期望之间便会产生较大冲突。女性领导者提供了一个研究性别—角色紧张关系的案例，这种紧张既表现在认知上也表现在情感上。人们所期望的领导者角色与女性角色之间的不一致表明：（a）女性将更难成为领导，因为她们更少被视为潜在的领导者；（b）当她们成为领导者时，同样的领导行为在女性身上会比在男性身上得到更多的负性评价（Eagly & Karau, 2002）。

一系列引人注目的元分析支持了这种**角色一致性理论**（role congruity theory）。领导传统上是男性主导的领域（Koenig et al., 2011; 见表12.6），而且性别角色必定会体现在行为中（Eagly & Carli, 2007）。在领导的产生上，不论是在实验室还

表12.6 领导者刻板印象的男性化，来自对三个范式的元分析

范式	数据	结果
考虑管理者—考虑男性范式，比较对性别和领导者的刻板印象（Schein, 1973）	40个研究，51个效应	领导者与女性相似性 = 0.25 领导者与男性相似性 = 0.62
主体性—集体性范式，比较对领导者的主体性和集体性的刻板印象（Powell & Butterfield, 1979）	22个研究，47个效应	主体性 > 集体性
男性化—女性化范式，对领导者相关职业的刻板印象（Shinar, 1975）	7个研究，101个效应	更大程度的男性化

资料来源：Koenig et al. (2011)

是现场研究中，男性都更经常领导最初没有领导者的团队（Eagly & Karau, 1991），在不需要复杂社会互动的任务中尤其如此。然而，与性别角色一致，女性则更常成为人际方面的领导。与刻板印象不同的是，当女性领导某一组织时，她们在任务和人际取向上与男性没有差异。但是，她们的领导风格确实比男性更民主、更有参与性，更少采用专制型和指导型的领导风格（Eagly & Johnson, 1990）。此外，她们的表现与男性同样出色，尽管在男性化角色中或在男性主导的情境中表现不如男性（Eagly, Karau, & Makahijani, 1995）。与领导有效性的研究一致，当女性以刻板印象中的男性风格（尤其是指导型和专制型）或通常由男性主导的角色来领导时，她们会受到负性评价，尤其是来自男性的评价（Eagly, Makhijani, & Klonsky, 1992）。尽管存在这些障碍，女性从事管理的动机几乎与男性一样强（Eagly et al., 1994）。在一项研究中，内隐和外显的性别信念（将男性与高权威相联系，将女性与低权威相联系）分别与反对女性权威的内隐和外显偏见相关（Rudman & Kilianski, 2000）。因此，人们对性别的期望部分反映了统计学上的平均值（更多男性领导），但这些期望没有考虑到围绕这一平均值的变异，也没有认识到领导风格的细微差别，以及性别、行为和对角色不一致行为的负性评价之间的相互影响。

对性别和工作角色的期望之间的不一致无疑还发生于领导职位之外。女性和男性分别被划分到家庭主妇和职员角色中，这引导着性别刻板印象（Eagly & Steffen, 1984），既维持了亲密的相互依赖又保持了男性的优势地位。在工作中，关于职业的刻板印象体现在性别和声誉两个维度上（Glick, Wilk, & Perreault, 1995），并且这些意象反映了工作中真实存在的性别隔离（Cejka & Eagly, 1999）。从事非传统工作的女性可能会面临与女性领导者类似的偏见：难以获得工作和难以得到公正的评价。总的来说，这些研究涉及认知因素，例如角色期望、刻板印象、不一致性，这些因素影响态度（评价）以及更复杂的情感反应。

情绪混杂的规范性刻板印象和矛盾的偏见

针对不符合性别刻板印象的男性和女性的强烈反应表明，人们将性别偏见个人化，并且这些信念和情绪都切中要害。例如，当女性进行自我推销时，她们的能力评价可能获得了提高，但却失去了社会吸引力（可雇佣性），这是一种明显的反作用（Rudman, 1998）。当男性或女性通过不符合性别刻板印象的方式取得成功时，他们的竞争者会为了修复自尊而诋毁他们（Rudman & Fairchild, 2004）。这样的过程既维持了文化刻板印象又维护了个人价值。

因此，女性必须用"女性化"（**集体性**，communal）的热情软化她们"男性化"（**主体性**，agentic）的一面（Rudman & Glick, 1999, 2001）；安·霍普金斯在一家有权势的会计师事务所经历了惨痛的教训才明白这一点，而社会认知心理学家在美国最高法院对她的案件作出了解释（Fiske et al., 1991）。女性或许有理由认为男性化的举止会让她们失去与异性恋爱的机会（Rudman & Heppen, 2003）。关于女性集体性的规范可以说是在强化现状（Jackman, 1994; Ridgeway, 2001）。因为男性在性关系和家务上依赖女性，这让他们需要一个充满爱的、道德纯洁的伴侣，所以我们的社会一直强调女性热情的一面（Glick & Fiske, 2001）。人们对典型女性的刻板印象是多愁善感、迷信和情绪化；女性热情的一面符合**规范性**（prescriptive）理想形象，而多愁善感的一面只是一种**描述性刻板印象**（descriptive stereotype; Ruble & Ruble, 1982）。女性的刻板印象特质具有较少的经济价值，但却是形成亲密的相互依赖的重要基础。根据这些研究，偏离传统性别角色的女性可能会有失去相互依赖的异性亲密关系的风险。

相反，男性的刻板印象特质（主体性、能力）则具有更多的经济价值，并且强化男性的优势地位，因为女性传统上依靠男性获得经济保障和社会声望。在许多文化中，人们对典型男性的刻板印象是爱冒险、独立、坚强和主动；这个描述性刻板印象也符合规范性理想形象（Ruble & Ruble, 1982）。规范性刻板印象强化了异性间的相互依赖和男性在社会中的主导地位（Rudman & Glick, 2008）。

亲密的相互依赖和男性的优势地位共同导致了**矛盾的性别偏见**，其中包括对违反性别规范的女性的敌意和对维护规范的女性的善意（Glick & Fiske, 2001; 第 11 章）。善意的性别偏见（benevolent sexism, BS）和敌意的性别偏见（hostile sexism, HS）分别被比喻为"文化胡萝卜"和"文化大棒"。善意的性别偏见对符合传统性别角色的女性规定了一种受人珍爱但带有家长式作风的刻板印象，这些女性被喜爱但不被尊重，而敌意的性别偏见则是针对那些不符合传统角色的女性，她们被尊重但不被喜爱。与这些对矛盾的性别偏见的分析一致，在 19 个国家中，认可敌意的性别偏见的男性比女性多（Glick et al., 2000）。平均来说，男性也更认可善意的性别偏见，尽管差别更小；而在几个性别偏见最严重的国家，女性更认可善意的性别偏见。(在最糟糕的情况下，善意的性别偏见即使具有限制性，看起来也有可取之处。)

所有这些模式都符合这样一种观念，即通过禁止女性扮演非传统角色（敌意的性别偏见），男性的获益比女性多，因为这有助于保持男性传统的、更有权力的角色。相反，女性认可传统角色的规范（善意的性别偏见）比认可敌意的性别偏见损失更少。善意的性别偏见有一些益处（例如，骑士精神），而且女性并不总是视之为性别偏见（Barreto & Ellemers, 2005; Kilianski & Rudman, 1998），但是它确实会损害女性的表现（Dardenne, Dumont, & Bollier, 2007; Dumont, Sarlet, & Dardenne, 2010）。敌意的性别偏见与善意的性别偏见是相关的，但它们有着不同的含义。善意的性别偏见可以预测对传统女性的正性（可爱的、有道德的）刻板印象，而敌意的性别偏见可以预测对非传统女性的负性（冷酷的、不能信任的）刻板印象，这反映了性别偏见中的根本矛盾。

作为一个认知信念系统，矛盾的性别偏见会带来一些影响。女性和男性在某种程度上都认可这两种形式的性别偏见，而国家的平均值可以预测不同国家的联合国性别不平等指数。对男性的偏见也可以预测不同国家的性别不平等（Glick et al., 2004），可能是因为人们刻板地认为男性不如女性友好，但更有权力；实际上，男性被刻板地设计为支配者。不论目标是谁，性别偏见都不是一种简单的反感，它在本质上是一系列矛盾的、混合的情绪。

除了造成全国范围的性别不平等（如上所述，工资、教育、健康）外，性别偏见还会产生一系列人际影响。例如，性别偏见在日常生活中制造了很多麻烦。在一个日记研究中，女大学生每周报告了一到两次性别歧视事件（定义为刻板印象、偏见、有辱人格的评论、性客体化），这些事件破坏了她们的心理幸福感（Swim et al., 2001）。尽管女性大多不直接回应，但她们私下里为此烦恼（Swim & Hyers, 1999），这种担忧可能会给身心健康带来压力。

性别偏见的生物和社会基础

除了对异性间相互依赖和男性优势地位的社会结构性认识，以及由此产生的矛盾偏见之外，人们还对性别信念和感受之间的相互作用提出了生物—进化和文化方面的解释。特别是，已经有一些社会认知理论对行为和择偶偏好的性别差异为什么会出现以及如何转化成刻板印象和偏见提出了解释。以下是一些常识性的但具有争议性的事实，这些事实得到了性别差异的元分析的支持：女孩更努力地进行自我控制（抑制和知觉敏感性），而男孩则更活跃和热烈（Else-Quest et al., 2006）。男性在身体上比女性更有攻击性，而女性在社交上更有攻击性（Eagly & Steffen, 1986）。男性在英勇助人方面更胜一筹，而女性则更擅长用一种长期的、关爱的方式帮助他人（Eagly & Crowley, 1986）。如前所述，男性在任务导向的群体中更容易成为领导，而女性更可能成为社交性领导（Eagly & Karau, 1991）。女性通常会寻找年长的、地位更高的、更会赚钱的伴侣；男性则通常喜欢年轻的伴侣，对方不仅外表要有吸引力，还得是个好管家和厨师（Buss, 1989; Buss et al., 1990）。和大多数人一样，研究者也喜欢比较两性的不同（例如，见 Eagly & Wood, 1991）。

有些研究者喜欢从进化的角度来解释性别差异。比如，从**亲代投资模型**（parental investment models）得出的推论认为，由于怀孕和哺育，女性总是不得不在繁殖中投资更多，而男性只需很少的生物性投资（Trivers, 1985）。因此，在挑选伴侣方面，男性是多情的，而女性是挑剔的。男性追求生育能力强的女性以最大化自身的繁殖能力，而女性追求有资源的男性来确保她们繁殖成功（Buss, 1989; Buss & Schmitt, 1993）。女性确实比男性更看重社会阶层和进取心，而男性比女性更看重吸引力（Feingold, 1992）。这些进化解释很吸引人，因为它们简单并且明显依赖于生物学，不过检验这些理论假设却很复杂（Buss & Kenrick, 1998）。另外，与种族不同，我们很容易论证人类祖先生活的条件使得性别的自动感知具有适应性（Cosmides et al., 2003）。

另一些研究者则喜欢从社会文化角度来解释同样的差异。**社会角色理论**（social role theory）也探讨了社会行为中的性别差异。它始于男性和女性之间的劳动分工，这种分工既影响了性别角色期望，也引导了适合某一性别的技能和信念，这共同导致了行为上的性别差异（Eagly, 1987; Eagly & Wood, 1999）。例如，择偶偏好的跨文化差异与社会结构的文化差异（即性别不平等）是相关的。**生物社会取向**（biosocial approach）承认两性在平均体型和亲代投资上的生物学差异，也承认几乎具有普遍性但受文化调节的劳动分工。与进化理论不同的是，生物社会取向认为社会因素能解释大多数变异。这种取向也强调男性和女性共同为育儿和赚钱作出了巨大贡献（Wood & Eagly, 2002）。

对性别认知和偏见的最全面的解释需要将各种生物社会取向的观点整合起来。

说到底，性别之间的相似性大于差异性，并且大多数差异都很小（Hyde, 2005）。例如，在择偶偏好方面，37种文化中的人对未来伴侣的首要期望都是善良、聪明以及社交技能（Buss, 1989）。生物和文化因素都对行为的性别差异产生了影响，并且都能解释性别刻板印象和偏见。

年龄偏见

这一节将探讨对老年人的偏见。（年龄偏见也包括对儿童的偏见，但是涉及这个问题的研究很少。）尽管许多负面形容词是对老年人的刻板印象（元分析见Kite & Johnson, 1988），但年龄污名是混合的，正如性别一样（Richeson & Shelton, 2006）。根据普遍的刻板印象，如果女性是柔弱而美好的，男性是粗鲁而英勇的，那么老年人则是衰弱而可爱的。一般来说，对老年人的偏见主要是怜悯和同情（Cuddy, Norton, & Fiske, 2005）。这种家长式作风通常是保留给那些非因自身过错却承受负性结果的群体（Fiske et al., 2002）。一般来说，人们对老年人的看法是一种既傲慢又怜悯的矛盾组合。或许也有尊重老年人的文化，但在一些西方和东方文化中，老年人是被怜悯的（Cuddy, Fiske, Kwan, et al., 2009）。

不过，不同年龄段的老年人有不同的形象。老年人主要被区分为年轻的老年人（55~75岁）和年老的老年人（75岁及以上）；对老年人的偏见从后者蔓延到前者（Neugarten, 1974; North & Fiske, 2013）。与种族和性别类别一样，老年人的子类别包含相对被尊重、被讨厌和无害的老年人子群体（Brewer, Dull, & Lui, 1981; Hummert et al., 1994, 1995）。这些不同的子群体形象在效价、活力和成熟度上存在差异（Hummert et al., 1994; Knox, Gekoski, & Kelly, 1995），而外貌提供了这种差异的线索（Hummert, 1994），并且是相对自动化的（Hummert et al., 2002）。与性别和种族一样，年龄也是人们最快感知的特征之一（Fiske, 1998）。

年龄歧视在几个方面是独特的。与性别一样，家庭中会有不同年龄的人，而与种族相同的是，不同的年龄群体生活在隔离的环境中。与种族或性别不同，年龄歧视中的群体边界是弹性的，大多数人都希望有生之年能跨过这个边界，但同时人们也恐惧它所隐含的死亡威胁。人们（尤其是年轻人）在对老年人作出反应时会对资源（适当的继承、共同的消费以及独立的身份）和规范性刻板印象结果有所顾虑（North & Fiske, 2013）。

弹性的界限

　　与性别和种族不同，人们抗拒自己老年人的身份。不同之处当然在于，性别和种族通常在出生时就确定了，而年龄却是随时间逐渐增长的。随着年龄的增长，人们不一定会内化年龄的负性刻板印象（两种不同的观点见 Levy & Langer, 1994; Zebrowitz, 2003）。老年人被认为在社交、认知和身体上都是缺乏能力的（例如，Pasupathi, Carstensen, & Tsai, 1995; 综述见 Nelson, 2002; North & Fiske, 2012; Richeson & Shelton, 2006），所以人们不愿相信自己"老了"。实际上，尽管人们会承认自己的客观年龄，但他们对"年老"的界限却随着自己接近这个界限而不断被推后（Seccombe & Ishii-Kuntz, 1991）。当人们拒绝成为老年人外群体的一员时，他们实际上是在重新设定老年人群体的弹性界限。相比与老年人相关的刻板印象词汇，老年人会更快地将自我和与年轻人相关的刻板印象词汇联系起来（Hummert et al., 2002）。

　　老年人重新设定弹性的年龄界限是明智的，因为年轻的同一性与良好的身心健康有关，甚至与长寿有关（Hummert et al., 2002; Levy et al., 2002; Tuckman & Lavell, 1957）。积极心态与健康之间相关的因果关系可能是双向的，有启动研究表明刻板印象本身会损害一个人的健康和任务表现。例如，即使在阈下启动年龄的刻板印象，也会增强老年人在面对数学和语言任务的短时压力时的心血管和皮肤电反应（Levy et al., 2000）。对衰老的负性自我刻板印象损害了老年人的记忆表现、自我效能甚至是生存意志（Levy, Ashman, & Dror, 1999~2000）；这些不良影响不只是老年人行为本身启动的，因为它们不会影响年轻人，同时对衰老的正性刻板印象也不会对老年人造成损害。

　　习得的文化信念会影响年龄刻板印象带来的利弊。例如，中国的老年参与者以及美国的老年聋人参与者（可能更少接触负性的年龄刻板印象）都比听力正常的美国老年参与者表现更好（Levy & Langer, 1994），而类似的年轻人样本并没有表现出这种文化差异。在美国主流文化中，"政治正确"并不适用于年龄歧视，但适用于性别歧视尤其是种族歧视（Levy & Banaji, 2002），所以人们也不会像抑制其他刻板印象那样去抑制年龄刻板印象。因此，当人们最终进入老年人这一受到贬损的类别时，他们也就没有什么认知防御资源来缓冲伤害。

死亡和恐惧管理

老年人需要一些缓冲机制，因为衰老的刻板印象与死亡有独特的联系。年轻人可能对老年人抱有负性的刻板印象，以疏远和保护自己（Snyder & Miene, 1994）。**恐惧管理理论**（第 11 章）关注人们如何应对知晓自己终将死亡的现实，所以它可被很好地应用于年龄刻板印象和死亡突显性（Greenberg, Schimel, & Mertens, 2002）。恐惧管理理论认为人们对其文化世界观的信仰比他们自身更长久，从而缓解了个人死亡的确定性所带来的威胁。人们希望自己的内群体价值观将持续存在。因为外群体成员往往持有不同的（因而也是挑战性的）世界观，所以会破坏文化世界观的缓冲作用。因此，根据恐惧管理理论，当人们被提醒自己的必死性时，他们会诋毁外群体。人们可能会认为老年人是这一趋势的例外，因为在大多数文化中，老年人恰恰代表了那些令人舒适的、熟悉的、传统的世界观。然而，如果老年人的世界观是过时的、造成阻碍的，那么他们的传统世界观也可能带来威胁。无论如何，老年人所带来的更本质的威胁仅仅是他们的存在——他们会提醒每个人未来自己必将衰亡的命运。

恐惧管理理论指出了人们应对老年人带来的死亡突显性的各种防御机制：物理隔离，很多高龄的老年人被安置到养老机构中；心理隔离，通过称呼和刻板印象来实现。根据恐惧管理理论的预测，如果这些疏远措施失败，与老年人接触可能会激发人们一系列的防御过程：补偿性地建立自尊，认可自己一直持有的文化世界观，贬损外群体和偏爱内群体。恐惧管理理论的机制本质上是情绪偏见，但对于年龄偏见，这方面还需更清晰的实证研究来证明。

性取向偏见

对男同性恋者和女同性恋者的偏见（被称为异性恋主义、恐同症和性取向偏见）与其他偏见至少主要有三个方面的不同。第一，性取向不像种族、性别和年龄那样明显地传达出来，所以性少数者通常会控制透露自己身份的程度。第二，在已讨论的偏见中，性取向偏见是最普遍的。第三，尽管对种族、性别和年龄来说，认为"生物基础决定命运"的人往往带有偏见，然而在当代美国社会中，认为同性恋是由生物基础决定的人往往对同性恋更加包容（Hegarty, 2002）。最后，异性恋主义比性别歧视更容易引发争议，因为不是所有人都认为异性恋主义是一个问题。出于上述原因，也因为对该主题的社会心理学研究才刚刚起步（Herek, 2000），我们对这些问题的讨论会相对简短。

一些最早的反同性恋偏见研究利用了其不可见、隐藏的身份特性。早期研究会告诉参与者另一个参与者是同性恋，并记录该参与者的自我报告和非言语反应（例如，Farina, Allen & Saul, 1968）。这些反应都是一致负性的。因此，很多早期研究记录了男女同性恋者管理自己身份的策略（Goffman, 1963）。这里的两个假设——个体可以自由操控外在的性取向，以及同性恋者最主要的担忧是污名管理问题——都引发了伦理问题。（把一个异性恋者设定为同性恋者的实验与实际情况有可比性吗？在研究中给异性恋者贴上同性恋者的标签或者给同性恋者贴上异性恋者的标签合适吗？性取向偏见真正的主要问题是性少数者的污名管理还是旁观者的偏见？）近期的一些研究通过调查问卷来记录人们的态度，从而避免了这些伦理问题。

反同性恋的态度是最负面的偏见之一（Herek & McLemore, 2013; Yang, 1997），并且大多数美国成年人都持有这种偏见（Herek & Capitanio, 1997）。女性的偏见少于男性，女同性恋者也比男同性恋者更少面临偏见（Herek, 2002）。不同于其他偏见，性取向偏见主要引起的是厌恶，这是一种指向人类和非人类物体的情绪（Herek & Capitanio, 1999）。

五分之一的女同性恋者和四分之一的男同性恋者遭受了仇恨犯罪，相比其他犯罪的受害者，这些犯罪导致同性恋者产生了更多的抑郁、愤怒、焦虑和压力（Herek, Gillis, & Cogan, 1999）。与针对异性恋女性和老年人的暴力相比，性取向偏见引发了针对男女同性恋者的更明确的仇恨犯罪暴力。女性和老年人群体也面临虐待和暴力，但这并没有那么明显地针对他们所属的社会类别本身。对女性和老年人而言，更常出现的是起因复杂的亲密暴力。像所有普通的外群体一样，男女同性恋者每天都要经历偏见的困扰，这会损害他们的身心健康（Swim, Pearson, & Johnston, 2006）。

总　结

　　本章描述了情绪偏见及其与认知基础之间的相互作用。近期的几个理论描述了感知者基于对特定外群体的信念而产生的针对这些外群体的特定情绪。刻板印象内容模型预测了源于刻板印象的各种情绪偏见，而刻板印象本身则是由群体间的地位差异和竞争关系造成的。群体间情绪理论根据感知者对外群体威胁的评估预测出不同的情绪偏见。意象理论考察了群体间的结构关系，并假定了外群体意象的类型和相关的情绪。生物文化取向预测了影响群体完整性的不同威胁，以及为保护群体而进化出的情绪反应。所有这些理论都假定群体间行为起源于对外群体的情绪偏见。还有一些理论聚焦于群体间接触中具体的焦虑和内疚情绪。

　　考虑到特定的内群体—外群体偏见反映不同群体的独特处境这一观点的重要性，本章考察了四种具体的偏见类型。首先，反黑人的种族偏见是独特的，因为在当代社会中，它比性别歧视和年龄歧视承载了更多的情绪。种族歧视也比其他偏见更令持有者厌恶，人们甚至否认自己持有这种态度。尽管人们用生物学理论来解释种族问题，但许多证据支持种族偏见的社会认知建构解释。最后，相比其他外群体，美国黑人受到的社会隔离程度更严重，所以群体间接触十分有限，因而超越种族偏见的前景不甚乐观。

　　性别偏见的独特性在于它把男性群体的优势地位与两个群体的相互依赖结合在一起。其结果是混合了正性和负性情绪的矛盾的规范性刻板印象，共同维持着现状。生物进化和社会角色理论都能解释强化现有安排的偏见。

　　年龄偏见的独特性在于其目标是移动的，因为人们既渴望又害怕加入这一外群体类别。就此而言，年龄偏见还涉及死亡和情感疏远的问题，以及因人类世代之间的相互依赖而导致的规范性刻板印象。最后，性取向偏见的目标是一种可隐藏的污名，但性取向偏见广泛存在，同时具有争议性，引起了各方的强烈反应。我们接下来将转向关于情感与认知相互作用的一般性理论。

延伸阅读

Bodenhausen, G. V., & Peery, D. (2009). Social categorization and stereotyping *in vivo*: The VUCA challenge. *Social and Personality Psychology Compass*, 3(2), 133–151.

Dovidio, J. F., & Gaertner, S. L. (2010). Intergroup bias. In S. T. Fiske, D. T. Gilbert, & G. Lindzey (Eds.), *Handbook of social psychology* (5th edn, Vol. 2, pp. 1084–1121). Hoboken, NJ: Wiley.

Eagly, A. H., & Carli, L. L. (2007). *Through the labyrinth: The truth about how women become leaders*. Boston, MA: Harvard Business School Press.

Fiske, S. T. (2011). *Envy up, scorn down: How status divides us*. New York: Russell Sage Foundation.

Herek, G. M., & McLemore, K. (2013). Sexual prejudice. *Annual Review of Psychology*.

North, M. S., & Fiske, S. T. (2012). An inconvenienced youth: Ageism and its potential intergenerational roots. *Psychological Bulletin*.

Ziv, T., & Banaji, M. R. (2012). Perceptions and preferences of social groups in the early years of life. In S. T. Fiske & C. N. Macrae (Eds.), *Sage handbook of social cognition* (pp. 372–389). Thousand Oaks, CA: Sage.

第三编

超越社会认知：情感和行为

第 13 章

从社会认知到情感

- 区分情感、偏好、评价、态度、心境和情绪
- 早期理论
- 情绪的生理学理论
- 情感的社会认知基础

长期以来，情绪研究一直在努力探究认知过程在情感中的作用（Cacioppo & Gardner, 1999; M.S. Clark & Fiske, 1982; V. Hamilton, Bower, & Frijda, 1988; Mesquita, Marinetti, & Delvaux, 2012; P. Shaver, 1984; Zajonc, 1998）。这里我们特别关注两个问题——认知对情感的影响以及情感对认知的影响，当然，前提是两者可被有效地分离。然而，这种分离并非一贯如此。例如，在人们的亲身经历中，情感和认知常以混合的方式同时出现，更别提神经科学的证据。为便于分析，本章和下一章将情感与认知分开，考察它们的相互影响，但请注意这种分离其实并不真实。

最后一点忠告：情感领域，以及情感与认知领域也同样，催生了一大批百科全书式的理论，有些已经过数据的检验，而另一些仍有待检验。这不可避免地使不同理论有着截然不同的科学地位，但也给锐意进取的研究者带来了机会。此外，光是这些没有关联的理论的数量就向每一位初学者（甚至是经验丰富的情感研究

者）提出了挑战。只要有可能，我们就会整理并比较不同的理论，但读者要清楚，理论的综述难免像一长串的细目清单，因为文献会提出各种不相关且通常未经检验的解释。

区分情感、偏好、评价、态度、心境和情绪

情感及相关概念

给术语下定义迫使我们深入思考日常用语中宽泛地使用的情感类词语的含义（参见 J. D. Mayer, 1986; H. A. Simon, 1982）。**情感**（affect）是泛指各种各样的偏好、评价、心境和情绪的通用术语。**偏好**（preferences）包括基本愉悦或不悦的相对温和的主观反应。社会心理学家最常研究的偏好是人际评价，即对他人简单的积极和消极反应，如吸引、喜爱、偏见等等。这些积极和消极的评价在社会交往中的重要性显而易见，它们告诉我们应该接近和避开什么人。这种**评价**（evaluations）也可以指向物体，我们已经将其作为"态度"讨论过。

偏好和评价可以与**心境**（mood）区分开，心境作为情感，目标并没有那么具体。个体可以对某个人持有一种评价性的反应，但通常不会对某个人产生某种心境。心境会影响一系列的社会认知与行为。与偏好及评价一样，心境主要被简单地分为积极的或消极的。偏好、评价和心境通常不是转瞬即逝的体验，而是往往会持续一段时间。

简单的积极和消极反应并不能涵盖情感的所有强度和复杂性。假设我们只能说"我现在感觉良好（或糟糕）"或"我对你持积极（或消极）态度"，那么我们的世界将多么有限。更精准的词汇能区分兴高采烈和满足，悲伤和愤怒。例如，我们认识的一个人坚持认为，情绪耗竭有十几种不同的状态：累、疲劳、困倦、筋疲力尽、疲惫、精疲力竭、耗竭、用尽了气力、虚弱、无力、空白、麻木、精神恍惚、空虚。并非每个人都如此敏感，但大部分人都需三四个以上的词汇来描述我们的情感反应。**情绪**（emotion）指的是情感的这种复杂分类，它不只限于感觉的好坏，还包括高兴、平静、愤怒、悲伤、恐惧等等。情绪也隐含带有身体表现的强烈感受，包括生理唤醒。情绪的持续时间长短不一，但一般不会像偏好和

评价那样长时间持续。

区分积极反应与消极反应

如何描述纷繁的情感反应是心理学中一个长期存在的问题（Barrett, 2009a, 2009b; Cacioppo & Gardner, 1999; Davitz, 1970; Ekman, 1984; Green, Salovey, & Truax, 1999; Plutchik, 1980; Schlosberg, 1954; Wundt, 1897）。情感可用反复出现于情绪结构分析中的两种方式中的一种来描述。第一种结构强调**两极性**（bipolar）（正—负）评价，与唤醒程度相交叉。这种两极结构最适合接近（如消费）或逃避（如远离某个威胁）的行为反应（Cacioppo & Gardner, 1999）。大多数情况下，行为反应受限于生理，一般要么是正的，要么是负的。

这种两极结构有时出现在关于情绪的口头报告或分类中。如图13.1 实线所示，两个常见的维度是愉悦和不愉悦以及高唤醒和低唤醒（卷入度）（Barrett & Russell, 1999; Russell, 2003）。当人们描述他们即时的感受，或根据情绪词的相似性对其进行分类时，这两个维度总会出现。因此，一个人也许会说，自己感到满足、高兴和愉快，但不太可能同时说，自己感到忧郁、不悦和孤独，因为这些词汇在同一维度相反的两端。同样，一个人可以说，自己感到兴奋（唤醒）、震惊和惊讶，但不能同时感到安宁、安静和平静。显然，人们对情绪的常识理论基于他们任何既定时刻的感受。在这个短期框架中，个体感觉越好，就越少感觉糟糕，当情绪强烈（Diener & Iran-Nejad, 1986）或简单时尤其如此，但个体感觉的唤醒程度则是另一回事。个体既可以在唤醒时感到愉悦或不愉悦，也可以在平静时感到愉悦或不愉悦。如前文所述，行为反应尤其反映这种积极—消极的两极性（Cacioppo & Gardner, 1999）。

相形之下，设想人们被问及某段时间的情绪体验。例如，让人们回顾他们在过去一年中总体的生活满意度及感受，他们在亲密关系中的感受，甚至在整个竞选期间他们对总统候选人的情绪反应（例如，Abelson et al., 1982; Bradburn & Caplovitz, 1965; Marcus & Mackuen, 1999; 综述见 Barrett et al., 2007; Cacioppo & Gardner, 1999; Diener, 1984; Izard, 2009; Keltner & Lerner, 2010; Mesquita, Marinetti, & Delvaux, 2012; Niedenthal & Brauer, 2012; Watson & Tellegen, 1985）。在较长的时间框架中，人们对积极和消极情感的报告竟然是独立的。也就是说，随着时间

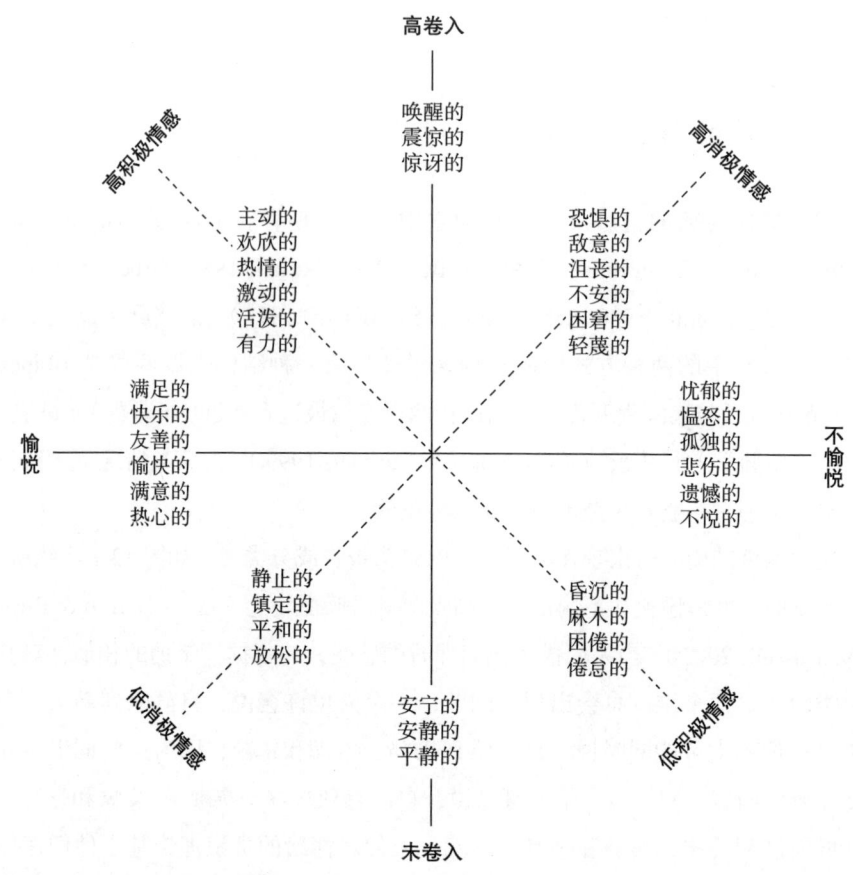

图 13.1 情感结构的两因素模型
资料来源：Watson & Tellegen (1985)

的推移，人们是否感到苦恼、恐惧或敌意与他们是否在另一些时候感到兴高采烈、充满激情和兴奋是无关的（Diener & Emmons, 1984）。随着时间的推移，对于那些不太强烈或较为复杂的情绪，我们可以看到一种情感结构：如果将图 13.1 旋转 45°，将"高积极情感"置于顶部，这种结构也很明显。在某些情况下，人们可以感受到或多或少的"纯粹"的积极情感，而这与人们是否也感受到或多或少的"纯粹"的消极情感没有多大关系。简言之，在某些情况下，人们可以感到既高兴又悲伤，回顾一段复杂的经历时尤其如此（Larsen, McGraw, & Cacioppo, 2001）。这被称为**双效价**（bivalent）（两个独立的效价）结构。

此外，这个双效价结构（分离的、不相关的、独立运作的积极和消极维度）

并不局限于自我报告的长期经历,其背后的心理生理机制反映了独立的积极和消极系统(Cacioppo & Berntson, 1999;见有关这些理论的小节)。

人们的情绪报告有多个信息来源:经验知识、情景记忆、情境特异性信念以及身份相关信念(Robinson & Clore, 2002a)。人们将这些信息源排出优先顺序,并偏爱最具体的信息源。人们还运用不同的加工过程来报告当前或近期的情绪以及过去总体的情绪模式(Robinson & Clore, 2002b)。

时间框架、强度和复杂性似乎共同决定了这两种结构中哪一种更适合描述人们的情绪体验。强烈、简单和短期的情绪在愉悦与不愉悦的情绪之间表现出负相关(即反向关系),因此适合两极的正—负结构。但对复杂、可能不太强烈的情绪体验的长期概括则并未体现出积极与消极情绪的相关性,因此更适合双效价或双变量、独立变量的结构。然而,在这两种情况下,二维结构都捕捉到了对情绪结构最一致的理解。

积极情绪和消极情绪的运作方式不同。积极情绪相对有限但更为普遍;消极信息则特别能吸引人的注意力,部分原因在于它们如此稀少(见第3章)。人们主要期望和体验到的是稍积极的结果,因此他们的基线是稍积极的;心理的中间点不是零点而是略多于零。这代表了一种**积极偏移**(positivity offset)、**盲目乐观效应**(Pollyanna effect)或**积极偏差**(positivity bias)(Cacioppo & Gardner, 1999; Matlin & Stang, 1978; Sears, 1983)。消极结果会吸引更多的注意力和资源以应对威胁。这代表了一种消极偏差,即人们被调动起来以应对挑战和降低威胁,随后恢复到略微积极的平衡状态(Cacioppo & Gardner, 1999; Fiske, 1980; Taylor, 1991)。

积极情绪和消极情绪不仅在运作特征上存在差异,而且这两种效价在复杂度上也不同。当我们单独分析消极情绪和积极情绪时,前者似乎比后者有着更复杂的维度结构(Averill, 1980; Ellsworth & Smith, 1988a, 1988b)。请思考一下愤怒、悲伤、恐惧、厌恶、焦虑、羞耻和憎恨之间的差异。相形之下,爱、宁静、骄傲和喜悦似乎更为相似。消极情绪在人的能动性和情境控制的程度上存在差异。例如,如果行动者是自己而非他人,个体会为过错感到更内疚(我感到的责任越大,就越内疚);而愤怒则相反(我感到的责任越大,我就越少对他人产生愤怒;Ellsworth & Smith, 1988a)。与积极情绪相比,消极情绪可能在确定性、注意和期望努力的程度上也存在差异。积极情绪确实存在维度结构,但通常更为简单(Argyle & Crossland, 1987; Ellsworth & Smith, 1988b)。

如何定义基本情绪

情绪的维度分析非常有用，但我们如何判断什么是情绪，什么不是？疼痛是一种情绪吗？疏离感、敬畏、挑战或者惊吓是情绪吗？没有简单的公式能确定基本情绪，甚至基本情绪是否真的存在（Barrett et al., 2007; Ortony & Tuner, 1990; Russell, 2003）。因此，理论家侧重于用另一种方式来描述情绪概念。如果我们不要求给情绪下一个经典的定义，即有着充分及必要的定义性特征，那么判断某反应是不是一种情绪则简单得多。根据类别的**原型**观点（第4章），类别下的成员是一个程度问题，而不是全或无的问题。有些状态更明显是情绪（如开心、愤怒、悲伤、爱、恐惧、憎恨）；在列举情绪时，人们很容易想起它们；它们更可能被标记为情绪；能与其他情绪一样适用于相同的语境（"他被_____冲昏了头脑"）。另外，更好的情绪例子与类别中的其他原型组成部分有着许多共同特征（心率上升、出汗、过度关注、流泪；Fehr & Russell, 1984）。

原型还有助于定义特定情绪的含义，而僵化的定义并不能完全捕捉到这些含义。爱、愤怒或者恐惧究竟是什么？按照这一观点，人们对特定情绪的面部表情（如愤怒或恐惧）的分类，反映的是它们匹配的程度，而不是非此即彼的判断（Russell & Bullock, 1985, 1986; Russell & Fehr, 1987; 不同观点见 Ekman & O'Sullivan, 1988 对 Russell & Fehr, 1988）。然而，这种原型过程可能主要用于识别情绪，而关于情绪概念的常人理论则能帮助人们对情绪进行推理（Clore & Ortony, 1991）。

以几个备选的核心情绪（爱、快乐、愤怒、悲伤、恐惧）为例，人们可以确定原型情绪片段，这些片段以**脚本**（scripts）的形式，从诱发情绪的事件评价开始，

概念：
评价事件 → 情绪 → 表情、　　　行动倾向、　　主观感受、　　生理状态

例子：
期望的结果、
成就、
尊重、表扬 → 原型的快乐 → 微笑；　表达热情；　　感到积极；　　有活力的、兴奋的、
　　　　　　　　　　　　　　　　　追求他人　　　　　　　　　　　活泼的

图 13.2　**情绪脚本**

随后是表情、行动倾向、主观感受和生理状态（P. Shaver et al., 1987; 图 13.2）。此处的要点是，人们设想了一种快乐的原型体验，这样一个好的例子包含所有这些要素，而不太好的例子只包含其中一部分，但依旧可能被归类为快乐。研究者也对爱和承诺（Fehr, 1988）以及孤独（Horowitz, de Sales French, & Anderson, 1982; Cacioppo & Patrick, 2008）的原型进行了深度分析。

更概括地说，人们对特定情绪中发生的典型生理变化拥有**图式**（schemas），而且这些图式具有跨文化的相似性（Rimé, Philippot, & Cisamolo, 1990）。人们也有猜测他人情感反应的规则（Karniol, 1986）。在所有这些工作中，我们尚不能确定的是，究竟是共同的个人体验导致共同的原型，还是文化将特定的体验定义为特定的情绪，个体随后再将其演绎成情绪。也就是说，个体的情绪原型与文化期望之间的因果关系方向尚不明确。

一种观点拥护情绪的文化决定论，认为情绪本质上是由文化定义的。这种关于情绪的**社会建构主义观点**（social constructionist view）认为，情绪是一种短暂的社会角色，在同一文化的成员中以认知方式表现出来，就像围绕某一核心（或原型）主题的若干变式（例如，Averill, 1983, 1990c; 表 13.1）。因此，情绪需要一个连贯的、有组织的反应综合体（Averill, 1990b; 参见 de Rivera, 1984; de Rivera & Grinkis, 1986），即在一系列模糊的相关反应中识别情绪的一整套特征性反应，就像用原型特征在具体例子或一般情绪中辨别情绪一样。在心理层面，人们从情绪元体验中构建自己的情绪（Russell, 2003）。也就是说，他们将自己意识到的体

表 13.1　情绪的社会建构主义观点

情绪
（a）由文化脚本设定的社会规则组成；
（b）是重要的人际现象，与其他"演员"交织，同为更大"戏剧"的一部分；
（c）是赋予它们涵义的文化故事或"情节"的一部分；
（d）个体作为行动者参与时涉及选择；
（e）需要训练以便娴熟地表演；
（f）需要认同角色以体验情绪强度；
（g）包含对角色的解释，因为角色要适应更大的社会背景。

资料来源：Averill (1990c)

验——感觉、愉悦、唤醒、行为、认知和对情绪对象的评价——的特征整合到一起。其结果是标签化的情绪，但它是变化的，很少有任何特定情绪（如愤怒）的纯粹实例发生。有些特征出现了，有些则没有，人们根据积累的连贯特征为情绪贴标签。

把所有这些定义应用到本章剩余部分时有一点需要注意：本领域的研究者们对这些区分大多并未达成一致意见。事实上，颇具讽刺意味的是，一些关于情感的最好的实证研究与最好的情感概念梳理没什么关系。

早期理论

情感与认知的关系问题由来已久。早在一个世纪以前，威廉·詹姆士（James, 1890, 1983）就提出，**自主神经**（autonomic）反馈（心率、胃紧张）和肌肉反馈（姿势、面部表情）的感觉本身构成了情绪。同期，卡尔·兰格（Lange, 1885, 1922）也提出了一种相似的理论。根据**詹姆士—兰格观点**（James-Lange view），每种情绪所独有的生理模式向我们揭示着我们的感受。詹姆士认为，当我们在丛林中看见一头熊时，我们会恐惧是因为我们颤抖并逃跑：身体反应引发情绪。詹姆士—兰格的情绪理论降低了认知或心理活动作为情绪唯一基础的作用。类似地，达尔文（Darwin, 1872）也提出，相关的肌肉活动可以加强或抑制情绪。

几十年后，詹姆士—兰格理论受到了沃特·坎农（Cannon, 1927）观点的挑战。坎农认为，内脏感觉过于弥散，难以解释所有不同的情绪，并且自主系统的反应过于缓慢，无法解释情绪反应的速度。在这一批判之后，许多心理学家认为，生理变化对情绪的贡献只限于弥散性唤醒，不包括身体感觉的特定模式。然而即便我们暂时假定这种无差异的唤醒观点为真，一个基本的问题仍有待解决：如果唤醒是弥散性的，只是从高到低，那么我们怎么解释情绪体验的丰富多彩呢？一组答案与生理有关，另一组答案与认知有关。

情绪的生理学理论

生理机能或许依然是情绪体验丰富性的来源。一些非认知的情绪理论提出了与认知理论相反的观点。

面部反馈理论

最初的**面部反馈假说**（facial feedback hypothesis）认为，情绪事件会直接触发特定的先天肌肉结构，并且我们只有在得到面部的反馈之后才能意识到自己的感受（Tomkins, 1962; 参见 Gellhorn, 1964）。请注意这种观点与詹姆士—兰格理论是多么兼容，但不必假设唤醒是快速的且有区别，只要面部反应如此即可。根据面部反馈理论，发展与教养限制了人们所用表情的范围，因而也影响了他们所能感受的情绪的范围（Izard, 1972, 1977）。经年累月，基于社会允许他们用以表达情绪的面部肌肉活动，人们建立起一个情绪库。尽管存在变式，该理论的核心假设是，来自面部表情的反馈会影响情绪体验和行为（Buck, 1980; Winton, 1986）。

不幸的是，支持这一有趣想法的证据仅限于愉悦和不悦的体验，或许也包括唤醒。面部表情反映了情绪的两个基本维度：愉悦度和强度（Schlosberg, 1954）。此外，面部表情与情绪的其他生理反应也有关系。一个人面部表情的愉悦度（由观察者在这个人观看诱发情绪的图片时评定）与心率（极端愉悦时心跳加速，极端不悦时心跳减速；Winton, Putnam, & Krauss, 1984）直接相关，而且评定的表情强度与**皮肤电传导**（skin conductance）（即排汗量的微小差异）有关。面部表情、心率和皮肤电传导背后的本能反应与情绪的基本维度相关（Winton et al., 1984），它们是生理反应集成结构的组成部分（参见 Ekman, Levenson, & Friesen, 1983; McCaul, Holmes, & Solomon, 1982; Zuckerman et al., 1981）。的确，面孔可靠地反映了情绪的愉悦度和强度这两个维度，甚至在观察者看不到明显的表情时也是如此。也就是说，贴在面部的电极可以监测到细微的肌肉活动（**肌电图**），这些肌肉活动往往太微小或转瞬即逝，以至于难以察觉，它们与明显的面部表情所使用的肌肉是一致的，反映了情绪的两个基本维度（Cacioppo et al., 1986）。例如，微笑时收缩的下脸颊肌肉**颧大肌**（zygomaticus major）以及皱眉时收缩的眉间肌肉**皱眉肌**（corrugator supercilii）分别标示了对具有情绪内容的图片、声音和词语的积极或消极反应（Larsen, Norris, & Cacioppo, 2003）。

面部表情的确会直接影响人们报告的心境、情绪和评价（Laird, 1984）。在一个典型的实验范式中，诱导参与者做出积极的或消极的面部表情（如微笑、皱眉），但没有给它们贴上这样的标签。例如，一个实验要求参与者逐一收缩并保持相关肌肉的位置，以进行所谓的肌电图记录，直到他们不经意地做出某个面部表情（Laird, 1974）。在另一个实验中，实验者声称要研究残疾人士的身体应对策略，要求参与者用牙齿咬住一支钢笔，但不能碰到嘴唇，这就模拟了微笑的表情（Strack, Martin, & Stepper, 1988）。参与者随后对漫画有趣程度进行评分，结果显示，相比于抑制微笑的条件，参与者在人为维持微笑表情的条件下觉得漫画更有趣（另见 Flack, 2006; Ito et al., 2006; Lanzetta et al., 1976; Rhodewalt & Corner, 1979; Zuckerman et al., 1981）。

单纯的面部反馈假说是有争议的。不同研究得出的效应似乎都很小（Matsumoto, 1987）。此外，一些研究者无法重复出做面部表情能改变情绪的实验结果（Buck, 1998; Ellsworth & Tourangeau, 1981; Tourangeau & Ellsworth, 1979; 不同观点见 Hager & Ekman, 1981; Izard, 1981; Tomkins, 1981）。也许仅仅告诉人们夸大他们自发的面部表情的确能改变情绪，但生硬地做出的表情只是有时能改变情绪，而且条件尚不清楚。

另一个争议围绕着面部反馈效应是否由认知活动中介。一些人认为面部反馈对情绪的作用是以认知为中介的，如态度的自我归因（如 Laird, 1974）；另一些人则认为这种作用是直接的，无需认知中介（Gellhorn, 1974; Izard, 1972, 1977; Plutchik, 1962; Tomkins, 1962）。最后，纵观所有的面部反馈研究，即使那些最严格的控制条件，也无法完全消除批评者的反对意见。他们认为，参与者意识到自己的表情正在被操纵，因此会根据实验需要作出反应。尽管如此，面部反馈假说——以及来自其他非言语通道反馈的有关证据（Kellerman, Lweis, & Laird, 1989）——提供了分化情绪的复杂拼图的一小块生理学碎片，这可能与建构主义的解释最为一致，即面部反馈主要提供效价线索。面部反馈也为具身情绪铺平了道路（Niedenthal & Brauer, 2012）。

兴奋迁移

在无需对唤醒细分的情况下情感即可被细分为各种不同的情绪。也就是说，面部表情可以提示情绪体验的模式，而唤醒只需要做一个弥散的强化器。假设如此，那么唤醒是如何产生并影响情绪的？

表 13.2　兴奋迁移

即时情绪唤醒

（a）特质倾向成分：习得的与非习得的骨骼运动反应（如，惊跳反应、不受控制的面部反应、非自主的情绪姿态）

（b）兴奋成分：习得与非习得的唤醒反应（如，激发有机体）

随后的反应

（c）经验方面：对最初反应进行评估，对情境进行解释（能调整个体活动）

资料来源：Zillman (1988)

唤醒（即**交感神经系统**的情绪性激活）的起源既有自动化的，又有习得的（Zillmann, 1988）。例如，惊跳反射是无条件反应，而对航空旅行的恐惧则是条件化反应。理论上，唤醒的习得和非习得特征依赖于三个原本独立的因素：特质倾向、兴奋和经验（表 13.2）。为阐述方便，这个理论的核心可以总结为（1）唤醒是非特异性的且消退缓慢；（2）人们并不善于区分其唤醒的来源；（3）人们会在认知层面解释他们的唤醒。因此，先前情境中遗留下的唤醒可以同新场景中的唤醒结合在一起，加强个体的情绪反应。此观点不无现实意义。尽管约会时不停地给对方劝酒是一种传统的诱惑方式，但理论上让对方猛喝咖啡或者让对方在篮球比赛中大喊可能更有效果。也有人认为跳舞同样有效。

确实，根据达顿和阿伦（Dutton & Aron, 1974）的一个经典研究，其他无关来源所激发的唤醒能增强个体对貌似不相干之人的情感。在男性通过一座吓人的吊桥或通过附近一座较坚固的木桥时，他们安排了一位有魅力的女性采访这些男性。要求每个过桥的男性讲述一个故事，故事围绕其看过的刻意模糊处理过的年轻女性图片。与预期相符，与走过安全木桥的男性相比，那些走过可怕吊桥并可能被唤醒的男性讲的故事包含更多的性内容。并且，他们随后更可能电话联系那位有魅力的女性实验者（相似的结果可见 Jacobs, Berscheid, & Walster, 1971; Stephan, Berscheid, & Walster, 1971）。因此，最初由恐惧诱发的唤醒发生迁移，转变为浪漫的吸引或性吸引。

恐惧与浪漫吸引并不是唯一能如此迁移的情绪。一个人在被激怒后阅读色情故事，观看裸照，或者与有魅力的实验助手相处，通常会报告性唤醒的增强

（如，Barclay & Haber, 1965）。反过来，事先的性唤醒也会增加攻击的可能性（如，Zillmann, 1971）。对很多男性来说，女伴观看血腥的恐怖电影时表现出的痛苦会增加他们自身的愉悦感（Zillmann et al., 1986）。厌恶能增强幽默感（J. R. Cantor, Bryant, & Zillmann, 1974）或音乐感染力（J. R. Cantor & Zillmann, 1973），后一个发现也许可以解释某些音乐视频的吸引力。上述研究结果带来的启发是：先前经验的效价与当前事件没有关联，只是唤醒发生了迁移（不同观点请见 R. A. Baron, 1977; Branscombe, 1985）。

单纯的身体唤醒本身就可以增强愤怒或性吸引。例如，与事先没有唤醒的人们相比，刚刚运动完的人在被挑衅时会表现得更具攻击性或更为愤怒（Zillmann, 1978; Zillmann & Bryant, 1974; Zillmann, Katcher, & Milavsky, 1972）。唤醒能增强浪漫的吸引（G. L. White, Fishbein, & Rutstein, 1981; G. L. White & Kight, 1984）。唤醒甚至能强化个体对母校的评价（M. S. Clark, 1982）、满足自我的利己归因（Gollwitzer, Earle, & Stephan, 1982）以及被劝说时反驳的可能性（Cacioppo, 1979）。所有这些研究都符合兴奋从一个来源迁移到另一来源，并增强后续情感。人们即使在兴奋迁移时不能立即采取行动，也可能在兴奋状态下规划未来的行为（如报复），因而兴奋迁移的影响在实际的唤醒消退后仍可保持很久（Bryant & Zillmann, 1979），这一发现使得兴奋迁移的启示变得更加广泛。由此可见，唤醒会使积极反应和消极反应极化（Stangor, 1990）。

社会认知研究特别关注的一个问题是，唤醒的这种作用是否依赖于个体在认知层面意识到它。人们在尚未完全意识到带有情感负荷的刺激之时就会产生情绪反应，可能也会被唤醒（Corteen & Wood, 1972; Niedenthal & Cantor, 1986; Robles et al., 1987; Spielman, Pratto, & Bragh, 1988）。兴奋迁移理论认为，即使在人们尚未意识到自己被唤醒的情况下（但生理指标显示他们确实被唤醒），唤醒也会影响情绪。

请注意这不同于沙赫特和辛格（Schachter & Singer, 1962）的情绪理论（第6章）及其派生理论。这些理论认为，有些生理唤醒并没有即时的其他解释，当人们对其贴标签、解释及识别时，情绪就产生了。沙赫特理论的意义在于，唤醒需要被解释，因为它已经被意识到了。来自脊髓受损病人的证据表明，对唤醒的知觉未必是情绪体验所必需的，正如沙赫特理论所假定的那样（Chwalisz, Diener, & Gallagher, 1988）。两种理论的另一个重要差别在于，沙赫特的理论最初只适用于先前唤醒来源不明的情境（Kenrick & Cialdini, 1977），兴奋迁移（Zillmann）理论却并非如此。然而，两种理论都描述了唤醒在其当前来源不明时的作用。

情感神经科学

情绪的维度显然包括积极和消极以及强度（唤醒）。神经科学支持了情绪的这些基本特征，甚至暗示情绪有着更高的分化，但这里仅介绍初步的证据。

一些早期的情感神经科学研究使用**脑电图**测量技术来确定积极和消极情感反应的时间进程和大概定位。左右脑额中部的激活一般分别对应着积极和消极的情绪反应：大体而言，它们与接近和回避的行为倾向一致（Coan & Allen, 2004; Davidson, 1993; Davidson & Irwin, 1999）。尽管早在情感神经科学兴起的几十年前，学界就已经发现了情感不对称性，但鉴于情绪加工的复杂性，这种简单观点具有欺骗性。但是，两个宽泛的动机系统——积极（接近、奖赏、欲求）和消极（回避、惩罚、威胁）——之间的对比仍然是令人信服的。当然，这种基本的神经模式掩盖了大量的复杂性。例如，愤怒是一种消极情绪，但是行为倾向却是接近的。

神经科学近来采用神经成像技术，该技术对时间进程的测量较差，但对特定脑区的定位却更精确（第9~10章；图13.3）。比如，杏仁核，也许还有脑岛，都参与调节情绪强烈的态度，尤其是消极态度。情绪研究者也强调杏仁核在强烈的情绪性体验（除了态度之外）中的作用。杏仁核作为一个包括眶额叶皮层的更大系统中的一部分，尤其参与对恐惧及其他具有强烈情绪性表情的识别（Adolphs, 2002）。杏仁核确实涉及恐惧的条件作用，以及更广泛的强烈的情绪体验（Phelps, 2006; 元分析见 Murphy, Nimmo-Smith, & Lawrence, 2003; Phan et al., 2002）。

脑岛至少与厌恶有关（Murphy et al., 2003; Phan et al., 2002）。这肯定符合"消极效价涉及脑岛"的观点，正如其在态度中一样。除杏仁核与脑岛之外，尽管有迹象显示悲伤可能涉及前扣带皮层，而前扣带皮层也与注意和差异检测有关，但上述两项元分析并不支持此观点（第3章）。

到目前为止，对其他基本情绪的研究还未发现这么可靠的结果。研究结果的不一致导致有些人反对将神经影像学数据用于探测情绪的本质（Barrett & Wager, 2006），但是这种分离可能反映了侧重于自我报告的情绪体验研究与采用情绪诱发刺激的大多数情感神经科学研究的对立。

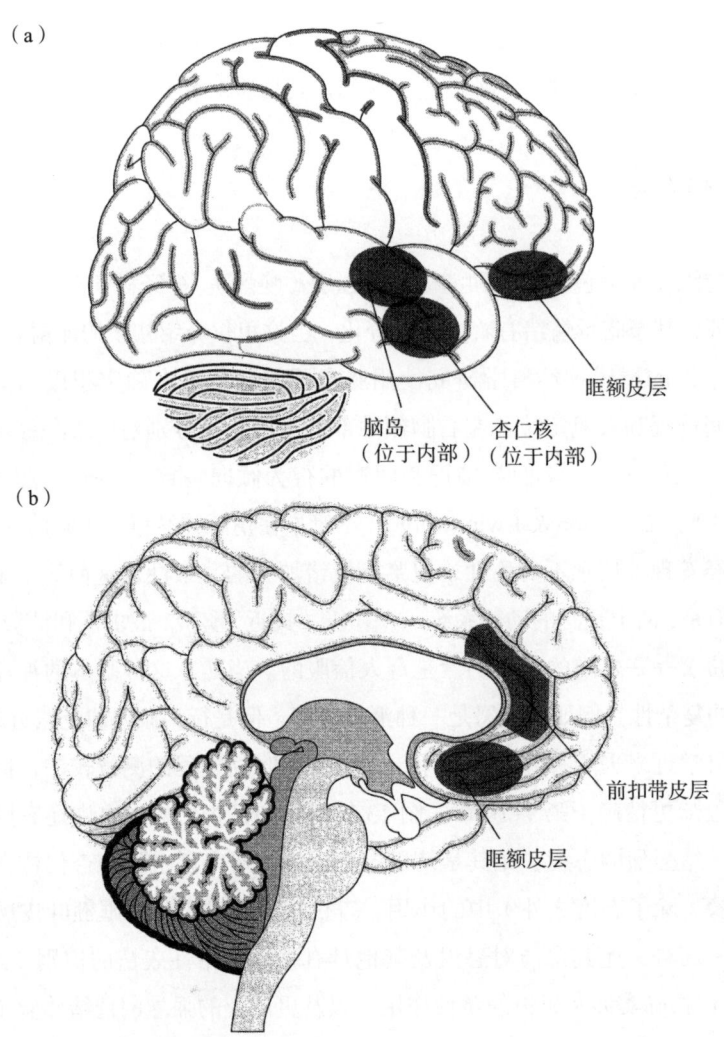

图 13.3　一些与情绪有关的神经区域

在社会认知和情感领域，即使有这种可能，研究者们也远未能识别分化的"情绪脑区"。事实上，一位研究者把这种追求列为情感神经科学的"七宗罪"之一（Davidson, 2003; 表 13.3）。在社会认知研究的发展过程中，快速发展的情感神经科学领域将持续为其提供反馈（Cacioppo et al., 2007; Phelps, 2006）。

与接下来要介绍的理论相比，上述所有理论家都忽略了认知在情绪反应中的作用，但他们越来越认识到情绪包括多个成分：意识、无意识、认知、情感、社会、

表 13.3　情感神经科学"七宗罪"的救赎

（1）认识到情感与认知神经回路的交错；
（2）承认情感涉及思维皮层及旧脑的皮层下结构；
（3）认识到情绪并不只是心理建构，它也对应可测量的身体反应；
（4）整合情绪心理学中看起来合理的神经回路知识；
（5）认识到情绪会随着年龄发生改变；
（6）避免在大脑内离散地寻找情绪的定位；
（7）将无意识反应作为情绪系统的组成部分。

资料来源：Davidson (2003)

外周、皮层下以及皮层结构。如前所述，大脑并不像心理学系那样，有着单独的社会、认知、情感区域。相反，它们在形式和功能上都相互交错。

在继续探讨之前，请注意，一个显然错误的假设激发了上述一些理论以及接下来的部分理论的出现。这个假设就是坎农提出的理论前提——唤醒因太过弥散而无法解释情绪的分化。一些探寻情绪的面部起源的理论、一些最初的兴奋迁移观点，当然还有随后的唤醒加认知的理论都基于这个理论前提。矛盾的证据显示，得出该结论可能为时过早，不同的情绪确实会引发不同的唤醒模式（如 Ax, 1953; Derryberry & Rothbart, 1988; Lacey, 1959, 1967; Lacey & Lacey, 1958, 1970; G. E. Schwartz, Davidson, & Pugash, 1976; G. E. Schwartz, Weinberger, & Singer, 1981; Tourangeau & Ellsworth, 1979; Winton et al., 1984）。但也请注意，坎农（Cannon, 1927）和沙赫特（Schachter, 1964）认为这些模式在实验水平上不易区分开，他们很可能是正确的；这个问题仍然悬而未决。然而，颇具讽刺意味的是，解决一个也许最终并不需要解决的问题，在一定程度上为情绪理论带来了一些至关重要的贡献。

情感的社会认知基础

回到前面的一个问题：如果生理唤醒没有区别，那情绪又如何分化？显然，生理和神经反应系统的结合促成了情绪的多样性。然而，生理因素绝不是情绪多样性的全部原因。在社会心理学中,"唤醒未分化且不足以解释情绪多样性"的观点引发了类似的尝试,以探究认知如何解释情绪的复杂性。这些观点基本上没有参照生理学的发展思路。

当我们考虑认知如何引发情绪的观点时,请记住,很多社会心理学家都假设认知是情感反应的主要基础:例如,在将刻板印象作为一种偏见来源研究时(Allport, 1954),在提出认知不一致引起唤醒(进而诱发态度改变)时(Cooper, Zanna, & Taves, 1978),在考察自我概念差异引发情感时(Higgins, 1987),等等。由于传统上社会心理学在情感与认知领域涉猎非常广泛,所以接下来只能有选择地介绍。表13.4总结了下面要介绍的四种理论。

情绪是认知加唤醒:中断理论

大多数人都会认为,如果不是命中注定,我们之所以会被他人吸引,是由于他们独特的人格与我们自身独特的人格非常匹配。但是,我们低估了一些看似偶然的因素的作用,如接近性(住在同一个院子)、时机(离婚时间足够长,已准备好开启一段新关系)、便利性(工作日程安排一致)或无关的唤醒源(一次高强度锻炼后的相遇)。所有这些因素都有助于两个人建立亲近的关系。此外,正如沙赫特的情绪易变理论所阐述的(第6章),当人们被唤醒时,他们对自身的唤醒有着不同的解释,而这取决于他们先前的经验、社会化以及情境(Schachter & Singer, 1962)。因此,被某人解释为性吸引的唤醒(Dutton & Aron, 1974),可能被另一个人视为一见钟情(Berscheid & Walster, 1978; Walster, 1971)。毫无疑问,这种误解导致太多的个人悲剧。

沙赫特的双成分理论假设,弥散的生理唤醒会促进认知解释,因此情绪会受到认知活动的调节。请注意这种理论与之前更直接地侧重于未经调节的生理反应的观点(如面部反馈理论的一些版本)的不同之处。尽管沙赫特的理论饱受争议(Reisenzein, 1983),但该理论很大程度上影响了社会心理学对情绪的认识(第6章)。而且,新近的理论进一步发展了唤醒加认知的观点。

情绪中的心智和唤醒

曼德勒的**唤醒加心智理论**(arousal-plus-mind theory; Mandler, 1975)与沙赫特

表 13.4 将认知结构与情感关联的理论

理论和理论家	认知结构	对情感的影响
中断		
沙赫特（Schachter）	不明唤醒加上认知的解释	标签化的情绪
曼德勒（Mandler）	图式（感知）的应用或目标导向的行为被打断	如果合适、促进，则产生积极情绪；如果不合适、阻断，则产生消极情绪
贝尔沙伊德（Berscheid）	相互依赖的目标序列被打断	同上
匹配		
凯尔特纳（Keltner）	对权力关系的期望	高权力自我产生积极情绪；低权力自我产生消极情绪
菲斯克（Fiske）	图式或类别的应用	关联的情感[1]
林维尔（Linville）	表征的复杂性	情感节制[2]
特塞尔（Tesser）	通过思考将图式精细化	情感极端化[2]
结果		
韦纳（Weiner）	对结果的归因（控制点、稳定性）	情绪分化
卡尼曼和米勒（Kahneman & Miller）	比较当前结果与常规结果	若异常则情绪增强
管理		
西蒙（Simon）	根据环境改变目标的优先级	情绪成为预警机制
奥特利和约翰逊-莱尔德（Oately & Johnson-Laird）	根据成功的可能性改变目标的优先级	同上
卡弗和沙伊尔（Carver & Scheier）	当前状态与标准状态的差异	情绪提示努力或回避

注：
[1] 图式触发情感在态度方面的补充，见第 10 章法齐奥的 MODE 模型和格林沃尔德等人的 IAT。
[2] 如何调和这些看似矛盾的理论，见下文。

观点的类似之处在于生理唤醒与评价性认知结合产生情绪。内脏激活提供体验的强度和特定的情绪"感受"，而评价性认知则提供分化的情绪体验的性质。

该理论与沙赫特理论的不同之处在于，它为唤醒确定了一处心理起源，即差异和**中断**（interruption）。根据这个观点，绝大多数唤醒源于感知或认知的差异，或源于进行中行为的中断或受阻。阻断意味着违反期望，要么妨碍人们方便地应用图式，要么阻碍人们目标导向活动的顺利进行。感知—认知中断包括：偏离期望的音乐或视觉模式、出现了意外转折的故事情节、笑话等等。同样地，目标导向活动的中断会干扰预期活动的复杂序列。（回想上一次你正在为了赶最后期限而工作，有人却要求你去倒垃圾。）被中断活动的复杂程度和你感受到的唤醒程度是对应的。如果你正准备进门时将钥匙掉在了地上，这只是打断了一个相对简单的目标，因此只会诱发较弱的唤醒。如果你在试图打动你的梦中情人时将钥匙掉在了地上，这就打断了一个可能很复杂的目标，因此会诱发更强的唤醒。与在其他理论中一样，唤醒会增强情绪。

唤醒也会引发认知解释。对中断的解释可能是积极的也可能是消极的，这取决于被打断的期望的类型及对它的解释。对于复杂的行动序列，你可能会将中断解释为它阻碍了你的目标或者意外地促进了你的目标，因此会分别引发消极和积极的情绪。换言之，在钥匙掉落的情境中，如果你认为自己是一个没有希望的、笨手笨脚的白痴，你可能会感到羞耻和恼怒。另一方面，如果你的约会对象告诉你，你的紧张不安很惹人喜爱，你也许会认为钥匙掉落意外地使你朝着目标更进了一步，你就会感到愉快。（不可否认的是，从直觉上来看，中断更可能导致消极情绪而非积极情绪。）认知解释不仅会影响个人即时情感的性质，也会影响个人对事件长期的心理表征。

中断对感知—认知图式的影响比对目标导向行为序列的影响更微妙。中断的程度（因此也是唤醒的程度）更直接地决定了反应的积极性，并不太需要复杂的解释（Gaver & Mandler, 1987）。感知图式（如在音乐、视觉艺术、食物方面）失验（disconfirmation）的范围从零（完全熟悉）到极值（完全的混乱和不协调）不等。整体而言，（1）熟悉是令人愉快的，但不强烈；（2）有一点新异是好的，因为它需要轻微的同化，并能为熟悉事物的愉悦识别增加一丝强度；（3）如果能用熟悉的词语重新解释新异，那么新异越多越好，因为所需的调整进一步提高了情绪强度；（4）完全的不一致——同化不成功——会导致强烈的消极情感。本书作者中的一位最近发现了这一点：在一场正式的音乐会上，由于弦乐四重奏将期望中的古典乐风格和（非期望的）爵士风格揉合在一起，导致相当一部分观众在幕间休息时退场，大概是因为两者结合的结果不符合人们熟悉的、舒适的感知—认知图式。如果询问他们离场的原因，毫无疑问，他们只会说不喜欢这种音乐；中断以及他们的决定并不需要完全的意识。在任何情况下，有一点新异都是件好事（参见 Berlyne, 1970; D. W. Fiske & Maddi, 1961; Leventhal, 1984），但太多就令人难以接受了。

亲密关系中的期望、目标与情绪

贝尔沙伊德为将曼德勒理论应用于亲密关系中的情绪提供了令人信服的理由（Berscheid, 1982, 1983）。关系越亲密，双方的目标就越相互依赖（Kelley et al., 1983）。这种依赖的频率、强度、多样性和持续时间定义了关系的亲密程度：双方的日常目标和长期目标交集越多，一方能对另一方造成的中断就越严重。中断可以包括意料之外的便利，带来解脱、愉悦和兴奋，也包括意外的阻碍，引起失望、沮丧和愤怒。相互依赖的目标从简单的行为序列，如一起洗衣服，到复杂的行为序列，如共同照顾孩子或者协同工作。行为序列越复杂，被打断时产生的情绪就越强烈。相互依赖越强，那么一方离开、退出或是去世就越可能引起强烈的消极情绪。类似地，如果一方突然间变得更配合、体贴，对另一方或他们的共同目标更有帮助，产生积极情绪的可能性就越大。另一方面，如果相互交错的序列持续如常地运转，就不会出现中断或者涌现情绪。如贝尔沙伊德所述，这里的悖论在于最亲密、最卷入、最相互依赖的关系可能与疏远的、不相交的、不卷入的关系一样，几乎都很少表现出情绪，这可能仅仅是因为最亲密的关系运行得很顺畅。亲密关系是由潜在的（并不一定是体验）情绪强度来定义的，而情绪强度源于相互依赖的目标。

该理论提出了一个有趣的预测，即在一段关系中体验到的情绪的纯粹数量与关系时长负相关；长期的关系最不可能产生太多情绪，无论是积极的还是消极的。这个预测已经得到证实（Berscheid, Snyder, & Omoto, 1989）。请思考一段长期亲密关系的正常进程。起初，当双方发现他们所有令人愉悦的共同点或痛苦的差异时，情绪（无论是积极的还是消极的）非常强烈。当他们彼此变得更加熟悉，愉快和不愉快的惊奇（中断）都变得更少了。随着新鲜感的消失，情绪变得不再极端，取而代之的是满足或厌倦。当最初的情绪强度消退之后，情绪是否就不太可能发生了？不，恰恰相反。如果此时关系破裂，情绪的强度将会极大。只有当长期关系平稳运转时，情绪才会看起来平淡而宁静。讽刺的是，个体通常只在关系结束或者破裂时，才能度量这一段长期关系的强度。

认知结构与情感：匹配理论

认知结构（图式、目标和关系期望）的中断会触发情感。其他理论强调匹配知识，检验认知结构，如社会图式、对既得结果及想象结果的解释。即使没有中断，情绪和目标也存在广泛的相互影响。关于接下来的理论需注意一点：这里的**图式**一词指的是与概念有关的知识（第 4 章），而非人们对一般情绪概念或特定情绪的图式。这些更广义的图式包括通过各种加工过程与情感发生关联的其他内容（表 13.4）。

权力关系中的期望、动机与情绪

有一种理论考察了社会关系中情绪与认知的相互影响，特别是**权力不对称**（power asymmetry）现象（Keltner, Gruenfeld & Anderson, 2003）。权重之人体验到的是他们掌控资源的世界（S. T. Fiske, 1993），所以他们既期望回报，也期望行动的自由；权轻之人体验到的是他人掌控资源的世界，所以他们对积极结果的期望较少，并对一些消极的结果感到担心。

这些认知（体验与期望）影响着权力两端人们的情绪。高权力与趋近情绪及行为相关，因而也与积极情感相关，同时伴随着左侧额叶的活动与**多巴胺**——一种与奖赏有关的神经递质——的释放。高权力情绪具体包括渴望、热情和骄傲。极端情况下，情绪的形态可能是躁狂。注意焦点是灵活的，信息加工是自动化的。他们的行为相对外向、不太谨慎、更易冲动（Keltner et al., 2003）。权重之人依照他们的目标行事（Guinote, 2007）。

相反，低权力与回避的、抑制的情绪及行为相关，因而也与消极情感相关，同时伴随右侧额叶的活动与**去甲肾上腺素**和**皮质醇**的分泌——神经内分泌系统中与应激有关的反应。低权力情绪具体包括恐惧、羞耻、内疚和尴尬，同时也包括敬畏与感恩。极端情况下，情绪的形态可能是焦虑与抑郁。注意焦点是戒备的，信息加工是严格聚焦的。行为相对更拘谨、更受约束。当然，这些低权力与高权力在认知、情绪和行为方面的对比是理论上的极端，真实反应则更为细微和微妙。

情感、认知和行为之间预期的联系已逐渐显现。例如，在相关研究中发现，由室友提名的高权力个体，确实报告了高于基线水平的心境（Keltner et al., 2003）。同样，自我报告的社会权势、支配性、自信和领导力都与积极心境相关（Watson

& Clark, 1997）。实验研究也表明权力具有预期的效应（Keltner et al., 2003）。此外，该理论与其他证明社会期望（认知）影响情绪的研究相吻合。例如，人们预期社会地位高的个体会表达更多的愤怒，因为后者与控制有关；而社会地位低的个体会表达更多的内疚与痛苦（Tiedens, Ellsworth, & Mesquita, 2000）。

图式触发的情感

另一种匹配理论源泉于一种观察，即情绪可由于情感图式的成功运用而产生。也就是说，某些人（例如，某人的幼儿园老师、一位可怕的老板、苛刻的牧师、侵入的外群体成员）和情境（例如，在大庭广众下演讲、接到一个老朋友的电话）不必打断任何目标就能激发情绪。这种观点最初被称作**图式触发的情感**（schema-triggered affect, S. T. Fiske, 1982），后来被并入到更宽泛的**基于类别的反应**和**基于属性的反应**（例如 S. T. Fiske & Neuberg, 1990; 第 2 章）的区别中。这里相关的要点是，基于先前经验的图式可携带即时的情感标签。当一个新的实例符合图式时，不仅先前的知识会被应用，先前的情感也会被激发。这种匹配效应已在各种人物图式上得到了证明：旧情人、政治家、校园刻板印象（如运动员、书呆子、艺术爱好者和同性恋者）、大学专业（如医学预科、工程学、戏剧）、职业（如医生、酒店女服务员、艺术家、高利贷者）和可能会被污名化的人（精神分裂症患者、瘫痪病人）（S. T. Fiske, 1982; S. T. Fiske et al., 1987; S. T. Fiske & Pavelchak, 1986; Neuberg & Fiske, 1987; Pavelchak, 1989）。较新的刻板印象内容模型（第 11 章）描述了由特定外群体触发的情绪偏见（老年引发怜悯、富有引发嫉妒、贫穷引发轻蔑、内群体引发骄傲）。

旧的模式匹配新的人和情境，进而引发本质上由先前经验延续而来的感受，这种观点与心理治疗文献中的移情描述是一致的（Singer, 1988; Westen, 1988）。在亲密关系中，当一个新的对象与先前的重要之人相似时，就会出现**情感转移**（affective transference; Andersen & Chen, 2002; Andersen, Saribay & Przybylinski, 2012）。如果新搭档与自己之前喜欢的前搭档相像，而不是与自己不喜欢的前任搭档相像，人们会表达更积极的情感；如果新搭档与其他人喜欢或不喜欢的前任搭档相像（共轭控制组）则没有这种差异，所以起作用的是独特的匹配（Berk & Andersen, 2000）。图式触发的情感也会表现在面部表情上（Andersen, Reznik, & Manzella, 1996）。此外，这种情感转移发生在阈下层面（Glassman & Andersen,

1999)。

图式触发的情感甚至能够描述对符合熟悉型号的消费品（Sujan, 1985）以及热议政治问题的情感反应（Sears, Huddie, & Schaffer, 1986），所以可以推测，它可以描述任何带有情感负荷的类别。确实，与情感相关的原型比那些与情感无关的原型更容易被习得（J. D. Mayer & Bower, 1986）。

图式复杂性与情感极端性

另一组理论取向侧重于图式本身的特征及其对情感反应的影响。**复杂性—极端性假说**（complexity-extremity hypothesis; Linville, 1982a, 1982b; Linville, Fischer, & Salovey, 1989; Linville & Jones, 1980; Linville, Salovey, & Fischer, 1986; 第 4 章、第 11 章）侧重于信息的纷杂所带来的情感后果。当其他条件一样时，人们对外群体成员（低复杂性）的评价要比对内群体成员（高复杂性）的评价更极端。更普遍地说，这个理论预测，图式越复杂，它所引发的情感往往就越缓和。例如，如果你知道诸多决定某个足球队是否优秀的因素，那你对任一球队的评价就会包括很多加分项和减分项。我只能即兴想出两三个因素，那么关于这个球队的任何一点信息都更可能动摇我的看法，使我的看法走向极端。这种分析同样适用于自我概念简单的人（第 5 章），与自我概念复杂的人相比，前者心境更容易波动（Linville, 1985）。人们对不同领域知识复杂性的了解（de Vries & Walker, 1987）以及对一般人复杂性的了解差异极大（Sommers, 1981），其情绪反应和上述结果类似。

关于知识结构与认知评价之间联系的另一种观点是，思维会极化情感，其方式是让那些对目标拥有思考图式的人创造关于目标属性的更紧密的组织（Tesser, 1978; 第 3 章）。对认知一致性的普遍偏好可以预测，你对自己球队赢得联赛冠军的机会考虑得越多，你就越可能对号入座地认为球队的所有特征都一致地利于或不利于获胜。久而久之，人们会使实例符合自己的图式，因而随着实例的特征变得越来越有组织性，评价也就越来越极端。无论我对你的球队再进行多少思考，都不会极化我对这个球队的评价，按照特塞尔的观点，之所以如此，是因为我先前的知识储备不足，无法重新组织；而按照林维尔的观点，则是因为我的观点已经相当极端（更容易受随机因素的影响）。

林维尔的复杂性—极端性假说和特塞尔的**思考—极化假说**（thought-polarization hypothesis; 也见表 13.4）貌似给出了矛盾的预测，因为林维尔声称复杂性能够缓和评价，而特塞尔则声称思考（有人可能会认为思考会使图式变得更复杂）会极化评价。然而，两者之间的几点差异需进一步说明。第一，特塞尔的理论认为，思考使图式变得更有组织、内部更一致、评价上更统一，所以思考的确使图式（评价性地）更简单，进而更极端，这符合林维尔的预测。第二，复杂性—极端性假说指的是在某个时间点的初始评价，而思考—极化假说指的是随时间的变化（Linville, 1982b）。第三，当人们为自己的评价做出最初的公开承诺时，思考—极化效应就会出现（可能是因为人们更容易受到保持一致的压力的驱使），而在没有这种承诺的情况下，复杂性—极端化效应就会出现（M. G. Millar & Tesser, 1986b）。最后，如果图式的几个维度大体相关（即一个维度的评分可以预测其他维度的评分），思考—极化效应就会出现，因为图式的结构在本质上更为一致（M. G. Millar & Tesser, 1986b）。这种感知到的相关依赖于个人对群体的熟悉度（Linville, Fischer, & Yoon, 1996）。因此，思考—极化效应和极端性效应更可能适用于不熟悉的外群体。

结果认知与情感

正如图式理论强调匹配关乎事件的先前期望，其他理论侧重于事件的事后解释（表13.4）。对个人结果的认知是很多常见情绪体验的原因。

对获得结果的归因

韦纳的成就动机归因理论（Weiner, 1985, 1986）描述了人们理解自身成败的几个基本维度：内部或外部控制点、（时间上的）稳定性、可控性（第6章）。这些维度反过来引发基本的情绪及对未来结果的期望。情绪与期望共同引导行为。

特定的因果归因会导致特定的情绪（Benesh & Weiner, 1982; Weiner, 1985; 表13.5）。控制点和可控性因素决定着情绪的特性，而稳定性因素往往会放大情绪。该理论框架在成就背景下的认知和情绪上有着非常成功的应用（Weiner, 1985）。个体对糟糕结果是否负有责任的简单区分——对责任归属的判断——决定了我们是愤怒还是同情，并进而决定行为是攻击还是帮助（元分析见 Rudolph et al., 2004）。

人们对这些归因与情绪的规则有着内隐的理解，所以他们会运用这些规则来控制他人的情绪。在为人际关系失败寻找理由时，人们会将自己的行为归因于

表 13.5　韦纳的控制点维度及其（可控的）积极和消极结果示例

	自身消极结果	自身积极结果
归因于自己且可控	内疚	骄傲
归因于他人且可控	愤怒	感恩

注：这一示例忽略了不可控的结果、结果的稳定性以及更普遍的他人的结果。

外在的、不可控的且无意的因素（"我的资料被狗吃了""我的车坏了"）。如果真正的原因是内在的、可控的且有意的（"我不想这么做"）或无意（"我忘了"），人们也不会把自己疏忽的真实原因说出来。人们内隐地知道哪些原因会引发愤怒，哪些原因能息事宁人，而且对理由的因果维度的实验操纵也表明他们是正确的（Folkes, 1982; Weiner et al., 1987）。在希望引发别人的帮助时，人们也会试图控制他人的情绪。如果造成个人困境的原因是可控的，那他可能只会得到愤怒，但如果该原因被认为是不可控的，那他很可能得到同情和帮助（Meyer & Mulherin, 1980; Reisenzein, 1986; G. Schmidt & Weiner, 1988; Weiner, 1980）。归因、情绪、行为三者关系的一般原则早在 5 岁儿童的幼稚心理上就开始发展（Graham & Weiner, 1986; Weiner & Handel, 1985）。

　　这一分析可延伸到污名化情境，如艾滋病、心理疾病、酗酒以及身体伤残。身体上的污名被认为是稳定的，起源不可控，因此它们会引发怜悯和帮助，而心理和行为上的污名则被认为是不稳定的（即可逆转的）、起源可控的，因此它们会引发愤怒和蔑视（Weiner, Perry, & Magnusson, 1988; 参见 Brickman et al., 1982）。人们对污名的内隐归因中的冲突无疑会导致许多惨剧。例如，抑郁的人有时认为自己的疾病是不可控的，进而期待他人的怜悯，但周遭的人通常认为他的状况是可控的，因而感到愤怒（Weiner, 1987）。照料 HIV 阳性者或艾滋病患者的一个主要问题便是他人对其在染病这件事上控制程度的感知，他人对患者责任的感知是影响其能否得到帮助的因素之一。韦纳的归因—情绪—行为理论的实证检验及其明确的适用性，支持了其作为一种基于认知的情绪视角的实用价值，在该视角中，情绪源于对获得结果的认知（归因）。另一种理论（Ortony, Clore, & Collins, 1988）同样强调获得的结果，但提出了其他的可能性（即满足个人目标或社会标准）。

假想的结果与情感

一些研究情绪的心理学家注重人们对可能但并未发生的结果的认知。本节探讨两种此类理论，它们都关注人们想象当前现实的替代结果对情感的影响。

一种在概念和实证上都已发展成熟的理论基于**模拟**启发式（第7章），即想象替代结果的难易程度会影响对事件发生概率的事后推断（Kahneman & Tversky, 1982）。如果个体能轻易地想到事情可以是另外一个样子，他的实际状况就更像是侥幸。相反，如果很难想象事情可以是另外一个样子，当前的状况似乎就是不可避免的。这些事后推断对情绪的影响显而易见：第7章提到过这样的例子，如果一个人恰好错过与朋友见面或航班，比起错过太多时间，哪种情况更令人沮丧。回想那些更易改变的事件会在心理上导致更强烈的情绪。一个人死于不寻常的事故似乎比死于更常见的高危工作或不健康的生活方式更悲惨。

标准理论将诸如此类的思想拓展成一种理论，即人们如何判断什么是正常的，并通过排除，判断什么是令人惊讶从而引发情绪的（第7章；Kahneman & Miller, 1986）。异常事件总能被人轻易想出替代结果。这些替代结果可能是构建的或回忆起来的替代场景。不论哪种情况，诸多可能的替代结果让实际事件令人惊讶。请思考这些观点与期望效应的相似之处。也就是说，与个体内隐标准不一致的事件在回想时会被认为不太可能发生；与个体期望不一致的事件会被认为在将来不太可能发生。然而，图式和期望理论探讨的是事实发生前人们的推理，或许可以被称为预期性思维；而这个理论则关注事实发生后人们的推理，或许可被称为回溯思维。

标准理论与情感的关联性本质上在于它的情绪放大假说，也就是说，当事件的起因异常时，会引发更强烈的情绪。这一点对于不幸的事情尤为明显，就像刚好错过航班和不寻常事故的例子，它们都特别令人心烦。类似地，在彩票开奖的前几分钟买到头彩的人——相比于几个星期前就买彩票的人——会感到特别幸运和开心（D. T. Miller, Turnbull, & McFarland, 1990），可能也更遭人嫉妒。异常性会影响人们对他人的情绪反应；人们对遭遇飞来横祸的人更加同情（D. T. Miller & McFarland, 1986）。总之，个体越容易想到与事实相反的情节，体验到的情绪就越强烈。

情绪是目标的管理者

另一组理论取向认为，情绪本质上管理着人们处理事件的优先级（表13.4）。这一观点源自这样的观察，就像曼德勒和贝尔沙伊德的理论所提到的，当计划的行为被打断时，会产生许多情绪，或像卡尼曼和米勒的理论提到的，当计划的行为可能被打断但实际并未被打断时。然而，我们不仅可以像那些理论一样考察中断如何引发情绪，也可以考察相反的过程：情绪如何引起中断。

情绪能够控制认知，提醒人们注意重要的目标。根据这种观点，情绪是一种包含中断和唤醒的警示信号，让人们从追寻某个目标转向追寻另一目标，并同时增加了新目标的重要性（Simon, 1967, 1982）。这一观点源于一个前提："人是容量有限的信息加工器。"也就是说，人们基本上每次只能追寻一个目标，无论是听讲座、思考一个精彩绝伦的提问、计划晚餐吃什么、玩网游，还是偷瞄身边有魅力的人。信息加工者也许可以根据多重目标的相对重要性排序来处理如此多的目标，以便在闲暇时逐一完成它们。不幸的是，如此专注的机器人如果只关注移动着完成工作这一目标，而不关注使自己保持完好无损这个目标，那它也许会被一辆卡车撞翻。有机体的生存取决于其在完成目标之前能中断正在进行的目标，只要外界情况紧急需要如此。情绪（如对急速行驶的货车的恐惧）能使个体注意更紧急的目标。这类高优先级项目的示例包括：警示潜在危险的环境刺激（如产生恐惧）、要求补充能量的生理刺激（如产生饥饿感和困意）以及激起未被满足的心理需要的内部认知刺激（如产生常见的消极情绪）。根据这一观点，伴随情绪的生理唤醒来自中断本身。请注意情绪的中断效应是要改变个体的目标而非扰乱他的反应。情绪只是提示不同目标重要性的不断变化（另见Oatley & Johnson-Laird, 1987; 评论见 Frijda, 1987a）。

强烈的情绪的确能打断计划好的、进行中的认知活动。例如，出现在意识之外的情绪色彩突出的材料能迅速吸引有意识的注意（Nielsen & Sarason, 1981）。充满情绪色彩的事件尤其令人难忘（R. Brown & Kulik, 1977）并占据了人们日常思维很大的一部分（Klinger et al., 1980）。因此，情绪很可能会打断注意和记忆。

自我注意的控制论模型（cybernetics theory of self-attention）也与"情绪即中断"有关（Carver & Scheier, 1982; 第5章）。该理论将自我关注的人描述为注意到自身的当前状态与某个目标或标准之间的差异。当人们注意到这些差异时，他们就会尝试调整行为以减小差异。人们可能会成功并转向下一目标。如果失败，该理论认为，人们可能会反复尝试并失败。因此，该理论必须给人们放弃并改变目标的机会。否则，该理论就把有机体描述为撞了南墙仍不知回头（Scheier & Carver, 1982; Scheier, Carver, & Gibbons, 1981）。情绪反馈系统能够感知并调整有机体追寻目标的进程（Carver & Scheier, 1990）。情绪能够中断进行中的行为，导致个体重新评估成功的可能性，进而相应地选择加倍努力还是放弃。因此，情绪一般会引发自我关注的注意（Salovey & Rodin, 1985）。然而，愉悦感表明个体在实现目标的路上有了想不到的进展，并且可以安心地将注意投入到其他方面（Carver, 2003）。

评价理论

另一些理论也将认知与情绪联系起来，但较少关注信息加工的细节，而是强调对个人意义的解读。当我们走进聚会的人群时，大多数人都会扫视整个房间，看看都有谁（我们乐于见到的、我们不是那么乐于见到的或者我们不认识的）以及聚会为大家安排了什么（室内布置、食物和饮料、座位）。事实上，我们会评估环境以了解它对我们可能的意义。较早的一套认知取向的情绪理论就是围绕环境评价的概念建立起来的。它们的共同前提是，我们会评价环境可能对我们造成的影响。第一位提出**评价**一词的学者是玛格达·阿诺德（如 Arnold, 1945, 1970）；她的理论认为，我们会立刻自动地评价我们所遇到的一切，这是知觉的一种基本反应，我们由此产生行动的倾向。评价的一个基础是对过去类似经历及其关联情感的记忆，而我们行动计划的一个重要成分是对行动结果的期望。这一评价的全部过程通常是快速、依靠直觉和与生俱来的。尽管阿诺德的理论在发展过程中并未参考新近的认知思想，但它预期了更近的研究取向。

个人意义

评价取向随后的一名支持者拉扎勒斯（Lazarus, 1966; Lazarus & Smith, 1988）将评价视为个人就任何既定刺激对个人自身幸福的意义所进行的评估。个人意义的赋予被视为一种认知，但未必是有意识的、言语的、刻意的或理性的。评价将个体的目标和信念与环境现实联系在一起。

这个过程始于**初级评价**，此时人们评估刺激的个人相关性（与我的利害关系）。初级评价决定了动机相关性（关乎个体自己的目标和关注点）和动机一致性（关乎该刺激是促进还是阻碍自己的目标）。初级评价的情绪结果相对简单，就是对潜在伤害或好处的简单回避或趋近。

次级评价的结果则是更具体的情绪，人们借此思考如何应对（我能做什么？我有什么选择？）。应对方式主要有两种，一种是**问题聚焦的应对**（problem-focused coping），即个体尝试改变自己与环境的关系，如果这种应对失败了，个体就会采用**情绪聚焦的应对**（emotion-focused coping），即通过回避性注意策略或改变对威胁意义的解读来尝试调整自己的反应。相关的次级评价过程的例子包括对过去责任（赞许或指责）的归因和对感知到的未来动机一致性的期望（也许能柳暗花明）。最有效的次级评价应对策略取决于个人对现实的掌控程度和威胁所处的阶段（即收集的信息是否依然有效，现实中事态可否改变，或者现在行动是否太晚）。其核心思想是，评价引发应对（通过改变注意、意义和实际环境），而应对会改变个体与环境的关系，进而引发不同的情绪（Folkman & Lazarus, 1988a, 1988b）。拉扎勒斯的评价理论主要对压力和应对的研究有启发，尤其是对健康心理学，但它也影响了史密斯和麦凯的群体间情绪理论（第 12 章）。

认知评价

其他的评价理论更明确地侧重于人们对其环境的认识，以及这些**认知评价**如何引发情绪（Ellsworth & Smith, 1988a, 1988b; C. A. Smith & Ellsworth, 1985, 1987）。与前述特别侧重于个人的动机意义的理论（Lazarus & Smith, 1988）不同，该理论取向更明确地具有认知性。认知评价取向的核心思想是，人们会对情境的各个维度进行评价，这些维度决定了他们具体的情绪反应。一旦人们评价情境的愉悦度，对主体性（即自己、他人还是环境负责或控制，情境有多公平）、不确定性（个体有多肯定，个体有多少了解）和注意（留心，思考）的评估就会引发更具体的情绪。

人们确实记得经历过特定的情绪，并可描述相应的评价，反之亦然；他们也会报告当前的情绪和相应的评价（表 13.6）。例如，在消极情绪中，自我的主体性常伴随羞愧和内疚；他人的主体性则常伴随愤怒、蔑视和厌恶；环境作用是主因时通常会诱发悲伤（参考稍早提到的韦纳的理论）。因此，当个体对不悦状况负责时，会感到羞愧和内疚，比如个体由于无心之失搞砸了晚宴。然而，当他人对同样的情况负责时，个体则会感到愤怒、蔑视和厌恶。最后，当责任在于环境时，比如天气毁掉了一场精心准备的户外聚会，个体会感到悲伤。其他维度也很重要：例如，不确定性会让人产生恐惧，因为个体在无法预测和自己无法控制的情境中（聚会上有几个人醉酒闹事）会感到最强烈的恐惧。注意和思考的维度也很重要，因为低水平的注意标志着无聊和厌恶；高水平的注意会导致沮丧。（请思考你对一位在聚会上不停讲故事的人的注意情况：如果这个人纯粹无聊和令人厌恶，你会忽

表 13.6　不同情绪在评价成分上的位置

情绪	愉悦度[a]	责任/控制[b]	确定性[c]	注意[d]	努力[e]	情境控制[f]
幸福	1.46		0.46			
悲伤	−0.87					1.15
愤怒	−0.85	−0.94			0.53	−0.96
无聊				−1.27	−1.19	
挑战		0.44		0.52	1.19	
希望	0.50		−0.46			
恐惧	−0.44		−0.73		0.63	0.59
兴趣	1.05			0.70		0.41
蔑视	−0.89	−0.50		0.80		−0.63
厌恶		−0.50		−0.96		
沮丧	−0.88			0.60	0.48	
惊讶	1.35	−0.94	−0.73	0.40	−0.66	0.15
自豪	1.25	0.81				−0.46
羞愧	−0.73	1.31				
内疚	−0.60	1.31				

注：分数已标准化，且已排除 −0.40~0.40 之间的分数。

[a] 愉悦度：高分指愉悦度较高。

[b] 责任/控制：高分指自我责任感/控制较强。

[c] 确定性：高分指确定性较高。

[d] 注意活动：高分指注意活动较多。

[e] 努力：高分指期望中的努力较多。

[f] 情境控制：高分指环境控制较强。

资料来源：C. A. Smith & Ellsworth (1985)

略这个话篓子，但如果这个人不断阻止你讲自己的故事，你会注意听以便找到机会插话。）

人们对积极情绪分辨得不那么清楚；如前所述，一种情境令人不快的地方比令人愉快的地方多。愉快的情境只是让人们宽泛地感到快乐。尽管如此，个体还是能够区分一些具体的维度：惊奇与不确定性及外部主体性相关；兴趣与注意有关；希望与感知到的障碍和预期付出的努力相关；平静伴随着确定性、没有障碍和缺乏努力；爱与重要性、他人主体性和较少的努力及障碍有关。另外，特定的评价会影响伴随情绪的生理反应，具体而言，预期的努力会影响心率，感知到的阻碍影响皱眉（C. A. Smith, 1989）。

不同的评价理论如若深究会呈现出令人望而生畏的多样性，但它们也有一些共同的主题（理论整合见 Frijda, 1988; Scherer, 1988）。具体地说，特定情绪评价的理论分类在被认为对区分情绪很重要的维度上有相当大的重叠，即愉悦性、主体性、确定性和注意（见 Fridja, 1987b; Roseman, 1984）。

另一个理论框架比较了人们对特定情绪体验、它们的前因及身体反应的开放式描述中的跨文化一致性（如 Scherer, 1984, 1988; Scherer, Wallbott, & Summerfield, 1986; Wallbott & Scherer, 1988）。**刺激评估检查**（stimulus evaluation check）（类似于评价）方面的维度包括新异性、内在愉悦性、对目标和需求的重要性以及应对的潜能或控制程度；这些维度既有社会功能，又有生理功能。

在所有这些认知评价理论中，出现了一些核心维度：（1）愉悦性、动机一致性及效价;（2）主体性和责任;（3）确定性、概率和控制;（4）注意、兴趣和新异性。于是，这些相互兼容的认知评价理论为彼此提供了思想（有时是实证的）支持，这表明评价理论家们探索并找到了引发不同情绪的关键认知维度。[1]

---

[1] 还有其他一些与认知有关的理论侧重于更具体的评价。例如，感知到的自我效能感对情绪的诱发（Bandura, 1982）；疾病认知和情绪应对（实证研究如Ward, Leventhal, & Love, 1988; 更广泛的知觉—运动情绪理论见Leventhal, 1982, 1984）；或个人现实自我与理想自我、应该自我之间可感知的差异（Higgens, 1987; 第5章）。与此相关的是，爱泼斯坦（Epstein, 1984）的认知—经验自我理论描述了引发特定情绪的潜在反应选项的前意识构念，并特别强调了日常生活中的恐惧、愤怒、悲伤、愉悦和喜爱。

情感预报

一个相关的理论提出了最后一种自上而下的情感决定框架。人们对自己会有怎样的感受（例如对一部电影）有着自己的期望。如果实际经历与期望相符，他们的情感反应会更快；如果实际经历略有偏离，他们可能仍会将其同化到期望之中。当人们意识到实际经历与期望大相径庭时，他们就更难形成偏好（T. D. Wilson et al., 1989）。这种情感期望补充了之前关于情感负荷图式和认知评价的研究。

一个研究项目进一步考察了情感期望，表明人们对自身即将到来的"情绪天气"有着固执且极端的**情感预报**（affective forecasts）（Wilson & Gilbert, 2005）。人们通常会高估消极事件的影响，例如消极反馈、房间分配、恋爱关系破裂、不利的选举结果、未被录用或没能得到终身教职（Dunn, Wilson, & Gilbert, 2003; Gilbert et al., 1998; Wilson et al., 2000）。如果期望事件引发的情绪非常强烈，人们尤其容易深受其害（Gilbert et al., 2004）。

几种认知机制促成了这一现象。人们没有考虑到自身**心理免疫系统**（psychological immune system）（即自我保护机制），它能使人们渡过人生的打击。并且人们的展望过于关注可能的消极事件，没有考虑到能够冲淡其影响的其他并发事件。人们倾向于回忆过去非典型的情绪事件并可能受其误导（Morewedge, Gilbert, & Wilson, 2005）。人们也会高估过去事件对他们的影响程度（Wilson, Meyers, & Gilbert, 2003）。因此，人们深受**持久偏差**（durability bias）之害，预期消极事件对他们的影响比其实际影响的时间要长。

人们显然很少从经验中学到东西（Wilson, Meyers, & Gilbert, 2001）。更有甚者，当人们确实应对有方时，他们并不会将此归功于他们的心理免疫系统，而是通常更倾向于将其归功于强大的外部力量，如更大的权力（Gilbert et al., 2000）。显然，各类认知对情感反应都有着广泛且可辨别的影响，而且没有一种解释能涵盖所有的情感类型。

总 结

关于情感和认知的文献同时朝着诸多不同方向发展，有些关注生理反应，有些关注认知结构——被打断或成功应用——影响情感的方式。其中一些理论明显得到了更多实验证据的支持。尽管如此，一些核心主题逐渐浮现，可以指导相关研究和理论建构。

情感是总称性名词，囊括了所有类型的评价、心境和情绪。偏好包括相对温和的主观反应，它们基本上是愉悦的或者不悦的。心境通常没有具体的对象，被认为只有积极和消极之分，并持续一定的时间。情绪则更复杂和分化，通常包括生理反应，持续时间较短。区分情绪最常见的两种方式是按照愉悦度和唤醒水平这两个维度，或者按照积极和消极情绪这两个相互独立的维度。原型和社会角色取向描述了人们对特定情绪的文化共享分类以及情绪的一般概念。

早期情绪理论想知道生理反应是出现在分化的情绪体验之前（詹姆斯和兰格）还是之后（坎农）。后来，许多情绪的生理理论假设自动化的唤醒是没有分化的，情绪体验的复杂性一定需要其他机制来解释。面部反馈理论提出，面部复杂且微妙的肌肉活动提供了不同情绪背后细致的反馈模式，尤其是它们的效价和强度。

兴奋迁移理论认为，由情绪或运动产生的自动唤醒消退缓慢，并且人们通常不能区分自身唤醒的来源。因此，之前的兴奋能够溢出并加强新的情感反应，即使它们有着不同的效价。这些生理理论削弱了认知在情绪产生中的作用。

相比之下，认知如何影响情感？一些理论取向考察了唤醒与认知的相互作用，这是建立在沙赫特的情绪双成分理论的基础之上（第 6 章；无法解释的唤醒使人们在环境中搜寻他们情绪的认知标签）。曼德勒的心智与情绪理论扩展了这一分析：生理唤醒源于知觉图式或复杂目标序列的中断。知觉图式的失验程度决定了其体验到的愉悦度。目标序列的中断也会催生认知解释，这决定了情绪体验的性质。贝尔沙伊德的亲密关系中的情绪理论将这一分析扩展到了人际相互依赖的复杂目标序列：关系越亲近，越相互依赖，中断并进而引发情绪的可能性就越大。

其他社会认知理论侧重于认知结构如何影响情感。凯尔特纳（表 13.4）的理论认为，高权力引发积极情感。菲斯克的图式触发情感的理论认为，情感效价储存在图式的最高层，一旦实例的类别与图式匹配便立刻得以通达。林维尔分析了信息的复杂性如何影响情感：更复杂的知识结构通常会缓和情感，而简单的知识结构则可能引起更极端的情感。根据特塞尔的分析，如果个体通过思考来加工某个相关的图式，这个图式包含相互关联的维度，并且人们又公开地对最初的情感反应做出承诺，那么随着时间的流逝，思维就会极化情感。

其他的理论考察了个体对自己或他人所获结果的情绪反应。韦纳的归因维度理论提出，不同的组合——内部或外部控制点、时间稳定性和可控性——会引发特定的情绪和行为反应。

除了已经获得的结果，一些理论强调替代结果——可能但并未发生的结果——对情绪的影响。卡尼曼和米勒的标准理论描述了一个结果与假想的替代结果的容易程度相比的惊讶值，以及随后情绪反应的强度。因此，中断可以多渠道地引发情绪。

情绪也会引发中断。情绪可以管理目标的优先级，通过中断来提示优先级的不断变化。根据西蒙的观点以及奥特利和约翰逊-莱尔德的相关观点，情绪起着预警信号的作用，它提供了唤醒和中断的信息，以警示有机体去注意那些未被满足的需要，因为它们的紧急程度可能会在有机体追寻其他目标时发生改变。卡弗和沙伊尔的控制论模型认为，情感反馈系统可以调节有机体追寻目标的速度。

最后，根据阿诺德和拉扎勒斯的理论，认知通过评价——人们如何评估环境以确定它对自己所关注事物的意义——引发情感。个人意义的评价包括前意识和意识水平的认知评价，首先是个人相关性，其次是应对方式。认知评价会评估当前情境的特定维度，进而决定特定的情绪反应。其他理论也发现了类似的引发情绪的评估维度，具体而言是愉悦度、主体性、确定性和注意。人们对将来情感的预报往往会高估生活事件的情绪影响。

延伸阅读

Andersen, S. M., Saribay, S. A., & Przybylinski, E. (2012). Social cognition in close relationships. In S. T. Fiske & C. N. Macrae (Eds.), *Sage handbook of social cognition* (pp. 350–371). Thousand Oaks, CA: Sage.

Barrett, L. F., Mesquita, B., Ochsner, K. N., & Gross, J. J. (2007). The experience of emotion. *Annual Review of Psychology*, 58, 373–403.

Hostetter, A. B., Alibali, M. W., & Niedenthal, P. M. (2012). Embodied social thought: Linking social concepts, emotion, and gesture. In S. T. Fiske & C. N. Macrae (Eds.), *Sage handbook of social cognition* (pp. 211–228). Thousand Oaks, CA: Sage.

Izard, C. E. (2009). Emotion theory and research: Highlights, unanswered questions, and emerging issues. *Annual Review of Psychology*, 60, 1–25.

Keltner, D., & Lerner, J. S. (2010). Emotion. In S. T. Fiske, D. T. Gilbert, & G. Lindzey (Eds.), *Handbook of social psychology* (5th edn, Vol. 1, pp. 317–352). Hoboken, NJ: Wiley.

Mesquita, B., Marinetti, C., & Delvaux, E. (2012). The social psychology of emotion. In S. T. Fiske & C. N. Macrae (Eds.), *Sage handbook of social cognition* (pp. 290–310). Thousand Oaks, CA: Sage.

Niedenthal, P. M., & Brauer, M. (2012). Social functionality of human emotion. *Annual Review of Psychology*, 63, 259–285.

第 14 章

从情感到社会认知

- 情感对认知的影响
- 情感与认知

经济学家（至少是古典经济学家）愿意相信，人们会在权衡成本与收益之后作出理性选择。近期关于启发式（第 7 章；Kahneman, 2011）的研究却不支持"决策在认知上无偏差"的观点。近期关于情绪的研究也不支持"决策首先主要是认知"的观点。在本章我们将看到，情感会影响人们所有形式的想法、记忆、信念和决策。但是，我们也将看到，人们对情感影响的敏感性并不相同。最后，我们将介绍，有些研究者认为情感与认知应该被视为完全独立的系统，两者肯定有着某些明显不同的运作方式。

情感对认知的影响

一位女子发现自己减肥初见成效，开始突然对她的狗更好了；另一个人在疲惫时几乎不想做任何事情；还有一个人仅仅因为意外地发现清洁工洗净了她的咖啡杯，感觉一天都很顺。我们也都有这样的体验，当我们心情愉悦时，好点子总是源源不断地冒出来。这些例子和相关的现象都说明，情感会对我们的行为、记忆、判断、决策和说服产生各种影响。

在详细介绍这一研究前，请先思考一些背景知识。第一，大多数研究考察的是**心境**对认知和社会行为的影响；在这一研究中，强烈的**情绪**则起着次要作用。第二，与之相关的是，考察这些影响的实验往往运用较弱的心境操纵方法（比如在地上捡到一枚硬币），而非重大的生活事件（比如买彩票中了百万大奖）。情绪并不需要通过使生活翻天覆地、引发强烈情感的事件来影响我们的行动、思考、决策和创造。第三，人们的知觉和预期带有积极偏差，对自己和他人的生活一般作适度积极的评价（第 2、3、13 章；Parducci, 1968; Sears, 1983)；在**盲目乐观效应**中，个体的信息加工偏向积极的材料（Matlin & Stang, 1978）。人们更容易记住和判断积极材料（例如，Hampson & Dawson, 1985），并作出带有积极偏差的判断。所以，在其他条件相同时，大多数人都是适度的乐观主义者。这意味着，积极和消极心境并非简单地彼此对立，因为人们通常更多地感受到积极心境，也往往更偏好积极心境。这种不对称性有着重要的影响。

积极心境的影响比消极心境更加清晰明了。纵览相关的研究，积极心境的影响比消极心境更有预测性、一致性及解释性。消极心境的不均衡影响或许可以用几个原因来解释。如前所述，积极情感比消极情感更常见，所以消极情感偏离基线水平更大，导致的纷扰更多。此外，消极心境能提示威胁幸福的情境（第 13 章），故而也更加扰人心神。通常来说，消极情绪比积极情绪更多变，正如消极情感与积极情感的结构所示（第 13 章）。因此，愤怒心境与悲伤心境的影响可能不如愉快心境与兴奋心境的影响之间那么相似。另外，消极心境令人反感，因此人们会更努力地控制自己的消极情感而非积极情感。所有这些都使消极心境的影响比积极心境带来的影响更加多变。

心境与帮助行为

好心情会让人帮助他人（就如前述那位女性只是因为感觉自己变瘦就对宠物狗溺爱有加）。研究者考察了一些令人愉快和振奋的小经历：在一个小任务上取得成功，捡到一枚硬币，收到免费的样品，别人给你一块饼干或糖果，观看令人愉快的幻灯片，欣赏一段宽抚人心的音乐，被告知自己乐于助人，遇到好天气以及回忆过去愉快的事件（综述见 Forgas,1995; Isen, 1987; J. D. Mayer & Salovey, 1988; Penner et al., 2005）。甚至商场里烘咖啡或烤饼干的香味都使人们更可能帮助陌生人换零钱或找回他丢的钢笔（R. A. Baron, 1997）。缕缕温煦的阳光都有益于让这个世界变得更加美好：收件人寄出自己错收的信件，帮助他人捡起掉落的纸张、包裹或者书本，向慈善机构捐赠或者帮忙募捐，花时间做志愿者，同意献血，给他人更积极的建议，帮陌生人打电话，等等。更值得一提的是，所有这些影响都具有跨年龄、社会阶层和种族的一致性（Penner et al., 2005）。

学者们提出了几种假设来解释这些影响。在对一项研究的分析中，卡尔森、查林和米勒（Carlson, Charlin, & Miller, 1998）发现了支持 4 种机制的有力证据。这些机制都与一条原理有关，即愉快的个体对涉及正强化的担忧特别敏感。好心情的人愿意帮助他人，只要情境使其对回报的需要变得突显并强调帮助行为的回报（见表 14.1）。

心境能够改变个体的注意焦点，从而使注意聚焦在自己或他人身上。由关注自己的好运而引发的好心境能促使个体善待他人，但关注他人好运所致的好心境却不会增加个体的帮助行为，反而可能导致个体的嫉妒（例如，Rosenhan, Salovey, & Hargis, 1981）。

根据分离加工理论，如果帮助请求强调帮助行为的回报而非引发内疚的帮助义务，那么拥有积极心境的人往往会帮助他人（例如，M. R. Cunningham,

表 14.1　解释心境如何影响帮助行为的机制

机制	过程	区别	引文示例
注意	关注自己或他人	自身好运引发的好心境 → 帮助 他人好运引发的好心境 → 不帮助	Rosenhan, Salovey, & Hargis, 1981
分离加工	请求的着重点	强调回报 → 帮助 强调内疚 → 不帮助	M. R. Cunningham, Steinberg, & Grey, 1980; Gueguen & DeGail, 2003; Perlow & Weeks, 2002
社会观	事件的着重点	人性善良、社区慈善 → 帮助 与人性无关的原因 → 不帮助	Holloway, Tucker, & Hornstein, 1977
维持心境	关注效果	支撑心境 → 帮助 破坏心境 → 不帮助	Forest et al., 1979; Isen & Simmonds, 1978

Steinberg, & Grey, 1980; Gueguen & DeGail, 2003; Perlow & Weeks, 2002）。

第三种假设认为，当人们的社会观改善时，就会拥有好心境（例如，Holloway, Tucker, & Hornstein, 1977）。当人们受到人际事件的鼓舞后，更可能帮助别人，因为他们此时关注人性的善良或者社区慈善。社会观的改善能提升亲社会价值观。

最后，人们关注心境维持，因此如果帮助他人会破坏自己的心境，那么愉快的人不太可能提供帮助（例如，Forest et al., 1979; Isen & Simmonds, 1978）。但是，这并不意味着人们助人仅仅是为了维持或提升心境；人们助人有各种不同的理由，心情愉快的人只是对消极情感更敏感并回避它们（Isen, 1987）。当愉快的人们对回报有明显的关注并且助人带来的回报显而易见时，他们便会提供帮助[1]。

与此相关的一点是，愉快的人更善交际：他们会发起人际交往、表达喜爱、更多地自我表露、提建议、更少进行攻击、更多地合作，这些行为似乎并不是因为人们愉快时一般更顺从（例如，M. R. Cunningham, 1988; 综述见 Isen, 1987）。愉快之人甚至在谈判时变得更合作，更少使用导致争论的谈判策略，追求更多的共同利益（Carnevale & Isen, 1986; Forgas, 1998）。人们感觉良好时，通常不仅对他人更友善，同时也更加善待自己。他们会奖励自己，寻求正反馈，而这不仅仅是因为失去自控能力（Isen, 1987）。心境的有益影响也表现在职场中各种各样的好公民行为中（Brief & Weiss, 2002; Forgas & George, 2001）。随着情绪与帮助行为之关系研究工作的进展，研究者可能会越来越多地关注具体的积极情绪，比如感激（Bartlett & DeSteno, 2006）。

那么暂时抑郁的人会怎样？心境低落的人们有时会比心境一般的人们更乐于助人，但只在某些特定条件下才如此（综述见 Carlson & Miller, 1987）。事实上，那些确实能促进助人行为的消极心境条件是由内疚而非愤怒主导的。也就是说，根据责任/**客观自我意识**（objective-self-awareness）理论，假定当时亲社会规范突显，如果不悦之人认为自己是导致消极事件的原因（比如，损坏了实验者的设备或被告知要对自己的糟糕心情负责），就会做出帮助行为（例如，M. Rogers et al.,

---

[1] 伴随假说认为，快乐的人乐于助人并不是为了维持心境，而是快乐的一种附带后果，例如，由于对他人更喜爱或者更乐观（Manucia, Baumann, & Cialdini, 1984）。这一假说与社会观假说及其他假说有着相当大的重叠，所以很难单独评价这一假说，特别是当个体对心境维持的关注同样明显时（Carlson, Charlin, & Miller, 1988）。

1982）。

相形之下，根据注意焦点说的解释，那些对消极事件采用自我关注视角（如想象朋友死于癌症时自己的反应）的暴躁之人较少帮助他人（如，W. Thompson, Cowan, & Rosenhan, 1980）。这一注意的解释适用于由积极或消极心境诱发的帮助行为：当帮助行为使得注意力偏离自己的心境时，心境淡化；而当帮助行为将注意力集中在引起个体心境的条件时，心境增强（M. G. Millar, Millar, & Tesser, 1988）。

糟糕心境对帮助行为的影响的另一种解释更富有争议。根据**消极状态缓解假说**（negative state-relief hypothesis），当帮助行为能够驱散个体的消极心境时，不悦之人会帮助别人（例如，Cialdini, Darby, & Vincent, 1973; Schaller & Cialdini, 1988）。甚至儿童也能觉察到帮助他人给自己带来的有益影响（Cialdini & Kenrick, 1976; Perry, Perry, & Weiss, 1986）。显然，人们会试图调节自己的心境（Baumgardner & Arkin, 1988; J. D. Mayer & Gaschke, 1988），所以这一假说的某些修改版本可能站得住脚。然而，研究人员对此类结果的解释存在分歧（Carlson & Miller, 1987; 参见 Schroeder et al., 1988）。

心境与记忆

你是否曾在收到一条好消息后，发现脑海中在回想一些彰显自己能力、善良、可爱之处的过往经历？当前的心境塑造着人们对过往经历的记忆。心境与记忆研究的核心内容包括两种基本现象：心境一致性记忆和心境状态依赖性记忆。

心境一致性

在很多情境下，人们更容易记起那些效价与当前心境状态一致的材料（综述见 Blaney, 1986; Forgas, 1995; Isen, 1987; J. D. Mayer, 1986）。许多研究采用了实验方法来诱发心境，包括让参与者接受催眠、体验成功与失败、阅读与心境相关的句子（即**维尔顿程序**，Velten procedure）、听充斥着情感的音乐、细想相关的往事，或者做出积极或消极的面部表情等（Blaney, 1986）。在一项研究中，实验者用令人愉快的气味（如杏仁香精气）和令人不快的气味（如煤焦油气）来唤起不同的心境（Ehrlichman & Halpern, 1988）。在各种表现出**心境一致性记忆**（mood-congruent memory）的实验设置和程序中，人们在积极心境下想起积极的材料，有时在消极心境下想起消极的材料（例如，G. H. Bower, Gilligan, & Monteiro, 1981; Isen et al., 1978; Salovey & Singer, 1988; Teasdale & Russell, 1983）。

某些研究者认为，该效应主要发生在记忆的提取阶段（Blaney, 1986; Isen, 1987），但大多数研究者认为，证据更支持该效应发生在学习阶段（G. H. Bower, 1987; J. D. Brown & Taylor, 1986; Fiedler et al., 2001; J. D. Mayer & Salovey, 1988; Nasby & Yando, 1982; J. A. Singer & Salovey, 1988）。与该观点一致的是，人们更容易感知与情绪一致的刺激（Neidenthal & Setterlund, 1994）。大多数解释假定心境一致性效应是相当自动化的，但有些心境一致性效应涉及受控的动机性加工（Blaney, 1986）。

整合性的**情感注入模型**（affect infusion model, AIM）提出，情感影响可能相对自动、受控或者完全不存在，这取决于加工模式（Forgas, 1995; 表 14.2）。也就是说，在启发式加工模式下，人们根据情感快速作出判断（如果我感觉良好，那我一定喜欢它），这遵循了**情感即信息视角**（affect-as-information perspective）（例如，Schwarz & Bless, 1991）。在更实质（通常受控）的加工模式下，情感通过选择性注意、编码、提取、联想来启动判断，这一模式遵循了更传统的记忆模型（例如，Bower, 1991）。但是，当人们直接通达先前的判断，或进行动机性加工来推动既定目标时，情感几乎没有什么影响。在这两种情况下，记忆、判断和行为的通路已经形成，所以它们较少受情感偏差的影响。在记忆的背景下，情感注入模型描述了对请求的反应如何表现出心境一致性偏差。一项在图书馆进行的研究

表 14.2 情感注入模型（AIM）

加工模式	情感的影响	先例
启发式（自动化）视角	根据情感快速作出判断（如果我感觉良好，那我一定喜欢它。）	心境即信息（例如，Schwarz & Bless, 1991）
实质性（受控的）	情感启动判断（选择性注意、编码、提取、联想）	传统记忆模型（例如，Bower, 1991）
直接通达先前的判断	很少或没有影响	记忆、判断和行为的通路已形成
动机性加工	很少或没有影响	记忆、判断和行为的通路已形成

资料来源：Forgas (1995)

中，学生们先看一些引发积极心境（幽默漫画）或消极心境（车祸）的图片或文字，接着他们收到了另一名同学礼貌或不礼貌的借纸请求。消极心境使人对请求更持批评态度，更不可能顺从他人，面对不礼貌的请求时尤其如此。不礼貌的请求也更容易记忆，这与实质性加工路径一致（Forgas, 1998）。

大多数心境一致性研究发现，消极心境的影响并不均衡，动机性的、受控的加工或许能解释这一现象。也就是说，人们会努力修复消极心境，所以诱发心境的实验操纵起不到应有的作用（M. S. Clark & Isen, 1982; J. A. Singer & Salovey, 1988）。或者说，消极心境影响较弱可能源于记忆中存储的消极材料较少、整合性较差，因此消极心境可能无法有效地唤起一致性材料（Isen, 1987）。同时，如果消极材料缺乏条理，其本质上就可能难以学习，所以很难将消极刺激与积极刺激等同。消极心境影响较弱也可能是由于消极心境（悲伤、愤怒、恐惧）之间的差异比积极心境（快乐）之间的差异要大。如果心境一致性并不仅仅依赖于情绪总体效价的匹配，而是依赖于特定情绪的匹配，那么消极心境状态的匹配就不会像积极心境那么容易。而且，任何一种消极心境引起的联想一般也比总体上快乐的心境少（Laird et al., 1989）。

消极心境一致性的确稳定地出现在一种重要的情境中，即对于抑郁的人，消极事件与心境可能是一致的，因而容易记住（Blaney, 1986; M. H. Johnson & Magaro, 1987）。比如，如果抑郁之人和不抑郁的人都经历一系列由实验者控制的成功和失败，与控制组参与者相比，抑郁之人会低估成功事件（例如，Craighead, Hickey, & DeMonbreun, 1979）。此效应似乎更可能是提取偏差而非编码不足，也就是说，他们注意到成功事件，但是不容易回忆。在另一个例子中，与控制组相比，抑郁的人较少记得积极词语和短语，或者较多记得消极词语和短语（例如，Ingram, Smith, & Brehm, 1983）。只有当人们聚焦于材料对他们自身的适用性时，这些消极心境一致性效应可能才会发生（例如，Bargh & Tota, 1988），否则这些效应产生的条件可能繁杂多变。抑郁的参与者可能刻意关注消极材料以对其进行反驳、提升自己或确认自我意象，因而该效应可能是也可能不是自动化的（无意图的、无意识的、快速的；第 2 章）。

除了抑郁方面的个体差异外，高神经质个体也会表现出夸张的消极心境效应（Rusting, 1999）。外向者会表现出更强的积极心境记忆效应。以下两种过程都可以解释人格与心境的相互作用（Rusting, 1998）。心境可以调节人格（与之交互）从而共同影响认知。或者，心境可以中介人格与加工之间的关系，比如某种人格特质使人易于产生特定的心境，进而影响认知。许多研究都支持了以上两种过程。

总而言之，大量证据支持心境与记忆材料的一致所产生的促进作用。然而，几个与心境不一致的牢固记忆的孤例使通常的心境一致性效应变得复杂（Fiedler, Pampe, & Scherf, 1986; Forgas, Burnham, & Trimboli, 1988; Mackie et al., 1989; Parrott & Sabini, 1990; Rusting & DeHart, 2000）。如前所述，人们经常通过重构以往的消极事件或提取积极记忆来抵消不良心境，从而调控自己的消极心境，其结果便是消极心境的心境不一致效应的产生。此外，当人们反思自己的心境时，也更可能回想起与心境不一致的事件（McFarland & Buehler, 1998）。

心境与记忆的研究本身也不是没有问题的：参与者内设计可能会鼓励参与者根据**实验要求**（如无意中泄露假设）作出反应；某些研究没有纳入中性心境控制组（M. S. Clark & Williamson, 1989; J. A. Singer & Salovey, 1988）。尽管如此，一些研究显然通过悄无声息地操纵面部表情而非明确要求自我诱导心境状态来规避实验要求，这些研究也都证明了心境一致性记忆（Laird et al., 1989; Laird et al., 1982）。具身认知研究在**事后认知**领域也解决了类似的问题，即在初始目标不在的情况下再造出对它的感知（第4章；Niedenthal et al., 2005）。

此外，现实世界中的心境一致性效应尤其强大：临床抑郁患者确实会表现出心境一致性效应，并且与实验者提供的材料相比，现实生活事件显示出了更强的心境一致性效应（例如，Mayer, McCormick, & Strong, 1995; 元分析见 Ucros, 1989）。总之，发现了心境一致性效应的研究结果似乎多于没能发现这一效应的研究结果。

心境状态依赖性记忆

另外一种关于心境与记忆的现象涉及学习和提取材料时心境背景的一致性。也就是说，如果一名学生在悲伤心境下备考，那么他在悲伤心境下考试时能最好地回忆学习材料。**心境状态依赖性记忆**（mood state-dependent memory）并不考虑材料本身的效价，只关注学习与提取时两种心境背景的一致性。

状态依赖性记忆显然存在于药物引发的状态（Eich, 1980）。比如，喝醉时学习的东西更容易在醉酒而非清醒状态被记起。（不要把这一现象理解为建议让无法记起自己喝醉干了什么的人仅仅为了回忆而重新醉酒。）药物引发的状态依赖性记忆的可靠性使研究者欲在心境状态中寻找类似现象。或许愉快时学习的材料在愉快时能被最好地回忆，而与具体学习材料的内容无关。

虽然这个效应理应真实存在，但支持它的证据却较弱（Blaney, 1986; G. H. Bower & Mayer, 1989; Isen, 1987）。一些研究将一半材料与积极心境（如快乐）联结，另一半材料与消极心境（如悲伤）联结，更频繁地观察到了该效应。这些参与者内设计依赖于测试阶段不同种类项目之间的干扰。但是，研究者对干扰进行系统性操纵后，并不能可靠地观察到该效应（G. H. Bower & Mayer, 1989），并且由于所有的参与者都体验了两种心境，所以研究假设和实验需求可能变得很明显（Blaney, 1986; J. D. Mayer & Salovey, 1988; J. A. Singer & Salovey, 1988; Ucros, 1989）。因此，我们可能会考虑考察自然产生而非由实验者引发的心境，从而尽可能减少实验要求问题。然而，自然产生的心境未必会出现心境依赖现象（Hasher et al., 1985; J. D. Mayer & Bremer, 1985）。

还有一个谜题有待澄清。如前所述，药物能可靠地引发状态依赖性效应，心境却不能。一个可能的解释是，药物的状态依赖性效应更像唤醒依赖性记忆，而后者似乎是可靠的（M. S. Clark, Milberg, & Erber, 1988; M. S. Clark, Milberg, & Ross, 1983）。换言之，也许不是效价的匹配（比如学习和测试时都很愉快）而是唤醒度的匹配（比如学习和测试时都很兴奋）导致一种特殊的心境一致性。情感唤醒通过传达事件的重要性而促进记忆（Storbeck & Clore, 2008）。

心境与记忆的网络模型

为解释心境对记忆的各种影响而提出的一种理论是网络模型（第4章；综述见 J. A. Singer & Salovey, 1988）。该理论假设，情绪仅仅是一种提取线索，与其他线索无异。这意味着，跟某种情绪同时出现在脑海中的记忆或事件与这种情绪是相关联的，因此也（间接地）与其他情绪一致性记忆或事件相关联。所以，心境一致性记忆具有某种优势，因为情绪为记忆中的项目提供了一条额外的路径。从这个角度来看，心境一致性记忆应该基于依附在心境之上的类似情感的提取优势，以及被回忆事项的固有效价。同时，心境状态依赖性记忆会依赖于与学习和提取项目相关的类似情感。

然而，如前所述，后续研究试图寻找证据支持心境对情感基调相似材料之感知（G. H. Bower, 1987）以及对心境状态依赖性之提取的促进效应，但结果令人失

表 14.3　心境状态依赖性记忆的调节因素

效应更强的情况	可能的原因
早期研究	实验程序不够严谨，实验者的态度更热情
时间较长的研究	较强的心境诱导和再造，有更长时间去遗忘
参与者年长	更老练？更健忘？
给参与者报酬	动机更强
样本较小	较强的心境诱导

资料来源：Ucros (1989)

望。此外，记忆网络中概念与情绪关联性的组合效应也没有得到很好的支持（E. J. Johnson & Tversky, 1983）。总之，心境与记忆的网络模型"表现得不是很好：……有成功之处但也有好几处明显的失败"（G. H. Bower, 1987, p. 454），这表明我们还需要新的理论框架。

总而言之，心境状态依赖性记忆在实验要求更可能出现时——即实验参与者更可能准确地知悉研究假设并作出反应时——效应更强。效应更强的情况有（a）一些早期的研究实验程序可能不够严谨，实验者的态度更加热情；（b）研究的实验时程较长；（c）研究的参与者年龄较大，可能更老练；（d）参与者为了金钱而非为了学分或志愿参加研究；（e）研究的参与者较少且心境诱导较为强烈（Ucros, 1989; 表 14.3）。对心境与记忆研究结果的总体模式的一种解释是，当诱发的心境强烈时，研究结果更好（J. D. Mayer & Salovey, 1988; Ucros, 1989）；如果根据参与者对心境诱发程序的反应性进行筛选，或者采用自然出现的心境和现实生活事件，研究结果也会更强。

关于心境与记忆的总结

正如我们所见，支持心境一致性记忆的证据较强，而支持心境状态依赖性记忆的证据较弱。尽管常规上心境一致性和心境依赖性被研究者分开研究（就如本章所述），然而在现实生活中二者的区分并非总是那么清晰（Blaney, 1986; Ucros, 1989）。积极的材料通常是当个体处在积极心境或从积极情境中对材料进行积极解读时获得的，从而混淆了学习阶段的心境和学习材料的效价。虽然如此，二者至少在概念上是不同的，心境一致性效应远比心境状态依赖性效应更可靠。

心境与判断

微笑的政客能使观众处于好的心境，这会使人们对官员或竞选者产生积极的感觉；而那些哭泣、尖叫或皱眉的人则冒着让人产生消极心境一致性反应的风险（综述见 Glaser & Salovey, 1998）。法律决策也会受情绪的影响（如 Bornstein & Wiener, 2006）。在心境研究文献中，最明确的效应之一是愉快的人会将一切事物看得更美好：他们自己、他们的健康、他们的轿车、他人、未来，甚至政治与刑事被告人（综述见 Bodenhausen, Kramer, & Süsser, 1994; Bodenhausen, Sheppard, & Kramer, 1994; Clore, Schwarz, & Conway, 1994; Crano & Prislin, 2006; Forgas, 1995; Petty, Wegener, & Fabrigar, 1997; Schwarz & Clore, 1996; Zajonc, 1998）。请思考一个人际交往的例子：人们在高兴时观看自己社交行为的回放录像，会给自己更积极的评价（Forgas, Bower, & Krantz, 1984）。这一效应为聚会之后个体对自身行为的回想提供了一个新的视角，即对自身行为的解释似乎依赖于个体进行自我评价的时间和条件。

各种基于愉快心境的仁慈效应导致了这样的猜测，即个体具有多重人格，这些人格取决于个体当前的心境（G. H. Bower, 1990; 参见 Epstein, 1990b）。但是，这种现象也有一些限制：比如，愉快的人不会过高地评价罪犯和没有吸引力的人（Forgas & Moylan, 1987; G. L. White, Fishbein, & Rutstein 1981），并且高水平的个人卷入可能会调节心境一致性效应（Branscombe & Cohen, 1990）。

那么相反的情况也成立吗？不开心的人会讨厌一切事物吗？有时候是这样的，但证据并不一致，这与消极心境与记忆的研究不一致的原因基本相同（M. S. Clark & Williamson, 1989; J. D. Mayer & Salovey, 1988）。因此，包含中性控制组的研究比仅仅对比积极与消极心境的研究能够提供更多有用的信息。也就是说，如果仅仅比较积极与消极心境，而且得到差异，我们仍无法知道相对于基线水平，究竟哪种心境产生了效应。消极心境效应与中性心境效应通常并无差别，有时甚至与积极心境效应相同，因为人们会试图平复自己的消极心境。所以，要观测消极心境效应，中性控制组是必不可少的。研究者在消极心境研究中发现了某些效应。比如，消极心境会使人们认为未来发生消极事件的可能性增大（E. J. Johnson & Tversky, 1983）。相比于中性心境，暂时的抑郁心境会使人们更多地根据消极特质来评判他人（Erber, 1991）。类似地，暂时的抑郁和长期的消极看法都会使人们感到自己缺少社会支持（L. H. Cohen, Towbes, & Flocco, 1988; Vinokur, Schul, & Caplan, 1987）。该研究领域的其他例子也展现了消极心境一致性判断。

在这个研究领域中还存在其他一些有意思的谜题。比如，判断不仅会表现出与积极（有时消极）心境的一致性，也会表现出与唤醒的心境的一致性效应（M. S. Clark, Milberg, & Erber, 1984; Stangor, 1990）。也就是说，当人们处于生理唤醒时（比如通过做运动），他们会作出与唤醒一致的判断，将他人模糊的积极面部表情更多地辨认为高兴而不是平静，并且将一个含糊不清的陈述（"看看日落"）理解为感叹而不仅仅是满足。

心境研究者的关注点正从效价和唤醒延及复杂的情绪。例如，两种消极且潜在唤醒的情绪——愤怒和恐惧——对判断有截然不同的影响（Lerner & Gonzalez, 2005; Lerner & Keltner, 2001）。恐惧会使人们对恐怖袭击的风险觉知升高，而愤怒则使这一风险觉知降低（Fischhoff et al., 2005）。当涉及自身选择时，恐惧的人是悲观的，会夸大看到的风险；恐惧会使人们采取一种预防或回避取向。与此相反，愤怒会使人乐观并寻求风险，这与它的趋近取向一致。只有当人们评价未来而非过去时，愤怒才会使人们作出相对愉快的判断（Lerner & Tiedens, 2006）。

当涉及其他人时，愤怒的人可能是一种威胁，悲伤的人则可能更加小心和周到。愤怒会助长自动化的偏见，而悲伤却会削弱群体间的偏见（DeSteno, Dasgupta et al., 2004; 参见 Bodenhausen, Sheppard, & Kramer, 1994）。愤怒与群体间竞争相契合，因而会助长偏见。同样，愤怒和悲伤的沟通分别对愤怒之人和悲伤之人更有说服力（DeSteno, Petty et al., 2004）。悲伤和愤怒分别会使人们对悲伤和愤怒事件可能性的感知出现偏差（DeSteno et al., 2000）。总体来说，心境如果与信息、事件或说服对象匹配，情感—认知效应似乎就比较强。

特定的情绪在特定的判断类型中起作用。比如，很多道德判断会受厌恶情绪的影响。一项研究让一些参与者坐在一把旧椅子上，椅子坐垫肮脏而破烂，面前的桌子沾满了黏糊糊的污渍，桌上放着一支咬过的笔和一个留有吃剩奶汁的杯子，身边放着一个堆满了的垃圾桶，里面有油腻的比萨盒子和用过的纸巾，以此来诱发参与者的厌恶情绪。另一些参与者则置身于干净而整洁的环境中。接着，研究者让所有参与者都完成道德判断任务，报告各自的情绪，并且完成**内在身体意识**（private body consciousness, PBC）量表（比如，对自己的饥饿、病痛和心境

表 14.4　内在和外在身体意识量表的项目示例

内在身体意识

当我的嘴巴或喉咙发干时，我立即就能知道。

我经常能感觉到自己的心跳。

外在身体意识

让我的皮肤看起来不错对我来说很重要。

我喜欢确保自己的发型看起来很好。

资料来源：L. C. Miller, Murphy, & Buss (1981)

等身体感觉有反应；表 14.4；L. C. Miller, Murphy, & Buss, 1981）。对于该量表得分高的人来说，厌恶会导致更严苛的道德判断（Schnall et al., 2008）。由催眠诱发的厌恶情绪也有同样的效应（Wheatley & Haidt, 2005）。人们对厌恶的敏感性在不同领域存在差异，例如食物、寄生虫、身体排泄物和死亡等（Haidt, McCauley, & Rozin, 1994）。同时，厌恶对道德判断的影响也存在文化差异。比如，用国旗擦厕所可能被美国精英大学生视为肆意妄为，但在某些其他美国人和巴西的成年人看来，这种行为在本质上是令人厌恶和不道德的（Haidt, Koller, & Dias, 1993）。通过厌恶可预测政治保守派多方面的道德议题（例如认为同性恋是不道德的）。自由派道德议题的范围则相对狭窄，例如，强调感知到的对自主性的威胁（如对他人的伤害程度）而非对社区或神的威胁（Haidt & Hersh, 2001）。所有这些道德判断都依赖于**直觉**，包括突然的、有意识的、情绪性的反应，而不用意识到经过了事先的算计（Haidt, 2001）。

一般来说，情绪影响着多种判断，比传统的决策研究所认识到的范围要广。用一位道德判断理论学家的话来说："道德情绪和直觉驱动着道德推理，正如狗摇尾巴那样确定无疑"（Haidt, 2001, p. 830）。

仍有一些悬而未决的问题。令人好奇的是，儿童并不总是会表现出与成人相同的积极和消极心境效应（Forgas, Burnham, & Trimboli, 1988; Masters & Furman, 1976；参见 Barden et al., 1985）。这种现象的原因还不明确。是因为儿童心境的唤醒成分掩盖了效价？还是因为他们的联结网络还不够发达？或者是因为他们的社会化还不够，并未形成文化上共同的心境效应？这些都需要进一步的研究。

心境与判断研究的另一个挑战是具体说明心境不一致刺激的影响。比如，心境不一致刺激可能干扰信息加工，使人们通过诸如**错觉相关**之类的认知捷径来评价他人（Mackie et al., 1989）。同样，心境本身可能会干扰人们的精细加工（Asuncion & Lam, 1995）。当然，一些将情绪视为干扰的理论（第 13 章）会认为，情感不管是否一致都具有破坏性。心境（与刺激一致或者不一致）对判断的干扰作用还没有得到很好的理解。此外，虽然还没有明确的证据支持，但我们有理由期待某些心境不一致的判断效应；在这种情况下，心境和被判断的事物形成了对比。

未来研究的另一个方向是详细探究情绪在决策中的神经机制（图 14.1）。在一个模型中（Naqvi, Shiv, & Bechara, 2006），杏仁核参与奖赏和惩罚的感觉体验，这与它对重要情绪性事件的警觉作用一致。带来积极和消极体验的行为决策的内在

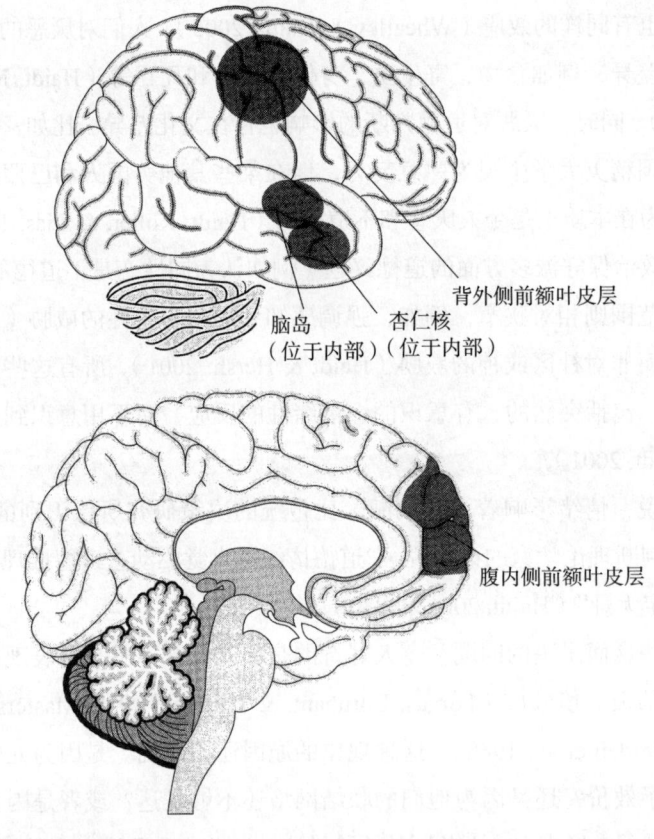

图 14.1　决策涉及的脑区

表征涉及腹内侧前额叶皮层（vmPFC）。在随后的决策中，腹内侧前额叶皮层和背外侧前额叶皮层再现了这些表征。在决策过程中，这些情绪—身体状态激活了脑岛皮层。比如，当参与者评价另一名参与者分配行为的公平性时，脑岛皮层就会激活（Sanfey et al., 2003; 第 8 章）。这种脑岛激活可能是对选择的本能反应或"直觉"的基础。中脑边缘区域涉及决策中对选项的无意识的情绪偏向。神经影像学证据表明，道德决策可能尤其易受情绪的影响（Greene et al., 2001; Valdesolo & DeSteno, 2006）。

此外，某些人的情绪反应比其他人更强烈。比如，高压的早期家庭环境（如严苛的教养方式）会在之后抑制杏仁核对恐惧和愤怒面孔的典型反应（Taylor et al., 2006）。此外，当人们给自己的情绪命名时，杏仁核通常会受右腹外侧前额叶皮层（rvlPFC）激活的调控，但来自高风险家庭的成人身上则不存在这种调控。因此，早期经验能够塑造个体对情绪性刺激的神经反应，并且认知过程（比如命名）能调控（或者无法调控）这些反应。这些假设的机制仍有待完善，它们引起了研究者们的积极关注，这将有助于阐明情绪与决策之间的相互作用。

心境与决策风格

心境不仅影响我们的记忆内容以及我们对世界的评价有多积极，还会影响我们作判断的方式（综述见 Fiedler, 1988; Forgas, 1995; Isen, 1987）。早期研究表明，兴高采烈的人是豁达的、包容的，有点冲动；他们会快速地作决策（Isen & Means, 1983），对简单任务反应迅速（J. D. Mayers & Bremer, 1985）；他们将更多样化的事物归为同一类（Isen & Daubman, 1984），能在事物中看到更多不寻常的联系（Isen et al., 1985）；他们的联想更为松散和缺少组织（Fiedler, 1988），他们更多地将自己与积极的词汇联系起来（J. D. Mayer, Mamberg, & Volanth, 1988）；如果可能的损失较小，他们愿意承担更多的风险（Isen & Geva, 1987），但结果是损失更大（Isen, Nygren, & Ashby, 1988）。总之，积极心境显然与多种有利于创造力的因素有关，人们甚至会把坏心境当作失败的借口（Baumgardner, Lake, & Arkin, 1985）。

随着这方面研究的深入，研究者发现，快乐的人是格外灵活的决策者。快乐的人可能并没有太大的动力或者无法进行仔细的加工，因为他们可能认为自己的心境表明一切都很好（Isbell, 2004）。这与**情感即信息**的取向一致（Schwarz, Bless, & Bohner, 1991）。诚然，快乐之人常常满足于快速的启发式判断（包括刻板印象），但如果动机足够，他们也能非常完美地胜任更细致的控制加工。不过，他们快速决策的倾向可能会将他们引向歧途，更容易依赖有误的信息（Forgas, Laham, & Vargas, 2005），更容易受**基本归因错误**的影响（Forgas, 1998），并且更容易因为猜测而发生识别错误（Bless et al., 1996）。当与个人无关时，快乐的人更可能冲动性地歧视，但当涉及自己时，他们也能考虑周全（Forgas & Fiedler, 1996）。

另一方面，悲伤的人更可能小心谨慎并仔细考虑自己的决策。例如，悲伤的人会觉得有些事情不对劲并产生警觉，因此他们会纠正自己的刻板印象（Lambert et al., 1997）。内疚也会使人重新考虑自己的刻板式判断（第11章）。但悲伤的人会尤其关注细节而忽略全局（Gasper & Clore, 2002）。悲伤的人会注意有礼貌之类的细节（Forgas, 1998），但他们也会有歧视的想法或行为，因为他们深思熟虑的加工方式为详细信息的消极心境一致性加工敞开了大门（Forgas & Fiedler, 1996）。

心境与说服

除了豁达、包容及友好待人以外，愉快的人也对他人的劝说更具依从性，而愤怒或不舒服的人则一般不太容易依从（综述见McGuire, 1985; Petty, Cacioppo, & Kasmer, 1988）。积极心境的研究结果也许可以解释免费的样品、舒缓的音乐、善意的玩笑等营销活动的有效性，这些活动都能增强积极心境，因此可能增强说服效果。（但奇怪的是，愤怒的不依从效应似乎并不能减少没完没了的电话慈善请求。）

关于心境与说服的许多研究最初都是在**经典条件作用**范式下开展的，但后续研究表明，认知过程在其中也起着一定的作用。例如，积极心境并不会自动增强所有的说服，只有在被说服者处于低卷入和低认知活动的条件下，它才能对说服起到增强作用（Petty, Cacioppo, & Kasmer, 1988; Petty et al., 1988; Petty, Gleicher, & Baker, 1991）。积极心境本身会使人分心，减少认知容量，导致参与者对信息进行粗浅的加工，但认知在其中仍起中介作用（Mackie & Worth, 1989; Worth & Mackie, 1987）。然而，在中等卷入条件下，由于情感的唤醒和吸引注意的作用，情感可能促进思考。在高卷入条件下，心境可能对个体可能的反应起到提供信息的作用，

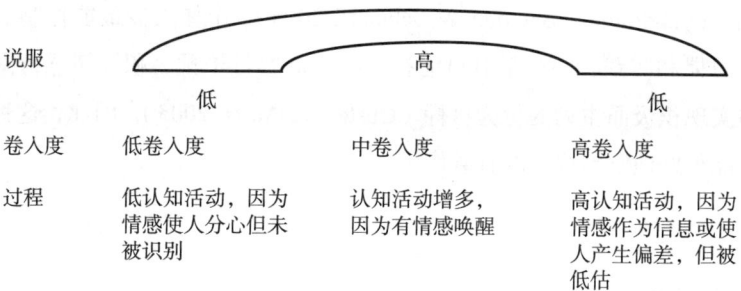

图 14.2　假设的正向情感对说服的曲线效应

或者使个体偏向于提取相关的支持信息（Petty et al., 1988）。情感作为关乎自我状态和自身所处环境的信息，取决于个体加工交流信息的能力和动机（Albarracín, 2002; Albarracín & Kumkale, 2003; Albarracín & Wyer, 2001）。其效应可能是曲线型的：弱加工使得情感不被注意到，而强加工又使个体认为情感与任务无关。中等强度的情感既能被注意到，又不会被认为是无关信息（图 14.2）。

随着这一工作的进展，更多研究将可能关注各种不同的情绪，而不仅仅是一般心境。特定的情绪状态会触发个体对与该情绪相匹配的事件的期望。因此，情绪匹配的说服应该最有效（DeSteno, Petty et al., 2004）。不过到目前为止，此类研究中的大多数还是侧重于积极或消极心境。

心境通过多种过程影响态度（Petty, Wegener, & Fabrigar, 1997）。心境可以作为偶然的外周线索起作用，但也可以使个体对某个论点的精细加工出现偏差，甚至影响实际发生的加工量。因此，心境的多重作用恰当地概括了心境对记忆、判断、决策风格和说服的多种影响。

心境与幸福感

我们已经看到，愉悦的人有多种优势。这些优势最终给人们的生活带来诸多结果：快乐心情能提升健康、友谊、婚姻、收入和绩效（Lyubomirsky, King, & Diener, 2005）。相关证据包括横断研究，但其中快乐与成功的相关关系也可能是因为成功导致快乐。但研究证据还包括大量纵向研究（快乐在成功之前）和实验研究（操纵快乐导致成功）。频繁的积极情感源于气质的遗传设定点、生活环境和特定的活动（Lyubomirsky, Sheldon, & Schkade, 2005）。个体大概最能控制的是自身的活动、习惯和实践，因此最有可能在这些方面实行干预。积极情感特别能促使个体努力实现积极而主动的行为目标（Custers & Aarts, 2005），因此，这种认知—情感机制能很好地解释快乐的有益作用。

情感与认知

我们已经考察了探究情绪反应的某些认知基础（第13章）以及情感（心境）对认知的影响的研究（本章）。本章最后一节我们将更明确地考察情感与认知之间的关系，首先从二者大体独立的可能性开始。

独立系统理论

尽管科学知识和常识都认为，我们先对事物进行思考，从而了解自己的感受，但却有证据表明，情感先于认知，而不是相反（Zajonc, 1980b）。的确，有些人常常会为我们只根据情绪偏好就作出了人生重大决策而惊讶不已，这些决策过程显然没有受到相关认知数据的指引。（想一想你第一次是如何坠入爱河的或者对于自己职业最初的憧憬；有些人在这些决策中找不到丝毫的理性认知分析。）这样看来，情感过程的运作可能独立于认知过程。值得注意的是，这是一个颇具争议的观点，它至少取决于我们如何定义情感和认知这两个术语。在详细讲述反对观点之前，我们先看一下扎荣茨（Zajonc）的论点及其证据。

独立系统理论（separate-systems view）提出，至少在某些情况下，情感与认知过程是平行加工、互不影响的。扎荣茨（Zajonc, 1980b）认为，相比于认知过程，情感过程在若干方面发生在更基础的水平上。

- 情感反应是主要的。人们先评价，随后再进行合理化；决策基于偏好而非计算。（相爱就是一个很好的例子，人们的选择并没有依据认知罗列的优缺点。）
- 情感是基础的。评价几乎是所有感知和意义的一个重要而普遍的成分。不评价一个事物就很难理解它。（设想一位正在寻求伴侣的单身汉，如果不去评估对方是否合适，他就很难找到对象。）
- 情感反应不可避免。情感反应强势存在，而简单的认知却并非如此。（一个人的美貌比她的职业规划更难被忽略。）
- 相对于认知判断，情感反应往往无法改变。个体的感受不会出错，但信念却会出错。因此，相比于认知，情感更不容易受他人说服的影响。（青少年的家长总会发现，孩子的爱和愤怒的感受并不那么容易因说教而改变。）
- 情感涉及自我。认知判断基于客体的内在特征，而情感判断描述的却是个体对客体的反应。（个体对某人的情感反应与彼此的关系息息相关，而对此人的了解则未必如。）
- 情感判断很难用言语表达。很多情绪反应都是以非言语的形式传达的；描述情感反应的词语似乎总是不能充分地表达个体的体验。（描述爱的表层特征不难，但要表达个体对爱的真实感受即使对诗人都是个挑战。）
- 情感反应或许不依赖于认知。人们用来区分某个刺激的特征，可能与他们用来确定是否喜欢它的特征并不相同。（人们对爱人优缺点的总结并不一定能预测他们的感受。）
- 情感反应可能独立于内容知识。我们有时能记起对某个人的感受，却记不起先前在何处或如何遇到此人的细节。（人们可能会对某个人有强烈的情感，却完全记不得为什么。）

总之，这一系列令人兴奋的论点被证明是有争议的。所以，我们先考察一些相关的证据，之后再了解一些反对观点。

来自纯粹曝光研究的证据

最后两个论点——情感可能不依赖认知，并且可能独立于内容知识——构成了一个研究项目的基础，该项目要证明，人们在认出某个物体之前就已明了自己对这个物体的感受。听到收音机里一首老歌的开头几句，可能就足以让我们知道这是不是我们所钟爱的经典歌曲，但很多人或许不能马上辨认出这是哪首歌，甚至不能完全确定自己是否听过。许多研究都记录了这一现象，即对某一刺激有着温暖的熟悉感，却又完全无法再认。一般而言，人们跟一个起初并不让人厌烦的刺激接触越频繁，就会越来越喜欢它，这种现象被称为**纯粹曝光**效应（Zajonc, 1968a; 第 10 章）。

在纯粹曝光研究中，研究者通常让人们观看一系列无意义的单词、汉字或年鉴照片，有的刺激会呈现很多次，而有的只呈现几次。那些曝光越多的刺激，越能得到人们的偏爱，并且这一效应不断被重复（Kunst-Wilson & Zajonc, 1980; 综述见 Bornstein, 1989）。相对于曝光次数较少的刺激，人们更喜欢频繁曝光的刺激，甚至当人们对两种刺激的再认程度接近于随机猜测时，也是如此。一项研究发现，日本文字的纯粹曝光能影响人们对它们的情感，而与人们对它们的再认无关（Moreland & Zajonc, 1977; 争论见 Birnbaum & Mellers, 1979a, 1979b; Moreland & Zajonc, 1979）。人们对经常听到的音调序列的喜爱也一致地得到了研究者的重复验证，尽管人们对这些声音的再认也只是接近随机猜测水平（W. R. Wilson, 1979）。一项采用**双耳分听任务**的研究提供了进一步的证据。给该任务的参与者一只耳朵里呈现音调刺激，但研究者让参与者集中注意力听另一只耳朵里呈现的文学作品。利用该任务研究者基本上可以消除参与者对音调序列的再认，同时保留完整的情感反应（图 14.3）。对于高卷入的刺激，如同学的照片和兴趣爱好，研究者也得到了相似的结果（Moreland & Zajonc, 1982）。有意义的单词（包括名字）、多边形和照片的纯粹曝光效应通常最强，而绘画、草图和矩阵的效应则不稳定（Bornstein, 1989）。另外，**阈下**呈现的刺激要比阈上呈现的刺激有着更强的纯粹曝光效应（Bornstein & D'Agostino, 1992; Janiszewski, 1993; 参见 Murphy et al., 1995）。

显然，纯粹曝光效应的基础更多地是情感过程而非认知过程。然而反对者认为，简短的重复曝光激活了一个简单的图式，该图式影响了参与者对刺激熟悉程度和喜爱程度的判断，除此以外，还影响了其对明暗度或与刺激有关的任何其他特征的判断（G. Mandler, Nakamura, & Van Zandt, 1987）。这一观点反对纯粹曝光效应是非认知的。

与此相关的是知觉**流畅性**（fluency），即刺激在首次曝光后更容易被加工。人们有时能正确地将加工的容易性归因于之前确实见过该刺激（综述见 Koriat, Goldsmith, & Pansky, 2000）。但人们有时只能从流畅性上产生熟悉感，却不能明确地意识到自己之前见过它。这种情况下，流畅性机制就不是严格的认知或情感，而只是编码的容易性，它很可能随着纯粹曝光次数而增加。知觉流畅性的体验在情感上是积极的（Winkielman & Cacioppo, 2001），被归因于积极特征（Reber,

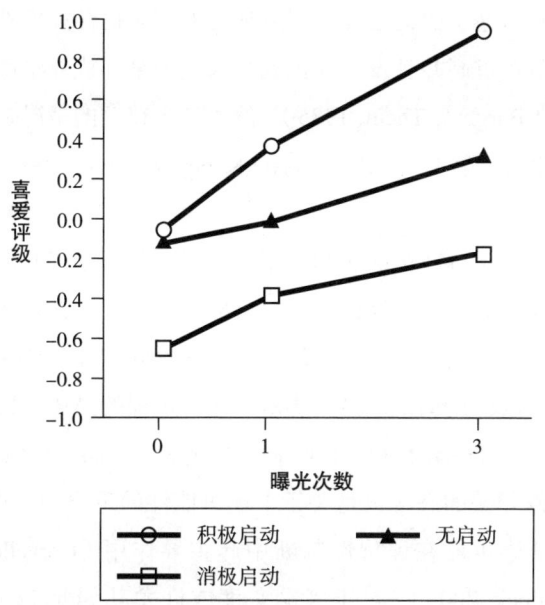

图 14.3　随情感启动和曝光次数而变化的喜爱程度
资料来源：S. T. Murphy et al. (1995). Copyright 1995 by the American Psychological Association. Reprinted by permission.

Schwarz, & Winkielman, 2004; Reber, Winkielman, Schwarz, 1998），并提高了参与者的喜爱程度，这些证据支持了流畅性机制。的确，知觉流畅性能增强纯粹曝光效应，但只在参与者不将加工的容易性归因于先前的曝光时才有效（Bornstein & D'Agostino, 1994）。显然，纯粹曝光效应对喜爱（可能还有其他判断）的影响不依赖于对刺激有意识的再认，它本身是一个令人印象深刻的效应。

来自识人、归因和态度研究的证据

多种情感变量都独立于那些看似有关的认知变量。例如，评价性印象（一种情感）可以独立于其所基于的记忆细节（一种相关的认知）。这在初次接触即时形成印象时就发生了（N. H. Anderson & Hubert, 1963; Bargh & Thein, 1985; Dreben, Fiske, & Hastie, 1979; Riskey, 1979; 综述见 Hastie & Park, 1986）。因此，当你在聚会上形成对某人的印象时，你的情感反应可能独立于你随后关于此人的记忆细节。

这种情感反应与其所基于的记忆细节明显独立的现象也存在例外情况，即接触时如果人们的认知负荷过高并且没有动机或个人能力来形成评价性印象，他们的印象就会基于记忆（Bargh & Thein, 1985）。然而，更普遍的情况是，其他社会判断与回忆常常并不相关（第4章；S. T. Fiske, Kenny, & Taylor, 1982; S. T. Fiske et al., 1979）。

情感判断不必基于可回忆的认知，相反它们通常基于当时形成的评价。这意味着，某些情感反应更适合被描述为即时反应。接下来还必须考虑一个相关的可能性，即情感反应也是相对直接和非认知的。评价内容和认知内容分开存储的观念（N. H. Anderson & Hubert, 1963）就是对这一过程的描述。另一个描述是，情感反应是最初分类的直接结果（S. T. Fiske, 1982; S. T. Fiske & Neuberg, 1990）。态度对象可直接诱发相关的态度也是关于上述可能性的重要的一点（Fazio, Powell, & Herr, 1983）。情感可能在评价性判断中起主导作用（Cervellon & Dubé, 2002; Huskinson & Haddock, 2004），对于极端态度或许尤其如此（Giner-Sorolla, 1999, 2001）。很多其他相关研究都证明了情感反应的实时加工的重要性（第2章和第3章），至少某些情绪反应（惊跳反射和瞳孔放大）并不需要先有对刺激的识别和判断（Schmidt-Atzert, 1988）。

反对观点

不少理论家对扎荣茨（Zajonc, 1980b）的"情绪是独立于认知的系统"的观点作出了回应。反对观点围绕以下内容展开，即无意识认知过程的存在、将情感纳入认知其他形式的可能性、认知和情感的定义以及二者实证比较过程中存在的问题。

拉扎勒斯（Lazarus, 1982, 1984）是扎荣茨最早的回应者之一，他的情绪理论依赖于对个人意义的评价（第13章）。拉扎勒斯认为，认知（在他的理论中被定义为评价）是情绪所必需的，评价根据有意义的刺激对个人幸福感的重要性来解释它们。根据这种观点，评价并不被视为审慎的、理性的和有意识的，因为评价在感知环境输入的最初阶段就发生了，而非发生在一长串序列的、完整的、周密的信息加工的最终阶段。同样，爱泼斯坦（Epstein, 1983, 1984）认为，前意识的认知常常先于情绪而发生，但扎荣茨的理论意指认知是"有意识的"，而实际上未必如此。因此，某种直觉的、前意识的、无意图的认知评价就被视为所有情绪都不可或缺的组成部分。扎荣茨（Zajonc, 1984）则认为，认知评价的这一定义混淆了知觉与认知之间的界限，并且拉扎勒斯的情绪概念在定义上就武断地要求认知评价的存在。显然，这两种观点在情绪和认知的定义性特征上存在差异，因此在情绪与认知之间的区分上也存在差异。

另外两个对扎荣茨的情感和认知定义的批评始于以下观察，即认知可以是快速的、无意识的和自动化的，正如研究者所假定的情感特征一样；另外，类似于情感，认知可以是非理性的并可能涉及运动（Holyoak & Gordon, 1984）。这样看来，将认知与情感纳入同一个心理系统的可能性就比二者的区分更重要。

一个相关的观点特别依赖于记忆的程序性理论（第 4 章），该记忆理论依赖于因不断重复而变得更加迅速的非常熟练的心理活动。根据这种观点，情绪可以源自对情绪程序的无意识的模式匹配，也可以源自有意识地通达的非程序性的知识（Branscombe, 1988）。这两种观点都把情绪置于传统认知的框架之下。其他研究者也同样认为，情绪应当被视为信息的一种类型，与其他信息无异（N. N. Anderson, 1981）。

另一种可能的解决方案源自研究者认识到认知有两种含义（Averill, 1990a）。第一种，即**认知**$_1$（cognition$_1$），是智力性知识的获得，即认知的日常（字典上的）含义。与智力性认知相对的是主观的、直觉的或非理性的思考。另一种含义，即**认知**$_2$（cognition$_2$），则将与行为相对的所有心理活动都纳入其中。认知的第二种含义指一切非行为的心理活动，它更接近之前讨论的例如拉扎勒斯的认知含义，即将评价定义为一种认知活动。只有在第一种意义下，情绪是非认知的，即不是智力性的认知，而是更为主观的、直觉的和非理性的。然而，从一般的心理过程的意义上讲，情绪是认知$_2$的。

最有用的要点是，在以下几个典型方面，作为心理过程的情绪往往有别于智力性的认知。

- 情绪关注作为主体或启动方的个体的自身体验，而非外部对象本身。
- 情绪往往会影响感知到的"现实"，而思考更适应现实。
- 情绪因为目标与自身的关系而将其视为重要的，而智力性的认知却强调目标对象与其他外部对象的关系。

- 情绪涉及生理体验，而非仅为环境输入。
- 情绪调节行为的强度和风格，而非行为的目标导向的有效性。
- 情绪是被动的体验或对刺激的一种反应，而人们觉得自己是智力性认知的根源。
- 情绪比智力性认知的成本效益计算更能促使个体采取行动。
- 情绪规范是道德的和审美的，而智力性规范则是理性的。
- 情绪有助于定义自我，而不是外部世界。

这并不是说智力性的认知一定是理性的，而只是说它不像情绪那样经常显现出上述特征（参见 Epstein, 1990a）。

至此，我们关注了认知与情绪或认知本身的定义问题。当然，这一争论的最终解决也取决于我们如何定义**情绪**。例如，扎荣茨的原始文章侧重于**偏好**（诸如**评价**、情感判断、喜好），而非**心境**或全面的情绪发作（J. A. Russell & Woudzia, 1986）。很多研究者认为，心境和情绪确实在本质上依赖于认知驱动的评价过程（例如，第13章拉扎勒斯以及埃尔斯沃斯和史密斯的理论）。偏好是较简单的情感反应，主要由效价来区分，因此，扎荣茨研究中的某些结果可能主要适用于简单的偏好，而不太适合全面的复杂情绪。

其他研究者认为，全部的区分主要是定义性的，因而没有什么建设性（Leventhal, 1984; Leventhal & Scherer, 1987）。相反，他们建议将情绪视为从感觉—运动过程向复杂的认知—情绪模式的发展。这一连续体的每个层面都涉及记忆和信息加工的不同水平。每一个层面也涉及连续的评价（核查有机体与环境的关系）。

对此，我们要补充的仅仅是，认知与情感的比较本身就有问题。截至目前，我们的讨论隐含了一个观点：认知与情感有一定的可比性。代表情感的判断包括评价、偏好及分化的情绪，而代表认知的反应则包括注意、推断和记忆。那么如何确定哪些是相关的认知，哪些是可比较的情感反应？

一项研究展示了这一问题的复杂性。在一个纯粹曝光实验中，参与者要对一些呈现次数不同的随机多边形进行再认，并评价对它们的喜爱程度。尽管再认准确性只处于随机水平，然而与不熟悉的多边形相比，参与者还是更喜爱熟悉的多边形。这证实了标准的纯粹曝光效应，并且喜爱程度不必依赖于准确的记忆

（Kunst-Wilson & Zajonc, 1980）。但在什么意义上，认知准确性可以与喜爱程度相比呢？这个研究测量了另外两个有助于回答这个问题的变量。人们作出的情感判断比再认判断更自信、更快速。

尽管如此，速度和自信程度可能并非比较情感与认知的恰当维度。恰当的实证检验依赖于对情感和认知的定义，而如前所述，这是颇具争议的话题。例如，情感和认知曾被区分为感觉与推断、生理与心理、运动与感知、先天与习得、偏好与知识以及喜好与歧视。如何定义和比较情感与认知取决于我们强调哪个维度。

我们也可以质疑这些检验是否公正，因为人们会在再认判断上犯错，却不会在情感判断上犯错。我们还可以争论说再认判断更为复杂。但这两类判断在这些方面有着本质差异，我们无法在不破坏两类判断真实性的前提下让它们变得更为相似。情感判断本质上是主观的、简单的和直接的。试图详细说明某一认知反应等同于一个既定的情感反应，可能是一个失败的命题。

试图证实情感与认知的独立性本质上也是在证实**虚无假设**。我们要主张二者相互独立，从这点上来说，就是在试图证明二者不存在关系。这是一项费力不讨好的工作，正如任何统计学教授在有人试图证明"没有关系"的虚无假设时都会坚持的那样。如果二者不是完全以彼此为基础，更明智的任务是说明各自的基础（Zajonc, Pietromonaco, & Bargh, 1982）。由于二者的分离并不彻底，另一个任务就是说明它们在哪些方面确实存在关联。本章和前一章所总结的研究正是为了说明这些问题。

总　结

除了思考认知对情感的种种影响（第 13 章）以外，还有大量的研究探究了情感（尤其是心境）对认知的影响。这方面的研究发现，即便细微的心境操纵都会对各种认知过程产生明显的影响。一般来说，积极心境的效应比消极心境的效应更明确。积极心境会引发更多的亲社会行为。这些强烈的效应可被解释为愉快之人对正强化更敏感。好心境下的助人行为在以下情况下会增多：注意力集中于自身、他人的请求强调帮助的回报、强调积极的社会观以及维持自身积极心境的机会。处在消极心境的人也可能帮助他人，这取决于具体的情境。

心境稳定地增强人们对与心境一致的材料的记忆，而自动化和受控加工都在其中发挥了作用。积极心境的效应强于消极心境的效应。例外情况是长期抑郁的人，他们表现出较强的心境一致性记忆。另一个心境—记忆现象——心境状态依赖性记忆——假定，人们如果在学习和提取材料时心境状态相同，则对材料的回忆效果最好。这一假设并没有多少证据支持。

心境也会影响判断，通常使其与心境的方向一致。唤醒同样会带来唤醒一致性的判断。积极心境的效应同样比消极心境的效应稳定。另外，心境对成年人的影响比对儿童更稳定。人们为此提出了各种解释，但大多数解释都有待检验。心境也会影响人们的决策风格，积极心境让人更豁达、包容、冲动，可能还更有创造性。积极心境还会让人对说服企图更具依从性，至少在低卷入时如此。

情感与认知的对比引发了热议。有研究者提出，二者是相互独立的系统，而情感起主要作用。来自纯粹曝光和识人的研究为此提供了支持证据。人们报告说，喜欢那些多次碰到的刺激，即使他们无法辨别哪些事物更熟悉；人们的评价性判断往往是实时作出的，并没有回忆判断所基于的事实。而反对观点则侧重于无意识认知过程发生的可能性、情感在更广泛的（认知）表征系统中的作用、情感与认知的定义问题以及两者差异的实证性检验。最有建设性的研究思路似乎是考察二者各自的基础并研究它们相互关联的各种方式，正如我们前面所讨论的。

延伸阅读

Hostetter, A. B., Alibali, M. W., & Niedenthal, P. M. (2012). Embodied social thought: Linking social concepts, emotion, and gesture. In S. T. Fiske & C. N. Macrae (Eds.), *Sage handbook of social cognition* (pp. 211–228). Thousand Oaks, CA: Sage.

Keltner, D., & Lerner, J. S. (2010). Emotion. In S. T. Fiske, D. T. Gilbert, & G. Lindzey (Eds.), *Handbook of social psychology* (5th edn, Vol. 1, pp. 317–352). Hoboken, NJ: Wiley.

Mesquita, B., Marinetti, C., & Delvaux, E. (2012). The social psychology of emotion. In S. T. Fiske & C. N. Macrae (Eds.), *Sage handbook of social cognition* (pp. 290–310). Thousand Oaks, CA: Sage.

Niedenthal, P. M., Barsalou, L. W., Winkielman, P., Krauth-Gruber, S., & Ric, F. (2005).

Embodiment in attitudes, social perception, and emotion. *Personality and Social Psychology Review*, 9, 184–211.

Zajonc, R. B. (1980b). Feeling and thinking: Preferences need no inferences. *American Psychologist*, 35, 151–175.

第 15 章

行为与认知

- 目标导向的行为
- 认知与行为何时发生关联
- 用行为进行印象管理
- 用行为检验关于他人的假设

大多数社会认知研究都假设，认知的发展部分是为了使人们知道如何行事：思考是为了行动（Fiske, 1992）。比如，如果一名主管对某位同事很粗鲁，人们就会试着推测是该主管是个很难相处的人，当天心情很差，还是该同事做了什么值得惩罚的错事。通过这种分析，人们就可以推断，要不要离该主管远一点。在这个意义上，认知会引发行为。与他人的日常交往也是一个持续不断的信息源，有些信息是冗余的，但很多信息是新的，必须整合到认知表征之中。因此，行为也会引起认知。本章将探讨认知与行为之间的关系。

目标导向的行为

第 5 章介绍了**自我调节**，即人们如何控制和引导自己的行为。**目标**显然是这一过程的核心。个体的行为取决于他们如何从个人兴趣和目标的角度定义自身所处的情境。例如，两个人可能带着不同的目标参加办公室同事聚会：一个人也许想给老板留下好印象，另一个人也许把聚会视为回家前跟朋友喝几杯的好机会。这两个人不同的行为取决于他们所确定的目标，以及为达成目标而制定的策略和计划。

尽管在既定的社会情境中个体的目标与行为紧密相关，但随着情境的变化，人们对行为的调整也具有很大的灵活性。人们可以主动调控自己的想法和计划，可以审视解释同一事件的若干备选项，并且可以根据新经验的反馈更新自己的知识，重构已有的信念、价值观和目标（Showers & Cantor, 1985）。例如，如果得知老板因故不能出席办公室聚会，原本想给老板留下好印象的女人可能就会转变目标，转而努力给同事们留下好印象。同样，如果自己的朋友都没来参加聚会，想跟朋友喝几杯的男人可能很早就会离开。某些关于认知表征的研究隐含地假设，行为总是根据预先存在的构想自动地发生，但上述行为的灵活性为此类研究提供了反对证据。

情感状态和对情境的情绪反应也会影响行为（第13，14章）。心情好的人会为了增强好心境而行事，而心情糟的人通常会尽力改善自己的心境。更普遍地说，处于积极心境的人似乎更能觉察和灵活选择应对情境的多种方式，而糟糕的心境则与社会互动中更僵化的策略有关。通过这些方式，认知与情感可对行为产生强大的联合调控作用（Ickes et al., 1986; Showers & Cantor, 1985）。认知和情感对行为的影响通常在功能上不可分割，并且难以区分。二者相互影响，并根据行为的反馈而变化（Aarts, 2012）。

计划与行为

在社会情境中人们会内隐地问诸如此类的问题：这里正在发生什么事？这些人都是谁？他们正在干什么？他们想要我做什么？我的目标是什么？我的目标与他们的目标是否有冲突？如果有冲突，我该如何选择？我怎样才能实现自己选择的目标？我该如何选择可用的策略？选错的后果是什么？我该如何弥补我的错误？我的选择会对他人造成什么影响？我该如何应对他人的反应？在社会互动中，人们用来回答这些问题的大量知识、计划和策略被称为**社会智力**（social intelligence）。社会智力由概念知识（比如关于情境和人物的事实）和规则知识（包括我们如何归类、判断和推断，如何解决问题以及如何采取行动）构成（Cantor & Kihlstrom, 1985；参见 S. J. Read & Miller, 1989）[1]。人们用来调节自身行为的特定认知具有个人特征，因为基于过去的个人经验，人们在关于自我、社会情境和他人的记忆、概念和规则等方面存在个体差异。

到目前为止，我们已经阐明，人们通过定义所处的情境以及为实现目标而制订恰当的计划来管理自己的行为。但请记住，人们还会主动选择和构建情境。因此，举例来说，员工想给老板留下好印象不必干等办公室聚会。他可以为老板安排一次晚宴，邀请老板一起吃午餐，在男洗手间徘徊等待老板出现，或者以其他方式主动创造有利于目标实现的情境（Showers & Cantor, 1985; M. Snyder, 1982）。以上例子表明，个人目标通常涉及有意识地制订计划（Aarts, 2012）。

为了理解人们如何构建实现个人目标的情境，可将此过程划分为动机阶段和意志阶段（Gollwitzer, 1990; Heckhausen & Gollwitzer, 1987；见表 15.1）。最初的动机阶段涉及侧重于激励和期望的**审慎心智模式**（deliberative mindset），此阶段要从备选目标及其暗含的行动过程中作出选择。例如，某位员工可能将办公室聚会视为做一些事情的机会：给老板留下好印象，亲近某个同事，或者与自己的工作团队合作解决问题。在聚会期间每个目标都会带来不同的激励和不同的行为。

动机性的审慎心智模式终于决策，而决策或多或少是有意识的选择，随后会引发意志性的**执行心智模式**（implementational mindset）。意志涉及思考何时及如何行动，以执行预期的行动方案。对备选路径的选择取决于意志强度，包括特定目标的可行性、可取性和紧迫性，以及情境对实现目标的支持程度。比如，某位员工看到老板已经开始了一场谈话，而那位有魅力的同事频繁看表，好像准备离开，该员工可能决定将聚会当作一个与团队同事们开展一场头脑风暴的机会。做出这个决定后，她可能不再注意老板或那位有魅力同事的后续行为，而是把精力放在自己决定追求的目标上。正如这些观察所示，选择一个焦点目标导致了**目标屏蔽**（goal-shielding），据此激活的焦点目标会抑制备选目标的通达性。当个体对焦点目标的承诺度高时，与目标有关的执着程度和对目标的追求也很强烈。因此，目标

---

[1] 注意：坎托和凯尔斯壮所用的**社会智力**这一术语包括各种知识、才能、计划和策略，还包括人们在社会情境中表现出的人际技能。其他研究者（如Allport, 1935; S. J. Read & Miller, 1989）则将该术语限定为社交、表达和交流技能。

表 15.1　计划行为的心智模式

阶段	审慎	执行
心智模式：	动机	意志
关注点：	激励	可行性
	期望	可取性
		紧迫性
过程：	从备选方案中选择	追求已选择的目标
方法：	不偏不倚的权衡	目标屏蔽

更多细节可见 Gollwitzer & Sheeran (2006)。

屏蔽有助于目标的达成（Shah, Friedman, & Kruglanski, 2002）。然而，如果备选目标（如给某位同事留下印象）变成某个更大目标（如增加自己在工作中的可见度）的子目标，人们就不会屏蔽目标，而是同时追求次要的、补充性的目标（Fishbach, Dhar, & Zhang, 2006）。

　　审慎（动机性）心智模式和执行（意志性）心智模式促使人们产生不同的认知。比如，在审慎心智模式中，人们会以相对公平的方式权衡备选目标，思考某一行动正反两方面的因素（Taylor & Gollwitzer, 1995）。该心智模式下人们视野开阔，既关注偶发信息，也关心特征信息（Fujita, Gollwitzer, & Oettingen, 2007）。然而，一旦选择了某种行动方案，执行心智模式便会评估情境中支持所选行动的偶发情况。例如，在一项研究中，研究者引导参与者去审慎思考参加寻宝游戏的优势所在，或者想象自己在实施一个计划来完成此任务（Armor & Taylor, 2003）。随后，参与者们开始寻宝游戏。审慎心智模式下的参与者起初对于能找到多少物品形成了比较悲观的预期，随后找到的物品也相对较少；而执行心智模式下的参与者则形成了过分乐观的预期，但实际完成得很好。

　　什么原因能解释人们对已激活目标坚持不懈的追求？是目标本身吗？在执行过程中，与实现预期目标有关的情感可能会投射到实现目标的手段上。因此，如果个体在特定的目标上有所投入，并认为特定的手段是实现该目标的必要条件，与目标有关的情感就可能投射到手段上，这将促使个体在追求目标的活动中更加努力（例如 Fishbach, Shah, & Kruglanski, 2004）。

有时仅有目标意图是不够的。即使我们有自己的目标，我们的行为却可能与这些目标不一致。许多因素可能会使行为与个人目标保持一致。其一就是明确的**执行意图**（implementation intentions）的形成；也就是说，人们不仅要制订目标，而且还要制订明晰的"如果—就"计划，具体说明如何实现目标。如果某人具有明确的执行意图，就更可能朝着目标迈进。比如，假设一名研究生要写一篇研究论文，但迄今为止，在这方面只是略有小成。取得进展的一种可能是形成执行意图，从而带来自动的行动控制。如果你将写作列为每天早晨要做的第一项任务，先写两个小时，再做其他的任务（比如教学、与本科生交流、上课等），你就不必再依赖于有意识地制订写作计划。每天早晨的写作任务在情境线索的控制下变得自动化。执行意图可能促进目标的实现（Sheeran, Webb, & Gollwitzer, 2005）。近百项研究表明，形成执行意图有助于实现目标（Gollwitzer & Sheeran, 2006）。

为实现目标而规划并非没有陷阱。人们通常对自己多快能完成目标过于乐观。一天之始，很多人都会在一阵不切实际的乐观中列出当日待办事项清单，结果在一天之末发现大部分任务都没有完成。比如，周末我们可能习惯把很多要做的工作带回家，然后星期一又把大部分工作原样带回去。为了证实这种**计划谬误**（planning fallacy），研究者（Buehler, Griffin, & Ross, 1994）让学生们估计毕业论文的完成时间，以及在最坏的情况下完成任务的时间。只有三分之一的学生在自己预计的时间内完成了任务，剩下的许多学生都远超最坏的预计完成日期。不过，所有学生都写完了论文。如果没有先前过于乐观的预期，也许会有人完不成论文。虽然做出更现实的预期可能看似有用，但过于乐观的预期与没有这样的预期相比，可以确保人们在既定时间内完成更多的工作（Armor & Taylor, 1998）。

在追求目标之后，个体可能评估目标的成功度，以及结果是否符合期望值。这样的事后评估有助于未来目标的设定。因此，目标在各个时间段上都与行为有关，不同的认知活动在动机—行动—评估序列的不同的节点上指引着行动。

自动的目标追求

虽然与目标有关的自我调节有时涉及有意识的选择，但许多自我调节活动是在没有意识且不用花费心思的情况下进行的（Bargh, 1997; Bargh et al., 2001; Dijksterhuis & Bargh, 2001; Macrae & Miles, 2012）。某些影响行为的目标是长期的关注点，比如被他人喜欢的愿望，它可能会自动引发微笑和恭顺行为（Levesque & Pelletier, 2003）。实际上，习惯可能部分地是目标与行动的联结，所以如果目标被启动，行动将自动发生。你可能有过这样的经历：当你想着某件需要在学校做的事情时，猛然发现自己正开车前往学校，尽管你实际上要去别的地方。又或者，你和朋友约好晚些一起吃晚餐，却意外发现自己又在平常时间做起晚饭。很多习惯似乎确实是依赖于目标的自动行为的结果（Aarts, 2012; Aarts & Dijksterhuis, 2000; Wood, Quinn, & Kashy, 2002），包括那些与看似复杂的社交互动有关的习惯（Bargh & Williams, 2006）。我们可以快速、轻松、无意识地加工线索，而行为通常自动地对线索作出反应，这一事实有助于解释人们是如何以如此少的明显思考来完成日常生活任务的，这通常是我们自身习惯的产物。

从本质上讲，对环境线索作出反应的多年练习，使我们对诸多情境的情绪、认知和行为反应变得自动化（Aarts & Dijksterhuis, 2003）。我们不必注意和思考环境中的评价线索就可以对其作出反应（Roser & Gazzaniga, 2004; 第9—10章，第13—14章）。比如，我们有太多应对社交场合的经验，以至于可以相当无意识地根据自身目标调整自己的行为，并且只有在计划出现瑕疵时，我们的个人目标以及旨在实现它们的策略才会突显并被意识到。熟悉的情境一般会激发无意识行为，而陌生情境更可能唤起有意识的自我调节努力（Cantor & Kihlstrom, 1985）。例如，在日本结交新朋友的过程可能会使美国人强烈地觉察到社交情境的动态变化，因为大多数西方人不太了解诸多日本社交情境下的规范和恰当行为。

专业知识也决定了人们自我调节的意识参与度和成功度。与那些更清楚在任何给定情境中所需能力的人相比，感到不确定的人更可能试图找出社交情境中成功的原型行为（Cantor, Mackie, & Lord, 1983—1984; Showers & Cantor, 1985; Wicklund & Braun, 1987）。不确定、困惑的人也更可能通过性情归因来描述他人，将他人归入特定的类型。与那些能在认知—行为库和环境之间保持灵活匹配的人相比，这种感知上的僵化可能会使其行为显得有些呆板和反应迟钝（Wicklund, 1986）。

非语言行为也能自动反映社交目标。人们常常无意识地模仿与自己互动之人的姿势、行为方式和面部表情。你很容易就能证明这一点：对着正在和你说话的人微笑，看看他是否也以微笑回应。然后双臂交叉，看看他是否与你一样。无意识模仿显示了我们如何在没有觉察或意图的情况下将环境线索作为我们行为的依据（Chartrand & Bargh, 1999）。

这些例子说明，知觉与行动之间的联结不但是社会理解自动化的基础，而且是社交互动自动化的基础（Knoblich & Sebanz, 2006）。当人们观看他人做动作以及自己做动作时，位于前运动皮层的镜像神经元就会激活（例如 Rizzolatti, Fogassi, & Gallese, 2001; 见图 15.1）。例如，人们表现出的镜像神经元激活（以及肌肉抽搐）反映了他们观察到的另一个人正在做的动作序列，并且他们对该活动越熟悉，镜像神经元激活就越强（如 Calvo-Merino et al., 2005）。当人们观察自己过去的表现时，镜像神经元激活最为强烈。在社交情境中，镜像神经元似乎将情境线索与自动的行为表现联系在一起。

自动评价可以在若干毫秒之内迅速发生（第 10 章）。例如，在一项研究中，研究者给参与者呈现配对的词语序列，要求他们判断目标形容词是积极的还是消极的（Fazio et al., 1986）。首先，启动词呈现 200 毫秒，在启动词消失之后，目标词呈现 100 毫秒。尽管该任务必须快速完成，跟启动词与目标词效价不一致相比，当它们一致时（例如两个词都是积极的或消极的），参与者的反应速度更快。

自动评价也可以影响看似复杂的行为序列。在一项研究中，参与者要玩拼

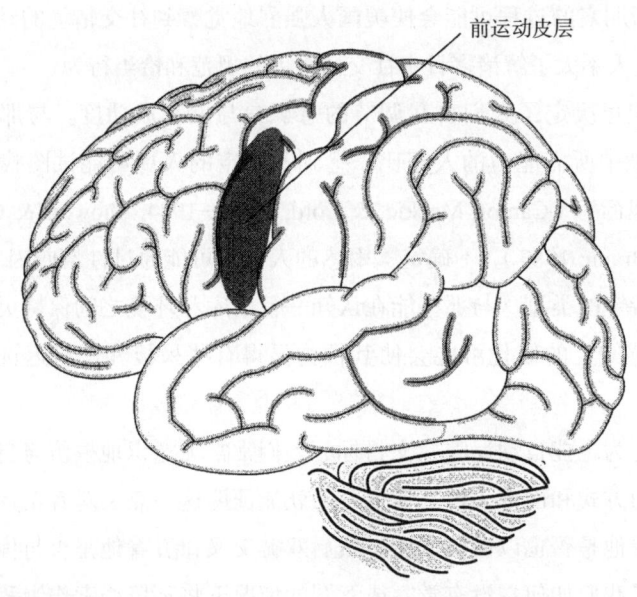

图 15.1　镜像神经元

字游戏，游戏要么含有表示粗鲁的词，要么含有表示礼貌的词（Bargh, Chen, & Burrows, 1996）。完成拼字任务后，参与者要穿过大厅到一个房间，以领取做实验的学分。但是，发放学分的工作人员一直在与朋友打电话，完全不理会参与者。结果发现，启动影响了参与者会等多久才打断工作人员的电话。被"粗鲁"的词语启动的参与组有63%的人打断了工作人员，而被"礼貌"词启动的参与组只有17%。

不仅环境中的线索可以自动启动行为，而且评价性线索可能是后续信息和行为最有力的影响因素之一。当人们有明确的目标时，与目标有关的线索会变得积极，这表明自动评价有助于保持对目标的追求（Custers & Aarts, 2005; Ferguson & Bargh, 2004b）。具有评价意义的潜在刺激会很快被注意到，并促使行为趋向于接近或回避（Chen & Bargh, 1999; Wentura, Rothermund, & Bak, 2000）。回想一下，参与者通过拉近杠杆对积极态度的陈述反应更快，而通过推开杠杆对消极态度的陈述反应更快（Chen & Bargh, 1999; Neumann & Strack, 2000; 第4章）。与之相关的是，当人们面对自己想要回避的诱惑时，他们会快速推开与诱惑有关的刺激，更快地拉近自己要接近的目标（Fishbach & Shah, 2006）。

类似地，以不易觉察的方式启动的刻板印象也会影响随后的行为（Mussweiler, 2006）。在一项研究中，参与者被不经意地诱导以一种超重人群特有的笨拙方式移动。随后，参与者需要评价一个模糊的目标，结果显示，与控制组的参与者相比，他们认为该目标有更多的超重刻板印象特征。因此，不仅不易觉察的启动会影响行为，来自自身行为的反馈也可能无意中影响随后的认知。

同化与对比

许多自动行为确实表现出对环境线索的**同化**。当老年刻板印象被启动时，我们行走会更缓慢；当被诱导像超重者那样行走时，我们会把超重的刻板印象属性赋予某个模糊的目标。然而，有时看到一件事会导致我们做另外一件事：自动行为中的**对比**效应（Dijksterhuis et al., 1998）。例如，在老年刻板印象被启动后，对老年人持积极态度的参与者会走得更慢，但对老年人持消极态度的参与者实际上会走得更快（如Cesario, Plaks, & Higgins, 2006）。因此，对比效应也可能出现在自动行为中，这些对比效应可能是为联合行动做准备的认知过程导致的。

虽然特质和刻板印象倾向于引发同化，但**样例**（即典型或好的例子）似乎会唤起社会比较，从而引发判断性对比。在一项研究中，参与者要么被教授或超模的刻板印象所启动，要么被教授或超模的样例（分别为爱因斯坦和克劳迪娅·希弗）所启动。被刻板印象启动会导致行为同化：在随后的知识测验中，如果被教授的刻板印象所启动，参与者答对的题目更多；如果被超模的刻板印象所启动，参与者答对的题目更少。然而，被样例启动的参与者表现出对比效应；也就是说，那些被爱因斯坦启动的参与者表现更差，而那些被克劳迪娅·希弗启动的参与者表现得更好。当面对具体的样例时，参与者显然会进行社会比较，他们会认为"我做得绝不可能与爱因斯坦一样好"或者"我一定能比克劳迪娅·希弗做得好"。当只有刻板印象被启动，没有诱发社会比较时，个体的表现才会被刻板印象同化（Dijksterhuis & van Knippenberg, 1998）。

个体差异与目标

不同的个体会以不同的方式将情境线索与自身情况联系起来，因而同一个启动项可能会产生相当不同的效果。在一个序列启动范式中（Mussweiler & Förster, 2000），男性参与者首先被与攻击有关的词（例如暴力）启动，然后被与性别有关的词启动，此时他们的反应更具攻击性（往面孔上扔飞镖），但只有当目标面孔是女性时，才会如此；然而，相同的效应没有出现在女性参与者身上。

个体采用**促进**还是**预防聚焦**会影响其指向目标的行为（第5章）。促进聚焦涉及抱负，并且目标达成会带来成就感（例如在课程考试中拿到高分）。相比之下，其他目标则属于预防聚焦（例如不要考试不及格），它涉及责任感，并且目标达成会带来安全感。对促进目标的承诺会鼓励人们达成目标的行为，而预防目标对实现安全目标的承诺的特征是做必要的事情（Shah, Higgins, & Friedman, 1998）。个体采用促进还是预防聚焦也会影响他们对目标的情绪反应。在促进聚焦下，目标达成会带来更多的快乐和更少的沮丧，而在预防聚焦下，目标达成会带来更多的宁静和更少的烦乱（Higgins, Shah, & Friedman, 1997）。

激活某个重要他人的表征可以独特地启动目标。个体所感知到的重要他人对自己个人目标的期望，会影响哪一个调控目标被激活。例如，假设你的父亲认为，在你所选的领域尽你所能地取得成就非常重要，但你的母亲认为，不让他人难堪很重要。启动你父亲或母亲的表征会影响你与成就有关的行为。如果你和一位同事正在辩论，此时你父亲的表征是突显的，那么你可能不遗余力地要赢得辩论；而如果你的母亲正坐在前排看着你，你可能会控制你的行为，使你的对手不会太难堪（Shah, 2003a, 2003b）。重要他人的启动可以影响个体对目标的评估，对任务难度的评估，以及对自身表现的反应（Shah, 2003b）。它可以影响对目标达成的价值感知、追求目标的持久性以及实际的行为表现。例如，如果某个重要他人，比如你的爱人，对你的表现有很高的期望，你可能会相信自己能达成目标，能够坚持追求目标，并且也会有更好的表现（Shah, 2003b）。他人的行为指向有吸引力的目标尤其能提示个体追求同样的目标（Aarts, Gollwitzer, & Hassin, 2004; Shah, 2003a）。

目标导向行为的神经基础

目标究竟如何影响行为？行为的认知控制源于对前额叶皮层活动模式的积极维持，这些活动模式表征目标和实现目标的手段（E. K. Miller & Cohen, 2001）。这些表征通过脑干神经调节系统反馈的经验而定期更新。前额叶皮层脑区的活动向其他脑结构传递信号，从而沿着神经通路引导活动的进行，并且在内部状态的输入与执行特定任务所需的输出之间建立映射（E. K. Miller & Cohen, 2001）。

尽管前额叶皮层不涉及简单的自动行为，比如对突然出现的声音或动作作出反应，但当行为必须受意图、目标或其他内部状态引导时，前额叶皮层就会牵涉其中。因此，前额叶皮层的一个主要任务似乎是表征目标和实现目标的方式，以便自上而下地调节活动。增强刺激与个人的相关性以及趋近动机的强度尤其会增强左侧额叶的激活；该区域与积极、趋近动机效应一直存在关联，而右侧额叶的激活则与消极、回避动机效应有关（Harmon-Jones et al., 2006）。

迄今为止，目标似乎暗示了认知与行为之间的一致性。然而，行为的一个突出特点是在某些情况下它并不符合人们基于明显占据优势的认知所做出的预测。例如，大多数人对核战争、大规模饥荒或全球变暖的前景感到恐惧，但很少有人采取任何行动以试图降低这些事件发生的可能性。下面我们来看看认知与行为的一致和不一致性。

认知与行为何时发生关联

这个问题不容易回答,至少不能简单地回答。首先,社会认知研究很少包含对行为因变量的测量,这就限制了检验变量关系的机会;即使测量了行为,研究结果也并不一致。为了弄清认知与行为的关系,我们也许可以查阅研究类似问题的文献。例如,了解社会心理学历史的人应该会发现,认知与行为的关系问题是个老问题。1950年代和1960年代的态度改变研究也遇到了类似的情况:研究者最初并没有考察态度与行为之间的关系,当他们开始考察时,有关的证据却并不一致。一些研究者报告,认知与行为的关系较弱(Nisbett & Wilson, 1977b; Wicker, 1969),而其他研究者则认为,如果将调节因素考虑在内,研究结果的一致性很强(Quattrone, 1985; Schuman & Johnson, 1976)。关于人格特质与行为一致性的文献也存在一个有用的假设,尽管其起源并非认知:人格特质(有着重要的认知成分)和行为之间的关系有时被证明是微弱且不可靠的,尽管在理论上人们认为行为源于人格特质(Mischel, 1968)。根据这些文献,我们可以尝试从下述几个方面阐述认知与行为何时发生关联。

哪些行为与认知有关

我们也许认为与任何既定认知相关的行为多种多样。以友好的自我感知为例。有些人认为自己很友好,另一些人则不这么认为。如果只考虑那些自认为友好的人,我们应该预期他们在所有情境中都友好吗?我们肯定预计他们比那些自认为不友好的人更友好,但他们并不能每时每刻都保持友好。也许人们只需要在**原型**行为(第4章)上表现出高度的一致性,而不需要在与友好关系并不紧密的行为上表现出这种一致性,就足以认为自己是一个友好的人。

事实上,研究支持这一观点(Mischel, 1984; Mischel & Peake, 1982)。研究者在各种与责任感有关的情境下对自认为尽责(或不尽责)的本科生进行了研究。由一个独立评估小组来判断每种情境符合原型的程度。研究者随后计算了跨情境一致性。在不太典型的尽责情境中,自认为尽责性高和尽责性低的个体表现得并无差异。然而,在尽责原型情境中,与低尽责性个体相比,高尽责性个体表现出了显著更高的行为一致性（Mischel & Peake, 1982; Schutte, Kenrick, & Sadalla, 1985）。

在态度研究中，也存在类似的争论。态度通常代表着人们对某类人、物或事件的一般信念。态度能否预测人们对某一特定类别成员的行为，受该成员与该类别原型匹配程度的影响。如果人们对特定群体持有刻板印象（Lord, Lepper, & Mackie, 1984），并且某一群体成员与该群体的原型相匹配，人们就会在与该个体的互动中表现出相应的刻板态度。

以上认知与行为关系的研究有什么普遍的启示？它们表明，当我们所考察的行为与特定认知的原型行为有关时，态度与行为的一致性最高。

测量认知与行为

评估认知与行为关系的另一个问题是能否在相同的特异性水平上测量认知和行为。如果有人问你，是否觉得贫困之人应该得到慈善帮助，你很可能回答是。然而，如果随后你遇到一个乞丐不停地向你讨钱，你很可能拒绝。虽然你的态度与行为似乎不一致，但你违背了你的态度吗？不一定。例如，你可能认为慈善应由福利机构而非个人来做，或者乞讨应被劝阻。你的态度与行为之所以明显不一致，是因为我们对你态度的评估是宽泛的，但你的行为却是在特定情境下测定的。在不同特异性水平上评估态度和行为时，两者可能表现出低一致性。那么，态度和行为评估如何才能更具有可比性呢？

一种解决方案是通过一般行为倾向来测量行为，即采用**多重行为标准**（multiple-act criterion；如 Epstein, 1979; Fishbein & Ajzen, 1974）。也就是说，我们可以测量众多具体行为，从而得到一个总体的行为测量结果，而不是考察一般的态度（例如对慈善这一抽象概念的态度）与单一的行为（例如给乞丐钱）之间的关系。例如，我们可以测量各种情况下人们捐款的数量，帮助有需要的人所付出的时间，等等。虽然你对慈善的一般信念可能无法预测你对某个乞丐的特定反应，但如果我们考察每种慈善情境下你愿意付出多少金钱、时间和精力，一般信念应该可以预测你的总体慈善行为。

多重行为标准或许可以成功地证实态度与行为的一致性，因为（1）多重行为能更好地估计个体的典型行为；（2）运用多重行为至少包括一种由态度预测的情境（参见 Monson, Hesley, & Chernick, 1982）；（3）多重行为包括至少两种个体认为彼此相似且与态度相关的情境，因此能确保类似行为的出现（参见 Lord, 1982）。无论出于哪种原因，当行为的多重测量与总体态度相关时，二者的一致性较高（人格心理学中有类似观点，见 Buss & Craik, 1980, 1981）。

评估认知与行为一致性的第二种解决方案是更具体地测量认知。例如，如果有人问你如何看待给乞丐钱，而不是对慈善的一般看法，你的态度与行为的一致性可能很高。很多考察态度与行为关系的研究都采用了这种方法，研究者将态度视为以特定方式行事的意图进行评估（Ajzen & Fishbein, 1977; Fishbein & Ajzen, 1974, 1975）。**理性行为理论**（第 2 章、第 10 章）直接从人们的意图来预测其行为。反过来，意图受个体对行为的态度、关于他人认为个体应该做什么的主观规范，以及态度因素和主观规范相对重要性的影响。理性行为理论可以预测各种各样的行为，尤其是与健康有关的行为（S. E. Taylor, 2006a）。意图稳定时，意图能预测行为，而意图不稳定时，过去的行为能更好地预测当前的行为（Conner & Abraham, 2001; Sheeran, Orbell, & Trafimow, 1999）。

除了了解人们对某种既定行为的态度、主观规范和行为意图，我们还要知道他们对该行动所感知到的行为控制（Ajzen, 2001; 第 2 章、第 10 章）。对该修正模型的检验发现，参与者不仅需要对某个态度目标持有行为意图，还必须觉得自己有能力执行行动设想。因此，在证明态度与行为一致性上，即使个体有着根据态度行事的明确行为意图，他所感知到的控制感或自我效能感似乎也很重要。

哪些认知可以预测行为

态度与行为的关系最令人沮丧的一个方面是，个体可以改变看似与行为高度相关的认知，但未必能改变相应的行为。例如，关于职场女性的信念显示，男性和女性都越来越强调平等主义。然而，大多数歧视和骚扰的指标却表明，女性遭受此类负面事件仍远多于男性（Barreto & Ellemers, 2005）。行为与态度不匹配的原因可能很多。在这个例子中（Kahn & Crosby, 1987），态度可能反映了理想的或社会赞许的反应方式，但行为可能受其他因素影响，比如其他态度（如工资应由资历决定）、情境因素（如申请特定职位的某个女性的特征）、利用态度指导行为这一倾向上的个体差异，以及免于因骚扰和歧视而受惩罚的可能性（参见 Crosby,

Bromley, & Saxe, 1980）。本节将进一步考察决定哪些认知最有可能预测行为的各种因素。

认知与行为发生紧密关联的一个条件是，个体所持有的认知强烈而清晰。这一点在态度研究中最为明显。态度的**强度**能预测其稳定性：个体极端肯定的态度有着个人意义，涉及个人的重要问题。当态度与行为不一致时，态度往往是微弱或矛盾的（Armitage & Conner, 2000）。坚定的态度更可能通达，进而影响行为（Bizer & Krosnick, 2001; Posavac, Sanbonmatsu, & Fazio, 1997）。

如果**可通达**（accessible），态度通常会影响行为（例如，Aldrich, Sullivan, & Borgida, 1989; Fazio & Williams, 1986; Kallgren & Wood, 1986; Kiesler, Nisbett, & Zanna, 1969）。可通达的态度似乎很重要（Roese & Olson, 1994）。有时，我们把态度视为一般的价值观，但不能轻易地获取它们来影响我们的行为。例如在一项研究（Kallgren & Wood, 1986）中，参与者要报告他们对环保的态度，同时报告他们能记住多少与环保态度相关的事实，以及多少与此态度一致的过去行为，研究者以此评估参与者环保态度的通达性。两周后要求参与者签署和散发一份请愿书，并参加一个资源回收利用项目。只有那些能够获取先前态度的参与者表现出态度与行为的高度一致。

与通达性有关的是，如果认知得到演练和实践，就更可能影响行为。当人们持有的态度具有高嵌入性时，即与他们所持有的其他信念相关联，这些高**嵌入的态度**（embedded attitudes）比低嵌入的态度与行为的关联更强（Prislin & Oullette, 1996）。

如果认知涉及人们相对专业的知识领域，那么它更可能影响行为。例如，那些不仅支持环保，而且非常了解环保知识的人更可能签署保护环境的请愿书（Armitage & Conner, 2000; Kallgren & Wood, 1986）。在纵向研究中（A. R. Davison et al., 1985），人们对态度对象的信息掌握得越多，其态度与行为的一致性就越高，即使在控制了过去与态度有关的经验和态度的确定性之后，依然如此。

另一个决定态度能否预测行为的因素是，态度是如何形成的。与基于间接经验的态度相比，由**直接经验**塑造的态度能更好地预测行为（Fazio & Zanna, 1981）。在一项研究中，大学生们报告了他们对自己所在学校住房短缺问题的态度。只有那些态度基于相关经历（即因为没有房间在宿舍的折叠床上睡了几周）的参与者表现出态度与行为的高一致性。相关的个人经历鼓励人们思考和谈论相关问题，所以与只是听到或读到该问题的情况相比，态度更可能影响行为。此外，如果人们有时间和动机仔细思考他们的态度，他们更可能在决定行动之前考虑态度与行为的关联（Fabrigar et al., 2006）。总之，与基于间接经验的态度相比，通过相关经验形成的态度更可通达（为指导行为做好了准备）、更具体（与行为相关）、被更自信地持有（更少犹豫）、更稳定（更一致）、更有力（抵抗反驳）（Borgida & Campbell, 1982; Fazio & Zanna, 1978, 1981; 见表 15.2）。因此，这些态度能预测行为。

影响态度与行为一致性的另一个因素是**既得利益**。当一个人的态度涉及自身利益时，这个人更可能依照态度行动。例如，与同样反对将法定饮酒年龄提高至 21 岁的 22 岁的年轻人相比，18 岁的人更可能去拉反对票（Sivacek & Crano, 1982）。与对个人不重要的态度相比，既得利益更可能在对个人重要的态度上预测行为（Young et al., 1987）。当与期待的行为改变相关的价值观变得突显时，行为改变也会发生（Homer & Kahle, 1988; Schwartz & Inbar-Saban, 1988）。

容易记住的稳定认知比那些不太稳定的认知更可能预测行为（Kraus, 1995）。当态度不稳定时，突出的环境线索或不经意持有的竞争性信念转而可能预测行为。决定一种认知是否稳定和可通达的一个主要因素是表达频率。例如，如果一群朋友定期辩论外交政策，那么这些态度更可能影响行为。此外，当人们更频繁地表达态度时，态度通常会变得更极端（Downing, Judd, & Brauer, 1992）。因此，如果你有很多机会表达你对某场战争的态度，在这个过程中你的态度可能会变得更强烈。

上述因素表明，重要性决定了某种态度是否会影响行为。**重要态度**反映了基本的价值观、自身利益，或个体对其所重视的个人或群体的认同（Boninger, Krosnick, & Berent, 1995）。此类态度既可以抵制说服，又能预测行为。**自我图式**也决定了态度与行为的关系。与所持态度与自我图式不太关联的个体相比，那些态度代表着有关自身特征的强烈信念的个体更可能做出与态度一致的行为（Milburn, 1987）。

总之，对个体而言关系重大的态度，即可通达、稳定、重要的态度，比那些无关紧要的态度与行为关系更紧密。这对更普遍的认知与行为关系的启示是，与形成于轻微好奇心、一时兴趣或间接经验的认知相比，源于个人经验且对个人生活很重要的认知能更好地预测行为。表 15.2 总结了影响态度与行为关系以及更普遍的认知与行为关系的因素。

表 15.2　有助于高态度与行为一致性的态度

特征	机制示例和重合
强烈的态度	可通达、稳定、重要
可通达的态度	随时可用、重要
嵌入式态度	演练过、实践过
与专业知识有关的态度	关于态度对象的信息
基于对态度对象的直接个人经验的态度	可通达、具体、自信、稳定、强劲
长期稳定的态度	频繁的表达
反映既得利益的态度	与价值观、目标一致
重要的态度	与目标和价值观、同一性、自我图式有关
情感和认知成分相一致的态度	含义不冲突

思考态度背后的理由

审慎思考总是有益于态度与行为的一致性吗？人们何时会自发地思考自己态度的理由？当人们遇到他人的意外反应或对态度对象有意想不到的感受时，他们就有动力进行理由分析（T. D. Wilson et al., 1989）。个体被诱导思考态度背后的理由实际上会降低态度与行为的一致性（T. D. Wilson, Dunn, et al., 1989; T. D. Wilson & Hodges, 1992）。实际上，**分析**态度背后的**理由**会暂时改变态度（T. D. Wilson, Hodges, & LaFleur, 1995; T. D. Wilson & LaFleur, 1995），当态度几乎没有其他信念的认知支持时，尤其如此。人们一般不会对自己的态度进行过多的思考，当被诱导时，他们通常会关注态度的某些特定方面，随后这些方面就会变得更加突显。这样做时，他们要么无法将重要信息与不重要的信息区分开，要么无法恰当地感知特定信息的相关性（Tordesillas & Chaiken, 1999）。当试图想出自己态度背后的理由时，人们往往会想起记忆中一些可用的信息，但这些信息未必代表他们的态度。人们想到的理由可能来自突显的情境因素，或者来自意味着新态度的近期经验，进而至少导致态度的暂时改变。

评估个体态度背后的理由对行为有何影响？如果在人们表达新态度后立刻测量行为，那么行为与新态度是一致的。如果在人们分析了态度背后的理由之后，过一段时间再测量行为，行为似乎"很快恢复"至原来的态度，因而与理由分析之后个体所报告的态度不一致（T. D. Wilson, Kraft, & Dunn, 1989）。此外，行为可能更多地受态度的情感方面而非认知方面的控制。因为态度的自我报告由认知驱动，而行为可能更多地受情感驱动，所以在个体关注态度背后的理由的情况下，态度的自我报告和行为可能是不一致的。

正如前面的分析所隐含的，有些态度更容易受理由分析的干扰。与那些易通达、强烈、基于大量知识和认知的态度相比，那些难以通达、微弱、基于有限知识或情感的态度更容易受理由分析的干扰（T. D. Wilson, Dunn, et al., 1989; T. D. Wilson, Kraft, & Dunn, 1989）。

态度的情感与认知影响

情感或认知聚焦究竟如何影响认知与行为的关系取决于行为的类型（M. G. Millar & Tesser, 1986a）。其最简单的形式是：为了行为本身而从事的行为（**完备式行为**，consummatory behavior）似乎受情感驱动，但服务于目标的行为（**工具式行为**，instrumental behavior）似乎受认知驱动。因此，如果个体关注态度的认知成分，如果行为具有工具性，那么态度与行为的一致性就会增强。另一方面，如果个体从事某种行为是为了行为本身（完备式），聚焦于态度的情感成分会增强态度与行为的一致性。

为检验这一假设（Millar & Tesser, 1986b），研究者让参与者在解决困难的拼字游戏时，要么关注态度的认知成分（为什么对拼字游戏有此种感受），要么关注态度的情感成分（对拼字游戏有何感受）。此外，参与者还被告知，随后要测试他们的分析能力（使拼字游戏成为工具式行为），或者进行社会敏感度测试（使拼字游戏本身成为一项活动，即完备式行为）。正如预测的那样，工具式拼字游戏的参与者仅在认知聚焦的条件下表现出了评价与时间花费的一致性；那些为拼字游戏本身而游戏的参与者仅在情感聚焦的条件下表现出了较高的态度与行为的一致性。这些结果只有在态度的情感和认知成分不一致时才会出现（M. G. Millar & Tesser, 1989）。

行动识别

人们如何标记自己的行动会改变其后续行为。具体而言，人们可能会在低行为水平（闲谈）上，或在服务于某个目标的高行为水平（试图给他人留下好印象）上识别自己的行动，这一现象就是**行动识别**（action identification; Vallacher & Wegner, 1987）。该理论假设，行动同一性——对某一特定行为不同水平的思考——呈层级分布，彼此存在系统性的关联。低水平的行动同一性指的是行动的细节，而更高水平的行动同一性指的是对行动更为抽象的理解，预示着行动的原因和目的。例如，依次交替双脚是低水平的行动同一性；走路是中等水平的行动同一性；走进小区以判断其是否适合居住是高水平的行动同一性；规划自己的未来甚至是更高水平的行动同一性。

人们利用行动识别来组织该行动的实施、监控其发生，并反思其维持。较高水平的同一性往往主导着人们对行动的实施和评价。当人们对其正在做的事情只有低水平的理解时，他们倾向于接受情境赋予该行动的任何更高水平的同一性（Wegner et al., 1986; Wegner et al., 1984）。在一项研究中，参与者被诱导从一个形状奇怪的杯子里喝咖啡，从而将他们的注意力集中在该行动的低水平方面（将咖啡喝到嘴里）；另一部分参与者则是从普通杯子里喝咖啡。结果发现，那些使用奇怪咖啡杯的参与者更容易接受自己正在寻求（或回避）自我刺激的说法，即比单纯"喝咖啡"更高水平的行动识别。此外，他们还会将自我刺激这一行动识别泛化到其他行为上——调高（或调低）房内音乐的音量（Wegner et al., 1984）。

当一个行动不能维持较高的识别水平时，它就会下降到一个较低的水平。例如，能熟练使用筷子的人可以把吃中餐看作令人愉快的体验，而不会使用筷子的人则可能将其视为一项将食物从盘中吃到嘴里的任务。当某个较高水平的行动同一性不能自动执行时，行动识别就会移至较低的水平。一般而言，成功的行动往往会在较高水平上得到识别和维持；而不成功的行动则往往在较低水平上被识别（Vallacher, Wegner, & Frederick, 1987）。

行动识别取决于以下几个因素：背景、行动难度及个体之前的经验（见表15.3）。在背景方面，情境线索常常引导人们对行动做出或高或低的识别。例如，老板在社交聚会上的出现，可能会使员工将自己对公司未来发展方向的评论看作给老板留下好印象的机会，而如果老板没有出席这次聚会，那他对公司未来发展

表 15.3　行动识别的影响

	低识别水平	高识别水平
例子	骑车	锻炼
灵活性	低（只有骑车这一种方式）	高（有很多种锻炼方式）
稳定性	低（行动识别受背景效应的影响）	高
背景的影响	背景可将识别提至更高水平（例如将骑车看作锻炼）	背景对行为识别水平的影响很小
行动难度（维持指标）	很少出现中断；如果出现中断，则行动识别水平可能会降低	中断会使行动识别水平降低
突发行动的可能性	高，因为低水平行动会对背景效应作出反应	低

资料来源：Vallacher & Wegner (1987)

的看法可能依旧只是无端的观察。

在行动难度方面，5个因素决定了行动同一性被干扰的可能性。这5个被称作**维持指标**（maintenance indicators）的因素分别为行动的难度、熟悉度、复杂度、实施时间和达到熟练所需的学习时间。以等公交车为例，这是一个容易执行、多数人都熟悉、简单、耗时短、容易学习的行动。所以，等公交车这一行动识别水平不太可能降到更低的水平。然而，挥手打车这一行为执行起来可能有些困难、更不熟悉、更复杂、某些情况下耗时更多、在某些城市需要很长的学习时间。例如，新手在纽约打车可能会把对这一任务的识别从打车降到比其他人更快地举手冲进大街，以引起出租车司机的注意。简单、熟悉、耗时短、学习时间短的行动常常会保持在最初的识别水平上。

随着个体对某一行动序列的经验增多，与没有相关经验相比，他们会在更高的水平上识别这一行动序列。在更高水平组块的熟练行动通常可以自动地执行，也往往维持在高识别水平而非低识别水平上（Vallacher, Wegner, & Frederick, 1987）。

一个行动是在高水平还是低水平上被识别会有很多影响。如前所述，与低识别水平上执行的行为相比，在高识别水平上执行的行为往往更稳定。行动识别也会影响行动的灵活性。较高识别水平的行动（如锻炼）可以通过以下任意一种方式来实施，例如慢跑、骑车或游泳；而较低识别水平的行动（如骑车）就不太灵活。

在错误的水平上执行的行动会使个体的表现受损。具体而言，当困难的任务处于低识别水平时，人们表现得最好；而当简单的任务处于高识别水平时，人们表现得最好。如果一个通常在高识别水平上实施的行动被降低到较低的识别水平，那么该行动就有可能被干扰。一名跳远运动员声称，通过问一名对手为什么要那样摆放右脚，她就能让对手少跳出60厘米（因为对跳远运动员而言，跳远往往是一个保持在高识别水平的动作，而诱导对手将跳远这一高识别水平降低到摆放右脚这一低识别水平上，就会对其运动表现产生不利影响。——译者注）。与之相对的是，如果一个行为能够在较低的行动识别水平上自动执行（例如握手），那么暗示更高行动识别水平（如给他人留下好印象）的背景效应就会妨碍这一行为序列的表现。因为较高的识别水平迫使个体的注意转向了其他方面（握手的力量大不大？手心有没有汗？跟他人有没有眼神接触？）。

在某些情况下，行为同一性会导致**突发行动**（emergent action），即人们发现自己正在做原本没打算做的事情。鉴于低水平行动同一性会对暗示更高水平行动同一性的情境作出反应，所以在低行动识别水平上会发生突发行动。在一项研究中，参与者对参加某个实验从细节之处或更宽泛的角度进行思考（Wegner et al., 1986）。那些关注细节的参与者更容易受他人暗示的影响：他们帮助实验者做实验是一种利他的表现，或者他们为了获得额外的课程学分而做实验是一种自私的行为。起初在较低水平上考虑参加实验的参与者逐渐接受了这些行动识别，并且延续了突发行动，即选择参加与突发性行动同一性一致的后续活动。

行动识别理论与其他社会认知主题相关。行动识别可能会影响人们对行为表现的归因。例如，当人们在较低识别水平上执行行为时，他们会注意可能改变行为含义的情境背景。因此，他们更经常将行为归因于情境因素。相反，当人们在高水平上识别行动时，他们可能会觉得它是基于性情的，因为他们认为自己是在较高水平的目标下发起和维持该行动，而非受情境的影响（Vallacher & Wegner, 1987）。与之相关的是，当我们在高水平行动同一性上识别他人的行动时，意图归因尤其强烈（Kozak, Marsh, & Wegner, 2006）。

该理论还预测，个体行为的跨情境不一致性未必总会导致情境归因。如果个体在高水平上识别某个行动，即使在实施目标的过程中表现出了跨情境的灵活性，他们仍会从性情的角度看待这个行动。该理论还解释了自我概念明显的一致性与可塑性的对立（见第5章），具体来说就是人们如何在行为变化的情况下保持稳定的自我概念。按照行动识别理论，只有在高水平上执行的行为似乎才与自我概念相关，所以当许多与自我概念明显不一致的行为在低水平上执行时，会被认为对自我概念影响很小，因此并不会被认为与自我概念不一致。在一项研究（Wegner et al., 1986）中，参与者要用相对低水平或高水平的词语造 5 个描述自己行为的句子。之后，参与者会收到表明他们合作性强或竞争性强的虚假反馈。结果发现，被引导在低水平上思考其行为的参与者认同了虚假反馈。

最后，行动识别理论也解释了特质的测量，特别是人格研究者在根据特质预测行为方面所取得的相对有限的成功。行动识别理论认为，人们可能会出于多种原因中的任一种而实施行动。某些是高水平的，它们可能与特定特质或其他性情属性相对应，但另一些是低水平的，未必与特质相关（Vallacher & Wegner, 1987）。

情境因素中介认知与行为的一致性

情境因素通过突显指引行为的特定认知来影响认知与行为的关系。假设一个朋友请你帮忙找人在"允许大一学生开车进校园"的请愿书上签字，你会怎么办？如果朋友告诉你，他现在很绝望，因为他许诺在中午之前收集 100 个签名，但直到上午十点他才收集了 60 个，你可能会出于友情帮助他，因为此时朋友是突显的。如果随后有同学走过来，抱怨校园内的停车位早就不够用了，你可能又会重新考虑，以免和同学们疏远。类似地，如果停车被宣传为一项个人权利，你可能会帮忙。但如果你刚刚读过一篇抨击本地空气污染的社论，你可能就不会帮忙。这个例子表明，在探究一致性问题时，我们必须要问："与什么一致？社会规范？态度？具体哪个态度？"行为受情境因素的影响，情境因素会在众多认知中突显某一组认知，在推断一致性之前，我们必须要知道哪种顾虑是突显的。

因此，态度与行为的一致性会受情境线索所突显的特定态度或行为之含义的影响。在一项研究（Prislin, 1987）中，研究者测量了参与者对死刑的态度，之后要求他们在一个虚拟陪审团中对案件进行裁决。研究者提醒部分参与者要作出与自己态度一致的裁决（高态度相关性），提醒另一些参与者作出与事实一致的裁决（低态度相关性）。另外，参与者还被告知他们的裁决会（或不会）影响真实陪审团的裁决（高或低行为相关性）。当外部因素使态度和行为的结果都不是事关紧要时，态度与行为之间有着高一致性。然而，当外部因素使态度或行为有实际意义时，态度与行为的一致性就降低了。情境对行为的影响可以很微妙，甚至可以由先前的阈下启动所诱导（Herr, 1986; Neuberg, 1989）。

社会规范可根据情境决定行为，可以胜过相关的态度（例如，Bentler & Speckart, 1981; Fishbein & Ajzen, 1975; LaPiere, 1934; Pagel & Davidson, 1984; S. H. Schwartz & Tessler, 1972）。例如，被问及是否会让房产中介到你家，你可能会愤然拒绝，但如果他作为某位客人的恋人出现在你的聚会上，你可能不会赶他走。你的行为将与作为主人的社会规范一致，尽管这和你对房产中介的态度并不一致。当旁观者在场，以及个体的注意被导向情境（而非自我）时，规范尤其突显；此时对自我展示的关注会影响行为（Cialdini et al., 1973）。

另一些情境因素有利于个体将先前的态度作为行为的基础。如果情境因素使注意聚焦于内部，人们的行为就会取决于长期的态度（Wicklund, 1975）。关注自我会使外部因素的影响降至最低，并使先前的态度更加突显（见 S. E. Taylor & Fiske, 1978）。当表明特定态度的过往行为具有突显性时，随后的态度与行为的一致性就高。

特定构念的启动也会影响行为。例如，突显外向性会增加多数人的外向性表达。不过，被启动的构念与人们自我概念的匹配存在程度差异。例如，如果某种情境所启动的规范要求人们有外向表现，那么即使内向的人也可能会表现得更为外向，但是随着外向规范突显程度的减弱，个体就会恢复其长期持有的、可通达的内向性的自我感知。不过，即使外向规范的突显程度减弱，认为自己既不内向也不外向的人可能仍然会对情境隐含的行为规范保持敏感（见 Bargh, Lombardi, & Higgins, 1988）。

总而言之，对随机情境线索的关注会减少态度与行为的一致性。神经偏侧化对态度与行为一致性的影响与此观点一致。具体而言，当右利手参与者的左脑被激活时，态度与行为的一致性就减弱，而当右脑被激活时，态度与行为的一致性就有所增强（原文如此，不过通过核对参考文献可以发现，作者在此可能把意思写反了，应该是激活左脑时一致性增强，激活右脑时一致性减弱。——译者注）（Drake & Sobrero, 1987）。这可能是因为对自我的关注随着左脑的激活而增强，对外界刺激的关注随着右脑的激活而增强（Drake, 1986）。

为什么这些看似不起眼的情境细节竟然会影响人们的行为呢？因为情境会突显相关的态度或规范，使其成为更易获取的行动指南（Borgida & Campbell, 1982; C.

A. Kiesler, Collins, & Miller, 1969; M. Snyder, 1977）。对个体而言，突显性界定了当前情境，减少了模糊性（R. Norman, 1975）；如果你不确定，突显性会告诉你什么与你的行为有关。最后，当个体的整体态度或价值观变得突显时，保持态度与行为一致的责任感就会增强（C. A. Kiesler, 1971; S. H. Schwartz, 1978）。如果认知与行为的关联被突显，认知与行为通常是一致的，但是当情境线索突显时，行为可能就会与这些线索一致。

个体差异中介一致性

当我们考察认知与行为一致性的个体差异时，"与什么一致？"这个问题甚至变得更加重要。某些人的行为与社会规范一致，而另一些人的行为则与自身态度一致；一部分人有着超越一切的社会目标，这一点体现在他们的长期行为之中，而另一部分人的行为则更为灵活。现在让我们来探讨这些个体差异因素。

特质—行为关系和态度—行为关系中的一个基本问题是：人们在多大程度上从特质角度看待自己，并认为行为具有跨情境稳定性。儿童和成人往往将自身的倾向性视为条件与行为之间的应变事件，而不是在各种情境下都稳定的不变量（J. C. Wright & Mischel, 1988）。例如，成人会将他人的行为归因于性情，但同时也会用条件性的陈述对其进行修正（"乔治是一个外向的人，但与陌生人在一起时例外"）。因此，如果人们觉得性情只是有条件地与特定情境关联，那么他们可能就会认为没必要根据自己的性情来行事。所以，某人可能觉得自己是一个友善的人，但同时也认为友善这一性情并不意味着自己要回应路边流浪汉的问候。

在特定的表现情境中，与那些有经验和能力的人相比，那些没有经验、不胜任或对自身能力不确定的人会更关注适合该任务的特质和特点（Cantor, Mackie, & Lord, 1983—1984）。这种对特定表现情境所需能力的聚焦鼓励人们尽力去满足情境要求，即使未必能带来成功的表现，因为这还取决于能力（Mischel, 1984; Wicklund, 1986; Wicklund & Braun, 1987）。

自我监控

我们都认识一些可以轻松地融入社交情境的人，他们似乎很清楚应该对每个人做什么或说什么。我们也认识一些强调自我的人，不论情境如何都很少屈从于社交情境规范。这两种不同的模式分别被称为高、低**自我监控**（M. Snyder, 1979）。那些根据情境需要行事的人依据情境监控自己，他们是高自我监控者；那些遵从内心需要行事的人则不会依据情境监控自己，他们是低自我监控者（M. Snyder, 1974; M. Snyder & Campbell, 1982; M. Snyder & Monson, 1975; M. Snyder & Tanke, 1976）。

自我监控描述个体如何计划、实施和调节社会行为（M. Snyder & Cantor, 1980）。人们在做出行为选择时会利用各种信息，包括关于特定社会情境的知识，关于自身能力、资源和稳定品质的知识。高自我监控者对社会规范、情境以及恰当行为的人际线索尤为敏感（M. Snyder, 1974）；相反，低自我监控者较少对上述环境线索作出反应，而是会依靠来自内部自我的信息决定如何行动。从本质上说，在面对新情境时，高自我监控者会问："该情境下理想的人是什么样子的？我该如何像他一样行事？"而低自我监控者会问："在这个情境中，我如何表现出最真实的自己？"（M. Snyder, 1974, 1979；见表15.4）。

高自我监控者的确比低自我监控者更善于社交（Ickes & Barnes, 1977）：沟通的情感更广泛、能更快地学会在新情境中应如何行事、发起的谈话更多，并且有较高的自我控制能力（见 M. Snyder, 1979）。如果要求人们模仿另一类人（例如保守、沉默寡言的内向者）的行为，高自我监控者比低自我监控者做得更好（Lippa, 1976），而且他们似乎也更善于分辨非言语行为的含义（M. Snyder, 1979）。当与

表 15.4　测量自我监控的项目示例

请回答下列陈述是否符合你自己：		
1. 我发现自己很难模仿他人的行为。	是	否
2. 我可能会是一名好演员。	是	否
3. 在人群中，我很少成为大家注意的焦点。	是	否
4. 当我很不喜欢某些人时，我仍会表现得友好来欺骗他们。	是	否
5. 我只能为自己信服的观点辩护。	是	否
6. 即使面对自己几乎一无所知的话题，我也能即兴演讲。	是	否
首先，请回答上述问题。如果你在第1，3，5题上选择了"否"，在第2，4，6题上选择了"是"，那么你可能偏向于高自我监控。反之，你可能偏向于低自我监控。		

资料来源：M. Snyder (1974)

人交往的结果取决于他人（例如一个潜在的约会对象）时，高自我监控者会记住更多关于他人的信息，并且会对他人作出更自信、更极端的推断（Berscheid et al., 1976）。对旁观者而言，高自我监控者似乎比低自我监控者更友善、更少焦虑（Lippa, 1976）。

高自我监控者对社会信息感兴趣，显然是因为这些信息对他们有用。他们能比低自我监控者更好地记住即将与其互动之人的信息（M. Snyder, 1974）。高自我监控者尤其能够构建特定领域中原型个体的形象（例如典型的外向者或完美的公主），当规范明确时，他们也更可能融入社会情境之中；另一方面，低自我监控者更善于构建特定情境中的自身形象（例如在需要外向表现的情境中，他们应如何表现），并且更可能在社会情境符合其自我概念时融入其中（M. Snyder & Cantor, 1980）。

鉴于高、低自我监控者在风格和信息偏好上的差异，他们的行为受不同力量的控制。高自我监控者认为自己灵活、精明、适应性强；如果需要解释自己行为的原因，他们可能会指向情境因素。[2] 相反，低自我监控者认为自己更为表里如一、更有原则，他们会从性情方面解释自己的行为（M. Snyder, 1974）。高自我监控者更善于屏蔽内部干扰源（例如暂时的心境状态或疲劳）对自身行为的影响，而低自我监控者的行为更容易受这些干扰源的影响（如 Ajzen, Timko, & White, 1982）。高自我监控者也对公开的自我意识操纵更敏感（见第 5 章），而低自我监控者对私下的自我意识操纵更敏感（Webb et al., 1989）。

上述自我感知的差异也体现在行为上，所以自我监控有助于揭示认知与行为的关系。因为高自我监控者的行为与不同情境的社会规范是一致的，所以他们不同情境下的行为一致性较差。在被诱导做出违背态度的行为后，与低自我监控者相比，高自我监控者不太可能从该行为中推断出新态度。另一方面，低自我监控者的行为较少随情境变化，并且根据他们相关的认知就能很好地预测其将来的行为（M. Snyder & Swann, 1976）。他们的态度似乎比高自我监控者的态度更可通达，因为他们对态度调查回答速度更快，这表明低自我监控者有着更强的客体—评价联想（Kardes et al., 1986）。不过，高自我监控者有时的确会表现出态度与行为的

---

2 这样描述的话，高自我监控者似乎很符合马基雅维利主义。然而，有研究者（Ickes, Reidhead, & Patterson, 1986）认为，高马基雅维利主义者的印象管理是自我导向的，而自我监控反映的是适应情境的他人导向。

一致，即当态度和行为的关联突显时，这可能是因为在此情境中依态度行事是受社会赞许的（M. Snyder & Kendzierski, 1982; cf. M. Snyder, 1982）。

自我监控程度不同的人在人际关系中所看重的内容也不同。高自我监控者更多受潜在伴侣（无论是浪漫关系还是非浪漫关系）外表吸引力的影响，而低自我监控者更多受潜在伴侣人格特征的影响。高自我监控者报告自己有过更多的恋人，而低自我监控者则报告自己跟现任伴侣有着更持久的关系。类似地，高自我监控者更愿意为了新恋情而终止当前的恋情。最后，低自我监控者的浪漫关系似乎更亲密，这表明他们对自己的浪漫关系投入更多（M. Snyder & Simpson, 1984）。

用行为进行印象管理

人们会利用自身行为来给他人留下特别的印象（Nezlek & Leary, 2002）。有时人们清楚自己想要展现给别人的形象，并谨慎地营造这种形象（Kowalski & Leary, 1990）。人们想传达给他人的信息通常是：我很成功、有吸引力并且令人喜爱。想要给他人留下好印象的原因很多，例如，提升个人权力、取得渴望的结果、获得认可，以及享受正面形象所带来的内在满足感（见表 15.5）。

营造积极印象

怎样才能给他人留下积极的印象呢？策略之一就是**行为匹配**（behavioral matching）。如果他人表现得很谦虚，印象管理者往往也会表现得谦虚；如果他人在自我推销，印象管理者也会做出自我推销行为（Newtson & Czerlinsky, 1974）。行为匹配常常是自动的、不受个体控制的，比如人们会自动模仿他人的非言语行为（Chartrand & Bargh, 1999），这种行为匹配有助于给他人留下积极的印象。

遵从情境规范也有助于给他人留下恰当的印象。比如在婚宴上，人们会互相敬酒祝福，但通常不会在葬礼上这样做，除非是爱尔兰葬礼。

迎合（ingratiation），或者说奉承，指的是对目标对象说好话（Jones & Pittman, 1982）。总体而言，这是一个营造积极印象的成功策略。不过，如果个体的迎合动机过于明显，或者迎合过度、过久则会适得其反。如果目标对象看重某

表 15.5　自我展示策略

印象管理的类型	可能的动机	代表性策略
营造积极印象	增强个人权力、获得资源；获得认可；验证积极的个人形象；被人喜欢	匹配目标对象的行为；传达可能的最积极形象；遵守规范；赞美或奉承目标对象；看起来表里如一
营造模糊印象	避免他人刻板地看待自己；保持行动自由；维持自尊；保全面子	做出不一致行为；给行为找很多原因；宣称大家都这么做；离开现场；避免评价
控制消极印象	控制自己和他人对失败的归因；避免低能力归因；避免让自己或他人对预期的失败失望	夸大成功的障碍；不努力；自我妨碍（即做出自毁行为，如吸毒或酗酒）；宣称自己的失败由外部的、不稳定的因素所致；使自己的特点模糊不清

个特征却质疑自己在这个特征上的水平，对这一特征进行奉承是最有效的。例如，夸赞一位获奖的科学家很聪明可能用处不大，因为她早就知道自己很聪明，但如果她看重却又质疑自己的社交能力，那么夸赞她很有魅力就很可能达到目的。

自我展示并不总是奏效。**自我推销**（self-promotion）——将关于个人能力的积极信息传达给他人——可以作为一种营造积极印象的策略。不过，自我推销有时会事与愿违（第 5 章），人们可能会觉得自我推销者傲慢或自负。

印象管理者有时会犯错。比如，你可能错用前任伴侣的名字称呼现任伴侣，或者和老板吃午饭时把汤洒在大腿上。应对这些不佳行为表现的一个办法是找理由（Kernis & Grannemann, 1990; C. R. Snyder & Higgins, 1988）。相较于将失败归因于内在的、可控的原因（例如没有设闹钟），将失败归咎于外在的、不可控的原因（例如因为爆胎而迟到）通常是管理无效自我展示的更好的策略。

自我妨碍

自我妨碍（self-handicapping）是管理失败的一个更孤注一掷的策略（Baumeister & Scher, 1988; Berglas & Jones, 1978）。人们有时会出现为成功设置障碍的行为，这样以后就可以将失败归因于这些障碍。比如，某个学生在考试之前一整晚不睡觉，这样一来他就可以将没考好归因于疲劳，而非能力不足（McCrea & Hirt, 2001）。

自我妨碍策略有两种形式。一种是行为上的自我妨碍，即设置真正的障碍来为失败开脱，比如疲劳、酗酒、拖延、漫不经心；另一种是自我报告的障碍，即自称生病、焦虑、害羞，或者声称自己是某一创伤性事件的受害者，期望可以以此为表现不佳开脱。

他人并不容易被自我妨碍策略说服（Rhodewalt et al., 1995）。自我妨碍会给他人留下不好的印象。尽管使用该策略的人可能避免了低能力归因，却可能因此付出高昂的代价：自我妨碍的人可能显得懒惰、焦虑、醉酒或神志恍惚。此外，糟糕的自我展示进一步的风险是，印象管理的努力往往会内化，即这类人逐渐相信这就是自己的行为方式。

印象管理的其他策略

社交焦虑、抑郁、羞怯和低自尊也会通过引发一种自我保护风格而影响自我展示风格（Arkin, 1987; Baumeister, Tice, & Hutton, 1989; Schlenker, 1987）。自我保护风格的特点是回避社会交往，具体而言：较少发起谈话、说话的频率较低、回避可能会暴露自己无知的话题、尽可能少地自我表露、谦虚地描述自我。这种交往风格主要以令人愉快的行为（如同意他人意见或微笑）和避免分歧为核心。

有时人们会选择让他人对自己的印象模糊化。被归入特定类别会降低个体对结果的控制感，因为它意味着个体不再能自由地反其道而行之。在某些情况下，人们会通过让自身特质变得模糊来迷惑他人。人们可能会做出不一致的行为，或者为某个行为找理由，以使他人低估稳定的人格因素的重要性。比如，如果你组织了一场很棒的宿舍聚会，你可能会说都是因为运气好，又恰巧有空闲才能办得这么好，从而避免几个月后同样的责任再次由你来承担。

用行为检验关于他人的假设

我们可以通过很多途径来了解他人：通过旁人侧面了解、观察他们所处的情境或者收集证据。不管怎样，我们都可以很快就形成对他人的假设。这些假设会如何影响我们的人际交往呢？人们通常会采取行动来证实他们的假设，进而引出证实性信息。

比如，假设你听说爱德华刚刚从塔希提岛回来，你很快就会把他视为一个热爱异国风情、无忧无虑的探险家。在随后的询问中，你了解到他曾坐船游览过维尔京群岛，并在海洋大世界做过喂鲨鱼的工作。所有这一切都相当富有异国情调。但是需要注意的是，你询问的都是能证实这一形象的信息。我们每个人都至少有一些让我们看上去有点异国情调的东西，当这一小部分内容全部从我们的经历中显露出来时，我们会比真实的自己看起来更令人兴奋。和充满异国情调的爱德华约会几周之后，其他的细节慢慢浮现：他受公司的派遣去塔希提岛开会，他的叔叔是海洋大世界的经理，给了他一份暑假打工的机会，而且他是陪同祖父母一起去的维尔京群岛。因为人们有着丰富的多面性，如果有偏好地取样，他们可能符合选择性提问所支持的任何假设。

在一项研究（M. Snyder & Swann, 1978a）中，研究者让学生去采访另一名学生。一半学生被告知要查明采访对象是否外向（例如开朗、喜欢交际），另一半学生则被告知，要查明采访对象是否内向（例如害羞、不善交际）。研究者提供了各种测量外向和内向的问题，学生们要从中选择出他们想提的问题。评估采访对象是否外向的学生，选择了很多外向问题（"如果你想活跃聚会氛围，你会怎么做？"）；评估采访对象是否内向的学生，选择了很多内向问题（"什么使你觉得很难向人敞开心扉？"）。这些问题转而分别使采访对象显得特别外向或内向，因此只提供了与问题相关的行为样本。无论研究假设是关于个体的人格特质，还是关于基于种族、性别或性取向的刻板化特征，都会发生**验证性假设检验**（confirmatory hypothesis testing; Slowiaczek et al., 1992; Snyder, Campbell, & Preston, 1982）。无论假设是如何产生的、真实的可能性多高，以及是否对假设检验者的准确性给予奖励，验证性假设检验也都会发生（Klayman & Ha, 1987; Skov & Sherman, 1986）。

验证性假设检验不限于非正式的社交场景。在法庭上，不论事实如何，诸如"请告诉陪审团你上次打架的情形"的诱导性问题就假定被告有攻击行为的历史（Swann, Giuliano, & Wegner, 1982）。此类诱导性问题中的推测本身会被解释为有关行为的证据。而不得不回答这种带有诱导性的问题又会迫使你提供进一步证实该行为的信息。假设你一生只打过一次架，那你现在必须告诉陪审团该事件的细节。因此，诱导性问题有着双倍的偏差：问题本身暗示着行为（Wegner et al., 1981），而回答又提供了证据。

虽然验证性假设检验跨情境出现，但某些特定方法有助于证明其存在。首先，待检验的假设通常涉及详细的描述，例如对外向性形象的描述（Trope & Bassok, 1982）。因此，人们可能会选择那些倾向于证实先前假设的问题，主要是因为这些假设特别突显。其次，研究者所提供的问题可能以待检验的假设（如外向）为前提。问题列表由有偏向的问题组成（比如"你将怎样活跃聚会氛围？"这个问题事实上就迫使外向者和内向者都要给出支持外向的回答），而不是由中性问题组成（比如"你喜欢聚会吗？"，外向者会回答喜欢，而内向者则回答不喜欢）。如果让参与者用自己的问题提问，他们就很少选择这类有偏向的问题。因此，调节因素包括任务框架、可选问题、假设的确定性以及备选方案的可获得性（Kruglanski & Mayseless, 1988; Skov & Sherman, 1986; Swann & Giuliano, 1987; Trope & Mackie, 1987）。然而，假设确认偏差例证了一种更普遍的倾向，即人们倾向于检验预期会使自己感兴趣的案例，而非那些不会使自己感兴趣的案例（Klayman & Ha, 1987; 第 7 章）。

自我实现的预言：行为何时创造现实

验证性假设检验通过选择性地偏爱特定的属性而歪曲了他人在社会感知者头脑的形象。当这个假设检验也改变目标的行为来支持假设时，**自我实现的预言**（self-fulfilling prophecy; 请注意与马斯洛的"自我实现"的区别，后者是"self-actualizing"。——译者注）就发生了。一个最初错误的定义，引发了随后使其成真的行为（Merton, 1957），也称为**行为证实**（behavioral confirmation）——目标做出与感知者期望相一致的行为的倾向。

在一项经典研究中（Rosenthal & Jacobson, 1968），研究者在新学期开始时告诉教师们，班里有几名学生很有潜力，但智力发育较晚，只要经过恰当的教导就会脱颖而出。实际上，这些学生并无任何特别之处：他们是被随机选择出来的。然而，几个月后，那些所谓的智力发育较晚的学生成绩提升了，甚至连智商分数都有所提高。这种**皮格马利翁效应**在积极或消极的期望，以及不同目标和情境下都是稳健的（Rosenthal, 1974）。表 15.6 描述了皮格马利翁效应的促成因素。

感知者通过目光交流、姿势、微笑、点头以及身体角度等非言语行为向目标

表 15.6　导致皮格马利翁效应的一些课堂因素

教师对某个特定学生的积极期望会产生
更温暖的社会情感氛围
更多积极和消极的反馈
输入：教给学生的学习材料越来越难
输出：更多的回答机会

注：如果期望来自高地位的人（例如权威大人物或男性长者），那么它更可能导致自我实现的预言（Darley & Fazio, 1980）。

传达自己的期望。在一项经典研究中（Word, Zanna, & Cooper, 1974），面试官通过非言语行为表达出的消极期望的确会让面试者表现更差（亦见 M. Snyder, Tanke, & Berscheid, 1977）。此类效应很常见（Darley & Fazio, 1980），但其产生需要几个关键步骤（见图 15.2）：感知者的期望以及与之一致的行为、目标的理解和反应、感知者对目标反应的解释与其期望一致（Darley & Fazio, 1980）。正如这些步骤所暗示的，感知者和目标都可以打破自我实现预言。

感知者会调节他们的自我实现行为，尤其是在有负面预期的时候。他们有时会对预期之中的消极行为进行补偿，而不是做出对等回应。比如，你预期他人有敌意，你可能会决定更加友善地对待对方（补偿），而不是同样敌视对方（对等回应），以期尽可能地减少对方令人不悦的行为（M. H. Bond, 1972; Ickes et al., 1982; Major et al., 1988; Shelton & Richeson, 2005; Swann & Snyder, 1980）。感知者的准确性目标也可以消除一些与基于期望的互动相关的行为（Neuberg, 1989）。

感知者会根据自身及目标各自的确定性来调整自己的期望。只有在感知者对自己的期望确定但目标对自己的自我概念不确定时，才会发生行为证实。相形之下，目标的**自我验证**（第 5 章）发生在目标对其自我概念确定的情况下，并且往往发生在感知者和目标双方都不确定其信念时（Swann & Ely, 1984）。因此，目标本身也可以拒绝扮演一个与自身不符的角色，从而阻止自我实现预言的实现。毫无疑问，我们每个人都有过这样的经历。

目标会在以下几种情况下尽力消除感知者的错误印象：意识到感知者对自己有错误印象（Hilton & Darley, 1985）；认为可能是自己的行为导致了这一错误印象

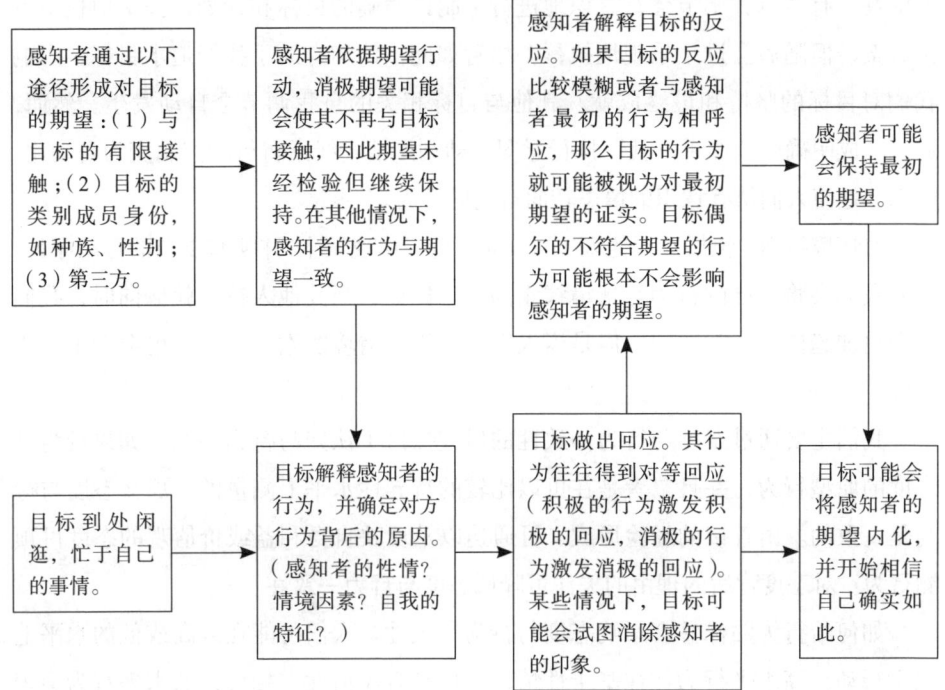

图 15.2　自我实现预言的发展

资料来源：Darley & Fazio (1980)

（Darley & Fazio, 1980）；错误印象与自己的自我观格外矛盾（Baumeister & Jones, 1978）；错误印象对自己非常重要。然而，在某些情况下，目标可能会觉得感知者对自己的错误印象是自己所渴望的，以至于他们会试图使自己符合那个好印象，并开始觉得自己的形象与感知者的印象一样。这种自我实现预言的极端情形表明，不止是目标的行为，他们的自我概念也会变得符合感知者最初的错误印象（Fazio, Effrein, & Falender, 1981; M. Snyder & Swann, 1978b）。

总　结

行为取决于人们如何定义情境以及如何制定相关的个人目标，表现出很大的灵活性。有时自我调节会有意识地进行：制订明确的目标和计划，公平地权衡备选方案，但随后会过于乐观地执行。尽管如此，认知有助于我们追求目标，影响我们对目标的坚持和最终成就。其他与目标相关的自我调节会自动发生。然而，通过形成明确的"如果—就"执行意图，即利用情境线索将行动控制变为自动化，能部分地使人们从有意识的慎思转向自动的行为。

对情境线索（包括重要他人）的自动评价可快速发生，并唤起复杂的行动序列。有时我们会将自己的行为与情境线索同化。例如，当其他人持成就取向时，我们也会更加趋向于成就取向。但是当人们的行为与情境线索相反时，也会发生对比效应。

我们主要通过态度与行为一致性的研究探讨了认知与行为关系。如果行为是态度的原型行为，并且二者是在可以比较的特异性水平上测量的，那么态度与行为是一致的。由直接的经验形成、可通达以及反映自身利益或价值观的态度可预测行为。对态度背后的理由的关注可降低态度与行为一致性。

如何给行为贴标签会影响态度与行为一致性。人们可能在或高或低的水平上识别行动。高水平行为往往基于性情，但也具有灵活性。相反，低水平行为会表现出跨情境的稳定性，但似乎并没有反映出潜在的性情。情境通过突显社会规范、先前态度等因素来调节认知与行为一致性。最后，人们在面对社交情境时存在个体差异，如自我监控、自我意识等。这些个体差异会影响态度的突显性，并与行为存在关联。

人们会管理他人对自己的印象。一般而言，人们会通过各种方式力争给他人留下积极的印象，比如与他人的行为保持一致、奉承他人、自我推销、遵守情境规范等。当可能给他人留下不好的印象时，人们就会找理由或自我妨碍，即给自己制造障碍或以障碍解释自己的失败。

行为可以检验关于自己和他人的假设，但人们通常存在偏差，会寻求证实性信息；即使试探性的假设也可能看起来比实际情况更真实。检验某个假设甚至可以使目标去证实自我实现预言中的假设。如果感知者补偿或是目标抵制，潜在的自我实现预言就可以被打破。

延伸阅读

Aarts, H. (2012). Goals, motivated social cognition and behavior. In S. T. Fiske & C. N. Macrae (Eds.), *Sage handbook of social cognition* (pp. 75–95). Thousand Oaks, CA: Sage.

Chartrand, T. L., & Bargh, J. A. (1999). The chameleon effect: The perception–behavior link and social interaction. *Journal of Personality and Social Psychology*, 76, 893–910.

Gollwitzer, P. M., & Sheeran, P. (2006). Implementation intentions and goal achievement: A meta-analysis of effects and processes. In M. P. Zanna (Ed.), *Advances in Experimental Psychology* (Vol. 38, pp. 69–119). San Diego, CA: Academic Press.

Macrae, C. N., & Miles, L. K. (2012). Revisiting the sovereignty of social cognition: Finally some action. In S. T. Fiske & C. N. Macrae (Eds.), *Sage handbook of social cognition* (pp. 1–11). Thousand Oaks, CA: Sage.

Word, C. O., Zanna, M. P., & Cooper, J. (1974). The nonverbal mediation of self-fulfilling prophecies in interracial interaction. *Journal of Experimental Social Psychology*, 10, 109–120.

专业术语表

异常状态
Abnormal conditions are circumstances of apparent failure, especially unexpected ones.

通达性
Accessibility describes how attention is primed for categories and concepts that fit what people have thought about recently or frequently.

问责制
Accountability is the need to justify one's judgments to others.

行动识别
Action identification labels a specific action at levels ranging from low level (concrete) to higher level (abstract).

行动
Actions are voluntary behaviors that are always internally caused, consisting of two subtypes: endogenous acts (ends) and exogenous acts (means).

被激活的行动者
Activated actor approaches, prominent in the 2000s, view social environments as rapidly cuing perceivers' social concepts, without awareness, and almost inevitably triggering associated cognitions, evaluations, affect, motivation, and behavior.

行为者—观察者效应
Actor–observer effect maintains that people explain other people's behavior as due to dispositional factors but their own behavior as due to situational factors.

情感
Affect is a generic term for a whole range of preferences, evaluations, moods, and emotions.

情感即信息
Affect as information proposes that affective valence tells the self how it should evaluate a stimulus, even when the affect has an irrelevant source.

情感注入模型
Affect infusion model (AIM) proposes that, depending on the processing mode, affective influences may be relatively automatic, controlled, or absent altogether.

情感预报
Affective forecasting describes people's attempt to anticipate how events will make them feel.

情感转移
Affective transference describes emotional responses to a person who resembles a significant other.

功能可供性
Affordances describe perceived action possibilities for a specific perceiver in a specific setting.

主体性
Agency describes personal authorship of an outcome, the ability to intend and take autonomous action (generally human, but often associated with male stereotypes).

基于主体的建模
Agent-based modeling, usually in a computer simulation, represents the distributions of individual units with particular characteristics (various attitudes, knowledge, goals, physical positions) all interacting with each other as autonomous actors to produce emergent outcome patterns.

代数模型
Algebraic model, described but not endorsed by Asch, evaluates each individual trait in isolation, and combines the evaluations into a summary evaluation (see **elemental approach**).

撒娇
Amae is the Japanese experience of being lovingly cared for and dependent on another's indulgence.

矛盾性别偏见理论
Ambivalent sexism theory posits that anti-female prejudices include not only **hostile sexism** but also subjectively **benevolent sexism**.

矛盾的刻板印象
Ambivalent stereotyping describes a group as high on one dimension (e.g., competence) but low on another (e.g., warmth).

杏仁核
Amygdala is one of a pair of small brain regions (often described as almond-shaped and sized), implicated in emotions and motivational relevance, but most clearly in fear.

分析理由
Analyzing reasons refers to the phenomenon of considering (and constructing) rationale underlying one's attitudes, often with little bearing on their actual origins.

锚定点
Anchor describes, when judging under uncertainty, people reducing ambiguity by using an initial reference point, and adjusting it to reach a final conclusion.

锚定与调整
Anchoring and adjustment describes basing a judgment on an arbitrary starting point and failing to move far enough away from it.

ANOVA 模型
ANOVA model is Kelley's normative model of causal inference, drawing on distinctiveness, consensus, and consistency (also called the **covariation model**).

前侧
Anterior describes relatively forward areas of the brain (relative to **posterior** ones).

前扣带皮层
Anterior cingulate cortex (ACC), the forward part of the brain's cingulate cortex, which itself wraps around the corpus callosum connecting the two hemispheres. The ACC is implicated in social-cognition-relevant tasks such as discrepancy detection and shifting from automatic to controlled processes in regulating behavior, shown in both social and physical pain.

情绪评价理论
Appraisal theories of emotions describe people as evaluating stimuli initially as good-for-me versus bad-for-me, resulting in primitive positive–negative reactions.

唤起
Arousal (that is, emotional excitation of the **sympathetic nervous system**) controls bodily functions such as heart-rate and breathing.

唤起加心智理论
Arousal-plus-mind theory (our term for Mandler's emotion theory) combines physiological arousal with evaluative cognition to produce emotion.

"问—答—公布"
Ask–answer–announce is a sequence of steps in considering, judging, and confronting prejudice.

同化
Assimilation describes fitting a specific occasion, instance, or behavior to a more general prior concept.

关联系统理论
Associated systems theory (AST) is a person memory model positing that representations of other people develop through the use of four primary mental systems: (a) the visual system (b) the verbal/semantic system, (c) the affective system, and (d) the action system.

意义关联
Associative meaning perceives two items as belonging together because they fit prior expectations (e.g., bacon–eggs).

联想模型
Associative models of memory most refer to connections between nodes linked to other nodes.

联想–命题评价模型
Associative-propositional evaluation model of attitudes combines implicit associative and deliberative propositional representations of attitudes.

注意
Attention focuses on the contents of consciousness, including encoding external material and retrieving material from memory, characterized by both direction (selectivity) and intensity (effort).

态度
Attitude is an evaluation, though definitions vary. Attitudes broadly dispose people to respond positively or negatively, as inferred from their specific cognitive, affective, and behavioral responses.

基于属性的反应
Attribute-based responses, in contrast to **category-based** ones, describe piecemeal impression formation that incorporates the details of the individual.

归因
Attribution attempts to identify what factors give rise to what outcomes, describing how people infer other people's dispositions and mental states from behavior and its causes.

归因理论
Attribution theories describe people's causal analyses of (attributions about) the social world, mostly as due to the target's dispositions or situations.

归因模糊性
Attributional ambiguity describes the dilemma of understanding whether a negative interpersonal outcome is a reaction to one's personal attributes or bias against one's social category.

动机性行为归因理论
Attributional theory of motivated behavior, largely in the domains of achievement behavior and helping, articulates dimensions (locus, stability, and controllability) for understanding causal inference's effects on expectations, emotions, and behavior.

责任归因
Attributions of responsibility concern who or what is accountable for an event, especially if negatively valenced.

适应
Attunement describes perceiver sensitivity to particular stimulus properties that afford action.

放大原则
Augmenting principle maintains that people increase the value of a cause given no alternative causes.

自动化
Automaticity, in pure form, is unintentional, uncontrollable, efficient, autonomous, and outside awareness (see **preconscious automaticity**).

自发动机
Auto-motives describe situations automatically cuing certain motives.

自主神经
Autonomic describes the part of the nervous system that controls the visceral or involuntary bodily functions (heart rate, breathing), including the parasympathetic and **sympathetic nervous systems**.

可得性/易得性
Availability denotes either (a) whether information has been stored at all or (b) (for heuristic inferences) ease of bringing information to mind.

易得性启发式
Availability heuristic evaluates the likelihood of an event based on how quickly instances or associations come to mind.

厌恶性种族主义
Aversive racism describes most people's good intentions regarding race and their rejection of their own potentially racist beliefs. It results from negative reactions, simultaneously coupled with denial of the negativity, causing interracial interactions to be aversive.

平衡理论
Balance theory describes structures in the perceiver's mind representing the perceiver (P), another person (0), and the mutual attitude object (X).

基底神经节
Basal ganglia are located at the base of the forebrain and implicated in motor control; relevant to social cognition, this area includes the **striatum**, itself implicated in automatic monitoring of reward.

基本比率
Base rates are population characteristics (averages, prior probabilities, or proportions), or other broad-based general prior data, normatively but not descriptively used to estimate particular instances.

贝叶斯定理
Bayes' theorem draws on the prior overall odds (**base rates**) and a focal event's likelihood to estimate probabilities of the event, given the prior odds.

行为激活系统
Behavioral activation system (BAS) is an appetitive system, promoting approach-oriented rewarding

goals.

行为证实
Behavioral confirmation describes a target acting as a perceiver expects just because of that expectation (see Pygmalion effect).

行为抑制系统
Behavioral inhibition system (BIS) is an aversive system, preventing negative outcomes by avoiding action.

行为匹配
Behavioral matching imitates another person, in order to smooth the interaction.

行为主义
Behaviorist approaches, especially to learning, examine stimulus–response relationships without positing intervening cognitions; only overt, measurable acts are sufficiently valid objects for empirical scrutiny.

归属
Belonging is a motive to have relationships and be accepted by other people, especially one's group.

善意性别偏见
Benevolent sexism describes a subjectively positive but controlling and paternalistic attitude toward women, cherishing them only if they stay in traditional roles, subordinate to men.

群际情绪—刻板印象—行为趋向系统模型
BIAS (Behaviors from Intergroup Affect and Stereotypes) Map extends the **stereotype content model** into discriminatory actions.

生物文化取向
Biocultural approach views intergroup threat from a sociofunctional evolutionary perspective, emphasizing human interdependence, effective group functioning, and individual adaptation to the benefits and threats of group life.

生物社会取向
Biosocial approach takes into account both genetic, physical differences among people and societal norms shaping their behavior, most applied to explaining gender roles, stereotypes, and prejudices.

两极性
Bipolar means having two poles (opposite ends), and in affect and attitude scales, most often meaning positive and negative endpoints, although bipolar scales could involve agree–disagree (see **unipolar**).

双效价
Bivalent implies two independent valences, often separate, uncorrelated positive and negative dimensions, operating independently.

公开偏见
Blatant bias is overtly expressed ingroup favoritism or outgroup derogation, largely from perceived intergroup threats, both economic and value-oriented.

自下而上的加工
Bottom-up processes include sensory motor perceptions or any relatively concrete starting point, stimulus-driven, or data-driven.

C 系统（反思的）
C system (reflective) involves the lateral prefrontal cortex, **medial prefrontal cortex**, rostral anterior cingulate, posterior parietal cortex, and the medial temporal lobe regions, all implicated in controlled processing.

心血管系统
Cardiovascular activity (CV) indexes cardiac output, ventricle activity, total peripheral resistance.

类别
Categories describe expectations about clusters of people, entities, or social groups.

归类阶段
Categorization stage, as an initial relatively automatic part of the attribution process, perceives the stimulus configuration as characteristic of certain types of behavior.

类别
Category gathers subjectively similar members into a conceptually related group.

类比激活
Category activation reflects, in response to an individual, the initial, relatively automatic access to group-level expectations.

类别应用
Category application reflects, in response to an individual, the use of group expectations to form an impression.

基于类别的反应
Category-based responses include cognition, affect, and behavior that react to an individual on the basis of perceived social group membership.

类别内混淆
Category confusions describe perceivers mixing up individuals who belong to the same social group (e.g., remembering only that the person was a woman but misremembering which one).

中心路径
Central route describes the **elaboration likelihood model's** deliberate thoughtful mode of persuasion, evaluating the merits of arguments pro and con.

确定性
Certainty of an attitude reflects its properties of mattering to one's sense of self and organizing one's experience.

认知反应链
Chain of cognitive responses outlines the necessary conditions for a persuasive communication to influence behavior.

性格化阶段
Characterization stage, as an initial relatively automatic part of the attribution process, attributes dispositional qualities to an action.

长期通达概念
Chronically accessible concepts reflect individual differences in how people habitually code other people, especially particular trait dimensions that tend to capture attention and repeatedly surface in impressions.

长期性
Chronicity reflects dimensions that are frequently accessed or permanently primed, which may become central aspects of one's personality.

有限的准确性
Circumscribed accuracy provides valid predictions of another person's behavior in specific situations, often ones where perceiver and target overlap.

经典条件作用
Classical conditioning associates stimuli and responses through repeated pairings; stimuli and responses commonly include valence.

认知$_1$
Cognition$_1$ is intellective knowledge acquisition, the everyday (dictionary) meaning of cognition, in contrast to value-laden, intuitive, or irrational thinking.

认知$_2$
Cognition$_2$ subsumes all mental activity, as compared to behavior.

认知忙碌
Cognitive busyness model splits a first automatic stage into *categorization* of behavior and its *characterization* in dispositional terms, followed by a controlled correction for situational factors only if the perceiver is not cognitively busy.

认知一致性理论
Cognitive consistency theories posit that inconsistencies – among cognitions, among affects, or between cognitions and affects – cause attitude change; cognitions may be general beliefs or beliefs about behavior.

认知负荷
Cognitive load (or **busyness**), which may involve the simultaneous performance of other tasks or attentional diversion to other stimuli, operates on the assumption that perceivers have limited on-line capacity.

认知吝啬者
Cognitive miser model, prominent in the 1980s, holds that people are limited in their capacity to process information, so they take shortcuts, which lead to often good-enough but sometimes deeply flawed results.

认知过程
Cognitive process concerns how mental elements form, operate, and change over time.

认知反应分析
Cognitive response analysis is a method that examines the recipient's reported cognitions (especially counterarguments) as the message is received.

集体自尊
Collective self-esteem is one's belief about one's own private and others' public regard for one's group and one's worth as a group member.

无视肤色论
Colorblind approaches deny group differences and insists that everyone be treated identically, regardless of background.

共同内群体同一性模型
Common ingroup identity model describes going

beyond group boundaries by including an (e.g., ethnic) outgroup, alongside the ingroup, in an overarching ingroup (e.g., citizens).

常识心理学
Commonsense psychology (see also **naive psychology**) is ordinary people's everyday theories about each other.

集体性
Communality describes an orientation to the welfare of specific and generalized others.

相对适合度
Comparative fit compares between-group differences to within-group differences in **self-categorization theory**.

竞争
Competition among cognitive links favors the successful (frequent) links strengthened at the expense of the less successful (less frequent) ones.

复杂性—极端性假说
Complexity-extremity hypothesis posits that representations with more dimensions will usually have more moderate evaluations that those with fewer dimensions.

顺从
Compliance operates to gain rewards and avoid punishments.

概念设想
Conception entails knowing without consciously retrieving visual (or other sensory motor) details.

有条件的自动过程
Conditional automaticity is automatic responding that depends on context, including but not limited to goals.

构形模型
Configural model, developed by Asch, hypothesizes that people form a unified overall impression of other people; the Gestalt unifying forces shape individual elements to fit together (see **Holistic approach**).

验证性假设检验
Confirmatory hypothesis testing is selective information-seeking biased to support one's expectations.

合取谬误
Conjunction fallacy overestimates the likelihood that any two or more events will co-occur, compared to their isolated likelihood; because their joint probability is the product of their probabilities of occurring alone, their joint probability cannot exceed the probability of the least probable event.

联结强度
Connection strengths represent the type and magnitude of association among features.

联结主义模型
Connectionist models use parallel distributed processing ideas to focus on simultaneous activation of knowledge systems that depend on dynamic links more than rigid nodes. Only the strengths of connections are stored, so that the pattern can be re-created by activating parts of it and waiting for the connections to reverberate throughout the system until the entire pattern is activated.

印象形成的联结主义模型
Connectionist model of impression formation is a parallel distributed model of both social perception and social learning.

意识层面的意志
Conscious will is experienced when a thought precedes, fits, and explains a subsequent action.

意识
Consciousness is variously defined as: stream of thought; attention; being aware of a cognition; being aware that it reflects one's behavior even though one might not be able to report on it; an epiphenomenon irrelevant to ongoing mental processes; an executive that directs mental structures; a necessary condition for human understanding and intent; a constructed device; allowing the formation of new associations; the internal stimulus field composed of thoughts, emotional experiences, and body sensations; being awake and mindful; having a subjective experienced available for report and intentional use.

共识性
Consensus described whether other actors besides the particular actor behave similarly toward this entity.

一贯性
Consistency described whether a person's behavior toward an entity occurs reliably across time and modality.

一致性寻求者
Consistency seeker view, a 1950s–60s perspective on social thinkers, in this case primarily motivated by perceived discrepancies among their cognitions, as in dissonance theory.

巩固
Consolidation in a connectionist model describes adjusting long-term linkages in memory,

约束
Constraints determine what units activate depending on the entire pattern of links.

完备式行为
Consummatory behavior is enacted for its own sake, perhaps driven by affect.

自我价值的条件性
Contingencies of self-worth describe people being selective about the domains on which they base their self-esteem.

印象形成的连续体模型
Continuum model of impression formation compares immediate relatively automatic categorization based on sex, race, age, etc., with intermediate processing by subtypes, going toward full individuation by attributes.

对比
Contrast describes a specific reaction opposite to a more general prior concept.

可控性
Controllability as a dimension of causality relates to whether a person can influence the outcome at will.

受控加工
Controlled processes entail the perceiver's conscious intent substantially determining their operation.

控制
Controlling motives strive to influence one's own outcomes that depend on other people.

信念
Conviction about an attitude includes emotional commitment, preoccupation, and cognitive elaboration.

矫正阶段
Correction phase, as a late relatively controlled part of the attribution process, uses situational and other information to discount or augment the initial dispositional attribution.

对应偏差
Correspondence bias (see also **fundamental attribution error**), over-attributes another person's behavior to dispositional causes, rather than taking account of situational factors.

对应推论
Correspondent inference is Jones and Davis's theory of how people infer other people's intents and dispositions.

皱眉肌
Corrugator supercilii are the muscles between the eyebrows that contract in a frown.

皮质醇
Cortisol is a hormone that is produced in response to stress, increasing protein and carbohydrate metabolism to increase blood sugar, while suppressing immune system and bone formation processes.

反事实推理
Counterfactual reasoning is the mental simulation of how events might otherwise have occurred.

共变性
Covariation judgments estimate how strongly two events are related.

归因共变模型
Covariation model of attribution (also called the **ANOVA model**) is a normative model of causal inference, drawing on distinctiveness, consensus, and consistency information.

自我调节的控制论模型
Cybernetic theory of self-regulation describes the feedback process by which people try to conform to a salient standard, evaluate own behavior against it, decide that the behavior either matches the standard or does not, and continue adjusting and comparing until meeting the standard or giving up.

事实上的选择性接触
De facto selective exposure describes an environment biased toward attitude-consistent information.

陈述性记忆
Declarative memory assumes an associative long-term store of network concepts, the "what" of memory; it includes both **semantic memory** and **episodic memory**.

防御性归因
Defensive attribution refers to the idea that people attribute more human responsibility for actions that produce severe rather than mild consequences.

非人化
Dehumanization treats another individual or group as not fully human, closer to an object.

审慎心智模式
Deliberative mindset is the (motivational) focus on incentives and expectations, choosing among alternative goals and their implied courses of action.

加工深度
Depth of processing accounts maintain that self-relevant information (or any more involving process) leaves a richer, more interconnected, and more enduring memory trace than a simpler more superficial form of processing.

描述性刻板印象
Descriptive stereotypes specify what a group allegedly is.

双耳分听任务
Dichotic listening task involves piping two separate series of inputs to each ear, with instructions to attend only to one, and measures of reactions to the unattended ear.

稀释效应
Dilution effect is the finding that extreme predictions can be attenuated by the presence of irrelevant information; when diagnostic information is weakened by nondiagnostic information, inferences are less extreme.

直接经验
Direct experience describes an occasion of attitude formation based on personal events rather than second-hand information.

直接知觉
Direct perception, unmediated by cognitive processing, is local, feature-oriented, piecemeal.

折扣率
Discount rate describes the diminishing utility of an outcome when extended over time.

折扣效用模型
Discounted utility theory (DU) adds to the **expected utility theory** (EU) that the utility of any given choice diminishes as consequences are spread over time, called the **discount rate**.

折扣原则
Discounting principle maintains that people reduce the importance of any one cause, given another sufficient cause.

去认同化
Disidentification describes removing a domain from relevance to one's personal or social identity.

性情
Dispositions are people's enduring personality or intentions, invariances across behaviors.

分离模型
Dissociation model of prejudice first contrasted automatic and controlled attitudes toward outgroups.

失调理论
Dissonance theory focuses on how inconsistency among cognitions causes a motivational state (dissonance) directed toward resolving that inconsistency.

独特型
Distinctiveness describes whether a person's behavior occurs only in the presence of a particular target (entity) or is directed toward many such entities.

多巴胺
Dopamine is a neurotransmitter implicated in rewards and reward learning.

背侧
Dorsal describes the brain's upper surface and areas located upward relative to another area (e.g., **ventral**).

下行社会比较
Downward social comparisons judge self against less-fortunate others, either enhancing the self as superior or threatening the self with a fall.

双重态度
Dual attitudes comprise an older, automatic attitude and the newer, explicitly accessible attitude.

印象形成的双重加工模型
Dual-process model of impression formation contrasts choice points that result in relatively automatic processes such as initial identification or categorization using images versus more deliberate personalized concepts or individuated subtypes and exemplars.

过度自信归因的双重加工模型
Dual-process model of overconfident attributions contrasts relatively automatic identification of behavior with more controlled explanations.

双重加工模型
Dual-process models generally compare more automatic and more controlled modes.

持久偏差
Durability bias is people's tendency to overestimate how long an adverse event will affect them.

动态视角
Dynamical perspective describes social cognition in a **connectionist model** following Gestalt principles where for example concepts or people are adjacent nodes linked by mutual influence.

生态知觉
Ecological perception (Gibsonian) approach emphasizes adapted, accurate perceivers interacting with their environments and embedded in their own characteristic niche; "perceiving is for doing," in this view.

生态学角度
Ecological perspective examines how people make specific inferences from physical features of the stimulus configuration, unmediated by cognition.

自我卷入
Ego involvement is exemplified by one's attitude toward a controversial social issue. (Roughly equivalent to **issue involvement, personal involvement, vested interest**.)

精细加工
Elaboration includes making relevant associations, for example, scrutinizing arguments, inferring their value, and evaluating the overall message.

精细加工可能性模型
Elaboration likelihood model (ELM), a dual-process model of attitude change, describes two routes to persuasion: the central route, via thoughtful evaluation of message arguments, and the peripheral route, via relatively automatic use of superficial cues.

皮肤电反应
Electrodermal responses (EDR) measures electro-conductance to assess skin moisture (also galvanic skin response (GSR), **skin conductance**).

脑电图
Electroencephalography (EEG) records neural **event-related potentials**, that is voltage fluctuation on the scalp, detecting neural activity.

肌电图
Electromyography (EMG) in social cognition, mostly facial) records voltage changes on skin over muscles, so their activity.

元素取向
Elemental approaches break scientific problems down into pieces and analyze the pieces in separate detail before combining them.

嵌入的态度
Embedded attitudes link to other beliefs.

具身表征
Embodied representation includes both external stimuli and bodily responses, preparing the perceiver for appropriate action.

突发行动
Emergent action is defined as behavior that people find themselves doing that they did not set out to do.

情绪
Emotion refers to a complex assortment of affects, beyond merely good and bad feelings, and can imply intense feelings with physical manifestations, including physiological arousal.

情绪易变性理论
Emotional lability theory models how people self-attribute emotion from labeling arousal according to environmental circumstances.

情绪偏见
Emotional prejudices, beyond positive–negative evaluation (attitudes), include distinct emotions such as fear, disgust, envy, pity, anxiety, and resentment.

情绪聚焦的应对
Emotion-focused coping attempts to deal with the affective impact of a threat or adverse event.

共情鸿沟
Empathy gap describes people in a cool mindset inaccurately imagining people, including themselves, acting in a hot mindset.

编码
Encoding transforms a perceived external stimulus into an internal representation.

内因性行为
Endogenous acts are voluntary actions committed as

ends in themselves.

敌人意象理论
Enemy images theory posits that national and ethnic stereotypes fit dimensions of relative status, relative power, and goal compatibility.

实体性
Entitativity is the property of being a real thing.

实体论者
Entity theorists have lay beliefs that personal attributes (e.g., intelligence) are relatively fixed, in contrast to **incremental theorists**.

肾上腺素
Epinephrine (alternately, adrenaline) acts as both a hormone and a neurotransmitter affecting the **sympathetic nervous system**, increasing heart rate, constricting blood vessels, dilating air passages, as well as more generally stress and the fight-or-flight response.

情景记忆
Episodic memory represents specific events as part of declarative long-term memory.

认知
Epistemic relates to acquiring knowledge or understanding.

本质
Essence endorses categories as having a foundational core often expressed as shared genes, blood, or nature.

评价
Evaluations are simple positive and negative reactions telling us whom (and what) to approach and avoid.

事件相关电位
Event-related potential (ERP) describes the brain's localized evoked electrical activity, measured by **electroencephalography** (EEG).

执行官
Executive processes control other processes, especially prioritizing them.

样例法
Exemplar approaches suggest remembering separate instances or exemplars actually encountered rather than prototypes abstracted from experience.

外因性行为
Exogenous acts are voluntary actions committed in service of other goals.

期望效用理论
Expected utility (EU) **theory** maintains that inferential behavior can be conceptualized as choices among alternatives, each with a probability of occurrence and a designated value. According to the model, people assess available alternatives for their likelihood and the worth of the outcomes that they promise (i.e., probability and value), calculate the utility of each outcome (the product of the probability of each outcome and its value), and choose the option that maximizes utility.

经验取样
Experience-sampling methods query respondents for self-reports at random moments during daily life.

实验要求
Experimental demand describes a variety of ways that a method, setting, or personnel may inadvertently communicate the hypothesis or otherwise channel participant responses to confirm the hypothesis. Features of the situation, experimenter–participant interaction, or measures can inadvertently constrain expected behavior.

专业知识
Expertise as a cognitive concept encompasses considerable experience, coded as organized prior knowledge, both declarative and procedural, enabling efficiency.

外部动机
Extrinsic motivation results from rewards external to the task, as in payment for performance.

面部反馈假说
Facial feedback hypothesis holds that emotional events directly trigger certain configurations of muscles, and that we become aware of feelings only upon feedback from the face.

虚报
False alarms mistakenly identify distracter items on the test as being part of the original set.

虚假共识效应
False consensus effect describes people's tendency to assume that under the same circumstances other people would react in the same way.

家族相似性
Family resemblance describes any given pair of category members sharing some features with

each other and other features with other category members.

幻想
Fantasy envisions the future as filled with bountiful (unrealistic) possibilities (wishful thinking).

恐惧自我
Feared selves are selves we are afraid of becoming.

特征导向加工
Feature-oriented processing of a face entails separate focus on each aspect (e.g., eyes, mouth).

流畅性
Fluency describes the ease of perceiving or processing information.

框架
Frame, within the **perceptual symbol systems** (PSS) **simulator**, integrates across experiences within a category, to create the simulations of the experience of a particular example on a particular occasion.

参照框架
Frame of reference, or frame in judgment and decision making, is the way the problem is described (see **reference point**).

陈述框架
Framing is how a decision's background context of the choice is described, and in **prospect theory**, often contrasting gain versus loss.

额叶
Frontal lobe encompasses the anterior (forward) regions of the brain.

功能性磁共振成像
Functional magnetic resonance imaging (fMRI) records re-oxygenizing blood flow to just-activated brain areas.

基本归因错误
Fundamental attribution error (see also **correspondence bias**) over-attributes another person's behavior to dispositional causes, rather than taking account of situational factors.

梭状回面孔区
Fusiform face area (FFA), part of the brain's temporal lobe, is known in social cognition for its sensitivity to human faces.

模糊集
Fuzzy sets reflect the idea that natural categories do not have necessary and sufficient attributes.

遗传分析
Genetic analyses, combined with environment, detect their interactive links to social cognition.

格式塔表征
Gestalt representation emphasizes perception of configurations in context.

总体的
Global processing is configural and holistic, perceptually integrating across the whole (e.g., face).

依赖目标的自动化
Goal-dependent automaticity is initially intentional and often conscious, but also partially automatic, according to some criteria: lack of awareness of the process itself, not needing to monitor the process to completion, and lack of intending all the specific outcomes.

目标不一致的自动化
Goal-inconsistent automaticity occurs when a person's own unwanted responses are governed by cognitive factors outside control and awareness (see **thought suppression**).

目标
Goals are mental representations of desired outcomes; they include intended behavior sequences with preferred outcomes.

目标屏蔽
Goal-shielding describes how activating the focal goal inhibits alternative goals' accessibility.

群体同质性
Group homogeneity is the perception, often applied to outgroups, that they do not vary much; this includes stereotyping but also dispersion (perceived spread of attributes) and similarity.

群体极化
Group polarization (one direction being a **risky shift**) describes a group decision more extreme than the average of the individual decisions, as a result of discussion.

群体服务偏差
Group-serving bias (see **ultimate attribution error**) refers to the tendency of group members to attribute positive actions committed by their own group to positive ingroup qualities, and negative actions committed by the ingroup to external causes, and vice versa for the outgroup.

引导性归纳
Guided induction involves a learning-through-examples approach.

习惯
Habits are behavior repeated frequently, without much thought.

硬性互动
Hard interface is an early term anticipating embodied representations.

赫布型学习
Hebbian learning describes associative learning by changing the strength of links between nerve cells; simultaneous activation strengthens the links, but does not provide for inhibition of unactivated links.

享乐情绪
Hedonic emotions explicitly reflect on short-term concerns of the self, as in shame.

享乐相关性
Hedonic relevance is whether another person's action bears on (obstructs or promotes) the perceiver's own self-interest and goals.

启发式加工
Heuristic processing describes the **heuristic-systematic model's** rapid, easy shortcuts to attitude change.

启发式
Heuristics are one kind of shortcut people use for judgments under uncertainty, generally used for strategies identified by Kahneman and Tversky, mostly relying on ease of bringing instances to mind, to reduce complex problem solving to simpler judgmental operations and meet the pressing demands of the environment.

启发式—系统式模型
Heuristic-systematic model (HSM), a dual-process theory of attitude change, contrasts relatively automatic processes of persuasion driven by shortcuts versus relatively controlled systematic processes. It proposes thoughtful processes, only given sufficient motivation and capacity; otherwise, people use faster, easier cognitive shortcuts.

事后聪明偏差
Hindsight bias (see **twenty-twenty hindsight**) indicates the difficulty of ignoring knowledge of an actual outcome to generate unbiased inferences about what could or should have happened.

整体取向
Holistic approaches analyze the pieces in the context of other pieces and focus on the entire configuration of relationships among them.

激素水平
Hormone levels (e.g., **cortisol, testosterone, oxytocin**) variously link to sociality.

敌意性别偏见
Hostile sexism resents nontraditional women, who are seen as unfairly competing with men, trying to control men sexually, and resisting conventional roles.

假设的中介变量
Hypothetical mediating variables are constructs theorized as a mechanism to explain the link between a cause and an outcome, for example, an attitude intervening between an observable stimulus (S) and an observable response (R), providing the necessary connection.

理想自我
Ideal self is who one wants to be (goals, hopes, and dreams).

认同
Identification operates toward attitudes that enhance belonging with valued groups.

识别阶段
Identification stage in attribution processes describes initial labeling of a behavior.

错觉相关
Illusory correlation expects a relationship between two variables when none actually exists; people often overestimate their correlation or impose a relationship because of **associative meaning** or **paired distinctiveness**.

意向表征
Imagery representations are conscious and specific about the sensory motor features.

免疫功能
Immune functioning assays track-specific immune cells and system operation.

执行意向
Implementation intentions are explicit if–then plans that specify how to realize a goal in a specific situation.

执行心智模式
Implementational mindset is the (volitional) focus on when and how to enact the intended course of action.

内隐联结测验
Implicit association test (IAT) is a method contrasting evaluative associations between categories.

内隐态度
Implicit attitudes are typically assessed by the **implicit association test** (IAT), at least partially automatic and uncontrolled.

内隐记忆
Implicit memory describes the influence of past judgmental processes on current judgments and reactions.

内隐自尊
Implicit self-esteem is measured by indirect indicators of self-value.

内隐理论
Implicit theories of personal histories are people's construction of their own stability and change over time.

重要性
Importance of an attitude indicates a person's interest or concern.

重要态度
Important attitudes reflect fundamental values, self-interest, or identification with valued individuals or groups.

印象关联卷入
Impression-relevant involvement reflects people's need for attitudes that promote a positive public image, affiliation, and social approval (see also **social-adjustive functions**).

不一致优势
Inconsistency advantage describes superior memory for expectancy-incongruent information because of extra attention, its being surprising; this produces extra associative linkages for those items, increasing their alternative retrieval paths and probability of recall.

渐变论者
Incremental theorists have lay beliefs that personal attributes (e.g., intelligence) are malleable, in contrast to entity theorists.

Independence 互倚 models view people as autonomous actors without much social connection.

Independent self 独立自我 sees the self as a unique, autonomous, agentic (originator of action), bounded, coherent whole, contrasting with other individuals and with the context; this view occurs most clearly in Western settings.

间接启动法
Indirect primimg assesses indirect attitudes by response-time facilitation from a valenced prime to an attitude object.

推断
Inference most means judgment and decision making on the basis of uncertain, incomplete, or ambiguous evidence. Processes are often **controlled** but may include **heuristics** or other **shortcuts**.

信息加工
Information processing breaks down mental operations into sequential cognitive stages.

信息性影响
Informational influence describes attitude (or behavior) change that relies on a cognitive interpretation of the group's beliefs.

低人性化
Infrahuman perception views another group or individual as essentially less-than-human.

迎合
Ingratiation is a self-presentational strategy designed to make one seem likeable.

内群体
Ingroup is one's own group, often viewed as distinctive and positive on subjectively important dimensions.

内群体偏好
Ingroup favoritism exploits the relative advantage of ingroup over outgroup, even to the detriment of self and own group's absolute outcomes.

工具式行为
Instrumental behavior is enacted in service of goals, perhaps driven by cognition.

工具功能
Instrumental functions of an attitude are adaptive, helping people to avoid pain and gain rewards.

脑岛
Insula are "islands" deep within each hemisphere of the brain, between the **frontal lobe** and **temporal lobe**; they are reliably implicated in disgust but also other automatic, intense negative responses, for example, attitudes.

综合威胁理论
Integrated threat theory (ITT) incorporates many intergroup variables but focuses on one major emotion, anxiety, to predict attitudes.

有意图的思维
Intentional thought is characterized by having options, most obviously by making the hard choice, and enacted by paying attention to implementing the intent.

相互依赖
Interdependence models recognize people's connection to each other as needing each other for important outcomes (see **outcome dependency**).

互倚自我
Interdependent self sees oneself as part of encompassing social relationships and adjusts one's behavior to what one perceives to be the thoughts, feelings, and actions of others in the relationship; this occurs most clearly in Asian, Southern European, and Latin American cultures.

群体间接触
Intergroup contact describes encountering an outgroup – under certain conditions, reducing prejudice.

群体间情绪理论
Intergroup emotions theory (IET) describes emotional assessments on behalf of one's ingroup, as an extension of **appraisal theories** of emotion.

中期记忆
Intermediate memory in some models falls temporally between short-term and long-term memory.

内化
Internalization operates to store attitude-relevant knowledge.

解释器
Interpreter is a hypothetical neural module that integrates diverse self-relevant processing in different parts of the brain to create that sense of self that most of us experience subjectively; it appears to emerge from the functions of the left hemisphere.

中断
Interruption describes the disruption of an expected perceptual pattern or a goal-directed behavior sequence.

内部动机
Intrinsic motivation results from the rewards inherent to the task, such as enjoyment.

内省
Introspection is a method that relies on people's own reports of their internal cognitive processes (the how, not the what or contents, for which see **think-aloud protocols**).

内省途径
Introspective access describes people's ability to report accurately on the processes (not simply contents) of their minds.

直觉
Intuition, variously defined, includes sudden, conscious, emotional reactions, without awareness of having gone through prior calculations.

不变性
Invariances are factors such as dispositional properties that reliably account especially for stable patterns of behavior.

问题卷入
Issue involvement reflects personal motivation tied to an attitude. (Roughly equivalent to **ego involvement, personal involvement, vested interest.**)

詹姆士—兰格观点
James-Lange view of emotions holds that behavioral reactions and physiological patterns reveal to us what emotion we are feeling.

知识功能
Knowledge function of an attitude is fundamentally cognitive and adaptive, related to object appraisal.

外侧
Lateral describes the sides of the brain (relative to medial areas).

大数定律
Law of large numbers is the statistical principle that small samples produce poor estimates of a population's characteristics, whereas larger samples

are more reliable.

合法化神话
Legitimizing myths are complex cognitions (beliefs and ideology) that support the status quo.

词汇判断任务
Lexical decision task is a common cognitive method asking participants to judge a sequence of letter strings as words or nonwords, often to assess response time after relevant primes.

线性模型
Linear model describes a combinatorial rule using a weighted average or sum of components, for example, when the total impression is an additive combination of the available information.

控制点
Locus as a dimension of causality concerns whether an individual attributes an outcome to internal or external factors; it links to changes in self-esteem-related emotions such as pride and shame in self-attributions and to admiration or pity in other-attributions.

长时记忆
Long-term memory comprises the vast store of information potentially brought to mind.

损失厌恶
Loss aversion describes the subjective value (**preference**) curve as steeper for losses than for gains: the same objective (e.g., monetary) difference looms larger as a loss than as a gain.

维持指标
Maintenance indicators include an action's difficulty, familiarity, complexity, time to enact, and time to learn to do it well.

内侧
Medial describes the interior midline of the neocortex (relative to **lateral** areas).

内侧前额叶皮层
Medial prefrontal cortex is an **anterior** neocortical brain region along the vertical midline, implicated in many, if not most, social cognition processes, as well as other tasks, and perhaps the resting state, in which participant thoughts are unmanipulated and unknown.

中介
Mediation connects between stimulus inputs or other antecedents and response outputs or other consequences.

基于记忆的印象
Memory-based impression constructs a coherent representation of another person, based on retrieval of previously received information.

心理加法
Mental addition describes simulations that increase the perceived likelihood of a potential outcome, easier than mental subtraction.

心理减法
Mental subtraction describes simulations that reduce the perceived likelihood of a potential consequence.

心灵主义
Mentalism is the belief in the importance of cognitive representations.

纯粹曝光
Mere exposure describes repeated encounters (especially with nonlinguistic stimuli), which typically enhance liking.

元认知
Meta-cognition is a second-order form of consciousness, people's beliefs about their own thinking processes.

元对比率
Meta-contrast ratio, in statistical terms, is equivalent to an F or t-test, putting mean differences between groups over within-group variance in **self-categorization theory**.

元刻板印象
Meta-stereotypes are people's beliefs about what outgroups think of the ingroup.

元理论
Metatheoretical stands are major, overarching conceptual frameworks common to several theories of a certain type.

心灵感知
Mind perception encompasses everyday mindreading: inferences about another's mental states, including beliefs, but also intentions, desires, and feelings.

心不在焉
Mindlessness describes a cognitively dis-engaged, generally clueless, uncritical, essentially automatic responding.

思维漫游
Mind-wandering is stimulus-independent thought.

最简群体范式
Minimal group paradigm creates the least necessary conditions for the experience of belonging in a group.

错误归因效应
Misattribution effect shows that arousal or emotional reactions induced by one source can potentially be reattributed to another source; arousal due to threat, for example, can be reattributed to a neutral source, thereby reducing anxiety.

动机—机会决定模型
MODE model (motivation and opportunity as determinants) is an attitude accessibility model focusing on an attitude as an association in memory between a given object and one's evaluation of it. It describes how motivation and opportunity to process attitude-relevant information together determine behavior.

现代种族主义
Modern racism describes a form of subtle bias that focuses on attitudes, ideology, and symbols that all advantage the dominant majority over minorities.

心境状态依赖性记忆
Mood state-dependent memory occurs when a matching mood at learning and retrieval facilitates memory.

心境一致性记忆
Mood-congruent memory describes a retrieval advantage for material with the same affective loading as one's current mood.

心境
Moods are positive and negative affect without a specific target, but typically with some duration.

道德凭证
Moral credentials establish evidence for a person's apparent lack of prejudice, freeing the person subsequently to act in prejudiced ways.

死亡突显
Mortality salience occurs when people confront their own death.

有动机的策略家
Motivated tactician refers to people's tendency to rely on relatively automatic processes or alternatively on more effortful ones, depending on the situational and motivational demands. The motivated tactician models view people as fully engaged thinkers with multiple cognitive strategies available, who (consciously or unconsciously) choose among them based on goals, motives, and needs.

避免偏见的动机
Motivation to avoid prejudice is a value-based compunction not to expresses intergroup biases.

内侧前额叶皮层
mPFC (see **medial prefrontal cortex**).

多元文化主义
Multiculturalism endorses the idea that groups differ in essential ways and that organizations should value those essential differences.

多重必要性因果图式
Multiple necessary causal schemas are characterized by the need for the presence of several contributing causes to produce an effect.

多重充分性因果图式
Multiple sufficient causal schemas are characterized by conditions in which a behavior may be due to any of several present causes.

多重行为标准
Multiple-act criterion refers to measuring behavior's consistency with an attitude, trait, or cognition by using several instances of the relevant action.

朴素认识论
Naive epistemology describes the ways people think about and infer meaning from what occurs around them.

朴素心理学
Naive psychology (see also commonsense psychology) is ordinary people's everyday theories about each other.

朴素实在论
Naive realism describes people's idea that other people in general, especially those who disagree with them, are more susceptible to bias than they are themselves.

朴素科学家
Naive scientist describes the normative (idealized) assumption that people are essentially rational problem solvers with a few acknowledged biases. This view of social thinker, prominent in the 1970s,

constructed optimal models of people as logical information-seekers, to assess whether and when they approximate the ideal.

消极状态缓解假说
Naturalistic social cognition studies ask participants to view tapes of their own spontaneous interaction and report what they were thinking and feeling at specific moments.

认知需求
Need for cognition refers to people's chronic level of thoughtfulness in response to external stimuli.

评价需求
Need to evaluate is an individual difference that predicts spontaneous pro and con thoughts in response to stimuli, including persuasive messages.

消极状态缓解假说
Negative state-relief hypothesis posits that people help other people in order to mitigate the personally aversive experience of seeing them suffer.

神经经济学
Neuroeconomics brings together insights from the three disciplines of economics, neuroscience, and psychology to understand decision making.

神经心理学
Neuropsychology considers personal and social lives of patients with brain impairments.

非共同效应
Noncommon effects are the unique or at least distinctive outcomes of a particular choice or behavior.

去甲肾上腺素
Norepinephrine (alternately, noradrenaline) acts as both a neurotransmitter and a hormone affecting the **sympathetic nervous system**, including heart rate, and the **amygdala**, as well as more generally stress and fight-or-flight responses.

标准理论
Norm theory focuses on *post hoc* interpretation based on an encounter with a particular stimulus in a particular context, with the aim of judging whether the stimulus was normal or surprising; **category** and **schema** theories describe reasoning forward, norm theory describes reasoning backward.

标准适合度
Normative fit describes socially shared meaning that differentiates groups in **self-categorization**.

规范性影响
Normative influences describe attitude (or behavior) change due to perceived norms and values.

规范模型
Normative model of inference is a formal, idealized set of rules for validating attributions.

规范
Norm has two distinct meaning in psychology: (a) informal rules for conduct (normative influences) in a given group; and (b) ideal (normative-model) responses to a decision problem, using all relevant information in unbiased fashion. Respectively, one is a social ideal; the other is an **epistemic** ideal.

虚无假设
Null hypothesis is a statistical term for the prediction of no difference.

客体评价功能
Object-appraisal function of an attitude governs approach-avoidance decisions and includes a cognitive knowledge function and often a utilitarian, instrumental, or goal function.

客观自我意识
Objective self-awareness describes the experience of self as the target of other's perception, often experiencing self as failing to live up to ideal standards.

事件
Occurrences are behaviors that are involuntary or not completely voluntary, potentially caused by either internal/personal or external/situational factors.

事后认知
Offline cognition is a term related to embodied cognition, when recreating perception without the original targets being present; it operates in the absence of the considered social object, in contrast to **online cognition** during interaction. Person memory research refers to this as a **memory-based impression**, but the hypothesized mechanism differ.

实时认知
Online cognition occurs in the presence of the stimulus, rather than being **memory-based impression** (also in contrast to **offline cognition**).

实时印象形成
Online impression formation develops a coherent

representation of another person, while a perceiver receives information.

操作性思维
Operant thought is instrumental and problem-solving, goal-directed, volitional, progress- monitoring, protected against external and internal distractions, contrasted with respondent thought.

最优独特性理论
Optimal distinctiveness theory (ODT) argues that people balance individual autonomy and distinctiveness against belonging to the right group in order to reach a self-affirming and satisfying identity.

优化者
Optimizers make the choice that maximizes expected utility (see **expected utility** (EU) **model**), reaching the best possible inferences and decisions.

眶额皮层
Orbitofrontal cortex is the prefrontal cortex area just behind the eyes, implicated in reward processing.

他人盈利
Other-profitable describes a person's attributes (e.g., friendliness, morality, communality) that further others' interests.

应该自我
Ought self is who one thinks one should be (obligations and duties).

结果依赖
Outcome dependency describes the **interdependence** structure of relying on another person for valued outcomes, sometimes referred to as being low **power**.

结果卷入
Outcome involvement describes concern with what a persuasive communication implies for one's own future experiences and interests.

外群体
Outgroup is any group to which one does not belong.

催产素
Oxytocin is a hormone associated with social attachment.

特殊性配对
Paired distinctiveness perceives two things as belonging together because they share some unusual feature.

并行约束满足理论
Parallel constraint satisfaction theory is a single-mode alternative to dual-mode models, in which perceivers interpret and integrate a variety of incoming information simultaneously with accessing the relevant knowledge base, balancing mutual and immediate influence of both concrete and abstract inputs.

并行分布式加工
Parallel distributed processing (PDP) models the structure of cognition wherein each basic unit participates in representing many different concepts, which are retrieved when the appropriate pattern of activation occurs across the basic units; developed as an alternative to serial models of mental structure.

并行加工
Parallel processes proceed simultaneously, for example, activating many related pathways at once.

印象形成的并行加工模型
Parallel processes model of impressions posits that all kinds of information, whether categorical or individuated, are integrated simultaneously, without a priori privileging some.

亲代投资模型
Parental investment model posits that women commit more resources to parenthood because of pregnancy, lactation, and the opportunity costs they entail for reproduction.

顶叶
Parietal lobe is a major region of neocortex, located behind the **frontal lobe**, and above the **temporal lobe** and **occipital lobe**.

知觉符号系统
Perceptual symbol systems (PSS) encode both external and internal experience in a memory representation that incorporates both bottom-up perceptual processes and top-down sensory motor representations that include **conception** and imagery.

外周路径
Peripheral route describes the **elaboration likelihood model's** rapid, effortless route to persuasion, occurring without much thought or elaboration.

持久性
Permanence motivates lasting decisions.

个人记忆模型
Person memory model is an associative network model of social memory.

个人控制
Personal control or a sense of general mastery enables people to plan, cope with setbacks, and pursue self-regulatory activities.

个人卷入
Personal involvement reflects general relevance of an attitude to self. (Roughly equivalent to **ego involvement, issue involvement, vested interest**.)

人格主义
Personalism is the perceiver's perception that the actor has intentionally targeted behavior to benefit or harm the perceiver.

个人—情境交互
Person-situation interaction describes the combination of individual and contextual contributions, including different impressions of someone in particular contexts.

说服性论据理论
Persuasive arguments theory proposes that attitudes in groups polarize toward relatively extreme (cautious or risky) alternatives when people are exposed to new information.

现象学
Phenomenology describes systematically how ordinary people say they experience their world.

表型
Phenotype (appearance) often determines racial categorization.

计划谬误
Planning fallacy describes people's optimistic tendency to overestimate how much they can accomplish in a given timeframe, underestimating the obstacles and the required effort.

人众无知
Pluralistic ignorance describes individuals believing their opinions to be unique, when in fact they are shared.

PM-1 (Person Memory One) is an associative network model of social memory.

盲目乐观效应
Pollyanna effect refers to people's tendency to interpret, rate, and remember entities more positively than not (see **positivity offset, positivity bias**).

积极错觉
Positive illusions are self-perceptions that are falsely positive and somewhat exaggerated with respect to one's actual abilities, talents, and social skills; overestimating control; and unrealistically optimistic about the future.

积极偏差
Positivity bias describes people's tendency to emphasize the good over the bad (see **positivity offset, Pollyanna effect**).

积极偏移
Positivity offset refers to the displacement of neutral judgments in a slightly positive direction (see **Pollyanna effect, positivity bias**).

可能自我
Possible selves represent whom we could become, especially whom we would like to be.

后意识自动化
Postconscious automaticity entails conscious perception of the prime but no awareness of its effects on subsequent reactions.

后侧
Posterior describes relatively far back areas of the brain (relative to anterior ones).

权力
Power is most often defined as asymmetrical control over valued resources.

权力不对称理论
Power asymmetry theory holds that the affective experiences of powerful people tend to be more positive than those of less powerful people.

前意识自动化
Preconscious automaticity requires that people are not aware of the priming cue, or of its effects on their reaction to a relevant stimulus.

偏好
Preferences include relatively mild subjective reactions that are essentially either pleasant or unpleasant.

偏见
Prejudice is the affective side of intergroup bias, evaluations of, and feelings about groups.

规范性刻板印象
Prescriptive stereotypes describe what a group should be.

预防聚焦
Prevention focus avoids negative outcomes and inhibits behavior.

首因效应
Primacy effect describes early information most influencing an evaluation or being most memorable.

初级评价
Primary appraisal is the initial automatic assessment of the object as good-bad for self.

初级情绪
Primary emotions are the primitive, simple emotions felt by either animals or humans.

启动
Priming describes the effects of prior context on the interpretation of new information, that is, the impact of a recently or frequently activated category on the processing of category-relevant information, typically interpreted in terms of category accessibility, within declarative (associative network) memory.

内在身体意识
Private body consciousness describes sensitivity to one's internal physical reactions.

自我评价
Private regard describes one's personal beliefs about the worth of one's social category.

探测
Probes are experimenter-determined signals to respond according to previous instructions, such as reporting what one is currently thinking, feeling, or doing.

问题聚焦的应对
Problem-focused coping attempts to deal directly with mitigating a threat or adverse event.

程序性知识
Procedural knowledge represents condition–action pairs, if–then statements, called productions.

程序性记忆
Procedural memory, sometimes contrasted with **declarative memory,** is one form of automaticity, the "how" stored in memory.

程序性启动
Procedural priming makes some relevant processes more accessible than others.

程序化
Proceduralization is the practice process that develops automaticity; it generalizes processes from specific repeated experiences, sometimes viewed as the second step of a two-step process of compilation.

产生式
Productions are procedural knowledge represented as condition—action pairs, or if—then statements.

促进聚焦
Promotion focus follows goals and involves behavioral activation.

命题
Propositions in memory consist of nodes (an idea: noun, verb, adjective) and link of relations between ideas.

本体感受
Proprioception is the sense of one's own bodily position from internal feedback.

前景理论
Prospect theory describes the decision processes involved when people compare options, focusing on frame of reference and subjective value function.

原型
Prototype is the central tendency or average (mean or mode) of category members.

心理场
Psychological field is a configuration of subjectively driving and restraining motivational forces.

心理免疫系统
Psychological immune system comprises people's coping processes that mitigate the effects of adversity.

公众评价
Public regard describes one's beliefs about how society values one's social category.

皮格马利翁效应
Pygmalion effect describes a target acting as a perceiver expects just because of that expectation (see **behavioral confirmation**).

种族矛盾态度
Racial ambivalence describes Whites as simultaneously believing the Blacks are collectively disadvantaged due to circumstances and due to personal attributes and choices.

现实的群体冲突
Realistic group conflict includes any competition over actual resources, such as prestige, money, or military power.

反弹
Rebound describes increased accessibility of a concept after attempted **thought suppression**.

近因
Recency effect describes later information most influencing an evaluation or being most memorable.

参照点
Reference point (also termed **frame of reference**) is the internal standard with which people compare the objective value of an option so as to classify the option as positive (i.e., better than the reference point) or as negative (i.e., worse than the reference point); objectively identical options can be framed positively or negatively, such that an option perceived as a gain in one frame can be perceived as a loss in another frame.

趋均数回归
Regression to the mean refers to the statistical fact that extreme events will, on average, be less extreme when reassessed later.

调节匹配
Regulatory fit describes a match between the goals pursued (activation/inhibition) and regulatory orientation (promotion/prevention).

关系自我
Relational self links the self-concept to mental representations of significant others.

代表性启发式
Representativeness heuristic makes inferences about probability by matching information about a specific instance against a general category to determine the likelihood by the goodness of fit.

应答性思维
Respondent thought is neither volitional nor effortful but receptive; it constitutes all the ordinary distractions of unbidden images, contrasted with operant thought.

反应卷入
Response involvement reflects a person interested in maximizing the rewards in a given situation.

提取路径
Retrieval routes proceed along node–link pathways; more links to a given node create more alternative paths.

右翼权威主义
Right-wing authoritarianism (RWA) is an individual–difference ideology that endorses conventional values, obedience to leaders, aggression toward nonconformists, and derogating outgroups.

风险厌恶
Risk-aversion strategies avoid uncertainty when dealing with possible gains (e.g., money added or lives saved).

风险寻求
Risk-seeking strategies approach uncertainty when dealing with possible losses (e.g., money subtracted or lives lost).

风险偏移
Risky shift (one direction of **group polarization**) describes a group decision riskier than the average of the individual decisions, as a result of discussion.

角色一致性理论
Role congruity theory describes how observing the correlation between gender and roles leads to prejudices against women (and men) in nontraditional roles.

角色扮演
Role-play participation asks participants to imagine themselves in a partial or overheard interaction and report reactions to it.

思维反刍
Rumination is repetitive, counterproductive thinking.

突显性
Salience describes how much particular stimuli stand out relative to others in their environment.

满足者
Satisficers make good-enough, adequate inferences and decisions.

图式
Schema describes an abstract representation, including the concept's attributes and the relations among them.

图式触发的情感
Schema-triggered affect posits that some categories automatically link to affect.

脚本
Scripts are prototypic or schematic sequences of familiar events.

次级评价
Secondary appraisal occurs, after primary appraisal, as a subsequent assessment based on analyzing the object and its relevance to self.

次级情绪
Secondary emotions are the complex, subtle sentiments felt by humans but not animals.

选择性通达模型
Selective accessibility model of assimilation and contrast, addressing conscious comparisons, assumes accessibility is flexible (controllable) and specific to the current judgment (rather than general semantic priming).

选择性注意
Selective attention heeds attitude-consistent information already present.

选择性接触
Selective exposure seeks attitude-consistent information not already present.

选择性解释
Selective interpretation translates ambiguous information to be consistent with attitudes.

选择性知觉
Selective perception posits that attitudes shape encoding; it divides into **selective exposure**, **selective attention**, and **selective interpretation**.

自我肯定
Self-affirmation maintains that people cope with threats to their self-worth by endorsing other, unrelated aspects of themselves, thereby addressing self-enhancement needs.

自我觉察
Self-awareness describes the state of being focused on self, thereby evaluating behavior against a standard and subsequently adjusting to meet the standard.

自我归类理论
Self-categorization theory (SCT) builds on **social identity theory** (without the self-esteem predictions); proposing that people categorize themselves and others into distinct social groups, ingroup and outgroup members. SCT posits that social identities determine intergroup behavior because people act as group members, categorized by **normative fit**, and **comparative fit** in the **meta-contrast ratio**.

自我中心归因偏差
Self-centered attribution bias consists of taking more than one's share of credit or responsibility for a jointly produced outcome.

自我概念
Self-concept is the collection of beliefs we hold about ourselves.

自我意识情绪
Self-conscious emotions reflect on the long-term concerns of the self (as in guilt).

自我差异理论
Self-discrepancy theory focuses on the gap between pairs of self-guides, that is, what people perceive to be their actual self and their ideal self (whom they want to be) or their ought self (whom they should be).

自我效能感
Self-efficacy beliefs refer to specific expectations about one's own abilities to accomplish specific tasks.

自我提升
Self-enhancement is the tendency to seek and maintain a favorable or at least improvable self-concept.

自我提升
Self-enhancing motivates viewing the self positively or at least sympathetically as improvable.

自尊
Self-esteem is the evaluation we make of ourselves; see **state self-esteem** and **trait self-esteem**.

自我评价维护
Self-evaluation maintenance suggests that people facilitate and maintain their positive self-regard when they deal with the performance of people around them with whom they might compare themselves.

自我实现的预言
Self-fulfilling prophecy describes the process by which one person's expectations become reality in a social interaction.

自我引导
Self-guides influence gaps that result from a shortfall between one's current self and one's ideal self, or one's ought self.

自我妨碍
Self-handicapping employs actual or constructed liabilities to explain under-performance.

自我监控
Self-monitoring describes individual differences in the extent to which people use the social situation (as opposite to their inner predispositions) to guide their behavior. High self-monitoring people regulate themselves with regard to others, instead of relying more heavily on their inner thoughts and feelings.

自我知觉理论
Self-perception theory is a model of how people infer their own attitudes from their behavior and situational forces.

自我盈利
Self-profitable describes a person's attributes (e.g., competence, agency) that further own interests.

自我推销
Self-promotion is a self-presentational strategy designed to make one seem competent.

自我调节
Self-regulation refers to the ways people control and direct their own actions, emotions, and thoughts, especially how people formulate and pursue goals; it includes higher-order executive control of lower-order processes responsible for the planning and execution of behavior.

自我图式
Self-schemas are cognitive-affective structures that represent the self's qualities in a given domain with clarity and certainty.

自利归因偏差
Self-serving attributional bias is the tendency to take credit for success and deny responsibility for failure.

自我验证
Self-verification describes people seeking other people, situations, and interpretations that confirm their preexisting self-conceptions.

语义记忆
Semantic memory represents facts, word meaning, and encyclopedic knowledge as part of declarative long-term memory.

独立系统理论
Separate-systems view of affect and cognition posits that they operate as parallel independent processes.

序列过程
Serial processes proceed sequentially, for example, in the overall processes of encoding, memory retrieval, and response generally viewed as ordered steps.

组量效应
Set-size effect reflects the sheer result of acquiring more confirming information over less of it.

标准移动
Shifting standards contrast evaluating an individual relative to the social category versus everyone else.

捷径
Shortcuts are a general term for any social perceiver strategy that substitutes simpler processes for more complex, effortful ones.

短时记忆
Short-term memory (also called **working memory**) comprises information being considered at any given moment, contents of attention; in many memory models, the activated portion of long-term memory represents short-term memory or consciousness. The contents of short-term memory can be consolidated for storage in long-term memory.

模拟
Simulation, in **perceptual symbol systems** (PSS), recreates a particular experience of a particular category member. More generally, in social cogntion it means imagining experiences or events.

模拟启发式
Simulation heuristic makes inferences by constructing hypothetical scenarios to estimate outcomes, running events through in the mind chronologically to assess likely consequences.

模拟理论
Simulation theory describes people inferring the mental states of others by imagining their own thoughts, emotions, or behaviors in a similar setting.

模拟器
Simulator, in **perceptual symbol systems** (PSS), first registers and later re-creates a perceptual experience, the pattern of brain activation created by selective attention at the perceptual stage. The

simulator contains two kinds of structures: the underlying **frame** that integrates across categories of experience, and the **simulation** that creates the experience of a particular example on a particular occasion.

情境行为

Situated action depends entirely on the ecological context.

受情境约束

Situational constraint describes whether contextual forces determine the behavior of the actor (versus the actor's choice).

皮肤电传导

Skin conductance measures minute amounts of perspiration (see also **electrodermal response** (EDR), galvanic skin response (GSR)).

社会认知

Social cognition comprises all the processes that people use to make sense of each other, in order to coordinate in their social world.

社会比较

Social comparison produces feedback from comparing self with others.

社会比较理论

Social comparison theory posits that people evaluate their position relative to similar others doing better or worse.

社会建构主义观点

Social constructivist view of emotions interprets emotions as culturally shared, temporary roles.

社会赞许性

Social desirability describes people's concern about how they appear to others, so it reflects the response valued by society.

社会支配取向

Social dominance orientation (SDO) is an individual difference perspective on group hierarchy that correlates with a wide range of blatant biases.

社会支配理论

Social dominance theory (SDT) argues that group hierarchies are universal and even evolutionarily adaptive in societies beyond the hunter-gatherer stage; some groups inevitably dominate others, and stable hierarchies regulate pointless conflict.

社会同一性理论

Social identity theory (SIT) proposes that people interact along a continuum from interpersonal to intergroup identities.

社会智力

Social intelligence is variously defined as the array of knowledge, plans, and strategies that people use in social interactions, but sometimes just as specific social, expressive, and communicative skills.

社会投射

Social projection refers to people estimating their own preferences, traits, problems, activities, and attitudes to be characteristic of others, or at least more characteristic of others than the evidence warrants.

社会角色

Social role is the set of behavior expected of someone in a particular position.

社会角色理论

Social role theory describes how observing the correlation between gender and roles leads to gender stereotypes.

社会认可

Social validation describes being accepted for who we are.

社会调节功能

Social-adjustive functions of attitudes signal interpersonal priorities, sensitivity to others, and getting along with people in general (see also **impression-relevant involvement**).

社会计量器

Sociometer describes self-esteem as a general indicator of how one is doing in the eyes of others.

自发特质推论

Spontaneous trait inferences, describe accessible trait attributions coming to mind when interpreting behavior; they bind the trait implications of a behavior to the person committing the behavior.

选择扩散

Spreading the alternatives, a dissonance-reduction process, describes how people justify their choices by reinterpreting their chosen alternative as clearly superior, emphasizing its virtues and downplaying its flaws while doing the reverse for nonchosen alternatives.

稳定性
Stability as a dimension of causality indicates whether the cause will change and is strongly associated with subsequent expectations of success or failure.

状态自尊
State self-esteem is a temporary affective self-assessment, but it does not alter trait self-esteem, one's long-term view of oneself

刻板印象内容模型
Stereotype content model posits two fundamental dimensions of social cognition, warmth (friendly, trustworthy) and competence (capability), with groups arrayed across the two-dimensional space.

刻板印象威胁
Stereotype threat describes people's reaction to performance demands in domains that stereotype their social category as inferior.

刻板印象
Stereotypes are the cognitive side of intergroup bias, beliefs about groups.

纹状体
Striatum, part of the brain's **basal ganglia**, has in its **ventral** (lower) aspect been implicated in automatic reward processing.

污名意识
Stigma consciousness describes individual differences in stereotyped group members' heightened vigilance in interacting with outgroup members.

刺激评估检查
Stimulus evaluation check is a process similar to **primary appraisal**, immediately assessing a target's implications for self.

刺激依赖型思维
Stimulus-dependent thoughts relate to the current environment.

刺激独立型思维
Stimulus-independent thought (or **mind-wandering**) does not relate to the current environment.

强度
Strength of a link between nodes, is a function of prior joint activations (e.g., frequent rehearsal).

强度
Strength of an attitude includes various interrelated components, for example, **importance** and **certainty**.

主观不确定性降低理论
Subjective uncertainty reduction theory proposes that ingroup norms reduce anxiety, especially when people are unsure in self-relevant domains.

主观价值函数
Subjective value function plots perceived value against objective outcomes; the curve is S-shaped – concave for gains (reflecting **risk aversion**) and convex for losses (reflecting **risk seeking**), as well as steeper for losses than for gains (reflecting **loss aversion**).

阈下启动
Subliminal priming occurs when a concept is activated by the environment, but at exposure times below consciousness; it registers on the senses but not on awareness.

微妙偏见
Subtle bias is automatic, ambiguous, and ambivalent, typically, from internal conflict between anti-prejudice norms and cultural stereotypes.

减法规则
Subtractive rule holds that inhibiting situational inducements augment and facilitating situational inducements attenuate the diagnostic value of the identified behavior regarding the corresponding disposition.

颞上沟
Superior temporal sulcus (STS) is the indentation in the temporal lobe that separates its upper (superior) and middle areas; STS is implicated in perceptions of biological motion, trajectory, and intent,

交感神经系统
Sympathetic nervous system controls bodily functions such as heart-rate and breathing.

系统一与系统二的对比
System 1 versus System 2, developed by Kahneman, contrast intuition versus reason in decision-making.

制度正当化理论
System justification theory posits that people seek to preserve and legitimate the status quo.

系统式加工
Systematic processing describes the **heuristic-systematic model's** thoughtful, effortful mode, which involves evaluating the pros and cons of a

message's arguments.

任务卷入
Task involvement reflects an individual concerned only with the consequences of a particular response.

时间建构水平理论
Temporal construal theory describes how the greater the temporal, physical, or mental distance to an event, the more abstractly one considers that event, focusing in high-level features that convey the event's essence.

颞叶
Temporal lobe, one of the major lobes of the neocortex; the temporal lobe is located approximately at the level of the ears.

颞顶叶交界区
Temporal parietal junction (TPJ) is the intersection between the **temporal lobe** and **parietal lobe**, implicated in theory of mind related to self-other differences in beliefs.

时间自我评价理论
Temporal self-appraisal theory holds that people distance themselves from their negative past selves and reduce the distance to their positive past selves.

张量积模型
Tensor-product model is a connectionist group memory approach using Hebbian learning.

恐惧管理理论
Terror management theory (TMT) addresses how people cope with the dread of death when it comes to mind. TMT holds that people are biologically driven for self-preservation, and the threat of death is managed at both the cultural level, by developing worldviews that provide meaning and purpose, and at the individual level, through self-esteem.

睾酮
Testosterone, a hormone linked to masculine characteristics, also relates to risk-taking and physical aggression.

心理理论
Theory of mind describes people's (especially children's) everyday understanding of the contents of another's mind, especially beliefs and knowledge. It focuses on ordinary people's perception that other people have beliefs, intentions, and personalities distinct from their own minds.

计划行为理论
Theory of planned behavior predicts attitude-relevant behavior from intent, itself predicted by beliefs, subjective social norms, and perceived behavioral control. Developed by Ajzen, it builds on Fishbein & Ajzen's **theory of reasoned action**, adding perceived behavioral control as a predictor variable.

理性行为理论
Theory of reasoned action proposes that beliefs (subjective values and their likelihood) and norms (perceived norms and their probability) together determine behavioral intentions, which predict behavior (see **theory of planned behavior** for a later version.)

行为"薄片"
Thin slices of behavior describe people seeing brief (typically under a minute) samples of a person's actions and drawing remarkably accurate inferences about enduring characteristics.

出声思维
Think-aloud protocols ask participants to voice their thoughts as they perform a laboratory task.

思维抑制
Thought suppression involves the failure to prevent unwanted cognition, through the ironic process of monitoring their occurrence.

思考—极化假说
Thought-polarization hypothesis posits that thinking about an attitude object will often polarize evaluations of it.

自上而下
Top-down processes include conception and imagery or any other relatively abstract, generalized starting point, conceptually-driven or theory-driven processes, heavily influenced by organized prior knowledge.

特质自尊
Trait self-esteem is a long-term, chronic predisposition to evaluate self positively or negatively.

经颅磁刺激
Transcranial magnetic stimulation (TMS) uses electromagnetic induction that stimulates or inhibits brain regions, allowing causal inferences from the

experimental manipulation.

移情

Transference occurs when activation of the mental representations of a significant other evokes the relational self with that significant other, including expectations that a person resembling the significant other will be similar and evoke similar emotions and behavior.

信任

Trusting motivates viewing people, at least in one's own group, positively until proven otherwise.

准确无误的后见之明

Twenty-twenty hindsight indicates the difficulty of ignoring knowledge of an actual outcome to generate unbiased inferences about what could or should have happened (see **hindsight bias**).

通过联想路径的双重提取模型

Twofold retrieval by associative pathways (TRAP) model is a person memory model positing separate heuristic and exhaustive retrieval strategies, consistent with other dual-process models.

基本的人性

Typical human nature includes warmth, emotional responsiveness, agency, curiosity, and depth.

终极归因错误

Ultimate attribution error (see **group-serving bias**) refers to the tendency of group members to attribute positive actions committed by their own group to positive ingroup qualities, and negative actions committed by the ingroup to external causes, and vice versa for the outgroup.

不确定性导向

Uncertainty orientation is an individual difference ranging from certainty-oriented preference for the familiar and predictable, to uncertainty-oriented preference for meaning search, sense-making, and novelty.

理解

Understanding motives aim for socially shared cognition, the belief that one's views correspond to those of one's group.

单一模式模型

Unimode model builds on lay **epistemic** theory of ordinary knowledge to propose that people's subjective understanding essentially tests their everyday hypotheses using available evidence, not needing to differentiate more automatic and more controlled modes.

单极

Unipolar means having only one end, as in ranging from zero to much, or *not-at-all* to *extremely* in an attitude scale.

人类独有的

Uniquely human attributes include culture, morality, logic, maturity, and refinement.

非介入性测量

Unobtrusive measures assess psychological variables without interfering with participants' ordinary activities, often without their awareness.

上行社会比较

Upward social comparisons judge self against more fortunate others, at best inspiring and at worst, demoralizing.

紧迫性

Urgency motivates quick decisions.

效价

Valence is the positive or negative evaluation attached to an entity.

价值表达功能

Value-expressive function of attitudes describes the importance to people of demonstrating and maintaining their long-term standards and orientations (see also **value-relevant involvement**).

价值关联卷入

Value-relevant involvement in an attitude indicates its importance to a person's social or moral standards.

维尔顿程序

Velten procedure manipulates mood by having participants read mood-relevant statements.

腹侧

Ventral describes the brain's lower surface and areas located downward relative to another area (e.g., **dorsal**).

语词遮蔽

Verbal overshadowing invokes a local, feature-by-feature process in describing a face, which ironically interferes with recognizing it later.

既得利益

Vested interest implies that an issue has personal relevance or meaning, especially intrinsic importance for beliefs central to a person's identity. (Roughly equivalent to **ego involvement, issue involvement, personal involvement**.)

生动性

Vividness constitutes the inherent attention-getting features of a stimulus regardless of environment, predicted to be emotionally interesting, imagery-provoking, and proximate.

"谁—说了—什么"

Who-said-what experimental paradigm assesses how people's memories confuse other people more *within* social category (e.g., two women) than *between* social categories (e.g., a man and a woman) (see **category confusions**).

工作记忆

Working memory (see **short-term memory**).

工作自我概念

Working self-concept is the currently active aspect of the self-concept that influences ongoing thought and behavior depending on which aspect of the self is accessible.

X 系统（反射的）

X system (reflexive) involves the **amygdala**, dorsal **anterior cingulate**, basal ganglia, ventro medial prefrontal cortex, and lateral temporal cortex, all regions implicated in automatic processing.

耶鲁说服性沟通法

Yale persuasive communications approach emphasizes learning message content and its conscious acceptance or rejection.

颧大肌

Zygomaticus major is the cheek's smile muscle on either side of the lower nose.

参考文献

Aarts, H. (2012). Goals, motivated social cognition and behavior. In S. T. Fiske & C. N. Macrae (eds.), *Sage handbook of social cognition* (pp. 75–95). Thousand Oaks, CA: Sage.

Aarts, H., Custers, R., & Wegner, D. M. (2005). On the inference of personal authorship: Enhancing experienced agency by priming effect information. *Consciousness and Cognition: An International Journal, 14*, 439–458.

Aarts, H., & Dijksterhuis, A. (2000). Habits as knowledge structures: Automaticity in goal-directed behavior. *Journal of Personality and Social Psychology, 78*, 53–63.

Aarts, H., & Dijksterhuis, A. (2003). The silence of the library: Environment, situational norm, and social behavior. *Journal of Personality and Social Psychology, 84*, 18–28.

Aarts, H., Gollwitzer, P. M., & Hassin, R. R. (2004). Goal contagion: Perceiving is for pursuing. *Journal of Personality and Social Psychology, 87*, 23–37.

Abele, A. E., & Wojciszke, B. (2007). Agency and communion from the perspective of self versus others. *Journal of Personality and Social Psychology, 93(5)*, 751–763.

Abelson, R. P. (1981). The psychological status of the script concept. *American Psychologist, 36*, 715–729.

Abelson, R. P. (1988). Conviction. *American Psychologist, 43*, 267–275.

Abelson, R. P., Aronson E., McGuire, W. J., Newcomb, T. M., Rosenberg, M. J., & Tannebaum, P. H. (Eds.). (1968). *Theories of cognitive consistency: A sourcebook*. Chicago: Rand McNally.

Abelson, R. P., & Gross, P. H. (1987). The strength of conjunctive explanations. *Personality and Social Psychology Bulletin, 13*, 141–155.

Abelson, R. P., Kinder, D. R., Peters, M. D., & Fiske, S. T. (1982). Affective and semantic components in political person perception. *Journal of Personality and Social Psychology, 42*, 619–630.

Abelson, R. P., & Levi, A. (1985). Decision making. In G. Lindzey & E. Aronson (Eds.), *Handbook of social psychology* (pp. 231–309). New York: Random House.

Aberson, C. L., Healy, M., & Romero, V. (2000). Ingroup bias and self-esteem: A meta-analysis. *Personality and Social Psychology Review, 4*, 157–173.

Ackerman, J. M., Huang, J. Y., & Bargh, J. A. (2012). Evolutionary perspectives on social cognition. In S. T. Fiske & C. N. Macrae (Eds.), *Sage handbook of social cognition* (pp. 451–474). Thousand Oaks, CA: Sage.

Ackerman, J. M., Shapiro, J. R., Neuberg, S. L., Kenrick, D. T., Becker, D. V., Griskevicius, V., Maner, J. K., & Schaller, M. (2006). They all look the same to me (unless they're angry): From out-group homogeneity to out-group heterogeneity. *Psychological Science, 17*, 836–840.

Adolphs, R. (2002). Recognizing emotion from facial expressions: Psychological and neurological mechanisms. *Behavioral and Cognitive Neuroscience Reviews, 1*, 21–62.

Adorno, T. W., Frenkel-Brunswik, E., Levinson, D. J., & Sanford, R. N. (1950). *The authoritarian personality*. New York: Harper.

Agostinelli, G., Sherman, S. J., Presson, C. C., & Chassin, L. (1992). Self-perception and self-enhancement biases in estimates of population prevalence. *Personality and Social Psychology Bulletin, 18*, 631–642.

Ajzen, I. (1977). Intuitive theories of events and the effects of baserate information on prediction. *Journal of Personality and Social Psychology, 35*, 303–314.

Ajzen, I. (1987). Attitudes, traits, and actions: Dispositional prediction of behavior in personality and social psychology. In L. Berkowitz (Ed.), *Advances in experimental social psychology* (Vol. 20, pp. 1–64). San Diego, CA: Academic Press.

Ajzen, I. (2001). Nature and operation of attitudes. *Annual Review of Psychology, 52,* 27–58.

Ajzen, I., & Fishbein, M. (1977). Attitude-behavior relations: A theoretical analysis and review of empirical research. *Psychological Bulletin, 84,* 888–918.

Ajzen, I., & Sexton, J. (1999). Depth of processing, belief congruence, and attitude-behavior correspondence. In S. Chaiken & Y. Trope (Eds.), *Dual-process theories in social psychology* (pp. 117–138). New York: Guilford Press.

Ajzen, I., Timko, C., & White, J. B. (1982). Self-monitoring and the attitude-behavior relation. *Journal of Personality and Social Psychology, 42,* 426–435.

Albarracín, D. (2002). Cognition in persuasion: An analysis of information processing in response to persuasive communications. In M. P. Zanna (Ed.), *Advances in experimental social psychology* (Vol. 34, pp. 61–130). San Francisco, CA: Academic Press.

Albarracín, D., Johnson, B. T., & Zanna, M. P. (Eds.). (2005). *The handbook of attitudes.* Hillsdale, NJ: Erlbaum.

Albarracín, D., & Kumkale, G. T. (2003). Affect as information in persuasion: A model of affect identification and discounting. *Journal of Personality and Social Psychology, 84,* 453–469.

Albarracín, D., & Vargas, P. (2010). Attitudes and persuasion: From biology to social responses to persuasive intent. In S. T. Fiske, D. T. Gilbert, & G. Lindzey (Eds.), *Handbook of social psychology* (5th edn, Vol. 1, pp. 394–427). Hoboken, NJ: Wiley.

Albarracín, D., & Wyer, R. S., Jr. (2001). Elaborative and nonelaborative processing of a behavior-related communication. *Personality and Social Psychology Bulletin, 27,* 691–705.

Aldrich, J. H., Sullivan, J. L., & Borgida, E. (1989). Foreign affairs and issue voting: Do presidential candidates "waltz before a blind audience"? *American Political Science Review, 83,* 123–141.

Alexander, M. G., Brewer, M. B., & Hermann, R. K. (1999). Images and affect: A functional analysis of out-group stereotypes. *Journal of Personality and Social Psychology, 77,* 78–93.

Alexander, M. G., Brewer, M. B., & Livingston, R. W. (2005). Putting stereotype content in context: Image theory and interethnic stereotypes. *Personality and Social Psychology Bulletin, 31,* 781–794.

Alicke, M. D. (1985). Global self-evaluations as determined by the desirability and controllability of trait adjectives. *Journal of Personality and Social Psychology, 49,* 1621–1630.

Alicke, M. D., & Largo, E. (1995). The role of self in the false consensus effect. *Journal of Experimental Social Psychology, 31,* 28–47.

Allison, S. T., & Messick, D. M. (1988). The feature-positive effect, attitude strength, and degree of perceived consensus. *Personality and Social Psychology Bulletin, 14,* 231–241.

Alloy, L. B., & Tabachnik, N. (1984). Assessment of covariation by humans and animals: The joint influence of prior expectations and current situational information. *Psychological Review, 91,* 112–149.

Allport, G. W. (1935). Attitudes. In C. Murchison (Ed.), *Handbook of social psychology* (pp. 798–844). Worcester, MA: Clark University Press.

Allport, G. W. (1954). *The nature of prejudice.* Reading, MA: Addison-Wesley.

Altemeyer, B. (1981). *Right-wing authoritarianism.* Winnipeg, Canada: University of Manitoba Press.

Altemeyer, B. (1988). *Enemies of freedom: Understanding right-wing authoritarianism.* San Francisco, CA: Jossey-Bass.

Altemeyer, B. (2004). Highly dominating, highly authoritarian personalities. *Journal of Social Psychology, 144,* 421–447.

Ambady, N., Paik, S. K., Steele, J., Owen-Smith, A., & Mitchell, J. P. (2004). Deflecting negative self-relevant stereotype activation: The effects of individuation. *Journal of Experimental Social Psychology, 40,* 401–408.

Ambady, N., & Rosenthal, R. (1993). Half a minute: Predicting teacher evaluations from thin slices of nonverbal behavior and physical attractiveness. *Journal of Personality and Social Psychology, 64,* 431–441.

Ames, D. R. (2004a). Inside the mind reader's tool kit: Projection and stereotyping in mental state inference. *Journal of Personality and Social Psychology, 87*, 340–353.

Ames, D. R. (2004b). Strategies for social inference: A similarity contingency model of projection and stereotyping in attribute prevalence estimates. *Journal of Personality and Social Psychology, 87*, 573–585.

Ames, D. R., & Mason, M. F. (2012). Mind perception. In S. T. Fiske & C. N. Macrae (Eds.), *Sage handbook of social cognition* (pp. 115–137). Thousand Oaks, CA: Sage.

Amiot, C. E., & Bourhis, R. Y. (2005). Ideological beliefs as determinants of discrimination in positive and negative outcome distributions. *European Journal of Social Psychology, 35*, 581–598.

Amodio, D. M., & Devine, P. G. (2006). Implicit stereotyping vs. evaluative race bias. *Journal of Personality and Social Psychology, 91*, 652–661.

Amodio, D. M., & Frith, C. D. (2006). Meeting of minds: The medial frontal cortex and social cognition. *Nature Reviews Neuroscience, 7*, 268–277.

Amodio, D. M., Harmon-Jones, E., & Devine, P. G. (2003). Individual differences in the activation and control of affective race bias as assessed by startle eyeblink response and self-report. *Journal of Personality and Social Psychology, 84*, 738–753.

Amodio, D. M., Harmon-Jones, E., Devine, P. G., Curtin, J. J., Hartley, S. L., & Covert, A. E. (2004). Neural signals for the detection of unintentional race bias. *Psychological Science, 15*, 88–93.

Amodio, D. M., Shah, J. Y., Sigelman, J., Brazy, P. C., & Harmon-Jones, E. (2004). Implicit regulatory focus associated with asymmetrical frontal cortical activity. *Journal of Experimental Social Psychology, 40*, 225–232.

Andersen, S. M., & Chen, S. (2002). The relational self: An interpersonal social-cognitive theory. *Psychological Review, 109*, 619–645.

Andersen, S. M., & Klatzky, R. L. (1987). Traits and social stereotypes: Levels of categorization in person perception. *Journal of Personality and Social Psychology, 53*, 235–246.

Andersen, S. M., Reznik, I., & Manzella, L. M. (1996). Eliciting facial affect, motivation, and expectancies in transference: Significant-other representations in social relations. *Journal of Personality and Social Psychology, 71*, 1108–1129.

Andersen, S. M., Saribay, S. A., & Przybylinski, E. (2012). Social cognition in close relationships. In S. T. Fiske & C. N. Macrae (Eds.), *Sage handbook of social cognition* (pp. 350–371). Thousand Oaks, CA: Sage.

Anderson, A. K., & Phelps, E. A. (2001). Lesions of the human amygdala impair enhanced perception of emotionally salient events. *Nature, 411*, 305–309.

Anderson, C. A. (1983). Abstract and concrete data in the perseverance of social theories: When weak data lead to unshakeable beliefs. *Journal of Experimental Social Psychology, 19*, 93–108.

Anderson, C. A., & Godfrey, S. S. (1987). Thoughts about actions: The effects of specificity and availability of imagined behavioral scripts on expectations about oneself and others. *Social Cognition, 5*, 238–258.

Anderson, C. A., Lepper, M. R., & Ross, L. D. (1980). Perseverance of social theories: The role of explanation in the persistence of discredited information. *Journal of Personality and Social Psychology, 39*, 1037–1049.

Anderson, J. R. (1976). *Language, memory, and thought*. Hillsdale, NJ: Erlbaum.

Anderson, J. R., Bothell, D., Byrne, M. D., Douglass, S., Lebiere, C., & Qin, Y. (2004). An integrated theory of the mind. *Psychological Review, 111*, 1036–1060.

Anderson, N. H. (1981). *Foundations of information integration theory*. New York: Academic Press.

Anderson, N. H., & Hubert, S. (1963). Effects of concomitant verbal recall on order effects in personality impression formation. *Journal of Verbal Learning and Verbal Behavior, 2*, 379–391.

Anik, L., Aknin, L. B., Norton, M. I., & Dunn, E. W. (2011). Feeling good about giving: The benefits (and costs) of self-interested charitable behavior. In D. M. Oppenheimer & C. Y. Olivola (Eds.), *The science of giving: Experimental approaches to the study of charity* (pp. 3–13). Society for judgment and decision making series. New York: Psychology Press.

Antrobus, J. S., Singer, J. L., Goldstein, S., & Fortgang, M. (1970). Mindwandering and cognitive structure. *Transactions of the New York Academy of Sciences, 32*, 242–252.

Apsler, R. & Sears, D. O. (1968). Warning, personal involvement, and attitude change. *Journal of Personality and Social Psychology, 9,* 162–166.

Areni, C. S., & Lutz, R. J. (1988). The role of argument quality in the elaboration likelihood model. *Advances in Consumer Research, 15,* 197–203.

Argyle, M., & Crossland, J. (1987). The dimensions of positive emotions. *British Journal of Social Psychology, 26,* 127–137.

Aristotle. (1931). On memory and recollection. In W. D. Ross (Ed.), J. I. Beare (trans.), *The works of Aristotle.* Oxford: Clarendon Press.

Arkes, H. R., & Harkness, A. R. (1980). Effect of making a diagnosis on subsequent recognition of symptoms. *Journal of Experimental Social Psychology: Human Learning and Memory, 6,* 568–575.

Arkes, H. R., & Tetlock, P. E. (2004). Attributions of implicit prejudice, or "Would Jesse Jackson 'Fail' the Implicit Association Test?" *Psychological Inquiry, 15,* 257–278.

Arkin, R. M. (1987). Shyness and self-presentation. In K. Yardley & T. Honess (Eds.), *Self and identity: Psychosocial perspectives* (pp. 187–195). London: Wiley.

Arkin, R. M., Cooper, H. M., & Kolditz, T. A. (1980). A statistical review of the literature concerning the self-serving attribution bias in interpersonal influence situations. *Journal of Personality, 48,* 435–448.

Armitage, C. J., & Conner, M. (2000). Attitudinal ambivalence: A test of three key hypotheses. *Personality and Social Psychology Bulletin, 26,* 1421–1432.

Armor, D. A., & Sackett, A. M. (2006). Accuracy, error, and bias in predictions for real versus hypothetical events. *Journal of Personality and Social Psychology, 91,* 583–600.

Armor, D. A., & Taylor, S. E. (1998). Situated optimism: Specific outcome expectancies and self-regulation. In M. P. Zanna (Ed.), *Advances in experimental social psychology* (Vol. 30, pp. 309–379). New York: Academic Press.

Armor, D. A., & Taylor, S. E. (2003). The effects of mindset on behavior: Self-regulation in deliberative and implemental frames of mind. *Personality and Social Psychology Bulletin, 29,* 86–95.

Arndt, J., Schimel, J., Greenberg, J., & Pyszczynski, T. (2002). The intrinsic self and defensiveness: Evidence that activating the intrinsic self reduces self-handicapping and conformity. *Personality and Social Psychology Bulletin, 28,* 671–683.

Arnold, M. B. (1945). Physiological differentiation of emotional states. *Psychological Review, 52,* 35–48.

Arnold, M. B. (1970). Perennial problems in the field of emotion. In M. B. Arnold (Ed.), *Feelings and emotions: The Loyola Symposium.* New York: Academic Press.

Aronson, J., Blanton, H., & Cooper, J. (1995). From dissonance to disidentification: Selectivity in the self-affirmation process. *Journal of Personality and Social Psychology, 68,* 986–996.

Aronson, J., Fried, C. B., & Good, C. (2002). Reducing the effects of stereotype threat on African American college students by shaping theories of intelligence. *Journal of Experimental Social Psychology, 38,* 113–125.

Aronson, J., Lustina, M. J., Good, C., Keough, K., Steele, C. M., & Brown, J. (1999). When White men can't do math: Necessary and sufficient factors in stereotype threat. *Journal of Experimental Social Psychology, 35,* 29–46.

Asch, S. E. (1946). Forming impressions of personality. *Journal of Abnormal and Social Psychology, 41,* 1230–1240.

Ashburn-Nardo, L., Voils, C. I., & Monteith, M. J. (2001). Implicit associations as the seeds of intergroup bias: How easily do they take root? *Journal of Personality and Social Psychology, 81,* 789–799.

Ashby, F. G., & Maddox, W. T. (2005). Human category learning. *Annual Review of Psychology, 56,* 149–178.

Aspinwall, L. G., & Brunhart, S. M. (1996). Distinguishing optimism from denial: Optimistic beliefs predict attention to health threats. *Personality and Social Psychology Bulletin, 22,* 993–1003.

Asuncion, A. G., & Lam, W. F. (1995). Affect and impression formation: Influence of mood on person memory. *Journal of Experimental Social Psychology, 31,* 437–464.

Augoustinos, M., & Walker, I. (1995). *Social cognition: An integrated introduction.* Thousand Oaks, CA: Sage.

Averill, J. R. (1980). On the paucity of positive emotions. In K. Blankstein, P. Pliner, & J. Polivy (Eds.), *Advances in the study of communication and affect, Vol. 6. Assessment and modification of emotional behavior* (pp. 7–45). New York: Plenum Press.

Averill, J. R. (1983). Studies on anger and aggression: Implications for theories of emotion. *American Psychologist, 38,* 1145–1160.

Averill, J. R. (1990a). Emotions as episodic dispositions, cognitive schemas, and transitory social roles: Steps toward an integrated theory of emotion. In D. J. Ozer, J. M. Healy Jr., & A. J. Stewart (Eds.), *Perspectives in personality, Vol. 3a: Self and emotion.* Greenwich, CT: JAI Press.

Averill, J. R. (1990b). Emotions in relation to systems of behavior. In N. L. Stein, B. Leventhal, & T. Trabasso (Eds.), *Psychological and biological approaches to emotion.* Hillsdale, NJ: Erlbaum.

Averill, J. R. (1990c). Inner feelings, works of the flesh, the beast within, diseases of the mind, driving force, and putting on a show: Six metaphors of emotion and their theoretical extensions. In D. Leary (Ed.), *Metaphors in the history of psychology.* Cambridge, MA: Harvard University Press.

Ax, A. F. (1953). Physiological differentiation of emotional states. *Psychosomatic Medicine, 15,* 433–442.

Axsom, D., Yates, S., & Chaiken, S. (1987). Audience response as a heuristic cue in persuasion. *Journal of Personality and Social Psychology, 53,* 30–40.

Babey, S. H., Queller, S., & Klein, S. B. (1998). The role of expectancy violating behaviors in the representation of trait knowledge: A summary-plus-exception model of social memory. *Social Cognition, 16,* 287–339.

Baddeley, A. (2012) Working memory: Theories, models, and controversies. *Annual Review of Psychology, 63,* 1–30.

Bahrick, H. P., Bahrick, P. O., & Wittlinger, R. P. (1975). Fifty years of memory for names and faces: A cross-sectional approach. *Journal of Experimental Psychology: General, 104(1),* 54–75.

Baldwin, D. A., & Baird, J. A. (2001). Discerning intentions in dynamic human action. *Trends in Cognitive Sciences, 5(4),* 171–178.

Banaji, M. R., Nosek, B. A., & Greenwald, A. G. (2004). No place for nostalgia in science: A response to Arkes and Tetlock. *Psychological Inquiry, 15,* 279–310.

Bandura, A. (1982). Self-efficacy mechanism in human agency. *American Psychologist, 37,* 122–147.

Bandura, A. (2006). Toward a psychology of human agency. *Perspectives on Psychological Science, 1,* 164–180.

Banfield, J. F., Wyland, C. L., Macrae, C. N., Münte, T. F., & Heatherton, T. F. (2004). The cognitive neuroscience of self-regulation. In R. F. Baumeister & K. D. Vohs (Eds.), *Handbook of self-regulation: Research, theory, and applications* (pp. 62–83). New York: Guilford Press.

Banks, R. R., & Eberhardt, J. L. (1998). Social psychological processes and the legal bases of racial categorization. In J. L. Eberhardt & S. T. Fiske (Eds.), *Confronting racism: The problem and the response* (pp. 54–75). Thousand Oaks, CA: Sage.

Bar, M., Neta, M., & Linz, H. (2006). Very first impressions. *Emotion, 6,* 269–278.

Barclay, A. M., & Haber, R. N. (1965). The relation of aggressive to sexual motivation. *Journal of Personality, 33,* 462–475.

Barden, R. C., Garber, J., Leiman, B., Ford, M. E., & Masters, J. C. (1985). Factors governing the effective remediation of negative affect and its cognitive and behavioral consequences. *Journal of Personality and Social Psychology, 49,* 1040–1053.

Bargh, J. A. (1984). Automatic and conscious processing of social information. In R. S. Wyer Jr. & T. K. Srull (Eds.), *Handbook of social cognition* (Vol. 3, pp. 1–44). Hillsdale, NJ: Erlbaum.

Bargh, J. A. (1997). The automaticity of everyday life. In R. S. Wyer Jr. (Ed.), *The automaticity of everyday life* (pp. 1–62). Mahwah, NJ: Erlbaum.

Bargh, J. A. (1999). The cognitive monster: The case against the controllability of automatic stereotype effects. In S. Chaiken & Y. Trope (Eds.), *Dual-process theories in social psychology* (pp. 361–382). New York: Guilford Press.

Bargh, J. A., Bond, R. N., Lombardi, W. J., & Tota, M. E. (1986). The additive nature of chronic and temporary sources of construct accessibility. *Journal of Personality and Social Psychology, 50,* 869–879.

Bargh, J. A., Chaiken, S., Govender, R., & Pratto, F. (1992). The generality of the automatic attitude activation effect. *Journal of Personality and Social Psychology, 62,* 893–912.

Bargh, J. A., Chaiken, S., Raymond, P., & Hymes, C. (1996). The automatic evaluation effect: Unconditional automatic attitude activation with a pronunciation task. *Journal of Experimental Social Psychology, 32,* 104–128.

Bargh, J. A., Chen, M., & Burrows, L. (1996). Automaticity of social behavior: Direct effects of trait construct and stereotype activation on action. *Journal of Personality and Social Psychology, 71,* 230–244.

Bargh, J. A., Gollwitzer, P. M., Lee-Chai, A., Barndollar, K., & Trötschel, R. (2001). The automated will: Nonconscious activation and pursuit of behavioral goals. *Journal of Personality and Social Psychology, 81,* 1014–1027.

Bargh, J. A., Lombardi, W. J., & Higgins, E. T. (1988). Automaticity of chronically accessible constructs in person X situation effects on person perception: It's just a matter of time. *Journal of Personality and Social Psychology, 55,* 599–605.

Bargh, J. A., & Pietromonaco, P. (1982). Automatic information processing and social perception: The influence of trait information presented outside of conscious awareness on impression formation. *Journal of Personality and Social Psychology, 43,* 437–449.

Bargh, J. A., & Pratto, F. (1986). Individual construct accessibility and perceptual selection. *Journal of Experimental Social Psychology, 22,* 293–311.

Bargh, J. A., & Thein, R. D. (1985). Individual construct accessibility, person memory, and the recall–judgment link: The case of information overload. *Journal of Personality and Social Psychology, 49,* 1129–1146.

Bargh, J. A., & Tota, M. E. (1988). Context-dependent automatic processing in depression: Accessibility of negative constructs with regard to self but not others. *Journal of Personality and Social Psychology, 54,* 925–939.

Bargh, J. A., & Williams, E. L. (2006). The automaticity of social life. *Current Directions in Psychological Science, 15,* 1–4.

Bar-Hillel, M. (1980). The base-rate fallacy in probability judgments. *Acta Psychologica, 44,* 211–233.

Bar-Hillel, M., & Fischhoff, B. (1981). When do base rates affect predictions? *Journal of Personality and Social Psychology, 41,* 671–680.

Baron, R. A. (1977). *Human aggression.* New York: Plenum Press.

Baron, R. A. (1997). The sweet smell of . . . helping: Effects of pleasant ambient fragrance on prosocial behavior in shopping malls. *Personality and Social Psychology Bulletin, 23,* 498–503.

Baron, R. M. (1980). Contrasting approaches to social knowing: An ecological perspective. *Personality and Social Psychology Bulletin, 6,* 590–600.

Barreto, M., & Ellemers, N. (2005). The burden of benevolent sexism: How it contributes to the maintenance of gender inequalities. *European Journal of Social Psychology, 35(5),* 633–642.

Barrett, L. F. (2006). Solving the emotion paradox: Categorization and the experience of emotion. *Personality and Social Psychology Review, 10,* 20–46.

Barrett, L. F. (2009a). Variety is the spice of life: A psychological construction approach to understanding variability in emotion. *Cognition and Emotion, 23(7),* 1284–1306.

Barrett, L. F. (2009b). The future of psychology: Connecting mind to brain. *Perspectives on Psychological Science, 4(4),* 326–339.

Barrett, L. F., Mesquita, B., Ochsner, K. N., & Gross, J. J. (2007). The experience of emotion. *Annual Review of Psychology, 58,* 373–403.

Barrett, L. F., & Russell, J. A. (1999). The structure of current affect: Controversies and emerging consensus. *Current Directions in Psychological Science, 8,* 10–14.

Barrett, L. F., Tugade, M. M., & Engle, R. W. (2004). Individual differences in working memory capacity and dual-process theories of the mind. *Psychological Bulletin, 130,* 553–573.

Barrett, L. F., & Wager, T. D. (2006). The structure of emotion: Evidence from neuroimaging studies. *Current Directions in Psychological Science, 15,* 79–83.

Barsalou, L. W. (1985). Ideals, central tendency, and frequency of instantiation as determinants of graded structure in categories. *Journal of Experimental Psychology: Learning, Memory, and Cognition, 11,* 629–654.

Barsalou, L. W. (1999). Perceptual symbol systems. *Behavioral and Brain Sciences, 22,* 577–660.

Bartlett, M. Y., & DeSteno, D. (2006). Gratitude and prosocial behavior: Helping when it costs you. *Psychological Science, 17,* 319–325.

Bassili, J. N., & Krosnick, J. A. (2000). Do strength-related attitude properties determine susceptibility to response effects? New evidence from response latency, attitude extremity, and aggregate indices. *Political Psychology, 21*, 107–132.

Bastian, B., & Haslam, N. (2006). Psychological essentialism and stereotype endorsement. *Journal of Experimental Social Psychology, 42*, 228–235.

Baumeister, R. F., Campbell, J. D., Krueger, J. I., & Vohs, K. D. (2003). Does high self-esteem cause better performance, interpersonal success, happiness, or healthier lifestyles? *Psychological Science in the Public Interest, 4*, 1–44.

Baumeister, R. F., DeWall, C. N., Ciarocco, N. J., & Twenge, J. M. (2005). Social exclusion impairs self-regulation. *Journal of Personality and Social Psychology, 88*, 589–604.

Baumeister, R. F., & Jones, E. E. (1978). When self-presentation is constrained by the target's knowledge. *Journal of Personality and Social Psychology, 36*, 608–618.

Baumeister, R. F., & Leary, M. R. (1995). The need to belong: Desire for interpersonal attachments as a fundamental human motivation. *Psychological Bulletin, 117*, 497–529.

Baumeister, R. F., & Scher, S. J. (1988). Self-defeating behavior patterns among normal individuals: Review and analysis of common self-destructive tendencies. *Psychological Bulletin, 104*, 3–22.

Baumeister, R. F., Smart, L., & Boden, J. M. (1996). Relation of threatened egotism to violence and aggression: The dark side of high self-esteem. *Psychological Review, 103*, 5–33.

Baumeister, R. F., Tice, D. M., & Hutton, D. G. (1989). Self-presentational motivations and personality differences in self-esteem. *Journal of Personality, 57*, 547–579.

Baumeister, R. F., & Vohs, K. D. (Eds.). (2004). *Handbook of self-regulation: Research, theory, and applications* New York: Guilford Press.

Baumgardner, A. H., & Arkin, R. M. (1988). Affective state mediates causal attributions for success and failure. *Motivation and Emotion, 12*, 99–111.

Baumgardner, A. H., Lake, E. A., & Arkin, R. M. (1985). Claiming mood as a self-handicap: The influence of spoiled and unspoiled public identities. *Personality and Social Psychology Bulletin, 11*, 349–357.

Beauregard, K. S., & Dunning, D. (1998). Turning up the contrast: Self-enhancement motives prompt egocentric contrast effects in social judgments. *Journal of Personality and Social Psychology, 74*, 606–621.

Bechara, A., Damasio, A. R., Damasio, H., & Anderson, S. W. (1994). Insensitivity to future consequences following damage to human prefrontal cortex. *Cognition, 50*, 7–15.

Beer, J. S. (2012). Self-evaluation and self-knowledge. In S. T. Fiske & C. N. Macrae (Eds.), *Sage handbook of social cognition* (pp. 330–349). Thousand Oaks, CA: Sage.

Beer, J. S., Heerey, E. A., Keltner, D., Scabini, D., & Knight, R. T. (2003). The regulatory function of self-conscious emotion: Insights from patients with orbitofrontal damage. *Journal of Personality and Social Psychology, 85*, 594–604.

Bem, D. J. (1967). Self-perception: An alternative interpretation of cognitive dissonance phenomena. *Psychological Review, 74*, 183–200.

Bem, D. J. (1972). Self-perception theory. In L. Berkowitz (Ed.), *Advances in experimental social psychology* (Vol. 6, pp. 1–62). New York: Academic Press.

Bem, D. J., & McConnell, H. K. (1970). Testing the self-perception explanation of dissonance phenomena: On the salience of premanipulation attitudes. *Journal of Personality and Social Psychology, 14*, 23–31.

Bem, S. L. (1993). *The lenses of gender: Transforming the debate on sexual inequality*. New Haven, CT: Yale University Press.

Benesh, M., & Weiner, B. (1982). On emotion and motivation: From the notebooks of Fritz Heider. *American Psychologist, 37*, 887–895.

Bentler, P. M., & Speckart, G. (1981). Attitudes cause behaviors: A structural equation analysis. *Journal of Personality and Social Psychology, 40*, 226–238.

Ben-Zeev, T., Fein, S., & Inzlicht, M. (2005). Arousal and stereotype threat. *Journal of Experimental Social Psychology, 41*, 174–181.

Berger, S. M., & Lambert, W. W. (1968). Stimulus–response theory in contemporary social psychology. In G. Lindzey & E. Aronson (Eds.), *The handbook of social psychology* (2nd edn, Vol. 1). Reading, MA: Addison-Wesley.

Berglas, S., & Jones, E. E. (1978). Drug choice as a self-handicapping strategy in response to noncontingent success. *Journal of Personality and Social Psychology, 36*, 405–417.

Bergsieker, H. B., Leslie, L. M., Constantine, V. S., & Fiske, S. T. (2012). Stereotyping by omission: Eliminate the negative, accentuate the positive. *Journal of Personality and Social Psychology*.

Berk, M. S., & Andersen, S. M. (2000). The impact of past relationships on interpersonal behavior: Behavioral confirmation in the social-cognitive process of transference. *Journal of Personality and Social Psychology, 79*, 546–562.

Berkowitz, L. (1974). Some determinants of impulsive aggression: Role of mediated associations with reinforcements for aggression. *Psychological Review, 81*, 165–176.

Berlyne, D. E. (1970). Novelty, complexity, and hedonic value. *Perception and Psychophysics, 8*, 279–286.

Bernstein, D. M., Erdfelder, E., Meltzoff, A. N., Peria, W., & Loftus, G. R. (2011). Hindsight bias from 3 to 95 years of age. *Journal of Experimental Psychology: Learning, Memory, and Cognition, 37(2)*, 378–391.

Berrenberg, J. L., Finlay, K. A., Stephan, W. G., & Stephan C. (2002). Prejudice toward people with cancer or AIDS: Applying the integrated threat model. *Journal of Applied Biobehavioral Research, 7*, 75–86.

Berry, D. S., & McArthur, L. Z. (1986). Perceiving character in faces: The impact of age-related craniofacial changes on social perception. *Psychological Bulletin, 100*, 3–18.

Berry, D. S., & Zebrowitz-McArthur, L. (1988). What's in a face? Facial maturity and the attribution of legal responsibility. *Personality and Social Psychology Bulletin, 14*, 23–33.

Berscheid, E. (1982). Attraction and emotion in interpersonal relationships. In M. S. Clark & S. T. Fiske (Eds.), *Affect and cognition: The 17th Annual Carnegie Symposium on Cognition* (pp. 37–54). Hillsdale, NJ: Erlbaum.

Berscheid, E. (1983). Emotion. In H. H. Kelley, E. Berscheid, A. Christensen, J. Harvey, T. Huston, G. Levinger, E. McClintock, A. Peplau, & D. Peterson (Eds.), *Close relationships* (pp. 110–168). San Francisco: Freeman.

Berscheid, E., Graziano, W. G., Monson, T. C., & Dermer, M. (1976). Outcome dependency: Attention, attribution, and attraction. *Journal of Personality and Social Psychology, 34*, 978–989.

Berscheid, E., Snyder, M., & Omoto, A. M. (1989). Issues in studying close relationships: Conceptualizing and measuring closeness. In C. Hendrick (Ed.), *Close relationships.* Newbury Park, CA: Sage.

Berscheid, E., & Walster, E. H. (1978). *Interpersonal attraction.* Reading, MA: Addison-Wesley.

Bettencourt, B. A., Charlton, K., Dorr, N., & Hume, D. L. (2001). Status differences and in-group bias: A meta-analytic examination of the effects of status stability, status legitimacy, and group permeability. *Psychological Bulletin, 127*, 520–542.

Biernat, M., Crandall, C. S., Young, L. V., Kobrynowicz, D., & Halpin, S. M. (1998). All that you can be: Stereotyping of self and others in a military context. *Journal of Personality and Social Psychology, 75*, 301–317.

Biernat, M., & Fuegen, K. (2001). Shifting standards and the evaluation of competence: Complexity in gender-based judgment and decision making. *Journal of Social Issues, 57*, 707–724.

Biernat, M., & Vescio, T. K. (2002). She swings, she hits, she's great, she's benched: Implications of gender-based shifting standards for judgment and behavior. *Personality and Social Psychology Bulletin, 28*, 66–77.

Birnbaum, M. H., & Mellers, B. A. (1979a). One-mediator model of exposure effects is still viable. *Journal of Personality and Social Psychology, 37*, 1090–1096.

Birnbaum, M. H., & Mellers, B. A. (1979b). Stimulus recognition may mediate exposure effects. *Journal of Personality and Social Psychology, 37*, 391–394.

Bizer, G. Y., & Krosnick, J. A. (2001). Exploring the structure of strength-related attitude features: The relation between attitude importance and attitude accessibility. *Journal of Personality and Social Psychology, 81*, 566–586.

Bizer, G. Y., Krosnick, J. A., Holbrook, A. L., Wheeler, S. C., Rucker, D. D., & Petty, R. E. (2004). The impact of personality on cognitive, behavioral, and affective political processes: The effects of need to evaluate. *Journal of Personality, 72*, 995–1027.

Blackwood, N. J., Bentall, R. P., ffytche, D. H., Simmons, A., Murray, R. M., & Howard, R. J. (2003). Self-responsibility and the self-serving bias: An fMRI investigation of causal attributions. *NeuroImage, 20,* 1076–1085.

Blair, I. V., & Banaji, M. R. (1996). Automatic and controlled processes in stereotype priming. *Journal of Personality and Social Psychology, 70,* 1142–1163.

Blair, I. V., Judd, C. M., & Chapleau, K. M. (2004). The influence of Afrocentric facial features in criminal sentencing. *Psychological Science, 15,* 674–679.

Blair, I. V., Judd, C. M., Sadler, M. S., & Jenkins, C. (2002). The role of Afrocentric features in person perception: Judging by features and categories. *Journal of Personality and Social Psychology, 83,* 5–25.

Blair, I. V., Ma, J. E., & Lenton, A. P. (2001). Imagining stereotypes away: The moderation of implicit stereotypes through mental imagery. *Journal of Personality and Social Psychology, 81,* 828–841.

Blake, R. R., & Mouton, J. S. (1961). Reactions to intergroup competition under win–lose conditions. *Management Science, 7,* 420–435.

Blaney, P. H. (1986). Affect and memory: A review. *Psychological Bulletin, 99,* 229–246.

Blanton, H., Cooper, J., Skurnik, I., & Aronson, J. (1997). When bad things happen to good feedback: Exacerbating the need for self-justification with self-affirmations. *Personality and Social Psychology Bulletin, 23,* 684–692.

Blascovich, J., & Mendes, W. B. (2010). Social psychophysiology and embodiment. In S. T. Fiske, D. T. Gilbert, & G. Lindzey (Eds.), *Handbook of social psychology* (5th edn, pp. 194–227). Hoboken, NJ: Wiley.

Blascovich, J., Mendes, W. B., Hunter, S. B., Lickel, B. A., & Kowai-Bell, N. (2001). Perceiver threat in social interactions with stigmatized others. *Journal of Personality and Social Psychology, 80,* 253–267.

Blascovich, J., Wyer, N. A., Swart, L. A., & Kibler, J. L. (1997). Racism and racial categorization. *Journal of Personality and Social Psychology, 72,* 1364–1372.

Bless, H., Clore, G. L., Schwarz, N., Golisano, V., et al. (1996). Mood and the use of scripts: Does a happy mood really lead to mindlessness? *Journal of Personality and Social Psychology, 71,* 655–679.

Bless, H., Fiedler, K., & Strack, F. (2004). *Social cognition: How individuals construct social reality.* New York: Psychology Press.

Bobo, L. D. (1983). Whites' opposition to busing: Symbolic racism or realistic group conflict? *Journal of Personality and Social Psychology, 45,* 1196–1210.

Bobrow, D. G., & Norman, D. A. (1975). Some principles of memory schemata. In D. G. Bobrow & A. G. Collins (Eds.), *Representation and understanding: Studies in cognitive science* (pp. 131–150). New York: Academic Press.

Bochner, S. (1994). Cross-cultural differences in the self concept: A test of Hofstede's individualism/collectivism distinction. *Journal of Cross-Cultural Psychology, 25,* 273–283.

Bodenhausen, G. V., Kang, S. K., & Peery, D. (2012). Social categorization and the perception of social groups. In S. T. Fiske & C. N. Macrae (Eds.), *Sage handbook of social cognition* (pp. 311–329). Thousand Oaks, CA: Sage.

Bodenhausen, G. V., Kramer, G. P., & Süsser, K. (1994). Happiness and stereotypic thinking in social judgment. *Journal of Personality and Social Psychology, 66,* 621–632.

Bodenhausen, G. V., & Lichtenstein, M. (1987). Social stereotypes and information processing strategies: The impact of task complexity. *Journal of Personality and Social Psychology, 52,* 871–880.

Bodenhausen, G. V., & Macrae, C. N. (1998). In R. S. Wyer Jr. (Ed.), *Advances in social cognition, Vol. 11: Stereotype activation and inhibition.* Mahwah, NJ: Erlbaum.

Bodenhausen, G. V., Macrae, C. N., & Sherman, J. S. (1999). On the dialectics of discrimination: Dual processes in social stereotyping. In S. Chaiken & Y. Trope (Eds.), *Dual-process theories in social psychology* (pp. 271–290). New York: Guilford Press.

Bodenhausen, G. V., & Peery, D. (2009). Social categorization and stereotyping in vivo: The VUCA challenge. *Social and Personality Psychology Compass, 3(2),* 133–151.

Bodenhausen, G. V., Sheppard, L. A., & Kramer, G. P. (1994). Negative affect and social judgment: The differential impact of anger and sadness. *European Journal of Social Psychology, 24(1),* 45–62.

Bodenhausen, G. V., & Wyer, R. S., Jr. (1985). Effects of stereotypes on decision making and information-processing strategies. *Journal of Personality and Social Psychology, 48,* 267–282.
Bogardus, E. S. (1933). A social distance scale. *Sociology and Social Research, 17,* 265–271.
Bonano, G. A., Field, N. P., Kovacevic, A., & Kaltman, S. (2002). Self-enhancement as a buffer against extreme adversity: Civil war in Bosnia and traumatic loss in the United States. *Personality and Social Psychology Bulletin, 28,* 184–196.
Bond, M. H. (1972). Effect of an impression set on subsequent behavior. *Journal of Personality and Social Psychology, 24,* 301–305.
Boney-McCoy, S., Gibbons, F. X., & Gerrard, M. (1999). Self-esteem, compensatory self-enhancement, and the consideration of health risk. *Personality and Social Psychology Bulletin, 25,* 954–965.
Boninger, D. S., Krosnick, J. A., & Berent, M. K. (1995). Origins of attitude importance: Self-interest, social identification, and value relevance. *Journal of Personality and Social Psychology, 68,* 61–80.
Borgida, E., & Campbell, B. (1982). Attitude–behavior consistency: The moderating role of personal experience. *Journal of Personality and Social Psychology, 42,* 239–247.
Borgida, E., & Howard-Pitney, B. (1983). Personal involvement and the robustness of perceptual salience effects. *Journal of Personality and Social Psychology, 45,* 560–570.
Boring, E. G. (1950). *A history of experimental psychology* (2nd edn). Englewood Cliffs, NJ: Prentice-Hall.
Bornstein, R. F. (1989). Exposure and affect: Overview and meta-analysis of research, 1968–1987. *Psychological Bulletin, 106,* 265–289.
Bornstein, R. F., & D'Agostino, P. R. (1992). Stimulus recognition and the mere exposure effect. *Journal of Personality and Social Psychology, 63,* 545–552.
Bornstein, R. F., & D'Agostino, P. R. (1994). The attribution and discounting of perceptual fluency: Preliminary tests of a perceptual fluency/attributional model of the mere exposure effect. *Social Cognition, 12,* 103–128.
Bornstein, B. H., & Wiener, R. L. (2006). Introduction to the special issue on emotion in legal judgment and decision making. *Law and Human Behavior, 30,* 115–118.
Bosson, J. K., Haymovitz, E. L., & Pinel, E. C. (2004). When saying and doing diverge: The effects of stereotype threat on self-reported versus non-verbal anxiety. *Journal of Experimental and Social Psychology, 40,* 247–255.
Botvinick, M. M., Cohen, J. D., & Carter, C. S. (2004). Conflict monitoring and anterior cingulate cortex: An update. *Trends in Cognitive Sciences, 8,* 539–546.
Bower, G. H. (1987). Commentary on mood and memory. *Behavior Research Therapy, 25,* 443–455.
Bower, G. H. (1990). Awareness, the unconscious, and repression: An experimental psychologist's perspective. In J. A. Singer (Ed.), *Repression: Defense mechanism and personality style* (pp. 209–231). Chicago, IL: University of Chicago Press.
Bower, G. H. (1991). *The psychology of learning and motivation: Advances in research and theory* (Vol. 27). San Diego, CA: Academic Press.
Bower, G. H., Gilligan, S. G., & Monteiro, K. P. (1981). Selectivity of learning caused by affective states. *Journal of Experimental Psychology: General, 110,* 451–473.
Bower, G. H., & Mayer, J. D. (1989). In search of mood-dependent retrieval. *Journal of Social Behavior and Personality, 4,* 121–156.
Bradburn, N. M., & Caplovitz, D. (1965). *Reports on happiness.* Chicago: Aldine.
Bramel, D. (1963). Selection of a target for defensive projection. *Journal of Abnormal and Social Psychology, 66,* 318–324.
Brandstätter, V., & Frank, E. (2002). Effects of deliberative and implemental mindsets on persistence in goal-directed behavior. *Personality and Social Psychology Bulletin, 28,* 365–375.
Branscombe, N. R. (1985). Effects of hedonic valence and physiological arousal on emotion: A comparison of two theoretical perspectives. *Motivation and Emotion, 9,* 153–169.
Branscombe, N. R. (1988). Conscious and unconscious processing of affective and cognitive information. In K. Fiedler & J. Forgas (Eds.), *Affect, cognition, and social behavior: New evidence and integrative attempts* (pp. 3–24). Toronto, Canada: Hogrefe.

Branscombe, N. R., & Cohen, B. M. (1990). Motivation and complexity levels as determinants of heuristic use in social judgment. In J. Forgas (Ed.), *Emotion and social judgment*. Oxford: Pergamon Press.
Branscombe, N. R., Schmitt, M. T., & Harvey, R. D. (1999). Perceiving pervasive discrimination among African Americans: Implications for group identification and well-being. *Journal of Personality and Social Psychology, 77*, 135–149.
Branscombe, N. R., & Wann, D. L. (1994). Collective self-esteem consequences of outgroup derogation when a valued social identity is on trial. *European Journal of Social Psychology, 24*, 641–657.
Braverman, J. (2005). The effect of mood on detection of covariation. *Personality and Social Psychology Bulletin, 31*, 1487–1497.
Brehm, J. W. (1956). Postdecision changes in the desirability of alternatives. *Journal of Abnormal and Social Psychology, 52*, 384–389.
Brehm, J. W., & Cohen, A. R. (1962). *Explorations in cognitive dissonance*. New York: Wiley.
Brewer, M. B. (1988). A dual process model of impression formation. In T. K. Srull & R. S. Wyer Jr. (Eds.), *Advances in social cognition* (Vol. 1, pp. 1–36). Hillsdale, NJ: Erlbaum.
Brewer, M. B. (1991). The social self: On being the same and different at the same time. *Personality and Social Psychology Bulletin, 17*, 475–482.
Brewer, M. B. (1999). The psychology of prejudice: Ingroup love or outgroup hate? *Journal of Social Issues, 55*, 429–444.
Brewer, M. B., & Alexander, M. G. (2002). Intergroup emotions and images. In D. M. Mackie & E. R. Smith (Eds.), *From prejudice to intergroup emotions* (pp. 209–225). New York: Psychology Press.
Brewer, M. B., & Brown, R. J. (1998). Intergroup relations. In D. T. Gilbert, S. T. Fiske, & G. Lindzey (Eds.), *Handbook of social psychology* (4th edn, Vol. 2, pp. 554–594). New York: McGraw-Hill.
Brewer, M. B., Dull, V., & Lui, L. (1981). Perceptions of the elderly: Stereotypes as prototypes. *Journal of Personality and Social Psychology, 41*, 656–670.
Brewer, M. M., & Harasty Feinstein, A. S. (1999). Dual processes in the cognitive representation of persons and social categories. In S. Chaiken & Y. Trope (Eds.), *Dual-process theories in social psychology* (pp. 255–270). New York: Guilford Press.
Brickman, P., Rabinowitz, V. C., Karuza, J. Jr., Coates, D., Cohn, E., & Kidder, L. (1982). Models of helping and coping. *American Psychologist, 37*, 368–384.
Brickner, M. A., Harkins, S. G., & Ostrom, T. M. (1985). The effects of personal involvement: Thought provoking implications of social loafing. *Journal of Personality and Social Psychology, 51*, 763–770.
Brief, A. P., & Weiss, H. M. (2002). Organizational behavior: Affect in the workplace. *Annual Review of Psychology, 53*, 279–307.
Briñol, P., & Petty, R. E. (2003). Overt head movements and persuasion: A self-validation analysis. *Journal of Personality and Social Psychology, 84*, 1123–1139.
Briñol, P., Petty, R. E., & Wheeler, S. C. (2006). Discrepancies between explicit and implicit self-concepts: Consequences for information processing. *Journal of Personality and Social Psychology, 91*, 154–170.
Broadbent, D. (1958). *Perception and communication*. London: Pergamon Press.
Brock, T. C. (1967). Communication discrepancy and intent to persuade as determinants of counterargument production. *Journal of Experimental Social Psychology, 3*, 269–309.
Brock, T. C., Albert, S. M., & Becker, L. A. (1970). Familiarity, utility, and supportiveness as determinants of information receptivity. *Journal of Personality and Social Psychology, 14*, 292–301.
Brock, T. C., & Balloun, J. L. (1967). Behavioral receptivity to dissonant information. *Journal of Personality and Social Psychology, 6*, 413–428.
Brockner, J., Wiesenfeld, B. M., & Martin, C. L. (1995). Decision frame, procedural justice, and survivors' reactions to job layoffs. *Organizational Behavior and Human Decision Processes, 63*, 59–68.
Bronfenbrenner, U. (1977). Lewinian space and ecological substance. *Journal of Social Issues, 33*, 199–212.
Brown, J. D. (1990). Evaluating one's abilities: Shortcuts and stumbling blocks on the road to self-knowledge. *Journal of Experimental Social Psychology, 26*, 149–167.

Brown, J. D., & Dutton, K. A. (1995). Truth and consequences: The costs and benefits of accurate self-knowledge. *Personality and Social Psychology Bulletin, 21,* 1288–1296.

Brown, J. D., & Marshall, M. A. (2001). Self-esteem and emotion: Some thoughts about feelings. *Personality and Social Psychology Bulletin, 27,* 575–584.

Brown, J. D., & Taylor, S. E. (1986). Affect and the processing of personal information: Evidence for mood-activated self-schemata. *Journal of Experimental Social Psychology, 22,* 436–452.

Brown, R. (1986). *Social psychology* (2nd edn). New York: Free Press.

Brown, R., & Kulik, J. A. (1977). Flashbulb memories. *Cognition, 5,* 73–99.

Brown, R. J. (2000). Social identity theory: Past achievements, current problems, and future challenges. *European Journal of Social Psychology, 30,* 745–778.

Brown, R. J., & Gaertner, S. L. (2001). *Blackwell handbook of social psychology: Intergroup processes.* London: Blackwell.

Brown, R. J., Maras, P., Masser, B., Vivian, J., & Hewstone, M. (2001). Life on the ocean wave: Testing some intergroup hypotheses in a naturalistic setting. *Group Processes and Intergroup Relations, 4,* 81–97.

Bruce, V., & Young, A. (1986). Understanding face recognition. *British Journal of Psychology, 77,* 305–327.

Bruner, J. S. (1957). On perceptual readiness. *Psychological Review, 64,* 123–152.

Bruner, J. S. (1958). Social psychology and perception. In E. E. Maccoby, T. M. Newcomb, & E. L. Hartley (Eds.), *Readings in social psychology* (3rd edn). New York: Holt, Rinehart, & Winston.

Brunswik, E. (1956). *Perception and the representative design of psychological experiments* (2nd edn). Berkeley and Los Angeles: University of California Press.

Bryant, J., & Zillmann, D. (1979). Effect of intensification of annoyance through unrelated residual excitation on substantially delayed hostile behavior. *Journal of Experimental Social Psychology, 15,* 470–480.

Buck, R. (1980). Nonverbal behavior and the theory of emotion: The facial feedback hypothesis. *Journal of Personality and Social Psychology, 38,* 811–824.

Buckner, R. L., Kelley, W. M., & Petersen, S. E. (1999). Frontal cortex contributes to human memory formation. *Nature Neuroscience, 2,* 311–314.

Buehler, R., Griffin, D., & Ross, M. (1994). Exploring the "planning fallacy": Why people underestimate their task completion times. *Journal of Personality and Social Psychology, 67,* 366–381.

Burger, J. M. (1981). Motivational biases in the attribution of responsibility for an accident: A meta-analysis of the defensive-attribution hypothesis. *Psychological Bulletin, 90,* 496–512.

Burgess, E. W. (1941). An experiment in the standardization of the case study method. *Sociometry, 4,* 329–348.

Burnstein, E., & Vinokur, A. (1973). Testing two classes of theories about group-induced shifts in individual choice. *Journal of Experimental Social Psychology, 9,* 123–137.

Burnstein, E., & Vinokur, A. (1975). What a person thinks upon learning he has chosen differently from others: Nice evidence for the persuasive-arguments explanation of choice shifts. *Journal of Experimental Social Psychology, 11,* 412–426.

Burris, C. T., & Rempel, J. K. (2004). "It's the end of the world as we know it:" Threat and the spatial-symbolic self. *Journal of Personality and Social Psychology, 86,* 19–42.

Bush, G., Luu, P., & Posner, M. (2000). Cognitive and emotional influences in anterior cingulate cortex. *Trends in Cognitive Science, 4,* 215–222.

Business and Professional Women's Foundation. (2005, July). 101 facts on the status of working women.

Buss, D. M. (1989). Sex differences in human mate preferences: Evolutionary hypothesis tested in 37 cultures. *Behavioral and Brain Sciences, 12,* 1–49.

Buss, D. M., Abbott, M., Angleitner, A., Asherian, A., et al. (1990). International preferences in selecting mates: A study of 37 cultures. *Journal of Cross-Cultural Psychology, 21,* 5–47.

Buss, D. M., & Craik, K. H. (1980). The frequency concept of disposition: Dominance and prototypically dominant acts. *Journal of Personality, 43,* 379–392.

Buss, D. M., & Craik, K. H. (1981). The act frequency analysis of interpersonal dispositions: Aloofness, gregariousness, dominance, and submissiveness. *Journal of Personality, 49,* 175–192.

Buss, D. M., & Kenrick, D. T. (1998). Evolutionary social psychology. In D. T. Gilbert, S. T. Fiske, & G. Lindzey (Eds.), *Handbook of social psychology* (4th edn, Vol. 2, pp. 982–1026). New York: McGraw-Hill.

Buss, D. M., & Schmitt, D. P. (1993). Sexual strategies theory: An evolutionary perspective on human mating. *Psychological Review, 100,* 204–232.

Cacioppo, J. T. (1979). Effects of exogenous changes in heart rate on facilitation of thought and resistance to persuasion. *Journal of Personality and Social Psychology, 37,* 489–498.

Cacioppo, J. T., Amaral, D., Blanchard, J. J., Cameron, J. L., Carter, C. S., Crews, D. P., et al. (2007). Social neuroscience: Progress and implications for mental health. *Perspectives on Psychological Science, 2,* 99–123.

Cacioppo, J. T., & Berntson, G. G. (1992). Social psychological contributions to the decade of the brain: Doctrine of multilevel analysis. *American Psychologist, 47,* 1019–1028.

Cacioppo, J. T., & Berntson, G. G. (1999). The affect system: Architecture and operating characteristics. *Current Directions in Psychological Science, 8,* 133–137.

Cacioppo, J. T., & Gardner, W. L. (1999). Emotions. *Annual Review of Psychology, 50,* 191–214.

Cacioppo, J. T., & Patrick, W. (2008). *Loneliness: Human nature and the need for social connection.* New York: Norton.

Cacioppo, J. T., & Petty, R. E. (1979). Effects of message repetition and position on cognitive response, recall, and persuasion. *Journal of Personality and Social Psychology, 37,* 97–109.

Cacioppo, J. T., & Petty, R. E. (1982). The need for cognition. *Journal of Personality and Social Psychology, 42,* 116–131.

Cacioppo, J. T., Petty, R. E., Feinstein, J. A., & Jarvis, W. B. G. (1996). Dispositional differences in cognitive motivation: The life and times of individuals varying in need for cognition. *Psychological Bulletin, 119(2),* 197–253.

Cacioppo, J. T., Petty, R. E., Losch, M. E., & Kim, H. S. (1986). Electromyographic activity over facial muscle regions can differentiate the valence and intensity of affective reactions. *Journal of Personality and Social Psychology, 50,* 260–268.

Cacioppo, J. T., Petty, R. E., & Morris, K. J. (1983). Effects of need for cognition on message evaluation, recall, and persuasion. *Journal of Personality and Social Psychology, 45,* 805–818.

Cacioppo, J. T., Priester, J. R., & Berntson, G. G. (1993). Rudimentary determinants of attitudes: II. Arm flexion and extension have differential effects on attitudes. *Journal of Personality and Social Psychology, 65,* 5–17.

Cadinu, M., Maass, A., Rosabianca, A., & Kiesner, J. (2005). Why do women underperform under stereotype threat? Evidence for the role of negative thinking. *Psychological Science, 16,* 572–578.

Caldwell, C. H., Sellers, R. M., Bernat, D. H., & Zimmerman, M. A. (2004). Racial identity, parental support, and alcohol use in a sample of academically at-risk African American high school students. *American Journal of Community Psychology, 34,* 71–82.

Caldwell, C. H., Zimmerman, M. A., Bernat, D. H., Sellers, R. M., & Notaro, P. C. (2002). Racial identity, maternal support and psychological distress among African American adolescents. *Child Development, 73,* 1322–1336.

Calvo-Merino, B., Glaser, D. E., Grezes, J., Passingham, R. E., & Haggard, P. (2005). Action observation and acquired motor skills. *Cerebral Cortex, 15,* 1243–1249.

Camerer, C. (2003). Strategizing in the brain. *Science, 300,* 1673–1675.

Campbell, D. T. (1958). Common fate, similarity, and other indices of the status of aggregates of persons as social entities. *Behavioral Science, 3,* 14–25.

Campbell, D. T. (1965). Ethnocentric and other altruistic motives. In D. Levine (Ed.), *Nebraska Symposium on Motivation* (pp. 283–311). Lincoln, NB: University of Nebraska Press.

Campbell, J. D. (1986). Similarity and uniqueness: The effects of attribute type, relevance, and individual differences in self-esteem and depression. *Journal of Personality and Social Psychology, 50,* 281–294.

Cannon, W. B. (1927). The James-Lange theory of emotions: A critical examination and an alternative theory. *American Journal of Psychology, 39,* 106–124.

Cantor, J. R., Bryant, J., & Zillmann, D. (1974). Enhancement of humor appreciation by transferred excitation. *Journal of Personality and Social Psychology, 30,* 812–821.

Cantor, J. R., & Zillmann, D. (1973). The effect of affective state and emotional arousal on music appreciation. *Journal of General Psychology, 89,* 97–108.

Cantor, N., & Kihlstrom, J. F. (1985) Social intelligence: The cognitive basis of personality. In P. Shaver (Ed.), *Review of personality and social psychology* (Vol. 6, pp. 15–34). Beverly Hills, CA: Sage.

Cantor, N., & Kihlstrom, J. F. (1987). *Personality and social intelligence.* Englewood Cliffs, NJ: Prentice-Hall.

Cantor, N., Mackie, D. M., & Lord, C. G. (1983–1984). Choosing partners and activities: The social perceiver decides to mix it up. *Social Cognition, 2,* 256–272.

Cantor, N., & Mischel, W. (1979). Prototypes in person perception. In L. Berkowitz (Ed.), *Advances in experimental social psychology* (Vol. 12, pp. 3–52). New York: Academic Press.

Carlson, M., Charlin, V., & Miller, N. (1988). Positive mood and helping behavior: A test of six hypotheses. *Journal of Personality and Social Psychology, 55,* 211–229.

Carlson, M., & Miller, N. (1987). Explanation of the relation between negative mood and helping. *Psychological Bulletin, 102,* 91–108.

Carlston, D. E. (1994). Associated systems theory: A systematic approach to the cognitive representation of persons and events. In R. S. Wyer (Ed.), *Advances in social cognition: Associated systems theory* (Vol. 7, pp. 1–78). Hillsdale, NJ: Erlbaum.

Carlston, D. E., & Skowronski, J. J. (1994). Savings in the relearning of trait information as evidence for spontaneous inference generation. *Journal of Personality and Social Psychology, 66,* 840–856.

Carlston, D. E., Skowronski, J. J., & Sparks, C. (1995). Savings in relearning II: On the formation of behavior-based trait associations and inferences. *Journal of Personality and Social Psychology, 69,* 420–436.

Carnevale, P. J. D., & Isen, A. M. (1986). The influence of positive affect and visual access on the discovery of integrative solutions in bilateral negotiation. *Organizational Behavior and Human Decision Processes, 37,* 1–13.

Carney, D. R., Cuddy, A. J. C., & Yap, A. J. (2010). Power posing: Brief nonverbal displays affect neuroendocrine levels and risk tolerance. *Psychological Science, 21*(10), 1363–1368.

Carroll, J. S. (1978). The effect of imagining an event on expectations for the event: An interpretation in terms of the availability heuristic. *Journal of Experimental Social Psychology, 14,* 88–96.

Carvallo, M., & Pelham, B. W. (2006). When fiends become friends: The need to belong and perceptions of personal and group discrimination. *Journal of Personality and Social Psychology, 90,* 94–108.

Carver, C. S. (1979). A cybernetic model of self-attention processes. *Journal of Personality and Social Psychology, 37,* 1251–1281.

Carver, C. S. (2003). Pleasure as a sign you can attend to something else: Placing positive feelings within a general model of affect. *Cognition and Emotion, 17,* 241–261.

Carver, C. S., la Voie, L., Kuhl, J., & Ganellen, R. J. (1988). Cognitive concomitants of depression: A further examination of the roles of generalization, high standards, and self-criticism. *Journal of Social and Clinical Psychology, 7,* 350–365.

Carver, C. S., & Scheier, M. F. (1982). Outcome expectancy, locus of attribution for expectancy, and self-directed attention as determinants of evaluations and performance. *Journal of Experimental Social Psychology, 18,* 184–200.

Carver, C. S., & Scheier, M. F. (1990). Origins and functions of positive and negative affect: A control-process view. *Psychological Review, 97,* 19–35.

Carver, C. S., & Scheier, M. F. (1998). *On the self-regulation of behavior.* New York: Cambridge University Press.

Carver, C. S., Sutton, S. K., & Scheier, M. F. (2000). Action, emotion, and personality: Emerging conceptual integration. *Personality and Social Psychology Bulletin, 26,* 741–751.

Carver, C. S., & White, T. L. (1994). Behavioral inhibition, behavioral activation, and affective responses to impending reward and punishment: The BIS/BAS scales. *Journal of Personality and Social Psychology, 67,* 319–333.

Castano, E. (2004). In case of death, cling to the ingroup. *European Journal of Social Psychology, 34,* 375–384.
Castano, E., & Dechesne, M. (2005). On defeating death: Group reification and social identification as immortality strategies. In W. Strobe & M. Hewstone (Eds.), *European Review of Social Psychology* (Vol. 16, pp. 221–256). New York: Psychology Press.
Castano, E., & Giner-Sorolla, R. (2006). Not quite human: Infra-humanization in response to collective responsibility for intergroup killing. *Journal of Personality and Social Psychology, 90,* 804–818.
Castano, E., Sacchi, S., & Gries, P. H. (2003). The perception of the other in international relations: Evidence for the polarizing effect of entitativity. *Political Psychology, 24,* 449–468.
Castano, E., & Yzerbyt, V. Y. (1998). The highs and lows of group homogeneity. *Behavioural Processes, 42,* 219–238.
Castelli, F., Happé, F., Frith, U., & Frith, C. (2000). Movement and mind: A functional imaging study of perception and interpretation of complex intentional movement patterns. *NeuroImage, 12,* 314–325.
Castelli, L., Macrae, C. N., Zogmaister, C., & Arcuri, L. (2004). A tale of two primes: Contextual limits on stereotype activation. *Social Cognition, 22,* 233–247.
Cejka, M. A., & Eagly, A. H. (1999). Gender-stereotypic images of occupations correspond to the sex segregation of employment. *Personality and Social Psychology Bulletin, 25,* 413–423. [Erratum: *25,* 1059.]
Centerbar, D. B., & Clore, G. L. (2006). Do approach-avoidance actions create attitudes? *Psychological Science, 17,* 22–29.
Cervellon, M. C., & Dubé, L. (2002). Assessing the cross-cultural applicability of affective and cognitive components of attitude. *Journal of Cross Cultural Psychology, 33,* 346–357.
Cesario, J., Grant, H., & Higgins, E. T. (2004). Regulatory fit and persuasion: Transfer from "feeling right." *Journal of Personality and Social Psychology, 86,* 388–404.
Cesario, J., Plaks, J. E., & Higgins, E. T. (2006). Automatic social behavior as motivated preparation to interact. *Journal of Personality and Social Psychology, 90,* 893–910.
Chaiken, S. (1979). Communicator physical attractiveness and persuasion. *Journal of Personality and Social Psychology, 37,* 1387–1397.
Chaiken, S. (1980). Heuristic versus systematic information processing and the use of source versus message cues in persuasion. *Journal of Personality and Social Psychology, 39,* 752–766.
Chaiken, S. (1987). The heuristic model of persuasion. In M. P. Zanna, J. M. Olson, & C. P. Herman (Eds.), *Social influence: The Ontario Symposium* (Vol. 5, pp. 3–40). Hillsdale, NJ: Erlbaum.
Chaiken, S., & Eagly, A. H. (1976). Communication modality as a determinant of message persuasiveness and message comprehensibility. *Journal of Personality and Social Psychology, 34,* 605–614.
Chaiken, S., & Eagly, A. H. (1983). Communication modality as a determinant of persuasion: The role of communicator salience. *Journal of Personality and Social Psychology, 45,* 41–56.
Chaiken, S., Liberman, A., & Eagly, A. H. (1989). Heuristic and systematic information processing within and beyond the persuasion context. In J. S. Uleman & J. A. Bargh (Eds.), *Unintended thought* (pp. 212–252). New York: Guilford Press.
Chaiken, S., & Stangor, C. (1987). Attitudes and attitude change. *Annual Review of Psychology, 38,* 575–630.
Chaiken, S., & Trope, Y. (Eds.). (1999). *Dual-process theories in social psychology.* New York: Guilford Press.
Chaiken, S., & Yates, S. (1985). Affective-cognitive consistency and thought-induced attitude polarization. *Journal of Personality and Social Psychology, 49,* 1470–1481.
Chajut, E., & Algom, D. (2003). Selective attention improves under stress: Implications for theories of social cognition. *Journal of Personality and Social Psychology, 86,* 231–248.
Chang, C., & Hitchon, J. C. B. (2004). When does gender count? Further insights into gender schematic processing of female candidates' political advertisements. *Sex Roles, 51,* 197–208.
Chaplin, W. F., John, O. P., & Goldberg, L. R. (1988). Conceptions of states and traits: Dimensional attributes with ideals as prototypes. *Journal of Personality and Social Psychology, 54,* 541–557.
Chapman, L. J. (1967). Illusory correlation in observational report. *Journal of Verbal Learning and Verbal Behavior, 6,* 151–155.

Chartrand, T. L., & Bargh, J. A. (1999). The chameleon effect: The perception–behavior link and social interaction. *Journal of Personality and Social Psychology, 76,* 893–910.
Chasteen, A. L., Bhattacharyya, S., Horhota, M., Tam, R., & Hasher, L. (2005). How feelings of stereotype threat influence older adults' memory performance. *Experimental Aging Research, 31,* 235–260.
Chen, H. C., Reardon, R., Rea, C., & Moore, D. J. (1992). Forewarning of content and involvement: Consequences for persuasion and resistance to persuasion. *Journal of Experimental and Social Psychology, 28,* 523–541.
Chen, M., & Bargh, J. A. (1999). Consequences of automatic evaluation: Immediate behavioral predispositions to approach or avoid the stimulus. *Personality and Social Psychology Bulletin, 25,* 215–224.
Chen, S., & Chaiken, S. (1999). The heuristic-systematic model in its broader context. In S. Chaiken & Y. Trope (Eds.), *Dual-process theories in social psychology* (pp. 73–96). New York: Guilford Press.
Chen, S., Schechter, D., & Chaiken, S. (1996). Getting at the truth or getting along: Accuracy-versus impression-motivated heuristic and systematic processing. *Journal of Personality and Social Psychology, 71,* 262–275.
Cheng, P. W., Holyoak, K. J., Nisbett, R. E., & Oliver, L. M. (1986). Pragmatic versus syntactic approaches to training deductive reasoning. *Cognitive Psychology, 18,* 293–328.
Chiao, J. Y., Cheon, B. K., Bebko, G. M., Livingston, R. L., & Hong, Y.-y. (2012). Gene x environment interaction in social cognition. In S. T. Fiske & C. N. Macrae (Eds.), *Sage handbook of social cognition* (pp. 516–534). Thousand Oaks, CA: Sage.
Choi, I., & Choi, Y. (2002). Culture and self-concept flexibility. *Personality and Social Psychology Bulletin, 28,* 1508–1517.
Choi, I., Dalal, R., Kim-Prieto, C., & Park, H. (2003). Culture and judgment of causal relevance. *Journal of Personality and Social Psychology, 84,* 46–59.
Chomsky, N. (1959). Verbal behavior. [Review of Skinner's book.] *Language, 35,* 26–58.
Christensen, T. C., Wood, J. V., & Barrett, L. F. (2003). Remembering everyday experience through the prism of self-esteem. *Personality and Social Psychology Bulletin, 29,* 51–62.
Christensen-Szalanski, J. J., & Willham, C. F. (1991). The hindsight bias: A meta-analysis. *Organizational Behavior and Human Decision Processes, 48,* 147–168.
Chun, M. M., Golomb, J. D., & Turk-Browne, N. B. (2011). A taxonomy of external and internal attention. *Annual Review of Psychology, 62,* 73–101.
Chun, W. Y., & Kruglanski, A. W. (2006). The role of task demands and processing resources in the use of base-rate and individuating information. *Journal of Personality and Social Psychology, 91,* 205–217.
Chun, W. Y., Spiegel, S., & Kruglanski, A. W. (2002). Assimilative behavior identification can also be resource dependent: The unimodel perspective on personal-attribution phases. *Journal of Personality and Social Psychology, 83,* 542–555.
Chwalisz, K., Diener, E., & Gallagher, D. (1988). Autonomic arousal feedback and emotional experience: Evidence from the spinal cord injured. *Journal of Personality and Social Psychology, 54,* 820–828.
Cialdini, R. B., Darby, B. L., & Vincent, J. E. (1973). Transgression and altruism: A case for hedonism. *Journal of Experimental Social Psychology, 9,* 502–516.
Cialdini, R. B., & Kenrick, D. T. (1976). Altruism as hedonism: A social development perspective on the relationship of negative mood state and helping. *Journal of Personality and Social Psychology, 34,* 907–914.
Cialdini, R. B., Levy, A., Herman, C. P., & Evenbeck, S. (1973). Attitudinal politics: The strategy of moderation. *Journal of Personality and Social Psychology, 25,* 100–108.
Cikara, M., Botvinick, M. M., & Fiske, S. T. (2011). Us versus them: Social identity shapes neural responses to intergroup competition and harm. *Psychological Science, 22,* 306–313.
Clark, M. S. (1982). A role for arousal in the link between feeling states, judgments, and behavior. In M. S. Clark & S. T. Fiske (Eds.), *Affect and cognition: The 17th Annual Carnegie Symposium on Cognition* (pp. 263–290). Hillsdale, NJ: Erlbaum.
Clark, M. S., & Fiske, S. T. (Eds.). (1982). *Affect and cognition: The 17th Annual Carnegie Symposium on Cognition.* Hillsdale, NJ: Erlbaum.

Clark, M. S., & Isen, A. M. (1982). Toward understanding the relationship between feeling states and social behavior. In A. Hastorf & A. Isen (Eds.), *Cognitive social psychology* (pp. 73–108). New York: Elsevier North-Holland.

Clark, M. S., Milberg, S., & Erber, R. (1984). Effects of arousal on judgments of others' emotions. *Journal of Personality and Social Psychology, 46*, 551–560.

Clark, M. S., Milberg, S., & Erber, R. (1988). Arousal-state-dependent memory: Evidence and implications for understanding social judgments and social behaviors. In K. Fiedler & J. Forgas (Eds.), *Affect, cognition, and social behavior: New evidence and integrative attempts.* Toronto, Canada: Hogrefe.

Clark, M. S., Milberg, S., & Ross, J. (1983). Arousal cues material stored in memory with a similar level of arousal: Implications for understanding the effects of mood on memory. *Journal of Verbal Learning and Verbal Behavior, 22*, 633–649.

Clark, M. S., & Williamson, G. M. (1989). Moods and social judgments. In H. L. Wagner & A. S. R. Manstead (Eds.), *Handbook of psychophysiology: Emotion and social behavior.* Chichester, England: Wiley.

Clark, N. K., & Rutter, D. R. (1985). Social categorization, visual cues, and social judgements. *European Journal of Social Psychology, 15*, 105–119.

Clausell, E., & Fiske, S. T. (2005). When do subgroup parts add up to the stereotypic whole? Mixed stereotype content for gay male subgroups explains overall ratings. *Social Cognition, 23*, 161–181.

Clore, G. L., & Ortony, A. (1991). What more is there to emotion concepts than prototypes? *Journal of Personality and Social Psychology, 60*, 48–50.

Clore, G. L., Schwarz, N., & Conway, M. (1994). Affective causes and consequences of social information processing. In R. S. Wyer Jr. & T. K. Srull (Eds.), *Handbook of social cognition, Vol. 1: Basic processes.* (2nd edn, pp. 323–417). Hillsdale, NJ: Erlbaum.

Cloutier, J., Mason, M. F., & Macrae, C. N. (2005). The perceptual determinants of person construal: Reopening the social-cognition toolbox. *Journal of Personality and Social Psychology, 88*, 885–894.

Coan, J. A., & Allen, J. J. B. (2004). Frontal EEG asymmetry as a moderator and mediator of emotion. *Biological Psychology, 67*, 7–49.

Coan, J. A., Allen, J. J. B., & Harmon-Jones, E. (2001). Voluntary facial expression and hemispheric asymmetry over the frontal cortex. *Psychophysiology, 38*, 912–925.

Cohen, A. R., Brehm, J. W., & Latané, B. (1959). Choice of strategy and voluntary exposure to information under public and private conditions. *Journal of Personality, 27*, 63–73.

Cohen, C. E., & Ebbesen, E. B. (1979). Observational goals and schema activation: A theoretical framework for behavior perception. *Journal of Experimental Social Psychology, 15*, 305–329.

Cohen, J. B., & Basu, K. (1987). Alternative models of categorization: Toward a contingent processing framework. *Journal of Consumer Research, 13*, 455–472.

Cohen, L. H., Towbes, L. C., & Flocco, R. (1988). Effects of induced mood on self-reported life events and perceived and received social support. *Journal of Personality and Social Psychology, 55*, 669–674.

Collins, A. M., & Loftus, E. F. (1975). A spreading-activation theory of semantic processing. *Psychological Review, 82*, 407–428.

Collins, R. L., Taylor, S. E., Wood, J. V., & Thompson, S. C. (1988). The vividness effect: Elusive or illusory? *Journal of Experimental Social Psychology, 24*, 1–18.

Coman, A., & Hirst, W. (2012). Cognition through a social network: The propagation of induced forgetting and practice effects. *Journal of Experimental Psychology: General, 141*(2), 321–336.

Coman, A., Maner, D., & Hirst, W. (2009). Forgetting the unforgettable through conversation: Socially shared retrieval-induced forgetting of September 11 memories. *Psychological Science, 20(5)*, 627–633.

Conner, M., & Abraham, C. (2001). Conscientiousness and the theory of planned behavior: Toward a more complete model of the antecedents of intentions and behavior. *Personality and Social Psychology Bulletin, 27*, 1547–1561.

Conrey, F. R., & Smith, E. R. (2007). Attitude representation: Attitudes as patterns in a distributed, connectionist representational system. *Social Cognition, 25(5)*, 718–735.

Conway, M., & Ross, M. (1984). Getting what you want by revising what you had. *Journal of Personality and Social Psychology, 47*, 738–748.

Cook, T. D., & Flay, B. R. (1978). The persistence of experimentally induced attitude change. In L. Berkowitz (Ed.), *Advances in experimental social psychology* (Vol. 11, pp. 1–57). New York: Academic Press.

Cooley, C. H. (1902). *Human nature and the social order.* New York: Scribners.

Cooper, J., & Cooper, G. (2002). Subliminal motivation: A story revisited. *Journal of Applied Social Psychology, 32*, 2213–2227.

Cooper, J., & Fazio, R. H. (1984). A new look at dissonance theory. In L. Berkowitz (Ed.), *Advances in experimental social psychology* (Vol. 17, pp. 229–266). New York: Academic Press.

Cooper, J., Zanna, M. P., & Taves, P. A. (1978). Arousal as a necessary condition for attitude change following induced compliance. *Journal of Personality and Social Psychology, 36*, 1101–1106.

Corenblum, B., & Stephan, W. G. (2001). White fears and native apprehensions: An integrated threat theory approach to intergroup attitudes. *Canadian Journal of Behavioral Science, 33*, 251–268.

Correll, J., Park, B., Judd, C. M., & Wittenbrink, B. (2002). The police officer's dilemma: Using ethnicity to disambiguate potentially threatening individuals. *Journal of Personality and Social Psychology, 83*, 1314–1329.

Correll, J., Park, B., Judd, C. M., Wittenbrink, B., Sadler, M. S., & Keesee, T. (2007). Across the thin blue line: Police officers and racial bias in the decision to shoot. *Journal of Personality and Social Psychology, 92(6)*, 1006–1023.

Correll, J., Urland, G. R., & Ito, T. A. (2006). Event-related potentials and the decision to shoot: The role of threat perception and cognitive control. *Journal of Experimental Social Psychology, 42*, 120–128.

Corteen, R. S., & Wood, B. (1972). Automatic responses to shock-associated words in an unattended channel. *Journal of Experimental Psychology, 94*, 308–313.

Cosmides, L., Tooby, J., & Kurzban, R. (2003). Perception of race. *Trends in Cognitive Sciences, 7*, 173–179.

Cottrell, C. A., & Neuberg, S. L. (2005). Different emotional reactions to different groups: A sociofunctional threat-based approach to "prejudice." *Journal of Personality and Social Psychology, 88*, 770–789.

Cottrell, N. B., Ingraham, L. A., & Monfort, F. W. (1971). The retention of balanced and unbalanced cognitive structures. *Journal of Personality, 39*, 112–131.

Cousins, S. D. (1989). Culture and self-perception in Japan and the United States. *Journal of Personality and Social Psychology, 56*, 124–131.

Couzin, I. D., Krause, J., Franks, N. R., & Levin, S. A. (2005). Effective leadership and decision making in animal groups on the move. *Nature, 433*, 513–516.

Craighead, W. E., Hickey, K. S., & DeMonbreun, B. G. (1979). Distortion of perception and recall of neutral feedback in depression. *Cognitive Therapy and Research, 3*, 291–298.

Crandall, C. S., Eshleman, A., & O'Brien, L. T. (2002). Social norms and the expression and suppression of prejudice: The struggle for internalization. *Journal of Personality and Social Psychology, 82*, 359–378.

Crandall, C. S., & Greenfield, B. S. (1986). Understanding the conjunction fallacy: A conjunction of effects? *Social Cognition, 4*, 408–419.

Crano, W. D., & Prislin, R. (2006). Attitudes and persuasion. *Annual Review of Psychology, 57*, 345–374.

Crary, W. G. (1966). Reactions to incongruent self-experiences. *Journal of Consulting Psychology, 30*, 246–252.

Creswell, J. D., Welch, W. T., Taylor, S. E., Sherman, D. K., Gruenewald, T. L., & Mann, T. (2005). Affirmation of personal values buffers neuroendocrine and psychological stress responses. *Psychological Science, 16*, 846–851.

Crisp, R. J., & Husnu, S. (2011). Attributional processes underlying imagined conflict effects. *Group Processes and Intergroup Relations, 14(2)*, 275–287.

Crites, S. L., Cacioppo, J. T., Gardner, W. L., & Berntson, G. G. (1995). Bioelectrical echoes from evaluative categorization: II. A late positive brain potential that varies as a function of attitude registration rather than attitude report. *Journal of Personality and Social Psychology, 68*, 997–1013.

Crocker, J. (1981). Judgment of covariation by social perceivers. *Psychological Bulletin, 90*, 272–292.

Crocker, J., Cornwell, B., & Major, B. (1993). The stigma of overweight: Affective consequences of attributional ambiguity. *Journal of Personality and Social Psychology, 64*, 60–70.

Crocker, J., Karpinski, A., Quinn, D. M., & Chase, S. K. (2003). When grades determine self-worth: Consequences of contingent self-worth for male and female engineering and psychology majors. *Journal of Personality and Social Psychology, 85*, 507–516.

Crocker, J., & Knight, K. M. (2005). Contingencies of self-worth. *Current Directions in Psychological Science, 14*, 200–203.

Crocker, J., & Luhtanen, R. K. (1990). Collective self-esteem and ingroup bias. *Journal of Personality and Social Psychology, 58*, 60–67.

Crocker, J., & Luhtanen, R. K. (2003). Level of self-esteem and contingencies of self-worth: Unique effects on academic, social and financial problems in college students. *Personality and Social Psychology Bulletin, 29*, 701–712.

Crocker, J., Luhtanen, R. K., Blaine, B., & Broadmax, S. (1994). Collective self-esteem and psychological well-being among White, Black, and Asian college students. *Personality and Social Psychology Bulletin, 20*, 503–513.

Crocker, J., & Major, B. (1989). Social stigma and self-esteem: The self-protective properties of stigma. *Psychological Review, 96*, 608–630.

Crocker, J., & McGraw, K. M. (1984). What's good for the goose is not good for the gander: Solo status as an obstacle to occupational achievement for males and females. *American Behavioral Scientist, 27*, 357–369.

Crocker, J., & Park, L. E. (2004). The costly pursuit of self-esteem. *Psychological Bulletin, 130*, 392–414.

Crocker, J., Voelkl, K., Testa, M., & Major, B. (1991). Social stigma: The affective consequences of attributional ambiguity. *Journal of Personality and Social Psychology, 60*, 218–228.

Croizet, J. C., & Claire, T. (1998). Extending the concept of stereotype threat to social class: The intellectual underperformance of students from low socioeconomic backgrounds. *Personality and Social Psychology Bulletin, 24*, 588–594.

Croizet, J. C., Després, G., Gauzins, M. E., Huguet, P., Leyens, J.-Ph., & Méot, A. (2004). Stereotype threat undermines intellectual performance by triggering a disruptive mental load. *Personality and Social Psychology Bulletin, 30*, 721–731.

Crosby, F. J. (1991). *Juggling: The unexpected advantages of balancing career and home for women and their families.* New York: Free Press.

Crosby, F. J., Bromley, S., & Saxe, L. (1980). Recent unobtrusive studies of Black and White discrimination and prejudice: A literature review. *Psychological Bulletin, 87*, 546–563.

Cross, S. E., Bacon, P. L., & Morris, M. L. (2000). The relational-interdependent self-construal and relationships. *Journal of Personality and Social Psychology, 78*, 791–808.

Cross, S. E., & Vick, N. V. (2001). The interdependent self-construal and social support: The case of persistence in engineering. *Personality and Social Psychology Bulletin, 27*, 820–832.

Csikszentmihalyi, M. (1978). Attention and the holistic approach to behavior. In K. S. Pope & J. L. Singer (Eds.), *The stream of consciousness* (pp. 335–358). New York: Plenum Press.

Csikszentmihalyi, M., & Larson, R. (1984). *Being adolescent: Conflict and growth in the teenage years.* New York: Basic Books.

Cuddy, A. J. C., Fiske, S. T., & Glick, P. (2007). The BIAS map: Behaviors from intergroup affect and stereotypes. *Journal of Personality and Social Psychology, 92*, 631–648.

Cuddy, A. J. C., Fiske, S. T., Kwan, V. S. Y., Glick, P., Demoulin, S., Leyens, J.-Ph., et al. (2009). Is the stereotype content model culture-bound? A cross-cultural comparison reveals systematic similarities and differences. *British Journal of Social Psychology, 48*, 1–33.

Cuddy, A. J. C., Norton, M. I., & Fiske, S. T. (2005) This old stereotype: The pervasiveness and persistence of the elderly stereotype. *Journal of Social Issues, 61*, 265–283.

Cuddy, A. J. C., Rock, M. S., & Norton, M. I. (2007). Aid in the aftermath of Hurricane Katrina: Inferences of secondary emotions and intergroup helping. *Group Processes and Intergroup Relations, 10*, 107–118.

Cunningham, M. R. (1988). Does happiness mean friendliness? Induced mood and heterosexual self-disclosure. *Personality and Social Psychology Bulletin, 14,* 283–297.

Cunningham, M. R., Steinberg, J., & Grey, R. (1980). Wanting to and having to help: Separate motivations for positive mood and guilt-induced helping. *Journal of Personality and Social Psychology, 38,* 181–192.

Cunningham, W. A., Johnson, M. K., Gatenby, J. C., Gore, J. C., & Banaji, M. R. (2003). Neural components of social evaluation. *Journal of Personality and Social Psychology, 85,* 639–649.

Cunningham, W. A., Johnson, M. K., Raye, C. L., Gatenby, J. C., Gore, J. C., & Banaji, M. R. (2004). Separable neural components in the processing of Black and White faces. *Psychological Science, 15,* 806–813.

Cunningham, W. A., Preacher, K. J., & Banaji, M. R. (2001). Implicit attitude measures: Consistency, stability, and convergent validity. *Psychological Science, 12,* 163–170.

Cunningham, W. A., Raye, C. L., & Johnson, M. K. (2004). Implicit and explicit evaluation: fMRI correlates of valence, emotional intensity, and control in the processing of attitudes. *Journal of Cognitive Neuroscience, 16,* 1717–1729.

Cupchik, G. C., & Leventhal, H. (1974). Consistency between expressive behavior and the evaluation of humorous stimuli: The role of sex and self-observation. *Journal of Personality and Social Psychology, 30,* 429–442.

Custers, R., & Aarts, H. (2005). Positive affect as implicit motivator: On the nonconscious operation of behavioral goals. *Journal of Personality and Social Psychology, 89,* 129–142.

Cvencek, D., Greenwald, A. G., Brown, A., Snowden, R., & Gray, N. (2010). Faking of the Implicit Association Test is statistically detectable and partly correctable. *Basic and Applied Social Psychology, 32,* 302–314.

Cvencek, D., Greenwald, A. G., & Meltzoff, A, N. (2011). Measuring implicit attitudes of 4-year-old children: The Preschool Implicit Association Test. *Journal of Experimental Child Psychology, 109,* 187–200.

Czopp, A. M., & Monteith, M. J. (2003). Confronting prejudice (literally): Reactions to confrontations of racial and gender bias. *Personality and Social Psychology Bulletin, 29,* 532–544.

Dambrun, M., Duarte, S., & Guimond, S. (2004). Why are men more likely to support group-based dominance than women? The mediating role of gender identification. *British Journal of Social Psychology, 43,* 287–297.

Dardenne, B., Dumont, M., & Bollier, T. (2007). Insidious dangers of benevolent sexism: Consequences for women's performance. *Journal of Personality and Social Psychology, 93(5),* 764–779.

Darley, J. M., & Fazio, R. H. (1980). Expectancy confirmation processes arising in the social interaction sequence. *American Psychologist, 35,* 867–881.

Darwin, C. R. (1872). *The expression of emotions in man and animals.* London: John Murray.

Dasgupta, N., & Greenwald, A. G. (2001). On the malleability of automatic attitudes: Combating automatic prejudice with images of admired and disliked individuals. *Journal of Personality and Social Psychology, 81,* 800–814.

Dasgupta, N., McGhee, D. E., Greenwald, A. G., & Banaji, M. R. (2000). Automatic preference for White Americans: Eliminating the familiarity explanation. *Journal of Experimental Social Psychology, 36,* 316–328.

Davidson, R. J. (1993). Parsing affective space: Perspectives from neuropsychology and psychophysiology. *Neuropsychology, 7,* 464–475.

Davidson, R. J. (2003). Seven sins in the study of emotion: Correctives from affective neuroscience. *Brain and Cognition, 52,* 129–132.

Davidson, R. J., & Irwin, W. (1999). The functional neuroanatomy of emotion and affective style. *Trends in Cognitive Neuroscience, 3,* 11–21.

Davies, P. G., Spencer, S. J., & Steele, C. M. (2005). Clearing the air: Identity safety moderates the effects of stereotype threat on women's leadership aspirations. *Journal of Personality and Social Psychology, 88,* 276–287.

Davis, J. L., & Rusbult, C. E. (2001). Attitude alignment in close relationships. *Journal of Personality and Social Psychology, 81,* 65–84.

Davison, A. R., Yantis, S., Norwood, M., & Montano, D. E. (1985). Amount of information about the attitude object and attitude-behavior consistency. *Journal of Personality and Social Psychology, 49,* 1184–1198.

Davison, G. C., Robins, C., & Johnson, M. K. (1983). Articulated thoughts during simulated situations: A paradigm for studying cognition in emotion and behavior. *Cognitive Therapy and Research, 7,* 17–40.

Davison, G. C., & Zighelboim, V. (1987). Irrational beliefs in the articulated thoughts of college students with social anxiety. *Journal of Rational-Emotive Therapy, 5*, 238-254.

Davitz, J. R. (1970). A dictionary and grammar of emotion. In M. B. Arnold (Ed.), *Feelings and emotion: The Loyola Symposium*. New York: Academic Press.

Dawes, R. M. (1980). You can't systematize human judgment: Dyslexia. In R. A. Shweder (Ed.), *New directions for methodology of social and behavioral science* (Vol. 4, pp. 67-78). San Francisco: Jossey-Bass.

Dawes, R. M, Faust, D., & Meehl, P. E. (1989). Clinical versus actuarial judgment. *Science, 243*, 1668-1674.

Deaux, K., & Emswiller, T. (1974). Explanations of successful performance on sex-linked tasks: What is skill for the male is luck for the female. *Journal of Personality and Social Psychology, 29*, 80-85.

Deaux, K., & LaFrance, M. (1998). Gender. In D. T. Gilbert, S. T. Fiske, & G. Lindzey (Eds.), *The handbook of social psychology* (4th edn, Vol. 1, pp. 788-827). New York: McGraw-Hill.

Deaux, K., & Major, B. (1977). Sex-related patterns in the unit of perception. *Personality and Social Psychology Bulletin, 3*, 297-300.

Deaux, K., Winton, W. M., Crowley, M., & Lewis, L. L. (1985). Level of categorization and content of gender stereotypes. *Social Cognition, 3*, 145-167.

DeBono, K. G. (1987). Investigating the social-adjustive and value-expressive functions of attitudes: Implications for persuasion processes. *Journal of Personality and Social Psychology, 52*, 279-287.

DeBono, K. G., & Harnish, R. J. (1988). Source expertise, source attractiveness, and the processing of persuasive information: A functional approach. *Journal of Personality and Social Psychology, 55*, 541-546.

DeBono, K. G., & Snyder, M. (1989). Understanding consumer decision-making processes: The role of form and function in product evaluation. *Journal of Applied Social Psychology, 19*, 416-424.

Decéty, J., & Chaminade, T. (2003). Neural correlates of feeling sympathy. *Neuropsychologia. Special Issue on Social Cognition, 41*, 127-138.

DeCoster, J., Banner, M. J., Smith, E. R., & Semin, G. R. (2006). On the inexplicity of the implicit: Differences in the information provided by implicit and explicit tests. *Social Cognition, 24*, 5-21.

Delle Fave, A., & Massimini, F. (2004). Parenthood and the quality of experience in daily life: A longitudinal study. *Social Indicators Research, 67*, 75-106.

Demoulin, S., Torres, R. R., Perez, A. R., Vaes, J., Paladino, M. P., Gaunt, R., Pozo, B. C., & Leyens, J.-Ph. (2004). Emotional prejudice can lead to infra-humanisation. In W. Stroebe & M. Hewstone (Eds.), *European review of social psychology* (Vol. 15, pp. 259-296). Hove, UK: Psychology Press/Taylor & Francis.

Dépret, E. F., & Fiske, S. T. (1999). Perceiving the powerful: Intriguing individuals versus threatening groups. *Journal of Experimental Social Psychology, 35*, 461-480.

de Rivera, J. (1984). The structure of emotional relationships. In P. Shaver (Ed.), *Review of personality and social psychology* (Vol. 5, pp. 116-145). Beverly Hills, CA: Sage.

de Rivera, J., & Grinkis, C. (1986). Emotions as social relationships. *Motivation and Emotion, 10*, 351-369.

Derryberry, D., & Rothbart, M. K. (1988). Arousal, affect, and attention as components of temperament. *Journal of Personality and Social Psychology, 55*, 958-966.

Desimone, R., & Duncan, J. (1995). Neural mechanisms of selective visual attention. *Annual Review of Neuroscience, 18*, 193-222.

DeSteno, D., Dasgupta, N., Bartlett, M. Y., & Cajdric, A. (2004). Prejudice from thin air: The effect of emotion on automatic intergroup attitudes. *Psychological Science, 15*, 319-324.

DeSteno, D., Petty, R. E., Rucker, D. D., Wegener, D. T., & Braverman, J. (2004). Discrete emotions and persuasion: The role of emotion-induced expectancies. *Journal of Personality and Social Psychology, 86*, 43-56.

DeSteno, D., Petty, R. E., Wegener, D. T., & Rucker, D. D. (2000). Beyond valence in the perception of likelihood: The role of emotion specificity. *Journal of Personality and Social Psychology, 78*, 397-416.

Deutsch, F. M. (1999). *Halving it all: How equally shared parenting works*. Cambridge, MA: Harvard University Press.

Deutsch, M. A. (1968). Field theory in social psychology. In G. Lindzey & E. Aronson (Eds.), *The handbook of social psychology* (2nd edn, Vol. 1). Reading, MA: Addison-Wesley.

Devine, P. G. (1989). Stereotypes and prejudice: Their automatic and controlled components. *Journal of Personality and Social Psychology, 56,* 5–18.

Devine, P. G., & Elliot, A. J. (1995). Are racial stereotypes really fading? The Princeton trilogy revisited. *Personality and Social Psychology Bulletin, 21,* 1139–1150.

Devine, P. G., & Monteith, M. J. (1999). Automaticity and control in stereotyping. In S. Chaiken & Y. Trope (Eds.), *Dual-process theories in social psychology* (pp. 339–360). New York: Guilford Press.

Devos, T., Comby, L., & Deschamps, J. C. (1996). Asymmetries in judgments of ingroup and outgroup variability. In W. Stroebe & M. Hewstone (Eds.), *European review of social psychology* (Vol. 7, pp. 95–104). Chichester, UK: Wiley.

Devos, T., Silver, L. A., Mackie, D. M., & Smith, E. R. (2002). Experiencing intergroup emotions. In D. M. Mackie & E. R. Smith (Eds.), *From prejudice to intergroup emotions* (pp. 111–134). New York: Psychology Press.

de Vries, B., & Walker, L. J. (1987). Conceptual/integrative complexity and attitudes toward capital punishment. *Personality and Social Psychology Bulletin, 13,* 448–457.

Dickerson, S. S., & Kemeny, M. E. (2004). Acute stressors and cortisol responses: A theoretical integration and synthesis of laboratory research. *Psychological Bulletin, 130,* 355–391.

Dickerson, S. S., Kemeny, M. E., Aziz, N., Kim, K. H., & Fahey, J. L. (2004). Immunological effects of induced shame and guilt. *Psychosomatic Medicine, 66,* 124–131.

Diener, E. (1984). Subjective well-being. *Psychological Bulletin, 95,* 542–575.

Diener, E., & Diener, M. (1995). Cross-cultural correlates of life satisfaction and self-esteem. *Journal of Personality and Social Psychology, 68,* 653–663.

Diener, E., & Emmons, R. A. (1984). The independence of positive and negative affect. *Journal of Personality and Social Psychology, 47,* 1105–1117.

Diener, E., & Iran-Nejad, A. (1986). The relationship in experience between various types of affect. *Journal of Personality and Social Psychology, 50,* 1031–1038.

Dietrich, E., & Markman, A. B. (2003). Discrete thoughts: Why cognition must use discrete representations. *Mind & Language, 18(1),* 95–119.

Dijksterhuis, A. (2004). Think different: The merits of unconscious thought in preference development and decision making. *Journal of Personality and Social Psychology, 87,* 586–598.

Dijksterhuis, A., & Bargh, J. A. (2001). The perception-behavior expressway: Automatic effects of social perception on social behavior. In M. P. Zanna (Ed.), *Advances in experimental and social psychology* (Vol. 33, pp. 1–40). San Diego, CA: Academic Press.

Dijksterhuis, A., Bos, M. W., Nordgren, L. F., & van Baaren, R. B. (2006). On making the right choice: The deliberation-without-attention effect. *Science, 311,* 1005–1007.

Dijksterhuis, A., Spears, R., Postmes, T., Stapel, D. A., Koomen, W., van Knippenberg, A., et al. (1998). Seeing one thing and doing another: Contrast effects in automatic behavior. *Journal of Personality and Social Psychology, 75,* 862–871.

Dijksterhuis, A., & van Knippenberg, A. (1998). The relation between perception and behavior, or how to win a game of Trivial Pursuit. *Journal of Personality and Social Psychology, 74,* 865–877.

Dijksterhuis, A., & van Knippenberg, A. (2000). Behavioral indecision: Effects of self-focus on automatic behavior. *Social Cognition, 81,* 55–74.

Dimitrov, M., Grafman, J., Soares, A. H., & Clark, K. (1999). Concept formation and concept shifting in frontal lesion and Parkinson's disease patients assessed with the California Card Sorting Test. *Neuropsychology, 13,* 135–143.

Dion, K. L., & Earn, B. M. (1975). The phenomenology of being a target of prejudice. *Journal of Personality and Social Psychology, 32,* 944–950.

Di Paula, A., & Campbell, J. D. (2002). Self-esteem and persistence in the face of failure. *Journal of Personality and Social Psychology, 83,* 711–724.

Dixon, T. L., & Maddox, K. B. (2005). Skin tone, crime news, and social reality judgments: Priming the stereotype of the dark and dangerous Black criminal. *Journal of Applied Social Psychology, 35,* 1555–1570.

Dolan, R. J. (1999). On the neurology of morals. *Nature Neuroscience, 2,* 927–929.

Dovidio, J. F., Brigham, J. C., Johnson, B. T., & Gaertner, S. L. (1996). Stereotyping, prejudice, and discrimination: Another look. In C. N. Macrae, C. Stangor, & M. Hewstone (Eds.), *Stereotypes and stereotyping.* New York: Academic Press.

Dovidio, J. F., Esses, V. M., Beach, K. R., & Gaertner, S. L. (2002). The role of affect in determining intergroup behavior: The case of willingness to engage in intergroup contact. In D. M. Mackie & E. R. Smith (Eds.), *From prejudice to intergroup emotions* (pp. 153–172). New York: Psychology Press.

Dovidio, J. F., Evans, N., & Tyler, R. B. (1986). Racial stereotypes: The contents of their cognitive representations. *Journal of Experimental Social Psychology, 22,* 22–37.

Dovidio, J. F., & Gaertner, S. L. (Eds.). (1986). *Prejudice, discrimination, and racism.* Orlando, FL: Academic Press.

Dovidio, J. F., & Gaertner, S. L. (2000). Aversive racism and selection decisions: 1989 and 1999. *Psychological Science, 11,* 315–319.

Dovidio, J. F., & Gaertner, S. L. (2010). Intergroup bias. In S. T. Fiske, D. T. Gilbert, & G. Lindzey (Eds.), *Handbook of social psychology* (5th edn, Vol. 2, pp. 1084–1121). Hoboken, NJ: Wiley.

Dovidio, J. F., Gaertner, S. E., Kawakami, K., & Hodson, G. (2002). Why can't we just get along? Interpersonal biases and interracial distrust. *Cultural Diversity and Ethnic Minority Psychology, 8,* 88–102.

Dovidio, J. F., Kawakami, K., & Gaertner, S. L. (2002). Implicit and explicit prejudice and interracial interaction. *Journal of Personality and Social Psychology, 82,* 62–68.

Dovidio, J. F., Kawakami, K., Johnson, C., Johnson, B., & Howard, A. (1997). On the nature of prejudice: Automatic and controlled processes. *Journal of Experimental Social Psychology, 33,* 510–540.

Dovidio, J. F., ten Vergert, M., Stewart, T. L., Gaertner, S. L., Johnson, J. D., Esses, V. M., et al. (2004). Perspective and prejudice: Antecedent and mediating mechanisms. *Personality and Social Psychology Bulletin, 30,* 1537–1549.

Downing, J. W., Judd, C. M., & Brauer, M. (1992). Effects of repeated expressions on attitude extremity. *Journal of Personality and Social Psychology, 63,* 17–29.

Drake, R. A. (1986). Lateral asymmetry of impression formation. *International Journal of Neuroscience, 30,* 121–126.

Drake, R. A., & Sobrero, A. P. (1987). Lateral orientation effects upon trait-behavior and attitude-behavior consistency. *Journal of Social Psychology, 127,* 639–651.

Dreben, E. K., Fiske, S. T., & Hastie, R. (1979). The independence of evaluative and item information: Impression and recall order effects in behavior-based impression formation. *Journal of Personality and Social Psychology, 37,* 1758–1768.

Duckitt, J. (1993). Right-wing authoritarianism among white South American students: Its measurement and correlates. *Journal of Social Psychology, 133,* 553–563.

Duckitt, J. (2001). A dual-process cognitive-motivational theory of ideology and prejudice. In M. P. Zanna (Ed.), *Advances in experimental social psychology* (Vol. 33, pp. 41–113). New York: Academic Press.

Duckitt, J., & Mphuthing, T. (1998). Group identification and intergroup attitudes: A longitudinal analysis in South Africa. *Journal of Personality and Social Psychology, 74,* 80–85.

Duckworth, K. L., Bargh, J. A., Garcia, M., & Chaiken, S. (2002). The automatic evaluation of novel stimuli. *Psychological Science, 13,* 513–519.

Duclos, S. E., Laird, J. D., Schneider, E., Sexter, M., Stern, L., & Van Lighten, O. (1989). Emotion-specific effects of facial expressions and postures on emotional experience. *Journal of Personality and Social Psychology, 57,* 100–108.

Duguid, M. (2011). Female tokens in high-prestige work groups: Catalysts or inhibitors of group diversification? *Organizational Behavior and Human Decision Processes, 116(1),* 104–115.

Dumont, M., Sarlet, M., & Dardenne, B. (2010). Be too kind to a woman, she'll feel incompetent: Benevolent sexism shifts self-construal and autobiographical memories toward incompetence. *Sex Roles, 62(7–8),* 545–553.

Dunbar, R. I. M. (2003). The social brain: Mind, language, and society in evolutionary perspective. *Annual Review of Anthropology, 32,* 163–181. doi: 10.1146/annurev.anthro.32.061002.093158.

Dunbar, R. I. M. (2012). The social brain meets neuroimaging. *Trends in Cognitive Sciences, 16(2),* 101–102.
Duncan, J. W., & Laird, J. D. (1977). Cross-modality consistencies in individual differences in self-attribution. *Journal of Personality, 45,* 191–196.
Dunn, E. W., Wilson, T. D., & Gilbert, D. T. (2003). Location, location, location: The misprediction of satisfaction in housing lotteries. *Personality and Social Psychology Bulletin, 29,* 1421–1432.
Dunn, J. R., & Schweitzer, M. R. (2005). Feeling and believing: The influence of emotion on trust. *Journal of Personality and Social Psychology, 88,* 736–748.
Dunning, D. (1999). A newer look: Motivated social cognition and the schematic representation of social concepts. *Psychological Inquiry, 10,* 1–11.
Dunning, D. (2003). The zealous self-affirmer: How and why the self lurks so pervasively behind social judgment. In S. J. Spencer & S. Fein (Eds.), *Motivated social perception: The Ontario Symposium* (Vol. 9, pp. 45–72). Mahwah, NJ: Erlbaum.
Dunning, D. (2012). Judgment and decision-making. In S. T. Fiske & C. N. Macrae (Eds.). *Sage handbook of social cognition* (pp. 251–272). Thousand Oaks, CA: Sage.
Dunning, D., & Hayes, A. F. (1996). Evidence for egocentric comparison in social judgment. *Journal of Personality and Social Psychology, 71,* 213–229.
Dunning, D., Meyerowitz, J. A., & Holzberg, A. D. (1989). Ambiguity and self-evaluation: The role of idiosyncratic trait definitions in self-serving assessments of ability. *Journal of Personality and Social Psychology, 57,* 1082–1090.
Dunning, D., & Parpal, M. (1989). Mental addition versus subtraction in counterfactual reasoning: On assessing the impact of personal actions and life events. *Journal of Personality and Social Psychology, 57,* 5–15.
Dunning, D., Perie, M., & Story, A. L. (1991). Self-serving prototypes of social categories. *Journal of Personality and Social Psychology, 30,* 349–359.
Dunning, D., & Sherman, D. A. (1997). Stereotypes and tacit inference. *Journal of Personality and Social Psychology, 73,* 459–471.
Dunton, B. C., & Fazio, R. H. (1997). An individual difference measure of motivation to control prejudiced reactions. *Personality and Social Psychology Bulletin, 23,* 316–326.
Durante, F., Fiske, S. T., Cuddy, A. J. C., Kervyn, N., et al. (in press). Nations' income inequality predicts ambivalence in stereotype content: How societies mind the gap. *British Journal of Social Psychology.*
Dutton, D. G., & Aron, A. P. (1974). Some evidence for heightened sexual attraction under conditions of high anxiety. *Journal of Personality and Social Psychology, 30,* 510–517.
Duval, S., & Wicklund, R. A. (1972). *A theory of objective self-awareness.* New York: Academic Press.
Eagly, A. H. (1974). Comprehensibility of persuasive arguments as a determinant of opinion change. *Journal of Personality and Social Psychology, 29,* 758–773.
Eagly, A. H. (1987). *Sex differences in social behavior: A social-role interpretation.* Mahwah, NJ: Erlbaum.
Eagly, A. H., & Carli, L. L. (2007). *Through the labyrinth: The truth about how women become leaders.* Boston, MA: Harvard Business School Press.
Eagly, A. H., & Chaiken, S. (1975). An attribution analysis of the effect of communication characteristics on opinion change: The case of communicator attractiveness. *Journal of Personality and Social Psychology, 32,* 136–144.
Eagly, A. H., & Chaiken, S. (1984). Cognitive theories of persuasion. In L. Berkowitz (Ed.), *Advances in experimental social psychology* (Vol. 17, pp. 267–359). New York: Academic Press.
Eagly, A. H., & Chaiken, S. (1993). *The psychology of attitudes.* Orlando, FL: Harcourt Brace Jovanovich.
Eagly, A. H., & Chaiken, S. (1998). Attitude structure and function. In D. T. Gilbert, S. T. Fiske, & G. Lindzey (Eds.), *Handbook of social psychology* (4th edn, Vol. 1, pp. 269–322). New York: McGraw-Hill.
Eagly, A. H., & Chaiken, S. (2005). Attitude research in the 21st century: The current state of knowledge. In D. Albarracín, B. T. Johnson, & M. P. Zanna (Eds.), *The handbook of attitudes* (pp. 743–767). Mahwah, NJ: Erlbaum.

Eagly, A. H., & Chaiken, S. (2007). The advantages of an inclusive definition of attitude. *Social Cognition, 25(5),* 582–602.

Eagly, A. H., Chaiken, S., & Wood, W. (1981). An attribution analysis of persuasion. In J. H. Harvey, W. J. Ickes, & R. F. Kidd (Eds.), *New directions in attribution research* (Vol. 3, pp. 37–62). Hillsdale, NJ: Erlbaum.

Eagly, A. H., Chen, S., Chaiken, S., & Shaw-Barnes, K. (1999). The impact of attitudes on memory: An affair to remember. *Psychological Bulletin, 125,* 64–89.

Eagly, A. H., & Crowley, M. (1986). Gender and helping behavior: A meta-analytic review of the social psychological literature. *Psychological Bulletin, 100,* 283–308.

Eagly, A. H., & Himmelfarb, S. (1978). Attitudes and opinions. *Annual Review of Psychology, 29,* 517–554.

Eagly, A. H., & Johnson, B. T. (1990). Gender and leadership style: A meta-analysis. *Psychological Bulletin, 108,* 233–256.

Eagly, A. H., & Karau, S. J. (1991). Gender and the emergence of leaders: A meta-analysis. *Journal of Personality and Social Psychology, 60,* 685–710.

Eagly, A. H., & Karau, S. J. (2002). Role congruity theory of prejudice toward female leaders. *Psychological Review, 109,* 573–598.

Eagly, A. H., Karau, S. J., & Makhijani, M. G. (1995). Gender and the effectiveness of leaders: A meta-analysis. *Psychological Bulletin, 117,* 125–145.

Eagly, A. H., Karau, S. J., Miner, J. B., & Johnson, B. T. (1994). Gender and motivation to manage in hierarchic organizations: A meta-analysis. *Leadership Quarterly, 5,* 135–159.

Eagly, A. H., Kulesa, P., Brannon, L. A., Shaw-Barnes, K., & Hutson-Comeaux, S. (2000). Why counterattitudinal messages are as memorable as proattitudinal messages: The importance of active defense against attack. *Personality and Social Psychology Bulletin, 26,* 1392–1408.

Eagly, A. H., Kulesa, P., Chen, S., & Chaiken, S. (2001). Do attitudes affect memory? Tests of the congeniality hypothesis. *Current Directions in Psychological Science, 10,* 5–9.

Eagly, A. H., Makhijani, M. G., & Klonsky, B. G. (1992). Gender and the evaluation of leaders: A meta-analysis. *Psychological Bulletin, 111,* 3–22.

Eagly, A. H., & Steffen, V. J. (1984). Gender stereotypes stem from the distribution of women and men into social roles. *Journal of Personality and Social Psychology, 46,* 735–754.

Eagly, A. H., & Steffen, V. J. (1986). Gender and aggressive behavior: A meta-analytic review of the social psychological literature. *Psychological Bulletin, 100,* 309–330.

Eagly, A. H., & Wood, W. (1991). Explaining sex differences in social behavior: A meta-analytic perspective. *Personality and Social Psychology Bulletin, 17,* 306–315.

Eagly, A. H., & Wood, W. (1999). The origins of sex differences in human behavior: Evolved dispositions versus social roles. *American Psychologist, 54,* 408–423.

Eagly, A. H., Wood, W., & Chaiken, S. (1978). Causal inferences about communicators and their effect on opinion change. *Journal of Personality and Social Psychology, 36,* 424–435.

Ebbesen, E. B. (1980). Cognitive processes in understanding ongoing behavior. In R. Hastie, T. M. Ostrom, E. B. Ebbesen, R. S. Wyer, D. L. Hamilton, & D. E. Carlston (Eds.), *Person memory: The cognitive basis of social perception* (pp. 179–226). Hillsdale, NJ: Erlbaum.

Ebbinghaus, H. (1964). *Memory: A contribution to experimental psychology.* H. A. Ruger & C. E. Bussenius (trans.). New York: Dover. (Originally published 1885.)

Eberhardt, J. L. (2005). Imaging race. *American Psychologist, 60,* 181–190.

Eberhardt, J. L., Dasgupta, N., & Banaszynski, T. L. (2003). Believing is seeing: The effects of racial labels and implicit beliefs on face perception. *Personality and Social Psychology Bulletin, 29,* 360–370.

Eberhardt, J. L., Davies, P. G., Purdie-Vaughns, V. J., & Johnson, S. L. (2006). Looking deathworthy: Perceived stereotypically of Black defendants predicts capital sentencing outcomes. *Psychological Science, 17,* 383–386.

Eberhardt, J. L., Goff, P. A., Purdie, V. J., & Davies, P. G. (2004). Seeing Black: Race, crime, and visual processing. *Journal of Personality and Social Psychology, 87,* 876–893.

Echebarria-Echabe, A., & Fernández-Guede, E. (2006). Effects of terrorism on attitudes and ideological orientation. *European Journal of Social Psychology, 36,* 259–265.

Eckes, T. (2002). Paternalistic and envious gender stereotypes: Testing predictions from the stereotype content model. *Sex Roles, 47,* 99–114.

Eckes, T., Trautner, H. M., & Behrendt, R. (2005). Gender subgroups and intergroup perception: Adolescents' views of own-gender and other-gender groups. *Journal of Social Psychology, 145,* 85–111.

Ehrlichman, H., & Halpern, J. N. (1988). Affect and memory: Effects of pleasant and unpleasant odors on retrieval of happy and unhappy memories. *Journal of Personality and Social Psychology, 55,* 769–779.

Ehrlinger, J., & Dunning, D. (2003). How chronic self-views influence (and potentially mislead) estimates of performance. *Journal of Personality and Social Psychology, 84,* 5–17.

Ehrlinger, J., Gilovich, T., & Ross, L. D. (2005). Peering into the bias blind spot: People's assessments of bias in themselves and others. *Personality and Social Psychology Bulletin, 31,* 680–692.

Eich, J. E. (1980). The cue-dependent nature of state-dependent retrieval. *Memory & Cognition, 8(2),* 157–173.

Einhorn, H. J., & Hogarth, R. M. (1981). Behavioral decision theory: Processes of judgment and choice. *Annual Review of Psychology, 32,* 53–88.

Einhorn, H. J., & Hogarth, R. M. (1986). Judging probable cause. *Psychological Bulletin, 99,* 3–19.

Eisen, S. V., & McArthur, L. Z. (1979). Evaluating and sentencing a defendant as a function of his salience and the observer's set. *Personality and Social Psychology Bulletin, 5,* 48–52.

Eisenberger, N. I., Jarcho, J. M., Lieberman, M. D., & Naliboff, B. D. (2006). An experimental study of shared sensitivity to physical pain and social rejection. *Pain, 126,* 132–138.

Eisenberger, N. I., Lieberman, M. D., & Williams, K. D. (2003). Does rejection hurt? An fMRI study of social exclusion. *Science, 302,* 290–292.

Eiser, J., Fazio, R. H., Stafford, T., & Prescott, T. J. (2003). Connectionist simulation of attitude learning: Asymmetries in the acquisition of positive and negative evaluations. *Personality and Social Psychology Bulletin, 29,* 1221–1235.

Ekman, P. (1984). Expression and the nature of emotion. In K. Scherer & P. Ekman (Eds.), *Approaches to emotion* (pp. 319–343). Hillsdale, NJ: Erlbaum.

Ekman, P., Levenson, R. W., & Friesen, W. V. (1983). Autonomic nervous system activity distinguishes among emotions. *Science, 221,* 1208–1210.

Ekman, P., & O'Sullivan, M. (1988). Comment on Russell and Fehr. *Journal of Experimental Psychology: General, 117,* 86–88.

Elio, R., & Anderson, J. R. (1981). The effects of category generalizations and instance similarity on schema abstraction. *Journal of Experimental Psychology: Human Learning and Memory, 7,* 397–417.

Ellemers, N., Spears, R., & Doosje, B. (2002). Self and social identity. *Annual Review of Psychology, 53,* 161–186.

Elliot, A. J., & Devine, P. G. (1994). On the motivational nature of cognitive dissonance: Dissonance as psychological discomfort. *Journal of Personality and Social Psychology, 67,* 382–394.

Ellsworth, P. C., & Smith, C. A. (1988a). From appraisal to emotion: Differences among unpleasant feelings. *Motivation and Emotion, 12,* 271–302.

Ellsworth, P. C., & Smith, C. A. (1988b). Shades of joy: Patterns of appraisal differentiating pleasant emotions. *Emotion and Cognition, 2,* 302–331.

Ellsworth, P. C., & Tourangeau, R. (1981). On our failure to disconfirm what nobody ever said. *Journal of Personality and Social Psychology, 40,* 363–369.

Else-Quest, N. M., Hyde, J. S., Goldsmith, H. H., & Van-Hulle, C. A. (2006). Gender differences in temperament: A meta-analysis. *Psychological Bulletin, 132,* 33–72.

Enquist, C., Newtson, D., & LaCross, K. (1979). Prior expectations and the perceptual segmentation of ongoing behavior. Unpublished manuscript, University of Virginia.

Epley, N., & Dunning, D. (2000). Feeling "holier than thou": Are self-serving assessments produced by errors in self- or social prediction? *Journal of Personality and Social Psychology, 79,* 861–875.

Epley, N., & Gilovich, T. (2001). Putting adjustment back in the anchoring and adjustment heuristic: Differential processing of self-generated and experimenter-provided anchors. *Psychological Science, 12*, 391-396.
Epley, N., Keysar, B., Van Boven, L., & Gilovich, T. (2004). Perspective taking as egocentric anchoring and adjustment. *Journal of Personality and Social Psychology, 87*, 327-339.
Epley, N., Morewedge, C., & Keysar, B. (2004). Perspective taking in children and adults: Equivalent egocentrism but differential correction. *Journal of Experimental Social psychology, 40*, 760-768.
Epley, N., & Waytz, A. (2010). Mind perception. In S. T. Fiske, D. T. Gilbert, & G. Lindzey (Eds.), *Handbook of social psychology* (5th edn, Vol. 1, pp. 498-541). Hoboken, NJ: Wiley.
Epley, N., Waytz, A., & Cacioppo, J. T. (2007). On seeing human: A three-factor theory of anthropomorphism. *Psychological Review, 114*, 864-886.
Epstein, S. (1979). The stability of behavior: I. On predicting most of the people much of the time. *Journal of Personality and Social Psychology, 37*, 1097-1126.
Epstein, S. (1983). The unconscious, the preconscious, and the self-concept. In J. Suls & A. Greenwald (Eds.), *Psychological perspectives on the self* (Vol. 2, pp. 220-247). Hillsdale, NJ: Erlbaum.
Epstein, S. (1984). Controversial issues in emotion theory. In P. Shaver (Ed.), *Review of personality and social psychology* (Vol. 5, pp. 64-88). Beverly Hills, CA: Sage.
Epstein, S. (1990a). Cognitive experiential self-theory. In L. Pervin (Ed.), *Handbook of personality theory and research* (pp. 165-192). New York: Guilford Press.
Epstein, S. (1990b). The self-concept, the traumatic neurosis, and the structure of personality. In D. Ozer, J. M. Healy Jr., & A. J. Stewart (Eds.), *Perspectives on personality* (Vol. 3). Greenwich, CT: JAI Press.
Erber, R. (1991). Affective and semantic priming: Effects of mood on category accessibility and inference. *Journal of Experimental Social Psychology, 27*, 480-498.
Erber, R., & Fiske, S. T. (1984). Outcome dependency and attention to inconsistent information. *Journal of Personality and Social Psychology, 47*, 709-726.
Erdley, C. A., & D'Agostino, P. R. (1988). Cognitive and affective components of automatic priming effects. *Journal of Personality and Social Psychology, 54*, 741-747.
Ericsson, K. A., & Kintsch, W. (1995). Long-term working memory. *Psychological Review, 102*, 211-245.
Ericsson, K. A., & Simon, H. A. (1980). Verbal reports as data. *Psychological Review, 87*, 215-251.
Esses, V. M., & Dovidio, J. F. (2002). The role of emotions in determining willingness to engage in intergroup contact. *Personality and Social Psychology Bulletin, 28*, 1202-1214.
Evans, L. M., & Petty, R. E. (2003). Self-guide framing and persuasion: Responsibly increasing message processing to ideal levels. *Personality and Social Psychology Bulletin, 29*, 313-324.
Eyal, T., Liberman, N., Trope, Y., & Walther, E. (2004). The pros and cons of temporally near and distant action. *Journal of Personality and Social Psychology, 86*, 781-795.
Fabrigar, L. R., Petty, R. E., Smith, S. M., & Crites, S. L., Jr. (2006). Understanding knowledge effects on attitude-behavior consistency: The role of relevance, complexity, and amount of knowledge. *Journal of Personality and Social Psychology, 90*, 556-577.
Falk, E. B., Rameson, L., Berkman, E. T., Liao, B., Kang, Y., Inagaki, T. K., & Lieberman, M. D. (2010). The neural correlates of persuasion: A common network across cultures and media. *Journal of Cognitive Neuroscience, 22(11)*, 2447-2459.
Farah, M. J. (1994). Neuropsychological inferences with an interactive brain: A critique of the "locality" assumption. *Behavioral and Brain Sciences, 22*, 287-288.
Farina, A., Allen, J. G., & Saul, B. B. (1968). The role of the stigmatized person in affecting social relationships. *Journal of Personality, 36*, 169-182.
Fazio, R. H. (1990). Multiple processes by which attitudes guide behavior: The MODE model as an integrative framework. In M. P. Zanna (Ed.), *Advances in experimental social psychology* (Vol. 23, pp. 75-110). New York: Academic Press.

Fazio, R. H. (2001). On the automatic activation of associated evaluations: An overview. *Cognition and Emotion, 15,* 115–141.
Fazio, R. H., Chen, J., McDonel, E. C., & Sherman, S. J. (1982). Attitude accessibility, attitude-behavior consistency, and the strength of the object-evaluation association. *Journal of Experimental Social Psychology, 18,* 339–357.
Fazio, R. H., & Cooper, J. (1983). Arousal in the dissonance process. In J. T. Cacioppo & R. E. Petty (Eds.), *Social psychophysiology* (pp. 122–152). New York: Guilford Press.
Fazio, R. H., Effrein, E. A., & Falender, V. J. (1981). Self-perceptions following social interaction. *Journal of Personality and Social Psychology, 41,* 232–242.
Fazio, R. H., Herr, P. M., & Olney, T. J. (1984). Attitude accessibility following a self-perception process. *Journal of Personality and Social Psychology, 47,* 277–286.
Fazio, R. H., & Hilden, L. E. (2001). Emotional reactions to a seemingly prejudiced response: The role of automatically activated racial attitudes and motivation to control prejudiced reactions. *Personality and Social Psychology Bulletin, 27,* 538–549.
Fazio, R. H., Jackson, J. R., Dunton, B. C., & Williams, C. J. (1995). Variability in automatic activation as an unobtrusive measure of racial attitudes: A bona fide pipeline? *Journal of Personality and Social Psychology, 69,* 1013–1027.
Fazio, R. H., Ledbetter, J. E., & Towles-Schwen, T. (2000). On the costs of accessible attitudes: Detecting that the attitude object has changed. *Journal of Personality and Social Psychology, 78,* 197–210.
Fazio, R. H., & Olson, M. A. (2003). Implicit measures in social cognition research: Their meaning and use. *Annual Review of Psychology, 54,* 297–327.
Fazio, R. H., Powell, M. C., & Herr, P. M. (1983). Toward a process model of attitude-behavior relation: Accessing one's attitude upon mere observation of the attitude object. *Journal of Personality and Social Psychology, 44,* 723–735.
Fazio, R. H., Sanbonmatsu, D. M., Powell, M. C., & Kardes, F. R. (1986). On the automatic activation of attitudes. *Journal of Personality and Social Psychology, 50,* 229–238.
Fazio, R. H., & Towles-Schwen, T. (1999). The MODE model of attitude-behavior process. In S. Chaiken & Y. Trope (Eds.), *Dual-process theories in social psychology* (pp. 97–116). New York: Guilford Press.
Fazio, R. H., & Williams, C. J. (1986). Attitude accessibility as a moderator of the attitude-perception and attitude-behavior relations: An investigation of the 1984 presidential election. *Journal of Personality and Social Psychology, 51,* 505–514.
Fazio, R. H., & Zanna, M. P. (1978). Attitudinal qualities relating to the strength of the attitude-behavior relationship. *Journal of Experimental Social Psychology, 14,* 398–408.
Fazio, R. H., & Zanna, M. P. (1981). Direct experience and attitude-behavior consistency. In L. Berkowitz (Ed.), *Advances in experimental social psychology* (Vol. 14, pp. 162–203). New York: Academic Press.
Fazio, R. H., Zanna, M. P., & Cooper, J. (1977). Dissonance and self-perception: An integrative view of each theory's proper domain of application. *Journal of Experimental Social Psychology, 13,* 464–479.
Feather, N. T. (1969). Attitude and selective recall. *Journal of Personality and Social Psychology, 12,* 310–319.
Feeney, B. C., & Cassidy, J. (2003). Reconstructive memory related to adolescent–parent conflict interactions: The influence of attachment-related representations on immediate perceptions and changes in perceptions over time. *Journal of Personality and Social Psychology, 85,* 945–955.
Fehr, B. (1988). Prototype analysis of the concepts of love and commitment. *Journal of Personality and Social Psychology, 55,* 557–579.
Fehr, B., & Russell, J. A. (1984). Concept of emotion viewed from a prototype perspective. *Journal of Experimental Psychology: General, 113,* 464–486.
Fein, S., Hilton, J. L., & Miller, D. T. (1990). Suspicion of ulterior motivation and the correspondence bias. *Journal of Personality and Social Psychology, 58,* 753–764.
Fein, S., & Spencer, S. J. (1997). Prejudice as self-image maintenance: Affirming the self through derogating others. *Journal of Personality and Social Psychology, 73,* 31–44.

Feingold, A. (1992). Gender differences in mate selection preferences: A test of the parental investment model. *Psychological Bulletin, 112,* 125–139.

Ferguson, M. J., & Bargh, J. A. (2004a). How social perception can automatically influence behavior. *Trends in Cognitive Science, 8,* 33–39.

Ferguson, M. J., & Bargh, J. A. (2004b). Liking is for doing: The effects of goal pursuit on automatic evaluation. *Journal of Personality and Social Psychology, 87,* 557–572.

Ferguson, M. J., & Fukukura, J. (2012). Likes and dislikes: A social cognitive perspective on attitudes. In S. T. Fiske & C. N. Macrae (Eds.), *Sage handbook of social cognition* (pp. 165–190). Thousand Oaks, CA: Sage.

Ferguson, M. J., & Zayas, V. (2009). Automatic evaluation. *Current Directions in Psychological Science, 18(6),* 362–366.

Festinger, L. (1954). A theory of social comparison processes. *Human Relations, 7,* 117–140.

Festinger, L. (1957). *A theory of cognitive dissonance.* Stanford, CA: Stanford University Press.

Fiedler, K. (1988). Emotional mood, cognitive style, and behavior regulation. In K. Fiedler & J. P. Forgas (Eds.), *Affect, cognition, and social behavior* (pp. 100–119). Toronto, Canada: Hogrefe.

Fiedler, K., & Freytag, P. (2004). Pseudocontingencies. *Journal of Personality and Social Psychology, 87,* 453–467.

Fiedler, K., Nickel, S., Muehlfriedel, T., & Unkelbach, C. (2001). Is mood congruency an effect of genuine memory or response bias? *Journal of Experimental Social Psychology, 37,* 201–214.

Fiedler, K., Pampe, H., & Scherf, U. (1986). Mood and memory for tightly organized social information. *European Journal of Social Psychology, 16,* 149–164.

Fiedler, K., Walther, E., & Nickel, S. (1999). Explaining asymmetric intergroup judgment through differential aggregation: Computer simulations and some new evidence. *European Review of Social Psychology, 10,* 1–40.

Finlay, K. A., & Stephan, W. G. (2000). Improving intergroup relations: The effects of empathy on racial attitudes. *Journal of Applied Social Psychology, 30,* 1720–1737.

Fischer, P., Jonas, E., Frey, D., & Schulz-Hardt, S. (2005). Selective exposure to information: The impact of information limits. *European Journal of Social Psychology, 35,* 469–492.

Fischhoff, B. (1980). For those condemned to study the past: Reflections on historical judgment. In R. A. Shweder (Ed.), *New directions for methodology of social and behavioral science* (Vol. 4, pp. 79–93). San Francisco: Jossey-Bass.

Fischhoff, B. (1982). Debiasing. In D. Kahneman, P. Slovic, & A. Tversky (Eds.), *Judgment under uncertainty: Heuristics and biases* (pp. 422–444). New York: Cambridge University Press.

Fischhoff, B., & Beyth, R. (1975). "I knew it would happen" – Remembered probabilities of once-future things. *Organizational Behavior and Human Performance, 13,* 1–16.

Fischhoff, B., Gonzalez, R. M., Lerner, J. S., & Small, D. A. (2005). Evolving judgments of terror risks: Foresight, hindsight, and emotion. *Journal of Experimental Psychology: Applied, 11,* 124–139.

Fischhoff, B., Slovic, P., & Lichtenstein, S. (1977). Knowing with certainty: The appropriateness of extreme confidence. *Journal of Experimental Psychology: Human Perception and Performance, 3,* 552–564.

Fishbach, A., Dhar, R., & Zhang, Y. (2006). Subgoals as substitutes or complements: The role of goal accessibility. *Journal of Personality and Social Psychology, 91,* 232–242.

Fishbach, A., & Shah, J. Y. (2006). Self-control in action: Implicit dispositions toward goals and away from temptations. *Journal of Personality and Social Psychology, 90,* 820–832.

Fishbach, A., Shah, J. Y., & Kruglanski, A. W. (2004). Emotional transfer in goal systems. *Journal of Experimental Social Psychology, 40,* 723–738.

Fishbein, M. (1963). An investigation of the relationship between beliefs about an object and the attitude toward that object. *Human Relations, 16,* 233–240.

Fishbein, M., & Ajzen, I. (1974). Attitudes toward objects as predictors of single and multiple behavioral criteria. *Psychological Review, 81,* 59–74.

Fishbein, M., & Ajzen, I. (1975). *Belief, attitude, intention, and behavior: An introduction to theory and research.* Reading, MA: Addison-Wesley.

Fiske, A. P., Haslam, N., & Fiske, S. T. (1991). Confusing one person with another: What errors reveal about the elementary forms of social relations. *Journal of Personality and Social Psychology, 60,* 656–674.

Fiske, A. P., Kitayama, S., Markus, H. R., & Nisbett, R. E. (1998). The cultural matrix of social psychology. In D. T. Gilbert, S. T. Fiske, & G. Lindzey (Eds.), *The handbook of social psychology* (4th edn, pp. 915–981). New York: McGraw-Hill.

Fiske, D. W., & Maddi, S. R. (1961). *Functions of varied experience.* Oxford, England: Dorsey.

Fiske, S. T. (1980). Attention and weight in person perception: The impact of negative and extreme behavior. *Journal of Personality and Social Psychology, 38,* 889–906.

Fiske, S. T. (1982). Schema-triggered affect: Applications to social perception. In M. S. Clark & S. T. Fiske (Eds.), *Affect and cognition: The 17th Annual Carnegie Symposium on Cognition* (pp. 55–78). Hillsdale, NJ: Erlbaum.

Fiske, S. T. (1988). Compare and contrast: Brewer's dual-process model and Fiske et al.'s continuum model. In T. K. Srull & R. S. Wyer (Eds.), *Advances in social cognition: A dual model of impression formation* (Vol. 1, pp. 65–76). Hillsdale, NJ: Erlbaum.

Fiske, S. T. (1989). Examining the role of intent: Toward understanding its role in stereotyping and prejudice. In J. S. Uleman & J. A. Bargh (Eds.), *Unintended thought* (pp. 253–283). New York: Guilford Press.

Fiske, S. T. (1992). Thinking is for doing: Portraits of social cognition from daguerreotype to laserphoto. *Journal of Personality and Social Psychology, 63,* 877–889.

Fiske, S. T. (1993). Social cognition and social perception. In M. R. Rosenzweig & L. W. Porter (Eds.), *Annual review of psychology* (Vol. 44, pp. 155–194). Palo Alto, CA: Annual Reviews.

Fiske, S. T. (1998). Stereotyping, prejudice, and discrimination. In D. T. Gilbert, S. T. Fiske, & G. Lindzey (Eds.), *Handbook of social psychology* (4th edn, Vol. 2, pp. 357–411). New York: McGraw-Hill.

Fiske, S. T. (2002). Five core social motives, plus or minus five. In S. J. Spencer, S. Fein, M. P. Zanna, & J. Olson (Eds.), *Motivated social perception: The Ontario Symposium* (Vol. 9, pp. 233–246). Mahwah, NJ: Erlbaum.

Fiske, S. T. (2008). Core social motivations, a historical perspective: Views from the couch, consciousness, classroom, computers, and collectives. In J. Y. Shah & W. L. Gardner (Eds.), *Handbook of motivation science* (pp. 3–22). New York: Guilford.

Fiske, S. T. (2010). *Social beings: Core motives in social psychology* (2nd edn). New York: Wiley.

Fiske, S. T. (2011). *Envy up, scorn down: How status divides us.* New York: Russell Sage Foundation.

Fiske, S. T. (2012). Warmth and competence: Stereotype content issues for clinicians and researchers. *Canadian Psychologist/ Psychologie canadienne, 53(1),* 14–20.

Fiske, S. T., Bergsieker, H., Russell, A. M., & Williams, L. (2009). Images of Black Americans: Then, "them" and now, "Obama!" *DuBois Review: Social Science Research on Race, 6,* 83–101.

Fiske, S. T., Bersoff, D. N., Borgida, E., Deaux, K., & Heilman, M. E. (1991). Social science research on trial: The use of sex stereotyping research in *Price Waterhouse v. Hopkins. American Psychologist, 46,* 1049–1060.

Fiske, S. T., & Borgida, E. (2008). Providing expert knowledge in an adversarial context: Social cognitive science in employment discrimination cases. *Annual Review of Law and Social Science, 4,* 123–148.

Fiske, S. T., Cuddy, A. J. C., & Glick, P. (2007). Universal dimensions of social perception: Warmth and competence. *Trends in Cognitive Science, 11,* 77–83.

Fiske, S. T., Cuddy, A. J. C., Glick, P., & Xu, J. (2002). A model of (often mixed) stereotype content: Competence and warmth respectively follow from perceived status and competition. *Journal of Personality and Social Psychology, 82,* 878–902.

Fiske, S. T., Kenny, D. A., & Taylor, S. E. (1982). Structural models for the mediation of salience effects on attribution. *Journal of Experimental Social Psychology, 18,* 105–127.

Fiske, S. T., Lin, M. H., & Neuberg, S. L. (1999). The continuum model: Ten years later. In S. Chaiken & Y. Trope (Eds.), *Dual-process theories in social psychology* (pp. 231–254). New York: Guilford Press.

Fiske, S. T., & Linville, P. W. (1980). What does the schema concept buy us? Symposium on social knowing. *Personality and Social Psychology Bulletin, 6,* 543–557.

Fiske, S. T., & Neuberg, S. L. (1990). A continuum of impression formation, from category-based to individuating processes: Influences of information and motivation on attention and interpretation. In M. P. Zanna (Ed.), *Advances in experimental social psychology* (Vol. 23, pp. 1–74). New York: Academic Press.

Fiske, S. T., Neuberg, S. L., Beattie, A. E., & Milberg, S. J. (1987). Category-based and attribute-based reactions to others: Some informational conditions of stereotyping and individuating processes. *Journal of Experimental Social Psychology, 23,* 399–427.

Fiske, S. T., & Pavelchak, M. A. (1986). Category-based versus piecemeal-based affective responses: Developments in schema-triggered affect. In R. M. Sorrentino & E. T. Higgins (Eds.), *Handbook of motivation and cognition: Foundations of social behavior* (pp. 167–203). New York: Guilford Press.

Fiske, S. T., & Ruscher, J. B. (1989). On-line processes in category-based and individuating impressions: Some basic principles and methodological reflections. In J. N. Bassili (Ed.), *On-line cognition in person perception* (pp. 141–174). Hillsdale, NJ: Erlbaum.

Fiske, S. T., Taylor, S. E., Etcoff, N. L., & Laufer, J. K. (1979). Imaging, empathy, and causal attribution. *Journal of Experimental Social Psychology, 15,* 356–377.

Fiske, S. T., Xu, J., Cuddy, A. C., & Glick, P. (1999). (Dis)respecting versus (dis)liking: Status and interdependence predict ambivalent stereotypes of competence and warmth. *Journal of Social Issues, 55,* 473–491.

Flack, W. F., Jr. (2006). Peripheral feedback effects of facial expressions, bodily postures, and vocal expressions on emotional feelings. *Cognition and Emotion, 20,* 177–195.

Flory, J. D., Räikkönen, K., Matthews, K. A., & Owens, J. F. (2000). Self-focused attention and mood during everyday social interactions. *Personality and Social Psychology Bulletin, 26,* 875–883.

Folkes, V. S. (1982). Communicating the causes of social rejection. *Journal of Experimental Social Psychology, 18,* 235–252.

Folkman, S., & Lazarus, R. S. (1988a). Coping as a mediator of emotion. *Journal of Personality and Social Psychology, 54,* 466–475.

Folkman, S., & Lazarus, R. S. (1988b). The relationship between coping and emotion: Implications for theory and research. *Social Science Medicine, 26,* 309–317.

Fong, G. T., Krantz, D. H., & Nisbett, R. E. (1986). The effects of statistical training on thinking about everyday problems. *Cognitive Psychology, 18,* 253–292.

Fong, G. T., & Markus, H. R. (1982). Self-schemas and judgments about others. *Social Cognition, 1,* 191–205.

Forbes, C. E., & Schmader, T. (2010). Retraining attitudes and stereotypes to affect motivation and cognitive capacity under stereotype threat. *Journal of Personality and Social Psychology, 99(5),* 740–754.

Forest, D., Clark, M. S., Mills, J., & Isen, A. M. (1979). Helping as a function of feeling state and nature of the helping behavior. *Motivation and Emotion, 3,* 161–169.

Forgas, J. P. (1995). Mood and judgment: The affect infusion model (AIM). *Psychological Bulletin, 117,* 39–66.

Forgas, J. P. (1998). On being happy and mistaken: Mood effects on the fundamental attribution error. *Journal of Personality and Social Psychology, 75,* 318–331.

Forgas, J. P., Bower, G. H., & Krantz, S. E. (1984). The influence of mood on perceptions of social interactions. *Journal of Experimental Social Psychology, 20,* 497–513.

Forgas, J. P., Burnham, D. K., & Trimboli, C. (1988). Mood, memory, and social judgments in children. *Journal of Personality and Social Psychology, 54,* 697–703.

Forgas, J. P., & Fiedler, K. (1996). Us and them: Mood effects on intergroup discrimination. *Journal of Personality and Social Psychology, 70,* 28–40.

Forgas, J. P., & George, J. M. (2001). Affective influences on judgments and behavior in organizations: An information processing perspective. *Organizational Behavior and Human Decision Processes, 86,* 3–34.

Forgas, J. P., Laham, S., & Vargas, P. (2005). Mood effects on eyewitness memory: Affective influences on susceptibility to misinformation. *Journal of Experimental Social Psychology, 41,* 574–588.

Forgas, J. P., & Moylan, S. (1987). After the movies: Transient mood and social judgments. *Personality and Social Psychology Bulletin, 13,* 467–477.

Förster, J., Friedman, R. S., & Liberman, N. (2004). Temporal construal effects on abstract and concrete thinking: Consequences for insight and creative cognition. *Journal of Personality and Social Psychology, 87*, 177–189.

Förster, J., Higgins, T. E., & Idson, L. C. (1998). Approach and avoidance strength during goal attainment: Regulatory focus and the "goal looms larger" effect. *Journal of Personality and Social Psychology, 75*, 1115–1131.

Förster, J., & Liberman, N. (2007). Knowledge activation. In A. W. Kruglanski & E. T. Higgins (Eds.), *Social psychology: Handbook of basic principles* (2nd edn, pp. 201–231). New York: Guilford Press.

Förster, J., & Strack, F. (1997). Motor actions in retrieval of valenced information: A motor congruence effect. *Perceptual and Motor Skills, 85*, 1419–1427.

Förster, J., & Strack, F. (1998). Motor actions in retrieval of valenced information: II. Boundary conditions for motor congruence effects. *Perceptual and Motor Skills, 86*, 1423–1426.

Fragale, A. R., & Heath, C. (2004). Evolving informational credentials: The (mis)attribution of believable facts to credible sources. *Personality and Social Psychology Bulletin, 30*, 225–236.

Frantz, C. M., Cuddy, A. J. C., Burnett, M., Ray, H., & Hart, A. J. (2004). A threat in the computer: The race implicit association test as a stereotype threat experience. *Personality and Social Psychology Bulletin, 30*, 1611–1624.

Frederick, S., Loewenstein, G., & O'Donoghue, T. (2002). Time discounting and time preference: A critical review. *Journal of Economic Literature, 40*, 351–401.

Fredrickson, G. M. (2002). *Racism: A short history*. Princeton, NJ: Princeton University Press.

Freedman, J. L., & Sears, D. O. (1965). Selective exposure. In L. Berkowitz (Ed.), *Advances in experimental social psychology* (Vol. 2, pp. 57–97). San Diego, CA: Academic Press.

Freitas, A. L., Liberman, N., Salovey, P., & Higgins, E. T. (2002). When to begin? Regulatory focus and initiating goal pursuit. *Personality and Social Psychology Bulletin, 28*, 121–130.

Frey, D. (1986). Recent research on selective exposure to information. In L. Berkowitz (Ed.), *Advances in experimental social psychology* (Vol. 19, pp. 41–80). New York: Academic Press.

Frijda, N. H. (1987a). Comment on Oatley and Johnson-Laird's "Towards a cognitive theory of emotions." *Cognition and Emotion, 1*, 51–58.

Frijda, N. H. (1987b). Emotion, cognitive structure, and action tendency. *Cognition and Emotion, 1*, 115–143.

Frijda, N. H. (1988). The laws of emotion. *American Psychologist, 43*, 349–358.

Frith, U., & Frith, C. (2001). The biological basis of social interaction. *Current Directions in Psychological Science, 10*, 151–155.

Fu, P. O., Kennedy, J., Tata, J., Yukl, G., Bond, M. H., et al. (2004). The impact of societal cultural values and individual social beliefs on the perceived effectiveness of managerial influence strategies: A meso approach. *Journal of International Business Studies, 35*, 284–305.

Fujita, K., Eyal, T., Chaiken, S., Trope, Y., & Liberman, N. (2008). Influencing attitudes toward near and distant objects. *Journal of Experimental Social Psychology, 44(3)*, 562–572.

Fujita, K., Gollwitzer, P. M., & Oettingen, G. (2007). Mindsets and pre-conscious open-mindedness to incidental information. *Journal of Experimental Social Psychology, 43*, 48–61.

Fujita, K., Henderson, M. D., Eng, J., Trope, Y., & Liberman, N. (2006). Spatial distance and mental construal of social events. *Psychological Science, 17*, 278–282.

Funder, D. C. (1987). Errors and mistakes: Evaluating the accuracy of social judgment. *Psychological Bulletin, 101*, 75–90.

Funder, D. C. (1995). On the accuracy of personality judgment: A realistic approach. *Psychological Review, 102*, 652–670.

Gable, S. L., Reis, H. T., & Elliot, A. J. (2000). Behavioral activation and inhibition in everyday life. *Journal of Personality and Social Psychology, 78*, 1135–1149.

Gabrielcik, A., & Fazio, R. H. (1984). Priming and frequency estimation: A strict test of the availability heuristic. *Personality and Social Psychology Bulletin, 10*, 85–89.

Gaertner, S. L., & Dovidio, J. F. (1986). The aversive form of racism. In J. F. Dovidio & S. L. Gaertner (Eds.), *Prejudice, discrimination, and racism* (pp. 61–90). Orlando, FL: Academic Press.

Gaertner, S. L., & Dovidio, J. F. (2005). Understanding and addressing contemporary racism: From aversive racism to the common ingroup identity model. *Journal of Social Issues, 61,* 615–639.

Gaertner, S. L., & McLaughlin, J. P. (1983). Racial stereotypes: Associations and ascriptions of positive and negative characteristics. *Social Psychology Quarterly, 46,* 23–40.

Gaertner, S. L., Sedikides, C., & Graetz, K. (1999). In search of self-definition: Motivational primacy of the individual self, motivational primacy of the collective self, or contextual primacy? *Journal of Personality and Social Psychology, 76,* 5–18.

Gailliot, M. T., Schmeichel, B. J., & Baumeister, R. F. (2006). Self-regulatory processes defend against the threat of death: Effects of self-control depletion and trait self-control on thoughts and fears of dying. *Journal of Personality and Social Psychology, 91,* 49–62.

Galanis, C. M. B., & Jones, E. E. (1986). When stigma confronts stigma: Some conditions enhancing a victim's tolerance of other victims. *Personality and Social Psychology Bulletin, 12,* 169–177.

Galinsky, A. D., Ku, G., & Mussweiler, T. (2009). To start low or to start high? The case of auctions versus negotiations. *Current Directions in Psychological Science, 18(6),* 357–361.

Galinsky, A. D., & Moskowitz, G. B. (2000). Perspective-taking: Decreasing stereotype expression, stereotype accessibility, and in-group favoritism. *Journal of Personality and Social Psychology, 78,* 708–724.

Gallagher, H. L., & Frith, C. D. (2003). Functional imaging of "theory of mind." *Trends in Cognitive Sciences, 7,* 77–83.

Gallagher, H. L., Jack, A., Roepstorff, A., & Frith, C. D. (2002). Imaging the intentional stance in a competitive game. *NeuroImage, 16,* 814–821.

Garcia-Marques, L., & Hamilton, L. (1996). Resolving the apparent discrepancy between the incongruency effect and the expectancy-based illusory correlation effect: The TRAP model. *Journal of Personality and Social Psychology, 71,* 845–860.

Garcia-Marques, L., Hamilton, L., & Maddox, K. B. (2002). Exhaustive and heuristic retrieval processes in person cognition: Further tests of the TRAP model. *Journal of Personality and Social Psychology, 82,* 193–207.

Gardner, W. L., Gabriel, S., & Hochschild, L. (2002). When you and I are "we," you are not threatening: The role of self-expansion in social comparison. *Journal of Personality and Social Psychology, 82(2),* 239–251.

Gasper, K., & Clore, G. L. (2002). Attending to the big picture: Mood and global versus local processing of visual information. *Psychological Science, 13,* 34–40.

Gauthier, I., Skudlarski, P., Gore, J. C., & Anderson, A. W. (2000). Expertise for cars and birds recruits brain areas involved in face recognition. *Nature Neuroscience, 3,* 191–197.

Gaver, W. W., & Mandler, G. (1987). Play it again, Sam: On liking music. *Cognition and Emotion, 1,* 259–282.

Gawronski, B., & Bodenhausen, G. V. (2006). Associative and propositional processes in evaluation: An integrative review of implicit and explicit attitude change. *Psychological Bulletin, 132,* 692–731.

Gawronski, B., & Bodenhausen, G. V. (2007). Unraveling the processes underlying evaluation: Attitudes from the perspective of the APE model. *Social Cognition, 25(5),* 687–717.

Gazzaniga, M. S. (2000). Cerebral specialization and interhemispheric communication: Does the corpus callosum enable the human condition? *Brain, 123,* 1293–1326.

Geertz, C. (1975). On the nature of anthropological understanding. *American Scientist, 63,* 47–53.

Gellhorn, E. (1964). Motion and emotion: The role of proprioception in the physiology and pathology of emotions. *Psychological Review, 71,* 457–472.

Genero, N., & Cantor, N. (1987). Exemplar prototypes and clinical diagnosis: Toward a cognitive economy. *Journal of Social and Clinical Psychology, 5,* 59–78.

Gernsbacher, M. A., & Kaschak, M. P. (2003). Neuroimaging studies of language production and comprehension. *Annual Review of Psychology, 54,* 91–114.

Gibson, J. J. (1966). *The senses considered as perceptual systems.* Boston, MA: Houghton Mifflin.

Gibson, J. J. (1979). *The ecological approach to visual perception.* Boston, MA: Houghton Mifflin.

Gilbert, D. T. (1991). How mental systems believe. *American Psychologist, 46,* 107–119.

Gilbert, D. T. (1998). Ordinary personology. In D. T. Gilbert, S. T. Fiske, & G. Lindzey (Eds.), *The handbook of social psychology* (4th edn, Vol. 2, pp. 89–150). New York: McGraw-Hill.

Gilbert, D. T. (1999). What the mind's not. In S. Chaiken & Y. Trope (Eds.), *Dual-process theories in social psychology* (pp. 3–11. New York: Guilford Press.

Gilbert, D. T., Brown, R. P., Pinel, E. C., & Wilson, T. D. (2000). The illusion of external agency. *Journal of Personality and Social Psychology, 79*, 690–700.

Gilbert, D. T., & Hixon, J. G. (1991). The trouble of thinking: Activation and application of stereotypic beliefs. *Journal of Personality and Social Psychology, 60*, 509–517.

Gilbert, D. T., Krull, D. S., & Pelham, B. W. (1988). Of thoughts unspoken: Social inference and the self-regulation of behavior. *Journal of Personality and Social Psychology, 55*, 685–694.

Gilbert, D. T., Lieberman, M. D., Morewedge, C. K., & Wilson, T. D. (2004). The peculiar longevity of things not so bad. *Psychological Science, 15*, 14–19.

Gilbert, D. T., & Malone, P. S. (1995). The correspondence bias. *Psychological Bulletin, 117*, 21–38.

Gilbert, D. T., Pelham, B. W., & Krull, D. S. (1988). On cognitive busyness: When person perceivers meet persons perceived. *Journal of Personality and Social Psychology, 54*, 733–739.

Gilbert, D. T., Pinel, E. C., Wilson, D., Blumberg, S. J., & Wheatley, T. P. (1998). Immune neglect: A source of durability bias in affective forecasting. *Journal of Personality and Social Psychology, 75*, 617–638.

Gilovich, T. (1981). Seeing the past in the present: The effect of associations to familiar events on judgments and decisions. *Journal of Personality and Social Psychology, 40*, 797–808.

Giner-Sorolla, R. (1999). Affect in attitude: Immediate and deliberative perspectives. In S. Chaiken & Y. Trope (Eds.), *Dual-process theories in social psychology* (pp. 441–461). New York: Guilford Press.

Giner-Sorolla, R. (2001). Affective attitudes are not always faster: The moderating role of extremity. *Personality and Social Psychology Bulletin, 27*, 666–677.

Giner-Sorolla, R., Mackie, D. M., & Smith, E. R. (Eds.). (2007). Special issue: Intergroup emotions. *Group Processes and Intergroup Relations, 10*, 5–136.

Ginossar, Z., & Trope, Y. (1980). The effects of base rates and individuating information on judgments about another person. *Journal of Experimental Social Psychology, 16*, 228–242.

Ginossar, Z., & Trope, Y. (1987). Problem solving in judgment under uncertainty. *Journal of Personality and Social Psychology, 52*, 464–474.

Gladwell, M. (2005). *Blink: The power of thinking without thinking.* New York: Little, Brown.

Glaser, J., Dixit, J., & Green, D. P. (2002). Studying hate crime with the internet: What makes racists advocate racial violence? *Journal of Social Issues, 58*, 177–193.

Glaser, J., & Salovey, P. (1998). Affect in electoral politics. *Personality and Social Psychology Review, 2*, 156–172.

Glass, A. L., & Holyoak, K. J. (1986). *Cognition* (2nd edn). New York: Random House.

Glassman, N. S., & Andersen, S. M. (1999). Activating transference without consciousness: Using significant-other representations to go beyond what is subliminally given. *Journal of Personality and Social Psychology, 77*, 1146–1162.

Gleicher, F. H., Kost, K. A., Baker, S. M., Strathman, A. J., Richman, S. A., & Sherman, S. J. (1990). The role of counterfactual thinking in judgments of affect. *Personality and Social Psychology Bulletin, 16*, 284–295.

Glick, P., Diebold, J., Bailey-Werner, B., & Zhu, L. (1997). The two faces of Adam: Ambivalent sexism and polarized attitudes toward women. *Personality and Social Psychology Bulletin, 23*, 1323–1334.

Glick, P., & Fiske, S. T. (1996). The Ambivalent Sexism Inventory: Differentiating hostile and benevolent sexism. *Journal of Personality and Social Psychology, 70*, 491–512.

Glick, P., & Fiske, S. T. (2001). Ambivalent sexism. In M. P. Zanna (Ed.), *Advances in experimental social psychology* (Vol. 33, pp. 115–188). San Diego, CA: Academic Press.

Glick, P., Fiske, S. T., Mladinic, A., Saiz, J. L., Abrams, D., Masser, B., et al. (2000). Beyond prejudice as simple antipathy: Hostile and benevolent sexism across cultures. *Journal of Personality and Social Psychology, 79*, 763–775.

Glick, P., Lameriras, M., Fiske, S. T., Eckes, T., Masser, B., Volpato, C., et al. (2004). Bad but bold: Ambivalent attitudes toward men predict gender inequality in 16 nations. *Journal of Personality and Social Psychology, 86,* 713–728.

Glick, P., Wilk, K., & Perrault, M. (1995). Images of occupations: Components of gender and status in occupational stereotypes. *Sex Roles, 32,* 9–10.

Glimcher, P. D. (2003). *Decisions, uncertainty, and the brain: The science of neuroeconomics.* Cambridge, MA: MIT Press.

Glimcher, P. W., & Rustichini, A. (2004). Neuroeconomics: The consilience of brain and decision. *Science, 306,* 447–452.

Goethals, G. R. (1976). An attributional analysis of some social influence phenomena. In J. H. Harvey, W. J. Ickes, & R. F. Kidd (Eds.), *New directions in attribution research* (Vol. 1, pp. 291–310). Hillsdale, NJ: Erlbaum.

Goethals, G. R., & Reckman, R. F. (1973). The perception of consistency in attitudes. *Journal of Experimental Social Psychology, 9,* 491–501.

Goethals, G. R., & Zanna, M. P. (1979). The role of social comparison in choice shifts. *Journal of Personality and Social Psychology, 37,* 1469–1476.

Goff, P. A., Steele, C. M., & Davies, P. G. (2008). The space between us: Stereotype threat and distance in interracial contexts. *Journal of Personality and Social Psychology, 94(1),* 91–107.

Goffman, E. (1963). *Stigma: Notes on the management of spoiled identity.* New York: Prentice-Hall.

Golby, A. J., Gabrieli, J. D. E., Chiao, J. Y., & Eberhardt, J. L. (2001). Differential responses in the fusiform region to same-race and other-race faces. *Nature Neuroscience, 4,* 845–850.

Goldberg, E. (2001). *The executive brain: Frontal lobes and the civilized mind.* New York: Oxford University Press.

Goldberg, L. R. (1968). Simple models or simple processes? Some research on clinical judgments. *American Psychologist, 23,* 483–496.

Goldberg, L. R. (1970). Man versus model of man: A rationale, plus some evidence, for a method of improving on clinical inferences. *Psychological Bulletin, 73,* 422–432.

Goldberg, L. R. (1986). The validity of rating procedures to index the hierarchical level of categories. *Journal of Memory and Language, 25,* 323–347.

Gollwitzer, P. M. (1990). *Action phases and mindsets.* New York: Guilford Press.

Gollwitzer, P. M., Earle, W. B., & Stephan, W. G. (1982). Affect as a determinant of egotism: Residual excitation and performance attributions. *Journal of Personality and Social Psychology, 43,* 702–709.

Gollwitzer, P. M., & Sheeran, P. (2006). Implementation intentions and goal achievement: A meta-analysis of effects and processes. In M. P. Zanna (Ed.), *Advances in experimental psychology* (Vol. 38, pp. 69–119). San Diego, CA: Academic Press.

Gónzales, P. M., Blanton, H., & Williams, K. J. (2002). The effects of stereotype threat and double-minority status on the test performance of Latino women. *Personality and Social Psychology Bulletin, 28,* 659–670.

Gosling, S. D., Ko, S. J., Mannarelli, T., & Morris, M. E. (2002). A room with a cue: Judgments of personality based on offices and bedrooms. *Journal of Personality and Social Psychology, 82,* 379–398.

Graham, S., & Lowery, B. S. (2004) Priming unconscious racial stereotypes about adolescent offenders. *Law and Human Behavior, 28,* 483–504.

Graham, S., & Weiner, B. (1986). From an attributional theory of emotion to developmental psychology: A round-trip ticket? *Social Cognition, 4,* 152–179.

Granberg, D., & Brent, E. (1980). Perceptions of issue positions of presidential candidates. *American Scientist, 68,* 617–625.

Graves, J. (2001). *The emperor's new clothes: Biological theories of race at the millennium.* New Brunswick, NJ: Rutgers University Press.

Gray, J. A. (1990). Brain systems that mediate both emotion and cognition. *Cognition and Emotion, 4,* 269–288.

Graziano, W. G., Moore, J. S., & Collins, J. E., II. (1988). Social cognition as segmentation of the stream of behavior. *Developmental Psychology, 24,* 568–573.

Greaves, G. (1972). Conceptual system functioning and selective recall of information. *Journal of Personality and Social Psychology, 21,* 327–332.

Green, D. P., Glaser, J., & Rich, A. (1998). From lynching to gay bashing: The elusive connection between economic conditions and hate crime. *Journal of Personality and Social Psychology, 75,* 82–92.

Green, D. P., Salovey, P., & Truax, K. M. (1999). Static, dynamic, and causative bipolarity of affect. *Journal of Personality and Social Psychology, 76,* 856–867.

Green, D. P., Strolovitch, D. Z., & Wong, J. S. (1998). Defended neighborhoods, integration, and racially motivated crime. *American Journal of Sociology, 104,* 372–403.

Greenberg, J., Arndt, J., Schimel, J., Pyszczynski, T., & Solomon, S. (2001). Clarifying the function of mortality salience-induced worldview defense: Renewed suppression or reduced accessibility of death-related thoughts? *Journal of Experimental Social Psychology, 37,* 70–76.

Greenberg, J., Porteus, J., Simon, L., Pyszczynski, T., & Solomon, S. (1995). Evidence of a terror management function of cultural icons: The effects of mortality salience on the inappropriate use of cherished cultural symbols. *Personality and Social Psychology Bulletin, 21,* 1221–1228.

Greenberg, J., & Pyszczynski, T. (1985). The effects of an overheard ethnic slur on evaluations of the target: How to spread a social disease. *Journal of Experimental Social Psychology, 21,* 61–72.

Greenberg, J., Pyszczynski, T., & Solomon, S. (1986). The causes and consequences of a need for self-esteem: A terror management theory. In R. F. Baumeister (Ed.), *Public self and private self* (pp. 189–212). New York: Springer-Verlag.

Greenberg, J., Pyszczynski, T., Solomon, S., Rosenblatt, A., Veeder, M., Kirkland, S., & Lyon, D. (1990). Evidence for terror management theory II: The effects of mortality salience on reactions to those who threaten or bolster the cultural worldview. *Journal of Personality and Social Psychology, 58,* 308–318.

Greenberg, J., Schimel, J., & Meertens, A. (2002). Ageism: Denying the face of the future. In T. D. Nelson (Ed.), *Ageism: Stereotyping and prejudice against older persons* (pp. 27–48). Cambridge, MA: MIT Press.

Greenberg, J., Simon, L., Pyszczynski, T., Solomon, S., & Chatel, D. (1992). Terror management and tolerance: Does mortality salience always intensify negative reactions to others who threaten one's worldview? *Journal of Personality and Social Psychology, 63,* 212–220.

Greenberg, J., Solomon, S., & Pyszczynski, T. (1997). Terror management theory of self-esteem and cultural worldviews: Empirical assessments and conceptual refinements. In M. P. Zanna (Ed.), *Advances in experimental social psychology* (Vol. 29, pp. 61–139). San Diego, CA: Academic Press.

Greenberg, J., Williams, K. D., & O'Brien, M. K. (1986). Considering the harshest verdict first: Biasing effects on mock juror verdicts. *Personality and Social Psychology Bulletin, 12,* 41–50.

Greene, J. D., Somerville, R. B., Nystrom, L. E., Darley, J. M., & Cohen, J. D. (2001). An fMRI investigation of emotional engagement in moral judgment. *Science, 293,* 2105–2108.

Greenwald, A. G. (1968). Cognitive learning, cognitive response to persuasion and attitude change. In A. G. Greenwald, T. C. Brock, & T. M. Ostrom (Eds.), *Psychological foundations of attitudes* (pp. 147–170). New York: Academic Press.

Greenwald, A. G. (1975). Consequences of prejudice against the null hypothesis. *Psychological Bulletin, 82,* 1–20.

Greenwald, A. G. (1989). Why attitudes are important: Defining attitude and attitude theory 20 years later. In A. R. Pratkanis, S. J. Breckler, & A. G. Greenwald (Eds.), *Attitudes structure and function* (pp. 429–440). Hillsdale, NJ: Erlbaum.

Greenwald, A. G., Banaji, M. R., Rudman, L. A., Farnham, S. D., Nosek, B. A., & Mellott, D. S. (2002). A unified theory of implicit attitudes, stereotypes, self-esteem, and self-concept. *Psychological Review, 109,* 3–25.

Greenwald, A. G., Klinger, M. R., & Liu, T. J. (1989). Unconscious processing of dichotically masked words. *Memory and Cognition, 17,* 35–47.

Greenwald, A. G., & Leavitt, C. (1984). Audience involvement in advertising: Four levels. *Journal of Consumer Research, 11,* 581–592.

Greenwald, A. G., McGhee, D. E., & Schwartz, J. L. K. (1998). Measuring individual differences in implicit cognition: The implicit association test. *Journal of Personality and Social Psychology Bulletin, 74,* 1464–1480.

Greenwald, A. G., Poehlman, T. A., Uhlmann, E., & Banaji, M. R. (2009). Understanding and using the Implicit Association Test: III. Meta-analysis of predictive validity. *Journal of Personality and Social Psychology, 97*, 17–41.

Grice, H. P. (1975). Logic and conversation. In P. Cole & J. L. Morgan (Eds.), *Syntax and semantics 3: Speech acts* (pp. 95–113). New York: Academic Press.

Griffiths, T. L., & Tenenbaum, J. B. (2006). Optimal predictions in everyday cognition. *Psychological Science, 17,* 767–773.

Grill-Spector, K., & Kanwisher, N. (2005). Visual recognition: As soon as you know it is there, you know what it is. *Psychological Science, 16,* 152–160.

Groom, C. J., Sherman, J. W., Lu, L., Conrey, F. R., & Keijzer, S. C. (2005). Judging compound social categories: Compound familiarity and compatibility as determinants of processing mode. *Social Cognition, 23,* 291–323.

Grush, J. E. (1976). Attitude formation and mere exposure phenomena: A nonartificial explanation of empirical findings. *Journal of Personality and Social Psychology, 33,* 281–290.

Guadagno, R. E., Rhoads, K. v. L., & Sagarin, B. J. (2011). Figural vividness and persuasion: Capturing the "elusive" vividness effect. *Personality and Social Psychology Bulletin, 37(5),* 626–638.

Gueguen, N., & DeGail, M. (2003). The effect of smiling on helping behavior: Smiling and good Samaritan behavior. *Communication Report, 16,* 133–140.

Guimond, S., Chatard, A., Martinot, D., Crisp, R. J., & Redersdorff, S. (2006). Social comparison, self-stereotyping, and gender differences in self-construals. *Journal of Personality and Social Psychology, 90,* 221–242.

Guimond, S., Dambrun, M., Michinov, N., & Duarte, S. (2003). Does social dominance generate prejudice? Integrating individual and contextual determinants of intergroup cognitions. *Journal of Personality and Social Psychology, 84,* 697–721.

Guinote, A. (2001). The perception of group variability in a non-minority and a minority context: When adaptation leads to out-group differentiation. *British Journal of Social Psychology, 40,* 117–132.

Guinote, A. (2007). Power and goal pursuit. *Personality and Social Psychology Bulletin, 33(8),* 1076-1087.

Haddock, G., & Zanna, M. P. (1994). Preferring "housewives" to "feminists": Categorization and the favorability of attitudes toward women. *Psychology of Women Quarterly, 18,* 25–52.

Haddock, G., Zanna, M. P., & Esses, V. M. (1993). Assessing the structure of prejudicial attitudes: The case of attitudes toward homosexuals. *Journal of Personality and Social Psychology, 65,* 1105–1118.

Hager, J. C., & Ekman, P. (1981). Methodological problems in Tourangeau and Ellsworth's study of facial expression and experience of emotion. *Journal of Personality and Social Psychology, 40,* 358–362.

Haidt, J. (2001). The emotional dog and its rational tail: A social intuitionist approach to moral judgment. *Psychological Review, 108,* 814–834.

Haidt, J., & Hersh, M. A. (2001). Sexual morality: The cultures and emotions of conservatives and liberals. *Journal of Applied Social Psychology, 31,* 191–221.

Haidt, J., Koller, S. H., & Dias, M. G. (1993). Affect, culture, and morality, or is it wrong to eat your dog? *Journal of Personality and Social Psychology, 65,* 613–628.

Haidt, J., McCauley, C. & Rozin, P. (1994). Individual differences in sensitivity to disgust: A scale sampling seven domains of disgust elicitors. *Personality and Individual Differences, 16,* 701–713.

Haines, E. L., & Jost, J. T. (2000). Placating the powerless: Effects of legitimate and illegitimate explanation on affect, memory, and stereotyping. *Social Justice Research, 13,* 219–236.

Halloran, M. J., & Kashima, E. S. (2004). Social identity and worldview validation: The effects of ingroup identity primes and mortality salience on value endorsement. *Personality and Social Psychology Bulletin, 30,* 915–925.

Hamill, R., Wilson, T. D., & Nisbett, R. E. (1980). Insensitivity to sample bias: Generalizing from atypical cases. *Journal of Personality and Social Psychology, 39,* 578–589.

Hamilton, D. L. (1979). A cognitive-attributional analysis of stereotyping. In L. Berkowitz (Ed.), *Advances in experimental social psychology* (Vol. 12, pp. 53–84). New York: Academic Press.

Hamilton, D. L., Driscoll, D. M., & Worth, L. T. (1989). Cognitive organization of impressions: Effects of incongruency in complex representations. *Journal of Personality and Social Psychology, 57,* 925–939.

Hamilton, D. L., Dugan, P. M., & Trolier, T. K. (1985). The formation of stereotypic beliefs: Further evidence for distinctiveness-based illusory correlations. *Journal of Personality and Social Psychology, 48,* 5–17.
Hamilton, D. L., & Gifford, R. K. (1976). Illusory correlation in interpersonal perception: A cognitive basis of stereotypic judgments. *Journal of Experimental Social Psychology, 12,* 392–407.
Hamilton, D. L., & Rose, T. L. (1980). Illusory correlation and the maintenance of stereotypic beliefs. *Journal of Personality and Social Psychology, 39,* 832–845.
Hamilton, V., Bower, G. H., & Frijda, N. H. (Eds.). (1988). *Cognitive perspectives on emotion and motivation.* Norwood, MA: Kluwer Academic.
Hampson, S. E., & Dawson, W. J. M. (1985). Whatever happened to Pollyanna? The effects of evaluative congruence on speed of trait inference. *Personality and Social Psychology Bulletin, 11,* 106–117.
Hampson, S. E., Goldberg, L. R., & John, O. P. (1987). Category-breadth and social-desirability values for 573 personality terms. *European Journal of Personality, 1,* 241–258.
Hampson, S. E., John, O. P., & Goldberg, L. R. (1986). Category breadth and hierarchical structure in personality: Studies of asymmetries in judgments of trait implications. *Journal of Personality and Social Psychology, 51,* 37–54.
Hansen, C. H., & Hansen, R. D. (1988a). Finding the face in the crowd: An anger superiority effect. *Journal of Personality and Social Psychology, 54,* 917–924.
Hansen, C. H., & Hansen, R. D. (1988b). How rock music videos can change what is seen when boy meets girl: Priming stereotypic appraisal of social interactions. *Sex Roles, 19,* 287–316.
Hansen, J., & Wänke, M. (2010). Truth from language and truth from fit: The impact of linguistic concreteness and level of construal on subjective truth. *Personality and Social Psychology Bulletin, 36(11),* 1576–1588.
Harkins, S. G., & Petty, R. E. (1981). Effects of source magnification of cognitive effort on attitudes: An information-processing view. *Journal of Personality and Social Psychology, 40,* 401–413.
Harkness, A. R., DeBono, K. G., & Borgida, E. (1985). Personal involvement and strategies for making contingency judgments: A stake in the dating game makes a difference. *Journal of Personality and Social Psychology, 49,* 22–32.
Harmon-Jones, E., Lueck, L., Fearn, M., & Harmon-Jones, C. (2006). The effect of personal relevance and approach-related action expectation on relative left frontal cortical activity. *Psychological Science, 17,* 434–440.
Harris, L. T., & Fiske, S. T. (2006). Dehumanizing the lowest of the low: Neuro-imaging responses to extreme outgroups. *Psychological Science, 17,* 847–853.
Harris, L. T., McClure, S. M., van den Bos, W., Cohen, J. D., & Fiske, S. T. (2007). Regions of MPFC differentially tuned to social and non-social affective evaluation. *Cognitive and Behavioral Neuroscience, 7,* 309–316.
Harris, L. T., Todorov, A., & Fiske, S. T. (2005). Attributions on the brain: Neuro-imaging dispositional inferences, beyond theory of mind. *NeuroImage, 28,* 763–769.
Harris, R. J., Teske, R. R., & Ginns, M. J. (1975). Memory for pragmatic implications from courtroom testimony. *Bulletin of the Psychonomic Society, 6,* 494–496.
Harrison, A. A. (1977). Mere exposure. In L. Berkowitz (Ed.), *Advances in experimental social psychology* (Vol. 10, pp. 39–83). New York: Academic Press.
Hart, A. J., Whalen, P. J., Shin, L. M., McInerney, S. C., Fischer, H., & Rauch, S. L. (2000). Differential response in the human amygdala to racial outgroup vs. ingroup face stimuli. *Neuroreport: For Rapid Communication of Neuroscience Research, 11,* 2351–2355.
Hartley, D. (1966). *Observations on man, his frame, his duty, and his expectations.* Delmar, NY: Scholastic Facsimiles. (Originally published 1749.)
Harvey, J. H., Yarkin, K. L., Lightner, J. M., & Town, J. P. (1980). Unsolicited interpretation and recall of interpersonal events. *Journal of Personality and Social Psychology, 38,* 551–568.
Hasher, L., Rose, K. C., Zacks, R. T., Sanft, H., & Doren, B. (1985). Mood, recall, and selectivity effects in normal college students. *Journal of Experimental Psychology: General, 114,* 104–118.
Haslam, N. (2006). Dehumanization: An integrative review. *Personality and Social Psychology Review, 10,* 252–264.

Haslam, N., Bain, P., Douge, L., Lee, M., & Bastian, B. (2005). More human than you: Attributing humanness to self and others. *Journal of Personality and Social Psychology, 89*, 937–950.

Hastie, R. (1988a). Causes and effects of causal attribution. *Journal of Personality and Social Psychology, 46*, 44–56.

Hastie, R. (1988b). A computer simulation model of person memory. *Journal of Experimental Social Psychology, 24*, 423–447.

Hastie, R., & Dawes, R. M. (2001). *Rational choice in an uncertain world: The psychology of judgment and decision making.* Thousand Oaks, CA: Sage.

Hastie, R., & Park, B. (1986). The relationship between memory and judgment depends on whether the judgment task is memory-based or on-line. *Psychological Review, 93*, 258–268.

Hastorf, A. H., & Cantril, H. (1954). They saw a game: A case study. *Journal of Abnormal and Social Psychology, 49*, 129–134.

Hawkley, L. C., Burleson, M. H., Berntson, G. G., & Cacioppo, J. T. (2003). Loneliness in everyday life: Cardiovascular activity, psychosocial context, and health behaviors. *Journal of Personality and Social Psychology, 85*, 105–120.

Haxby, J. V., Gobbini, M. I., & Montgomery, K. J. (2004). Spatial and temporal distribution of face and object representations in the human brain. In M. S. Gazzaniga (Ed.), *The cognitive neurosciences* (3rd edn, pp. 889–904). Cambridge, MA: MIT Press.

Haxby, J. V., Hoffman, E. A., & Gobbini, M. I. (2000). The distributed human neural system for face perception. *Trends in Cognitive Science, 4*, 223–233.

Hayes-Roth, B., & Hayes-Roth, F. (1977). Concept learning and the recognition and classification of exemplars. *Journal of Verbal Learning and Verbal Behavior, 16*, 321–338.

Heatherton, T. F., Macrae, C. N., & Kelley, W. M. (2004). What the social brain sciences can tell us about the self. *Current Directions in Psychological Science, 13*, 190–193.

Heatherton, T. F., & Vohs, K. D. (2000). Interpersonal evaluations following threats to self: Role of self-esteem. *Journal of Personality and Social Psychology, 78*, 726–736.

Heatherton, T. F., Wyland, C. L., Macrae, C. N., Demos, K. E., Denny, B. T., & Kelley, W. M. (2006). Medial prefrontal activity differentiates self from close others. *Social Cognitive and Affective Neuroscience, 1*, 18–25.

Hebl, M. R., & Dovidio, J. F. (2005). Promoting the "social" in the examination of social stigmas. *Personality and Social Psychology Review, 9*, 156–182.

Heckhausen, H., & Gollwitzer, P. M. (1987). Thought contents and cognitive functioning in motivational versus volitional states of mind. *Motivation and Emotion, 11*, 101–120.

Hegarty, P. (2002). "It's not a choice, it's the way we're built": Symbolic beliefs about sexual orientation in the US and Britain. *Journal of Community and Applied Social Psychology, 12(3)*, 153–166.

Heider, F. (1958). *The psychology of interpersonal relations.* New York: Wiley.

Heilman, M. E. (1980). The impact of situational factors on personnel decisions concerning women: Varying the sex composition of the applicant pool. *Organizational Behavior and Human Performance, 26*, 386–395.

Heine, S. J., Kitayama, S., Lehman, D. R., Takata, T., Ide, E., Leung, C., et al. (2001). Divergent consequences of success and failure in Japan and North America: An investigation of self-improving motivations and malleable selves. *Journal of Personality and Social Psychology, 81*, 599–615.

Heine, S. J., & Lehman, D. R. (1997). Culture, dissonance, and self-affirmation. *Personality and Social Psychology Bulletin, 23*, 389–400.

Heine, S. J., & Renshaw, K. (2002). Interjudge agreement, self-enhancement, and liking: Cross-cultural divergences. *Personality and Social Psychology Bulletin, 28*, 578–587.

Heine, S. J., Takata, T., & Lehman, D. R. (2000). Beyond self-presentation: Evidence for self-criticism among Japanese. *Personality and Social Psychology Bulletin, 26*, 71–78.

Henderson, M. D., Fujita, K., Trope, Y., & Liberman, N. (2006). Transcending the "here": The effect of spatial distance on social judgment. *Journal of Personality and Social Psychology, 91*, 845–856.

Henderson, M. D., & Wakslak, C. J. (2010). Over the hills and far away: The link between physical distance and abstraction. *Current Directions in Psychological Science, 19(6),* 390–394.

Hennessey, J., & West, M. A. (1999). Intergroup behavior in organizations: A field test of social identity theory. *Small Group Research, 30,* 361–382.

Hennigan, K. M., Cook, T. D., & Gruder, C. L. (1982). Cognitive tuning set, source credibility, and the temporal persistence of attitude change. *Journal of Personality and Social Psychology, 42,* 412–425.

Henrich, J., Heine, S. J., & Norenzayan, A. (2010). The weirdest people in the world? *Behavioral and Brain Sciences, 33(2–3),* 61–83.

Herek, G. M. (1986). The instrumentality of ideologies: Toward a neofunctional theory of attitudes. *Journal of Social Issues, 42,* 99–114.

Herek, G. M. (2000). The psychology of sexual prejudice. *Current Directions in Psychological Science, 9,* 19–22.

Herek, G. M. (2002). Gender gaps in public opinion about lesbians and gay men. *Public Opinion Quarterly, 66,* 40–66.

Herek, G. M., & Capitanio, J. P. (1997). AIDS stigma and contact with persons with AIDS: Effects of direct and vicarious contact. *Journal of Applied Social Psychology, 27,* 1–36.

Herek, G. M., & Capitanio, J. P. (1999). Sex differences in how heterosexuals think about lesbians and gay men: Evidence from survey context effects. *Journal of Sex Research, 36,* 348–360.

Herek, G. M., Gillis, J. R., & Cogan, J. C. (1999). Psychological sequelae of hate-crime victimization among lesbian, gay, and bisexual adults. *Journal of Consulting and Clinical Psychology, 67,* 945–951.

Herek, G. M., & McLemore, K. (2013). Sexual prejudice. *Annual Review of Psychology.*

Herr, P. M. (1986). Consequences of priming: Judgment and behavior. *Journal of Personality and Social Psychology, 51,* 1106–1115.

Herr, P. M., Sherman, S. J., & Fazio, R. H. (1983). On the consequences of priming: Assimilation and contrast effects. *Journal of Experimental Social Psychology, 19,* 323–340.

Hewstone, M. (1990). The "ultimate attribution error"? A review of the literature on intergroup causal attribution. *European Journal of Social Psychology, 20,* 311–335.

Hewstone, M., Benn, W., & Wilson, A. (1988). Bias in the use of base rates: Racial prejudice in decision-making. *European Journal of Social Psychology, 18,* 161–176.

Hewstone, M., & Jaspers, J. (1987). Covariation and causal attribution: A logical model of the intuitive analysis of variance. *Journal of Personality and Social Psychology, 53,* 663–672.

Hewstone, M., Rubin, M., & Willis, H. (2002). Intergroup bias. *Annual Review of Psychology, 53,* 575–604.

Higgins, E. T. (1987). Self-discrepancy: A theory relating self and affect. *Psychological Review, 94,* 319–340.

Higgins, E. T. (1989). Self-discrepancy theory: What patterns of self-beliefs cause people to suffer? In L. Berkowitz (Ed.), *Advances in experimental social psychology* (pp. 93–136). San Diego: Academic Press.

Higgins, E. T. (1996). Knowledge activation: Accessibility, applicability, and salience. In E. T. Higgins & A. W. Kruglanski (Eds.), *Social psychology: Handbook of basic principles* (pp. 133–168). New York: Guilford Press.

Higgins, E. T. (2005). Value from regulatory fit. *Current Directions in Psychological Science, 14,* 209–213.

Higgins, E. T., & Bargh, J. A. (1987). Social cognition and social perception. *Annual Review of Psychology, 38,* 369–425.

Higgins, E. T., Bargh, J. A., & Lombardi, W. J. (1985). The nature of priming effects on categorization. *Journal of Experimental Psychology: Learning, Memory, and Cognition, 11,* 59–69.

Higgins, E. T., Bond, R. N., Klein, R., & Strauman, T. J. (1986). Self-discrepancies and emotional vulnerability: How magnitude, accessibility, and type of discrepancy influence affect. *Journal of Personality and Social Psychology, 51,* 5–15.

Higgins, E. T., & Chaires, W. M. (1980). Accessibility of interrelational constructs: Implications for stimulus encoding and creativity. *Journal of Experimental Social Psychology, 16,* 348–361.

Higgins, E. T., Idson, L. C., Freitas, A. L., Spiegel, C., & Molden, D. C. (2003). Transfer of value from fit. *Journal of Personality and Social Psychology, 84,* 1140–1153.

Higgins, E. T., & King, G. A. (1981). Accessibility of social constructs: Information-processing consequences of individual and contextual variability. In N. Cantor & J. F. Kihlstrom (Eds.), *Personality, cognition, and social interaction* (pp. 69–122). Hillsdale, NJ: Erlbaum.

Higgins, E. T., King, G. A., & Mavin, G. H. (1982). Individual construct accessibility and subjective impressions and recall. *Journal of Personality and Social Psychology, 43*, 35–47.

Higgins, E. T., Klein, R., & Strauman, T. J. (1985). Self-concept discrepancy theory: A psychological model for distinguishing among different aspects of depression and anxiety. *Social Cognition, 3*, 51–76.

Higgins, E. T., Kuiper, N. A., & Olson, J. M. (1981). Social cognition: A need to get personal. In E. T. Higgins, C. P. Herman, & M. P. Zanna (Eds.), *Social cognition: The Ontario Symposium* (Vol. 1, pp. 395–420). Hillsdale, NJ: Erlbaum.

Higgins, E. T., Rholes, W. S., & Jones, C. R. (1977). Category accessibility and impression formation. *Journal of Experimental Social Psychology, 13*, 141–154.

Higgins, E. T., Shah, J. Y., & Friedman, R. S. (1997). Emotional responses to goal attainment: Strength of regulatory focus as moderator. *Journal of Personality and Social Psychology, 72*, 515–525.

Highhouse, S., & Paese, P. W. (1996). Problem domain and prospect frame: Choice under opportunity versus threat. *Personality and Social Psychology Bulletin, 22*, 124–132.

Hilton, D. J., & Slugoski, B. R. (1986). Knowledge-based causal attribution: The abnormal conditions focus model. *Psychological Review, 93*, 75–88.

Hilton, J. L., & Darley, J. M. (1985). Constructing other persons: A limit on the effect. *Journal of Experimental Social Psychology, 21*, 1–18.

Hing, L. S., Li, W., & Zanna, M. P. (2002). Inducing hypocrisy to reduce prejudicial responses among aversive racists. *Journal of Experimental Social Psychology, 38*, 71–78.

Hinsz, V. B., & Davis, J. H. (1984). Persuasive arguments theory, group polarization, and choice shifts. *Personality and Social Psychology Bulletin, 10*, 260–268.

Hirschberger, G. (2006). Terror management and attributions of blame to innocent victims: Reconciling compassionate and defensive responses. *Journal of Personality and Social Psychology, 91*, 832–844.

Hirschfeld, L. (1996). *Race in the making*. Cambridge, MA: MIT Press.

Hirst, W., & Echterhoff, G. (2012). Remembering in conversations: The social sharing and reshaping of memories. *Annual Review of Psychology, 63*, 55–79.

Hoffman, E. A., & Haxby, J. V. (2000). Distinct representations of eye gaze and identity in the distributed human neural system for face perception. *Nature Neuroscience, 3*, 80–84.

Hofmann, W., Gawronski, B., Gschwendner, T., Le, H., & Schmitt, M. (2005). A meta-analysis on the correlation between the implicit association test and explicit self-report measures. *Personality and Social Psychology Bulletin, 31*, 1369–1385.

Hogg, M. A. (1992). *The social psychology of group cohesiveness: From attraction to social identity*. London: Harvester Wheatsheaf.

Hogg, M. A. (1993). Group cohesiveness: A critical review and some new directions. *European Review of Social Psychology, 4*, 85–111.

Hogg, M. A. (2001). A social identity theory of leadership. *Personality and Social Psychology Review, 5*(3), 184–200.

Hogg, M. A., & Abrams, D. (2003). Intergroup behavior and social identity. In M. A. Hogg & J. Cooper (Eds.), *The Sage handbook of social psychology* (pp. 407–431). Thousand Oaks, CA: Sage.

Hogg, M. A., Turner, J. C., & Davidson, B. (1990). Polarized norms and social frames of reference: A test of the self-categorization theory of group polarization. *Basic and Applied Social Psychology, 11*, 77–100.

Holbrook, A. L., Berent, M. K., Krosnick, J. A., Visser, P. S., & Boninger, D. S. (2005). Attitude importance and the accumulation of attitude-relevant knowledge in memory. *Journal of Personality and Social Psychology, 88*, 749–769.

Holloway, S., Tucker, L., & Hornstein, H. A. (1977). The effects of social and nonsocial information on interpersonal behavior of males: The news makes news. *Journal of Personality and Social Psychology, 35*, 514–522.

Holmes, D. S. (1978). Projection as a defense mechanism. *Psychological Bulletin, 69,* 248–268.
Holyoak, K. J., & Gordon, P. C. (1984). Information processing and social cognition. In R. S. Wyer Jr. & T. K. Srull (Eds.), *Handbook of social cognition* (Vol. 1, pp. 39–70). Hillsdale, NJ: Erlbaum.
Holmes, D. S. (1978). Projection as a defense mechanism. *Psychological Bulletin, 69,* 248–268.
Homer, P. M., & Kahle, L. R. (1988). A structural equation test of the value–attitude–behavior hierarchy. *Journal of Personality and Social Psychology, 54,* 638–646.
Hood, B. M., Macrae, C. N., Cole-Davies, V., & Dias, M. (2003). Eye remember you: The effects of gaze direction on face recognition in children and adults. *Developmental Science, 6,* 67–71.
Hornsey, M. J., & Jetten, J. (2004). The individual within the group: Balancing the need to belong with the need to be different. *Personality and Social Psychology Review, 8,* 248–264.
Horowitz, L. M., de Sales French, R., & Anderson, C. A. (1982). The prototype of a lonely person. In L. A. Peplau & D. Perlman (Eds.), *Loneliness: A sourcebook of current theory, research and therapy* (pp. 183–205). New York: Wiley.
Hoshino-Browne, E., Zanna, A. S., Spencer, S. J., Zanna, M. P., Kitayama, S., & Lackenbauer, S. (2005). On the cultural guises of cognitive dissonance: The case of the Easterners and Westerners. *Journal of Personality and Social Psychology, 89,* 294–310.
Hostetter, A. B., Alibali, M. W., & Niedenthal, P. M. (2012). Embodied social thought: Linking social concepts, emotion, and gesture. In S. T. Fiske & C. N. Macrae (Eds.), *Sage handbook of social cognition* (pp. 211–228). Thousand Oaks, CA: Sage.
House, J. S., Landis, K. R., & Umberson, D. (1988). Social relationships and health. *Science, 241,* 540–545.
Houston, D. A., & Fazio, R. H. (1989). Biased processing as a function of attitude accessibility: Making objective judgments subjectively. *Social Cognition, 7,* 51–66.
Hovland, C. I., Janis, I. L., & Kelley, H. H. (1953). *Communication and persuasion.* New Haven, CT: Yale University Press.
Hovland, C. I., Lumsdaine, A. A., & Sheffield, F. D. (1949). *Experiments in mass communication.* Princeton, NJ: Princeton University Press.
Hovland, C. I., & Sears, R. R. (1940). Minor studies of aggression: VI. Correlation of lynchings with economic indices. *Journal of Psychology, 9,* 301–310.
Howard-Pitney, B., Borgida, E., & Omoto, A. M. (1986). Personal involvement: An examination of processing differences. *Social Cognition, 4,* 39–57.
Hsu, M., Bhatt, M., Adolphs, R., Tranel, D., & Camerer, C. F. (2005). Neural systems responding to degrees of uncertainty in human decision-making. *Science, 310,* 1680–1683.
Hübner, R., Steinhauser, M., & Lehle, C. (2010). A dual-stage two-phase model of selective attention. *Psychological Review, 117(3),* 759–784.
Huddy, L., & Sears, D. O. (1995). Opposition to bilingual education: Prejudice or the defense of realistic interests? *Social Psychology Quarterly, 58,* 133–145.
Hugenberg, K., & Bodenhausen, G. V. (2003). Facing prejudice: Implicit prejudice and the perception of facial threat. *Psychological Science, 14,* 640–643.
Hume, D. (1978). *A treatise on human nature being an attempt to introduce the experimental method of reasoning into moral subjects.* Fair Lawn, NJ, and Oxford: Oxford University Press. (Originally published 1739.)
Hummert, M. L. (1994). Physiognomic cues to age and the activation of stereotypes of the elderly in interaction. *International Journal of Aging and Human Development, 39,* 5–19.
Hummert, M. L., Garstka, T. A., O'Brien, L. T., Greenwald, A. G., & Mellott, D. S. (2002). Using the implicit association test to measure age differences in implicit social cognitions. *Psychology and Aging, 17,* 482–495.
Hummert, M. L., Garstka, T. A., Shaner, J. L., & Strahm, S. (1994). Stereotypes of the elderly held by young, middle-aged, and elderly adults. *Journals of Gerontology, 49,* 240–249.
Hummert, M. L., Garstka, T. A., Shaner, J. L., & Strahm, S. (1995). Judgments about stereotypes of the elderly: Attitudes, age associations, and typicality ratings of young, middle-aged, and elderly adults. *Research on Aging, 17,* 168–189.

Huskinson, T. L. H., & Haddock, G. (2004). Individual differences in attitude structure: Variance in the chronic reliance on affective and cognitive information. *Journal of Experimental and Social Psychology, 40*, 82–90.

Hyde, J. S. (2005). The gender similarities hypothesis. *American Psychologist, 60*, 581–592.

Hyers, L. L., & Swim, J. K. (1998). A comparison of the experiences of dominant and minority group members during an intergroup encounter. *Group Processes and Intergroup Relations, 1*, 143–163.

Hymes, R. W. (1986). Political attitudes as social categories: A new look at selective memory. *Journal of Personality and Social Psychology, 51*, 233–241.

Iacoboni, M., Lieberman, M. D., Knowlton, B. J., Molnar-Szakacs, I., Moritz, M., Throop, C. J., & Fiske, A. P. (2004). Watching social interactions produces dorsomedial prefrontal and medial parietal BOLD fMRI signal increases compared to a resting baseline. *NeuroImage, 21*, 1167–1173.

Ickes, W. J. (1984). Compositions in Black and White: Determinants of interaction in interracial dyads. *Journal of Personality and Social Psychology, 47*, 230–241.

Ickes, W. J., & Barnes, R. D. (1977). The role of sex and self-monitoring in unstructured dyadic interactions. *Journal of Personality and Social Psychology, 35*, 315–330.

Ickes, W. J., Patterson, M. L., Rajecki, D. W., & Tanford, S. (1982). Behavioral and cognitive consequences of reciprocal versus compensatory responses to preinteraction expectancies. *Social Cognition, 1*, 160–190.

Ickes, W. J., Reidhead, S., & Patterson, M. (1986). Machiavellianism and self-monitoring: As different as "me" and "you." *Social Cognition, 4*, 58–74.

Ickes, W. J., Robertson, E., Tooke, W., & Teng, G. (1986). Naturalistic social cognition: Methodology, assessment, and validation. *Journal of Personality and Social Psychology, 51*, 66–82.

Ickes, W. J., Tooke, W., Stinson, L., Baker, V. L., & Bissonnette, V. (1988). Naturalistic social cognition: Intersubjectivity in same-sex dyads. *Journal of Nonverbal Behavior, 12*, 58–84.

Idson, L. C., & Mischel, W. (2001). The personality of familiar and significant people: The lay perceiver as a social-cognitive theorist. *Journal of Personality and Social Psychology, 80*, 585–596.

IJzerman, H., & Semin, G. R. (2010). Temperature perceptions as a ground for social proximity. *Journal of Experimental Social Psychology, 46(6)*, 867–873.

Ingram, R. E., Smith, T. W., & Brehm, S. S. (1983). Depression and information processing: Self-schemata and the encoding of self-referent information. *Journal of Personality and Social Psychology, 45*, 412–420.

Insko, C. A., & Cialdini, R. B. (1969). A test of three interpretations of attitudinal verbal reinforcement. *Journal of Personality and Social Psychology, 12*, 333–341.

Isaacowitz, D. M. (2005). The gaze of the optimist. *Personality and Social Psychology Bulletin, 31*, 407–415.

Isbell, L. M. (2004). Not all happy people are lazy or stupid: Evidence of systematic processing in happy moods. *Journal of Experimental Social Psychology, 40*, 341–349.

Isen, A. M. (1987). Positive affect, cognitive processes, and social behavior. In L. Berkowitz (Ed.), *Advances in experimental social psychology* (Vol. 20, pp. 203–253). New York: Academic Press.

Isen, A. M., & Daubman, K. A. (1984). The influence of affect on categorization. *Journal of Personality and Social Psychology, 47*, 1206–1217.

Isen, A. M., & Geva, N. (1987). The influence of positive affect on acceptable level of risk: The person with a large canoe has a large worry. *Organizational Behavior and Human Decision Processes, 39*, 145–154.

Isen, A. M., Johnson, M. M. S., Mertz, E., & Robinson, G. F. (1985). The influence of positive affect on the unusualness of word associations. *Journal of Personality and Social Psychology, 48*, 1413–1426.

Isen, A. M., & Means, B. (1983). The influence of positive affect on decision-making strategy. *Social Cognition, 2*, 18–31.

Isen, A. M., & Noonberg, A. (1979). The effects of photographs of the handicapped on donation to charity: When a thousand words may be too much. *Journal of Applied Social Psychology, 9*, 426–431.

Isen, A. M., Nygren, T. E., & Ashby, F. G. (1988). Influence of positive affect on the subjective utility of gains and losses: It is just not worth the risk. *Journal of Personality and Social Psychology, 55*, 710–717.

Isen, A. M., Shalker, T. E., Clark, M. S., & Karp, L. (1978). Affect, accessibility of material in memory and behavior: A cognitive loop? *Journal of Personality and Social Psychology, 36*, 1–12.

Isen, A. M., & Simmonds, S. F. (1978). The effect of feeling good on a helping task that is incompatible with good mood. *Social Psychology, 41,* 346–349.

Isenberg, D. J. (1986). Group polarization: A critical review and meta-analysis. *Journal of Personality and Social Psychology, 50,* 1141–1151.

Ishii, K., Reyes, J. A., & Kitayama, S. (2003). Spontaneous attention to word content versus emotional tone: Differences among three cultures. *Psychological Science, 14,* 39–46.

Ito, T. A., Chiao, K. W., Devine, P. G., Lorig, T. S., & Cacioppo, T. (2006). The influence of facial feedback on race bias. *Psychological Science, 17,* 256–261.

Ito, T. A., Larsen, J. T., Smith, N. K., & Cacioppo, J. T. (1998). Negative information weighs more heavily on the brain: The negativity bias in evaluative categorizations. *Journal of Personality and Social Psychology, 75,* 887–900.

Ito, T. A., Thompson, E., & Cacioppo, J. T. (2004). Tracing the timecourse of social perception: The effects of racial cues on event-related brain potentials. *Personality and Social Psychology Bulletin, 30,* 1–14.

Ito, T. A., & Urland, G. R. (2003). Race and gender on the brain: Electrocortical measures of attention to the race and gender of multiple categorizable individuals. *Journal of Personality and Social Psychology, 85,* 616–626.

Ito, T. A., & Urland, G. R. (2005). The influence of processing objectives on the perception of faces: An ERP study of race and gender perception. *Cognitive Affective and Behavioral Neuroscience, 5(1),* 21–36.

Iyengar, S., & Kinder, D. R. (1987). *News that matters: Television and American opinion.* Chicago: University of Chicago Press.

Iyengar, S. S., & Lepper, M. R. (1999). Rethinking the value of choice: A cultural perspective on intrinsic motivation. *Journal of Personality and Social Psychology, 76,* 349–366.

Iyer, A., Leach, C. W., & Crosby, F. J. (2003). White guilt and racial compensation: The benefits and limits of self-focus. *Personality and Social Psychology Bulletin, 29,* 117–129.

Izard, C. E. (1972). *The face of emotion.* New York: Appleton-Century-Crofts.

Izard, C. E. (1977). *Human emotions.* New York: Plenum Press.

Izard, C. E. (1981). Differential emotions theory and the facial feedback hypothesis of emotion activation: Comments on Tourangeau and Ellsworth's "The role of facial response in the experience of emotion." *Journal of Personality and Social Psychology, 40,* 350–354.

Izard, C. E. (2009). Emotion theory and research: Highlights, unanswered questions, and emerging issues. *Annual Review of Psychology, 60,* 1–25.

Jackman, M. R. (1994). *The velvet glove: Paternalism and conflict in gender, class, and race relations.* Berkeley, CA: University of California Press.

Jacobs, L., Berscheid, E., & Walster, E. (1971). Self-esteem and attraction. *Journal of Personality and Social Psychology, 17,* 84–91.

Jacobsen, T., Schubotz, R. I., Hofel, L., & Cramon, D. Y. (2006). Brain correlates of aesthetic judgment of beauty. *NeuroImage, 29,* 276–285. [Erratum: *32,* 486–487.]

Jacoby, L. L., & Kelley, C. M. (1987). Unconscious influences of memory for a prior event. *Personality and Social Psychology Bulletin, 13,* 314–336.

James, K. (1986). Priming and social categorizational factors: Impact on awareness of emergency situations. *Personality and Social Psychology Bulletin, 12,* 462–467.

James, W. (1907). *Pragmatism.* New York: Longmans-Green.

James, W. (1983). *The principles of psychology.* Cambridge, MA: Harvard University Press. (Originally published 1890.)

Jamieson, D. W., & Zanna, M. P. (1989). Need for structure in attitude formation and expression. In A. R. Pratkanis, S. J. Breckler, & A. G. Greenwald (Eds.), *Attitude structure and function* (pp. 383–406). Hillsdale, NJ: Erlbaum.

Janis, I. L. (1972). *Victims of groupthink.* Boston, MA: Houghton Mifflin.

Janis, I. L. (1989). *Crucial decisions: Leadership in policymaking and crisis management.* New York: Free Press.

Janiszewski, C. (1993). Preattentive mere exposure effects. *Journal of Consumer Research, 20,* 376–392.

Janoff-Bulman, R., Timko, C., & Carli, L. L. (1985). Cognitive biases in blaming the victim. *Journal of Experimental Social Psychology, 21,* 161–177.

Jarvis, W. G. G., & Petty, R. E. (1996). The need to evaluate. *Journal of Personality and Social Psychology, 70,* 172–194.

Jaspers, J. M. F., Hewstone, M., & Fincham, F. D. (1983). Attribution theory and research: The state of the art. In J. Jaspars, D. Fincham, & M. Hewstone (Eds.), *Attribution theory and research: Conceptual, developmental, and social dimensions* (pp. 3–36). London: Academic Press.

Jecker, J. D. (1964). The cognitive effects of conflict and dissonance. In L. Festinger (Ed.), *Conflict, decision, and dissonance.* Stanford, CA: Stanford University Press.

Jennings, D., Amabile, T. M., & Ross, L. D. (1982). Informal covariation assessment: Data-based vs. theory-based judgments. In A. Tversky, D. Kahneman, & P. Slovic (Eds.), *Judgment under uncertainty: Heuristics and biases* (pp. 211–230). New York: Cambridge University Press.

Jervis, R. (1976). *Perception and misperception in international politics.* Princeton, NJ: Princeton University Press.

Jetten, J., Spears, R., & Manstead, A. S. R. (1998). Defining dimensions of distinctiveness: Group variability makes a difference to differentiation. *Journal of Personality and Social Psychology, 74,* 1481–1492.

Johns, M., Schmader, T., & Martens, A. (2005). Knowing is half the battle: Teaching stereotype threat as a means of improving women's math performance. *Psychological Science, 16,* 175–179.

Johnson, B. T., & Eagly, A. H. (1989). The effects of involvement on persuasion: A meta-analysis. *Psychological Bulletin, 106,* 290–314.

Johnson, B. T., & Eagly, A. H. (1990). Involvement and persuasion: Types, traditions, and the evidence. *Psychological Bulletin, 107,* 375–384.

Johnson, E. J., & Tversky, A. (1983). Affect generalization and the perception of risk. *Journal of Personality and Social Psychology, 45,* 20–31.

Johnson, M. H., & Magaro, P. A. (1987). Effects of mood and severity on memory processes in depression and mania. *Psychological Bulletin, 101,* 28–40.

Johnson, M. K., Raye, C. L., Mitchell, K. J., Touryan, S. R., Greene, E. J., & Nolen-Hoeksema, S. (2006). Dissociating medial frontal and posterior cingulate activity during self-reflection. *Social Cognitive and Affective Neuroscience, 1,* 56–64.

Jolly, E. J., & Reardon, R. (1985). Cognitive differentiation, automaticity, and interruptions of automatized behaviors. *Personality and Social Psychology Bulletin, 11,* 301–314.

Jonas, E., Greenberg, J., & Frey, D. (2003). Connecting terror management and dissonance theory: Evidence that mortality salience increases the preference for supporting information after decisions. *Personality and Social Psychology Bulletin, 29,* 1181–1189.

Jonas, E., Schulz-Hardt, S., Frey, D., & Thelen, N. (2001). Confirmation bias in sequential information search after preliminary decisions: An expansion of dissonance theoretical research on selective exposure to information. *Journal of Personality and Social Psychology, 80,* 557–571.

Jones, E. E. (1990). *Interpersonal perception.* New York: Freeman.

Jones, E. E., & Davis, K. E. (1965). From acts to dispositions: The attribution process in person perception. In L. Berkowitz (Ed.), *Advances in experimental social psychology* (Vol. 2, pp. 220–266). New York: Academic Press.

Jones, E. E., & Goethals, G. R. (1972). Order effects in impression formation: Attribution context and the nature of the entity. In E. E. Jones, D. E. Kanouse, H. H. Kelley, R. E. Nisbett, S. Valins, & B. Weiner (Eds.), *Attribution: Perceiving the causes of behavior* (pp. 27–46). Morristown, NJ: General Learning Press.

Jones E. E., & Harris, V. A. (1967). The attribution of attitudes. *Journal of Experimental Social Psychology, 3,* 1–24.

Jones E. E., & McGillis, D. (1976). Correspondent inferences and the attribution cube: A comparative reappraisal. In J. H. Harvey, W. J. Ickes, & R. F. Kidd (Eds.), *New directions in attribution research* (Vol. 1, pp. 389–420). Hillsdale, NJ: Erlbaum.

Jones, E. E., & Nisbett, R. E. (1972). The actor and the observer: Divergent perceptions of the causes of behavior. In E. E. Jones, D. E. Kanouse, H. H. Kelley, R. E. Nisbett, S. Valins, & B. Weiner (Eds.), *Attribution: Perceiving the causes of behavior* (pp. 79–94). Morristown, NJ: General Learning Press.

Jones, E. E., & Pittman, T. S. (1982). Toward a general theory of strategic self-presentation. In J. Suls (Ed.), *Psychological perspectives on the self* (pp. 231–262). Hillsdale, NJ: Erlbaum.

Jones, J. M. (1997). *Prejudice and racism* (2nd edn). New York: McGraw-Hill.

Jones, J. T., Pelham, B. W., Mirenberg, M. C., & Hetts, J. J. (2002). Name letter preferences are not merely mere exposure: Implicit egotism as self-regulation. *Journal of Experimental Social Psychology, 38,* 170–177.

Jordan, C. H., Spencer, S. J., & Zanna, M. P. (2003). "I love me . . . I love me not": Implicit self-esteem, explicit self-esteem, and defensiveness. In S. J. Spencer, S. Fein, M. P. Zanna, & J. M. Olson (Eds.), *Motivated social perception: The Ontario Symposium* (Vol. 9, pp. 117–145). Mahwah, NJ: Erlbaum.

Jordan, C. H., Spencer, S. J., & Zanna, M. P. (2005). Types of high self-esteem and prejudice: How implicit self-esteem relates to ethnic discrimination among high explicit self-esteem individuals. *Personality and Social Psychology Bulletin, 31,* 693–702.

Josephs, R. A., Bosson, J. K., & Jacobs, C. G. (2003). Self-esteem maintenance processes: Why low self-esteem may be resistant to change. *Personality and Social Psychology Bulletin, 29,* 920–933.

Jost, J. T., & Banaji, M. R. (1994). The role of stereotyping in system-justification and the production of false consciousness. *British Journal of Social Psychology, 33,* 1–27.

Jost, J. T., Banaji, M. R., & Nosek, B. A. (2004). A decade of system justification theory: Accumulated evidence of conscious and unconscious bolstering of the status quo. *Political Psychology, 25,* 881–920.

Jost, J. T., & Burgess, D. (2000). Attitudinal ambivalence and the conflict between group and system justification motives in low status groups. *Personality and Social Psychology Bulletin, 26,* 293–305.

Jost, J. T., Glaser, J., Kruglanski, A. W., & Sulloway, F. J. (2003). Political conservatism as motivated social cognition. *Psychological Bulletin, 129,* 339–375.

Jost, J. T., & Hunyady, O. (2002). The psychology of system justification and the palliative function of ideology. In W. Stroebe & M. Hewstone (Eds.), *European review of social psychology* (Vol. 13, pp. 111–153). Hove, England: Psychology Press/Taylor & Francis.

Jost, J. T., & Kay, A. C. (2005). Exposure to benevolent sexism and complementary gender stereotypes: Consequences for specific and diffuse forms of system justification. *Journal of Personality and Social Psychology, 88,* 498–509.

Jost, J. T., Pelham, B. W., Sheldon, O., & Sullivan, B. N. (2003). Social inequality and the reduction of ideological dissonance on behalf of the system: Evidence of enhanced system justification among the disadvantaged. *European Journal of Social Psychology, 33,* 13–36.

Judd, C. M., & Krosnick, J. A. (1982). Attitude centrality, organization, and measurement. *Journal of Personality and Social Psychology, 42,* 436–447.

Judd, C. M., & Krosnick, J. A. (1989). The structural bases of consistency among political attitudes: Effects of political expertise and attitude importance. In A. R. Pratkanis, S. J. Breckler, & A. G. Greenwald (Eds.), *Attitude structure and function* (pp. 99–128). Hillsdale, NJ: Erlbaum.

Judd, C. M., & Kulik, J. A. (1980). Schematic effects of social attitudes on information processing and recall. *Journal of Personality and Social Psychology, 38,* 569–578.

Judd, C. M., & Park, B. (1988). Out-group homogeneity: Judgments of variability at the individual and group levels. *Journal of Personality and Social Psychology, 54,* 778–788.

Judd, C. M., Park, B., Yzerbyt, V. Y., Gordijn, E. H., & Muller, D. (2005). Attributions of intergroup bias and outgroup homogeneity to ingroup and outgroup others. *European Journal of Social Psychology, 35,* 677–704.

Kahn, W. A., & Crosby, F. J. (1987) Discriminating between attitudes and discriminatory behaviors. In L. Larwood, B. A. Gutek, & A. H. Stromberg (Eds.), *Women and work: An annual review* (Vol. 1, pp. 215–328). Beverly Hills, CA: Sage.

Kahneman, D. (2003). A perspective on judgment and choice. *American Psychologist, 58,* 697–720.

Kahneman, D. (2011). *Thinking, fast and slow*. New York: Farrar, Straus & Giroux.
Kahneman, D., & Frederick, S. (2002). Representativeness revisited: Attribute substitution in intuitive judgment. In T. Gilovich, D. Griffin, & D. Kahneman (Eds.), *Heuristics and biases: The psychology of intuitive judgment* (pp. 49–81). New York: Cambridge University Press.
Kahneman, D., & Miller, D. T. (1986). Norm theory: Comparing reality to its alternatives. *Psychological Review, 93,* 136–153.
Kahneman, D., & Tversky, A. (1972). Subjective probability: A judgment of representativeness. *Cognitive Psychology, 3,* 430–454.
Kahneman, D., & Tversky, A. (1973). On the psychology of prediction. *Psychological Review, 80,* 237–251.
Kahneman, D., & Tversky, A. (1979). Prospect theory: An analysis of decision under risk. *Econometrica, 47,* 263–292.
Kahneman, D., & Tversky, A. (1982). The simulation heuristic. In D. Kahneman, P. Slovic, & A. Tversky (Eds.), *Judgment under uncertainty: Heuristics and biases* (pp. 201–208). New York: Cambridge University Press.
Kahneman, D., & Tversky, A. (1984). Choices, values, and frames. *American Psychologist, 39,* 341–350.
Kaiser, C. R., & Miller, C. T. (2001a). Reacting to impending discrimination: Compensation for prejudice and attributions to discrimination. *Personality and Social Psychology Bulletin, 27,* 1357–1367.
Kaiser, C. R., & Miller, C. T. (2001b). Stop complaining! The social costs of making attributions to discrimination. *Personality and Social Psychology Bulletin, 27,* 254–263.
Kaiser, C. R., & Miller, C. T. (2003). Derogating the victim: The interpersonal consequences of blaming events on discrimination. *Group Processes and Intergroup Relations, 6,* 227–237.
Kallgren, C. A., & Wood, W. (1986). Access to attitude-relevant information in memory as a determinant of attitude-behavior consistency. *Journal of Experimental Social Psychology, 22,* 328–338.
Kammrath, L. K., Mendoza-Denton, R., & Mischel, W. (2005). Incorporating if . . . then . . . personality signatures in person perception: Beyond the person–situation dichotomy. *Journal of Personality and Social Psychology, 88,* 605–618.
Kanagawa, C., Cross, S. E., & Markus, H. R. (2001). "Who am I?" The cultural psychology of the conceptual self. *Personality and Social Psychology Bulletin, 27,* 90–103.
Kanazawa, S. (1992). Outcome or expectancy? Antecedent of spontaneous causal attribution. *Personality and Social Psychology Bulletin, 18,* 659–668.
Kant, I. (1969). *Critique of pure reason*. New York: St. Martin's Press. (Originally published 1781.)
Kanter, R. (1977). *Men and women of the corporation*. New York: Basic Books.
Kanwisher, N., & Wojciulik, E. (2000). Visual attention: Insights from brain imaging. *Nature Reviews, 1,* 91–100.
Kardes, F. R., Sanbonmatsu, D. M., Voss, R. T., & Fazio, R. H. (1986). Self-monitoring and attitude accessibility. *Personality and Social Psychology Bulletin, 12,* 468–474.
Karniol, R. (1986). What will they think of next? Transformation rules used to predict other people's thoughts and feelings. *Journal of Personality and Social Psychology, 51,* 932–944.
Karpinski, A., & Hilton, J. L. (2001). Attitudes and the implicit associations test. *Journal of Personality and Social Psychology, 81,* 774–788.
Kashima, K., & Davison, G. C. (1989). Functional consistency in the face of topographical change in articulated thoughts. *Journal of Rational-Emotive and Cognitive-Behavior Therapy, 7,* 131–139.
Kashima, Y., Kashima, E., Chiu, C.-y., Farsides, T., Gelfand, M., Hong, Y.-y., Kim, U., Strack, F., Werth, L., Yuki, M., & Yzerbyt, V. Y. (2005). Culture, essentialism, and agency: Are individuals universally believed to be more real entities than groups? *European Journal of Social Psychology, 35,* 147–169.
Kashima, Y., Woolcock, J., & Kashima, E. S. (2000). Group impressions as dynamic configurations: The tensor product model of group impression formation and change. *Psychological Review, 107,* 914–942.
Kasser, T., & Ryan, R. M. (1996). Further examining the American dream: Differential correlates of intrinsic and extrinsic goals. *Personality and Social Psychology Bulletin, 22,* 280–287.
Kassin, S. M., & Baron, R. M. (1986). On the basicity of social perception cues: Developmental evidence for adult processes? *Social Cognition, 4,* 180–200.

Katz, D. (1960). The functional approach to the study of attitudes. *Public Opinion Quarterly, 24*, 163–204.
Katz, D., & Braly, K. (1933). Racial stereotypes of one hundred college students. *Journal of Abnormal and Social Psychology, 28*, 280–290.
Katz, E. (1968). On reopening the question of selectivity in exposure to mass media. In R. P. Abelson et al. (Eds.), *Theories of cognitive consistency: A sourcebook*. Chicago: Rand-McNally.
Katz, I., & Hass, R. G. (1988). Racial ambivalence and American value conflict: Correlational and priming studies of dual cognitive structures. *Journal of Personality and Social Psychology, 55*, 893–905.
Kawakami, K., & Dovidio, J. F. (2001). The reliability of implicit stereotyping. *Personality and Social Psychology Bulletin, 27*, 212–225.
Kawakami, K., Dovidio, J. F., & Dijksterhuis, A. (2003). Effect of social category priming on personal attitudes. *Psychological Science, 14*, 315–319.
Kawakami, K., Dovidio, J. F., Moll, J., Hermsen, S., & Russin, A. (2000). Just say no (to stereotyping): Effects of training in the negation of stereotypic associations on stereotype activation. *Journal of Personality and Social Psychology, 78*, 871–888.
Kawakami, K., Dovidio, J. F., & van Kamp, S. (2005). Kicking the habit: Effects of nonstereotypic association training and correction processes on hiring decisions. *Journal of Experimental Social Psychology, 41*, 68–75.
Kawakami, K., Phills, C. E., Greenwald, A. G., Simard, D., Pontiero, J., Brnjas, A., Khan, B., Mills, J., & Dovidio, J. F. (2012). In perfect harmony: Synchronizing the self to activated social categories. *Journal of Personality and Social Psychology, 102*, 562–575.
Kay, A. C., & Eibach, R. P. (2012). Ideological processes. In S. T. Fiske & C. N. Macrae (Eds.), *Sage handbook of social cognition* (pp. 495–515). Thousand Oaks, CA: Sage.
Kay, A. C., & Jost, J. T. (2003). Complementary justice: Effects of "poor but happy" and "poor but honest" stereotype exemplars on system justification and implicit activation of the justice motive. *Journal of Personality and Social Psychology, 85*, 823–837.
Kay, A. C., Jost, J. T., & Young, S. (2005). Victim derogation and victim enhancement as alternate routes to system justification. *Psychological Science, 16*, 240–246.
Keller, J. (2005). In genes we trust: The biological component of psychological essentialism and its relationship to mechanisms of motivated social cognition. *Journal of Personality and Social Psychology, 88*, 686–702.
Keller, J., & Dauenheimer, D. (2003). Stereotype threat in the classroom: Dejection mediates the disrupting threat effect on women's math performance. *Personality and Social Psychology Bulletin, 29*, 371–381.
Kellerman, J., Lewis, J., & Laird, J. D. (1989). Looking and loving: The effects of mutual gaze on feelings of romantic love. *Journal of Research in Personality, 23*, 145–161.
Kelley, H. H. (1967). Attribution theory in social psychology. In D. Levine (Ed.), *Nebraska Symposium on Motivation* (Vol. 15, pp. 192–240). Lincoln, NB: University of Nebraska Press.
Kelley, H. H. (1972a). Attribution in social interaction. In E. E. Jones, D. E. Kanouse, H. H. Kelley, R. E. Nisbett, S. Valins, & B. Weiner (Eds.), *Attribution: Perceiving the causes of behavior* (pp. 1–26). Morristown, NJ: General Learning Press.
Kelley, H. H. (1972b). Causal schemata and the attribution process. In E. E. Jones, D. E. Kanouse, H. H. Kelley, R. E. Nisbett, S. Valins, & B. Weiner (Eds.), *Attribution: Perceiving the causes of behavior* (pp. 151–174). Morristown, NJ: General Learning Press.
Kelley, H. H., Berscheid, E., Christensen, A., Harvey, J. H., Huston, T. L., Levinger, G., et al. (1983). Analyzing close relationships. In H. H. Kelley, E. Berscheid, A. Christensen, J. H. Harvey, T. L. Huston, G. Levinger, E. McClintock, L. A. Peplau, & D. R. Peterson (Eds.), *Close relationships* (pp. 20–67). New York: Freeman.
Kelley, H. H., & Michela, J. L. (1980). Attribution theory and research. *Annual Review of Psychology, 31*, 457–501.
Kelley, W. M., Macrae, C. N., Wyland, C. L., Caglar, S., Inati, S., & Heatherton, T. F. (2002). Finding the self? An event-related fMRI study. *Journal of Cognitive Neuroscience, 14*, 785–794.
Kelly, C. (1989). Political identity and perceived intra-group homogeneity. *British Journal of Social Psychology, 28*, 239–250.

Kelman, H. C. (1958). Compliance, identification, and internalization: Three processes of attitude change. *Journal of Conflict Resolution, 2,* 51–60.

Keltner, D., Gruenfeld, D. H., & Anderson, C. (2003). Power, approach, and inhibition. *Psychological Review, 110,* 265–284.

Keltner, D., & Lerner, J. S. (2010). Emotion. In S. T. Fiske, D. T. Gilbert, & G. Lindzey (Eds.), *Handbook of social psychology* (5th edn, Vol. 1, pp. 317–352). Hoboken, NJ: Wiley.

Kemler-Nelson, D. G. (1984). The effect of intention on what concepts are acquired. *Journal of Verbal Learning and Verbal Behavior, 23,* 734–759.

Kemmelmeier, M., Danielson, C., & Basten, J. (2005). What's in a grade? Academic success and political orientation. *Personality and Social Psychology Bulletin, 31,* 1386–1399.

Kenny, D. A., & Acitelli, L. K. (2001). Accuracy and bias in the perception of the partner in a close relationship. *Journal of Personality and Social Psychology, 80,* 439–448.

Kenrick, D. T., & Cialdini, R. B. (1977). Romantic attraction: Misattribution versus reinforcement explanations. *Journal of Personality and Social Psychology, 35,* 381–391.

Kernis, M. H. (2003). Toward a conceptualization of optimal self-esteem. *Psychological Inquiry, 4,* 1–26.

Kernis, M. H., & Grannemann, B. D. (1990). Excuses in the making: A test and extension of Darley and Goethals' attributional model. *Journal of Experimental Social Psychology, 26,* 337–349.

Kernis, M. H., Paradise, A. W., Whitaker, D. J., Wheatman, S. R., & Goldman, B. N. (2000). Master of one's psychological domain? Not likely if one's self-esteem is unstable. *Personality and Social Psychology Bulletin, 26,* 1297–1305.

Kervyn, N., Bergsieker, H. B., & Fiske, S. T. (2012). The innuendo effect: Hearing the positive but inferring the negative. *Journal of Experimental Social Psychology, 48(1),* 77–85.

Kervyn, N., Fiske, S. T., & Malone, C. (2012). Brands as intentional agents framework: Warmth and competence map brand perception. *Journal of Consumer Psychology.*

Kiesler, C. A. (1971). *The psychology of commitment: Experiments linking behavior to belief.* New York: Academic Press.

Kiesler, C. A., Collins, B. E., & Miller, N. (1969). *Attitude change: A critical analysis of theoretical approaches.* New York: Wiley.

Kiesler, C. A., Nisbett, R. E., & Zanna, M. P. (1969). On inferring one's beliefs from one's behavior. *Journal of Personality and Social Psychology, 11,* 321–327.

Kihlstrom, J. F. (2004). Implicit methods in social psychology. In C. Sansone, C. C. Morf, & A. T. Panter (Eds.), *The Sage handbook of methods in social psychology* (pp. 195–212). Thousand Oaks, CA: Sage.

Kilianski, S. E., & Rudman, L. A. (1998). Wanting it both ways: Do women approve of benevolent sexism? *Sex Roles, 39,* 333–352.

Killeen, P. R. (2009). An additive-utility model of delay discounting. *Psychological Review, 116(3),* 602–619.

Kim, H.-S., & Baron, R. S. (1988). Exercise and the illusory correlation: Does arousal heighten stereotypic processing? *Journal of Experimental Social Psychology, 24,* 366–380.

Kinder, D. R., & Sears, D. O. (1981). Prejudice and politics: Symbolic racism versus racial threats to the good life. *Journal of Personality and Social Psychology, 40,* 414–431.

Kircher, T. T. J., Brammer, M., Bullmore, E., Simmons, A., Bartels, M., & David, A. S. (2002). The neural correlates of intentional and incidental self processing. *Neuropsychologia, 40,* 683–692.

Kitayama, S., Duffy, S., Kawamura, T., & Larsen, J. T. (2003). Perceiving an object and its context in different cultures: A cultural look at New Look. *Psychological Science, 14,* 201–206.

Kitayama, S., & Karasawa, M. (1997). Implicit self-esteem in Japan: Name letters and birthday numbers. *Personality and Social Psychology Bulletin, 23,* 736–742.

Kitayama, S., Markus, H. R., Matsumoto, H., & Norasakkunkit, V. (1997). Individual and collective processes in the construction of the self: Self-enhancement in the United States and self-criticism in Japan. *Journal of Personality and Social Psychology, 72,* 1245–1267.

Kitayama, S., Snibbe, A. C., Markus, H. R., & Suzuki, T. (2004). Is there any "free choice"? Self and dissonance in two cultures. *Psychological Science, 15*, 527–533.

Kite, M. E., & Johnson, B. T. (1988). Attitudes toward older and younger adults: A meta-analysis. *Psychology and Aging, 3*, 233–244.

Kittles, R. A., & Weiss, K. M. (2003). Race, ancestry, and genes: Implications for defining disease risk. *Annual Review of Geonomics and Human Genetics, 4*, 33–67.

Klar, Y., & Giladi, E. E. (1999). Are most people happier than their peers, or are they just happy? *Personality and Social Psychology Bulletin, 25*, 585–594.

Klauer, K. C., & Meiser, T. (2000). A source-monitoring analysis of illusory correlations. *Personality and Social Psychology Bulletin, 26*, 1074–1093.

Klauer, K. C., & Wegener, I. (1998). Unraveling social categorization in the "Who said what?" paradigm. *Journal of Personality and Social Psychology, 75*, 1155–1178.

Klauer, K. C., Wegener, I., & Ehrenberg, K. (2002). Perceiving minority members as individuals: The effects of relative group size in social categorization. *European Journal of Social Psychology, 32*, 223–245.

Klayman, J., & Ha, Y.-W. (1987). Confirmation, disconfirmation, and information in hypothesis testing. *Psychological Review, 94*, 211–228.

Klein, S. B., Cosmides, L., Tooby, J., & Chance, S. (2001). Priming exceptions: A test of the scope hypothesis in naturalistic trait judgments. *Social Cognition, 19*, 443–468.

Klein, S. B., & Kihlstrom, J. F. (1998). On bridging the gap between social-personality psychology and neuropsychology. *Personality and Social Psychology Review, 2(4)*, 228–242.

Kleinhesselink, R. R., & Edwards, R. E. (1975). Seeking and avoiding belief-discrepant information as a function of its perceived refutability. *Journal of Personality and Social Psychology, 31*, 787–790.

Klinger, E. (1977). *Meaning and void: Inner experience and the incentives in people's lives.* Minneapolis, MN: University of Minnesota Press.

Klinger, E. (1978). Modes of normal conscious flow. In K. S. Pope & J. L. Singer (Eds.), *The stream of consciousness: Scientific investigations into the flow of human experience.* New York: Plenum Press.

Klinger, E., Barta, S. G., & Maxeiner, M. E. (1980). Motivational correlates of thought content frequency and commitment. *Journal of Personality and Social Psychology, 39*, 1222–1237.

Knäuper, B., Kornik, R., Atkinson, K., Guberman, C., & Aydin, C. (2005). Motivation influences the underestimation of cumulative risk. *Personality and Social Psychology Bulletin, 31*, 1511–1523.

Knoblich, G., & Sebanz, N. (2006). The social nature of perception and action. *Current Directions in Psychological Science, 15*, 99–104.

Knowles, E. D., Morris, M. W., Chiu, C.-y., & Hong, Y.-y. (2001). Culture and the process of person perception: Evidence for automaticity among East Asians in correcting for situational influences on behavior. *Personality and Social Psychology Bulletin, 27*, 1344–1356.

Knox, V. J., Gekoski, W. L., & Kelly, L. E. (1995). The age group evaluation and description (AGED) Inventory: A new instrument for assessing stereotypes of and attitudes toward age groups. *International Journal of Aging and Human Development, 40*, 31–55.

Knudsen, E. I. (2007). Fundamental components of attention. *Annual Review of Neuroscience, 30*, 57–78.

Knutson, B., Taylor, J., Kaufman, M., Peterson, R., & Glover, G. (2005). Distributed neural representation of expected value. *Journal of Neuroscience, 25*, 4806–4812.

Koenig, A. M., & Eagly, A. H. (2005). Stereotype threat in men on a test of social sensitivity. *Sex Roles, 52*, 489–496.

Koenig, A. M., Eagly, A. H., Mitchell, A. A., & Ristikari, T. (2011). Are leader stereotypes masculine? A meta-analysis of three research paradigms. *Psychological Bulletin, 137(4)*, 616–642.

Koffka, K. (1935). *Principles of Gestalt psychology.* New York: Harcourt, Brace, & World.

Kohler, W. (1976). *The place of value in a world of facts.* New York: Liveright. (Originally published 1938.)

Koole, S. L., Dijksterhuis, A., & van Knippenberg, A. (2001). What's in a name: Implicit self-esteem and the automatic self. *Journal of Personality and Social Psychology, 80*, 669–685.

Koole, S. L., Smeets, K., van Knippenberg, A., & Dijksterhuis, A. (1999). The cessation of rumination through self-affirmation. *Journal of Personality and Social Psychology, 77*, 111–125.

Koriat, A., Goldsmith, M., & Pansky, A. (2000). Toward a psychology of memory accuracy. *Annual Review of Psychology, 51*, 481–537.

Kossan, N. E. (1981). Developmental differences in concept acquisition strategies. *Child Development, 52*, 290–298.

Kowalski, R. M., & Leary, M. R. (1990). Strategic self-presentation and the avoidance of aversive events: Antecedents and consequences of self-enhancement and self-depreciation. *Journal of Experimental Social Psychology, 26*, 322–336.

Kozak, M. N., Marsh, A. A., & Wegner, D. M. (2006). What do I think you're doing? Action identification and mind attribution. *Journal of Personality and Social Psychology, 90*, 543–555.

Kraus, S. J. (1995). Attitudes and the prediction of behavior: A meta-analysis of the empirical literature. *Personality and Social Psychology Bulletin, 21*, 58–75.

Kray, L. J., Galinsky, A. D., & Thompson, L. (2002). Reversing the gender gap in negotiations: An exploration of stereotype regeneration. *Organizational Behavior and Human Decision Processes, 87*, 386–409.

Kray, L. J., George, L. G., Liljenquist, K. A., Galinsky, A. D., Tetlock, P. E., & Roese, N. J. (2010). From what might have been to what must have been: Counterfactual thinking creates meaning. *Journal of Personality and Social Psychology, 98(1)*, 106–118.

Krieger, L. H., & Fiske, S. T. (2006). Behavioral realism in employment discrimination law: Implicit bias and disparate treatment. *California Law Review, 94*, 997–1062.

Kristiansen, C. M., & Zanna, M. P. (1988). Justifying attitudes by appealing to values: A functional perspective. *British Journal of Social Psychology, 27*, 247–256.

Krosnick, J. A. (1988a). Attitude importance and attitude change. *Journal of Experimental Social Psychology, 24*, 240–255.

Krosnick, J. A. (1988b). The role of attitude importance in social evaluation: A study of policy preferences, presidential candidate evaluations, and voting behavior. *Journal of Personality and Social Psychology, 55*, 196–210.

Krosnick, J. A. (1989). Attitude importance and attitude accessibility. *Personality and Social Psychology Bulletin, 15*, 297–308.

Krueger, J. I. (1998). Enhancement bias in descriptions of self and others. *Personality and Social Psychology Bulletin, 24*, 505–516.

Krueger, J. I., & Clement, R. W. (1994). The truly false consensus effect: An ineradicable and egocentric bias in social perception. *Journal of Personality and Social Psychology, 67*, 596–610.

Krueger, J. I., & Stanke, D. (2001). The role of self-referent and other referent knowledge in perceptions of group characteristics. *Personality and Social Psychology Bulletin, 27*, 878–888.

Krueger, J. I., Wirtz, D., & Miller, D. T. (2005). Counterfactual thinking and the first instinct fallacy. *Journal of Personality and Social Psychology, 88*, 725–735.

Kruglanski, A. W. (1975). The endogenous–exogenous partition in attribution theory. *Psychological Review, 82*, 387–406.

Kruglanski, A. W. (1980). Lay epistemo-logic-process and contents: Another look at attribution theory. *Psychological Review, 87*, 70–87.

Kruglanski, A. W. (1989). The psychology of being "right": On the problem of accuracy in social perception and cognition. *Psychological Bulletin, 106*, 395–409.

Kruglanski, A. W. (1990). Motivations for judging and knowing: Implications for causal attribution. In E. T. Higgins & R. M. Sorrentino (Eds.), *Handbook of motivation and cognition: Foundations of social behavior* (Vol. 2, pp. 333–368). New York: Guilford Press.

Kruglanski, A. W., & Mayseless, O. (1988). Contextual effects in hypothesis testing: The role of competing alternatives and epistemic motivations. *Social Cognition, 6*, 1–20.

Kruglanski, A. W., & Sheveland, A. (2012). Thinkers' personalities: On individual differences in the processes of sense making. In S. T. Fiske & C. N. Macrae (Eds.), *Sage handbook of social cognition* (pp. 474–494). Thousand Oaks, CA: Sage.

Kruglanski, A. W., Thompson, E. P., & Spiegel, S. (1999). Separate or equal? Bimodal notions of persuasion and a single-process "unimodel." In S. Chaiken & Y. Trope (Eds.), *Dual-process theories in social psychology* (pp. 293–313). New York: Guilford Press.

Kruglanski, A. W., & Webster, D. M. (1996). Motivated closing of the mind: "Seizing" and "freezing." *Psychological Review, 103,* 263–283.

Kühnen, U., Hannover, B., & Schubert, B. (2001). The semantic–procedural interface model of the self: The role of self-knowledge for context-dependent versus context-independent modes of thinking. *Journal of Personality and Social Psychology, 80,* 397–409.

Kunda, Z. (1987). Motivated inference: Self-serving generation and evaluation of causal theories. *Journal of Personality and Social Psychology, 53,* 636–647.

Kunda, Z. (1990). The case for motivated reasoning. *Psychological Bulletin, 108,* 480–498.

Kunda, Z. (1999). *Social cognition: Making sense of people.* Cambridge, MA: MIT Press.

Kunda, Z., & Nisbett, R. E. (1986). Prediction and the partial understanding of the law of large numbers. *Journal of Experimental Social Psychology, 22,* 339–354.

Kunda, Z., & Nisbett, R. E. (1988). Predicting individual evaluations from group evaluations and vice versa: Different patterns for self and other? *Personality and Social Psychology Bulletin, 14,* 326–334.

Kunda, Z., & Sherman-Williams, B. (1993). Stereotypes and the construal of individuating information. *Personality and Social Psychology Review, 9,* 2–16.

Kunda, Z., & Thagard, P. (1996). Forming impressions from stereotypes, traits, and behaviors: A parallel-constraint-satisfaction theory. *Psychological Review, 103,* 284–308.

Kunst-Wilson, W. R., & Zajonc, R. B. (1980). Affective discrimination of stimuli that cannot be recognized. *Science, 207,* 557–558.

Kurman, J. (2001). Self-enhancement: Is it restricted to individualistic cultures? *Personality and Social Psychology Bulletin, 27,* 1705–1716.

Kurzban, R., & Leary, M. R. (2001). Evolutionary origins of stigmatization: The functions of social exclusion. *Psychological Bulletin, 127,* 187–208.

Kurzban, R., Tooby, J., & Cosmides, L. (2001). Can race be erased? Coalitional computation and social categorization. *Proceedings of the National Academy of Sciences of the United States of America, 98,* 15387–15392.

Kwan, V. S. Y., John, O. P., Kenny, D. A., Bond, M. H., & Robins, R. W. (2004). Reconceptualizing individual differences in self-enhancement bias: An interpersonal approach. *Psychological Review, 111,* 94–110.

Lacey, J. I. (1959). Psychophysiological approaches to the evaluation of psychotherapeutic process and outcome. In E. A. Rubinstein & M. B. Parloff (Eds.), *Research in psychotherapy.* Washington, DC: American Psychological Association.

Lacey, J. I. (1967). Somatic response patterning and stress: Some revisions of activation theory. In M. H. Appley & R. Trumbull (Eds.), *Psychological stress: Issues in research.* New York: Appleton-Century-Crofts.

Lacey, J. I., & Lacey, B. C. (1958). The relationship of resting autonomic activity to motor impulsivity. In H. C. Solomon, S. Cobb, & W. Pennfield (Eds.), *The brain and human behavior* (Vol. 36). Baltimore, MD: Williams & Wilkins.

Lacey, J. I., & Lacey, B. C. (1970). Some autonomic-central nervous system interrelationships. In P. Black (Ed.), *Physiological correlates of emotion.* New York: Academic Press.

Laird, J. D. (1974). Self-attribution of emotion: The effects of expressive behavior on the quality of emotional experience. *Journal of Personality and Social Psychology, 29,* 475–486.

Laird, J. D. (1984). The real role of facial response in the experience of emotion: A reply to Tourangeau and Ellsworth, and others. *Journal of Personality and Social Psychology, 47,* 909–917.

Laird, J. D., Cuniff, M., Sheehan, K., & Shulman, D., et al. (1989). Emotion specific effects of facial expressions on memory for life events. *Journal of Social Behavior and Personality, 4,* 87–98.

Laird, J. D., Wagener, J., Halal, M., & Szegda, M. (1982). Remembering what you feel: Effects of emotion on memory. *Journal of Personality and Social Psychology, 42,* 646–657.

Lambert, A. J., Khan, S. R., Lickel, B. A., & Fricke, K. (1997). Mood and the correction of positive versus negative stereotypes. *Journal of Personality and Social Psychology, 72,* 1002–1016.

Lambird, K. H., & Mann, T. (2006). When do ego threats lead to self-regulation failure? Negative consequences of defensive high self-esteem. *Personality and Social Psychology Bulletin, 32,* 1177–1187.

Landau, M. J., Solomon, S., Greenberg, J., Cohen, F., Pyszczynski, T., Arndt, J., Miller, C. H., Ogilvie, D. M., & Cook, A. (2004). Deliver us from evil: The effects of mortality salience and reminders of 9/11 on support for President George W. Bush. *Personality and Social Psychology Bulletin, 30,* 1136–1150.

Landman, J. (1988). Regret and elation following action and inaction: Affective responses to positive versus negative outcomes. *Personality and Social Psychology Bulletin, 13,* 524–536.

Lange, C. G. (1922). *The emotions.* Baltimore, MD: Williams & Wilkins. (Originally published 1885.)

Langer, E. J., Blank, A., & Chanowitz, B. (1978). The mindlessness of ostensibly thoughtful action: The role of "placebic" information in interpersonal interaction. *Journal of Personality and Social Psychology, 36,* 635–642.

Langer, E. J., Taylor, S. E., Fiske, S. T., & Chanowitz, B. (1976). Stigma, staring, and discomfort: A novel stimulus hypothesis. *Journal of Experimental Social Psychology, 12,* 451–463.

Lanzetta, J. T., Cartwright-Smith, J., & Kleck, R. E. (1976). Effects of nonverbal dissimilation on emotional experience and autonomic arousal. *Journal of Personality and Social Psychology, 33,* 354–370.

LaPiere, R. T. (1934). Attitudes versus actions. *Social Forces, 13,* 230–237.

Larsen, J. T., McGraw A. P., & Cacioppo, J. T. (2001). Can people feel happy and sad at the same time? *Journal of Personality and Social Psychology, 81,* 684–696.

Larsen, J. T., Norris, C., & Cacioppo, J. T. (2003). Effects of positive and negative affect on electromyographic activity over zygomaticus major and corrugator supercilli. *Psychophysiology, 40,* 776–785.

Lassiter, G. D. (1988). Behavior perception, affect, and memory. *Social Cognition, 6,* 150–176.

Lassiter, G. D. (2002). Illusory causation in the courtroom. *Current Directions in Psychological Science, 11,* 204–208.

Lassiter, G. D., Munhall, P. J., Berger, I. P., Weiland, P. E., Handley, I. M., & Geers, A. L. (2005). Attributional complexity and the camera perspective bias in videotaped confessions. *Basic and Applied Social Psychology, 27(1),* 27–35.

Lassiter, G. D., & Stone, J. I. (1984). Affective consequences of variation in behavior perception: When liking is in the level of analysis. *Personality and Social Psychology Bulletin, 10,* 253–259.

Lassiter, G. D., Stone, J. I., & Rogers, S. L. (1988). Memorial consequences of variation in behavior perception. *Journal of Experimental Social Psychology, 24,* 222–239.

Lasswell, H. D. (1948). The structure and function of communication in society. In L. Byron (Ed.), *Communication of ideas.* New York: Harper.

Latané, B., & Bourgeois, M. J. (2001). Dynamic social impact and the consolidation, clustering, correlation, and continuing diversity of culture. In M. A. Hogg & R. S. Tindale (Eds.), *Blackwell handbook of social psychology: Group processes* (pp. 235–258). Malden, MA: Blackwell.

Lazarus, R. S. (1966). *Psychological stress and the coping process.* New York: McGraw-Hill.

Lazarus, R. S. (1982). Thoughts on the relations between emotion and cognition. *American Psychologist, 37,* 1019–1024.

Lazarus, R. S. (1984). On the primacy of cognition. *American Psychologist, 39,* 124–129.

Lazarus, R. S. (2000). Toward better research on stress and coping. *American Psychologist, 55,* 665–673.

Lazarus, R. S., & Smith, C. A. (1988). Knowledge and appraisal in the cognition–emotion relationship. *Cognition and Emotion, 2,* 281–300.

Leach, C. W., Ellemers, N., & Barreto, M. (2007). Group virtue: The importance of morality (vs. competence and sociability) in the positive evaluation of in-groups. *Journal of Personality and Social Psychology, 93(2),* 234–249.

Leary, M. R. (1990). Responses to social exclusion: Social anxiety, jealousy, loneliness, depression, and low self-esteem. *Journal of Social and Clinical Psychology, 9,* 221–229.

Leary, M. R., & Baumeister, R. F. (2000). The nature and function of self-esteem: Sociometer theory. In M. P. Zanna (Ed.), *Advances in experimental social psychology* (Vol. 32, pp. 1–62). San Diego, CA: Academic Press.

Leary, M. R., Tambor, E. S., Terdal, S. K., & Downs, D. L. (1995). Self-esteem as an interpersonal monitor: The sociometer hypothesis. *Journal of Personality and Social Psychology, 68,* 518–530.

Leddo, J., Abelson, R. P., & Gross, P. H. (1984). Conjunctive explanations: When two reasons are better than one. *Journal of Personality and Social Psychology, 47,* 933–943.

Ledgerwood, A., Trope, Y., & Chaiken, S. (2010). Flexibility now, consistency later: Psychological distance and construal shape evaluative responding. *Journal of Personality and Social Psychology, 99(1),* 32-51.

Lee, A. Y., & Aaker, J. L. (2004). Bringing the frame into focus: The influence of regulatory fit on processing fluency and persuasion. *Journal of Personality and Social Psychology, 86,* 205–218.

Lee, A. Y., Aaker, J. L., & Gardner, W. L. (2000). The pleasures and pain of distinct self-construals: The role of interdependence in regulatory focus. *Journal of Personality and Social Psychology, 78,* 1122–1134.

Lehman, D. R., Lempert, R. O., & Nisbett, R. E. (1988). The effects of graduate training on reasoning: Formal discipline and thinking about everyday-life events. *American Psychologist, 43,* 431–442.

Leibenluft, E., Gobbini, M. I., Harrison, T., & Haxby, J. V. (2004). Mothers' neural activation in response to pictures of their children and other children. *Biological Psychiatry, 56,* 225–232.

Leonardelli, G. J., Lakin, J. L., & Arkin, R. M. (2007). A regulatory focus model of self-evaluation. *Journal of Experimental Social Psychology, 43(6),* 1002–1009.

Lepper, M. R., Greene, D., & Nisbett, R. E. (1973). Undermining children's intrinsic interest with extrinsic rewards: A test of the "overjustification" hypothesis. *Journal of Personality and Social Psychology, 28,* 129–137.

Lerner, J. S., & Gonzalez, R. M. (2005). Forecasting one's future based on fleeting subjective experiences. *Personality and Social Psychology Bulletin, 31,* 454–466.

Lerner, J. S., & Keltner, D. (2001). Fear, anger, and risk. *Journal of Personality and Social Psychology, 81,* 146–159.

Lerner, J. S., & Tiedens, L. Z. (2006). Portrait of the angry decision maker: How appraisal tendencies shape anger's influence on cognition. *Journal of Behavioral Decision Making, 19,* 115–137.

Leslie, A. M. (1994). Pretending and believing: Issues in the theory of mind. *Cognition, 50,* 211–238.

Leung, K., & Bond, M. H. (2004). Social axioms: A model for social beliefs in multicultural perspective. In M. P. Zanna (Ed.), *Advances in experimental social psychology* (Vol. 35, pp. 119–197). San Diego, CA: Academic Press.

Leventhal, H. (1982). The integration of emotion and cognition: A view from the perceptual-motor theory of emotion. In M. S. Clark & S. T. Fiske (Eds.), *Affect and cognition: The 17th Annual Carnegie Symposium on Cognition* (pp. 121–156). Hillsdale, NJ: Erlbaum.

Leventhal, H. (1984). A perceptual-motor theory of emotion. In L. Berkowitz (Ed.), *Advances in experimental social psychology* (Vol. 17, pp. 118–182). Orlando, FL: Academic Press.

Leventhal, H., & Scherer, K. (1987). The relationship of emotion to cognition: A functional approach to a semantic controversy. *Cognition and Emotion, 1,* 3–28.

Levesque, C., & Pelletier, L. G. (2003). On the investigation of primed and chronic autonomous and heteronomous motivational orientations. *Personality and Social Psychology Bulletin, 29,* 1570–1584.

Levin, D. (2000). Race as a visual feature: Using visual search and perceptual discrimination tasks to understand face categories and the cross-race recognition deficit. *Journal of Experimental Psychology: General, 129,* 559-574.

Levin, I. P., & Gaeth, G. J. (1988). How consumers are affected by the framing of attribute information before and after consuming the product. *Journal of Consumer Research, 15,* 374–378.

Levin, I. P., Schneider, S. L., & Gaeth, G. J. (1998). All frames are not created equal: A typology and critical analysis of framing effects. *Organizational Behavior and Human Decision Processes, 76,* 149–188.

Levin, I. P., Schnittjer, S. K., & Thee, S. L. (1988). Information framing effects in social and personal decisions. *Journal of Experimental Social Psychology, 24,* 520–529.

Levin, S., Federico, C. M., Sidanius, J., & Rabinowitz, J. L. (2002). Social dominance orientation and intergroup bias: The legitimation of favoritism for high-status groups. *Personality and Social Psychology Bulletin, 28*, 144–157.

Levine, J. M., & Murphy, G. (1943). The learning and forgetting of controversial material. *Journal of Abnormal and Social Psychology, 38*, 507–517.

Levinger, G., & Breedlove, J. (1966). Interpersonal attraction and agreement. *Journal of Personality and Social Psychology, 3*, 367–372.

Levy, B., Ashman, O., & Dror, I. (1999–2000). To be or not to be: The effects of aging stereotypes on the will to live. *Omega: Journal of Death and Dying, 40*, 409–420.

Levy, B. R., & Banaji, M. R. (2002). Implicit ageism. In T. D. Nelson (Ed.), *Ageism: Stereotyping and prejudice against older persons* (pp. 49–75). Cambridge, MA: MIT Press.

Levy, B. R., Hausdorf, J. M., Hencke, R., & Wei, J. Y. (2000). Reducing cardiovascular stress with positive self-stereotypes of aging. *Journals of Gerontology: Series B: Psychological Sciences and Social Issues, 55B*, 205–213.

Levy, B. R., & Langer, E. J. (1994). Aging free from negative stereotypes: Successful memory in China and among the American deaf. *Journal of Personality and Social Psychology, 66*, 989–997.

Levy, B. R., Slade, M. D., Kunkel, S. R., & Kasl, S. V. (2002). Longevity increased by positive self-perceptions of aging. *Journal of Personality and Social Psychology, 83*, 261–270.

Levy, S. R., Plaks, J. E., Hong, Y.-y., Chiu, C.-y., & Dweck, C. S. (2001). Static versus dynamic theories and the perception of groups: Different routes to different destinations. *Personality and Social Psychology Review, 5*, 156–168.

Lewicki, P. (1985). Nonconscious biasing effects of single instances on subsequent judgments. *Journal of Personality and Social Psychology, 48*, 563–574.

Lewicki, P., Czyzewska, M., & Hoffman, H. (1987). Unconscious acquisition of complex procedural knowledge. *Journal of Experimental Psychology: Learning, Memory, and Cognition, 13*, 523–530.

Lewin, K. (1951). *Field theory in social psychology*. New York: Harper.

Lewontin, R. (1972). The apportionment of human diversity. *Evolutionary Biology, 6*, 381–398.

Leyens, J.-Ph., Cortes, B., Demoulin, S., Dovidio, J. F., Fiske, S. T., Gaunt, R., et al. (2003). Emotional prejudice, essentialism, and nationalism: The 2002 Tajfel Lecture. *European Journal of Social Psychology, 33*, 703–717.

Leyens, J.-Ph., Désert, M., Croizet, J. C., & Darcis, C. (2000). Stereotype threat: Are lower status and history of stigmatization preconditions of stereotype threat? *Personality and Social Psychology Bulletin, 26*, 1189–1199.

Libby, L. K., Eibach, R. P., & Gilovich, T. (2005). Here's looking at me: The effect of memory perspective on assessments of personal change. *Journal of Personality and Social Psychology, 88*, 50–62.

Liberman, A., & Chaiken, S. (1992). Defensive processing of personally relevant health messages. *Personality and Social Psychology Bulletin, 18*, 669–679.

Lieberman, M. D. (2007). Social cognitive neuroscience: A review of core processes. *Annual Review of Psychology, 58*, 259–289.

Lieberman, M. D. (2010). Social cognitive neuroscience. In S. T. Fiske, D. T. Gilbert, & G. Lindzey (Eds.), *Handbook of social psychology* (5th edn, Vol. 1, pp. 143–193). Hoboken, NJ: Wiley.

Lieberman, M. D., Gaunt, R., Gilbert, D. T., & Trope, Y. (2002). Reflexion and reflection: A social cognitive neuroscience approach to attributional inference. In M. P. Zanna (Ed.), *Advances in experimental social psychology* (Vol. 34, pp. 199–249). San Diego, CA: Academic Press.

Lieberman, M. D., Hariri, A., Jarcho, J. M., Eisenberger, N. I., & Bookheimer, S. Y. (2005). An fMRI investigation of race-related amygdala activity in African-American and Caucasian-American individuals. *Nature Neuroscience, 8*, 720–722.

Lieberman, M. D., Jarcho, J. M., & Satpute, A. B. (2004). Evidence-based and intuition-based self-knowledge: An fMRI study. *Journal of Personality and Social Psychology, 87*, 421–435.

Lieberman, M. D., Ochsner, K. N., Gilbert, D. T., & Schacter, D. L. (2001). Do amnesiacs exhibit cognitive dissonance reduction? The role of explicit memory and attention in attitude change. *Psychological Science, 12*, 135–140.

Lin, M. H., Kwan, V. S. Y., Cheung, A., & Fiske, S. T. (2005). Stereotype content model explains prejudice for an envied outgroup: Scale of anti-Asian American stereotypes. *Personality and Social Psychology Bulletin, 31*, 34–47.

Lingle, J. H., Altom, M. W., & Medin, D. L. (1984). Of cabbages and kings: Assessing the extendibility of natural object concept models to social things. In R. S. Wyer Jr. & T. K. Srull (Eds.), *Handbook of social cognition* (Vol. 1, pp. 71–117). Hillsdale, NJ: Erlbaum.

Lingle, J. H., Geva, N., Ostrom, T. M., Leippe, M. R., & Baumgardner, M. H. (1979). Thematic effects of person judgments on impression organization. *Journal of Personality and Social Psychology, 37*, 674–687.

Lingle, J. H., & Ostrom, T. M. (1979). Retrieval selectivity in memory-based impression judgments. *Journal of Personality and Social Psychology, 37*, 180–194.

Linville, P. W. (1982a). Affective consequences of complexity regarding the self and others. In M. S. Clark & S. T. Fiske (Eds.), *Affect and cognition: The 17th Annual Carnegie Symposium on Cognition* (pp. 79–109). Hillsdale, NJ: Erlbaum.

Linville, P. W. (1982b). The complexity-extremity effect and age-based stereotyping. *Journal of Personality and Social Psychology, 42*, 193–211.

Linville, P. W. (1985). Self-complexity and affective extremity: Don't put all your eggs in one cognitive basket. *Social Cognition, 3*, 94–120.

Linville, P. W., Fischer, G. W., & Fischhoff, B. (1993). AIDS risk perceptions and decision biases. In J. B. Pryor & G. D. Reeder (Eds.), *The social psychology of HIV infection* (pp. 5–38). Hillsdale, NJ: Erlbaum.

Linville, P. W., Fischer, G. W., & Salovey, P. (1989). Perceived distributions of the characteristics of ingroup and outgroup members: Empirical evidence and a computer simulation. *Journal of Personality and Social Psychology, 57*, 165–188.

Linville, P. W., Fischer, G. W., & Yoon, C. (1996). Perceived covariation among the features of ingroup and outgroup members: The outgroup covariation effect. *Journal of Personality and Social Psychology, 70*, 421–436.

Linville, P. W., & Jones, E. E. (1980). Polarized appraisals of outgroup members. *Journal of Personality and Social Psychology, 38*, 689–703.

Linville, P. W., Salovey, P., & Fischer, G. W. (1986). Stereotyping and perceived distributions of social characteristics: An application to ingroup-outgroup perception. In J. F. Dovidio & S. L. Gaertner (Eds.), *Prejudice, discrimination, and racism* (pp. 165–208). Orlando, FL: Academic Press.

Lippa, R. (1976). Expressive control and the leakage of dispositional introversion-extraversion during role-playing teaching. *Journal of Personality, 44*, 541–559.

Liu, J., Harris, A., & Kanwisher, N. (2002). Stages of processing in face perception: An MEG study. *Nature Neuroscience, 5*, 910–916.

Livingston, R. W., & Brewer, M. B. (2002). What are we really priming? Cue-based versus category-based processing of facial stimuli. *Journal of Personality and Social Psychology, 82*, 5–18.

Locher, P., Unger, R., Sociedade, P., & Wahl, J. (1993). At first glance: Accessibility of the physical attractiveness stereotype. *Sex Roles, 28*, 729–743.

Locke, J. (1979). *Essay concerning human understanding*. New York: Oxford University Press. (Originally published 1690.)

Loewenstein, G. (1996). Out of control: Visceral influences on behavior. *Organizational Behavior and Human Decision Processes, 65*, 272–292.

Loftus, E. F. (2004). Memories of things unseen. *Current Directions in Psychological Science, 13*, 145–147.

Loftus, E. F., & Davis, D. (2006). Recovered memories. *Annual Review of Clinical Psychology, 2*, 469–498.

Loken, B. (1984). Attitude processing strategies. *Journal of Experimental Social Psychology, 20*, 272–296.

Lombardi, W. J., Higgins, E. T., & Bargh, J. A. (1987). The role of consciousness in priming effects on categorization: Assimilation versus contrast as a function of awareness of the priming task. *Personality and Social Psychology Bulletin, 13*, 411–429.

Lopes, L. L. (1982). *Towards a procedural theory of judgment*. (Tech. Rep. No. 17, pp. 1–49). Madison, WI: Information Processing Program, University of Wisconsin.

Lord, C. G. (1982). Predicting behavioral consistency from an individual's perception of situational similarities. *Journal of Personality and Social Psychology, 42,* 1076–1088.

Lord, C. G., Lepper, M. R., & Mackie, D. M. (1984). Attitude prototypes as determinants of attitude-behavior consistency. *Journal of Personality and Social Psychology, 46,* 1254–1266.

Lord, C. G., & Saenz, D. S. (1985). Memory deficits and memory surfeits: Differential cognitive consequences of tokenism for tokens and observers. *Journal of Personality and Social Psychology, 49,* 918–926.

Lord, C. G., Saenz, D. S., & Godfrey, D. K. (1987). Effects of perceived scrutiny on participant memory for social interactions. *Journal of Experimental Social Psychology, 23,* 498–517.

Losch, M. E., & Cacioppo, J. T. (1990). Cognitive dissonance may enhance sympathetic tonus, but attitudes are changed to reduce negative affect rather than arousal. *Journal of Experimental Social Psychology, 26,* 289–304.

Loughnan, S., & Haslam, N. (2007). Animals and androids: Implicit associations between social categories and nonhumans. *Psychological Science, 18,* 116–121.

Lowe, C. A., & Kassin, S. M. (1980). A perceptual view of attribution: Theoretical and methodological implications. *Personality and Social Psychology, 6,* 532–542.

Lowery, B. S., Hardin, C. D., & Sinclair, S. (2001). Social influence effects on automatic racial prejudice. *Journal of Personality and Social Psychology, 81,* 842–855.

Lowery, B. S., Knowles, E. D., & Unzueta, M. M. (2007). Framing inequity safely: The motivated denial of White privilege. *Personality and Social Psychology Bulletin, 33*(9) 1237–1250.

Lowery, B. S., Unzueta, M. M., Knowles, E. D., & Goff, P. A. (2006). Concern for the ingroup and opposition to affirmative action. *Journal of Personality and Social Psychology, 90,* 961–974.

Luhtanen, R., & Crocker, J. (1992). A collective self-esteem scale: Self-evaluation of one's social identity. *Personality and Social Psychology Bulletin, 18(3),* 302–318.

Luhtanen, R. K., & Crocker, J. (2005). Alcohol use in college students: Effects of level of self-esteem, narcissism, and contingencies of self-worth. *Psychology of Addictive Behaviors, 1,* 99–103.

Lun, J., Sinclair, S., Whitchurch, E. R., & Glenn, C. (2007). (Why) do I think what you think? Epistemic social tuning and implicit prejudice. *Journal of Personality and Social Psychology, 93(6),* 957–972.

Lydon, J. E., & Zanna, M. P. (1990). Commitment in the face of adversity: A value-affirmation approach. *Journal of Personality and Social Psychology, 58,* 1040–1047.

Lydon, J., Zanna, M. P., & Ross, M. (1988). Bolstering attitudes by autobiographical recall: Attitude persistence and selective memory. *Personality and Social Psychology Bulletin, 14,* 78–86.

Lynn, M., Shavitt, S., & Ostrom, T. M. (1985). Effects of pictures on the organization and recall of social information. *Journal of Personality and Social Psychology, 49,* 1160–1168.

Lyubomirsky, S., King, L., & Diener, E. (2005). The benefits of frequent positive affect: Does happiness lead to success? *Psychological Bulletin, 131,* 803–855.

Lyubomirsky, S., Sheldon, K. M., & Schkade, D. (2005). Pursuing happiness: The architecture of sustainable change. *Review of General Psychology, 9,* 111–131.

Mackie, D. M. (1986). Social identification effects in group polarization. *Journal of Personality and Social Psychology, 50,* 720–728.

Mackie, D. M. (1987). Systematic and nonsystematic processing of majority and minority persuasive communications. *Journal of Personality and Social Psychology, 53,* 41–52.

Mackie, D. M., & Cooper, J. (1984). Attitude polarization: Effects of group membership. *Journal of Personality and Social Psychology, 46,* 575–585.

Mackie, D. M., Devos, T., & Smith, E. R. (2000). Intergroup emotions: Explaining offensive action tendencies in an intergroup context. *Journal of Personality and Social Psychology, 79,* 602–616.

Mackie, D. M., & Gastardo-Conaco, M. C. (1988). The impact of importance accorded an issue on attitude inferences. *Journal of Experimental Social Psychology, 24,* 543–570.

Mackie, D. M., Hamilton, D. L., Schroth, H. A., Carlisle, C. J., Gersho, B. F., Meneses, L. M., Nedler, B. F., & Reichel, L. D. (1989). The effects of induced mood on illusory correlations. *Journal of Experimental Social Psychology, 25,* 524–544.

Mackie, D. M., & Smith, E. R. (1998). Intergroup relations: Insights from a theoretically integrative approach. *Psychological Review, 105,* 499–529.

Mackie, D. M., & Worth, L. T. (1989). Cognitive deficits and the mediation of positive affect in persuasion. *Journal of Personality and Social Psychology, 57,* 27–40.

MacLeod, C., & Campbell, L. (1992). Memory accessibility and probability judgment: An experimental evaluation of the availability heuristic. *Journal of Personality and Social Psychology, 63,* 890–902.

MacLeod, M. D., & Macrae, C. N. (2001). Gone but not forgotten: The transient nature of retrieval-induced forgetting. *Psychological Science, 12,* 148–152.

Macrae, C. N., & Bodenhausen, G. V. (2000). Social cognition: Thinking categorically about others. *Annual Review of Psychology, 51,* 93–120.

Macrae, C. N., & Bodenhausen, G. V. (2001). Social cognition: Categorical person perception. *British Journal of Psychology, 92,* 239–255.

Macrae, C. N., Bodenhausen, G. V., & Milne, A. B. (1998). Saying no to unwanted thoughts: Self-focus and the regulation of mental life. *Journal of Personality and Social Psychology, 74,* 578–589.

Macrae, C. N., Bodenhausen, G. V., Milne, A. B., & Ford, R. L. (1997). On the regulation of recollection: The intentional forgetting of stereotypical memories. *Journal of Personality and Social Psychology, 72,* 709–719.

Macrae, C. N., Bodenhausen, G. V., Milne, A. B., & Jetten, J. (1994). Out of mind but back in sight: Stereotypes on the rebound. *Journal of Personality and Social Psychology, 67,* 808–817.

Macrae, C. N., Bodenhausen, G. V., Milne, A. B., Thorn, T. M. J., & Castelli, L. (1997). On the activation of social stereotypes: The moderating role of processing objectives. *Journal of Experimental Social Psychology, 33,* 471–489.

Macrae, C. N., Bodenhausen, G. V., Schloerscheidt, A. M., & Milne, A. B. (1999). Tales of the unexpected: Executive function and person perception. *Journal of Personality and Social Psychology, 76,* 200–213.

Macrae, C. N., Hewstone, M., & Griffiths, R. J. (1993). Processing load and memory for stereotype-based information. *European Journal of Social Psychology, 23,* 77–87.

Macrae, C. N., Hood, B. M., Milne, A. B., Rowe, A. C., & Mason, M. F. (2002). Are you looking at me? Eye gaze and person perception. *Psychological Science, 13,* 460–464.

Macrae, C. N., & Lewis, H. L. (2002). Do I know you? Processing orientation and face recognition. *Psychological Science, 13,* 194–196.

Macrae, C. N., & Miles, L. K. (2012). Revisiting the sovereignty of social cognition: Finally some action. In S. T. Fiske & C. N. Macrae (Eds.), *Sage handbook of social cognition* (pp. 1–11). Thousand Oaks, CA: Sage.

Macrae, C. N., Milne, A. B., & Bodenhausen, G. V. (1994). Stereotypes as energy-saving devices: A peek inside the cognitive toolbox. *Journal of Personality and Social Psychology, 66,* 37–47.

Macrae, C. N., Moran, J. M., Heatherton, T. F., Banfield, J. F., & Kelley, W. M. (2004). Medial prefrontal activity predicts memory for self. *Cerebral Cortex, 14,* 647–654.

Macrae, C. N., Quinn, K. A., Mason, M. F., & Quadflieg, S. (2005). Understanding others: The face and person construal. *Journal of Personality and Social Psychology, 89,* 686–695.

Macrae, C. N., Schloerscheidt, A. M., Bodenhausen, G. V., & Milne, A. B. (2002). Creating memory illusions: Expectancy-based processing and the generation of false memories. *Memory, 10,* 63–80.

Maddox, K. B. (2004). Perspectives on racial phenotypicality bias. *Personality and Social Psychology Review, 8,* 383–401.

Maddox, K. B., & Chase, S. G. (2004). Manipulating subcategory salience: Exploring the link between skin tone and social perception of Blacks. *European Journal of Social Psychology, 34,* 533–546.

Maddox, K. B., & Gray, S. A. (2002). Cognitive representations of Black Americans: Re-exploring the role of skin tone. *Personality and Social Psychology Bulletin, 28,* 250–259.

Madon, S., Smith, A., Jussim, L., Russel, D. W., Eccles, J., Palumbo, P., et al. (2001). Am I as you see me or do you see me as I am? Self-fulfilling prophecies and self-verification. *Personality and Social Psychology Bulletin, 27,* 1214–1224.

Maguire, E. A., Gadian, D. G., Johnsrude, I. S., Good, C. D., Ashburner, J., Frackowiak, R. S. J., & Frith, C. D. (2000). Navigation-related structural change in the hippocampi of taxi drivers. *Proceedings of the National Academy of Sciences, 97,* 4398–4403.

Maio, G. R., & Olson, J. M. (1998). Values as truisms: Evidence and implications. *Journal of Personality and Social Psychology, 74,* 294–311.

Maitner, A. T., Mackie, D. M., & Smith, E. R. (2006). Evidence for the regulatory function of intergroup emotion: Emotional consequences of implemented or impeded intergroup action tendencies. *Journal of Experimental Social Psychology, 42,* 720–728.

Major, B., Cozzarelli, C., Testa, M., & McFarlin, D. B. (1988). Self-verification versus expectancy confirmation in social interaction: The impact of self-focus. *Personality and Social Psychology Bulletin, 14,* 346–359.

Major, B., Gramzow, R. H., McCoy, S. K., Levin, S., Schmader, T., & Sidanius, J. (2002). Perceiving personal discrimination: The role of group status and legitimizing ideology. *Journal of Personality and Social Psychology, 82,* 269–282.

Major, B., & O'Brien, L. T. (2005). The social psychology of stigma. *Annual Review of Psychology, 56,* 393–421.

Major, B., Quinton, W. J., & McCoy, S. K. (2002). Antecedents and consequences of attributions to discrimination: Theoretical and empirical advances. In M. P. Zanna (Ed.), *Advances in experimental social psychology* (Vol. 34, pp. 251–330). New York: Academic Press.

Major, B., Spencer, S., Schmader, T., Wolfe, C. T., & Crocker, J. (1998). Coping with negative stereotypes about intellectual performance: The role of psychological disengagement. *Personality and Social Psychology Bulletin, 24,* 34–50.

Major, B., Testa, M., & Blysma, W. H. (1991). Responses to upward and downward social comparisons: The impact of esteem-relevance and perceived control. In J. Suls & T. A. Wills (Eds.), *Social comparison: Contemporary theory and research* (pp. 237–260). Hillsdale, NJ: Erlbaum.

Malle, B. F. (2006). The actor–observer asymmetry in attribution: A (surprising) meta-analysis. *Psychological Bulletin, 132,* 895–919.

Malle, B. F., & Knobe, J. (1997). Which behaviors do people explain? A basic actor–observer asymmetry. *Journal of Personality and Social Psychology, 72,* 288–304.

Malle, B. F., Knobe, J., O'Laughlin, M. J., Pearce, G. E., & Nelson, S. E. (2000). Conceptual structure and social functions of behavior explanations: Beyond person–situation attributions. *Journal of Personality and Social Psychology, 79,* 309–326.

Mallon, E. B., Pratt, S. C., & Franks, N. R. (2001). Individual and collective decision-making during nest site selection by an ant, *Leptothorax albipennis. Behavioral Ecology and Sociobiology, 50,* 352–359.

Malpass, R. S. (1969). Effects of attitude on learning and memory: The influence of instruction-induced sets. *Journal of Experimental Social Psychology, 5,* 441–453.

Malpass, R. S., & Kravitz, J. (1969). Recognition for faces of own and other race. *Journal of Personality and Social Psychology, 13,* 330–334.

Mandler, G. (1975). *Mind and emotion.* New York: Wiley.

Mandler, G., & Nakamura, Y. (1987). Aspects of consciousness. *Personality and Social Psychology Bulletin, 13,* 299–313.

Mandler, G., Nakamura, Y., & Van Zandt, B. J. S. (1987). Nonspecific effects of exposure on stimuli that cannot be recognized. *Journal of Experimental Psychology: Learning, Memory, and Cognition, 13,* 646–648.

Manis, M. (1977). Cognitive social psychology. *Personality and Social Psychology Bulletin, 3,* 550–566.

Manis, M., Dovalina, I., Avis, N. E., & Cardoze, S. (1980). Base rates can affect individual predictions. *Journal of Personality and Social Psychology, 38,* 231–248.

Manis, M., Shedler, J., Jonides, J., & Nelson, T. E. (1993). Availability heuristic in judgments of set size and frequency of occurrence. *Journal of Personality and Social Psychology, 65,* 448–457.

Manucia, G. K., Baumann, D. J., & Cialdini, R. B. (1984). Mood influences on helping: Direct effects or side effects? *Journal of Personality and Social Psychology, 46,* 357–364.

Marcel, A. J. (1983a). Conscious and unconscious perception: An approach to the relations between phenomenal experience and perceptual processes. *Cognitive Psychology, 15,* 238–300.
Marcel, A. J. (1983b). Conscious and unconscious perception: Experiments on visual masking and word recognition. *Cognitive Psychology, 15,* 197–237.
March, J. G., & Simon, G. A. (1958). *Organizations.* New York: Wiley.
Marchand, M. A. G., & Vonk, R. (2005). The process of becoming suspicious of ulterior motives. *Social Cognition, 23,* 242–256.
Marcus, G. E., & Mackuen, M. B. (1999). Anxiety, enthusiasm, and the vote: The emotional underpinnings of learning and involvement during presidential campaigns. *American Political Science Review, 87,* 672–685.
Marks, J. (1995). *Human biodiversity: Genes, races, and history.* New York: Aldine de Gruyter.
Marks, G., & Miller, N. (1982). Target attractiveness as a mediator of assumed attitude similarity. *Personality and Social Psychology Bulletin, 8,* 728–735.
Markus, H. R. (1977). Self-schemata and processing information about the self. *Journal of Personality and Social Psychology, 35,* 63–78.
Markus, H. R., & Kitayama, S. (1991). Culture and the self: Implications for cognition, emotion, and motivation. *Psychological Review, 98,* 224–253.
Markus, H. R., & Kunda, Z. (1986). Stability and malleability of the self concept. *Journal of Personality and Social Psychology, 51,* 858–866.
Markus, H. R., & Nurius, P. (1986). Possible selves. *American Psychologist, 41,* 954–969.
Markus, H. R., & Wurf, E. (1987). The dynamic self-concept: A social psychological perspective. *Annual Review of Psychology, 38,* 299–337.
Marshall, G. D., & Zimbardo, P. G. (1979). Affective consequences of inadequately explained physiological arousal. *Journal of Personality and Social Psychology, 37,* 970–988.
Martens, A., Johns, M., Greenberg, J., & Schimel, J. (2006). Combating stereotype threat: The effect of self-affirmation on women's intellectual performance. *Journal of Experimental Social Psychology, 42,* 236–243.
Martin, D., & Macrae, C.N. (2007). A boy primed Sue: Feature-based processing and person construal. *European Journal of Social Psychology, 37,* 793–805.
Martin, L. L. (1986). Set/reset: Use and disuse of concepts in impression formation. *Journal of Personality and Social Psychology, 51,* 493–504.
Martin, L. L., & Tesser, A. (1989). Toward a motivational and structural theory of ruminative thought. In J. S. Uleman & J. A. Bargh (Eds.), *Unintended thought* (pp. 306–326). New York: Guilford Press.
Maslach, C. (1979). Negative emotional biasing of unexplained arousal. *Journal of Personality and Social Psychology, 37,* 953–969.
Mason, M. F., Hood, B. M., & Macrae, C. N. (2004). Look into my eyes: Gaze direction and person memory. *Memory, 12,* 637–643.
Mason, M. F., & Macrae, C. N. (2004). Categorizing and individuating others: The neural substrates of person perception. *Journal of Cognitive Neuroscience, 16,* 1785–1795.
Mason, M. F., Norton, M. I., Van, J. D., Wegner, D. M., Grafton, S. T., & Macrae, C. N. (2007). Wandering minds: The default network and stimulus independent thought. *Science, 315,* 393–395.
Mason, M. F., Tatkow, E. P., & Macrae, C. N. (2005). The look of love: Gaze shifts and person perception. *Psychological Science, 16,* 236–239.
Mason, W. A., Conrey, F. R., & Smith, E. R. (2007). Situating social influence processes: Dynamic, multidirectional flows of influence within social networks. *Personality and Social Psychology Review, 11(3),* 279–300.
Massad, C. M., Hubbard, M., & Newtson, D. (1979). Selective perception of events. *Journal of Experimental Social Psychology, 15,* 513–532.
Massey, D. S., & Denton, N. A. (1993). *American apartheid: Segregation and the making of the underclass.* Cambridge, MA: Harvard University Press.

Massey, D. S., Rothwell, J., & Domina, T. (2009). The changing bases of segregation in the United State. *The ANNALS of the American Academy of Political and Social Science, 626*, 74–90.

Masters, J. C., & Furman, W. (1976). Effects of affective states on noncontingent outcome expectancies and beliefs in internal or external control. *Developmental Psychology, 12*, 481–482.

Masuda, T., & Nisbett, R. E. (2001). Attending holistically vs. analytically: Comparing the context sensitivity of Japanese and Americans. *Journal of Personality and Social Psychology, 81*, 922–934.

Matlin, M., & Stang, D. J. (1978). *The Pollyanna principle*. Cambridge, MA: Schenkman.

Matsumoto, D. (1987). The role of facial response in the experience of emotion: More methodological problems and a meta-analysis. *Journal of Personality and Social Psychology, 52*, 769–774.

Mayer, J. D. (1986). How mood influences cognition. In N. E. Sharkey (Ed.), *Advances in cognitive science* (pp. 290–314). Chichester: Ellis Horwood.

Mayer, J. D., & Bower, G. H. (1986). Learning and memory for personality prototypes. *Journal of Personality and Social Psychology, 51*, 473–492.

Mayer, J. D., & Bremer, D. (1985). Assessing mood with affect-sensitive tasks. *Journal of Personality Assessment, 49*, 95–99.

Mayer, J. D., & Gaschke, Y. N. (1988). The experience and meta-experience of mood. *Journal of Personality and Social Psychology, 55*, 102–111.

Mayer, J. D., Mamberg, M. H., & Volanth, A. J. (1988). Cognitive domains of the mood system. *Journal of Personality, 56*, 453–486.

Mayer, J. D., McCormick, L. J., & Strong, S. E. (1995). Mood-congruent memory and natural mood: New evidence. *Personality and Social Psychology Bulletin, 21*, 736–746.

Mayer, J. D., & Salovey, P. (1988). Personality moderates the interaction of mood and cognition. In K. Fiedler & J. Forgas (Eds.), *Affect, cognition, and social behavior* (pp. 87–99). Toronto, Canada: Hogrefe.

Mays, V. M., Cochran, S. D., & Barnes, N. W. (2007). Race, race-based discrimination, and health outcomes among African Americans. *Annual Review of Psychology, 58*, 201–225.

McArthur, L. Z. (1972). The how and what of why: Some determinants and consequences of causal attribution. *Journal of Personality and Social Psychology, 22*, 171–193.

McArthur, L. Z. (1981). What grabs you? The role of attention in impression formation and causal attribution. In E. T. Higgins, C. P. Herman, & M. P. Zanna (Eds.), *Social cognition: The Ontario Symposium* (Vol. 1, pp. 201–246). Hillsdale, NJ: Erlbaum.

McArthur, L. Z., & Baron, R. M. (1983). Toward an ecological theory of social perception. *Psychological Review, 90*, 215–238.

McArthur, L. Z., & Berry, D. S. (1987). Cross-cultural agreement in perceptions of babyfaced adults. *Journal of Cross-Cultural Psychology, 18*, 165–192.

McArthur, L. Z., & Ginsberg, E. (1981). Causal attribution to salient stimuli: An investigation of visual fixation mediators. *Personality and Social Psychology Bulletin, 7*, 547–553.

McArthur, L. Z., & Post, D. L. (1977). Figural emphasis and person perception. *Journal of Experimental Social Psychology, 13*, 520–535.

McArthur, L. Z., & Solomon, L. K. (1978). Perceptions of an aggressive encounter as a function of the victim's salience and the perceiver's arousal. *Journal of Personality and Social Psychology, 36*, 1278–1290.

McCabe, K., Houser, D., Ryan, L., Smith, V., & Trouard, T. (2001). A functional imaging study of cooperation in two-person reciprocal exchange. *Proceedings of the National Academy of Sciences, 98*, 11832–11835.

McCaul, K. D., Holmes, D. S., & Solomon, S. (1982). Voluntary expressive changes and emotion. *Journal of Personality and Social Psychology, 42*, 145–152.

McCauley, C., Stitt, C. L., Woods, K., & Lipton, D. (1973). Group shift to caution at the race track. *Journal of Experimental Social Psychology, 9*, 80–86.

McClelland, J. L., McNaughton, B. L., & O'Reilly, R. C. (1995). Why there are complementary learning systems in the hippocampus and neocortex: Insights from the successes and failures of connectionist models of learning and memory. *Psychological Review, 102*, 419–457.

McClelland, J. L., Rumelhart, D. E., & Hinton, G. E. (1986). The appeal of parallel distributed processing. In D. E. Rumelhart, J. L. McClelland, & the PDP Research Group, *Parallel distributed processing: Explorations in the microstructure of cognition* (Vol. 1, pp. 3–44). Cambridge, MA: MIT Press.
McClosky, M. E., & Glucksberg, S. (1978). Natural categories: Well-defined or fuzzy sets. *Memory and Cognition, 6,* 462–472.
McClure, S. M., Daw, N. D., & Montague, P. R. (2003). A computational substrate for incentive salience. *Trends in Neuroscience, 26,* 423–428.
McClure, S. M., Li, J., Tomlin, D., Cypert, K. S., Montague, L. M., & Montague, P. R. (2004). Neural correlates of behavioral preference for culturally familiar drinks. *Neuron, 44,* 379–387.
McConnell, A. R., & Leibold, J. M. (2001). Relations among the implicit association test, discriminatory behavior, and explicit measures of racial attitudes. *Journal of Experimental Social Psychology, 37,* 435–442.
McCrea, S. M., & Hirt, E. R. (2001). The role of ability judgments in self-handicapping. *Personality and Social Psychology Bulletin, 27,* 1378–1389.
McFarland, C., & Buehler, R. (1998). The impact of negative affect on autobiographical memory: The role of self-focused attention to moods. *Journal of Personality and Social Psychology, 75,* 1424–1440.
McFarland, C., & Ross, M. (1987). The relation between current impressions and memories of self and dating partners. *Personality and Social Psychology Bulletin, 13,* 228–238.
McFarland, C., Ross, M., & Conway, M. (1984). Self-persuasion and self-presentation as mediators of anticipatory attitude change. *Journal of Personality and Social Psychology, 46,* 529–540.
McGarty, C., Turner, J. C., Hogg, M. A., Davidson, B., & Wetherell, M. S. (1992). Group polarization as conformity to the prototypical group member. *British Journal of Social Psychology, 31,* 11–19.
McGregor, H., Lieberman, J. D., Solomon, S., Greenberg, T., Arndt, J., Simon, L., et al. (1998). Terror management and aggression: Evidence that mortality salience motivates aggression against worldview threatening others. *Journal of Personality and Social Psychology, 74,* 590–605.
McGregor, I., Zanna, M. P., Holmes, J. G., & Spencer, S. J. (2001). Compensatory conviction in the face of personal uncertainty: Going to extremes and being oneself. *Journal of Personality and Social Psychology, 80,* 472–488.
McGuire, W. J. (1969). Nature of attitudes and attitude change. In G. Lindzey & E. Aronson (Eds.), *The handbook of social psychology* (2nd edn, Vol. 3, pp. 136–314). Reading, MA: Addison-Wesley.
McGuire, W. J. (1976). Some internal psychological factors influencing consumer choice. *Journal of Consumer Research, 2,* 302–309.
McGuire, W. J. (1985). Attitudes and attitude change. In G. Lindzey & E. Aronson (Eds.), *The handbook of social psychology* (3rd edn, Vol. 2, pp. 233–346). New York: Random House.
McKenzie-Mohr, D., & Zanna, M. P. (1990). Treating women as sexual objects: Look to the (gender schematic) male who has viewed pornography. *Personality and Social Psychology Bulletin, 16,* 296–308.
McKone, E., Kanwisher, N., & Duchaine, B. C. (2007). Can generic expertise explain special processing for faces? *Trends in Cognitive Sciences, 11,* 8–15.
McLachlan, A. (1986). Polarization and discussion context. *British Journal of Social Psychology, 25,* 345–347.
McMullen, M. N., & Markman, K. D. (2000). Downward counterfactuals and motivation: The "wake-up call" and the "Pangloss" effect. *Personality and Social Psychology Bulletin, 26,* 575–584.
Mead, G. H. (1934). *Mind, self, and society*. Chicago: University of Chicago Press.
Medin, D. L., Altom, M. W., & Murphy, T. D. (1984). Given versus induced category representations: Use of prototype and exemplar information in classification. *Journal of Experimental Psychology: Learning, Memory, and Cognition, 10,* 333–352.
Medin, D. L., & Atran, S. (2004). The native mind: Biological categorization and reasoning in development and across cultures. *Psychological Review, 111(4),* 960–983.
Medin, D. L., Waxman, S., Woodring, J., & Washinawatok, K. (2010). Human-centeredness is not a universal feature of young children's reasoning: Culture and experience matter when reasoning about biological entities. *Cognitive Development, 25(3),* 197–207.

Meehl, P. E. (1954). *Clinical versus statistical prediction: A theoretical analysis and review of the literature*. Minneapolis, MN: University of Minnesota Press.

Meloen, J. D., Van der Linden, G., & De Witte, H. (1996). A test of the approaches of Adorno et al., Lederer, and Altemeyer of authoritarianism in Belgian Flanders: A research note. *Political Psychology, 17*, 643–656.

Mendes, W. B., Blascovich, J., Lickel, B. A., & Hunter, S. (2002). Challenge and threat during social interaction with White and Black men. *Personality and Social Psychology Bulletin, 28*, 939–952.

Mendoza-Denton, R., Ayduk, O., Mischel, W., Shoda, Y., & Testa, A. (2001). Person X situation interactionism in self-encoding (I am . . . when . . .): Implications for affect regulation and social information. *Journal of Personality and Social Psychology, 80*, 533–544.

Menon, T., Morris, M. W., Chiu, C.-y., & Hong, Y.-y. (1999). Culture and the construal of agency: Attribution to individual versus group dispositions. *Journal of Personality and Social Psychology, 76*, 701–717.

Merton, R. K. (1957). *Social theory and social structure*. New York: Free Press.

Mervis, C. B., & Rosch, E. H. (1981). Categorization of natural objects. *Annual Review of Psychology, 32*, 89–115.

Mesquita, B. (2001). Emotions in collectivist and individualist contexts. *Journal of Personality and Social Psychology, 80*, 68–74.

Mesquita, B., Marinetti, C., & Delvaux, E. (2012). The social psychology of emotion. In S. T. Fiske & C. N. Macrae (Eds.), *Sage handbook of social cognition* (pp. 290–310). Thousand Oaks, CA: Sage.

Messick, D. M., & Mackie, D. M. (1989). Intergroup relations. *Annual Review of Psychology, 40*, 45–81.

Meyer, J. P., & Mulherin, A. (1980). From attribution to helping: An analysis of the mediating effects of affect and expectancy. *Journal of Personality and Social Psychology, 39*, 201–210.

Milburn, M. A. (1987). Ideological self-schemata and schematically induced attitude consistency. *Journal of Experimental Social Psychology, 23*, 383–398.

Mill, J. S. (1869). *The analysis of the phenomena of the human mind*. New York: Kelley.

Mill, J. S. (1974). *System of logic, ratiocinative and inductive*. Toronto, Canada: University of Toronto Press. (Originally published 1843.)

Millar, M. G., Millar, K. U., & Tesser, A. (1988). The effects of helping and focus of attention on mood states. *Personality and Social Psychology Bulletin, 14*, 536–543.

Millar, M. G., & Tesser, A. (1986a). Effects of attitude and cognitive focus on the attitude-behavior relation. *Journal of Personality and Social Psychology, 51*, 270–276.

Millar, M. G., & Tesser, A. (1986b). Thought-induced attitude change: The effects of schema structure and commitment. *Journal of Personality and Social Psychology, 51*, 259–269.

Millar, M. G., & Tesser, A. (1989). The effects of affective-cognitive consistency and thought on the attitude-behavior relationship. *Journal of Experimental Social Psychology, 25*, 189–202.

Millar, M. G., Tesser, A., & Millar, K. U. (1988). The effects of a threatening life event on behavior sequences and intrusive thought: A self-disruption explanation. *Cognitive Therapy and Research, 12*, 441–457.

Miller, C. T., & Downey, K. T. (1999). A meta-analysis of heavyweight and self-esteem. *Personality and Social Psychology Review, 3*, 68–84.

Miller, C. T., & Kaiser, C. R. (2001). A theoretical perspective on coping with stigma. *Journal of Social Issues, 57*, 73–92.

Miller, D. A., Smith, E. R., & Mackie, D. M. (2004). Effects of intergroup contact and political dispositions on prejudice: Role of intergroup emotions. *Group Processes and Intergroup Relations, 7*, 221–237.

Miller, D. T., & McFarland, C. (1986). Counterfactual thinking and victim compensation: A test of norm theory. *Personality and Social Psychology Bulletin, 12*, 513–519.

Miller, D. T., & Prentice, D. A. (1999). Some consequences of a belief in group essence: The category divide hypothesis. In D. A. Prentice & D. T. Miller (Eds.), *Cultural divides: Understanding and overcoming group conflict* (pp. 213–238). New York: Russell Sage Foundation.

Miller, D. T., & Ross, M. (1975). Self-serving biases in the attribution of causality: Fact or fiction? *Psychological Bulletin, 82*, 213–225.

Miller, D. T., Turnbull, W., & McFarland, C. (1990). Counterfactual thinking and social perception: Thinking about what might have been. In M. P. Zanna (Ed.), *Advances in experimental social psychology* (Vol. 23, pp. 305–331). New York: Academic Press.

Miller, D. T., Visser, P. S., & Staub, B. D. (2005). How surveillance begets perceptions of dishonesty: The case of the counterfactual sinner. *Journal of Personality and Social Psychology, 89,* 117–128.

Miller, E. K., & Cohen, J. D. (2001). An integrative theory of prefrontal cortex function. *Annual Review of Neuroscience, 24,* 167–202.

Miller, G. A. (1956). The magical number seven, plus or minus two: Some limits on our capacity for processing information. *Psychological Review, 63,* 81–97.

Miller, L. C., Murphy, R., & Buss, A. H. (1981). Consciousness of body: Private and public. *Journal of Personality and Social Psychology, 41(2),* 397–406.

Mills, J. (1968). Interest in supporting and discrepant information. In R. P. Abelson, E. Aronson, W. J. McGuire, T. M. Newcomb, M. J. Rosenberg, & P. H. Tannenbaum (Eds.), *Theories of cognitive consistency: A sourcebook.* Chicago: Rand-McNally.

Milne, E., & Grafman, J. (2001). Ventromedial prefrontal cortex lesions in humans eliminate implicit gender stereotyping. *Journal of Neuroscience, 21,* 1–6.

Mischel, W. (1968). *Personality and assessment.* New York: Wiley.

Mischel, W. (1984). Convergences and challenges in the search for consistency. *American Psychologist, 39,* 351–364.

Mischel, W. (1997). Was the cognitive revolution just a detour on the road to behaviorism? On the need to reconcile situational control and personal control. In R. S. Wyer Jr. (Ed.), *The automaticity of everyday life* (pp. 181–186). Mahwah, NJ: Erlbaum.

Mischel, W., & Peake, P. K. (1982). Beyond déjà vu in the search for cross-situational consistency. *Psychological Review, 89,* 730–755.

Mitchell, J. P., Banaji, M. R., & Macrae, C. N. (2005a). General and specific contributions of the medial prefrontal cortex to knowledge about mental states. *NeuroImage, 28,* 757–762.

Mitchell, J. P., Banaji, M. R., & Macrae, C. N. (2005b). The link between social cognition and self-referential thought in the medial prefrontal cortex. *Journal of Cognitive Neuroscience, 17(8),* 1306–1315.

Mitchell, J. P., Heatherton, T. F., & Macrae, C. N. (2002). Distinct neural systems subserve person and object knowledge. *Proceedings of the National Academy of Sciences, 99,* 15238–15243.

Mitchell, J. P., Macrae, C. N., & Banaji, M. R. (2005). Forming impressions of people versus inanimate objects: Social-cognitive processing in the medial prefrontal cortex. *NeuroImage, 26,* 251–257.

Miyamoto, Y., & Kitayama, S. (2002). Cultural variation in correspondence bias: The critical role of attitude diagnosticity of socially constrained behavior. *Journal of Personality and Social Psychology, 83,* 1239–1248.

Monin, B. (2003). The warm glow heuristic: When liking leads to familiarity. *Journal of Personality and Social Psychology, 85,* 1035–1048.

Monin, B., & Miller, D. T. (2001). Moral credentials and the expression of prejudice. *Journal of Personality and Social Psychology, 81,* 33–43.

Monson, T. C., Hesley, J. W., & Chernick, L. (1982). Specifying when personality traits can and cannot predict behavior: An alternative to abandoning the attempt to predict single-act criteria. *Journal of Personality and Social Psychology, 43,* 385–399.

Monteith, M. J. (1993). Self-regulation of prejudiced responses: Implications for progress in prejudice-reduction efforts. *Journal of Personality and Social Psychology, 65,* 469–485.

Monteith, M. J. (1996). Contemporary forms of prejudice-related conflict: In search of a nutshell. *Personality and Social Psychology Bulletin, 22,* 461–473.

Monteith, M. J., Ashburn-Nardo, L., Voils, C. I., & Czopp, A. M. (2002). Putting the brakes on prejudice: On the development and operation of cues for control. *Journal of Personality and Social Psychology, 83,* 1029–1050.

Monteith, M. J., Deneen, N. E., & Tooman, G. D. (1996). The effect of social norm activation on the expression of opinions concerning gay men and Blacks. *Basic and Applied Social Psychology, 18,* 267–288.

Monteith, M. J., Sherman, J. W., & Devine, P. G. (1998). Suppression as a stereotype control strategy. *Personality and Social Psychology, 36,* 125–154.

Monteith, M. J., Spicer, C. V., & Tooman, G. D. (1998). Consequences of stereotype suppression: Stereotypes on and not on the rebound. *Journal of Experimental Social Psychology, 34,* 355–377.

Monteith, M. J., & Voils, C. I. (1998). Proneness to prejudiced responses: Toward understanding the authenticity of self-reported discrepancies. *Journal of Personality and Social Psychology, 75,* 901–916.

Monteith, M. J., & Walters, G. L. (1998). Egalitarianism, moral obligation, and prejudice-related personal standards. *Personality and Social Psychology Bulletin, 24,* 186–199. [Erratum: *24,* 442.]

Montepare, J. M., & Zebrowitz-McArthur, L. (1986). The influence of facial characteristics on children's age perceptions. *Journal of Experimental Child Psychology, 42,* 303–314.

Montepare, J. M., & Zebrowitz-McArthur, L. (1987). Perceptions of adults with childlike voices in two cultures. *Journal of Experimental Social Psychology, 23,* 331–349.

Mor, N., & Winquist, J. (2002). Self-focused attention and negative affect: A meta-analysis. *Psychological Bulletin, 128,* 638–662.

Moreland, R. L., & Zajonc, R. B. (1977). Is stimulus recognition a necessary condition for the occurrence of exposure effects? *Journal of Personality and Social Psychology, 35,* 191–199.

Moreland, R. L., & Zajonc, R. B. (1979). Exposure effects may not depend on stimulus recognition. *Journal of Personality and Social Psychology, 37,* 1085–1089.

Moreland, R. L., & Zajonc, R. B. (1982). Exposure effects in person perception: Familiarity, similarity, and attraction. *Journal of Experimental Social Psychology, 18,* 395–415.

Moretti, M., & Higgins, E. T. (1990). Relating self-discrepancy beyond actual self-ratings. *Journal of Experimental Social Psychology, 26,* 108–123.

Morewedge, C. K., Gilbert, D. T., & Wilson, T. D. (2005). The least likely of times: How remembering the past biases forecasts of the future. *Psychological Science, 16,* 626–630.

Morier, D. M., & Borgida, E. (1984). The conjunction fallacy: A task specific phenomenon? *Personality and Social Psychology Bulletin, 10,* 243–252.

Morling, B., & Masuda, T. (2012). Social cognition in real worlds: Cultural psychology and social cognition. In S. T. Fiske & C. N. Macrae (Eds.), *Sage handbook of social cognition* (pp. 429–450). Thousand Oaks, CA: Sage.

Morris, J. S., Ohman, A., & Dolan, R. J. (1998). Conscious and unconscious emotional learning in the human amygdala. *Nature, 393,* 467–470.

Morris, M. W., & Peng, K. (1994). Culture and cause: American and Chinese attributions for social and physical events. *Journal of Personality and Social Psychology, 67,* 949–971.

Moskalenko, S., & Heine, S. J. (2003). Watching your troubles away: Television viewing as a stimulus for subjective self-awareness. *Personality and Social Psychology Bulletin, 29,* 76–85.

Moskowitz, G. B. (2005). *Social cognition: Understanding self and others.* New York: Guilford Press.

Mullen, B., Brown, R. J., & Smith, C. (1992). Ingroup bias as a function of salience, relevance, and status: An integration. *European Journal of Social Psychology, 22,* 103–122.

Mullen, B., & Goethals, G. R. (1990). Social projection, actual consensus, and valence. *British Journal of Social Psychology, 29,* 279–282.

Mullen, B., & Hu, L. (1989). Perceptions of ingroup and outgroup variability: A meta-analytic integration. *Basic and Applied Social Psychology, 10,* 233–252.

Mullen, B., & Johnson, C. (1990). Distinctiveness-based illusory correlations and stereotyping: A meta-analytic integration. *British Journal of Social Psychology, 29,* 11–27.

Mullen, B., & Riordan, C. A. (1988). Self-serving attributions for performance in naturalistic settings: A meta-analytic review. *Journal of Applied Social Psychology, 18,* 3–22.

Murphy, F. C., Nimmo-Smith, I., & Lawrence, A. D. (2003). Functional neuroanatomy of emotions: A meta-analysis. *Cognitive Affective and Behavioral Neuroscience, 3,* 207–233.

Murphy, G. L., & Medin, D. L. (1985). The role of theories in conceptual coherence. *Psychological Review, 92,* 289–316.

Murphy, N. A. (2012). Nonverbal perception. In S. T. Fiske & C. N. Macrae (Eds.), *Sage handbook of social cognition* (pp. 191–210). Thousand Oaks, CA: Sage.

Murphy, S. T., Monahan, J. L., & Zajonc, R. B. (1995). Additivity of nonconscious affect: Combined effects of priming and exposure. *Journal of Personality and Social Psychology, 69,* 589–602.

Murray, J. D., Spadafore, J. A., & McIntosh, W. D. (2005). Belief in a just world and social perception: Evidence for automatic activation. *Journal of Social Psychology, 145,* 35–47.

Musen, G., & Squire, L. R. (1993). Implicit learning of color-word associations using a Stroop paradigm. *Journal of Experimental Psychology: Learning, Memory, and Cognition, 19,* 789–798.

Mussweiler, T. (2003). Comparison processes in social judgment: Mechanisms and consequences. *Psychological Review, 110,* 472–489.

Mussweiler, T. (2006). Doing is for thinking! *Psychological Science, 17,* 17–21.

Mussweiler, T., & Bodenhausen, G. (2002). I know you are but what am I? Self-evaluative consequences of judging in-group and out-group members. *Journal of Personality and Social Psychology, 82,* 19–32.

Mussweiler, T., & Förster, J. (2000). The sex → aggression link: A perception–behavior dissociation. *Journal of Personality and Social Psychology, 79,* 507–520.

Mussweiler, T., & Strack, F. (1999). Hypothesis-consistent testing and semantic priming in the anchoring paradigm: A selective accessibility model. *Journal of Experimental Social Psychology, 35,* 136–164.

Mussweiler, T., & Strack, F. (2000). Numeric judgments under uncertainty: The role of knowledge in anchoring. *Journal of Experimental Social Psychology, 36,* 495–518.

Mussweiler, T., Strack, F., & Pfeiffer, T. (2000). Overcoming the inevitable anchoring effect: Considering the opposite compensates for selective accessibility. *Personality and Social Psychology Bulletin, 26,* 1142–1150.

Naqvi, N., Shiv, B., & Bechara, A. (2006). The role of emotion in decision making: A cognitive neuroscience perspective. *Current Directions in Psychological Science, 15,* 260–264.

Nasby, W., & Yando, R. (1982). Selective encoding and retrieval of affectively-valent information: Two cognitive consequences of mood. *Journal of Personality and Social Psychology, 43,* 1244–1253.

Nei, M., & Roychoudhury, A. (1993). Evolutionary relationships of human populations on a global scale. *Molecular Biology Evolution, 10,* 927–943.

Neisser, U. (1980). On "social knowing." *Personality and Social Psychology Bulletin, 6,* 601–605.

Nelson, T. D. (Ed.). (2002). *Ageism: Stereotyping and prejudice against older persons.* Cambridge, MA: MIT Press.

Nesdale, A. R., Dharmalingam, S., & Kerr, G. K. (1987). Effect of subgroup ratio on stereotyping. *European Journal of Social Psychology, 17,* 353–356.

Neuberg, S. L. (1988). Behavioral implications of information presented outside of conscious awareness: The effect of subliminal presentation of trait information on behavior in the prisoner's dilemma game. *Social Cognition, 6,* 207–230.

Neuberg, S. L. (1989). The goal of forming accurate impressions during social interactions: Attenuating the impact of negative expectancies. *Journal of Personality and Social Psychology, 56,* 374–386.

Neuberg, S. L., & Fiske, S. T. (1987). Motivational influences on impression formation: Outcome dependency, accuracy-driven attention, and individuating processes. *Journal of Personality and Social Psychology, 53,* 431–444.

Neuberg, S. L., & Newsom, J. T. (1993). Personal need for structure: Individual differences in the desire for simpler structure. *Journal of Personality and Social Psychology, 65,* 113–131.

Neuberg, S. L., Smith, D. M., & Asher, T. (2000). Why people stigmatize: Toward a biocultural framework. In T. F. Heatherton, R. E. Kleck, & M. R. Hebl (Eds.), *The social psychology of stigma* (pp. 31–61). New York: Guilford Press.

Neugarten, B. (1974). Age groups in American society and the rise of the young-old. *Annals of the American Academy of Political and Social Science,* September, 187–198.

Neumann, R., & Seibt, B. (2001). The structure of prejudice: Associative strength as a determinant of stereotype endorsement. *European Journal of Social Psychology, 31,* 609–620.

Neumann, R., & Strack, F. (2000). Approach and avoidance: The influence of proprioceptive and exteroceptive cues on encoding of affective information. *Journal of Personality and Social Psychology, 79,* 39–48.

Newell, A., & Simon, H. A. (1972). *Human problem solving.* Englewood Cliffs, NJ: Prentice-Hall.

Newman, L. S., & Uleman, J. S. (1990). Assimilation and contrast effects in spontaneous trait inference. *Personality and Social Psychology Bulletin, 16,* 224–240.

Newtson, D. (1973). Attribution and the unit of perception of ongoing behavior. *Journal of Personality and Social Psychology, 28,* 28–38.

Newtson, D. (1980). An interactionist perspective on social knowing. *Personality and Social Psychology Bulletin, 6,* 520–531.

Newtson, D., & Czerlinsky, T. (1974). Adjustment of attitude communications for contrasts by extreme audiences. *Journal of Personality and Social Psychology, 30,* 829–837.

Newtson, D., & Enquist, G. (1976). The perceptual organization of ongoing behavior. *Journal of Experimental Social Psychology, 12,* 436–450.

Newtson, D., Enquist, G., & Bois, J. (1977). The objective basis of behavior units. *Journal of Personality and Social Psychology, 35,* 847–862.

Newtson, D., Hairfield, J., Bloomingdale, J., & Cutino, S. (1987). The structure of action and interaction. *Social Cognition, 5,* 191–237.

Nezlek, J. B., & Leary, M. R. (2002). Individual differences in self-presentational motives in daily social interaction. *Personality and Social Psychology Bulletin, 28,* 211–223.

Niedenthal, P. M., Barsalou, L. W., Winkielman, P., Krauth-Gruber, S., & Ric, F. (2005). Embodiment in attitudes, social perception, and emotion. *Personality and Social Psychology Review, 9,* 184–211.

Niedenthal, P. M., & Brauer, M. (2012). Social functionality of human emotion. *Annual Review of Psychology, 63,* 259–285.

Niedenthal, P. M., & Cantor, N. (1986). Affective responses as guides to category-based inferences. *Motivation and Emotion, 10,* 217–232.

Niedenthal, P. M., & Setterlund, M. B. (1994). Emotion congruence in perception. *Personality and Social Psychology Bulletin, 20,* 401–411.

Nielson, S. L., & Sarason, S. G. (1981). Emotion, personality, and selective attention. *Journal of Personality and Social Psychology, 41,* 945–960.

Niiya, Y., Crocker, J., & Bartmess, E. N. (2004). From vulnerability to resilience: Learning orientations buffer contingent self-esteem from failure. *Psychological Science, 15,* 801–805.

Nilsson, I., & Ekehammar, B. (1987). Person-positivity bias in political perception? *European Journal of Social Psychology, 17,* 247–252.

Nisbett, R. E., Krantz, D. H., Jepson, C., & Fong, G. T. (1982). Improving inductive inference. In D. Kahneman, P. Slovic, & A. Tversky (Eds.), *Judgment under uncertainty: Heuristics and biases* (pp. 445–462). New York: Cambridge University Press.

Nisbett, R. E., Peng, K., Choi, I., & Norenzayan, A. (2001). Culture and systems of thought: Holistic versus analytic cognition. *Psychological Review, 108,* 291–310.

Nisbett, R. E., & Ross, L. D. (1980). *Human inference: Strategies and shortcomings of social judgment.* Englewood Cliffs, NJ: Prentice-Hall.

Nisbett, R. E., & Valins, S. (1972). Perceiving the causes of one's own behavior. In E. E. Jones, E. E. Kanouse, H. H. Kelley, R. E. Nisbett, S. Valins, & B. Weiner (Eds.), *Attribution: Perceiving the causes of behavior* (pp. 63–78). Morristown, NJ: General Learning Press.

Nisbett, R. E., & Wilson, T. D. (1977a). The halo effect: Evidence for unconscious alteration of judgments. *Journal of Personality and Social Psychology, 35,* 250–256.

Nisbett, R. E., & Wilson, T. D. (1977b). Telling more than we can know: Verbal reports on mental processes. *Psychological Review, 84,* 231–259.

Nisbett, R. E., Zukier, H., & Lemley, R. E. (1981). The dilution effect: Non-diagnostic information weakens the implications of diagnostic information. *Cognitive Psychology, 13,* 248–277.

Nordgren, L. F., McDonnell, M.-H. M., & Loewenstein, G. (2011). What constitutes torture?: Psychological impediments to an objective evaluation of enhanced interrogation tactics. *Psychological Science, 22(5),* 689–694.

Nordgren, L. F., van der Pligt, J., & van Harreveld, F. (2006). Visceral drives in retrospect: Explanations about the inaccessible past. *Psychological Science, 17(7),* 635–640.

Norenzayan, A., Choi, I., & Nisbett, R. E. (2002). Cultural similarities and differences in social inference: Evidence from behavioral predictions and lay theories of behavior. *Personality and Social Psychology Bulletin, 28,* 109–120.

Norman, D. A., & Shallice, T. (1986). Attention to action: Willed and automatic control of behavior. In R. J. Davidson, G. E. Schwartz, & D. Shapiro (Eds.), *Consciousness and self regulation: Advances in research and theory* (Vol. 4, pp. 1–18). New York: Plenum Press.

Norman, K. A., & O'Reilly, R. C. (2003). Modeling hippocampal and neocortical contributions to recognition memory: A complementary-learning systems approach. *Psychological Review, 110,* 611–646.

Norman, R. (1975). Affective-cognitive consistency, attitudes, conformity, and behavior. *Journal of Personality and Social Psychology, 32,* 83–91.

North, M. S., & Fiske, S. T. (2012). Social cognition. In A. W. Kruglanski & W. Stroebe (Eds.), *Handbook of the history of social psychology* (pp. 81–100). New York: Psychology Press.

North, M. S., & Fiske, S. T. (2012). An inconvenienced youth: Ageism and its potential intergenerational roots. *Psychological Bulletin.*

North, M. S., & Fiske, S. T. (2013). Subtyping ageism: Policy issues in succession and consumption. *Social Issues and Policy Review.*

North, M. S., & Fiske, S. T. (under review). The young and the ageist: Intergenerational tensions over succession, identity, and consumption.

Norton, M. I., Vandello, J. A., & Darley, J. M. (2004). Casuistry and social category bias. *Journal of Personality and Social Psychology, 87,* 817–831.

Nosek, B. A., Banaji, M., & Greenwald, A. G. (2002a). Harvesting implicit group attitudes and beliefs from a demonstration web site. *Group Dynamics: Theory, Research, and Practice, 6,* 101–115.

Nosek, B. A., Banaji, M. R., & Greenwald, A. G. (2002b). Math = male, me = female, therefore math ≠ me. *Journal of Personality and Social Psychology, 83,* 44–59.

Nosek, B. A., Hawkins, C. B., & Frazier, R. S. (2012). Implicit social cognition. In S. T. Fiske & C. N. Macrae (Eds.), *Sage handbook of social cognition* (pp. 31–53). Thousand Oaks, CA: Sage.

Nowak, A., Vallacher, R. R., Tesser, A., & Borkowski, W. (2000). Society of self: The emergence of collective properties in self-structure. *Psychological Review, 107,* 39–61.

Nussbaum, S., Trope, Y., & Liberman, N. (2003). Creeping dispositionism: The temporal dynamics of behavior prediction. *Journal of Personality and Social Psychology, 84,* 485–497.

Oakes, P. J., & Turner, J. C. (1980). Social categorization and intergroup behaviour: Does minimal intergroup discrimination make social identity more positive? *European Journal of Social Psychology, 10,* 295–301.

Oakes, P., & Turner, J. C. (1986). Distinctiveness and the salience of social category memberships: Is there an automatic perceptual bias towards novelty? *European Journal of Social Psychology, 16(4),* 325-344.

Oatley, K., & Johnson-Laird, P. N. (1987). Towards a cognitive theory of emotions. *Cognition and Emotion, 1,* 29–50.

O'Brien, L. T., & Crandall, C. S. (2003). Stereotype threat and arousal: Effects on women's math performance. *Personality and Social Psychology Bulletin, 29,* 782–789.

Ochsner, K. N., Beer, J. S., Robertson, E. R., Cooper, J. C., Gabrieli, J. D. E., Kihlstrom, J. F., et al. (2005). The neural correlates of direct and reflected self-knowledge. *NeuroImage, 28,* 797–814.

Ochsner, K. N., & Lieberman, M. D. (2001). The emergence of social cognitive neuroscience. *American Psychologist, 56(9),* 717–734.

O'Doherty, J. P. (2004). Reward representations and reward-related learning in the human brain: Insights from neuroimaging. *Current Opinion in Neurobiology, 14,* 769–776.

O'Doherty, J. P., Kringelbach, M. L., Rolls, E. T., Hornak, J., & Andrews, C. (2001). Abstract reward and punishment representations in the human orbitofrontal cortex. *Nature Neuroscience, 4,* 95–102.

Oettingen, G., & Mayer, D. (2002). The motivating function of thinking about the future: Expectations versus fantasies. *Journal of Personality and Social Psychology, 83,* 1198–1212.

Oettingen, G., Pak, H.-j., & Schnetter, K. (2001). Self-regulation of goal setting: Turning free fantasies about the future into binding goals. *Journal of Personality and Social Psychology, 80,* 736–753.

Oishi, S., & Diener, E. (2003). Culture and well-being: The cycle of action, evaluation, and decision. *Personality and Social Psychology Bulletin, 29,* 939–949.

Oishi, S., Diener, E., Napa Scollon, C., & Biswas-Diener, R. (2004). Cross-situational consistency of affective experiences across cultures. *Journal of Personality and Social Psychology, 86,* 460–472.

Oishi, S., Wyer, R. S., Jr., & Colcombe, S. (2000). Cultural variation in the use of current life satisfaction to predict the future. *Journal of Personality and Social Psychology, 78,* 434–445.

Olivola, C. Y., & Todorov, A. (2010). Fooled by first impressions? Reexamining the diagnostic value of appearance-based inferences. *Journal of Experimental Social Psychology, 46(2),* 315–324.

Olson, I. R., & Marshuetz, C. (2005). Facial attractiveness is appraised in a glance. *Emotion, 5,* 498–502.

Olson, J. M., Ellis, R. J., & Zanna, M. P. (1983). Validating objective versus subjective judgments: Interest in social comparison and consistency information. *Personality and Social Psychology Bulletin, 54,* 758–767.

Olson, J. M., & Ross, M. (1988). False feedback about placebo effectiveness: Consequences for the misattribution of speech anxiety. *Journal of Experimental Social Psychology, 24,* 275–291.

Olson, J. M., & Zanna, M. P. (1979). A new look at selective exposure. *Journal of Experimental Social Psychology, 15,* 1–15.

Olson, M. A., & Fazio, R. H. (2002). Implicit acquisition and manifestation of classically conditioned attitudes. *Social Cognition, 20,* 89–104.

Olson, M. A., & Fazio, R. H. (2004a). Reducing the influence of extrapersonal associations on the implicit association test: Personalizing the IAT. *Journal of Personality and Social Psychology, 86,* 653–667.

Olson, M. A., & Fazio, R. H. (2004b). Trait inferences as a function of automatically activated racial attitudes and motivation to control prejudiced reactions. *Basic and Applied Social Psychology, 26,* 1–11.

Operario, D., & Fiske, S. T. (2001). Ethnic identity moderates perceptions of prejudice: Judgments of personal versus group discrimination and subtle versus blatant bias. *Personality and Social Psychology Bulletin, 27,* 550–561.

Ortony, A., Clore, G. L., & Collins, A. (1988). *The cognitive structure of emotion.* Cambridge: Cambridge University Press.

Ortony, A., & Turner, T. J. (1990). What's basic about basic emotions? *Psychological Review, 97,* 315–331.

Osgood, C. E., & Tannenbaum, P. H. (1955). The principle of congruity in the prediction of attitude change. *Psychological Review, 62,* 42–55.

Ostrom, T. M. (1977). Between-theory and within-theory conflict in explaining context effects in impression formation. *Journal of Experimental Social Psychology, 13,* 492–503.

Ostrom, T. M. (1984). The sovereignty of social cognition. In R. S. Wyer Jr. & T. K. Srull (Eds.), *Handbook of social cognition* (Vol. 1, pp. 1–38). Hillsdale, NJ: Erlbaum.

Ostrom, T. M. (1988). Computer simulation: The third symbol system. *Journal of Experimental Social Psychology, 24,* 381–392.

Ostrom, T. M., Lingle, J. H., Pryor, J. B., & Geva, N. (1980). Cognitive organization of person impressions. In R. Hastie, T. M. Ostrom, E. B. Ebbesen, R. S. Wyer Jr., D. Hamilton, & D. E. Carlston (Eds.), *Person memory: The cognitive basis of social perception* (pp. 55–88). Hillsdale, NJ: Erlbaum.

Ostrom, T. M., & Sedikides, C. (1992). Out-group homogeneity effect in natural and minimal groups. *Psychological Bulletin, 112,* 536–552.

Ottati, V., Fishbein, M., & Middlestadt, S. E. (1988). Determinants of voters' beliefs about the candidates' stands on the issues: The role of evaluative bias heuristics and the candidates' expressed message. *Journal of Personality and Social Psychology, 55,* 517–529.

Otten, S., Mummendey, A., & Blanz, M. (1996). Intergroup discrimination in positive and negative outcome allocations: Impact of stimulus valence, relative group status, and relative group size. *Personality and Social Psychology Bulletin, 22,* 568–581.

Owens, J., Bower, G. H., & Black, J. B. (1979). The "soap-opera" effect in story recall. *Memory and Cognition, 7,* 185–191.

Oyserman, D., Bybee, D., & Terry, K. (2006). Possible selves and academic outcomes: How and when possible selves impel action. *Journal of Personality and Social Psychology, 91,* 188–204.

Padoa-Schioppa, C., & Assad, J. A. (2006). Neurons in the orbitofrontal cortex encode economic value. *Nature, 441,* 223–226.

Pagel, M. D., & Davidson, A. R. (1984). A comparison of three social-psychological models of attitude and behavioral plan: Prediction of contraceptive behavior. *Journal of Personality and Social Psychology, 47,* 517–533.

Pallak, S. R. (1983). Salience of a communicator's physical attractiveness and persuasion: A heuristic versus systematic processing interpretation. *Social Cognition, 2,* 158–170.

Pandya, D. N., & Barnes, C. L. (1987). Architecture and connections of the frontal lobe. In E. Perecman (Ed.), *The frontal lobes revisited* (pp. 41–72). New York: IRBN Press.

Parducci, A. (1968). The relativism of absolute judgments. *Scientific American, 219,* 84–90.

Park, B., & Hastie, R. (1987). Perception of variability in category development: Instance- versus abstraction-based stereotypes. *Journal of Personality and Social Psychology, 53,* 621–635.

Park, B., & Judd, C. M. (1990). Measures and models of perceived group variability. *Journal of Personality and Social Psychology, 59,* 173–191.

Park, B., & Judd, C. M. (2005). Rethinking the link between categorization and prejudice within the social cognition perspective. *Personality and Social Psychology Review, 9,* 108–130.

Park, B., Ryan, C. S., & Judd, C. M. (1992). Role of meaningful subgroups in explaining differences in perceived variability. *Journal of Personality and Social Psychology, 5,* 73–91.

Parkinson, B. (1985). Emotional effects of false autonomic feedback. *Psychological Bulletin, 98,* 471–494.

Parra, F. C., Amado, R. C., Lambertucci, J. R., Rocha, J., Antunes, C. M., & Pena, S. D. (2003). Color and genomic ancestry in Brazilians. *Proceedings of the National Academy of Sciences, 100,* 177–182.

Parrott, W. G., & Sabini, J. (1990). Mood and memory under natural conditions: Evidence for mood incongruent recall. *Journal of Personality and Social Psychology, 59,* 321–336.

Pasupathi, M., Carstensen, L. L., & Tsai, J. L. (1995). Ageism in interpersonal settings. In B. Lott & D. Maluso (Eds.), *The social psychology of interpersonal discrimination* (pp. 160–182). New York: Guilford Press.

Pavelchak, M. A. (1989). Piecemeal and category-based evaluation: An idiographic analysis. *Journal of Personality and Social Psychology, 56,* 354–363.

Payne, B. K. (2012). Control, awareness, and other things we might learn to live without. In S. T. Fiske & C. N. Macrae (Eds.), *Sage handbook of social cognition* (pp. 12–30). Thousand Oaks, CA: Sage.

Peeters, G. (1983). Relational and informational patterns in social cognition. In W. Doise & S. Moscovici (Eds.), *Current issues in European social psychology* (pp. 201–237). Cambridge: Cambridge University Press.

Pelham, B. W. (1990). On confidence and consequence: The certainty and importance of self-knowledge. *Journal of Personality and Social Psychology, 60,* 518–530.

Pelham, B. W., Carvallo, M., & Jones, J. T. (2005). Implicit egotism. *Current Directions in Psychological Science, 14,* 106–110.

Pelham, B. W., Mirenberg, M. C., & Jones, J. K. (2002). Why Susie sells seashells by the seashore: Implicit egotism and major life decisions. *Journal of Personality and Social Psychology, 82,* 469–487.

Pellicano, E. (2012). Atypical social cognition. In S. T. Fiske & C. N. Macrae (Eds.), *Sage handbook of social cognition* (pp. 411–429). Thousand Oaks, CA: Sage.

Pennebaker, J. W., Dyer, M. A., Caulkins, R. S., Litkowitz, D. L., Ackreman, P. L., Anderson, D. B., & McGraw, K. M. (1979). Don't the girls get prettier at closing time: A country and western application to psychology. *Personality and Social Psychology Bulletin, 5,* 122–125.

Penner, L. A., Dovidio, J. F., Piliavin, J. A., & Schroeder, D. A. (2005). Prosocial behavior: Multilevel perspectives. *Annual Review of Psychology, 56,* 365–392.

Pepitone, A. (1950). Motivational effects in social perception. *Human Relations, 3,* 57–76.
Perdue, C. W., Dovidio, J. F., Gurtman, M. B., & Tyler, R. B. (1990). Us and them: Social categorization and the process of intergroup bias. *Journal of Personality and Social Psychology, 59,* 475–486.
Perlow, L., & Weeks, J. (2002). Who's helping whom? Layers of culture and workplace behavior. *Journal of Organizational Behavior, 23,* 345–361.
Perreault, S., & Bourhis, R. Y. (1999). Ethnocentrism, social identification, and discrimination. *Personality and Social Psychology Bulletin, 25,* 92–103.
Perry, L. C., Perry, D. G., & Weiss, R. J. (1986). Age differences in children's beliefs about whether altruism makes the actor feel good. *Social Cognition, 4,* 263–269.
Peterson, B. E., Doty, R. M., & Winter, D. G. (1993). Authoritarianism and attitudes toward contemporary social issues. *Personality and Social Psychology Bulletin, 19,* 174–184.
Peterson, B. E., Duncan, L. E., & Pang, J. S. (2002). Authoritarianism and political impoverishment: Deficits in knowledge and civic disinterest. *Political Psychology, 23,* 97–112.
Peterson, B. E., & Miller, J. A. (2004). Quality of college students' experiences during cooperative learning. *Social Psychology of Education, 7,* 161–183.
Pettigrew, T. F. (1979). The ultimate attribution error: Extending Allport's cognitive analysis of prejudice. *Personality and Social Psychology Bulletin, 5,* 461–476.
Pettigrew, T. F., & Meertens, R. W. (1995). Subtle and blatant prejudice in Western Europe. *European Journal of Social Psychology, 25,* 57–75.
Pettigrew, T. F., & Tropp, L. R. (2006). A meta-analytic test of intergroup contact theory. *Journal of Personality and Social Psychology, 90,* 751–783.
Petty, R. E., Briñol, P., & Tormala, Z. L. (2002). Thought confidence as a determinant of persuasion: The self-validation hypothesis. *Journal of Personality and Social Psychology, 82,* 722–741.
Petty, R. E., & Cacioppo, J. T. (1979). Issue involvement can increase or decrease persuasion by enhancing message-relevant cognitive responses. *Journal of Personality and Social Psychology, 37,* 1915–1926.
Petty, R. E., & Cacioppo, J. T. (1981). *Attitudes and persuasion: Classic and contemporary approaches.* Dubuque, IA: W. C. Brown.
Petty, R. E., & Cacioppo, J. T. (1984). The effects of involvement on responses to argument quantity and quality: Central and peripheral routes to persuasion. *Journal of Personality and Social Psychology, 46,* 69–81.
Petty, R. E., & Cacioppo, J. T. (1986). The elaboration likelihood model of persuasion. In L. Berkowitz (Ed.), *Advances in experimental social psychology* (Vol. 19, pp. 123–205). New York: Academic Press.
Petty, R. E., & Cacioppo, J. T. (1990). Involvement and persuasion: Tradition versus integration. *Psychological Bulletin, 107,* 367–374.
Petty, R. E., Cacioppo, J. T., & Goldman, R. (1981). Personal involvement as a determinant of argument-based persuasion. *Journal of Personality and Social Psychology, 41,* 847–855.
Petty, R. E., Cacioppo, J. T., & Kasmer, J. A. (1988). The role of affect in the elaboration likelihood model of persuasion. In L. Donohew, H. E. Sypher, & E. T. Higgins (Eds.), *Communication, social cognition, and affect* (pp. 117–146). Hillsdale, NJ: Erlbaum.
Petty, R. E., Cacioppo, J. T., Kasmer, J. A., & Haugtvedt, C. P. (1987). A reply to Stiff and Boster. *Communication Monographs, 54,* 257–263.
Petty, R. E., Cacioppo, J. T., & Schumann, D. (1983). Central and peripheral routes to advertising effectiveness: The moderating role of involvement. *Journal of Consumer Research, 10,* 134–148.
Petty, R. E., Cacioppo, J. T., Sedikides, C., & Strathman, A. J. (1988). Affect and persuasion: A contemporary perspective. *American Behavioral Scientist, 31,* 355–371.
Petty, R. E., Fleming, M. A., Priester, J. R., & Feinstein, A. H. (2001). Individual versus group interest violation: Surprise as a determinant of argument scrutiny and persuasion. *Social Cognition, 19,* 418–442.
Petty, R. E., Gleicher, F., & Baker, S. M. (1991). Multiple roles for affect in persuasion. In J. Forgas (Ed.), *Emotion and social judgment* (pp. 181–200). London: Pergamon Press.

Petty, R. E., Harkins, S. G., & Williams, K. D. (1980). The effects of group diffusion of cognitive effort on attitudes: An information-processing view. *Journal of Personality and Social Psychology, 38,* 81–92.

Petty, R. E., Kasmer, J., Haugtvedt, C. P., & Cacioppo, J. T. (1987). Source and message factors in persuasion: A reply to Stiff's critique of the elaboration of the likelihood model. *Communication Monographs, 54,* 233–263.

Petty, R. E., Ostrom, T. M., & Brock, T. C. (Eds.). (1981). *Cognitive responses in persuasive communications: A text in attitude change.* Hillsdale, NJ: Erlbaum.

Petty, R. E., Rennier, G. A., & Cacioppo, J. T. (1987). Assertion versus interrogation format in opinion surveys: Questions enhance thoughtful responding. *Public Opinion Quarterly, 51,* 481–494.

Petty, R. E., Tormala, Z. L., Briñol, P., & Jarvis, W. B. G. (2006). Implicit ambivalence from attitude change: An exploration of the PAST model. *Journal of Personality and Social Psychology, 90,* 21–41.

Petty, R. E., & Wegener, D. T. (1998). Attitude change: Multiple roles for persuasion variables. In D. T. Gilbert, S. T. Fiske, & G. Lindzey (Eds.), *Handbook of social psychology* (4th edn, Vol. 1, pp. 323–390). New York: McGraw-Hill.

Petty, R. E., & Wegener, D. T. (1999). The elaboration likelihood model: Current status and controversies. In S. Chaiken & Y. Trope (Eds.), *Dual-process theories in social psychology* (pp. 37–72). New York: Guilford Press.

Petty, R. E., Wegener, D. T., & Fabrigar, L. R. (1997). Attitudes and attitude change. *Annual Review of Psychology, 48,* 609–647.

Petty, R. E., Wells, G. L., & Brock, T. C. (1976). Distraction can enhance or reduce yielding to propaganda: Thought disruption versus effort justification. *Journal of Personality and Social Psychology, 34,* 874–884.

Phalet, K., & Poppe, E. (1997). Competence and morality dimensions of national and ethnic stereotypes: A study in six Eastern European countries. *European Journal of Social Psychology, 27,* 703–723.

Pham, L. B., & Taylor, S. E. (1999). From thought to action: Effects of process versus outcome-based mental simulations on performance. *Personality and Social Psychology Bulletin, 25,* 250–260.

Pham, L. B., Taylor, S. E., & Seeman, T. E. (2001). Effects of environmental predictability and personal mastery on self-regulatory and physiological processes. *Personality and Social Psychology Bulletin, 27,* 611–620.

Pham, M. T., Meyvis, T., & Zhou, N. (2001). Beyond the obvious: Chronic vividness of imagery and the use of information in decision making. *Organizational Behavior and Human Decision Processes, 84,* 226–253.

Phan, K. L., Wager, T., Taylor, S. F., & Liberzon, I. (2002). Functional neuroanatomy of emotion: A meta-analysis of emotion activation studies in PET and fMRI. *NeuroImage, 16,* 331–348.

Phelps, E. A. (2005). The interaction of emotion and cognition: The relation between the human amygdala and cognitive awareness. In R. R. Hassan, J. Uleman, & J. A. Bargh (Eds.), *The power of the subliminal: On subliminal persuasion and other potential applications* (pp. 61–76). New York: Oxford University Press.

Phelps, E. A. (2006). Emotion and cognition: Insights from studies of the human amygdala. *Annual Review of Psychology, 57,* 27–53.

Phelps, E. A., Cannistraci, C. J., & Cunningham, W. A. (2003). Intact performance on an indirect measure of face bias following amygdala damage. *Neuropsychologia, 41,* 203–208.

Phelps, E. A., O'Connor, K. J., Cunningham, W. A., Funayama, E. S., Gatenby, J. C., Gore, J. C., & Banaji, M. R. (2000). Performance on indirect measures of race evaluation predicts amygdala activation. *Journal of Cognitive Neuroscience, 12,* 729–738.

Phillips, A. G., & Silvia, P. J. (2005). Self-awareness and the emotional consequences of self-discrepancies. *Personality and Social Psychology Bulletin, 31,* 703–713.

Picek, J. S., Sherman, S. J., & Shiffrin, R. M. (1975). Cognitive organization and coding of social structures. *Journal of Personality and Social Psychology, 31,* 758–768.

Pinel, E. C. (1999). Stigma consciousness: The psychological legacy of social stereotypes. *Journal of Personality and Social Psychology, 76,* 114–128.

Pinel, E. C. (2002). Stigma consciousness in intergroup contexts: The power of conviction. *Journal of Experimental Social Psychology, 38,* 178–185.

Pittman, T. S. (1998). Motivation. In D. T. Gilbert, S. T. Fiske, & G. Lindzey (Eds.), *Handbook of social psychology* (4th edn, Vol. 1, pp. 549–590). New York: McGraw-Hill.

Plant, E. A., Kling, K. C., & Smith, G. L. (2004). The influence of gender and social role on the interpretation of facial expressions. *Sex Roles, 51,* 187–196.
Plutchik, R. (1962). *The emotions: Facts, theories and a new model.* New York: Random House.
Plutchik, R. (1980). *Emotion: A psychoevolutionary synthesis.* New York: Harper & Row.
Posavac, S. S., Sanbonmatsu, D. M., & Fazio, R. H. (1997). Considering the best choice: Effects of the salience and accessibility of alternatives on attitude-decision consistency. *Journal of Personality and Social Psychology, 72,* 253–261.
Posner, M. I., & Keele, S. W. (1968). On the genesis of abstract ideas. *Journal of Experimental Psychology, 77,* 353–363.
Posner, M. I., & Keele, S. W. (1970). Retention of abstract ideas. *Journal of Experimental Psychology, 83,* 304–308.
Posner, M. I., & Rothbart, M. K. (2007). Research on attention networks as a model for the integration of psychological science. *Annual Review of Psychology, 58,* 1–23.
Postmes, T., Haslam, S. A., & Swaab, R. I. (2005). Social influence in small groups: An interactive model of social identity formation. *European Review of Social Psychology, 16,* 1–42.
Postmes, T., Spears, R., Lee, A. T., & Novak, R. J. (2005). Individuality and social influence in groups: Inductive and deductive routes to group identity. *Journal of Personality and Social Psychology, 89,* 747–763.
Powell, M. C., & Fazio, R. H. (1984). Attitude accessibility as a function of repeated attitudinal expression. *Personality and Social Psychology Bulletin, 10,* 139–148.
Pratkanis, A. R. (1988). The attitude heuristic and selective fact identification. *British Journal of Social Psychology, 27,* 257–263.
Pratkanis, A. R., & Greenwald, A. G. (1989). A sociocognitive model of attitude structure and function. In L. Berkowitz (Ed.), *Advances in experimental social psychology* (Vol. 22, pp. 245–285). New York: Academic Press.
Pratto, F. (1999). The puzzle of continuing group inequality: Piecing together psychological, social, and cultural forces in social dominance theory. In M. P. Zanna (Ed.), *Advances in experimental social psychology* (Vol. 1, pp. 191–263). San Diego, CA: Academic Press.
Pratto, F., & John, O. P. (1991). Automatic vigilance: The attention-grabbing power of negative social information. *Journal of Personality and Social Psychology, 61,* 380–391.
Pratto, F., Sidanius, J., Stallworth, L. M., & Malle, B. F. (1994). Social dominance orientation: A personality variable predicting social and political attitudes. *Journal of Personality and Social Psychology, 67,* 741–763.
Pratto, F., Stallworth, L. M., Sidanius, J., & Siers, B. (1997). The gender gap in occupational role attainment: A social dominance approach. *Journal of Personality and Social Psychology, 72,* 37–53.
Prentice, D. A. (1987). Psychological correspondence of possessions, attitudes, and values. *Journal of Personality and Social Psychology, 53,* 993–1003.
Priester, J. R., Cacioppo, J. T., & Petty, R. E. (1996). The influence of motor processes on attitudes toward novel versus familiar semantic stimuli. *Personality and Social Psychology Bulletin, 22,* 442–447.
Priester, J. R., & Petty, R. E. (2001). Extending the bases of subjective attitudinal ambivalence: Interpersonal and intrapersonal antecedents of evaluative tension. *Journal of Personality and Social Psychology, 80,* 19–34.
Prislin, R. (1987). Attitude–behaviour relationship: Attitude relevance and behaviour relevance. *European Journal of Social Psychology, 17,* 483–485.
Prislin, R., & Ouellette, J. (1996). When it is embedded, it is potent: Effects of general attitude embeddedness on formation of specific attitudes and behavioral intentions. *Personality and Social Psychology Bulletin, 22,* 845–861.
Pronin, E., Gilovich, T., & Ross, L. D. (2004). Objectivity in the eye of the beholder: Divergent perceptions of self versus others. *Psychological Review, 111,* 781–799.
Pronin, E., Kruger, J., Savitsky, K., & Ross, L. D. (2001). You don't know me, but I know you: The illusion of asymmetric insight. *Journal of Personality and Social Psychology, 81,* 639–656.
Pronin, E., Lin, D. Y., & Ross, L. D. (2002). The bias blind spot: Perceptions of bias in self versus others. *Personality and Social Psychology Bulletin, 28,* 369–381.

Pronin, E., & Ross, L. D. (2006). Temporal differences in trait self-ascription: When the self is seen as an other. *Journal of Personality and Social Psychology, 90,* 197–209.

Pronin, E., Steele, C. M., & Ross, L. D. (2004). Identity bifurcation in response to stereotype threat: Women and mathematics. *Journal of Experimental Social Psychology, 40,* 152–168.

Pronin, E., Wegner, D. M., McCarthy, K., & Rodriguez, S. (2006). Everyday magical powers: The role of apparent mental causation in the overestimation of personal influence. *Journal of Personality and Social Psychology, 91,* 218–231.

Pruessner, J. C., Baldwin, M. W., Dedovic, K., Renwick, R., Mahani, N. K., Lord, C., Meaney, M., & Lupien, S. (2005). Self-esteem, locus of control, hippocampal volume, and cortisol regulation in young and old adulthood. *NeuroImage, 28,* 815–826.

Pruitt, D. G., & Teger, A. I. (1969). The risky shift in group betting. *Journal of Experimental Social Psychology, 5,* 115–126.

Pryor, J. B., & Kriss, N. (1977). The cognitive dynamics of salience in the attribution process. *Journal of Personality and Social Psychology, 35,* 49–55.

Quadflieg, S., Mason, M. F., & Macrae, C. N. (2004). The owl and the pussycat: Gaze cues and visuospatial orienting. *Psychonomic Bulletin and Review, 22,* 826–831.

Quattrone, G. A. (1982). Overattribution and unit formation: When behavior engulfs the person. *Journal of Personality and Social Psychology, 42,* 593–607.

Quattrone, G. A. (1985). On the congruity between internal states and action. *Psychological Bulletin, 98,* 3–40.

Quattrone, G. A., Finkel, S. E., & Andrus, D. C. (1982). Anchors away! On overcoming the anchoring bias across a number of domains. Unpublished manuscript, Stanford University, Stanford, CA.

Quinn, D. M., Kahng, S. K., & Crocker, J. (2004). Discreditable: Stigma effects of revealing a mental illness history on test performance. *Personality and Social Psychology Bulletin, 30,* 803–815.

Quinn, K. A., & Macrae, C. N. (2005). Categorizing others: The dynamics of person construal. *Journal of Personality and Social Psychology, 88,* 467–479.

Quinn, K. A., Macrae, C. N., & Bodenhausen, G. (2003). Stereotyping and impression formation: How categorical thinking shapes person perception. In M. A. Hogg & J. Cooper (Eds.), *The Sage handbook of social psychology* (pp. 87–109). Thousand Oaks, CA: Sage.

Rabbie, J., & Horowitz, M. (1969). Arousal of ingroup-outgroup bias by a chance win or loss. *Journal of Personality and Social Psychology, 13,* 269–277.

Raeva, D., van Dijk, E., & Zeelenberg, M. (2011). How comparing decision outcomes affects subsequent decisions: The carry-over of a comparative mind-set. *Judgment and Decision Making, 6(4),* 343–350.

Raghubir, P., & Valenzuela, A. (2006). Center of inattention: Position biases in decision-making. *Organizational Behavior and Human Decision Processes, 99,* 66–80.

Rajecki, D. W. (1982). *Attitudes: Themes and advances.* Sunderland, MA: Sinauer.

Rakić, T., Steffens, M. C., & Mummendey, A. (2011). Blinded by the accent! The minor role of looks in ethnic categorization. *Journal of Personality and Social Psychology, 100(1),* 16–29.

Read, S. (1983). Once is enough: Causal reasoning from a single instance. *Journal of Personality and Social Psychology, 45,* 323–334.

Read, S. (1984). Analogical reasoning in social judgment: The importance of causal theories. *Journal of Personality and Social Psychology, 46,* 14–25.

Read, S. (1987). Similarity and causality in the use of social analogies. *Journal of Experimental Social Psychology, 23,* 189–207.

Read, S. J. (1988). Conjunctive explanations: The effect of a comparison between a chosen and a nonchosen alternative. *Journal of Experimental Social Psychology, 24,* 146–162.

Read, S. J., & Miller, L. C. (1989). Inter-personalism: Toward a goal-based theory of persons in relationships. In L. Pervin (Ed.), *Goal concepts in personality and social psychology* (pp. 413–472). Hillsdale, NJ: Erlbaum.

Read, S. J., & Urada, D. I. (2003). A neural network simulation of the outgroup homogeneity effect. *Personality and Social Psychology Review, 7,* 146–159.

Read, S. J., Vanman, E. J., & Miller, L. C. (1997). Connectionism, parallel constraint satisfaction processes, and Gestalt principles: (Re) introducing cognitive dynamics to social psychology. *Personality and Social Psychology Review, 1*, 26–53.

Reber, R., Schwarz, N., & Winkielman, P. (2004). Processing fluency and aesthetic pleasure: Is beauty in the perceiver's processing experience? *Personality and Social Psychology Review, 8*, 364–382.

Reber, R., Winkielman, P., & Schwarz, N. (1998). Effects of perceptual fluency on affective judgments. *Psychological Science, 9(1)*, 45–48.

Reed, G. M., Kemeny, M. E., Taylor, S. E., & Visscher, B. R. (1999). Negative HIV-specific expectancies and AIDS-related bereavement as predictors of symptom onset in asymptomatic HIV-positive gay men. *Health Psychology, 18*, 354–363.

Reed, S. K. (1972). Pattern recognition and categorization. *Cognitive Psychology, 3*, 382–407.

Reeder, G. D. (1993). Trait–behavior relations and dispositional inference. *Personality and Social Psychology Bulletin, 19*, 586–593.

Reeder, G. D., & Brewer, M. B. (1979). A schematic model of dispositional attribution in interpersonal perception. *Psychological Review, 86*, 61–79.

Reeder, G. D., Vonk, R., Ronk, M. J., Ham, J., & Lawrence, M. (2004). Dispositional attribution: Multiple inferences about motive-related traits. *Journal of Personality and Social Psychology, 86*, 530–544.

Regan, P. C., Snyder, M., & Kassin, S. M. (1995). Unrealistic optimism: Self-enhancement or person positivity? *Personality and Social Psychology Bulletin, 21*, 1073–1082.

Reisenzein, R. (1983). The Schachter theory of emotion: Two decades later. *Psychological Bulletin, 94*, 239–264.

Reisenzein, R. (1986). A structural equation analysis of Weiner's attribution–affect model of helping behavior. *Journal of Personality and Social Psychology, 50*, 1123–1133.

Reiss, M., Rosenfeld, P., Melburg, V., & Tedeschi, J. T. (1981). Self-serving attributions: Biased private perceptions and distorted public descriptions. *Journal of Personality and Social Psychology, 41*, 224–251.

Reyna, C., Henry, P. J., Korfmacher, W., & Tucker, A. (2006). Examining the principles in principled conservatism: The role of responsibility stereotypes as cues for deservingness in racial policy decisions. *Journal of Personality and Social Psychology, 90*, 109–128.

Rhee, E., Uleman, J. S., Lee, H. K., & Roman, R. J. (1995). Spontaneous self-descriptions and ethnic identities in individualistic and collectivist cultures. *Journal of Personality and Social Psychology, 69*, 142–152.

Rhodewalt, F., & Comer, R. (1979). Induced-compliance attitude change: Once more with feeling. *Journal of Experimental Social Psychology, 15*, 35–47.

Rhodewalt, F., Sanbonmatsu, D. M., Tschanz, B., Feick, D. L., & Waller, A. (1995). Self-handicapping and interpersonal trade-offs: The effects of claimed self-handicaps on observers' performance evaluations and feedback. *Personality and Social Psychology Bulletin, 21*, 1042–1050.

Rholes, W. S., Jones, M., & Wade, C. (1988). Children's understanding of personal dispositions and its relationship to behavior. *Journal of Experimental Child Psychology, 45*, 1–17.

Rholes, W. S., & Pryor, J. B. (1982). Cognitive accessibility and causal attributions. *Personality and Social Psychology Bulletin, 8*, 719–727.

Richeson, J. A., Baird, A. A., Gordon, H. L., Heatherton, T. F., Wyland, C. L., Trawalter, S., & Shelton, J. N. (2003). An fMRI investigation of the impact of interracial contact on executive function. *Nature Neuroscience, 6*, 1323–1328.

Richeson, J. A., & Shelton, J. N. (2003). When prejudice does not pay: Effects of interracial contact on executive function. *Psychological Science, 14*, 287–290.

Richeson, J. A., & Shelton, J. N. (2005). Brief report: Thin slices of racial bias. *Journal of Nonverbal Behavior, 29*, 75–86.

Richeson, J. A., & Shelton, J. N. (2006). A social psychological perspective on the stigmatization of older adults. In L. L. Carstensen & C. R. Hartel (Eds.), *When I'm 64* (pp. 174–208). Washington, DC: National Research Council Committee on Aging Frontiers in Social Psychology, Personality, and Adult Developmental Psychology/The National Academies Press.

Richeson, J. A., & Trawalter, S. (2005). Why do interracial interactions impair executive function? A resource depletion account. *Journal of Personality and Social Psychology, 88*, 934–947.

Richeson, J. A., Trawalter, S., & Shelton, J. N. (2005). African Americans' implicit racial attitudes and the depletion of executive function after interracial internactions. *Social Cognition, 23*, 336–352.

Ridgeway, C. L. (2001). The emergence of status beliefs: From structural inequality to legitimizing ideology. In J. T. Jost & B. Major (Eds.), *The psychology of legitimacy* (pp. 257–277). New York: Cambridge University Press.

Rilling, J. K., Sanfey, A. G., Aronson, J. A., Nystrom, L. E., & Cohen, J. D. (2004). The neural correlates of theory of mind within interpersonal interactions. *NeuroImage, 22*, 1694–1703.

Rimé, B., Philippot, P., & Cisamolo, D. (1990). Social schemata of peripheral changes in emotion. *Journal of Personality and Social Psychology, 59*, 38–49.

Riskey, D. R. (1979). Verbal memory processes in impression formation. *Journal of Experimental Psychology: Human Learning and Memory, 5*, 271–281.

Rissman, J., & Wagner, A. D. (2012). Distributed representations in memory: Insights from functional brain imaging. *Annual Review of Psychology, 63*, 101–128.

Rizzolatti, G., Fogassi, L., & Gallese, V. (2001). Neurophysiological mechanisms underlying the understanding and imitation of action. *Nature Reviews Neuroscience, 2*, 661–670.

Robins, R. W., & Beer, J. S. (2001). Positive illusions about the self: Short-term benefits and long-term costs. *Journal of Personality and Social Psychology, 80*, 340–352.

Robinson, R. J., Keltner, D., Ward, A., & Ross, L. D. (1995). Actual versus assumed differences in construal: "Naïve realism" in intergroup perception and conflict. *Journal of Personality and Social Psychology, 68*, 404–417.

Robinson, R. J., & McArthur, L. Z. (1982). The impact of salient vocal qualities on causal attributions for a speaker's behavior. *Journal of Personality and Social Psychology, 43*, 236–247.

Robinson, M. D., & Clore, G. L. (2002a). Belief and feeling: Evidence for an accessibility model of emotional self-report. *Psychological Bulletin, 128*, 934–960.

Robinson, M. D., & Clore, G. L. (2002b). Episodic and semantic knowledge in emotional self-report: Evidence for two judgment processes. *Journal of Personality and Social Psychology, 83*, 198–215.

Robles, R., Smith, R., Carver, C. S., & Wellens, A. R. (1987). Influence of subliminal visual images on the experience of anxiety. *Personality and Social Psychology Bulletin, 13*, 399–410.

Rodin, M. J. (1987). Who is memorable to whom: A study of cognitive disregard. *Social Cognition, 5*, 144–165.

Roese, N. J., & Olson, J. M. (1994). Attitude importance as a function of repeated attitude expression. *Journal of Experimental Social Psychology, 30*, 39–51.

Rogers, M., Miller, N., Mayer, F. S., & Duval, S. (1982). Personal responsibility and salience of the request for help: Determinants of the relation between negative affect and helping behavior. *Journal of Personality and Social Psychology, 43*, 956–970.

Rogers, R. W., & Prentice-Dunn, S. (1981). Deindividuation and anger-mediated interracial aggression: Unmasking regressive racism. *Journal of Personality and Social Psychology, 41*, 63–73.

Rogers, T. B., Kuiper, N. A., & Kirker, W. S. (1977). Self-reference and the encoding of personal information. *Journal of Personality and Social Psychology, 35*, 677–688.

Rokeach, M. (1960). *The open and closed mind.* New York: Basic Books.

Romer, D. (1979). Distraction, counterarguing, and the internalization of attitude change. *European Journal of Social Psychology, 9*, 1–17.

Roney, C. J. R., Higgins, E. T., & Shah, J. Y. (1995). Goals and framing: How outcome focus influences motivation and emotion. *Personality and Social Psychology Bulletin, 21*, 1151–1160.

Rosch, E. H. (1978). Principles of categorization. In E. H. Rosch & B. B. Lloyd (Eds.), *Cognition and categorization.* Hillsdale, NJ: Erlbaum.

Rosch, E. H. (1987). Wittgenstein and categorization research in cognitive psychology. In M. Chapman & M. Dixon (Eds.), *Meaning and the growth of understanding: Wittgenstein's significance for developmental psychology.* Berlin: Springer-Verlag.

Rosch, E. H., Mervis, C. B., Gray, W., Johnson, D., & Boyes-Braem, P. (1976). Basic objects in natural categories. *Cognitive Psychology, 8,* 382–439.

Roseman, I. J. (1984). Cognitive determinants of emotion: A structural theory. In P. Shaver (Ed.), *Review of personality and social psychology* (Vol. 5, pp. 11–36). Beverly Hills, CA: Sage.

Rosenberg, M. J. (1956). Cognitive structure and attitudinal affect. *Journal of Abnormal and Social Psychology, 53,* 367–372.

Rosenberg, M. J. (1960). An analysis of affective-cognitive consistency. In C. I. Hovland & M. J. Rosenberg (Eds.), *Attitude organization and change.* New Haven, CT: Yale University Press.

Rosenberg, M. J. (1965). *Society and the adolescent self-image.* Princeton, NJ: Princeton University Press.

Rosenberg, S., & Sedlak, A. (1972). Structural representations of implicit personality theory. In L. Berkowitz (Ed.), *Advances in experimental social psychology* (Vol. 6, pp. 235–297). New York: Academic Press.

Rosenhan, D. L., Salovey, P., & Hargis, K. (1981). The joys of helping: Focus of attention mediates the impact of positive affect on altruism. *Journal of Personality and Social Psychology, 40,* 899–905.

Rosenthal, H. E., & Crisp, R. J. (2006). Reducing stereotype threat by blurring intergroup boundaries. *Personality and Social Psychology Bulletin, 32,* 501–511.

Rosenthal, R. (1974). *On the social psychology of the self-fulfilling prophecy: Further evidence for Pygmalion effects and their mediating mechanisms.* New York: MSS Modular Publications (Module 53).

Rosenthal, R., & Jacobson, L. F. (1968). *Pygmalion in the classroom.* New York: Holt, Rinehart, & Winston.

Roser, M., & Gazzaniga, M. S. (2004). Automatic brains – Interpretive minds. *Current Directions in Psychological Science, 13,* 56–59.

Ross, L. D. (1977). The intuitive psychologist and his shortcomings: Distortions in the attribution process. In L. Berkowitz (Ed.), *Advances in experimental social psychology* (Vol. 10, pp. 174–221). New York: Academic Press.

Ross, L. D., Lepper, M. R., & Hubbard, M. (1975). Perseverance in self-perception and social perception: Biased attribution processes in the debriefing paradigm. *Journal of Personality and Social Psychology, 32,* 880–892.

Ross, L. D., Lepper, M. R., Strack, F., & Steinmetz, J. (1977). Social explanation and social expectation: Effects of real and hypothetical explanations on subjective likelihood. *Journal of Personality and Social Psychology, 35,* 817–829.

Ross, L. D., Rodin, J., & Zimbardo, P. G. (1969). Toward an attribution therapy: The reduction of fear through induced cognitive-emotional misattribution. *Journal of Personality and Social Psychology, 12,* 279–288.

Ross, M. (1989). The relation of implicit theories to the construction of personal histories. *Psychological Review, 96,* 341–357.

Ross, M., McFarland, C., Conway, M., & Zanna, M. P. (1983). Reciprocal relation between attitudes and behavior recall: Committing people to newly formed attitudes. *Journal of Personality and Social Psychology, 45,* 257–267.

Ross, M., McFarland, C., & Fletcher, G. J. O. (1981). The effect of attitude on the recall of personal histories. *Journal of Personality and Social Psychology, 10,* 627–634.

Ross, M., & Shulman, R. F. (1973). Increasing the salience of initial attitudes: Dissonance vs. self-perception theory. *Journal of Personality and Social Psychology, 28,* 138–144.

Ross, M., & Sicoly, F. (1979). Egocentric biases in availability and attribution. *Journal of Personality and Social Psychology, 37,* 322–337.

Ross, M., & Wilson, A. E. (2002). It feels like yesterday: Self-esteem, valence of personal past experiences, and judgments of subjective distance. *Journal of Personality and Social Psychology, 82,* 792–803.

Rothbart, M., Evans, M., & Fulero, S. (1979). Recall for confirming events: Memory processes and the maintenance of social stereotypes. *Journal of Experimental Social Psychology, 15,* 343–355.

Rothbart, M., Fulero, S., Jensen, C., Howard, J., & Birrell, B. (1978). From individual to group impressions: Availability heuristics in stereotype formation. *Journal of Experimental Social Psychology, 14,* 237–255.

Rothbart, M., & Park, B. (1986). On the confirmability and disconfirmability of trait concepts. *Journal of Personality and Social Psychology, 50,* 131–142.

Rothbart, M., & Taylor, M. (1992). Category labels and social reality: Do we view social categories as natural kinds? In G. Semin & K. Fiedler (Eds.), *Language, interaction and social cognition* (pp. 11–36). London: Sage.

Rothman, A. J., & Hardin, C. D. (1997). Differential use of the availability heuristic in social judgment. *Personality and Social Psychology Bulletin, 23*, 123–128.

Rothman, A. J., & Salovey, P. (1997). Shaping perceptions to motivate healthy behavior: The role of message framing. *Psychological Bulletin, 121*, 3–19.

Rowley, S. J., Sellers, R. M., Chavous, T. M., & Smith, M. A. (1998). The relationship between racial identity and self-esteem in African American college and high school students. *Journal of Personality and Social Psychology, 74*, 715–724.

Rozin, P., & Fallon, A. E. (1987). A perspective on disgust. *Psychological Review, 94*, 23–41.

Rubin, M., & Hewstone, M. (1998). Social identity theory's self-esteem hypothesis: A review and some suggestions for clarification. *Personality and Social Psychology Review, 2*, 40–62.

Ruble, D. N., & Ruble, T. L. (1982). Sex stereotypes. In A. G. Miller (Ed.), *In the eye of the beholder: Contemporary issues in stereotyping* (pp. 188–252). New York: Praeger.

Ruble, D. N., & Stangor, C. (1986). Stalking the elusive schema: Insights from developmental and social-psychological analyses of gender schemas. *Social Cognition, 4*, 227–261.

Ruder, M., & Bless, H. (2003). Mood and the reliance on the ease of retrieval heuristic. *Journal of Personality and Social Psychology, 85*, 20–32.

Rudman, L. A. (1998). Self-promotion as a risk factor for women: The costs and benefits of counterstereotypical impression management. *Journal of Personality and Social Psychology, 74*, 629–645.

Rudman, L. A. (2004). Sources of implicit attitudes. *Current Directions in Psychological Science, 13*, 79–82.

Rudman, L. A., & Ashmore, R. D. (2007). Discrimination and the IAT. *Group Processes and Intergroup Relations, 10*, 359–372.

Rudman, L. A., Ashmore, R. D., & Gary, M. L. (2001). "Unlearning" automatic biases: The malleability of implicit prejudice and stereotypes. *Journal of Personality and Social Psychology, 81*, 856–868.

Rudman, L. A., & Borgida, E. (1995). The afterglow of construct accessibility: The behavioral consequences of priming men to view women as sexual objects. *Journal of Experimental Social Psychology, 31(6)*, 493–517.

Rudman, L. A., & Fairchild, K. (2004). Reactions to counterstereotypic behavior: The role of backlash in cultural stereotype maintenance. *Journal of Personality and Social Psychology, 87*, 157–176.

Rudman, L. A., Feinberg, J., & Fairchild, K. (2002). Minority members' implicit attitudes: Automatic ingroup bias as a function of group status. *Social Cognition, 20*, 294–320.

Rudman, L. A., & Glick, P. (1999). Feminized management and backlash toward agentic women: The hidden costs to women of a kinder, gentler image of middle managers. *Journal of Personality and Social Psychology, 77*, 1004–1010.

Rudman, L. A., & Glick, P. (2001). Prescriptive gender stereotypes and backlash toward agentic women. *Journal of Social Issues, 57*, 743–762.

Rudman, L. A., & Glick, P. (2008). *The social psychology of gender: How power and intimacy shape gender relations.* New York: Guilford Press.

Rudman, L. A., Greenwald, A. G., & McGhee, D. E. (2001). Implicit self-concept and evaluative implicit gender stereotypes: Self and ingroup share desirable traits. *Personality and Social Psychology Bulletin, 27*, 1164–1178.

Rudman, L. A., Greenwald, A. G., Mellott, D. S., & Schwartz, J. L. K. (1999). Measuring the automatic components of prejudice: Flexibility and generality of the implicit association test. *Social Cognition, 17*, 437–465.

Rudman, L. A., & Heppen, J. B. (2003). Implicit romantic fantasies and women's interest in personal power: A glass slipper effect? *Personality and Social Psychology Bulletin, 29*, 1357–1370.

Rudman, L. A., & Kilianski, S. E. (2000). Implicit and explicit attitudes toward female authority. *Personality and Social Psychology Bulletin, 26*, 1315–1328.

Rudolph, U., Roesch, S. C., Greitemeyer, T., & Weiner, B. (2004). A meta-analytic review of help giving and aggression from an attributional perspective: Contributions to a general theory of motivation. *Cognition and Emotion, 18*, 815–848.

Rudoy, J. D., & Paller, K. A. (2009). Who can you trust? Behavioral and neural differences between perception and memory-based influences. *Frontiers in Human Neuroscience, 3,* 1–6.

Rule, B. G., Taylor, B. R., & Dobbs, A. R. (1987). Priming effects of heat on aggressive thoughts. *Social Cognition, 5,* 131–143.

Rule, N. O., & Ambady, N. (2008). Brief exposures: Male sexual orientation is accurately perceived at 50 ms. *Journal of Experimental Social Psychology, 44,* 1100–1105.

Rule, N. O., Ambady, N., & Adams, R. B., Jr. (2009). Personality in perspective: Judgmental consistency across orientations of the face. *Perception, 38(11),* 1688–1699.

Rumelhart, D. E., Lindsay, P. H., & Norman, D. A. (1972). A process model for long-term memory. In E. Tulving & W. Donaldson (Eds.), *Organization of memory* (pp. 197–246). New York: Academic Press.

Rumelhart, D. E., & Ortony, A. (1977). The representation of knowledge in memory. In R. C. Anderson, R. J. Spiro, & W. E. Montague (Eds.), *Schooling and the acquisition of knowledge* (pp. 99–136). Hillsdale, NJ: Erlbaum.

Ruscher, J. B., & Fiske, S. T. (1990). Interpersonal competition can cause individuating impression formation. *Journal of Personality and Social Psychology, 58,* 832–842.

Russell, J. A. (2003). Core affect and the psychological construction of emotion. *Psychological Review, 110,* 145–172.

Russell, J. A., & Bullock, M. (1985). Multidimensional scaling of emotional facial expressions: Similarity from preschoolers to adults. *Journal of Personality and Social Psychology, 48,* 1290–1298.

Russell, J. A., & Bullock, M. (1986). Fuzzy concepts and the perception of emotion in facial expressions. *Social Cognition, 4,* 309–341.

Russell, J. A., & Fehr, B. (1987). Relativity in the perception of emotion in facial expressions. *Journal of Experimental Psychology: General, 116,* 223–237.

Russell, J. A., & Fehr, B. (1988). Reply to Ekman & O'Sullivan. *Journal of Experimental Psychology: General, 117,* 89–90.

Russell, J. A., & Woudzia, L. (1986). Affective judgments, common sense, and Zajonc's thesis of independence. *Motivation and Emotion, 10,* 169–183.

Rusting, C. L. (1998). Personality, mood, and cognitive processing of emotional information: Three conceptual frameworks. *Psychological Bulletin, 124,* 165–196.

Rusting, C. L. (1999). Interactive effects of personality and mood on emotion-congruent memory and judgment. *Journal of Personality and Social Psychology, 77,* 1073–1086.

Rusting, C. L., & DeHart, T. (2000). Retrieving positive memories to regulate negative mood: Consequences for mood congruent memory. *Journal of Personality and Social Psychology, 78,* 737–752.

Saenz, D. S., & Lord, C. G. (1989). Reversing roles: A cognitive strategy for undoing memory deficits associated with token status. *Journal of Personality and Social Psychology, 56,* 698–708.

Salovey, P. (1991). Social comparison processes in envy and jealousy. In J. Suls & T. A. Wills (Eds.), *Social comparison theory: Contemporary theory and research* (pp. 261–285). Hillsdale, NJ: Erlbaum.

Salovey, P., & Rodin, J. (1985). Cognitions about the self: Connecting feeling states and social behavior. In P. Shaver (Ed.), *Review of personality and social psychology* (Vol. 6, pp. 143–166). Beverly Hills, CA: Sage.

Salovey, P., & Singer, J. A. (1988). Mood congruency effects in recall of childhood versus recent memories. *Journal of Social Behavior and Personality, 3,* 1–22.

Samuelson, P. A. (1937). A note on measurement of utility. *Review of Economic Studies, 4,* 155–161.

Sanbonmatsu, D. M., & Fazio, R. H. (1990). The role of attitudes in memory-based decision making. *Journal of Personality and Social Psychology, 59,* 614–622.

Sanbonmatsu, D. M., Shavitt, S., & Gibson, B. D. (1994). Salience, set size, and illusory correlation: Making moderate assumptions about extreme targets. *Journal of Personality and Social Psychology, 66,* 1020–1033.

Sanbonmatsu, D. M., Sherman, S. J., & Hamilton, D. L. (1987). Illusory correlation in the perception of individuals and groups. *Social Cognition, 5,* 1–25.

Sanchez, D. T., & Crocker, J. (2005). How investment in gender ideals affects well-being: The role of external contingencies of self-worth. *Psychology of Women Quarterly, 29,* 63–77.

Sanchez, D. T., Crocker, J., & Boike, K. R. (2005). Doing gender in the bedroom: Investing in gender norms and the sexual experience. *Personality and Social Psychology Bulletin, 31,* 1445–1455.

Sanders, J. D., McClure, K. A., & Zárate, M. A. (2004). Cerebral hemisphere asymmetries in social perception: Perceiving and responding to the individual and the group. *Social Cognition, 22,* 279–291.

Sanfey, A. G., Loewenstein, G., McClure, S. M., & Cohen, J. D. (2006). Neuroeconomics: Cross-currents in research on decision-making. *Trends in Cognitive Sciences, 10,* 108–116.

Sanfey, A. G., Rilling, J. K., Aronson, J. A., Nystrom, L. E., & Cohen, J. D. (2003). The neural basis of economic decision-making in the ultimatum game. *Science, 300,* 1755–1758.

Sansone, C., & Harackiewicz, J. M. (2000). *Intrinsic and extrinsic motivation: The search for optimal motivation and performance.* San Diego, CA: Academic Press.

Santuzzi, A. M., & Ruscher, J. B. (2002). Stigma salience and paranoid social cognition: Understanding variability in metaperceptions among individuals with recently-acquired stigma. *Social Cognition, 20,* 171–197.

Saucier, D. A., Miller, C. T., & Doucet, N. (2005). Differences in helping Whites and Blacks: A meta-analysis. *Personality and Social Psychology Review, 9,* 2–16.

Savitsky, K., Gilovich, T., Berger, G., & Medvec, V. H. (2003). Is our absence as conspicuous as we think? Overestimating the salience and impact of one's absence from a group. *Journal of Experimental Social Psychology, 39,* 386–392.

Sawyer, A. (1981). Repetition, cognitive responses, and persuasion. In R. E. Petty, T. M. Ostrom, & T. C. Brock (Eds.), *Cognitive responses in persuasion* (pp. 237–262). Hillsdale, NJ: Erlbaum.

Sawyer, J. (1966). Measurement and prediction, clinical and statistical. *Psychological Bulletin, 66,* 178–200.

Saxe, R., Carey, S., & Kanwisher, N. (2004). Understanding other minds: Linking developmental psychology and functional neuroimaging. *Annual Review of Psychology, 55,* 87–124.

Schachter, S. (1959). *The psychology of affiliation.* Stanford, CA: Stanford University Press.

Schachter, S. (1964). The interaction of cognitive and physiological determinants of emotional state. In L. Berkowitz (Ed.), *Advances in experimental social psychology* (Vol. 1, pp. 49–82). New York: Academic Press.

Schachter, S., & Singer, J. A. (1962). Cognitive, social, and physiological determinants of emotional state. *Psychological Review, 69,* 379–399.

Schaffner, P. E. (1985). Specious learning about reward and punishment. *Journal of Personality and Social Psychology, 48,* 1377–1386.

Schaller, M., & Cialdini, R. B. (1988). The economics of empathic helping: Support for a mood management motive. *Journal of Experimental Social Psychology, 24,* 163–181.

Schank, R. C., & Abelson, R. P. (1977). *Scripts, plans, goals, and understanding: An inquiry into human knowledge structures.* Hillsdale, NJ: Erlbaum.

Schaufeli, W. B. (1988). Perceiving the causes of unemployment: An evaluation of the causal dimensions scale in a real-life situation. *Journal of Personality and Social Psychology, 54,* 347–356.

Scheier, M. F., & Carver, C. S. (1982). Cognition, affect, and self-regulation. In M. S. Clark & S. T. Fiske (Eds.), *Affect and cognition: The 17th Annual Carnegie Symposium on Cognition* (pp. 157–184). Hillsdale, NJ: Erlbaum.

Scheier, M. F., Carver, C. S., & Gibbons, F. X. (1981). Self-focused attention and reactions to fear. *Journal of Research in Personality, 15,* 1–15.

Scherer, K. R. (1984). Emotion as a multicomponent process: A model and some cross-cultural data. In P. Shaver (Ed.), *Review of personality and social psychology* (Vol. 5, pp. 37–63).

Scherer, K. R. (1988). Criteria for emotion-antecedent appraisal: A review. In V. Hamilton, G. H. Bower, & N. H. Frijda (Eds.), *Cognitive perspectives on emotion and motivation* (pp. 89–112). New York: Kluwer Academic.

Scherer, K. R., Wallbott, H. G., & Summerfield, A. B. (Eds.). (1986). *Experiencing emotion: A cross-cultural study.* Cambridge: Cambridge University Press.

Schimel, J., Arndt, J., Pyszczynski, T., & Greenberg, J. (2001). Being accepted for who we are: Evidence that social validation of the intrinsic self reduces general defensiveness. *Journal of Personality and Social Psychology, 80,* 35–52.

Schimel, J., Pyszczynski, T., Greenberg, J., O'Mahen, H., & Arndt, J. (2000). Running from the shadow: Psychological distancing from others to deny characteristics people fear in themselves. *Journal of Personality and Social Psychology, 78*, 446–462.

Schimel, J., Simon, L., Greenberg, J., Pyszczynski, T., Solomon, S., Waxmonsky, J., & Arndt, J. (1999). Stereotypes and terror management: Evidence that mortality salience enhances stereotypic thinking and preferences. *Journal of Personality and Social Psychology, 77*, 905–926.

Schlenker, B. R. (1987). Threats to identity: Self-identification and social stress. In C. R. Snyder & C. E. Ford (Eds.), *Coping with negative life events: Clinical and social psychological perspectives* (pp. 273–321). New York: Plenum Press.

Schlosberg, H. (1954). Three dimensions of emotion. *Psychological Review, 61*, 81–88.

Schmader, T., & Johns, M. (2003). Converging evidence that stereotype threat reduces working memory capacity. *Journal of Personality and Social Psychology, 85*, 440–452.

Schmeichel, B. J., & Martens, A. (2005). Self-affirmation and mortality salience: Affirming values reduces worldview defense and death-thought accessibility. *Personality and Social Psychology Bulletin, 31*, 658–667.

Schmeichel, B. J., Vohs, K. D., & Baumeister, R. F. (2003). Intellectual performance and ego depletion: Role of the self in logical reasoning and other information processing. *Journal of Personality and Social Psychology, 85*, 33–46.

Schmidt, D. F., & Sherman, R. C. (1984). Memory for persuasive messages: A test of a schema-copy-plus-tag model. *Journal of Personality and Social Psychology, 47*, 17–25.

Schmidt, G., & Weiner, B. (1988). An attribution-affect-action theory of behavior: Replications of judgments of help-giving. *Personality and Social Psychology Bulletin, 14*, 610–621.

Schmidt-Atzert, L. (1988). Affect and cognition: On the chronological order of stimulus evaluation and emotion. In K. Fiedler, & J. P. Forgas (Eds.), *Affect, cognition, and social behavior* (pp. 153–164). Toronto, Canada: Hogrefe.

Schmitt, M. T., Branscombe, N. R., & Kappen, D. M. (2003). Attitudes toward group-based inequality: Social dominance or social identity? *British Journal of Social Psychology, 42*, 161–186.

Schmitt, M. T., Branscombe, N. R., & Postmes, T. (2003). Women's emotional responses to the pervasiveness of gender discrimination. *European Journal of Social Psychology, 33*, 297–312.

Schnall, S., Haidt, J., Clore, G. L., & Jordan, A. H. (2008). Disgust as embodied moral judgment. *Personality and Social Psychology Bulletin, 34*(8), 1096–1109.

Schneider, D. J. (1973). Implicit personality theory: A review. *Psychological Bulletin, 79*, 294–309.

Schneider, D. J., Hastorf, A. H., & Ellsworth, P. C. (1979). *Person perception*. Reading, MA: Addison-Wesley.

Schnittker, J., & McLeod, J. D. (2005). The social psychology of health disparities. *Annual Review of Sociology, 31*, 75–103.

Schooler, J. W., & Engstler-Schooler, T. Y. (1990). Verbal overshadowing of visual memories: Some things are better left unsaid. *Cognitive Psychology, 22*, 36–71.

Schopler, J., Insko, C. A., Wieselquist, J., Pemberton, M., Witcher, B., Kozar, R., Roddenberry, C., & Wildschut, T. (2001). When groups are more competitive than individuals: The domain of the discontinuity effect. *Journal of Personality and Social Psychology, 80*, 632–644.

Schroeder, D. A., Dovidio, J. F., Sibicky, M. E., Matthews, L. L., & Allen, J. L. (1988). Empathy and helping behavior: Egoism or altruism? *Journal of Experimental Social Psychology, 24*, 333–353.

Schubert, T. W. (2004). The power in your hand: Gender differences in bodily feedback from making a fist. *Personality and Social Psychology Bulletin, 30*, 757–769.

Schul, Y., Mayo, R., & Burnstein, E. (2004). Encoding under trust and distrust: The spontaneous activation of incongruent cognitions. *Journal of Personality and Social Psychology, 86*, 668–679.

Schuman, H., & Johnson, M. P. (1976). Attitudes and behavior. *Annual Review of Sociology, 2*, 161–207.

Schutte, N. S., Kenrick, D. T., & Sadalla, E. K. (1985). The search for predictable settings: Situational prototypes, constraint, and behavioral variation. *Journal of Personality and Social Psychology, 49*, 121–128.

Schwartz, G. E., Davidson, R. J., & Pugash, E. (1976). Voluntary control of patterns of EEG parietal asymmetry: Cognitive concomitants. *Psychophysiology, 13,* 498–504.

Schwartz, G. E., Weinberger, D. A., & Singer, J. A. (1981). Cardiovascular differentiation of happiness, sadness, anger, and fear following imagery and exercise. *Psychosomatic Medicine, 43,* 343–364.

Schwartz, S. H. (1978). Temporal instability as a moderator of the attitude–behavior relationship. *Journal of Personality and Social Psychology, 36,* 715–724.

Schwartz, S. H., & Inbar-Saban, N. (1988). Value self-confrontation as a method to aid in weight loss. *Journal of Personality and Social Psychology, 54,* 396–404.

Schwartz, S. H., & Tessler, R. C. (1972). A test of a model for reducing measured attitude–behavior discrepancies. *Journal of Personality and Social Psychology, 24,* 225–236.

Schwarz, N., Bless, H., & Bohner, G. (1991). Mood and persuasion: Affective states influence the processing of persuasive communications. In M. P. Zanna (Ed.), *Advances in experimental social psychology* (Vol. 24, pp. 161–199). New York: Academic Press.

Schwarz, N., Bless, H., Strack, F., Klumpp, G., Rittenauer-Schatka, H., & Simons, A. (1991). Ease of retrieval as information: Another look at the availability heuristic. *Journal of Personality and Social Psychology, 61,* 195–202.

Schwarz, N., & Clore, G. L. (1996). Feelings and phenomenal experiences. In E. T. Higgins & A. W. Kruglanski (Eds.), *Social psychology: Handbook of basic principles* (pp. 433–465). New York: Guilford Press.

Schwarz, N., Strack, F., Hilton, D. J., & Naderer, G. (1991). Base-rates, representativeness, and the logic of conversation. *Social Cognition, 9,* 67–84.

Sears, D. O. (1965). Biased indoctrination and selectivity of exposure to new information. *Sociometry, 28,* 363–376.

Sears, D. O. (1968). The paradox of de facto selective exposure. In R. P. Abelson et al. (Eds.), *Theories of cognitive consistency: A sourcebook.* Chicago: Rand McNally.

Sears, D. O. (1983). The person-positivity bias. *Journal of Personality and Social Psychology, 44,* 233–240.

Sears, D. O. (1998). Racism and politics in the United States. In J. L. Eberhardt, & S. T. Fiske (Eds.), *Confronting racism: The problem and the response* (pp. 76–100). Thousand Oaks, CA: Sage.

Sears, D. O., & Henry, P. J. (2003). The origins of symbolic racism. *Journal of Personality and Social Psychology, 85,* 259–275.

Sears, D. O., Huddie, L., & Schaffer, L. G. (1986). A schematic variant of symbolic politics theory, as applied to racial and gender equality. In R. R. Lau & D. O. Sears (Eds.), *Political cognition* (pp. 159–202). Hillsdale, NJ: Erlbaum.

Sears, D. O., & Kinder, D. R. (1985). Whites' opposition to busing: On conceptualizing and operationalizing group conflict. *Journal of Personality and Social Psychology, 48,* 1148–1161.

Sears, D. O., & Whitney, R. E. (1973). Political persuasion. In I. de S. Pool, W. Schramm, F. W. Frey, N. Maccoby, & E. B. Parker (Eds.), *Handbook of communication* (pp. 253–289). Chicago: Rand McNally.

Seccombe, K., & Ishii-Kuntz, M. (1991). Perceptions of problems associated with aging: Comparisons among four older age cohorts. *Gerontologist, 31,* 527–533.

Sechrist, G. B., Swim, J. K., & Stangor, C. (2004). When do the stigmatized make attributions to discrimination occurring to the self and others? The roles of self-presentation and need for control. *Journal of Personality and Social Psychology, 87,* 111–122.

Sedikides, C. (1993). Assessment, enhancement, and verification determinants of the self-evaluation process. *Journal of Personality and Social Psychology, 65,* 317–338.

Sedikides, C., Gaertner, L., & Toguchi, Y. (2003). Pancultural self-enhancement. *Journal of Personality and Social Psychology, 84,* 60–79.

Sedikides, C., & Green, J. D. (2000). On the self-protective nature of inconsistency-negativity management: Using the person memory paradigm to examine self-referent memory. *Journal of Personality and Social Psychology, 79,* 906–922.

Seger, C. A. (1994). Implicit learning. *Psychological Bulletin, 115,* 163–196.

Segerstrom, S. C., Taylor, S. E., Kemeny, M. E., & Fahey, J. L. (1998). Optimism is associated with mood, coping and immune change in response to stress. *Journal of Personality and Social Psychology, 74,* 1646–1655.

Seibt, B., & Förster, J. (2004). Stereotype threat and performance: How self-stereotypes influence processing by inducing regulatory foci. *Journal of Personality and Social Psychology, 87,* 38–56.

Sekaquaptewa, D., & Thompson, M. (2003). Solo status, stereotype threat, and performance expectancies: Their effects on women's performance. *Journal of Experimental Social Psychology, 39,* 68–74.

Sellers, R. M., Caldwell, C. H., Schmeelk-Cone, K. H., & Zimmerman, M. A. (2003). Racial identity, racial discrimination, perceived stress, and psychological distress among African American young adults. *Journal of Health and Social Behavior, 44,* 302–317.

Sellers, R. M., Rowley, S. A. J., Chavous, T. M., Shelton, J. N., & Smith, M. A. (1997). Multidimensional inventory of Black identity: A preliminary investigation of reliability and construct validity. *Journal of Personality and Social Psychology, 73,* 805–815.

Sellers, R. M., & Shelton, J. N. (2003). The role of racial identity in perceived racial discrimination. *Journal of Personality and Social Psychology, 84,* 1079–1092.

Semin, G. R., Garrido, M. V., & Palma, T. A. (2012). Socially situated cognition: Recasting social cognition as an emergent phenomenon. In S. T. Fiske & C. N. Macrae (Eds.), *Sage handbook of social cognition* (pp. 138–164). Thousand Oaks, CA: Sage.

Sentis, K. P., & Burnstein, E. (1979). Remembering schema consistent information: Effects of a balance schema on recognition memory. *Journal of Personality and Social Psychology, 37,* 2200–2211.

Seta, J. J., McElroy, T., & Seta, C. E. (2001). To do or not to do: Desirability and consistency mediate judgments of regret. *Journal of Personality and Social Psychology, 80,* 861–870.

Setterlund, M. B., & Niedenthal, P. M. (1993). "Who am I? Why am I here?" Self-esteem, self-clarity, and prototype matching. *Journal of Personality and Social Psychology, 65,* 769–780.

Sevillano, V., & Fiske, S. T. (under review). Animal collective: Social perception of animals.

Shah, J. Y. (2003a). Automatic for the people: How representations of significant others implicitly affect goal pursuit. *Journal of Personality and Social Psychology, 84,* 661–681.

Shah, J. Y. (2003b). The motivational looking glass: How significant others implicitly affect goal appraisals. *Journal of Personality and Social Psychology, 85,* 424–439.

Shah, J. Y., Friedman, R., & Kruglanski, A. W. (2002). Forgetting all else: On the antecedents and consequences of goal shielding. *Journal of Personality and Social Psychology, 83,* 1261–1280.

Shah, J. Y., Higgins, E. T., & Friedman, R. S. (1998). Performance incentives and means: How regulatory focus influences goal attainment. *Journal of Personality and Social Psychology, 74,* 285–293.

Shallice, T. (1972). Dual functions of consciousness. *Psychological Review, 79,* 383–393.

Shallice, T. (1978). The dominant action system: An information-processing approach to consciousness. In K. S. Pope & J. L. Singer (Eds.), *The stream of consciousness: Scientific investigations into the flow of human experience.* New York: Plenum Press.

Shapira, O., Liberman, N., Trope, Y., & Rim, S. Y. (2012). Levels of mental construal. In S. T. Fiske & C. N. Macrae (Eds.), *Sage handbook of social cognition* (pp. 229–250). Thousand Oaks, CA: Sage.

Shapiro, D., & Crider, A. (1969). Psychophysiological approaches in social psychology. In G. Lindzey & E. Aronson (Eds.), *The handbook of social psychology* (Vol. 3, pp. 1–49). Reading, MA: Addison-Wesley.

Shaver, K. G. (1975). *An introduction to attribution processes.* Cambridge, MA: Winthrop.

Shaver, K. G. (1985). *The attribution of blame: Causality, responsibility, and blameworthiness.* New York: Springer-Verlag.

Shaver, P. (Ed.). (1984). *Review of personality and social psychology: Emotions, relationships, and health* (Vol. 5). Beverly Hills, CA: Sage.

Shaver, P., Schwartz, J., Kirson, D., & O'Connor, C. (1987). Emotion knowledge: Further exploration of a prototype approach. *Journal of Personality and Social Psychology, 52,* 1061–1086.

Shavitt, S. (1989). Operationalizing functional theories of attitude. In A. R. Pratkanis, S. J. Breckler, & A. G. Greenwald (Eds.), *Attitude structure and function* (pp. 311–338). Hillsdale, NJ: Erlbaum.

Shaw, M. E. (1971). *Group dynamics.* New York: McGraw-Hill.

Shedler, J., & Manis, M. (1986). Can the availability heuristic explain vividness effects? *Journal of Personality and Social Psychology, 51,* 26–36.

Sheeran, P., Orbell, S., & Trafimow, D. (1999). Does the temporal stability of behavioral intentions moderate intention–behavior and past behavior–future behavior relations? *Personality and Social Psychology Bulletin, 25,* 721–730.

Sheeran, P., Webb, T. L., & Gollwitzer, P. M. (2005). The interplay between goal intentions and implementation intentions. *Personality and Social Psychology Bulletin, 31,* 87–98.

Shelton, J. N. (2000). A reconceptualization of how we study issues of racial prejudice. *Personality and Social Psychology Review, 4,* 374–390.

Shelton, J. N. (2003). Interpersonal concerns in social encounters between majority and minority group members. *Group Processes & Intergroup Relations, 6,* 171–185.

Shelton, J. N., & Richeson, J. A. (2005). Intergroup contact and pluralistic ignorance. *Journal of Personality and Social Psychology, 88,* 91–107.

Shelton, J. N., & Richeson, J. A. (2006). Interracial interactions: A relational approach. In M. P. Zanna (Ed.), *Advances in experimental social psychology* (pp. 121–181). New York: Academic Press.

Shelton, J. N., Richeson, J. A., & Salvatore, J. (2005). Expecting to be the target of prejudice: Implications for interethnic interactions. *Personality and Social Psychology Bulletin, 31,* 1189–1202.

Shelton, J. N., Richeson, J. A., Salvatore, J., & Trawalter, S. (2005). Ironic effects of racial bias during interracial interactions. *Psychological Science, 16,* 397–402.

Shelton, J. N., & Sellers, R. M. (2000). Situational stability and variability in African American racial identity. *Journal of Black Psychology, 26,* 27–50.

Shepperd, J. A., Ouellette, J. A., & Fernandez, J. K. (1996). Abandoning unrealistic optimism: Performance estimates and the temporal proximity of self-relevant feedback. *Journal of Personality and Social Psychology, 70,* 844–855.

Sherer, M., & Rogers, R. W. (1984). The role of vivid information in fear appeals and attitude change. *Journal of Research in Personality, 18,* 321–334.

Sherif, C. W., Kelly, M., Rodgers, H. L., Sarup, G., & Tittler, B. (1973). Personal involvement, social judgment, and action. *Journal of Personality and Social Psychology, 27,* 311–327.

Sherif, M., & Hovland, C. I. (1961). *Social judgment: Assimilation and contrast effects in communication and attitude change.* New Haven, CT: Yale University Press.

Sherif, M., & Sherif, M. (1953). *Groups in harmony and tension: An integration of studies on intergroup relations.* Oxford: Harper & Brothers.

Sherman, D. K., & Cohen, G. L. (2002). Accepting threatening information: Self-affirmation and the reduction of defensive biases. *Current Directions in Psychological Science, 11,* 119–123.

Sherman, D. K., & Cohen, G. L. (2006). The psychology of self-defense: Self-affirmation theory. In M. P. Zanna (Ed.), *Advances in experimental social psychology* (Vol. 38, pp. 183–242). San Diego, CA: Academic Press.

Sherman, D. K., Mann, T., & Updegraff, J. A. (2006). Approach/avoidance orientation, message framing, and health behavior: Understanding the congruency effect. *Motivation and Emotion, 30,* 165–169.

Sherman, D. K., Nelson, L. D., & Ross, L. D. (2003). Naive realism and affirmative action: Adversaries are more similar than they think. *Basic and Applied Social Psychology, 25,* 275–289.

Sherman, D. K., Nelson, L. D., & Steele, C. M. (2000). Do messages about health risks threaten the self? Increasing the acceptance of threatening health messages via self-affirmation. *Personality and Social Psychology Bulletin, 26,* 1046–1058.

Sherman, J. W., Conrey, F. R., & Groom, C. J. (2004). Encoding flexibility revisited: Evidence for enhanced encoding of stereotype-inconsistent information under cognitive load. *Social Cognition, 22,* 214–232.

Sherman, J. W., Klein, S. B., Laskey, A., & Wyer, N. A. (1998). Intergroup bias in group judgment processes: The role of behavioral memories. *Journal of Experimental Social Psychology, 34,* 51–65.

Sherman, J. W., Lee, A. Y., Bessenhoff, G. R., & Frost, L. A. (1998). Stereotype efficiency reconsidered: Encoding flexibility under cognitive load. *Journal of Personality and Social Psychology, 75,* 589–606.

Sherman, J. W., Stroessner, S. J., Conrey, F. R., & Azam, O. A. (2005). Prejudice and stereotype maintenance processes: Attention, attribution and individuation. *Journal of Personality and Social Psychology, 89,* 607–622.

Sherman, R. C., & Titus, W. (1982). Convariation information and cognitive processing: Effects of causal implications on memory. *Journal of Personality and Social Psychology, 42,* 989–1000.

Sherman, S. J. (1987). Cognitive processes in the formation, change, and expression of attitudes. In M. P. Zanna, J. M. Olson, & C. P. Herman (Eds.), *Social influence: The Ontario Symposium* (Vol. 5, pp. 75–106). Hillsdale, NJ: Erlbaum.

Sherman, S. J., & Corty, E. (1984). Cognitive heuristics. In R. S. Wyer Jr. & T. K. Srull (Eds.), *Handbook of social cognition* (Vol. 1, pp. 189–286). Hillsdale, NJ: Erlbaum.

Sherman, S. J., Mackie, D. M., & Driscoll, D. M. (1988). Priming and the differential use of dimensions in evaluation. *Personality and Social Psychology Bulletin, 16,* 405–418.

Sherman, S. J., Presson, C. C., & Chassin, L. (1984). Mechanisms underlying the false consensus effect: The special role of threats to the self. *Personality and Social Psychology Bulletin, 10,* 127–138.

Sherwood, G. G. (1979). Classical and attributive projection: Some new evidence. *Journal of Abnormal Psychology, 88,* 635–640.

Shih, M., Pittinsky, T. L., & Ambady, N. (1999). Stereotype susceptibility: Identity salience and shifts in quantitative performance. *Psychological Science, 10,* 80–83.

Showers, C., & Cantor, N. (1985). Social cognition: A look at motivated strategies. *Annual Review of Psychology, 36,* 275–305.

Shrauger, S. J., & Patterson, M. B. (1974). Self-evaluation and the selection of dimensions for evaluating others. *Journal of Personality, 42,* 569–585.

Shteynberg, G. (2010). A silent emergence of culture: The social tuning effect. *Journal of Personality and Social Psychology, 99(4),* 683–689.

Shteynberg, G., & Galinsky, A. D. (2011). Implicit coordination: Sharing goals with similar others intensifies goal pursuit. *Journal of Experimental Social Psychology, 47(6),* 1291–1294.

Sidanius, J. (1988). Political sophistication and political deviance: A structural equation examination of context theory. *Journal of Personality and Social Psychology, 55,* 37–51.

Sidanius, J., & Pratto, F. (1999). *Social dominance: An intergroup theory of social hierarchy and oppression.* New York: Cambridge University Press.

Sidanius, J., & Pratto, F. (2003). Social dominance theory and the dynamics of inequality: A reply to Schmitt, Branscombe, & Keppen and Wilson & Liu. *British Journal of Social Psychology, 42,* 207–213.

Sidanius, J., Pratto, F., & Bobo, L. (1994). Social dominance orientation and the political psychology of gender: A case of invariance? *Journal of Personality and Social Psychology, 70,* 476–490.

Sidanius, J., Pratto, F., & Bobo, L. (1996). Racism, conservatism, affirmative action, and intellectual sophistication: A matter of principled conservatism or group dominance? *Journal of Personality and Social Psychology, 70,* 476–490.

Silvia, P. J., & Duval, T. S. (2001). Objective self-awareness theory: Recent progress and enduring problems. *Personality and Social Psychology Review, 5,* 230–241.

Simon, B. (1992). The perception of ingroup and outgroup homogeneity: Reintroducing the intergroup context. In W. Stroebe & M. Hewstone (Eds.), *European review of social psychology* (Vol. 3, pp. 1–30). Oxford: Wiley.

Simon, H. A. (1967). Motivational and emotional controls of cognition. *Psychological Review, 74,* 29–39.

Simon, H. A. (1980). Problem solving and education. In D. T. Tuma & F. Reif (Eds.), *Problem solving and education: Issues in teaching and research.* Hillsdale, NJ: Erlbaum.

Simon, H. A. (1982). Comments. In M. S. Clark & S. T. Fiske (Eds.), *Affect and cognition: The 17th Annual Carnegie Symposium on Cognition* (pp. 333–342). Hillsdale, NJ: Erlbaum.

Simpson, J. A., Oriña, M. M., & Ickes, W. J. (2003). When accuracy hurts, and when it helps: A test of the empathic accuracy model in marital interactions. *Journal of Personality and Social Psychology, 85,* 881–893.

Sinclair, L., & Kunda, Z. (1999). Reactions to a Black professional: Motivated inhibition and activation of conflicting stereotypes. *Journal of Personality and Social Psychology, 77,* 885–904.

Sinclair, L., & Kunda, Z. (2000). Motivated stereotyping of women: She's fine if she praised me but incompetent if she criticized me. *Personality and Social Psychology Bulletin, 24,* 1139–1152.

Sinclair, R. C., Mark, M. M., & Shotland, R. L. (1987). Construct accessibility and generalizability across response categories. *Personality and Social Psychology Bulletin, 13*, 239–252.

Sinclair, S., Dunn, E., & Lowery, B. S. (2005). The relationship between parental racial attitudes and children's implicit prejudice. *Journal of Experimental Social Psychology, 41*, 283–289.

Sinclair, S., Lowery, B. S., Hardin, C. D., & Colangelo, A. (2005). Social tuning of automatic racial attitudes: The role of affiliative motivation. *Journal of Personality and Social Psychology, 89*, 583–592.

Singelis, T. M. (1994). The measurement of independent and interdependent self-construals. *Personality and Social Psychology Bulletin, 20(5)*, 580–591.

Singer, J. L. (1966). *Daydreaming*. New York: Random House.

Singer, J. L. (1978). Experimental studies of daydreaming and the stream of thought. In K. S. Pope & J. L. Singer (Eds.), *The stream of consciousness: Scientific investigations into the flow of human experience*. New York: Plenum Press.

Singer, J. L. (1984). The private personality. *Personality and Social Psychology Bulletin, 10*, 7–30.

Singer, J. L. (1988). Reinterpreting the transference. In D. C. Turk & P. Salovey (Eds.), *Reasoning, inference, and judgment in clinical psychology* (pp. 182–205). New York: Free Press.

Singer, J. L., & Salovey, P. (1988). Mood and memory: Evaluating the network theory of affect. *Clinical Psychology Review, 8*, 211–251.

Sivacek, J., & Crano, W. D. (1982). Vested interest as a moderator of attitude–behavior consistency. *Journal of Personality and Social Psychology, 43*, 210–221.

Skinner, B. F. (1957). *Verbal behavior*. New York: Appleton-Century-Crofts.

Skinner, B. F. (1963). Operant behavior. *American Psychologist, 18*, 503–515.

Skov, R. B., & Sherman, S. J. (1986). Information-gathering processes: Diagnosticity, hypothesis-confirmatory strategies, and perceived hypothesis confirmation. *Journal of Experimental Social Psychology, 22*, 93–121.

Skowronski, J. J., & Carlston, D. E. (1989). Negativity and extremity biases in impression formation: A review of explanations. *Psychological Bulletin, 105*, 131–142.

Slovic, P., Fischhoff, B., & Lichtenstein, S. (1976). Cognitive processes and societal risk taking. In J. S. Carroll & J. W. Payne (Eds.), *Cognition and social behavior* (pp. 165–184). Hillsdale, NJ: Erlbaum.

Slovic, P., Fischhoff, B., & Lichtenstein, S. (1977). Behavioral decision theory. *Annual Review of Psychology, 28*, 1–39.

Slowiaczek, L. M., Klayman, J., Sherman, S. J., & Skov, R. B. (1992). Information selection and use in hypothesis testing: What is a good question, what is a good answer? *Memory and Cognition, 20*, 392–405.

Small, D. A., & Lowenstein, G. (2005). The devil you know: The effects of identifiability on punishment. *Journal of Behavioral Decision Making, 18*, 311–318.

Smallwood, J., & Schooler, J. W. (2006). The restless mind. *Psychological Bulletin, 132*, 946–958.

Smedslund, J. (1963). The concept of correlation in adults. *Scandinavian Journal of Psychology, 4*, 165–173.

Smith, C. A. (1989). Dimensions of appraisal and physiological response in emotion. *Journal of Personality and Social Psychology, 56*, 339–353.

Smith, C. A., & Ellsworth, P. C. (1985). Patterns of cognitive appraisal in emotion. *Journal of Personality and Social Psychology, 48*, 813–838.

Smith, C. A., & Ellsworth, P. C. (1987). Patterns of appraisal and emotion related to taking an exam. *Journal of Personality and Social Psychology, 52*, 475–488.

Smith, E. E., & Medin, D. L. (1981). *Categories and concepts*. Cambridge, MA: Harvard University Press.

Smith, E. E., Shoben, E. J., & Rips, L. J. (1974). Structure and process in semantic memory: A featural model for semantic decisions. *Psychological Review, 81*, 214–241.

Smith, E. R. (1984). Model of social inference processes. *Psychological Review, 91*, 392–413.

Smith, E. R. (1988). Category accessibility effects in simulated exemplar-based memory. *Journal of Experimental Social Psychology, 24*, 448–463.

Smith, E. R. (1990). Content and process specificity in the effects of prior experiences. In T. K. Srull & R. S. Wyer Jr. (Eds.), *Advances in social cognition* (Vol. 3, pp. 1–59). Hillsdale, NJ: Erlbaum.

Smith, E. R. (1993). Social identity and social emotions: Toward new conceptualizations of prejudice. In D. M. Mackie & D. L. Hamilton (Eds.), *Affect, cognition, and stereotyping: Interactive processes in group perception* (pp. 297-315). San Diego, CA: Academic Press.
Smith, E. R. (1998). Mental representation and memory. In D. T. Gilbert, S. T. Fiske, & G. Lindzey (Eds.), *The handbook of social psychology* (4th edn, Vol. 1, pp. 391–445). New York: McGraw-Hill.
Smith, E. R., & Branscombe, N. R. (1987). Procedurally mediated social inferences: The case of category accessibility effects. *Journal of Experimental Social Psychology, 23*, 361–382.
Smith, E. R., & Branscombe, N. R. (1988). Category accessibility as implicit memory. *Journal of Experimental Social Psychology, 24*, 490–504.
Smith, E. R., Branscombe, N. R., & Bormann, C. (1988). Generality of the effects of practice on social judgment tasks. *Journal of Personality and Social Psychology, 54*, 385–395.
Smith, E. R., Coats, S., & Walling, D. (1999). Overlapping mental representations of self, in-group, and partner: Further response time evidence and a connectionist model. *Personality and Social Psychology Bulletin, 25*, 873–882.
Smith, E. R., & Conrey, F. R. (2007). Agent-based modeling: A new approach for theory-building in social psychology. *Personality and Social Psychology Review, 11*, 87–104.
Smith, E. R., & DeCoster, J. (1998). Knowledge acquisition, accessibility, and use in person perception and stereotyping: Simulation with a recurrent connectionist network. *Journal of Personality and Social Psychology, 74*, 21–35.
Smith, E. R., & DeCoster, J. (2000). Dual-process models in social and cognitive psychology: Conceptual integration and links to underlying memory systems. *Personality and Social Psychology Review, 4*, 108–131.
Smith, E. R., & Henry, S. (1996). An in-group becomes part of the self: Response time evidence. *Personality and Social Psychology Bulletin, 22*, 635–642.
Smith, E. R., & Lerner, M. (1986). Development of automatism of social judgments. *Journal of Personality and Social Psychology, 50*, 246–259.
Smith, E. R., & Miller, F. D. (1979). Salience and the cognitive mediation of attribution. *Journal of Personality and Social Psychology, 37*, 2240–2252.
Smith, E. R., Seger, C. R., & Mackie, D. M. (2007). Can emotions be truly group level? Evidence regarding four conceptual criteria. *Journal of Personality and Social Psychology, 93*(3), 431–446.
Smith, E. R., & Semin, G. R. (2004). Socially situated cognition: Cognition in its social context. In M. P. Zanna (Ed.), *Advances in experimental social psychology* (Vol. 36, pp. 53–116). San Diego, CA: Elsevier Academic Press.
Smith, E. R., & Zárate, M. A. (1992). Exemplar-based model of social judgment. *Psychological Review, 99*, 3–21.
Smith, M. B., Bruner, J. S., & White, R. W. (1956). *Opinions and personality*. Oxford: Wiley.
Smith, R. H. (2000). Assimilative and contrastive emotional reactions to upward and downward social comparisons. In J. Suls & L. Wheeler (Eds.), *Handbook of social comparison: Theory and research* (pp. 173–200). Dordrecht: Kluwer.
Smith, S. M., & Shaffer, D. R. (2000). Vividness can undermine or enhance message processing: The moderating role of vividness congruency. *Personality and Social Psychology Bulletin, 26*, 769–779.
Smith, V. L., & Ellsworth, P. C. (1987). The social psychology of eyewitness accuracy: Leading questions and communicator expertise. *Journal of Applied Psychology, 72*, 294–300.
Snyder, C. J., Lassiter, G. D., Lindberg, M. J., & Pinegar, S. K. (2009). Videotaped interrogations and confessions: Does a dual-camera approach yield unbiased and accurate evaluations? *Behavioral Sciences and the Law, 27*(3), 451–466.
Snyder, C. R., & Higgins, R. L. (1988). Excuses: Their effective role in the negotiation of reality. *Psychological Bulletin, 104*, 23–35.
Snyder, M. (1974). The self-monitoring of expressive behavior. *Journal of Personality and Social Psychology, 30*, 526–537.
Snyder, M. (1976). Attribution and behavior: Social perception and social causation. In J. H. Harvey, W. J. Ickes, & R. F. Kidd (Eds.), *New directions in attribution research* (Vol. 1, pp. 53–72). Hillsdale, NJ: Erlbaum.

Snyder, M. (1977). Impression management. In S. Wrightsman (Ed.), *Social psychology in the seventies.* New York: Wiley.

Snyder, M. (1979). Self-monitoring processes. In L. Berkowitz (Ed.), *Advances in experimental social psychology* (Vol. 12, pp. 86–131). New York: Academic Press.

Snyder, M. (1982). When believing means doing: Creating links between attitudes and behavior. In M. P. Zanna, E. T. Higgins, & C. P. Herman (Eds.), *Consistency in social behavior: The Ontario Symposium* (Vol. 2, pp. 105–130). Hillsdale, NJ: Erlbaum.

Snyder, M., & Campbell, B. H. (1982). Self-monitoring: The self in action. In J. Suls (Ed.), *Psychological perspectives on the self* (Vol. 1, pp. 185–208). Hillsdale, NJ: Erlbaum.

Snyder, M., Campbell, B. H., & Preston, E. (1982). Testing hypotheses about human nature: Assessing the accuracy of social stereotypes. *Social Cognition, 1,* 256–272.

Snyder, M., & Cantor, N. (1980). Thinking about ourselves and others: Self-monitoring and social knowledge. *Journal of Personality and Social Psychology, 39,* 222–234.

Snyder, M., & DeBono, K. G. (1985). Appeals to image and claims about quality: Understanding the psychology of advertising. *Journal of Personality and Social Psychology, 49,* 586–597.

Snyder, M., & DeBono, K. G. (1987). A functional approach to attitudes and persuasion. In M. P. Zanna, J. M. Olson, & C. P. Herman (Eds.), *Social influence: The Ontario Symposium* (Vol. 5, pp. 107–125). Hillsdale, NJ: Erlbaum.

Snyder, M., & Kendzierski, D. (1982). Acting on one's attitudes: Procedures for linking attitude and behavior. *Journal of Experimental Social Psychology, 18,* 165–183.

Snyder, M., & Miene, P. K. (1994). Stereotyping of the elderly: A functional approach. *British Journal of Social Psychology, 33,* 63–82.

Snyder, M., & Monson, T. C. (1975). Persons, situations, and the control of social behavior. *Journal of Personality and Social Psychology, 32,* 637–644.

Snyder, M., & Simpson, J. A. (1984). Self-monitoring and dating relationships. *Journal of Personality and Social Psychology, 47,* 1281–1291.

Snyder, M., & Swann, W. B., Jr. (1976). When actions reflect attitudes: The politics of impression management. *Journal of Personality and Social Psychology, 34,* 1034–1042.

Snyder, M., & Swann, W. B., Jr. (1978a). Hypothesis-testing processes in social interaction. *Journal of Personality and Social Psychology, 36,* 1202–1212.

Snyder, M., & Swann, W. B., Jr. (1978b). Behavioral confirmation in social interaction: From social perception to social reality. *Journal of Experimental Social Psychology, 14,* 148–162.

Snyder, M., & Tanke, E. D. (1976). Behavior and attitude: Some people are more consistent than others. *Journal of Personality, 44,* 501–517.

Snyder, M., Tanke, E. D., & Berscheid, E. (1977). Social perception and interpersonal behavior: On the self-fulfilling nature of social stereotypes. *Journal of Personality and Social Psychology, 35,* 656–666.

Solarz, A. K. (1960). Latency of instrumental responses as a function of compatibility with the meaning of eliciting verbal signs. *Journal of Experimental Psychology, 59,* 239–245.

Sommer, K. L., & Baumeister, R. F. (2002). Self-evaluation, persistence, and performance following implicit rejection: The role of trait self-esteem. *Personality and Social Psychology Bulletin, 28,* 926–938.

Sommers, S. (1981). Emotionality reconsidered: The role of cognition in emotional responsiveness. *Journal of Personality and Social Psychology, 41,* 553–561.

Sorrentino, R. M., Bobocel, D. R., Gitta, M. Z., Olson, J. M., & Hewitt, E. L. (1988). Uncertainty orientation and persuasion: Individual differences in the effects of personal relevance on social judgments. *Journal of Personality and Social Psychology, 55,* 357–371.

Sorrentino, R. M., Nezlek, J. B., Yasunaga, S., Kouhara, S., Otsubo, Y., & Shuper, P. (2008). Uncertainty orientation and affective experiences: Individual differences within and across cultures. *Journal of Cross-Cultural Psychology, 39(2),* 129–146.

Sorrentino, R. M., & Roney, C. J. R. (1986). Uncertainty orientation, achievement-related motivation, and task diagnosticity as determinants of task performance. *Social Cognition, 4,* 420–436.

Spangler, E., Gordon, M. A., & Pipkin, R. M. (1978). Token women: An empirical test of the Kanter hypothesis. *American Journal of Sociology, 84,* 160–170.

Spears, R., Postmes, T., Lea, M., & Wolbert, A. (2002). When are net effects gross products? The power of influence and the influence of power in computer-mediated communication. *Journal of Social Issues, 58,* 91–107.

Spence, J. T., Deaux, K., & Helmreich, R. L. (1985). Sex roles in contemporary American society. In G. Lindzey & E. Aronson (Eds.), *The handbook of social psychology* (3rd edn, Vol. 2, pp. 149–178). New York: Random House.

Spence, S. A., & Frith, C. D. (1999). Towards a functional anatomy of volition. *Journal of Consciousness Studies, 6,* 11–28.

Spencer, S. J., Fein, S., Wolfe, C. T., Fong, C., & Dunn, M. A. (1998). Automatic activation of stereotypes: The role of self-image threat. *Personality and Social Psychology Bulletin, 24,* 1139–1152.

Spencer, S. J., Steele, C. M., & Quinn, D. M. (1999). Stereotype threat and women's math performance. *Journal of Experimental Social Psychology, 35,* 4–28.

Spielman, L. A., Pratto, F., & Bargh, J. A. (1988). Are one's moods, attitudes, evaluations, and emotions out of control? *American Behavioral Scientist, 31,* 296–311.

Squire, L. R. (1987). *Memory and brain.* New York: Oxford University Press.

Squire, L. R. (1992). Memory and the hippocampus: A synthesis from findings with rats, monkeys, and humans. *Psychological Review, 99,* 195–231.

Srull, T. K. (1981). Person memory: Some tests of associative storage and retrieval models. *Journal of Experimental Psychology: Human Learning and Memory, 7,* 440–462.

Srull, T. K., Lichenstein, M., & Rothbart, M. (1985). Associative storage and retrieval processes in person memory. *Journal of Experimental Psychology: Learning, Memory, and Cognition, 11,* 316–345.

Srull, T. K., & Wyer, R. S., Jr. (1979). The role of category accessibility in the interpretation of information about persons: Some determinants and implications. *Journal of Personality and Social Psychology, 37,* 1660–1672.

Srull, T. K., & Wyer, R. S., Jr. (1980). Category accessibility and social perception: Some implications for the study of person memory and interpersonal judgments. *Journal of Personality and Social Psychology, 38,* 841–856.

Srull, T. K., & Wyer, R. S., Jr. (1989). Person memory and judgment. *Psychological Review, 96,* 58–83.

Staats, A. W., & Staats, C. K. (1958). Attitudes established by classical conditioning. *Journal of Abnormal and Social Psychology, 57,* 37–40.

Stang, D. J. (1974). Methodological factors in mere exposure research. *Psychological Bulletin, 81,* 1014–1025.

Stangor, C. (1988). Stereotype accessibility and information processing. *Personality and Social Psychology Bulletin, 14,* 694–708.

Stangor, C. (1990). Arousal, accessibility of trait constructs, and person perception. *Journal of Experimental Social Psychology, 26,* 305–321.

Stangor, C., Carr, C., & Kiang, L. (1998). Activating stereotypes undermines task performance expectations. *Journal of Personality and Social Psychology, 75,* 1191–1197.

Stangor, C., Swim, J. K., Sechrist, G. B., DeCoster, J., Van Allen, K., & Ottenbreit, A. (2003). In W. Stroebe & M. Hewstone (Eds.), *European review of social psychology* (Vol. 14, pp. 277–311). Hove, England: Psychology Press/Taylor & Francis.

Stangor, C., & Thompson, E. P. (2002). Needs for cognitive economy and self-enhancement as unique predictors of intergroup attitudes. *European Journal of Social Psychology, 32,* 563–575.

Staub, E. (1999). The roots of evil: Social conditions, culture, personality, and basic human needs. *Personality and Social Psychology Review, 3,* 179–192.

Steele, C. M. (1988). The psychology of self-affirmation: Sustaining the integrity of the self. In L. Berkowitz (Ed.), *Advances in experimental psychology* (Vol. 21). New York: Academic Press.

Steele, C. M. (1997). A threat in the air: How stereotypes shape intellectual identity and performance. *American Psychologist, 52,* 613–629.

Steele, C. M., & Aronson, J. (1995). Stereotype threat and the intellectual test performance of African Americans. *Journal of Personality and Social Psychology, 69,* 797–811.

Steele, C. M., Spencer, S. J., & Aronson, J. (2002). Contending with group image: The psychology of stereotype and social identity threat. In M. P. Zanna (Eds.), *Advances in experimental social psychology* (Vol. 34, pp. 379–440). San Diego, CA: Academic Press.

Stephan, C. W., Stephan, W. G., Demitrakis, K. M., Yamada, A. M., & Clason, D. L. (2000). Women's attitudes toward men: An integrated threat theory approach. *Psychology of Women Quarterly, 24,* 63–73.

Stephan, W. G., Berscheid, E., & Walster, E. (1971). Sexual arousal and heterosexual perception. *Journal of Personality and Social Psychology, 20,* 93–101.

Stephan, W. G., Boniecki, K. A., Ybarra, O., Bettencourt, A., Ervin, K. S., Jackson, L. A., et al. (2002). The role of threats in the racial attitudes of Blacks and Whites. *Personality and Social Psychology Bulletin, 28,* 1242–1254.

Stephan, W. G., Diaz-Loving, R., & Duran, A. (2000). Integrated threat theory and intercultural attitudes: Mexico and the United States. *Journal of Cross Cultural Psychology, 31,* 240–249.

Stephan, W. G., & Finlay, K. A. (1999). The role of empathy in improving intergroup relations. *Journal of Social Issues, 55,* 729–743.

Stephan, W. G., & Renfro, C. L. (2002). The role of threat in intergroup relations. In D. M. Mackie & E. R. Smith (Eds.), *From prejudice to intergroup emotions* (pp. 1191–1207). New York: Psychology Press.

Stephan, W. G., Renfro, C. L., Esses, V. M., Stephan, C. W., & Martin, T. (2005). The effects of feeling threatened on attitudes toward immigrants. *International Journal of Intercultural Relations, 29,* 1–19.

Stephan, W. G., & Stephan, C. W. (2000). An integrated threat theory of prejudice. In S. Oskamp (Ed.), *Reducing prejudice and discrimination* (pp. 23–45). Mahwah, NJ: Erlbaum.

Stephan, W. G., Ybarra, O., & Bachman, G. (1999). Prejudice toward immigrants. *Journal of Applied Social Psychology, 29,* 2221–2237.

Stephan, W. G., Ybarra, O., Martinez, C. M., Schwarzwald, J., & Tur-Kaspa, M. (1998). Prejudice toward immigrants to Spain and Israel: An integrated threat theory analysis. *Journal of Cross Cultural Psychology, 29,* 559–576.

Stevens, L. E., & Fiske, S. T. (2000). Motivated impressions of a powerholder: Accuracy under task dependency and misperception under evaluation dependency. *Personality and Social Psychology Bulletin, 26,* 907–922.

Stiff, J. B. (1986). Cognitive processing of persuasive message cues: A meta-analytic review of the effects of supporting information on attitudes. *Communication Monographs, 53,* 75–89.

Stiff, J. B., & Boster, F. J. (1987). Cognitive processing: Additional thoughts and a reply to Petty, Kasmer, Haugtvedt, and Cacioppo. *Communication Monographs, 54,* 250–256.

Stone, J., Lynch, C. I., Sjomeling, M., & Darley, J. M. (1999). Stereotype threat effects on Black and White athletic performance. *Journal of Personality and Social Psychology, 77,* 1213–1227.

Storbeck, J., & Clore, G. L. (2008). Affective arousal as information: How affective arousal influences judgments, learning, and memory. *Social and Personality Psychology Compass, 2(5),* 1824–1843.

Storms, M. D., & Nisbett, R. E. (1970). Insomnia and the attribution process. *Journal of Personality and Social Psychology, 16,* 319–328.

Story, A. L. (1998). Self-esteem and memory for favorable and unfavorable personality feedback. *Personality and Social Psychology Bulletin, 24,* 51–64.

Stouffer, S. A., Suchman, E. A., DeVinney, L. C., Star, S. A., & Williams, R. M., Jr. (1949). *The American soldier: Vol. 1. Adjustment during army life.* Princeton, NJ: Princeton University.

Strack, F., & Deutsch, R. (2004). Reflective and impulsive determinants of social behavior. *Personality and Social Psychology Review, 8(3),* 220–247.

Strack, F., Erber, R., & Wicklund, R. A. (1982). Effects of salience and time pressure on ratings of social causality. *Journal of Experimental Social Psychology, 18,* 581–594.

Strack, F., Martin, L. L., & Schwarz, N. (1988). Priming and communication: Social determinants of information use in judgments of life satisfaction. *European Journal of Social Psychology, 18,* 429–442.

Strack, F., Martin, L. L., & Stepper, S. (1988). Inhibiting and facilitating conditions of the human smile: A nonobtrusive test of the facial feedback hypothesis. *Journal of Personality and Social Psychology, 54,* 768–777.

Strack, F., & Mussweiler, T. (1997). Explaining the enigmatic anchoring effect: Mechanisms of selective accessibility. *Journal of Personality and Social Psychology, 73,* 437–446.

Strauman, T. J. (1996). Stability within the self: A longitudinal study of the structural implications of self-discrepancy theory. *Journal of Personality and Social Psychology, 71,* 1142–1153.

Strauman, T. J., & Higgins, E. T. (1987). Automatic activation of self-discrepancies and emotional syndromes: When cognitive structures influence affect. *Journal of Personality and Social Psychology, 53,* 1004–1014.

Strenta, A. C., & Kleck, R. E. (1984). Physical disability and the perception of social interaction: It's not what you look at but how you look at it. *Personality and Social Psychology Bulletin, 10,* 279–288.

Stuss, D. T., & Levine, B. (2002). Adult clinical neuropsychology: Lessons from studies of the frontal lobes. *Annual Review of Psychology, 53,* 401–433.

Suh, E. (2002). Culture, identity consistency, and subjective well-being. *Journal of Personality and Social Psychology, 83,* 1378–1391.

Sujan, M. (1985). Consumer knowledge: Effects on evaluation strategies mediating consumer judgments. *Journal of Consumer Research, 12,* 1–16.

Suls, J. M., Lemos, K., & Stewart, H. L. (2002). Self-esteem, construal, and comparisons with the self, friends, and peers. *Journal of Personality and Social Psychology, 82,* 252–261.

Suls, J. M., & Wan, C. K. (1987). In search of the false-uniqueness phenomenon: Fear and estimates of social consensus. *Journal of Personality and Social Psychology, 52,* 211–217.

Swann, W. B., Jr. (1983). Self-verification: Bringing social reality into harmony with the self. In J. M. Suls & A. G. Greenwald (Eds.), *Social psychology perspectives* (Vol. 2, pp. 33–66). Hillsdale, NJ: Erlbaum.

Swann, W. B., Jr. (1984). Quest for accuracy in person perception: A matter of pragmatics. *Psychological Review, 91,* 457–477.

Swann, W. B., Jr., & Bosson, J. K. (2010). Self and identity. In S. T. Fiske, D. T. Gilbert, & G. Lindzey (Eds.), *Handbook of social psychology* (5th edn, Vol. 1, pp. 589–628). Hoboken, NJ: Wiley.

Swann, W. B., Jr., & Ely, R. M. (1984). The battle of wills: Self-verification versus behavioral confirmation. *Journal of Personality and Social Psychology, 46,* 1287–1302.

Swann, W. B., Jr., & Giuliano, T. (1987). Confirmatory search strategies in social interaction: How, when, why, and with what consequences. *Journal of Consulting and Clinical Psychology, 5,* 511–524.

Swann, W. B., Jr., Giuliano, T., & Wegner, D. M. (1982). Where leading questions can lead: The power of conjecture in social interaction. *Journal of Personality and Social Psychology, 42,* 1025–1035.

Swann, W. B., Jr., Hixon, J. G., Stein-Seroussi, A., & Gilbert, D. T. (1990). The fleeting gleam of praise: Cognitive processes underlying behavioral reactions to self-relevant feedback. *Journal of Personality and Social Psychology, 59,* 17–26.

Swann, W. B., Jr., Jetten, J., Gómez, Á., Whitehouse, H., & Bastian, B. (2012). When group membership gets personal: A theory of identity fusion. *Psychological Review, 119,* 441–456.

Swann, W. B., Jr., Pelham, B. W., & Chidester, T. R. (1988). Change through paradox: Using self-verification to alter beliefs. *Journal of Personality and Social Psychology, 54,* 268–273.

Swann, W. B., Jr., Pelham, B. W., & Krull, D. S. (1989). Agreeable fancy or disagreeable truth? Reconciling self-enhancement and self-verification. *Journal of Personality and Social Psychology, 57,* 782–791.

Swann, W. B., Jr., & Read, S. J. (1981). Self-verification processes: How we sustain our self-conceptions. *Journal of Experimental Social Psychology, 17,* 351–370.

Swann, W. B., Jr., & Snyder, M. (1980). On translating beliefs into action: Theories of ability and their application in an instructional setting. *Journal of Personality and Social Psychology, 38,* 879–888.

Swann, W. B., Jr., Stein-Seroussi, A., & Giesler, R. B. (1992). Why people self-verify. *Journal of Personality and Social Psychology, 62,* 392–401.

Swim, J. K., & Hyers, L. L. (1999). Excuse me – What did you say?! Women's public and private responses to sexist remarks. *Journal of Experimental Social Psychology, 79,* 238–250.

Swim, J. K., Hyers, L. L., Cohen, L. L., & Ferguson, M. J. (2001). Everyday sexism: Evidence for its incidence, nature, and psychological impact from three daily diary studies. *Journal of Experimental Social Psychology, 35,* 68–88.

Swim, J. K., & Miller, D. L. (1999). White guilt: Its antecedents and consequences for attitudes toward affirmative action. *Personality and Social Psychology Bulletin, 25,* 500–514.

Swim, J. K., Pearson, N. B., & Johnston, K. E. (2006). Daily encounters with heterosexism: A week in the life of lesbian, gay, and bisexual individuals. *Journal of Homosexuality, 53,* 18–31.

Swim, J. K., & Sanna, L. J. (1996). He's skilled, she's lucky: A meta-analysis of observer's attributions of women's and men's successes and failures. *Personality and Social Psychology Bulletin, 22,* 507–519.

Swim, J. K., Scott, E. D., Sechrist, G. B., Campbell, B., & Stangor, C. (2003). The role of intent and harm in judgments of prejudice and discrimination. *Journal of Personality and Social Psychology, 84,* 944–959.

Tabachnik, N., Crocker, J., & Alloy, L. B. (1983). Depression, social comparison, and the false consensus effect. *Journal of Personality and Social Psychology, 45,* 688–699.

Taguiri, R., & Petrullo, L. (Eds.). (1958). *Person perception and interpersonal behavior.* Palo Alto, CA: Stanford University Press.

Tajfel, H. (1981). *Human groups and social categories: Studies in social psychology.* Cambridge: Cambridge University Press.

Tajfel, H., Billig, M., Bundy, R. P., & Flament, C. (1971). Social categorization and intergroup behaviour. *European Journal of Social Psychology, 1,* 149–177.

Tajfel, H., & Turner, J. C. (1979). An integrative theory of intergroup conflict. In W. G. Austin & S. Worchel (Eds.), *The social psychology of intergroup relations.* Monterey, CA: Brooks/Cole.

Takata, T. (1987). Self-deprecative tendencies in self-evaluation through social comparison. *Japanese Journal of Experimental Social Psychology, 27,* 27–36.

Talaska, C. A., Fiske, S. T., & Chaiken, S. (2008). Legitimating racial discrimination: Emotions, not beliefs, best predict discrimination in a meta-analysis. *Social Justice Research, 21(3),* 263–296.

Tanaka, J. W., & Farah, M. J. (1993). Parts and wholes in face recognition. *Quarterly Journal of Experimental Psychology: Human Experimental Psychology, 42,* 225–245.

Tangney, J. P., Stuewig, J., & Mashek, D. (2007). Moral emotions and moral behavior. *Annual Review of Psychology, 58,* 345–372.

Taylor, K. M., & Shepperd, J. A. (1998). Bracing for the worst: Severity, testing, and feedback timing as moderators of the optimistic bias. *Personality and Social Psychology Bulletin, 24,* 915–926.

Taylor, S. E. (1975). On inferring one's own attitudes from one's behavior: Some delimiting conditions. *Journal of Personality and Social Psychology, 31,* 126–131.

Taylor, S. E. (1981a). A categorization approach to stereotyping. In D. L. Hamilton (Ed.), *Cognitive processes in stereotyping and intergroup behavior* (pp. 88–114). Hillsdale, NJ: Erlbaum.

Taylor, S. E. (1981b). The interface of cognitive and social psychology. In J. Harvey (Ed.), *Cognition, social behavior, and the environment* (pp. 189–211). Hillsdale, NJ: Erlbaum.

Taylor, S. E. (1982). The availability bias in social psychology. In D. Kahneman & A. Tversky (Eds.). *Judgment under uncertainty: Heuristics and biases.* New York: Cambridge University Press.

Taylor, S. E. (1991). Asymmetrical effects of positive and negative events: The mobilization-minimization hypothesis. *Psychological Bulletin, 110,* 67–85.

Taylor, S. E. (1998). The social being in social psychology. In D. T. Gilbert, S. T. Fiske, & G. Lindzey (Eds.), *The handbook of social psychology* (4th edn, Vol. 1, pp. 58–95). New York: McGraw-Hill.

Taylor, S. E. (2006a). *Health psychology* (6th edn). New York: McGraw-Hill.

Taylor, S. E. (2006b). Tend and befriend: Biobehavioral bases of affiliation under stress. *Current Directions in Psychological Science, 15,* 273–277.

Taylor, S. E., & Brown, J. (1988). Illusion and well-being: A social psychological perspective on mental health. *Psychological Bulletin, 103,* 193–210.

Taylor, S. E., & Crocker, J. (1981). Schematic bases of social information processing. In E. T. Higgins, C. P. Herman, & M. P. Zanna (Eds.), *Social cognition: The Ontario Symposium* (Vol. 1, pp. 89–134). Hillsdale, NJ: Erlbaum.

Taylor, S. E., Crocker, J., Fiske, S. T., Sprinzen, M., & Winkler, J. D. (1979). The generalizability of salience effects. *Journal of Personality and Social Psychology, 37,* 357–368.

Taylor, S. E., Eisenberger, N. I., Saxbe, D., Lehman, B. J., & Lieberman, M. D. (2006). Neural responses to emotional stimuli are associated with childhood family stress. *Biological Psychiatry, 60,* 296–301.

Taylor, S. E., & Fiske, S. T. (1975). Point-of-view and perceptions of causality. *Journal of Personality and Social Psychology, 32,* 439–445.

Taylor, S. E., & Fiske, S. T. (1978). Salience, attention, and attribution: Top of the head phenomena. In L. Berkowitz (Ed.), *Advances in experimental social psychology* (Vol. 11, pp. 249–288). New York: Academic Press.

Taylor, S. E., & Fiske, S. T. (1981). Getting inside the head: Methodologies for process analysis in attribution and social cognition. In J. H. Harvey, W. Ickes, & R. F. Kidd (Eds.), *New directions in attribution research* (Vol. 3, pp. 459–524). Hillsdale, NJ: Erlbaum.

Taylor, S. E., Fiske, S. T., Close, M., Anderson, C., & Ruderman, A. J. (1977). Solo status as a psychological variable: The power of being distinctive. Unpublished manuscript, Harvard University, Cambridge, MA.

Taylor, S. E., Fiske, S. T., Etcoff, N. L., & Ruderman, A. J. (1978). Categorical and contextual bases of person memory and stereotyping. *Journal of Personality and Social Psychology, 36,* 778–793.

Taylor, S. E., & Gollwitzer, P. M. (1995). The effects of mindset on positive illusions. *Journal of Personality and Social Psychology, 69,* 213–226.

Taylor, S. E., Kemeny, M. E., Reed, G. M., Bower, J. E., & Gruenewald, T. L. (2000). Psychological resources, positive illusions, and health. *American Psychologist, 55,* 99–109.

Taylor, S. E., Lerner, J. S., Sherman, D. K., Sage, R. M., & McDowell, N. K. (2003a). Are self-enhancing cognitions associated with healthy or unhealthy biological profiles? *Journal of Personality and Social Psychology, 85,* 605–615.

Taylor, S. E., Lerner, J. S., Sherman, D. K., Sage, R. M., & McDowell, N. K. (2003b). Portrait of the self-enhancer: Well-adjusted and well-liked or maladjusted and friendless? *Journal of Personality and Social Psychology, 84,* 165–176.

Taylor, S. E., Lichtman, R. R., & Wood, J. V. (1984). Attributions, beliefs about control, and adjustment to breast cancer. *Journal of Personality and Social Psychology, 46,* 489–502.

Taylor, S. E., & Lobel, M. (1989). Social comparison activity under threat: Downward evaluation and upward contacts. *Psychological Review, 96,* 569–575.

Taylor, S. E., Pham, L. B., Rivkin, I., & Armor, D. A. (1998). Harnessing the imagination: Mental simulation and self-regulation of behavior. *American Psychologist, 53,* 429–439.

Taylor, S. E., & Thompson, S. C. (1982). Stalking the elusive "vividness" effect. *Psychological Review, 89,* 155–181.

Taylor, S. E., & Wood, J. V. (1983). The vividness effect: Making a mountain out of a molehill? In R. P. Bagozzi & A. M. Tybout (Eds.), *Advances in consumer research.* Ann Arbor, MI: Association for Consumer Research.

Taylor, S. E., Wood, J. V., & Lichtman, R. R. (1983). It could be worse: Selective evaluation as a response to victimization. *Journal of Social Issues, 39,* 19–40.

Teasdale, J. D., & Russell, M. L. (1983). Differential effects of induced mood on the recall of positive, negative and neutral words. *British Journal of Clinical Psychology, 22,* 163–171.

Teger, A. I., & Pruitt, D. G. (1967). Comparison of group risk taking. *Journal of Experimental Social Psychology, 3,* 189–205.

Tesser, A. (1978). Self-generated attitude change. In L. Berkowitz (Ed.), *Advances in experimental social psychology* (Vol. 11, pp. 289–338). New York: Academic Press.

Tesser, A. (1988). Toward a self-evaluation maintenance model of social behavior. In L. Berkowitz (Ed.), *Advances in experimental social psychology* (Vol. 21, pp. 181–227). New York: Academic Press.

Tesser, A., Crepaz, N., Collins, S. R., Cornell, D., & Beach, J. C. (2000). Confluence of self-esteem regulation mechanisms: On integrating the self-zoo. *Personality and Social Psychology Bulletin, 57,* 442–456.

Tetlock, P. E. (1984). Cognitive style and political belief systems in the British House of Commons. *Journal of Personality and Social Psychology, 46*, 365–375.

Tetlock, P. E. (1985). Accountability: A social check on the fundamental attribution error. *Social Psychology Quarterly, 48*, 227–236.

Tetlock, P. E. (1986). Is self-categorization theory the solution to the level-of-analysis problem? *British Journal of Social Psychology, 25*, 255–256.

Tetlock, P. E. (1988). Monitoring the integrative complexity of American and Soviet policy rhetoric: What can be learned? *Journal of Social Issues, 44*, 101–132.

Tetlock, P. E. (1990). Some thoughts on fourth generational models of social cognition. *Psychological Inquiry, 1*, 212–214.

Tetlock, P. E. (1992). The impact of accountability on judgment and choice. In M. P. Zanna (Ed.), *Advances in experimental social psychology* (Vol. 23, pp. 331–376). New York: Academic Press.

Tetlock, P. E. (1998). Close-call counterfactuals and belief-system defenses: I was not almost wrong but I was almost right. *Journal of Personality and Social Psychology, 75*, 639–652.

Tetlock, P. E., & Boettger, R. (1989). Accountability: A social magnifier of the dilution effect. *Journal of Personality and Social Psychology, 57*, 388–398.

Tetlock, P. E., Hannum, K. A., & Micheletti, P. M. (1984). Stability and change in the complexity of senatorial debate: Testing the cognitive versus rhetorical style hypotheses. *Journal of Personality and Social Psychology, 46*, 979–990.

Thibaut, J. W., & Kelley, H. H. (1959). *The social psychology of groups.* New York: Wiley.

Thompson, W., Cowan, C., & Rosenhan, D. L. (1980). Focus of attention mediates the impact of negative affect on altruism. *Journal of Personality and Social Psychology, 38*, 291–300.

Thorndike, E. L. (1940). *Human nature and the social order.* New York: Macmillan.

Thurstone, L. L. (1928). An experimental study of nationality preferences. *Journal of General Psychology, 1*, 405–425.

Tiedens, L. Z. (2001). The effect of anger on the hostile inferences of aggressive and nonaggressive people: Specific emotions, cognitive processing, and chronic accessibility. *Motivation and Emotion, 25*, 233–251.

Tiedens, L. Z., Ellsworth, P. C., & Mesquita, B. (2000). Stereotypes about sentiments and status: Emotional expectations for high- and low-status group members. *Personality and Social Psychology Bulletin, 26*, 560–574.

Tiedens, L. Z., & Jimenez, M. C. (2003). Assimilation for affiliation and contrast for control: Complementary self-construals. *Journal of Personality and Social Pscyhology, 85*, 1049–1061.

Tiedens, L. Z., & Linton, S. (2001). Judgment under emotional certainty and uncertainty: The effects of specific emotions on information processing. *Journal of Personality and Social Psychology, 81*, 973–988.

Todorov, A. (2012). The social perception of faces. In S. T. Fiske & C. N. Macrae (Eds.), *Sage handbook of social cognition* (pp. 96–114). Thousand Oaks, CA: Sage.

Todorov, A., Fiske, S. T., & Prentice, D. (Eds.) (2011). *Social neuroscience: Toward understanding the underpinnings of the social mind.* New York: Oxford University Press.

Todorov, A., Gobbini, M. I., Evans, K. K., & Haxby, J. V. (2007). Spontaneous retrieval of affective person knowledge in face perception. *Neuropsychologia, 445*, 163–173.

Todorov, A., Mandisodza, A. N., Goren, A., & Hall, C. (2005). Inferences of competence from faces predict election outcomes. *Science, 308*, 1623–1626.

Todorov, A., Pakrashi, M. & Oosterhof, N. N. (2009). Evaluating faces on trustworthiness after minimal time exposure. *Social Cognition, 27*, 813–833.

Todorov, A., Said, C. P., Engel, A. D., & Oosterhof, N. N. (2008). Understanding evaluation of faces on social dimensions. *Trends in Cognitive Sciences, 12(12)*, 455–460.

Todorov, A., & Uleman, J. S. (2002). Spontaneous trait inferences are bound to actors' faces: Evidence from a false recognition paradigm. *Journal of Personality and Social Psychology, 83*, 1051–1065.

Todorov, A., & Uleman, J. S. (2003). The efficiency of binding spontaneous trait inferences to actors' faces. *Journal of Experimental Social Psychology, 39*, 549–562.

Todorov, A., & Uleman, J. S. (2004). The person reference process in spontaneous trait inferences. *Journal of Personality and Social Psychology, 87,* 482–493.

Tomkins, S. S. (1962). *Affect, imagery, and consciousness* (Vol. 1). New York: Springer.

Tomkins, S. S. (1981). The role of facial response in the experience of emotion: A reply to Tourangeau and Ellsworth. *Journal of Personality and Social Psychology, 40,* 355–357.

Tordesillas, R. S., & Chaiken, S. (1999). Thinking too much or too little? The effects of introspection on the decision-making process. *Personality and Social Psychology Bulletin, 25,* 623–629.

Tormala, Z. L., & Petty, R. E. (2001). On-line versus memory-based processing: The role of "need to evaluate" in person perception. *Personality and Social Psychology Bulletin, 27,* 1599–1612.

Tormala, Z. L., Petty, R. E., & Briñol, P. (2002). Ease of retrieval effects in persuasion: A self-validation analysis. *Personality and Social Psychology Bulletin, 28,* 1700–1712.

Tourangeau, R., & Ellsworth, P. C. (1979). The role of facial response in the experience of emotion. *Journal of Personality and Social Psychology, 37,* 1519–1531.

Tourangeau, R., Rasinski, K. A., Bradburn, N. M., & D'Andrade, R. (1989). Belief accessibility and context effects in attitude measurement. *Journal of Experimental Social Psychology, 25,* 401–421.

Towles-Schwen, T., & Fazio, R. H. (2001). On the origins of racial attitudes: Correlates of childhood experiences. *Personality and Social Psychology Bulletin, 27,* 162–175.

Towles-Schwen, T., & Fazio, R. H. (2003). Choosing social situations: The relation between automatically activated racial attitudes and anticipated comfort interacting with African Americans. *Personality and Social Psychology Bulletin, 29,* 170–182.

Traut-Mattausch, E., Schulz-Hardt, S., Greitemeyer, T., & Frey, D. (2004). Expectancy confirmation in spite of disconfirming evidence: The case of price increases due to the introduction of the Euro. *European Journal of Social Psychology, 34,* 739–760.

Triandis, H. C., McCusker, C., & Hui, C. (1990). Multimethod probes of individualism and collectivism. *Journal of Personality and Social Psychology, 59,* 1006–1020.

Trivers, R. L. (1985). *Social evolution.* Menlo Park, CA: Benjamin/Cummings.

Trope, Y. (1975). Seeking information about one's own ability as a determinant of choice among tasks. *Journal of Personality and Social Psychology, 32,* 1004–1013.

Trope, Y. (1979). Uncertainty-reducing properties of achievement tasks. *Journal of Personality and Social Psychology, 37,* 1505–1518.

Trope, Y. (1986). Identification and inferential processes in dispositional attribution. *Psychological Review, 93,* 239–257.

Trope, Y., & Bassok, M. (1982). Confirmatory and diagnosing strategies in social information gathering. *Journal of Personality and Social Psychology, 43,* 22–34.

Trope, Y., Cohen, O., & Maoz, Y. (1988). The perceptual and inferential effects of situational inducements on dispositional attributions. *Journal of Personality and Social Psychology, 55,* 165–177.

Trope, Y., & Fishbach, A. (2000). Counteractive self-control in overcoming temptation. *Journal of Personality and Social Psychology, 79,* 493–506.

Trope, Y., & Gaunt, R. (1999). A dual-process model of overconfident attributional inferences. In S. Chaiken & Y. Trope (Eds.), *Dual-process theories in social psychology* (pp. 161–178). New York: Guilford Press.

Trope, Y., & Liberman, N. (2003). Temporal construal. *Psychological Review, 110,* 403–421.

Trope, Y., & Liberman, N. (2010). Construal-level theory of psychological distance. *Psychological Review, 117(2),* 440–463.

Trope, Y., & Mackie, D. M. (1987). Sensitivity to alternatives in social hypothesis-testing. *Journal of Experimental Social Psychology, 23,* 445–459.

Trope, Y., & Neter, E. (1994). Reconciling competing motives in self-evaluation: The role of self-control in feedback setting. *Journal of Personality and Social Psychology, 66,* 646–657.

Tropp, L. R. (2003). The psychological impact of prejudice: Implications for intergroup contact. *Group Processes and Intergroup Relations, 6,* 131–149.

Tropp, L. R., & Bianchi, R. A. (2006). Valuing diversity and interest in intergroup contact. *Journal of Social Issues, 62*, 533–551.

Tropp, L. R., & Pettigrew, T. F. (2005a). Differential relationships between intergroup contact and affective and cognitive dimensions of prejudice. *Personality and Social Psychology Bulletin, 31*, 1145–1158. [Erratum: *31*, 1456.]

Tropp, L. R., & Pettigrew, T. F. (2005b). Relationships between intergroup contact and prejudice among minority and majority status groups. *Psychological Science, 16*, 951–957.

Tropp, L. R., Stout, A. M., Boatswain, C., Wright, S. C., & Pettigrew, T. F. (2006). Trust and acceptance in response to references to group membership: Minority and majority perspectives on cross-group interactions. *Journal of Applied Social Psychology, 36*, 769–794.

Trzebinski, J. (1985). Action-oriented representations of implicit personality theories. *Journal of Personality and Social Psychology, 48*, 1266–1278.

Trzebinski, J., & Richards, K. (1986). The role of goal categories in person impression. *Journal of Experimental Social Psychology, 22*, 216–227.

Tsao, D. Y., & Livingstone, M. S. (2008). Mechanisms of face perception. *Annual Review of Neuroscience, 31*, 411–437.

Tsujimoto, R. N. (1978). Memory bias toward normative and novel trait prototypes. *Journal of Personality and Social Psychology, 36*, 1391–1401.

Tuckman, J., & Lavell, M. (1957). Self classification as old or not old. *Geriatrics, 12*, 666–671.

Tulving, E. (1983). *Elements of episodic memory*. New York: Oxford University Press.

Tulving, E. (2002). Episodic memory: From mind to brain. *Annual Review of Psychology, 53*, 1–25.

Tulving, E., & Pearlstone, Z. (1966). Availability versus accessibility of information in memory for words. *Journal of Verbal Learning and Verbal Behavior, 5*, 381–391.

Turk, D. C., & Salovey, P. (1986). Clinical information processing: Bias innoculation. In R. E. Ingram (Ed.), *Information processing approaches to clinical psychology* (pp. 305–323). New York: Academic Press.

Turk, D. J., Heatherton, T. F., Kelley, W. M., Funnell, M. G., Gazzaniga, M. S., & Macrae, C. N. (2002). Mike or me? Self-recognition in a split-brain patient. *Nature Neuroscience, 5*, 841–842.

Turk, D. J., Heatherton, T. F., Macrae, C. N., Kelley, W. M., & Gazzaniga, M. S. (2003). Out of contact, out of mind: The distributed nature of the self. *Annals of New York Academy of Sciences, 1001*, 65–78.

Turnbull, W., & Slugoski, B. R. (1988). Conversational and linguistic processes in causal attribution. In D. J. Hilton (Ed.), *Contemporary science and natural explanation: Commonsense conceptions of causality* (pp. 66–93). Brighton, England: Harvester Press.

Turner, J. C. (1985). Social categorization and the self-concept: A social cognitive theory of group behavior. In E. J. Lawler (Ed.), *Advances in group processes* (Vol. 2, pp. 77–121). Greenwich, CT: JAI Press.

Turner, J. C. (1987). *Rediscovering the social group: A self-categorization theory*. New York: Basil Blackwell.

Turner, J. C. (1991). *Social influence*. Pacific Grove, CA: Brooks/Cole.

Turner, J. C., & Reynolds, K. J. (2001). The social identity perspective in intergroup relations: Theories, themes, and controversies. In R. Brown & S. L. Gaertner (Eds.), *Blackwell handbook of social psychology: Intergroup processes* (pp. 133–152). Oxford: Blackwell.

Turner, J. C., Wetherell, M. S., & Hogg, M. A. (1989). Referent informational influence and group polarization. *British Journal of Social Psychology, 28*, 135–147.

Tversky, A., & Kahneman, D. (1973). Availability: A heuristic for judging frequency and probability. *Cognitive Psychology, 5*, 207–232.

Tversky, A., & Kahneman, D. (1974). Judgment under uncertainty: Heuristics and biases. *Science, 185*, 1124–1131.

Tversky, A., & Kahneman, D. (1981). The framing of decisions and the psychology of choice. *Science, 211*, 453–458.

Tversky, A., & Kahneman, D. (1982). Judgments of and by representativeness. In D. Kahneman, P. Slovic, & A. Tversky (Eds.), *Judgment under uncertainty: Heuristics and biases* (pp. 84–100). New York: Cambridge University Press.

Tversky, A., & Kahneman, D. (1983). Extensional versus intuitive reasoning: The conjunction fallacy in probability judgment. *Psychological Review, 90*, 293–315.

Twenge, J. M., Catanese, K. R., & Baumeister, R. F. (2003). Social exclusion and the deconstructed state: Time perception, meaninglessness, lethargy, lack of emotion, and self-awareness. *Journal of Personality and Social Psychology, 85,* 409–423.

Ucros, C. G. (1989). Mood state-dependent memory: A meta-analysis. *Cognition and Emotion, 3,* 139–169.

Uhlmann, E. L., Brescoll, V. L., & Paluck, E. L. (2006). Are members of low status groups perceived as bad, or badly off? Egalitarian negative associations and automatic prejudice. *Journal of Experimental Social Psychology, 42,* 491–499.

Uleman, J. S. (1989). A framework for thinking intentionally about unintended thoughts. In J. S. Uleman & J. A. Bargh (Eds.), *Unintended thought* (pp. 425–449). New York: Guilford Press.

Uleman, J. S. (1999). Spontaneous versus intentional inferences in impression formation. In S. Chaiken & Y. Trope (Eds.), *Dual-process theories in social psychology* (pp. 141–160). New York: Guilford Press.

United Nations Entity for Gender Equality and the Empowerment of Women. (2012). Home page.

United States Department of Labor. (2012). Usual weekly earnings of wage and salary workers first quarter 2012.

Updegraff, J. A., Gable, S. L., & Taylor, S. E. (2004). What makes experiences satisfying? The interaction of approach-avoidance motivations and emotions in well-being. *Journal of Personality and Social Psychology, 86,* 496–504.

Valdesolo, P., & DeSteno, D. (2006). Manipulations of emotional context shape moral judgment. *Psychological Science, 17,* 476–477.

Valins, S. (1966). Cognitive effects of false heart-rate feedback. *Journal of Personality and Social Psychology, 4,* 400–408.

Vallacher, R. R., Read, S. J., & Nowak, A. (2002). The dynamical perspective in personality and social psychology. *Personality and Social Psychology Review, 6,* 264–273.

Vallacher, R. R., & Wegner, D. M. (1987). What do people think they're doing? Action identification and human behavior. *Psychological Review, 94,* 3–15.

Vallacher, R. R., Wegner, D. M., & Frederick, J. (1987). The presentation of self through action identification. *Social Cognition, 5,* 301–322.

Vallone, R. P., Ross, L. D., & Lepper, M. R. (1985). The hostile media phenomenon: Biased perception and perceptions of media bias in coverage of the Beirut massacre. *Journal of Personality and Social Psychology, 49,* 577–585.

van Boven, L., Loewenstein, G., Welch, E., & Dunning, D. (2012). The illusion of courage in self-predictions: Mispredicting one's own behavior in embarrassing situations. *Journal of Behavioral Decision Making, 25(1),* 1–12.

van den Bos, K., Poortvliet, P. M., Maas, M., Miedema, J., & van den Ham, E. J. (2005). An enquiry concerning the principles of cultural norms and values: The impact of uncertainty and mortality salience on reactions to violations and bolstering of cultural worldviews. *Journal of Experimental Social Psychology, 41,* 91–113.

van den Bos, W., McClure, S. M., Harris, L. T., Fiske, S. T., & Cohen, J. D. (2007). Dissociating affective evaluation and social cognitive processes in ventral medial prefrontal cortex. *Cognitive and Behavioral Neuroscience, 7,* 337–346.

van Knippenberg, A., Dijksterhuis, A., & Vermeulen, D. (1999). Judgment and memory of a criminal act: The effects of stereotypes and cognitive load. *European Journal of Social Psychology, 29,* 191–201.

van Laar, C., Levin, S., Sinclair, S., & Sidanius, J. (2005). The effect of university roommate contact on ethnic attitudes and behavior. *Journal of Experimental Social Psychology, 41,* 329–345.

van Laar, C., Sidanius, J., Rabinowitz, J. L., & Sinclair, S. (1999). The three Rs of academic achievement: Reading, 'riting, and racism. *Personality and Social Psychology Bulletin, 25,* 139–151.

Vanman, E. J., Paul, B. Y., Ito, T. A., & Miller, N. (1997). The modern face of prejudice and structural features that moderate the effect of cooperation on affect. *Journal of Personality and Social Psychology, 73,* 941–959.

Van Overwalle, F. (1998). Causal explanation as constraint satisfaction: A critique and a feedforward connectionist alternative. *Journal of Personality and Social Psychology, 74*, 312–328.

Van Overwalle, F., & Heylighen, F. (2006). Talking nets: A multiagent connectionist approach to communication and trust between individuals. *Psychological Review, 113*, 606–627.

Van Overwalle, F., & Jordens, K. (2002). An adaptive connectionist model of cognitive dissonance. *Personality and Social Psychology Review, 6*, 204–231.

Van Overalle, F., & Labiouse, C. (2004). A recurrent connectionist model of person impression formation. *Personality and Social Psychology Review, 8*, 28–61.

Van Overwalle, F., & Siebler, F. (2005). A connectionist model of attitude formation and change. *Personality and Social Psychology Review, 9*, 231–274.

Van Overwalle, F., & Van Rooy, D. (2001). How one cause discounts or augments another: A connectionist account of causal competition. *Personality and Social Psychology Bulletin, 27*, 1613–1626.

Van Rooy, D., Van Overwalle, F., Vanhoomissen, T., Labiouse, C., & French, R. (2003). A recurrent connectionist model of group biases. *Psychological Review, 110*, 536–563.

Vartanian, O., & Goel, V. (2004). Neuroanatomical correlates of aesthetic preference for paintings. *Neuroreport, 15*, 893–897.

Verdoux, H., Husky, M., Tournier, M., Sorbara, F., & Swendsen, J. D. (2003). Social environments and daily life occurrence of psychotic symptoms: An experience sampling test in a nonclinical population. *Social Psychiatry and Psychiatric Epidemiology, 38*, 654–661.

Verkuyten, M., & Brug, P. (2004). Multiculturalism and group status: The role of ethnic identification, group essentialism and Protestant ethnic. *European Journal of Social Psychology, 34*, 647–661.

Verplanken, B., & Holland, R. W. (2002). Motivated decision making: Effects of activation and self-centrality of values on choices and behavior. *Journal of Personality and Social Psychology, 82*, 434–447.

Vidmar, N., & Rokeach, M. (1974). Archie Bunker's bigotry: A study in selective perception and exposure. *Journal of Communications, 24*, 36–47.

Vignoles, V. L., Chryssochoou, X., & Breakwell, G. M. (2000). The distinctiveness principle: Identity, meaning, and the bounds of cultural relativity. *Personality and Social Psychology Review, 4*, 337–354.

Vignoles, V. L., Regalia, C., Manzi, C., Golledge, J., & Scabini, E. (2006). Beyond self-esteem: Influence of multiple motives on identity construction. *Journal of Personality and Social Psychology, 90*, 308–333.

Vinokur, A., & Ajzen, I. (1982). Relative importance of prior and immediate events: A causal primacy effect. *Journal of Personality and Social Psychology, 42*, 820–829.

Vinokur, A., Schul, Y., & Caplan, R. D. (1987). Determinants of perceived social support: Interpersonal transactions, personal outlook, and transient affective states. *Journal of Personality and Social Psychology, 53*, 1137–1145.

Visser, P. S., & Krosnick, J. A. (1998). Development of attitude strength over the life cycle: Surge and decline. *Journal of Personality and Social Psychology, 75*, 1389–1410.

Visser, P. S., Krosnick, J. A., & Simmons, J. P. (2003). Distinguishing the cognitive and behavioral consequences of attitude and certainty: A new approach to testing the common-factor hypothesis. *Journal of Experimental Social Psychology, 39*, 118–141.

Vohs, K. D., Baumeister, R. F., & Ciarocco, N. J. (2005). Self-regulation and self-presentation: Regulatory resource depletion impairs impression management and effortful self-presentation depletes regulatory resources. *Journal of Personality and Social Psychology, 88*, 632–657.

Vohs, K. D., & Heatherton, T. F. (2004). Ego threat elicits different social comparison processes among high and low self-esteem people: Implications for interpersonal perceptions. *Social Cognition, 22*, 168–191.

Vohs, K. D., & Schmeichel, B. J. (2003). Self-regulation and the extended now: Controlling the self alters the subjective experience of time. *Journal of Personality and Social Psychology, 85*, 217–230.

Voils, C. I., Ashburn-Nardo, L., & Monteith, M. J. (2002). Evidence of prejudice-related conflict and associated affect beyond the college setting. *Group Processes and Intergroup Relations, 5*, 19–33.

von Hippel, W., & Henry, J. D. (2012). Social cognitive aging. In S. T. Fiske & C. N. Macrae (Eds.), *Sage handbook of social cognition* (pp. 390–410). Thousand Oaks, CA: Sage.

von Hippel, W., von Hippel, C., Conway, L., Preacher, K. J., Schooler, J. W., & Radvansky, G. A. (2005). Coping with stereotype threat: Denial as an impression management strategy. *Journal of Personality and Social Psychology, 89*, 22–35.

Vonk, R. (2002). Self-serving interpretations of flattery: Why ingratiation works. *Journal of Personality and Social Psychology, 82*, 515–526.

Vorauer, J. D. (2005). Miscommunications surrounding efforts to reach out across group boundaries. *Personality and Social Psychology Bulletin, 31*, 1653–1664.

Vorauer, J. D. (2006). An information search model of evaluative concerns in intergroup interaction. *Psychological Review, 113*, 862–886.

Vorauer, J. D., Hunter, A. J., Main, K. J., & Roy, S. A. (2000). Meta-stereotype activation: Evidence from indirect measures for specific evaluative concerns experienced by members of dominant groups in intergroup interaction. *Journal of Personality and Social Psychology, 78*, 690–707.

Vorauer, J. D., & Kumhyr, S. M. (2001). Is this about you or me? Self- versus other-directed judgments and feelings in response to intergroup interaction. *Personality and Social Psychology Bulletin, 27*, 706–719.

Vorauer, J. D., & Turpie, C. A. (2004). Disruptive effects of vigilance on dominant group members' treatment of outgroup members choking versus shining under pressure. *Journal of Personality and Social Psychology, 87*, 384–399.

Wachtler, J., & Counselman, E. (1981). When increasing liking for a communicator decreases opinion change: An attributional analysis of attractiveness. *Journal of Experimental Social Psychology, 17*, 386–395.

Wagner, A. D., Paré-Blagoev, E. J., Clark, J., & Poldrack, R. A. (2001). Recovering meaning: Left prefrontal cortex guides controlled semantic retrieval. *Neuron, 31*, 329–338.

Wallach, M. A., Kogan, N., & Bem, D. J. (1962). Group influence on individual risk taking. *Journal of Abnormal and Social Psychology, 65*, 75–86.

Wallbott, H. G., & Scherer, K. R. (1988). Emotion and economic development: Data and speculations concerning the relationship between economic factors and emotional experience. *European Journal of Social Psychology, 18*, 267–273.

Walster, E. (1971). Passionate love. In B. I. Murstein (Ed.), *Theories of attraction and love* (pp. 85–99). New York: Springer.

Wänke, M., Schwarz, N., & Bless, H. (1995). The availability heuristic revisited: Experienced ease of retrieval in mundane frequency estimates. *Acta Psychologica, 89*, 83–90.

Ward, S. E., Leventhal, H., & Love, R. (1988). Repression revisited: Tactics used in coping with a severe health threat. *Personality and Social Psychology Bulletin, 14*, 735–746.

Ward, W. D., & Jenkins, H. M. (1965). The display of information and the judgment of contingency. *Canadian Journal of Psychology, 19*, 231–241.

Watson, D., & Clark, L. A. (1997). Measurement and mismeasurement of mood: Recurrent and emergent issues. *Journal of Personality and Assessment, 68*, 267–296.

Watson, D., & Tellegen, A. (1985). Toward a consensual structure of mood. *Psychological Bulletin, 98*, 219–235.

Watson, J. (1930). *Behaviorism*. New York: Norton.

Watson, W. S., & Hartmann, G. W. (1939). The frigidity of a basic attitudinal frame. *Journal of Abnormal and Social Psychology, 34*, 314–335.

Weary, G., Reich, D. A., & Tobin, S. J. (2001). The role of contextual constraints and chronic expectancies on behavior categorizations and dispositional inferences. *Personality and Social Psychology Bulletin, 27*, 62–75.

Weary, G., Swanson, H., Harvey, J. H., & Yarkin, K. L. (1980). A molar approach to social knowing. *Personality and Social Psychology Bulletin, 6*, 574–581.

Webb, W. M., Marsh, K. L., Schneiderman, W., & Davis, B. (1989). Interaction between self-monitoring and manipulated states of awareness. *Journal of Personality and Social Psychology, 56*, 70–80.

Weber, E. U., & Johnson, E. J. (2006). Constructing preferences from memories. In S. Lichtenstein & P. Slovic (Eds.), *The construction of preferences* (pp. 397–410). New York: Cambridge University Press.

Wegener, D. T., & Petty, R. E. (1995). Flexible correction processes in social judgment: The role of naive theories in corrections for perceived bias. *Journal of Personality and Social Psychology, 68*, 36–51.

Wegener, D. T., & Petty, R. E. (1997). The flexible correction model: The role of naive theories of bias in bias corrections. In M. P. Zanna (Ed.), *Advances in experimental social psychology* (pp. 141–208). San Diego, CA: Academic Press.

Wegner, D. M. (1994). Ironic processes of mental control. *Psychological Review, 101*, 34–52.

Wegner, D. M. (2003). The mind's best trick: How we experience conscious will. *Trends in Cognitive Sciences, 7*, 65–69.

Wegner, D. M., & Bargh, J. A. (1998). Control and automaticity in social life. In D. T. Gilbert, S. T. Fiske, & G. Lindzey (Eds.), *The handbook of social psychology* (4th edn, Vol. 2, pp. 446–496). New York: McGraw-Hill.

Wegner, D. M., Schneider, D. J., Carter, S. R., & White, T. L. (1987). Paradoxical effects of thought suppression. *Journal of Personality and Social Psychology, 53*, 5–13.

Wegner, D. M., Vallacher, R. R., Kiersted, G. W., & Dizadji, D. (1986). Action identification in the emergence of social behavior. *Social Cognition, 4*, 18–38.

Wegner, D. M., Vallacher, R. R., Macomber, G., Wood, R., & Arps, K. (1984). The emergence of action. *Journal of Personality and Social Psychology, 46*, 269–279.

Wegner, D. M., Wenzlaff, R., Kerker, R. M., & Beattie, A. E. (1981). Incrimination through innuendo: Can media questions become public answers? *Journal of Personality and Social Psychology, 40*, 822–832.

Wegner, D. M., & Wheatley, T. P. (1999). Apparent mental causation: Sources of the experience of will. *American Psychologist, 54*, 480–492.

Weiner, B. (1979). A theory of motivation for some classroom experiences. *Journal of Educational Psychology, 71*, 3–25.

Weiner, B. (1980). A cognitive (attribution)-emotion-action model of motivated behavior: An analysis of judgment of help-giving. *Journal of Personality and Social Psychology, 39*, 186–200.

Weiner, B. (1985). An attributional theory of achievement motivation and emotion. *Psychological Review, 92*, 548–573.

Weiner, B. (1986). *An attributional theory of motivation and emotion*. New York: Springer-Verlag.

Weiner, B. (1987). The social psychology of emotion: Applications of a naive psychology. *Journal of Social and Clinical Psychology, 5*, 405–419.

Weiner, B. (2005). Motivation from an attributional perspective and the social psychology of perceived competence. In A. J. Elliot & C. S. Dweck (Eds.), *Handbook of competence and motivation* (pp. 73–84). New York: Guilford Press.

Weiner, B., Amirkhan, J., Folkes, V. S., & Verette, J. A. (1987). An attributional analysis of excuse giving: Studies of a naive theory of emotion. *Journal of Personality and Social Psychology, 52*, 316–324.

Weiner, B., & Handel, S. (1985). Anticipated emotional consequences of causal communications and reported communication strategy. *Developmental Psychology, 21*, 102–107.

Weiner, B., Perry, R. P., & Magnusson, J. (1988). An attributional analysis of reactions to stigmas. *Journal of Personality and Social Psychology, 55*, 738–748.

Weisbuch, M., Mackie, D. M., & Garcia-Marques, T. (2003). Prior source exposure and persuasion: Further evidence for misattributional processes. *Personality and Social Psychology Bulletin, 29*, 691–700.

Wellbourne, J. L. (2001). Changes in impression complexity over time and across situations. *Personality and Social Psychology Bulletin, 27*, 1071–1085.

Wells, G. L., & Gavanski, I. (1989). Mental simulation of causality. *Journal of Personality and Social Psychology, 56*, 161–169.

Wells, G. L., & Petty, R. E. (1980). The effects of overt head movements on persuasion: Compatibility and incompatibility of responses. *Basic and Applied Social Psychology, 1*, 219–230.

Wells, R. E., & Iyengar, S. S. (2005). Positive illusions of preference consistency: When remaining eluded by one's preferences yields greater subjective well-being and decision outcomes. *Organizational Behavior and Human Decision Processes, 98*, 66–87.

Wentura, D., Rothermund, K., & Bak, P. (2000). Automatic vigilance: The attention-grabbing power of approach- and avoidance-related social information. *Journal of Personality and Social Psychology, 78*, 1024–1037.

Wenzlaff, R. M., & Wegner, D. M. (2000). Thought suppression. *Annual Review of Psychology, 51*, 59–91.

Wenzlaff, R. M., Wegner, D. M., & Roper, D. W. (1988). Depression and mental control: The resurgence of unwanted negative thoughts. *Journal of Personality and Social Psychology, 55*, 882–892.

Westen, D. (1988). Transference and information processing. *Clinical Psychology Review, 8*, 161–179.

Whalen, P. J., Rauch, S. L., Etcoff, N. L., McInerney, S. C., Lee, M. B., & Jenike, M. A. (1998). Masked presentations of emotional facial expressions modulate amygdala activity without explicit knowledge. *Journal of Neuroscience, 18*, 411–418.

Wheatley, T., & Haidt, J. (2005). Hypnotic disgust makes moral judgments more severe. *Psychological Science, 16*, 780–784.

Wheeler, M. E., & Fiske, S. T. (2005). Controlling racial prejudice: Social cognitive goals affect amygdala and stereotype activation. *Psychological Science, 16*, 56–63.

Wheeler, S. C., Jarvis, W. B. G., & Petty, R. E. (2001). Think unto others: The self-destructive impact of negative racial stereotypes. *Journal of Experimental Social Psychology, 37*, 173–180.

Wheeler, S. C., & Petty, R. E. (2001). The effects of stereotype activation on behavior: A review of possible mechanisms. *Psychological Bulletin, 127*, 797–826.

White, G. L., Fishbein, S., & Rutstein, J. (1981). Passionate love and misattribution of arousal. *Journal of Personality and Social Psychology, 41*, 56–62.

White, G. L., & Kight, T. D. (1984). Misattribution of arousal and attraction: Effects of salience of explanations for arousal. *Journal of Experimental Social Psychology, 20*, 55–64.

White, G. L., & Shapiro, D. (1987). Don't I know you? Antecedents and social consequences of perceived familiarity. *Journal of Experimental Social Psychology, 23*, 75–92.

Whitley, B. E., Jr., & Frieze, I. H. (1986). Measuring causal attributions for success and failure: A meta-analysis of the effects of question-working style. *Basic and Applied Social Psychology, 7*, 35–51.

Whittlesea, B. W. A. (1987). Preservation of specific experiences in the representation of general knowledge. *Journal of Experimental Psychology: Learning, Memory, and Cognition, 13*, 3–17.

Wickelgren, W. A. (1981). Human learning and memory. *Annual review of psychology, 32*, 21–52.

Wicker, A. W. (1969). Attitudes vs. actions: The relationship of verbal and overt behavioral responses to attitude objects. *Journal of Social Issues, 41*, 41–78.

Wicklund, R. A. (1975). Objective self-awareness. In L. Berkowitz (Ed.), *Advances in experimental social psychology* (Vol. 8, pp. 233–275). New York: Academic Press.

Wicklund, R. A. (1986). Orientation to the environment versus preoccupation with human potential. In R. M. Sorrentino & E. T. Higgins (Eds.), *Handbook of motivation and cognition: Foundations of social behavior* (pp. 64–95). New York: Guilford Press.

Wicklund, R. A., & Braun, O. L. (1987). Incompetence and the concern with human categories. *Journal of Personality and Social Psychology, 53*, 373–382.

Wicklund, R. A., & Brehm, J. W. (1976). *Perspectives on cognitive dissonance*. Hillsdale, NJ: Erlbaum.

Wicklund, R. A., & Frey, D. (1980). Self-awareness theory: When the self makes a difference. In D. M. Wegner & R. R. Vallacher (Eds.), *The self in social psychology* (pp. 31–54). New York: Oxford University Press.

Wilder, D. A. (1978a). Effect of predictability on units of perception and attribution. *Personality and Social Psychology Bulletin, 9*, 281–284.

Wilder, D. A. (1978b). Perceiving persons as a group: Effects on attributions of causality and beliefs. *Social Psychology, 1*, 13–23.

Wilder, D. A. (1986). Social categorization: Implications for creation and reduction of intergroup bias. In L. Berkowitz (Ed.), *Advances in Experimental Social Psychology*, (Vol. 19, pp. 291–355). San Diego, CA: Academic Press.

Wilder, D. A. (1993). The role of anxiety in facilitating stereotypic judgments of outgroup behavior. In D. M. Mackie & D. L. Hamilton (Eds.), *Affect, cognition, and stereotyping: Interactive processes in group perception* (pp. 87–109). San Diego, CA: Academic Press.

Williams, K. D., Cheung, C. K. T., & Choi, W. (2000). Cyberostracism: Effects of being ignored over the Internet. *Journal of Personality and Social Psychology, 79*, 748–762.

Williams, L. E., & Bargh, J. A. (2008). Experiencing physical warmth promotes interpersonal warmth. *Science, 322(5901)*, 606–607.

Willis, J., & Todorov, A. (2006). First impressions: Making up your mind after 100 ms exposure to a face. *Psychological Science, 17,* 592–598.

Wills, T. A. (1981). Downward comparison principles in social psychology. *Psychological Bulletin, 90,* 245–271.

Wilson, A. E., & Ross, M. (2001). From chump to champ: People's appraisals of their earlier and present selves. *Journal of Personality and Social Psychology, 80,* 572–584.

Wilson, M. S., & Liu, J. H. (2003). Social dominance orientation and gender: The moderating role of gender identity. *British Journal of Social Psychology, 42,* 187–198.

Wilson, T. D. (2011). *Redirect: The surprising new science of psychological change.* New York: Little, Brown.

Wilson, T. D., Dunn, D. S., Kraft, D., & Lisle, D. J. (1989). Introspection, attitude change, and attitude–behavior consistency: The disruptive effects of explaining why we feel the way we do. In L. Berkowitz (Ed.), *Advances in experimental social psychology* (Vol. 22, pp. 287–344). New York: Academic Press.

Wilson, T. D., & Gilbert, D. T. (2005). Affective forecasting: Knowing what to want. *Current Directions in Psychological Science, 14,* 131–134.

Wilson, T. D., & Hodges, S. D. (1992). Attitudes as temporary constructions. In L. L. Martin & A. Tesser (Eds.), *The construction of social judgments* (pp. 37–65). Hillsdale, NJ: Erlbaum.

Wilson, T. D., Hodges, S. D., & LaFleur, S. J. (1995). Effects of introspecting about reasons: Inferring attitudes from accessible thoughts. *Journal of Personality and Social Psychology, 69,* 16–28.

Wilson, T. D., Hull, J. G., & Johnson, J. (1981). Awareness and self-perception: Verbal reports on internal states. *Journal of Personality and Social Psychology, 40,* 53–70.

Wilson, T. D., Kraft, D., & Dunn, D. S. (1989). The disruptive effects of explaining attitudes: The moderating effect of knowledge about the attitude object. *Journal of Experimental Social Psychology, 25,* 379–400.

Wilson, T. D., & LaFleur, S. J. (1995). Knowing what you'll do: Effects of analyzing reasons on self-prediction. *Journal of Personality and Social Psychology, 68,* 21–35.

Wilson, T. D., Lindsey, S., & Schooler, T. Y. (2000). A model of dual attitudes. *Psychological Review, 107,* 101–126.

Wilson, T. D., Meyers, J., & Gilbert, D. T. (2001). Lessons from the past: Do people learn from experience that emotional reactions are short-lived? *Personality and Social Psychology Bulletin, 27,* 1648–1661.

Wilson, T. D., Meyers, J., & Gilbert, D. T. (2003). "How happy was I, anyway?": A retrospective impact bias. *Social Cognition, 21,* 421–446.

Wilson, T. D., & Nisbett, R. E. (1978). The accuracy of verbal reports about the effects of stimuli on evaluations and behavior. *Social Psychology, 41,* 118–131.

Wilson, T. D., Wheatley, T., Meyers, J. M., Gilbert, D. T., & Axsom, D. (2000). Focalism: A source of durability bias in affective forecasting. *Journal of Personality and Social Psychology, 78,* 821–836.

Wilson, W. R. (1979). Feeling more than we can know: Exposure effects without learning. *Journal of Personality and Social Psychology, 37,* 811–821.

Wilson, W. R., & Miller, H. (1968). Repetition, order of presentation, and timing of arguments and measures as determinants of opinion change. *Journal of Personality and Social Psychology, 9,* 184–188.

Winkielman, P., & Cacioppo, J. T. (2001). Mind at ease puts a smile on the face: Psychophysiological evidence that processing facilitation elicits positive affect. *Journal of Personality and Social Psychology, 81,* 989–1000.

Winkielman, P., & Schooler, J. W. (2012). Consciousness, metacognition and the unconscious. In S. T. Fiske & C. N. Macrae (Eds.), *Sage handbook of social cognition* (pp. 54–74). Thousand Oaks, CA: Sage.

Winston, J. S., Strange, B. A., O'Doherty, J., & Dolan, R. J. (2002). Automatic and intentional brain responses during evaluation of trustworthiness of faces. *Nature Neuroscience, 5,* 277–283.

Winter, L., & Uleman, J. S. (1984). When are social judgments made? Evidence for the spontaneousness of trait inferences. *Journal of Personality and Social Psychology, 47,* 237–252.

Winter, L., Uleman, J. S., & Cunniff, C. (1985). How automatic are social judgments? *Journal of Personality and Social Psychology, 49,* 904–917.

Winton, W. M. (1986). The role of facial response in self-reports of emotion: A critique of Laird. *Journal of Personality and Social Psychology, 37,* 1519–1531.

Winton, W. M., Putnam, L. E., & Krauss, R. M. (1984). Facial and autonomic manifestations of the dimensional structure of emotion. *Journal of Experimental Social Psychology, 20,* 195–216.

Wittenbrink, B., Gist, P. L., & Hilton, J. L. (1997). Structural properties of stereotypic knowledge and their influences on the construal of social situations. *Journal of Personality and Social Psychology, 72,* 526–543.

Wittenbrink, B., Judd, C. M., & Park, B. (1997). Evidence for racial prejudice at the implicit level and its relationship with questionnaire measures. *Journal of Personality and Social Psychology, 72,* 262–274.

Wittenbrink, B., Judd, C. M., & Park, B. (2001a). Evaluative versus conceptual judgments in automatic stereotyping and prejudice. *Journal of Experimental Social Psychology, 37,* 244–252.

Wittenbrink, B., Judd, C. M., & Park, B. (2001b). Spontaneous prejudice in context: Variability in automatically activated attitudes. *Journal of Personality and Social Psychology, 81,* 815–827.

Wittgenstein, L. (1953). *Philosophical investigations.* New York: Macmillan.

Wixon, D. R., & Laird, J. D. (1976). Awareness and attitude change in the forced-compliance paradigm: The importance of when. *Journal of Personality and Social Psychology, 34,* 376–384.

Woike, B., Gershkovich, I., Piorkowski, R., & Polo, M. (1999). The role of motives in the content and structure of autobiographical memory. *Journal of Personality and Social Psychology, 76,* 600–612.

Wojciszke, B. (1997). Parallels between competence- versus morality-related traits and individualistic versus collectivistic values. *European Journal of Social Psychology, 27,* 245–256.

Wojciszke, B. (2005). Affective concomitants of information on morality and competence. *European Psychologist, 10,* 60–70.

Wolman, C., & Frank, H. (1975). The solo woman in a professional peer group. *American Journal of Orthopsychiatry, 45,* 164–171.

Wolsko, C., Park, B., Judd, C. M., & Wittenbrink, B. (2000). Framing interethnic ideology: Effects of multicultural and color-blind perspectives on judgments of groups and individuals. *Journal of Personality and Social Psychology, 78,* 635–654.

Wong, M. D., Shapiro, M. F., Boscardin, W. J., & Ettner, S. L. (2002). Contribution of major diseases to disparities in mortality. *New England Journal of Medicine, 347,* 1585–1592.

Wong, P. T. P., & Weiner, B. (1981). When people ask "why" questions, and the heuristics of attributional search. *Journal of Personality and Social Psychology, 40,* 650–663.

Wood, J. V. (1989). Theory and research concerning social comparisons of personal attributes. *Psychological Bulletin, 106,* 231–248.

Wood, J. V., Heimpel, S. A., & Michela, J. L. (2003). Savoring versus dampening: Self-esteem differences in regulating positive affect. *Journal of Personality and Social Psychology, 85,* 566–580.

Wood, W. (2000). Attitude change: Persuasion and social influence. *Annual Review of Psychology, 51,* 539–570.

Wood, W., & Eagly, A. H. (1981). Stages in the analysis of persuasive messages: The role of causal attributions and message comprehension. *Journal of Personality and Social Psychology, 40,* 246–259.

Wood, W., & Eagly, A. H. (2002). A cross-cultural analysis of the behavior of women and men: Implications for the origins of sex differences. *Psychological Bulletin, 128,* 699–727.

Wood, W., Kallgren, C. A., & Preisler, R. M. (1985). Access to attitude-relevant information in memory as a determinant of persuasion: The role of message attributes. *Journal of Experimental Social Psychology, 21,* 73–85.

Wood, W., Quinn, J., & Kashy, D. (2002). Habits in everyday life: Thought, emotion, and action. *Journal of Personality and Social Psychology, 83,* 1281–1297.

Worchel, S., Axsom, D., Ferris, S., Samaha, C., & Schweitzer, S. (1978). Determinants of the effect of intergroup cooperation on intergroup attraction. *Journal of Conflict Resolution, 22,* 429–439.

Word, C. O., Zanna, M. P., & Cooper, J. (1974). The nonverbal mediation of self-fulfilling prophecies in interracial interaction. *Journal of Experimental Social Psychology, 10,* 109–120.

Worth, L. T., & Mackie, D. M. (1987). The cognitive mediation of positive affect in persuasion. *Social Cognition, 5,* 76–94.

Wright, J. C., & Mischel, W. (1988). Conditional hedges and the intuitive psychology of traits. *Journal of Personality and Social Psychology, 55,* 454–469.

Wu, C., & Shaffer, D. R. (1987). Susceptibility to persuasion appears as a function of source credibility and prior experience with the attitude object. *Journal of Personality and Social Psychology, 52,* 677–688.

Wundt, W. (1897). *Outlines of psychology.* New York: Stechert. (Translated 1907.)

Wyer, N. A., Sherman, J. W., & Stroessner, S. J. (2000). The roles of motivation and ability in controlling the consequences of stereotype suppression. *Personality and Social Psychology Bulletin, 26*, 13–25.

Wyer, R. S., Jr., Budesheim, T. L., & Lambert, A. J. (1990). Cognitive representation of conversations about persons. *Journal of Personality and Social Psychology, 58*, 218–238.

Wyer, R. S., Jr., & Gordon, S. E. (1982). The recall of information about persons and groups. *Journal of Experimental Social Psychology, 18*, 128–164.

Wyer, R. S., Jr., & Martin, L. L. (1986). Person memory: The role of traits, group stereotypes, and specific behaviors in the cognitive representation of persons. *Journal of Personality and Social Psychology, 50*, 661–675.

Wyer, R. S., Jr., & Srull, T. K. (1986). Human cognition in its social context. *Psychological Review, 93*, 322–359.

Wyland, C. L., Kelley, W. M., Macrae, C. N., Gordon, H. L., & Heatherton, T. F. (2003). Neural correlates of thought suppression. *Neuropsychologia, 41*, 1863–1867.

Yang, A. S. (1997). The polls – trends: Attitudes toward homosexuality. *Public Opinion Quarterly, 61*, 477–507.

Ybarra, O. (1999). Misanthropic person memory when the need to self-enhance is absent. *Personality and Social Psychology Bulletin, 25*, 261–269.

Yelland, L. M., & Stone, W. F. (1996). Belief in the Holocaust: Effects of personality and propaganda. *Political Psychology, 17*, 551–562.

Yik, M. S. M., Bond, M. H., & Paulhus, D. L. (1998). Do Chinese self-enhance or self-efface? It's a matter of domain. *Personality and Social Psychology Bulletin, 24*, 399–406.

Yip, A. W., & Sinha, P. (2002). Contribution of color to face recognition. *Perception, 31(8)*, 995–1003.

Yopyk, D. J. A., & Prentice, D. A. (2005). Am I an athlete or a student? Identity salience and stereotype threat in student-athletes. *Basic and Applied Social Psychology, 27*, 329–336.

Young, J., Borgida, E., Sullivan, J. L., & Aldrich, J. (1987). Personal agendas and the relationship between self-interest and voting behavior. *Social Psychology Quarterly, 50*, 64–71.

Yzerbyt, V. Y., Castano, E., Leyens, J.-Ph., & Paladino, M. P. (2000). The primacy of the ingroup: The interplay of entitativity and identification. In W. Stroebe & M. Hewstone (Eds.), *European review of social psychology* (Vol. 11, pp. 257–295). New York: Wiley.

Yzerbyt, V. Y., Corneille, O., & Estrada, C. (2001). The interplay of subjective essentialism and entitativity in the formation of stereotypes. *Personality and Social Psychology Review, 5*, 141–155.

Yzerbyt, V., & Demoulin, S. (2010). Intergroup relations. In S. T. Fiske, D. T. Gilbert, & G. Lindzey (Eds.), *Handbook of social psychology* (5th edn, Vol. 2, pp. 1024–1083). Hoboken, NJ: Wiley.

Zajonc, R. B. (1968a). Attitudinal effects of mere exposure. *Journal of Personality and Social Psychology, 9(2, pt. 2)*, 1–27.

Zajonc, R. B. (1968b). Cognitive theories in social psychology. In G. Lindzey & E. Aronson (Eds.), *The handbook of social psychology* (2nd edn, Vol. 1, pp. 320–411). Reading, MA: Addison-Wesley.

Zajonc, R. B. (1980a). Cognition and social cognition: A historical perspective. In L. Festinger (Ed.), *Retrospections on social psychology* (pp. 180–204). New York: Oxford University Press.

Zajonc, R. B. (1980b). Feeling and thinking: Preferences need no inferences. *American Psychologist, 35*, 151–175.

Zajonc, R. B. (1984). On the primacy of affect. *American Psychologist, 39*, 117–123.

Zajonc, R. B. (1998). Emotions. In D. T. Gilbert, S. T. Fiske, & G. Lindzey (Eds.), *Handbook of social psychology* (4th edn, Vol. 1, pp. 591–634). New York: McGraw-Hill.

Zajonc, R. B., & Burnstein, E. (1965). The learning of balanced and unbalanced social structures. *Journal of Personality, 33*, 153–163.

Zajonc, R. B., & Markus, H. R. (1984). Affect and cognition: The hard interface. In C. E. Izard, J. Kagan, & R. B. Zajonc (Eds.), *Emotions, cognition, and behavior* (pp. 73–102). Cambridge: Cambridge University Press.

Zajonc, R. B., Pietromonaco, P., & Bargh, J. (1982). Independence and interaction of affect and cognition. In M. S. Clark & S. T. Fiske (Eds.), *Affect and cognition: The 17th Annual Carnegie Symposium on Cognition* (pp. 211–228). Hillsdale, NJ: Erlbaum.

Zak, P. J., Kurzban, R., & Matzner, W. T. (2005). Oxytocin is associated with human trustworthiness. *Hormones and Behavior, 48*, 522–527.

Zald, D. H. (2003). The human amygdala and the emotional evaluation of sensory stimuli. *Brain Research Reviews, 41*, 88–123.

Zanna, M. P., & Olson, J. M. (1982). Individual differences in attitudinal relations. In M. P. Zanna, E. T. Higgins, & C. P. Herman (Eds.), *Consistency in social behavior: The Ontario Symposium* (Vol. 2, pp. 75–104). Hillsdale, NJ: Erlbaum.

Zárate, M. A., Sanders, J. D., & Garza, A. A. (2000). Neurological dissociations of social perceptual processes. *Social Cognition, 18*, 223–251.

Zárate, M. A., & Smith, E. R. (1990). Person categorization and stereotyping. *Social Cognition, 8*, 161–185.

Zebrowitz, L. A. (1990). *Social perception*. Pacific-Grove, CA: Brooks/Cole.

Zebrowitz, L. A. (2003). Aging stereotypes – Internalization or inoculation? A commentary. *Journals of Gerontology: Series B: Psychological Sciences and Social Sciences, 58*, 214–215.

Zebrowitz, L. A., Kikuchi, M., & Fellous, J.-M. (2010). Facial resemblance to emotions: Group differences, impression effects, and race stereotypes. *Journal of Personality and Social Psychology, 98(2)*, 175–189.

Zebrowitz, L. A., Luevano, V. X., Bronstad, P. M., & Aharon, I. (2009). Neural activation to babyfaced men matches activation to babies. *Social Neuroscience, 4(1)*, 1–10.

Zebrowitz, L. A., Wang, R., Bronstad, P. M., Eisenberg, D., Undurraga, E., Reyes-García, V., & Godoy, R. (2012). First impressions from faces among US and culturally isolated Tsimane' people in the Bolivian rainforest. *Journal of Cross-Cultural Psychology, 43(1)*, 119–134.

Zeigarnik, B. (1927). Das Bahalten erfedigter und unerledigter Handlungen. *Psychologoie Forshung, 9*, 1–85. [Translated and condensed as "On finished and unfinished tasks" in W. D. Ellis (Ed.), *A source book of gestalt psychology*. New York: Harcourt, Brace, & World, 1938.]

Zillmann, D. (1971). Excitation transfer in communication-mediated aggressive behavior. *Journal of Experimental Social Psychology, 7*, 419–434.

Zillmann, D. (1978). Attribution and misattribution of excitatory reactions. In J. H. Harvey, W. Ickes, & R. F. Kidd (Eds.), *New directions in attribution research* (Vol. 2, pp. 335–368). New York: Wiley.

Zillmann, D. (1988). Cognition-excitation interdependencies in aggressive behavior. *Aggressive Behavior, 14*, 51–64.

Zillmann, D., & Bryant, J. (1974). Effect of residual excitation on the emotional response to provocation and delayed aggressive behavior. *Journal of Personality and Social Psychology, 30*, 782–791.

Zillmann, D., Katcher, A. H., & Milavsky, B. (1972). Excitation transfer from physical exercise to subsequent aggressive behavior. *Journal of Experimental Social Psychology, 8*, 247–259.

Zillmann, D., & Mundorf, N. (1987). Image effects in the appreciation of video rock. *Communication Research, 14*, 316–334.

Zillmann, D., Weaver, J. B., Mundorf, N., & Aust, C. F. (1986). Effects of an opposite-gender companion's affect to horror on distress, delight, and attraction. *Journal of Personality and Social Psychology, 51*, 586–594.

Zimbardo, P. G. (1960). Involvement and communication discrepancy as determinants of opinion conformity. *Journal of Abnormal and Social Psychology, 60*, 86–94.

Ziv, T., & Banaji, M. R. (2012). Perceptions and preferences of social groups in the early years of life. In S. T. Fiske & C. N. Macrae (Eds.), *Sage handbook of social cognition* (pp. 372–389). Thousand Oaks, CA: Sage.

Zuckerman, M., Eghrari, H., & Lambrecht, M. R. (1986). Attributions as inferences and explanations: Conjunction effects. *Journal of Personality and Social Psychology, 51*, 1144–1153.

Zuckerman, M., Klorman, R., Larrance, D. T., & Spiegel, N. H. (1981). Facial, autonomic, and subjective components of emotion: The facial feedback hypothesis versus the externalizer–internalizer distinction. *Journal of Personality and Social Psychology, 41*, 929–944.

Zuckerman, M., & O'Loughlin, R. E. (2006). Self-enhancement by social comparison: A prospective analysis. *Personality and Social Psychology Bulletin, 32*, 751–760.

Zukier, H., & Jennings, D. L. (1983–1984). Nondiagnosticity and typicality effects in prediction. *Social Cognition, 3*, 187–198.

Zuwerink, J. R., Devine, P. G., Monteith, M. J., & Cook, D. A. (1996). Prejudice toward Blacks: With and without compunction? *Basic and Applied Social Psychology, 18*, 131–150. [Erratum: *18*(4) [front matter]].

Zysset, S., Huber, O., Ferstl, E., & von Cramon, D. Y. (2002). The anterior frontomedian cortex and evaluative judgment: An fMRI study. *NeuroImage, 15*, 983–991.